D1719194

Martin Wabitsch

Karl Zwiauer

Johannes Hebebrand

Wieland Kiess (Hrsg.)

Adipositas bei Kindern und Jugendlichen

Grundlagen und Klinik

Martin Wabitsch
Karl Zwiauer
Johannes Hebebrand
Wieland Kiess (Hrsg.)

Adipositas bei Kindern und Jugendlichen

Grundlagen und Klinik

Mit einem Geleitwort von W. P. T. James

Mit 68 Abbildungen und 40 Tabellen

 Springer

Prof. Dr. Martin Wabitsch
Universitätsklinik für Kinder-
und Jugendmedizin
Prittwitzstr. 43
89075 Ulm

Prof. Dr. Wieland Kiess
Universitätsklinik und Poliklinik
für Kinder und Jugendliche
Oststr. 21—25
04317 Leipzig

Prof. Dr. Johannes Hebebrand
Rheinische Kliniken der Universität
Duisburg-Essen
Kinder- und Jugendpsychiatrie
Virchowstr. 174
45147 Essen

Prim.-Univ.-Prof. Dr. Karl Zwiauer
Krankenhaus St. Pölten
Abt. Kinder- und Jugendheilkunde
Probst Führer Str. 4
3100 St. Pölten, Österreich

ISBN 3-540-01251-6
Springer-Verlag Berlin Heidelberg New York

Bibliografische Information Der Deutschen Bibliothek
Die Deutsche Bibliothek verzeichnet diese Publikation in der Deutschen Nationalbibliografie;
detaillierte bibliografische Daten sind im Internet über <http://dnb.ddb.de> abrufbar.

Springer Medizin-Verlag.
Ein Unternehmen von Springer Science+Business Media
springer.de
© Springer-Verlag Berlin Heidelberg 2005
Printed in Germany

Planung: Renate Scheddin
Projektmanager: Sylvia Kröning
Design: deblik Berlin
SPIN 10912799
Satz: K + V Fotosatz, Beerfelden

Gedruckt auf säurefreiem Papier   26/3160SM – 5 4 3 2 1 0

Geleitwort

This book comes at a very important time in the development of our understanding of the consequences of obesity in childhood and adolescence. The explosion in childhood overweight and obesity in the newly expanded European Union is remarkable. We can now expect about 400 000 additional cases of overweight and obese children every year and this means that we are witnessing the emergence of what may reasonably be considered a new public health crisis, the dimensions of which we still find difficult to predict.

Given this new phenomenon it is very vital to have in this textbook an up-to-date synthesis of what we know about the problem of weight gain to which so many German, Swiss and Austrian medical scientists have contributed. This comprehensive analysis is fundamental and encompasses the exciting developments in our understanding of the genetic syndromes associated with obesity and perhaps more importantly the manifestations of single gene defects relating to the complex system for regulating energy balance. These analyses reveal the fundamental significance of the adipocyte/neuroregulatory arc in weight control, the onset of puberty, the relationship of weight gain to the development of the metabolic syndrome and the potential polygenic interaction with environmental factors which determine the interindividual differences in children's growth and adiposity. How these interact with the propensity to insulin resistance and the clear emergence for the first time of type 2 diabetes in children and adolescents is fascinating and highly relevant to the particular sensitivity to diabetes in children of Asian origin. Whether this reflects the impact of fetal imprinting of genetic expression, pathophysiological effects on pancreatic and liver development or more subtle effects is unclear but shows the value of integrating molecular, clinical and nutritional research to reveal the dimensions of what in other fields might be termed »functional genetics«.

The paediatrician's dilemma in assessing an overweight child and monitoring the impact of a variety of remedial measures as well as their long-term management is also covered and is of exceptional value. The clinical care of these children demands a new approach with a rigorous understanding of the factors that affect adiposity in children, the potential value of genetic assessment and how best to assess the parental, household and local community influences on the child's behaviour. Given our limited experience in the successful treatment of obese children and how to contribute to transforming the microenvironment in which they live, play and learn we need to change our clinical practice based on the expert analyses set out here.

Finally no textbook on childhood obesity can afford to ignore the challenge of how to prevent the accelerating obesity epidemic. We can already estimate that in Europe there are about 4000 mostly undiagnosed type 2 diabetic children and already the International Diabetes Federation in their recent atlas of global diabetes has placed Germany and Spain within the top ten countries in the world for their high prevalences of type 2 diabetes. Given the accelerating diabetes rates and the current childhood obesity epidemic even these alarming estimates of future diabetes rates are probably underestimates. This comprehensive textbook is therefore timely as a stimulus to the continuing importance of contributions to our understanding by the German-speaking community of scholars. I commend this textbook to its readers.

W. P. T James
Chairman, International Obesity Task Force

Vorwort

Übergewicht und Adipositas bei Kindern und Jugendlichen haben in den letzten 20 Jahren deutlich zugenommen. Der Krankheitswert insbesondere für die Zukunft unserer Kinder und Jugendlichen ist bedeutsam. Gleichzeitig wurden in den letzten Jahren immense Fortschritte in der Grundlagenforschung zur Gewichtsregulation erzielt.

Das Wissen über die Pathogenese, die Klinik und therapeutischen Möglichkeiten der Adipositas bei Kindern und Jugendlichen war bislang in keinem Lehrbuch ausreichend verankert. Ziel des Buches war es daher, für Allgemeinärzte, Kinder- und Jugendärzte und -psychiater sowie Therapeuten ebenso wie für interessierte auszubildende Ärzte die wissenschaftlichen Erkenntnisse über die Entstehung der Adipositas im Kindes- und Jugendalter und ihre Komorbiditäten ausführlich und verständlich darzustellen und auf dieser Grundlage einen Leitfaden zur sinnvollen Diagnostik und Therapie bzw. Prävention aufzuzeigen. Dabei wurde die Interaktion zwischen Umweltfaktoren und genetischer Prädisposition zur Entwicklung einer Adipositas mit berücksichtigt.

Das Ziel des Buchprojektes war es, das Thema Adipositas sehr breit und interdisziplinär aufzuarbeiten und möglichst viele der Fachleute, die im deutschsprachigen Raum auf dem Gebiet der Adipositas im Kindes- und Jugendalter tätig sind, einzubeziehen. Dadurch sollte die im deutschsprachigen Raum vorhandene Expertise gebündelt werden und das Fachwissen in einem Werk präsentiert werden. Dabei ist zu betonen, dass die Meinung der Autoren nicht in jedem Fall mit der Meinung der Herausgeber übereinstimmt.

Durch die Einbeziehung der zahlreichen Fachleute kommt auch eine gewisse Heterogenität der Sichtweisen zu einzelnen Aspekten der Adipositas zum Vorschein. Diese haben die Herausgeber bewusst aufgenommen. Gewissermaßen treffen in diesem Buch auch 2 Welten aufeinander: die der Grundlagenwissenschaftler, die teilweise ein sehr mechanistisches Bild der Pathogenese der Adipositas haben, und die der engagierten Kollegen, die in der Behandlung der Kinder und Jugendlichen mit Adipositas tätig sind und zwischenzeitlich ein Repertoire an praktischem Fachwissen gesammelt haben.

Unser Dank gilt allen Autoren für ihre aktive Mitgestaltung des Buches und den Mitarbeiterinnen und Mitarbeitern des Springer-Verlags für ihre kompetente Unterstützung bei der Arbeit und bei der Umsetzung der Grundidee dieses Werkes.

Die Herausgeber
Ulm, Essen, Leipzig, St. Pölten

Inhaltsverzeichnis

VIII Prävention und Perspektiven

IX Serviceteil

Autorenverzeichnis

Böhler, Thomas,
Priv.-Doz. Dr.
MDK Baden-Württemberg
Hauptverwaltung
Außenstelle Adenauerplatz 1,
69115 Heidelberg

Bös, Klaus, Prof. Dr.
Institut für Sport
und Sportwissenschaften
Universität Karlsruhe
Kaiserstr. 12, 76128 Karlsruhe

Czerwinski-Mast, Mareike, Dr.
Institut für Humanernährung
und Lebensmittelkunde
Christian-Albrechts-Universität
Düsternbrooker Weg 17
24105 Kiel

Danielzik, Sandra, Dr.
Institut für Humanernährung
und Lebensmittelkunde
Christian-Albrechts-Universität
Düsternbrooker Weg 17
24105 Kiel

Denzer, C., Dr.
Pädiatrische Endokrinologie,
Diabetologie und Adipositas
Universitätsklinik für Kinder-
und Jugendmedizin
Prittwitzstr. 43
89075 Ulm

Dilba, Britta, Dr.
Institut für Humanernährung
und Lebensmittelkunde
Christian-Albrechts-Universität
Düsternbrooker Weg 17
24105 Kiel

Fischer-Posovszky, Pamela, Dr.
Endokrinologisches
Forschungslabor
Prittwitzstr. 43
89075 Ulm

Förster, Holger, Dr.
Landeskliniken Salzburg
Müllner Hauptstr. 48
5020 Salzburg, Österreich

Fricke, Oliver, Dr.
Laboratory of neurobiology
and behavior
The Rockefeller University
New York
1230 York Avenue
New York, NY 10021, USA

Fusch, Christoph, Prof. Dr.
Universitätsklinik
Abt. für Neonatologie und
Pädiatrische Intensivmedizin
Soldmanstr. 15
17487 Greifswald

Gallistl, Siegfried, Prof. Dr.
Universitätsklinik für Kinder und
Jugendheilkunde Graz
Auenbruggerplatz 15
8036 Graz, Österreich

Grüters, Annette, Prof. Dr.
Klinik für Allgemeine Pädiatrie,
Otto-Heubner-Centrum für Kin-
der- und Jugendmedizin
Augustenburger Platz 1
13353 Berlin

Günther, Klaus Peter,
Prof. Dr.
Universitätsklinikum
Carl Gustav Carus
Orthopädische Klinik
Fetscherstr. 74
01307 Dresden

Hauner, Hans, Prof. Dr.
Else-Kröner-Fresenius-Zentrum
für Ernährungsmedizin
Klinikum rechts der Isar
TU München
Ismaninger Str. 22
81675 München

Hebebrand, Johannes,
Prof. Dr.
Rheinische Kliniken der
Universität Duisburg-Essen
Kinder- und Jugendpsychiatrie
Virchowstr. 174
45147 Essen

Hebestreit, Helge, Prof. Dr.
Universitäts-Kinderklinik
Josef-Schneider-Str. 2
97080 Würzburg

Heinze, Eberhard, Prof. Dr.
Universitäts-Kinderklinik Ulm
Abt. Pädiatrie I
Prittwitzstr. 43
89075 Ulm

Herpertz-Dahlmann, B.,
Prof. Dr.
Klinik für Kinder- und
Jugendpsychiatrie und
-psychotherapie
Universitätsklinikum
der RWTH Aachen
Neuenhofer Weg 21
52074 Aachen

Hinney, Anke, Dr.
Universität Marburg
Kinder- und Jugendpsychiatrie
Schützenstr. 49
35033 Marburg

Kersting, Mathilde,
Priv.-Doz. Dr.
Forschungsinstitut
für Kinderernährung
Heinstück 11
44225 Dortmund

Kiess, Wieland, Prof. Dr.
Universitätsklinik
und Poliklinik für Kinder
und Jugendliche
Oststr. 21–25
04317 Leipzig

Korsten-Reck, Ulrike, Dr.
Medizinische Klinik
Abt. Rehabilitative
und Präventive Sportmedizin
Hugstetter Str. 55
79106 Freiburg

Kratzer, Wolfgang, Dr.
Medizinische Klinik
und Poliklinik
Abt. Innere Medizin I
Robert-Koch-Str. 8
89081 Ulm

Krohmeyer-Hauschild, Katrin,
Dr.
Institut für Humangenetik
und Anthropologie
Friedrich-Schiller-Universität
Kollegienstr. 10
07740 Jena

Krude, Heiko, Dr.
Otto-Heubner-Centrum
für Kinder- und Jugendmedizin
Augustenburger Platz 1
13353 Berlin

Kunze, Detlef, Prof. Dr.
Universitätsklinikum
Großhadern
Kinderambulanz
Marchioninistr. 15
81377 München

Lawrenz, Anja, Dr.
Krankenhaus Neuwerk
Kinderklinik
Dünnerstr. 214–216
41066 Mönchengladbach

Lawrenz, Wolfgang, Dr.
Universitätsklinikum
Düsseldorf
Zentrum für Kinder-
und Jugendmedizin
Mohrenstr. 5
40225 Düsseldorf

Maffeis, Claudio, MD
Department of Pediatrics
University of Verona
37134 Verona
Italien

Mayer, Hermann, Dr.
Klinik Hochried
Hichried 1–12
82418 Murnau

Müller, Manfred, Prof. Dr.
Institut für Humanernährung
und Lebensmittelkunde
Christian-Albrechts-Universität
Düsternbrooker Weg 17
24105 Kiel

Netzer, Nikolaus,
Priv.-Doz. Dr.
Klinik für Schlafstörungen Baye-
risch Gmain
Reichenhallerstr. 20
83457 Bayerisch Gmain

Pankau, Rainer, Prof. Dr.
Kinderklinik
Ostseekliniken Stralsund
Große Parower Str. 47–53
18410 Stralsund

Ravens-Sieberer, Ulrike,
Priv.-Doz. Dr.
Robert-Koch-Institut
Nordufer 20
13353 Berlin

Reinehr, Thomas, Dr.
Vestische Kinderklinik
Dr.-F.-Steiner-Str. 5
45711 Datteln

Schönau, Eckhard, Prof. Dr.
Universitäts-Kinderklinik
Joseph-Stelzmann-Str. 9
50931 Köln

Schutz, Yves, Dr.
Institut de Physiology
Rue de Bugnon 7 – Annexe I
1005 Lausanne, Schweiz

Siegfried, Wolfgang, Dr.
Adipositas Rehabilitations-
zentrum Insula
Insulaweg 8
83489 Bischofswiesen

Spethmann, Carina, Dr.
Institut für Humanernährung
und Lebensmittelkunde
Christian-Albrechts-Universität
Düsternbrooker Weg 17
24105 Kiel

Stübing, Kurt, Dr.
Prinzregent-Luitpold-Kinderkli-
nik, Rehabilitation
für Kinder und Jugendliche
Oberschwenden 70
88175 Scheidegg

Thielemann, Falk, Dr.
Universitätsklinikum
Carl Gustav Carus
Orthopädische Klinik
Fetscherstr. 74
01307 Dresden

van Egmond-Fröhlich, Andreas, Dr.
Kinderklinik am Nikolausholz
Elly-Kutscher-Str. 16
06628 Bad Kösen

von Kries, Rüdiger, Prof. Dr.
Institut für Soziale Pädiatrie und
Jugendmedizin
Heiglhofstr. 63
81377 München

Wabitsch, Martin, Prof. Dr.
Universitätsklinik
für Kinder- und Jugendmedizin
Prittwitzstr. 43
89075 Ulm

Warschburger, Petra, Priv.-Doz. Dr.
Universität Potsdam
Institut für Psychologie
Am Neuen Palais 10
14469 Potsdam

Wermter, Anne-Kathrin, Dr.
Universität Marburg
Kinder- und Jugendpsychiatrie
Schützenstr. 49
35033 Marburg

Westenhöfer, Joachim, Prof. Dr.
Hochschule für Angewandte
Wissenschaften Hamburg
Fachbereich Ökotrophologie
Lohbrügger Kirchstr. 65
21033 Hamburg

Widhalm, Kurt, Univ.-Prof. Dr.
Universitätsklinik
für Kinder- und Jugend-
heilkunde Wien
Währinger Gürtel 18–20
1090 Wien, Österreich

Wolf, A., Dr.
Chirurgische Universitätsklinik
und Poliklinik
Steinhövelstr. 9
89075 Ulm

Zwiauer, Karl, Prim.-Univ.-Prof. Dr.
Abt. Kinder- und Jugend-
heilkunde
Krankenhaus St. Pölten
Probst Führer Str. 4,
3100 St. Pölten, Österreich

Definition und Epidemiologie

Erst seit wenigen Jahren wird international der Body Mass Index (BMI; kg/m^2) als weitgehend körperhöhenbereinigtes Maß für das Körpergewicht sowohl bei Erwachsenen als auch bei Kindern herangezogen. Übergewicht und Adipositas im Erwachsenenalter werden gemäß der WHO durch BMI-Werte ≥25 bzw. ≥30 kg/m^2 definiert. Im Kindes- und Jugendalter werden international nach wie vor unterschiedliche Definitionen benutzt. In Deutschland hat die Arbeitsgemeinschaft Adipositas im Kindes- und Jugendalter die 90. bzw. 97. BMI-Perzentile als Schwellenwerte für die Definitionen dieser Gewichtsklassen vorgeschlagen. Die Perzentile basieren auf mehreren Querschnittsstudien, deren Daten gemeinsam analysiert wurden. Bislang existiert in Deutschland keine national repräsentative Studie; nach Abschluss des noch laufenden Kinder- und Jugend-Surveys des Robert-Koch-Instituts werden erstmalig solche für ganz Deutschland repräsentative Daten vorliegen. Es ist zu hoffen, dass ähnlich zu den »National Health and Nutrition Examination Surveys« in den USA auch in Deutschland in mehrjährigen Abständen der Kinder- und Jugend-Survey wiederholt wird. Hierdurch wäre ein wichtiges gesundheitspolitisches Ziel erreicht: Es könnte systematisch erfasst werden, wie sich die BMI-Verteilung bei Kindern und Jugendlichen im Verlauf der Zeit verändert. Gegenwärtig wird allgemein davon ausgegangen, dass der Trend zu zunehmend höheren BMI-Werten in den nächsten Jahren anhalten wird. Bei der so genannten »Adipositas-Epidemie«, die sowohl in Industrie- als auch in Schwellenländern seit ca. 20–30 Jahren ihren Lauf nimmt, ist zu berücksichtigen, dass die absoluten BMI-Zunahmen im oberen Perzentilbereich deutlich stärker ausfallen als im unteren oder vereinfacht ausgedrückt: Die Dicken werden immer dicker.

Eine elterliche Belastung mit Adipositas stellt den Hauptrisikofaktor für Übergewicht im Kindes- und Jugendalter dar; alle anderen Faktoren sind im Vergleich hierzu von deutlich geringerer Bedeutung; kausal ist hierbei an genetische Effekte und Umweltfaktoren zu denken. Am einheitlichsten findet sich sonst noch in Industriestaaten eine niedrige soziale Schichtzugehörigkeit mit Übergewicht und Adipositas assoziiert. Ein niedriger Bildungsstatus der Eltern und insbesondere der Mütter ist hier offenbar der maßgebliche Faktor. Alle anderen Assoziationen – wie z.B. Nicht-Stillen, so genanntes »catch-up growth« und körperliche Inaktivität – wurden zwar wiederholt aber nicht einheitlich in allen Studien nachgewiesen.

Definition, Anthropometrie und deutsche Referenzwerte für BMI

K. Kromeyer-Hauschild

1.1 Vorbemerkungen

Eine Adipositas besteht, wenn der Anteil des Fettgewebes an der Gesamtkörpermasse über eine definierte Grenze kritisch erhöht ist.

Die Begriffe Adipositas und Übergewicht werden oftmals synonym verwendet, obwohl dies aus medizinischer Sicht nicht korrekt ist und eine saubere Trennung erfolgen sollte. Während bei der Adipositas die erhöhte Fettmasse ausschlaggebend ist, liegt ein Übergewicht vor, wenn das körperhöhenbezogene Körpergewicht ein bestimmtes Maß übersteigt. Adipositas ist in den meisten Fällen mit Übergewicht verbunden, aber Übergewichtige sind nicht zwangsläufig adipös.

Die Definition der Adipositas erfordert somit einerseits die Bestimmung der Fettmasse und andererseits muss eine Festlegung erfolgen, ab welchem Ausmaß eine erhöhte Fettmasse vorliegt. Die exakte Bestimmung der Körperfettmasse ist nur mit aufwändigen und kostspieligen Methoden möglich (▶ Kap. 32). Es gibt deshalb zahlreiche indirekte Methoden zur Ermittlung der Fettmasse. Neben Hautfaltenmessungen kommen verschiedene Körpergewichts-Körperhöhen-Indizes zur Anwendung. Eine ideale Methode bzw. ein idealer Index sollte eng mit der Fettmasse korrelieren und unabhängig von der Körpergröße sein. Obwohl Hautfaltenmessungen diese Forderungen erfüllen, kommen diese nicht routinemäßig zum Einsatz. Dies ist u. a. auf messmethodische Probleme, wie z.B. Unterschiede zwischen einzelnen Untersuchern, schlechte Reproduzierbarkeit der Messungen bzw. Messstellen, großer Messfehler bei geringer messpraktischer Erfahrung und Zunahme des Messfehlers mit zunehmender Hautfaltendicke, zurückzuführen. Im ärztlichen Alltag hat sich die Verwendung der einfach messbaren Parameter Körpergröße und Körpergewicht und des daraus abgeleiteten Body Mass Index (BMI) zur Abschätzung der Fettmasse bei Erwachsenen durchgesetzt:

$$\text{BMI} = \frac{\text{Körpergewicht (kg)}}{\text{Körperhöhe (m)}^2}$$

In zahlreichen Untersuchungen (Micozzi et al., 1986; Spyckerelle et al., 1988; Daniels et al., 1997; Pietrobelli et al., 1998) konnte gezeigt werden, dass der BMI sowohl bei Erwachsenen als auch bei Kindern und Jugendlichen ein akzeptables Maß für die Gesamtkörperfettmasse darstellt. Bei Kindern und weiblichen Jugendlichen zeigt der BMI im Vergleich zu anderen Gewichts-Größen-Indizes darüber hinaus die geringste Korrelation zur Körpergröße (Rolland-Cachera et al., 1982; Cole, 1991). Für die Verwendung des BMI bei Kindern und Jugendlichen spricht auch die Tatsache, dass die Altersveränderungen beim BMI denen beim Körperfett ähnlich sind (Cole u. Rolland-Cachera, 2002). So wird sowohl von der »Childhood Group« der »International Obesity Task Force« (IOTF) als auch von der »European Childhood Obesity Group« (ECOG) die Anwendung des BMI zur Definition von Übergewicht und Adipositas im Kindes- und Jugendalter empfohlen (Himes u. Dietz, 1994; Poskitt, 1995; Zwiauer u. Wabitsch, 1997; Dietz u. Robinson, 1998; Bellizzi u. Dietz, 1999). Es wird betont, dass die Verwendung des BMI die Identifizierung von therapiebedürftigen Kindern und Jugendlichen mit hoher Spezifität bei geringer Sensitivität sichert (Himes u. Bouchard, 1989). Das bedeutet, dass alle wirklich adipösen Kinder als solche identifiziert werden, wobei aber in Kauf genommen wird, dass einige weniger adipöse Kinder als nicht adipös eingestuft werden könnten.

> **Praxistipp**
>
> Der BMI ist ein geeignetes Screening-Instrument zur Feststellung für Übergewicht und Adipositas im Kindes- und Jugendalter.

1.2 Besonderheiten bei der Anwendung des BMI im Kindes- und Jugendalter

Für Erwachsene wurde anhand des Morbiditäts- und Mortalitätsrisikos festgelegt, dass ab einem BMI >25 kg/m^2 Übergewicht und ab einem BMI >30 kg/m^2 Adipositas vorliegt (WHO, 1997). Diese risikobezogenen BMI-Grenzwerte der Erwachsenen können bei Kindern und Jugendlichen nicht angewendet werden. Durch das Wachstum und die Pubertätsentwicklung und den damit verbundenen Änderungen der Körperzusammensetzung unterliegt der BMI typischen alters- und geschlechtsspezifischen Veränderungen (► Kap. 7).

Im Wachstumsalter sollte die Bestimmung von Übergewicht und Adipositas anhand des altersbezogenen BMI – in Form von populationsspezifischen BMI-Perzentilen für Jungen und Mädchen – erfolgen.

Derartige BMI-Perzentilkurven gibt es z.B. für Kinder und Jugendliche in Frankreich (Rolland-Cachera et al., 1991), England (Cole et al., 1995), Schweden (Lindgren et al., 1995), den Niederlanden (Cole u. Rode, 1999) und den USA (Kuczmarski et al., 2002). Zur Verbesserung der Vergleichbarkeit von Prävalenzangaben zu Übergewicht und Adipositas aus verschiedenen Ländern wurde von Cole et al. (2000) eine internationale BMI-Referenzkurve aus den Daten von 6 nationalen Untersuchungen erstellt.

> **Praxistipp**
>
> Zur Beurteilung des körperhöhen-adjustierten Gewichts eines Kindes oder Jugendlichen sollte der individuelle BMI bestimmt werden und mit geschlechts- und altersbezogenen BMI-Perzentilwerten des Kindes verglichen werden.

1.3 BMI-Referenzwerte für deutsche Kinder und Jugendliche

In Deutschland wird von der Arbeitsgemeinschaft Adipositas im Kindes- und Jugendalter (AGA) die Benutzung einheitlicher BMI-Perzentile (Kromeyer-Hauschild et al., 2001; www.a-g-a.de), welche den Alterszeitraum von der Geburt bis zum 18. Lebensjahr umfassen, empfohlen. Diese basieren auf Querschnittsdaten von 17 147 Jungen und 17 275 Mädchen aus 17 Untersuchungen in verschiedenen Regionen Deutschlands und spiegeln die BMI-Verteilung nach 1985 wider. Die Perzentilberechnung erfolgte mittels LMS-Methode (Cole, 1990).

Perzentile

In den ◧ Abb. 1.1 und 1.2 sind die BMI-Perzentile (3., 10., 25., 50., 75., 90., 97. Perzentile) für o.g. Jungen und Mädchen dargestellt.

❶ Das jeweilige Perzentil gibt an, wie viel Prozent der gleichaltrigen Kinder gleichen Geschlechts einen niedrigeren BMI-Wert aufweisen (z.B. haben bei P3 3%, bei P97 97% der Kinder einen kleineren BMI).

Durch die Verwendung der LMS-Methode zur Perzentilberechnung wird die Verteilung des BMI in der Stichprobe über das Alter durch 3 Parameter charakterisiert:

- die Box-Cox-Powertransformation (Lambda = L),
- den Median (M) und
- den Variationskoeffizienten (Sigma = S).

Die ermittelten altersspezifischen Parameter für L, M und S (◧ Tabellen 1.1 und 1.2) ermöglichen die Berechnung jeder beliebigen Perzentile nach folgender Formel:

$$C_\alpha(t) = M(t) * [1 + L(t) * S(t) * z_a]^{1/L(t)}$$

wobei M(t), L(t) und S(t) die entsprechenden Parameter in einem bestimmten Alter (t) sind. Z_a ist der SD-Score bzw. Z-Score der Standardnormalverteilung (z.B. $\alpha=97\%$, $z_a=1{,}881$; $\alpha=90\%$, $z_a=1{,}282$; $\alpha=75\%$, $z_a=0{,}674$; $\alpha=50\%$, $z_a=0$; $\alpha=25\%$, $z_a=-0{,}674$; $\alpha=10\%$, $z_a=-1{,}281$; $\alpha=3\%$, $z_a=-1{,}881$).

BMI-SDS-Werte

Durch die LMS-Methode ist auch bei nicht normalverteilten Merkmalen – wie dem BMI – die Berechnung von »Standard Deviation Scores« (SDS_{LMS}[1]) möglich. Die Ermittlung des SDS_{LMS} ist u.a. sinnvoll, wenn die Werte im untersten bzw. im obersten BMI-Bereich liegen. Während die Perzentilwerte hier keine adäquate Ver-

---

[1]   LMS wurde als Fußnote hinzugefügt, um darauf hinzuweisen, dass die SDS-Berechnung anhand einer speziellen Formel erfolgen muss.

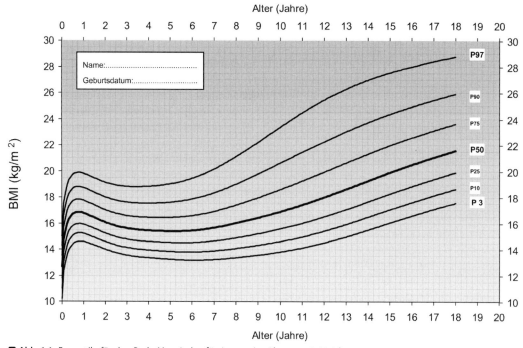

◘ Abb. 1.1. Perzentile für den Body Mass Index für Jungen im Alter von 0–18 Jahren

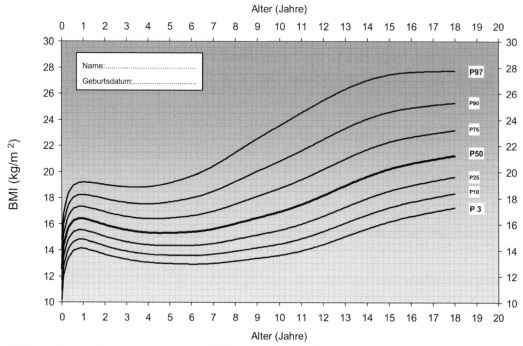

◘ Abb. 1.2. Perzentile für den Body Mass Index für Mädchen im Alter von 0–18 Jahren

◘ Tabelle 1.1. Perzentile für den Body Mass Index (in kg/m²) von Jungen im Alter von 0–18 Jahren

Alter (Jahre)	L	S	P3	P10	P25	P50 (M)	P75	P90	P97	P99,5
0	1,31	0,10	10,20	11,01	11,81	12,68	13,53	14,28	15,01	15,86
0,5	−0,67	0,08	14,38	15,06	15,80	16,70	17,69	18,66	19,72	21,09
1	−1,05	0,08	14,58	15,22	15,93	16,79	17,76	18,73	19,81	21,25
1,5	−1,28	0,08	14,31	14,92	15,60	16,44	17,40	18,37	19,47	20,95
2	−1,45	0,08	14,00	14,58	15,25	16,08	17,03	18,01	19,14	20,69
2,5	−1,58	0,08	13,73	14,31	14,97	15,80	16,76	17,76	18,92	20,51
3	−1,67	0,09	13,55	14,13	14,79	15,62	16,59	17,62	18,82	20,51
3,5	−1,75	0,09	13,44	14,01	14,67	15,51	16,50	17,56	18,80	20,61
4	−1,80	0,09	13,36	13,94	14,60	15,45	16,46	17,54	18,83	20,68
4,5	−1,85	0,09	13,30	13,88	14,55	15,42	16,45	17,56	18,90	20,87
5	−1,88	0,09	13,24	13,83	14,51	15,40	16,46	17,61	19,02	21,17
5,5	−1,90	0,10	13,20	13,80	14,50	15,40	16,50	17,71	19,19	21,52
6	−1,92	0,10	13,18	13,79	14,51	15,45	16,59	17,86	19,44	21,92
6,5	−1,92	0,10	13,19	13,82	14,56	15,53	16,73	18,07	19,76	22,40
7	−1,92	0,11	13,23	13,88	14,64	15,66	16,92	18,34	20,15	23,07
7,5	−1,92	0,11	13,29	13,96	14,76	15,82	17,14	18,65	20,60	23,81
8	−1,91	0,11	13,37	14,07	14,90	16,01	17,40	19,01	21,11	24,62
8,5	−1,89	0,12	13,46	14,18	15,05	16,21	17,68	19,38	21,64	25,48
9	−1,87	0,12	13,56	14,31	15,21	16,42	17,97	19,78	22,21	26,55
9,5	−1,85	0,13	13,67	14,45	15,38	16,65	18,27	20,19	22,78	27,34
10	−1,83	0,13	13,80	14,60	15,57	16,89	18,58	20,60	23,35	28,35
10,5	−1,80	0,13	13,94	14,78	15,78	17,14	18,91	21,02	23,91	29,21
11	−1,77	0,14	14,11	14,97	16,00	17,41	19,24	21,43	24,45	30,11
11,5	−1,75	0,14	14,30	15,18	16,24	17,70	19,58	21,84	24,96	30,63
12	−1,72	0,14	14,50	15,41	16,50	17,99	19,93	22,25	25,44	31,38
12,5	−1,69	0,14	14,73	15,66	16,77	18,30	20,27	22,64	25,88	31,72
13	−1,66	0,14	14,97	15,92	17,06	18,62	20,62	23,01	26,28	32,08
13,5	−1,63	0,14	15,23	16,19	17,35	18,94	20,97	23,38	26,64	32,45
14	−1,61	0,14	15,50	16,48	17,65	19,26	21,30	23,72	26,97	32,61
14,5	−1,58	0,14	15,77	16,76	17,96	19,58	21,63	24,05	27,26	32,79
15	−1,55	0,14	16,04	17,05	18,25	19,89	21,95	24,36	27,53	32,96
15,5	−1,52	0,13	16,31	17,33	18,55	20,19	22,26	24,65	27,77	32,94
16	−1,49	0,13	16,57	17,60	18,83	20,48	22,55	24,92	27,99	33,11
16,5	−1,47	0,13	16,83	17,87	19,11	20,77	22,83	25,18	28,20	33,09
17	−1,44	0,13	17,08	18,13	19,38	21,04	23,10	25,44	28,40	33,24
17,5	−1,41	0,13	17,32	18,39	19,64	21,31	23,36	25,68	28,60	33,21
18	−1,39	0,13	17,56	18,63	19,89	21,57	23,61	25,91	28,78	33,19

Nähere Erläuterungen zur Tabelle s. Text.

gleichsmöglichkeit bieten, kann durch die SDS-Werte eine genaue Differenzierung erfolgen.

❗ SDS$_{LMS}$-Werte geben an, um ein Wie-viel-Faches einer Standardabweichung ein individueller BMI bei gegebenem Alter und Geschlecht ober- oder unterhalb des BMI-Medianwertes liegt.

Der Individualwert lässt sich somit genau in die Verteilung der Referenzgruppe einordnen. Zum Beispiel liegt ein Kind, welches mit seinem Messwert um eine Standardabweichung nach oben (+1) bzw. unten (−1) abweicht, auf der 84. bzw. 16. Perzentile der Referenzgruppe. Weicht der Messwert um 2 Standardabweichungen nach oben (+2) bzw. nach unten (−2) ab, so entspricht dieser Wert der 97,7. bzw. 2,3. Perzentile der Referenzgruppe.

◻ Tabelle 1.2. Perzentile für den Body Mass Index (in kg/m²) von Mädchen im Alter von 0–18 Jahren

Alter (Jahre)	L	S	P3	P10	P25	P50 (M)	P75	P90	P97	P99,5
0	1,34	0,10	10,21	10,99	11,75	12,58	13,40	14,12	14,81	15,61
0,5	−0,03	0,08	13,86	14,55	15,29	16,16	17,08	17,95	18,85	19,98
1	−0,44	0,08	14,14	14,81	15,53	16,40	17,34	18,25	19,22	20,41
1,5	−0,71	0,08	13,94	14,59	15,32	16,19	17,16	18,11	19,15	20,48
2	−0,92	0,09	13,68	14,33	15,05	15,93	16,93	17,92	19,03	20,48
2,5	−1,07	0,09	13,46	14,10	14,82	15,71	16,73	17,76	18,92	20,51
3	−1,19	0,09	13,29	13,93	14,64	15,54	16,57	17,64	18,84	20,46
3,5	−1,30	0,09	13,16	13,79	14,51	15,42	16,46	17,56	18,81	20,54
4	−1,38	0,10	13,06	13,69	14,42	15,33	16,40	17,54	18,85	20,75
4,5	−1,46	0,10	13,00	13,64	14,37	15,31	16,41	17,58	18,97	20,97
5	−1,52	0,10	12,97	13,61	14,36	15,32	16,46	17,69	19,16	21,34
5,5	−1,58	0,10	12,94	13,60	14,36	15,35	16,53	17,83	19,40	21,74
6	−1,62	0,11	12,92	13,59	14,37	15,39	16,63	17,99	19,67	22,28
6,5	−1,65	0,11	12,93	13,62	14,42	15,48	16,77	18,21	20,01	22,78
7	−1,66	0,12	12,98	13,69	14,52	15,62	16,98	18,51	20,44	23,48
7,5	−1,65	0,12	13,06	13,80	14,66	15,81	17,24	18,86	20,93	24,25
8	−1,64	0,12	13,16	13,92	14,82	16,03	17,53	19,25	21,47	25,19
8,5	−1,61	0,13	13,27	14,06	15,00	16,25	17,83	19,65	22,01	26,02
9	−1,58	0,13	13,38	14,19	15,17	16,48	18,13	20,04	22,54	26,69
9,5	−1,54	0,13	13,48	14,33	15,34	16,70	18,42	20,42	23,04	27,50
10	−1,51	0,14	13,61	14,48	15,53	16,94	18,72	20,80	23,54	28,17
10,5	−1,47	0,14	13,76	14,66	15,74	17,20	19,05	21,20	24,03	28,73
11	−1,43	0,14	13,95	14,88	15,99	17,50	19,40	21,61	24,51	29,36
11,5	−1,39	0,14	14,18	15,14	16,28	17,83	19,78	22,04	25,00	29,88
12	−1,36	0,14	14,45	15,43	16,60	18,19	20,18	22,48	25,47	30,47
12,5	−1,33	0,14	14,74	15,75	16,95	18,56	20,58	22,91	25,92	30,77
13	−1,30	0,14	15,04	16,07	17,30	18,94	20,98	23,33	26,33	31,26
13,5	−1,27	0,14	15,35	16,40	17,64	19,30	21,36	23,71	26,70	31,43
14	−1,25	0,14	15,65	16,71	17,97	19,64	21,71	24,05	27,01	31,72
14,5	−1,23	0,14	15,92	17,00	18,27	19,95	22,02	24,35	27,26	31,81
15	−1,20	0,14	16,18	17,26	18,53	20,22	22,28	24,59	27,45	31,86
15,5	−1,18	0,13	16,40	17,49	18,76	20,45	22,50	24,77	27,57	31,85
16	−1,16	0,13	16,60	17,69	18,96	20,64	22,67	24,91	27,65	31,79
16,5	−1,13	0,13	16,78	17,87	19,14	20,81	22,82	25,02	27,69	31,71
17	−1,11	0,13	16,95	18,04	19,31	20,96	22,95	25,11	27,72	31,61
17,5	−1,09	0,13	17,11	18,20	19,47	21,11	23,07	25,20	27,74	31,51
18	−1,07	0,12	17,27	18,36	19,62	21,25	23,19	25,28	27,76	31,42

Der SDS_{LMS} wird wie folgt berechnet:

$$SDS_{LMS} = \frac{[BMI/M(t)]^{L(t)} - 1}{L(t)S(t)}$$

Dabei entspricht der BMI dem Individualwert des Kindes. M(t), L(t) und S(t) sind die entsprechenden Parameter für das Alter (t) und das Geschlecht des Kindes.

❯ Beispiel: Adipositas
Der SDS-Wert für ein 12-jähriges extrem adipöses Mädchen mit einem BMI von 40,1 kg/m² (Körperhöhe = 154 cm, Körpergewicht = 94 kg) wird wie folgt berechnet:

Die alters- und geschlechtsspezifischen L-, M-, und S-Werte werden in ◻ Tabelle 1.2 abgelesen (L = −1,36; M = 18,19; S = 0,14) und in die o. g. Formel eingesetzt:

$$\mathrm{SDS_{LMS}} = \frac{[40,1/18,19]^{-1,36} - 1}{-1,36 \cdot 0,14} = +3,5$$

Reduziert dieses Mädchen innerhalb eines Jahres sein Gewicht um 10 kg (aktuelle Körperhöhe = 155 cm), beträgt der BMI im Alter von 13 Jahren 35 kg/m². Unter Berücksichtigung der L-, M-, und S-Werte für 13-jährige Mädchen (L = –1,3; M = 18,94; S = 0,14) aus ◪ Tabelle 1.2 ergibt sich folgender SDS-Wert:

$$\mathrm{SDS_{LMS}} = \frac{[35/18,19]^{-1,3} - 1}{-1,3 \cdot 0,14} = +3,0$$

Würde man dieses Mädchen lediglich nach der Lage innerhalb der Perzentile beurteilen, wäre der Therapieerfolg nicht ablesbar, da die BMI-Werte zu beiden Untersuchungszeitpunkten der 99,9. Perzentile entsprechen

> **Beispiel: Anorexia nervosa**
> Eine 13-jährige Patientin mit einer Anorexia nervosa und einem BMI von 12,5 hätte demnach einen SDS-Wert von –3,9 (L = –1,30, M = 18,94, S = 0,14), was einer BMI-Perzentile von kleiner 1 entspricht.

1.3.1 Altersveränderungen beim BMI

Die ◪ Abb. 1.1 und 1.2 machen deutlich, dass der BMI bei Jungen und Mädchen analoge Altersveränderungen aufweist. Nach der Geburt kommt es zu einem Anstieg des BMI. Dieser erreicht bei Jungen im Alter von 8 Monaten seinen Höhepunkt. Bei Mädchen wird dieser höchste BMI-Wert, der allerdings deutlich geringer als bei Jungen ist, im Alter von 9 Monaten erreicht. Im Anschluss daran sinkt der BMI bei Jungen bis zum Alter von 5 Jahren und einem Monat sowie bei Mädchen bis zum Alter von 4 Jahren und 5 Monaten. Nach diesem BMI-Abfall steigt der BMI bei beiden Geschlechtern bis ins Erwachsenenalter an. Zwischen dem 11. und 16. Lebensjahr weisen Mädchen einen höheren BMI als Jungen auf. Bei beiden Geschlechtern sind die Abstände zwischen den Perzentilen in allen Altersklassen im unteren Perzentilbereich (< P50) deutlich geringer als im oberen Bereich. Mit zunehmendem Alter werden diese Abstände – bedingt durch die zunehmende Streuung der Individualwerte – größer.

1.3.2 Vergleich mit anderen BMI-Referenzkurven

Der Vergleich der BMI-Perzentile für deutsche Kinder und Jugendliche mit den neuen internationalen Referenzkurven von Cole et al. (2000) und den überarbeiteten BMI-Kurven für amerikanische Kinder und Jugendliche (Kuczmarski et al., 2002) zeigt eine generelle Übereinstimmung der Kurven im Altersverlauf und nur geringe Unterschiede in der Größenordnung der BMI-Werte (◪ Abb. 1.3). Unter Verwendung der Grenzwerte von Cole et al. zur Definition von Übergewicht und Adipositas ergibt sich für die Kinder und Jugendlichen der deutschen Referenzgruppe eine Übergewichtshäufigkeit von 10,8% für Jungen und 11,2% für Mädchen. Die Adipositas-Häufigkeit beträgt danach 2,7% für Jungen und 2,6% für Mädchen.

Der Vergleich der deutschen BMI-Perzentile mit Perzentilen älteren Datums – z. B. den Perzentilen französischer Kinder und Jugendlicher von Rolland-Cachera et al. (1991) – zeigt, dass die 90. und 97. Perzentile heute deutlich höher liegen, während die Unterschiede bei den Medianwerten sowie den 3. Perzentilen gering sind.

Dadurch wird deutlich, dass es nicht sinnvoll ist, BMI-Referenzkurven ständig zu erneuern, wie z. B. für Größen- und Gewichtsperzentile gefordert wird. Ein »Festhalten« an einer einmal ermittelten Verteilung ermöglicht, Prävalenzveränderungen beim BMI in zeitlicher Hinsicht genau zu quantifizieren (Cole u. Rolland-Cachera, 2002).

1.4 Definition von Übergewicht und Adipositas

Die AGA empfiehlt die Verwendung der 90. alters- und geschlechtsspezifischen Perzentile der oben vorgestellten Referenzdaten für deutsche Kinder und Jugendliche als Grenzwert zur Defini-

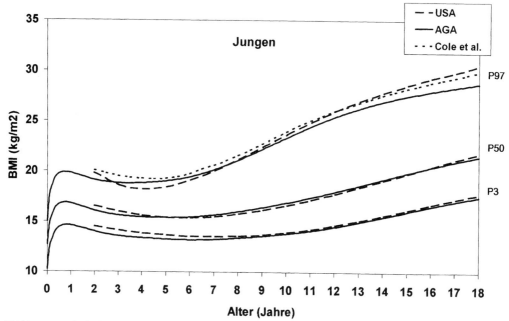

□ Abb. 1.3. Vergleich der BMI-Perzentile für deutsche Kinder (Kuczmarski et al., 2002) und der internationalen Referenz-(AGA) mit den Perzentilkurven für amerikanische Kinder kurve (Cole et al., 2000)

tion von Übergewicht und die Verwendung der 97. Perzentile als Grenzwert zur Definition von Adipositas. Diese Perzentile gehen im Erwachsenenalter nahezu kontinuierlich in die risikobezogenen Grenzwerte des BMI (25 kg/m^2 für Übergewicht bzw. 30 kg/m^2 für Adipositas) über. Die Festlegung der AGA entspricht den Empfehlungen einer Expertengruppe der IOTF zur Definition von Übergewicht bzw. Adipositas im Kindes- und Jugendalter (Dietz u. Robinson, 1998; Cole et al., 2000).

> **❶ BMI:** 90.–97. Perzentile ⇒ Übergewicht
> für Alter
> und Geschlecht
>
> **BMI:** >97. Perzentil ⇒ Adipositas
> für Alter
> und Geschlecht

1.5 Klinische Relevanz des BMI

Für die klinische Praxis ist sowohl die Abschätzung des aktuellen Gesundheitsrisikos als auch die Risikoprognose in Bezug auf den BMI wichtig. Während bei Erwachsenen diese Zusammenhänge gut untersucht sind, gibt es dazu nur relativ wenige Daten für Kinder und Jugendliche. Eine wesentliche Rolle bei der Risikoabschätzung für die Letztgenannten spielen Alter, Ausmaß und Dauer der Adipositas sowie die familiäre Belastung (Gewichtsstatus/Erkrankungen der Eltern). Es wurde nachgewiesen, dass bereits bei Kindern und Jugendlichen erhöhte BMI-Werte bzw. BMI-Zunahmen mit zahlreichen Veränderungen metabolischer und physiologischer Parameter (z. B. Diabetes-mellitus-Typ-2, Hypertonie, Hyperlipidämien, orthopädische Störungen) einhergehen. Daten der »Bogalusa Heart Study« zeigen, dass im Alter von 5–10 Jahren 60% der adipösen Kinder einen biochemischen oder klinischen Risikofaktor für kardiovaskuläre Erkrankungen, 20% sogar zwei oder mehr Risikofaktoren haben (Freedman et al., 1999). Csabi et al. (2000) fanden bei 85% der von ihnen untersuchten adipösen Kinder einen Hyperinsulinismus, eine beeinträchtigte Glukosetoleranz, eine Alteration des Lipidmetabolismus oder eine Hypertonie. Die Auswirkungen erhöhter kindlicher BMI-Werte auf die Morbidität im Erwachsenenalter wurden z. B. von Must et al. (1992) beschrieben. Sie fanden eine enge Beziehung zwischen dem kindlichen BMI und der Höhe des Blutdrucks bzw. der Lipoproteine im Erwachsenenalter.

1.5.1 Prognose des Gewichtsverlaufs

Aus klinischer Sicht kommt der Frage nach dem Fortbestehen der Adipositas bis ins Erwachsenenalter eine große Bedeutung zu. Grundsätzlich gilt, dass das Risiko für ein Fortbestehen der Adipositas steigt, je größer ihr Ausmaß ist, je später sie auftritt und wenn bei den Eltern ebenfalls eine Adipositas besteht. Mit zunehmendem Alter steigt die Korrelation zwischen dem BMI des Kindes und dem im späteren Erwachsenenalter (Rolland-Cachera et al., 1987; Power et al., 1997). Bei Säuglingen und Kleinkindern hat der BMI bzw. die BMI-Perzentile eine geringe Vorhersagekraft für den Verlauf des BMI in der weiteren Entwicklung. Whitaker et al. (1997) fanden für adipöse Kinder vor dem 3. Lebensjahr nur ein geringes Risiko, auch im Erwachsenenalter adipös zu werden. Ist jedoch ein Elternteil adipös, steigt dieses Risiko an und liegt bei 10–14-Jährigen mit einem adipösen Elternteil immerhin bei ca. 80%.

Durch longitudinale Untersuchungen wurde gezeigt, dass wiederholte BMI-Bestimmungen im Alter zwischen 3 und 8 Jahren eine zuverlässige Vorhersage für eine spätere Adipositas ermöglichen. Der Zeitpunkt des »Adiposity Rebound« (Umkehrpunkt zwischen BMI-Abnahme und BMI-Zunahme im Alter von 4–6 Jahren) ist ein guter Prädiktor für eine spätere Adipositas: Kinder mit einem frühen »Adiposity Rebound« haben ein größeres Risiko, im späteren Alter eine Adipositas zu entwickeln als Kinder mit einem späten Rebound (Rolland-Cachera et al., 1987; Siervogel et al., 1991; Whitaker et al., 1998).

1.5.2 Besonderheiten bei der Beurteilung des BMI

Adipöse Kinder weisen im Vergleich zu normalgewichtigen Kindern gleichen Alters und gleichen Geschlechts oftmals eine größere Körperhöhe, eine höhere Muskelmasse (Knittle et al., 1979) und eine frühere Reifeentwicklung (Garn u. Clark, 1975; Stark et al., 1989) auf. Dies sollte bei der Beurteilung des BMI v.a. im Bereich der Grenzwerte für Übergewicht und Adipositas berücksichtigt werden. Biologisch ältere Individuen können bei gleichem kalendarischen Alter höhere BMI-Werte haben. Ein 13,5-jähriger Junge mit einem Pubesstadium PH4, einem Knochenalter von 15,0 Jahren und einem BMI von 24 kg/m^2 ist entsprechend dem chronologischen Alter übergewichtig – bezogen auf sein biologisches Alter jedoch normalgewichtig.

Problematisch ist die Verwendung der BMI-Referenzwerte für Kinder und Jugendliche mit bestimmten Erkrankungen. So sollten bei Störungen der Pubertätsentwicklung und/oder Abweichungen bei der Körperzusammensetzung (adrenogenitales Syndrom, syndromale Adipositas, Sportler) zusätzlich Methoden zur Bestimmung der Fettmasse herangezogen werden. Dies gilt auch, wenn eine Erkrankung aufgrund einer Beeinträchtigung der Energiebilanz des Körpers mit einem verminderten Längenwachstum und einer Verzögerung der biologischen Reifung einhergeht, z. B. bei chronischer Mangelernährung. In solchen Fällen eignen sich die vorgestellten Kurven zur Verlaufsdokumentation des BMI und damit zur Feststellung des Behandlungsergebnisses.

1.6 Weitere Methoden zur Abschätzung des Körperfettanteils

Während es im Hinblick auf wissenschaftliche Fragestellungen möglich und ratsam ist, aufwändigere Methoden [z. B. Densitometrie, Dual-energy-X-ray-Absorptiometrie (DEXA), Bioelektrische Impedanzanalyse (BIA), Magnetresonanztomografie (MRT; ► Kap. 32)] zur Bestimmung der

Fettmasse zu verwenden, erfordert der klinische Alltag einfache und kostengünstige Methoden. Hier empfiehlt es sich, neben dem BMI, die Dicke der Hautfalten und/oder Umfänge zu ermitteln.

Hautfalten

Durch die Messung von Hautfalten lässt sich die Dicke des Unterhautfettgewebes bestimmen. Obwohl Hautfaltenmessungen relativ einfach durchführbar sind, ist die Einhaltung standardisierter Messmethoden (Messpunkte, Messtechnik, Messgerät) für die Verlässlichkeit der Ergebnisse sehr wichtig. Ein Vergleich der Messwerte mit Referenztabellen für die Hautfaltendicke ist nur dann sinnvoll, wenn die Messmethoden der eigenen Messung und der Referenz übereinstimmen.

Da eine enge Korrelation zwischen dem subkutanen Fettanteil und der Gesamtkörperfettmasse besteht, kann mittels Hautfaltenmessungen die Gesamtkörperfettmasse bzw. die prozentuale Körperfettmasse bestimmt werden (Parizkova, 1961). Hierfür existieren zahlreiche Regressionsformeln. Diese sind nicht unkritisch zu verwenden, da die Formeln geschlechts-, alters- und populationsspezifisch sind.

Hautfaltenmessungen ermöglichen auch Aussagen über die Fettverteilung. Während die Hautfalte über dem Trizeps die Fettverteilung an den Extremitäten charakterisiert, gibt die subskapulare Hautfalte Auskunft über die Fettmasse am Rumpf. Goran et al. (1998) stellten mittels DEXA fest, dass bei Kindern Rumpfhautfalten ein guter Prädiktor für die intraabdominale Fettmasse sind. Rumpfhautfalten sind dabei Indizes, in welche Extremitäten- und Rumpfhautfalten eingehen, vorzuziehen.

Umfänge

Messungen von Hüft-, Taillen- und Oberarmumfang geben Auskunft über die Fettverteilung. Bei Kindern sind sowohl der Hüftumfang als auch der Taillenumfang geeignete Maße zur Beurteilung der intraabdominalen Fettmasse (Goran et al., 1998). Die Taillen-Hüft-Relation (»Waist-to-Hip-Ratio«, WHR), welche man bei Erwachsenen verwendet, lässt dagegen in dieser Altersgruppe keine Aussagen über die intraabdominale Fettmasse zu. Dementsprechend fanden Sangi u. Mueller (1991), dass bei Kindern zwischen dem Hüftumfang – nicht hingegen der Taillen-Hüft-Relation – und kardiovaskulären Risikofaktoren eine positive Korrelation besteht.

Messungen des Oberarmumfanges werden zur Feststellung des Ernährungszustandes empfohlen (Briend et al., 1989). Mittels dieses Umfangs sind sowohl Aussagen zur Muskel- als auch zur Fettmasse möglich. Berechnungsformeln dafür wurden z.B. von Rolland-Cachera et al. (1997) erstellt.

Detaillierte Beschreibungen der verschiedenen Methoden zur Bestimmung der Körperzusammensetzung sowie Hinweise zu deren Vor- und Nachteile, sind in ▶ Kap. 32 dargestellt.

1.7   Aktuelle Prävalenz und Trends bei Übergewicht und Adipositas im deutschsprachigen Raum

Die Häufigkeiten von Übergewicht und Adipositas im Kindes- und Jugendalter, welche anhand der hier vorgestellten Definitionen bei verschiedenen Untersuchungen in Deutschland und Österreich ermittelt wurden, sind in ❑ Tabelle 1.3 dargestellt.

Gegenwärtig sind zwischen 10 und 20% der Kinder und Jugendlichen übergewichtig, 4 bis 8% von diesen weisen sogar eine Adipositas auf. Es zeichnet sich der Trend ab, dass der Anteil der Übergewichtigen und Adipösen in älteren Altersgruppen höher als in jüngeren ist. Vor allem in den letzten Jahren ist es zu einem Anstieg der Übergewichts- und Adipositas-Häufigkeit bei Kindern und Jugendlichen gekommen. Bei Jenaer Schulkindern im Alter zwischen 7 und 14 Jahren lässt sich zwischen 1985 und 1995 ein deutlicher Anstieg der Prävalenzraten feststellen (Kromeyer-Hauschild et al., 1999). Die Daten von Schuleingangsuntersuchungen aus NRW (Landesinstitut für den Öffentlichen Gesundheitsdienst NRW, 2003) und die Daten des CrescNet aus Leipzig (Kiess et al., 2001), einem Netzwerk, in welchem Daten von Kindern und Ju-

□ Tabelle 1.3. Häufigkeit von Übergewicht und Adipositas bei Kindern und Jugendlichen in Deutschland u. Österreich

Alter (Jahre)	Ort	Jungen			Mädchen			Quelle
		Untersuchungsjahr	Übergewicht[a] (%)	Adipositas[b] (%)	Übergewicht[a] (%)	Adipositas[b] (%)		
5–6	Brandenburg	1999	12,2	5,8	11,4	4,9		(Böhm et al., 2002)
5–6	NRW	2002	10,8	4,9	11,3	4,6		(lögde, 2003)
3–6	Österreich	2000/2001	10	6	10	3		(Elmadfa et al., 2003)
7–10	Niederösterreich	1998/99	11	5	10	4		(Elmadfa et al., 2003)
16	Brandenburg	1999	14,6	5,9	16,8	7,9		(Böhm et al., 2002)
15–18	Österreich	2000/2001	13	11	6	4		(Elmadfa et al., 2003)

[a] BMI > P90.
[b] BMI > P97 (Referenz: BMI-Perzentile für deutsche Kinder).

gendlichen aus Kinderarztpraxen zusammengefasst werden, machen deutlich, dass die Prävalenzraten in den letzten Jahren kontinuierlich angestiegen sind (□ Tabelle 1.4). Zudem gibt es Hinweise dafür, dass nicht nur die Zahl der adipösen Kinder, sondern auch deren Körpergewichte deutlich zugenommen haben. Aktuelle Zahlen von Eingangsschuluntersuchungen in deutschen Großstädten zeigen, dass bei Kindern von türkischen und anderen ausländischen Familien die Prävalenz von Übergewicht doppelt so hoch ist wie bei Kindern aus deutschen Familien (Wabitsch, 2004).

1.8 Resümee

Im Kindes- und Jugendalter sollte die Feststellung von Übergewicht und Adipositas anhand des altersbezogenen BMI erfolgen. Zur Beurteilung deutscher Kinder und Jugendlicher wurden einheitliche BMI-Perzentilkurven für Deutschland erstellt. Ist der BMI eines Kindes oder Jugendlichen größer als der Wert der 90. bzw. 97. Perzentile für sein Alter und Geschlecht, so liegt Übergewicht bzw. Adipositas vor. Die Anwen-

□ Tabelle 1.4. Anstieg der Prävalenz von Übergewicht und Adipositas bei Einschülern in NRW und bei Kindern im Cresc-Net

NRW		
Untersuchungsjahr	Übergewicht[a] (%)	Adipositas[b] (%)
1996	5,6	3,9
1997	5,9	4,3
1998	6,0	4,4
1999	6,0	4,3
2000	6,2	4,6
2001	6,3	4,7
2002	6,3	4,7

CrescNet		
Untersuchungsjahr	Jungen Adipositas[a] (%)	Mädchen Adipositas[b] (%)
1999	6,2	7,0
2000	6,7	7,3
2001	7,0	7,5

[a] BMI > P90.
[b] BMI > P97 (Referenz: BMI-Perzentile für deutsche Kinder).

dung zusätzlicher Methoden zur Bestimmung der Fettmasse – wie z. B. Hautfalten- oder Umfangsmessungen – kann bei der Beurteilung von Kindern und Jugendlichen mit Störungen des Wachstums, der Pubertätsentwicklung und/oder Abweichungen bei der Körperzusammensetzung hilfreich sein.

Literatur

Bellizzi MC, Dietz WH (1999) Workshop on childhood obesity: summary of the discussion. Am J Clin Nutr 70: 173S–175S

Böhm A, Friese E, Lüdecke K (2002) Körperliche Entwicklung und Übergewicht bei Kindern und Jugendlichen – Eine Analyse von Daten aus ärztlichen Reihenuntersuchungen des Öffentlichen Gesundheitsdienstes im Land Brandenburg. Monatsschr Kinderheilkd 150: 48–47

Briend A, Hasan KZ, Aziz KM, Hoque BA, Henry FJ (1989) Measuring change in nutritional status: a comparison of different anthropometric indices and the sample sizes required. Eur J Clin Nutr 43: 769–778

Cole TJ (1990) The LMS method for constructing normalized growth standards. Eur J Clin Nutr 44: 45–60

Cole TJ (1991) Weight-stature indices to measure underweight, overweight, and obesity. In: Himes JH (ed) Anthropometric assessment of nutritional status. Wiley, New York, pp 83–111

Cole TJ, Roede MJ (1999) Centiles of body mass index for Dutch children aged 0–20 years in 1980 – a baseline to assess recent trends in obesity. Ann Hum Biol 26: 303–308

Cole TJ, Rolland-Cachera MF (2002) Measurement and definition. In: Burniat W, Cole TJ, Lissau I, Poskitt EME (eds) Child and adolescent obesity. University Press, Cambridge, pp 3–27

Cole TJ, Freeman JV, Preece MA (1995) Body mass index reference curves for the UK, 1990. Arch Dis Child 73: 25–29

Cole TJ, Bellizzi MC, Flegal KM, Dietz WH (2000) Establishing a standard definition for child overweight and obesity worldwide: international survey. BMJ 320: 1240–1243

Csabi G, Torok K, Jeges S, Molnar D (2000) Presence of metabolic cardiovascular syndrome in obese children. Eur J Pediatr 159: 91–94

Daniels SR, Khoury PR, Morrison JA (1997) The utility of body mass index as a measure of body fatness in children and adolescents: differences by race and gender. Pediatrics 99: 804–807

Dietz WH, Robinson TN (1998) Use of the body mass index (BMI) as a measure of overweight in children and adolescents. J Pediatr 132: 191–193

Elmadfa I, Freisling H, König J et al. (2003) Österreichischer Ernährungsbericht 2003. Wien

Freedman DS, Dietz WH, Srinivasan SR, Berenson GS (1999) The relation of overweight to cardiovascular risk factors among children and adolescents: the Bogalusa Heart Study. Pediatrics 103: 1175–1182

Garn SM, Clark DC (1975) Nutrition, growth, development, and maturation: findings from the ten-state nutrition survey of 1968–1970. Pediatrics 56: 306–319

Goran MI, Gower BA, Treuth M, Nagy TR (1998) Prediction of intra-abdominal and subcutaneous abdominal adipose tissue in healthy pre-pubertal children. Int J Obes Relat Metab Disord 22: 549–558

Himes JH, Bouchard C (1989) Validity of anthropometry in classifying youths as obese. Int J Obes 13: 183–193

Himes JH, Dietz WH (1994) Guidelines for overweight in adolescent preventive service: recommendations from an expert committee. Am J Clin Nutr 59: 307–316

Kiess W, Gausche R, Keller A, Burmeister J, Willgerodt H, Keller E (2001) Computer-guided, population-based screening system for growth disorders (CrescNet) and on-line generation of normative data for growth and development. Horm Res 56 Suppl 1: 59–66

Knittle JL, Timmers K, Ginsberg-Fellner F, Brown RE, Katz DP (1979) The growth of adipose tissue in children and adolescents. Cross-sectional and longitudinal studies of adipose cell number and size. J Clin Invest 63: 239–246

Kromeyer-Hauschild K, Wabitsch M, Kunze D, Geller F, Geiß HC, Hesse V, v. Hippel U, Jaeger U, Johnsen D, Korte W, Menner K, Müller G, Müller JM, Niemann-Pilatus A, Remer T, Schaefer F, Wittchen HU, Zabransky S, Zellner K, Ziegler A, Hebebrand J (2001) Perzentile für den Body-mass-Index für das Kindes- und Jugendalter unter Heranziehung verschiedener deutscher Stichproben. Monatsschr Kinderheilkd 149: 807–818

Kromeyer-Hauschild K, Zellner K, Jaeger U, Hoyer H (1999) Prevalence of overweight and obesity among school children in Jena (Germany). Int J Obes Relat Metab Disord 23: 1143–1150

Kuczmarski RJ, Ogden CL, Guo SS, Grummer-Strawn LM, Flegal KM, Mei Z, Wei R, Curtin LR, Roche AF, Johnson CL (2002) 2000 CDC Growth Charts for the United States: methods and development. Vital Health Stat 11: 1–190

Landesinstitut für den Öffentlichen Gesundheitsdienst NRW (lögde) (2003) Schulärztliche Untersuchungen in Nordrhein-Westfalen – Jahresbericht 2002. lögd, Bielefeld

Lindgren G, Strandell A, Cole TJ, Healy M, Tanner J (1995) Swedish population reference standards for height, weight and body mass index attained at 6 to 16 years (girls) or 19 years (boys). Acta Paediatr 84: 1019–1028

Micozzi MS, Albanes D, Jones DY, Chumlea WC (1986) Correlations of body mass indices with weight, stature, and body composition in men and women in NHANES I and II. Am J Clin Nutr 44: 725–731

Must A, Jacques PF, Dallal GE et al. (1992) Long term morbidity and mortality of overweight adolescents. A follow up of the Harvard Growth Study of 1922 to 1935. N Engl J Med 327: 1350–1355

Parizkova J (1961) Total body fat and skinfold thickness in children. Metabolism 10: 794–807

Pietrobelli A, Faith MS, Allison DB, Gallagher D, Chiumello G, Heymsfield SB (1998) Body mass index as a measure of adiposity among children and adolescents: a validation study. J Pediatr 132: 204–210

Poskitt EME (1995) Defining childhood obesity: the relative body mass index (BMI). Acta Paediatr 84: 961–963

Power C, Lake JK, Cole TJ (1997) Measurement and long-term health risks of child and adolescent fatness. Int J Obes Relat Metab Disord 21: 507–526

Rolland-Cachera MF, Sempe M, Guilloud-Bataille M, Patois E, Pequignot-Guggenbuhl F, Fautrad V (1982) Adiposity indices in children. Am J Clin Nutr 36: 178–184

Rolland-Cachera MF, Deheeger M, Guilloud-Bataille M, Avons P, Patois E, Sempe M (1987) Tracking the development of adiposity from one month of age to adulthood. Ann Hum Biol 14: 219–229

Rolland-Cachera MF, Cole TJ, Sempe M, Tichet J, Rossignol C, Charraud A (1991) Body Mass Index variation: centiles from birth to 87 years. Eur J Clin Nutr 45: 13–21

Rolland-Cachera MF, Brambilla P, Manzoni P, Akrout M, Sironi S, Del Maschio A, Chiumello G (1997) Body composition assessed on the basis of arm circumference and triceps skinfold thickness: a new index validated in children by magnetic resonance imaging. Am J Clin Nutr 65: 1709–1713

Sangi H, Mueller WH (1991) Which measure of body fat distribution is best for epidemiologic research among adolescents? Am J Epidemiol 133: 870–883

Siervogel RM, Roche AF, Guo SM, Mukherjee D, Chumlea WC (1991) Patterns of change in weight/stature from 2 to 18 years: findings from long-term serial data for children in the Fels longitudinal growth study. Int J Obes 15: 479–485

Spyckerelle Y, Gueguen R, Guillemot M, Tosi E, Deschamps JP (1988) Adiposity indices and clinical opinion. Ann Hum Biol 15: 45–54

Stark O, Peckham CS, Moynihan C (1989) Weight and age at menarche. Arch Dis Child 64: 383–387

Wabitsch M (2004) Kinder und Jugendliche mit Adipositas in Deutschland – Aufruf zum Handeln. Bundesgesundheitsblatt 47: 251–255

Whitaker RC, Wright JA, Pepe MS, Seidel KD, Dietz WH (1997) Predicting obesity in young adulthood from childhood and parental obesity. N Engl J Med 337: 869–873

Whitaker RC, Pepe MS, Wright JA, Seidel KD, Dietz WH (1998) Early adiposity rebound and the risk of adult obesity. Pediatrics 101: E5

WHO (1997) Obesity epidemic puts millions at risk from related diseases. Press Release 46

Zwiauer K, Wabitsch M (1997) Relativer Body-mass-Index (BMI) zur Beurteilung von Übergewicht und Adipositas im Kindes- und Jugendalter. Monatsschr Kinderheilkd 145: 1312–1318

Weiterführende Literatur

Lissau I, Overpeck MD, Ruan WJ, Due P, Holstein BE, Hediger ML (2004) Body mass index and overweight in adolescents in 13 European countries, Israel and the United States. Arch Pediatr Adolesc Med 158: 27–33

Livingstone B (2000) Epidemiology of childhood obesity in Europe. Eur J Pediatr 159 Suppl 1: 14–34

Kommentar: Die beiden Arbeiten geben einen ausführlichen Überblick zur gegenwärtigen Übergewichts- und Adipositas-Prävalenz bei Kindern und Jugendlichen

Epidemiologie

R. von Kries

Die Prävalenz von Übergewicht und Adipositas im Kindesalter nimmt weltweit zu (▶ Kap. 1). Während in den westlichen Ländern v.a. Kinder aus sozial schwachem Milieu betroffen sind, sind es in den Ländern der Dritten Welt die Kinder der sich neu konstituierenden am westlichen Lebensstil orientierenden Mittel- und Oberschicht (de Onis u. Blossner, 2000).

In Deutschland ist die Zunahme der Prävalenz von Übergewicht und Adipositas nicht nur für die neuen Bundesländer – dort kam es nach der Wende zu einer deutlichen Zunahme – sondern auch für Populationen aus den alten Bundesländern belegt (Kalies, Lenz u. von Kries, 2002; ▶ Kap. 1).

Als Ursache einer solchen Epidemie von Übergewicht und Adipositas in definierten Populationen sind genetische Faktoren unwahrscheinlich, da kaum angenommen werden kann, dass sich der genetische Pool innerhalb einer Generation verändert. Eine wahrscheinlichere Ursache sind Veränderungen des Lebensstils (▶ Kap. 1, 3, 5 und 6).

Die Identifikation von Faktoren, die die Häufigkeit von Erkrankungen in Populationen bestimmen, ist die Domäne der Epidemiologie. Die Fragestellung hierbei ist nicht: »Was ist die Ursache des Übergewichts bzw. der Adipositas bei dem individuellen Kind XY?«, sondern: »Warum ist die Prävalenz von Übergewicht und Adipositas in einer Population A anders als in einer Population B bzw. warum hat sich die Prävalenz in der Population A in den letzten 20 Jahren geändert?«.

❶ **Epidemiologie beschäftigt sich mit der Häufigkeit von Erkrankungen in Populationen.**

 Epidemiologie macht keine Aussage zu Erkrankungsursachen bei Personen, sondern Aussagen zur Ursache unterschiedlicher Prävalenzen in verschiedenen Populationen.

2.1 Korrelationsstudien

Fragt man sich, was sich die letzten 20 Jahre, in denen sich die Epidemie von Übergewicht und Adipositas in Deutschland ausbreitete, geändert hat, so könnten Korrelationen zu allen möglichen Veränderungen hergestellt werden:

- Neu und zunehmend verbreitet sind Computerspiele,
- der Fernsehkonsum der Kinder hat wahrscheinlich zugenommen,
- Kinder wurden von der Werbung als Zielgruppe bei der Bewerbung z.B. von Snacks und Süßigkeiten entdeckt,
- immer mehr Fast-food-Restaurants werden eröffnet,
- traditionelle Familienstrukturen lösen sich auf (zunehmende Berufstätigkeit von Müttern auch kleinerer Kinder, die dann kaum noch Zeit haben selber zu kochen) usw.

Die wirksame Endstrecke dieser Veränderungen könnte eine vermehrte/veränderte Kalorienzufuhr oder ein zunehmend sedativer Lebensstil sein, wobei es auch dem Laien einleuchtet, dass es bei vermehrter Kalorienzufuhr sowie bei geringerer körperlicher Aktivität zur Bildung von Fett-Depots kommen sollte.

Werden nun durchschnittliche Kalorienzufuhr bzw. Fettzufuhr in verschiedenen Dekaden in einer Population verglichen und in Relation zur Prävalenz von Übergewicht und Adipositas in den betreffenden Dekaden gesetzt, kann die Korrelation zwischen beiden Merkmalen berechnet werden. Man würde erwarten, dass es parallel zur Zunahme von Übergewicht und Adipositas zu einer Zunahme der durchschnittlichen Zufuhr von Fett oder Kalorien gekommen wäre.

Solche Korrelationen können Hinweise auf mögliche Zusammenhänge geben, diese jedoch nicht statistisch valide belegen. Selbst wenn in der Population A die Prävalenz der Adipositas höher ist als in der Population B **und** in der Population A die durchschnittliche Kalorienzufuhr bei Kindern höher ist als in der Population B beweist dies nicht, dass die dicken Kinder in der Population A tatsächlich mehr Kalorien aufgenommen haben – möglicherweise handelte es sich bei der Population A um eine Bevölkerung, wo die allermeisten Kinder an intensiven Sportprogrammen teilnehmen und deshalb mehr essen müssen, während die in dieser Population zahlreichen aus anderen Gründen dicken Kinder dabei nicht mitmachen können, statt dessen aber versuchen weniger zu essen.

Die Korrelierung von durchschnittlicher Kalorienzufuhr und Prävalenz von Übergewicht in verschiedenen Populationen und Zeiträumen ergab überraschende Ergebnisse: Weder in den USA, noch in Deutschland war die Adipositas-Epidemie mit einer Zunahme der durchschnittlichen Kalorienzufuhr assoziiert. Die DONALD-Studie hat für die Gruppe der Kinder und Jugendlichen in Deutschland sogar eine Abnahme der durchschnittlichen Zufuhr von Fett und Kalorien gezeigt (▶ Kap. 6). Wodurch ist dieses scheinbare Paradoxon zu erklären?

Das Wesen von Korrelationsstudien ist, dass Durchschnittswerte in Populationen und nicht Expositionen in Einzelpersonen in Korrelation gesetzt werden. Wenn die durchschnittliche Kalorienzufuhr bei Kindern in Deutschland abgenommen hat, so kann das bedeuten, dass ein viertel der Kinder deutlich mehr gegessen hat,

drei viertel der Kinder aber weniger Kalorien aufgenommen haben, so dass im Mittel die Kalorienzufuhr niedriger war.

Auch muss die Zunahme der Prävalenz von Übergewicht und Adipositas in einer Population nicht notwendigerweise bedeuten, dass alle Personen in dieser Population um einige hundert Gramm schwerer geworden sind, vielmehr könnte sich allein die obere Gewichtsverteilung geändert haben. Dies ist z. B. die Ursache der zunehmenden Rate von Übergewicht und Adipositas bei Kindern in Bayern, wie ◉ Abb. 2.1 illustriert: Bei den Jungen nahm der BMI an der 90. und 97. Perzentile deutlich zu, während der Median und 25. Perzentile praktisch unverändert blieben (◉ Abb. 2.1). Dies resultierte bezogen auf die internationalen Referenzwerte in einer Zunahme der Prävalenz von Adipositas von 1,5% im Jahr 1982 auf 2,8% im Jahr 1997.

❗ Korrelationsstudien können helfen Hypothesen zu generieren.

Sie können Hypothesen nicht testen.

Bei heterogener Exposition und Outcome können Korrelationsstudien mitunter paradoxe Ergebnisse erbringen.

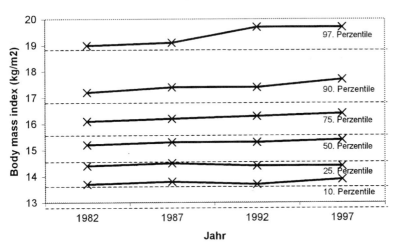

◉ **Abb. 2.1.** Entwicklung der Perzentile der BMI-Werte bei Jungen aus München-Land, Mühlbach und Lichtenfels von 1982–1997. (Nach Kalies, Lenz u. von Kries, 2002)

2.2 Analytische epidemiologische Studien

2.2.1 Querschnittsstudien und Fall-Kontrollstudien

Um zu überprüfen, ob der vermutete Zusammenhang zwischen einer Exposition wie z. B. hohem Fernsehkonsum und Übergewicht und Adipositas statistisch valide ist, sind analytische epidemiologische Studien notwendig. Solche analytischen epidemiologischen Studien sind Querschnittsstudien und Fall-Kontrollstudien mit retrospektivem Ansatz sowie Kohortenstudien und Interventionsstudien mit prospektivem Ansatz.

In Querschnittsstudien und Fall-Kontrollstudien werden verschiedene Expositionen wie z. B. der Bildungsstatus der Eltern, Adipositas der Eltern, körperliche Aktivität des Kindes oder Fernsehkonsum und der Status übergewichtig oder adipös zeitgleich erhoben. Für manche der erhobenen Expositionen ist es evident, dass diese dem Übergewicht bzw. der Adipositas beim Kind vorausgegangen sind. Dies gilt für den Bildungsstatus oder die elterliche Adipositas. Bei anderen Expositionen ist die »Henne-Ei-Frage« nicht ganz klar: Meidet ein Kind körperliche Aktivitäten, weil es adipös ist oder ist es adipös, weil es wenig körperlich aktiv ist? Ist der Konsum fettreduzierter Speisen bei einem dicken Kind möglicherweise Ausdruck der Bemühung abzunehmen? Der Unterschied zwischen Querschnittsstudien und Fall-Kontrollstudien ist der, dass bei Querschnittsstudien Daten in einer großen Population erfasst werden und erst nach der Erfassung definiert wird, wer übergewichtig bzw. adipös und somit ein Fall ist. Fall-Kontrollstudien beginnen mit den identifizierten Fällen und suchen dazu gesunde Kontrollen. Die Auswahl geeigneter Kontrollen ist nicht trivial. Der klassische Fehler von Fall-Kontrollstudien ist eine Selektions-Bias. Diese entsteht dann, wenn entweder die Fälle oder die Kontrollen in Abhängigkeit von der interessierenden Exposition rekrutiert worden sind. Die Mehrzahl der Studien über Risikofaktoren der Adipositas im Kindesalter sind Querschnittsstudien.

2.2.2 Kohorten- und Interventionsstudien

Kohortenstudien und Interventionsstudien beginnen jeweils mit der Erfassung des Expositionsstatus. Unterschiedlich exponierte Kinder werden über einen definierten Zeitraum nachverfolgt, um am Ende festzustellen, ob diese Kinder Fälle geworden sind oder nicht. Würden also z. B. Kohorten von Kindern, die viel oder wenig fernsehen, nachverfolgt, so wäre zu erwarten, dass die Kinder, die viel fernsehen, häufiger übergewichtig bzw. adipös sein werden als die Kinder, die wenig fernsehen. Möglicherweise ist aber »viel fernsehen« mit anderen Risikofaktoren wie einem exzessiven Konsum von Erdnüssen oder Chips assoziiert, die die eigentliche Ursache von Übergewicht und Adipositas darstellen und in diesem Kontext als Störfaktoren bezeichnet werden. Wird die Information zu den Störfaktoren miterfasst, da diese als Risikofaktoren bekannt sind, kann dieser Fehler durch Adjustierung in der Analyse ausgeglichen werden. Handelt es sich aber um noch nicht bekannte Risikofaktoren, ist eine solche Adjustierung nicht möglich. Der vermeintliche Effekt des »hohen Fernsehkonsums« wäre in diesem Fall also Ausdruck eines ganz anderen, unbekannten Risikofaktors. Es gibt einige prospektive Kohortenstudien zu Risikofaktoren von Adipositas.

Der wesentliche Vorteil von Interventionsstudien liegt darin, dass hierbei die Exposition zufällig zugeteilt wird. Bei ausreichend hohen Fallzahlen kann erwartet werden, dass nie auszuschließende, unbekannte Störfaktoren in beiden Gruppen gleich verteilt sind. Eine solche Studie zu Risikofaktoren von Adipositas im Kindesalter betraf den Fernsehkonsum.

Gruppen von Kindern wurden nach dem Zufallsprinzip der Intervention »Maßnahmen zur Reduktion des Fernsehkonsums« zugeordnet. Die Intervention beinhaltete sowohl Beratungselemente als auch praktische Maßnahmen, die den Fernsehkonsum limitierten: nach Überschreiten der zugelassenen Zeit schaltete sich der Fernseher automatisch ab. In der Tat sahen die Kinder in der Interventionsgruppe weniger fern und, das war die Erkenntnis, nach einem Jahr war die Prävalenz von Übergewicht und Adipositas geringer als in der Vergleichsgruppe (Robinson, 1999).

> ❗ Analytische epidemiologische Studien können statistisch valide Zusammenhänge sichern.

Zu den Ursachen der Adiposita gibt es viele Querschnittsstudien, einige Kohortenstudien und ganz wenige Interventionsstudien.

Das wichtigste Problem der Querschnittsstudien ist die Unmöglichkeit der Differenzierung von Henne und Ei – Ursache und Folge.

Auch Kohortenstudien können aber durch Verzerrung unbekannter bzw. in der Analyse nicht berücksichtigter Störfaktoren fehlerhaft sein.

Kausalzusammenhänge können nur durch Interventionsstudien gesichert werden.

2.3 Risikofaktoren für Adipositas im Kindesalter

In einer Vielzahl von epidemiologischen Studien wurden unterschiedliche Risikofaktoren identifiziert. Manche dieser Risikofaktoren sind kaum beeinflussbar, andere sind beeinflussbar. Manche dieser Risikofaktoren sind biologisch unmittelbar plausibel, andere bedürfen wortreicher Erklärungen, da die zugrunde liegenden biologischen Konzepte noch nicht hinreichend gesichert sind. Die wichtigsten in der Literatur beschriebenen Risikofaktoren werden im Kontext der o. g. Kriterien dargestellt (◘ Tabelle 2.1).

◘ **Tabelle 2.1.** Risikofaktoren für Übergewicht/ Adipositas im Kindesalter

Risikofaktoren	Effekt-stärke (+ – + + +)	Beeinfluss-barkeit (+ – + + +)
Elterliche Adipositas	+ + +	+/–
Niedriger Sozial-status	+ +	+/–
Makrosomie	+ +	+
Bewegungsmangel	+ + (?)	+ + +
Hoher Fernseh-konsum	+ +	+ + +
Hoher Fett-/Kalorienkonsum	+ + (?)	+ + +
Starke Gewichts-zunahme in den ersten Monaten bzw. ersten 2 Jahren	+ +	+ (?)
Nicht Stillen	+	+ + +
Wenig Schlaf	+	+ (?)
Rauchen in der Frühschwanger-schaft	+ +	+ + (?)

gezogen wurden, sehr eng korrelierte (Stunkard et al., 1990). Dies ist ein wesentlicher Hinweis auf die Bedeutung genetischer Faktoren für die Entwicklung von Übergewicht und Adipositas (▶ Kap. 3). In eigenen Studien fanden wir bei Kindern aus Familien mit mindestens einem Elternteil mit einem BMI >30 eine adjustierte Risikoerhöhung für Adipositas bei Einschulung um den Faktor von 2–3 (von Kries, 2002 a, b; Toschke et al., 2003).

2.3.1 Nicht beeinflussbare Risikofaktoren

Übergewicht/Adipositas der Eltern

Bekanntlich kann sich niemand seine Eltern aussuchen, so auch nicht nach dem derzeit gängigen Schlankheitsideal. In praktisch allen Querschnitts- sowie Kohortenstudien wird der Risikofaktor Übergewicht/Adipositas der Eltern gefunden. In eindrucksvollen Zwillingsstudien wurde gezeigt, dass der BMI von eineiigen Zwillingen, die getrennt in verschiedenen Elternhäusern aufgezogen wurden, sehr eng korrelierte (Stunkard

Soziale Faktoren

So wenig wie man sich die Gewichtsklasse seiner Eltern aussuchen kann, so wenig kann man sich deren Gehalts- und Bildungsklasse aussuchen. Es erscheint plausibel, dass soziale Faktoren das Risiko für Übergewicht und Adipositas im Kindesalter mit beeinflussen: Sozial schwache Eltern kaufen möglicherweise weniger hochwertige Nahrungsmittel, bieten den Kindern weniger Raum für körperliche Ertüchtigung an (z. B. wegen beengter Wohnverhältnisse und weniger Spielplätzen in den Wohngegenden etc.). Selbst wenn all diese Faktoren in der Analyse berücksichtigt werden, bleibt in vielen Studien der sozioökonomische Status als signifikanter Risikofaktor in den logistischen Regressionsmodellen. Dies belegt, dass die Mechanismen, die das Risiko von sozioökonomischem Status für Übergewicht und Adipositas im Kindesalter bestimmen, noch teilweise unbekannt sind.

Hohes Geburtsgewicht

In mehreren Studien wurde Makrosomie als Risikofaktor für Übergewicht und Adipositas im Kindesalter beschrieben (Rasmussen u. Johansson, 1998). Die Mechanismen, über die eine Makrosomie das Risiko für Übergewicht und Adipositas im Kindesalter erhöhen könnten, sind nicht eindeutig geklärt. Möglicherweise ist aber ein Anteil der Prävalenz an Makrosomie beeinflussbar: Eine Hyperglykämie im 3. Trimester ist ein wichtiger Risikofaktor für Makrosomie. Häufige Ursache der Hyperglykämie ist ein unerkannter Diabetes-Typ-2 bzw. eine verminderte Glukosetoleranz. Durch ein systematisches Screening in der Schwangerschaft könnte dies erkannt und behandelt werden.

2.3.2 Potenziell beeinflussbare Risikofaktoren

Gewichtszunahme im 1. Lebensjahr

In den letzten Jahren erschienen einige Arbeiten, die einen Zusammenhang zwischen einer starken Gewichtszunahme in den ersten Lebensmonaten bzw. ersten 2 Lebensjahren und späterem Übergewicht und Adipositas im Kindesalter zeigten (Ong et al., 2000). Dieser Zusammenhang konnte nicht durch Störfaktoren oder Bias erklärt werden. Möglicherweise erfolgt durch eine starke Gewichtszunahme in den ersten Lebensmonaten bzw. Jahren ein »Priming« für späteres Übergewicht und Adipositas im Kindesalter. Es gibt Arbeiten, die vermuten lassen, dass eine hohe Gewichtszunahme in den ersten Lebensmonaten/Jahren weniger durch den natürlichen Hunger des Kindes als vielmehr durch die exogene Kalorienzufuhr bestimmt wird. Somit bestünde hier zumindest eine hypothetische Möglichkeit zur Einflussnahme. Die rasche Gewichtszunahme in den ersten Lebensmonaten macht aber nur einen geringen Teil des Gesamtrisikos für Adipositas aus, so dass dieses Interventionspotenzial nicht überschätzt werden sollte.

Körperliche Inaktivität

Körperliche Aktivität ist grundsätzlich, besonders aber im Kindesalter, nicht einfach messbar (▶ Kap. 34). Optimal wäre eine objektive, apparative Messung. Dies ist jedoch in epidemiologischen Studien mit großen Zahlen nicht möglich. In diesen Studien wird deshalb versucht, die körperliche Aktivität des Kindes durch Befragungen (z. B. nach Mitgliedschaft in Sportvereinen oder Lehrerbeurteilung) abzuschätzen. Meist zeigen die bivariaten Analysen – ohne Berücksichtigung weiterer Risikofaktoren – einen protektiven Effekt körperlicher Aktivität (▶ Kap. 5).

Am besten untersucht ist der Einfluss des Fernsehkonsums (Dietz u. Gortmaker, 1985): Starker Fernsehkonsum ist mit Übergewicht und Adipositas im Kindesalter assoziiert. Fernsehkonsum ist jedoch nur ein indirekter Parameter zur Abschätzung körperlicher Aktivität. In vielen Querschnittsstudien wurde für starken Fernsehkonsum – je nach Definition – auch nach Adjustierung für Störfaktoren eine Risikoerhöhung um den Faktor 1,5–2 gefunden. Die Bedeutung des Fernsehkonsums für Übergewicht und Adipositas im Kindesalter ist darüber hinaus auch durch zumindest eine prospektive, randomisierte Studie belegt.

Fett-/Kalorienzufuhr

In vielen Querschnittserhebungen finden sich hierzu entweder keine Angaben oder negative Ergebnisse – d. h., dass kein Zusammenhang mit dem Konsum von Fett/Kalorien gefunden wurde. Dies liegt nicht nur an der Unschärfe der Messinstrumente (▶ Kap. 35). Vielmehr ist, bei retrospektiver Befragung zu dieser Thematik, mit einer »Recall-Bias« zu rechnen: Eltern dicker Kinder geben das gewünschte Verhalten, nämlich eine normale bzw. niedrige Fett- bzw. Kalorienzufuhr an. Darüber hinaus muss das »Henne-Ei-Problem« berücksichtigt werden: manche dicken Kinder versuchen zumindest Diäten einzuhalten. Es gibt nur ganz wenige prospektive Studien zu dieser Thematik mit unterschiedlichen Ergebnissen (Rosenbaum, 1997).

Nicht Stillen

In den letzten Jahren erschienen eine Vielzahl von Studien zum Zusammenhang von Stillen und Übergewicht/Adipositas im Kindesalter (Dewey, 2003). Die Ergebnisse waren nicht homogen, wenngleich die Mehrzahl der publizierten Studien Hinweise auf einen protektiven Effekt ergaben. Stillen scheint nicht die durchschnittliche BMI-Verteilung nach unten zu verschieben, sondern den oberen Teil der Verteilung zu reduzieren: Die Zahl der gestillten Kinder mit hohen BMI-Werten ist niedriger als die der nicht gestillten Kinder. Es gibt eine Vielzahl möglicher Mechanismen, aufgrund derer Stillen die Rate übergewichtiger Kinder reduzieren könnte. Zu nennen ist hier z. B. der niedrigere Proteingehalt von Frauenmilch im Vergleich zu Formelmilchen, die bessere Selbstregulation der Nahrungsaufnahme gestillter Kinder und der Gehalt der Frauenmilch an Botenstoffen, die antiadipositogen wirken. Nach Abschluss der Meta-Analysen, einer systematischen Erfassung aller publizierten Daten zum Thema und Auswertung nach standardisierten Kriterien wird wahrscheinlich ein eher geringer – 5–10% – protektiver Effekt des Stillens auf Übergewicht und Adipositas im Kindesalter übrig bleiben.

Wenig Schlaf

In einigen Querschnittsstudien wurde ein protektiver Effekt einer längeren Schlafdauer auf Übergewicht und Adipositas im Kindesalter gefunden (Locard et al., 1992). Auch ein Dosiseffekt – je länger die Schlafdauer, desto niedriger die Prävalenz von Übergewicht und Adipositas – wurde berichtet (von Kries, 2002 b). Nicht beurteilbar ist hierbei die Frage nach »Henne und Ei«: Es ist bekannt, dass dicke Menschen schlechter und weniger lang schlafen. Somit könnte die kurze Schlafdauer auch Folge von Übergewicht und Adipositas sein. Die Annahme, dass wenig Schlaf das Risiko von Übergewicht und Adipositas im Kindesalter erhöhen könnte, ist im Kontext der Insulin- und Wachstumshormon-Regulation im Schlaf möglicherweise biologisch erklärbar. Auch wenn es nicht einfach sein wird, die Schlafgewohnheiten kleiner Kinder zu modifizieren, stellt dies zumindest eine hypothetische Interventionsmöglichkeit dar.

Rauchen der Mutter in der Schwangerschaft

Die Annahme, dass Rauchen in der Schwangerschaft das spätere Risiko für Übergewicht und Adipositas im Kindesalter erhöhen könnte, erscheint zunächst wenig überzeugend: Seit über 30 Jahren ist bekannt, dass Rauchen in der Schwangerschaft die wichtigste Ursache für ein niedriges Geburtsgewicht darstellt. Im Gegensatz hierzu stehen die Ergebnisse mehrerer Querschnitts- und Kohortenstudien, die eine Erhöhung des Risikos für Übergewicht und Adipositas bis ins Erwachsenenalter nachweisen konnten – z. T. mit Nachweis eines Dosis-Effekts (von Kries, 2002 a; Montgomery u. Ekbom, 2002). Auch konsistente Ergebnisse können jedoch falsch sein, nämlich dann, wenn z. B. Rauchen in der Schwangerschaft ein Surrogat für andere, möglicherweise noch unbekannte Risikofaktoren für Übergewicht und Adipositas im Kindesalter wäre. Deshalb wurden in mehreren Studien sehr gezielt bekannte Risikofaktoren für Übergewicht und Adipositas im Kindesalter miterfasst und in der Analyse berücksichtigt. Hierbei zeigte es sich, dass, wie zu erwarten, ein Teil der Effekte des Rauchens in der Tat durch Störfaktoren erklärt werden konnte. Auch nach Berücksichtigung dieser Störfaktoren blieb Rauchen in der Schwangerschaft ein starker Risikofaktor für Adipositas im Kindesalter – etwa so stark wie »hoher Fernsehkonsum«. In einer weiteren Studie konnte gezeigt werden, dass die Effekte des mütterlichen Rauchens in der Schwangerschaft mit der Exposition in der Frühschwangerschaft assoziiert sind (Toschke et al., 2003). Unklar ist bislang – trotz verschiedener hypothetischer Denkmodelle –

durch welche Pathomechanismen diese Effekte vermittelt werden könnten. Rauchen ist leider gerade bei jungen Frauen – den Müttern von morgen – sehr verbreitet und wird eher noch ansteigen. Deshalb könnten Maßnahmen zur Reduktion des Rauchens bei jungen Frauen möglicherweise die Rate an Adipositas um 10–20% reduzieren.

Weitere diskutierte Risikofaktoren

Neben den hier dargestellten wurden auch noch andere Risikofaktoren für Adipositas im Kindesalter diskutiert, wie z. B.

- Aufwachsen mit nur einem allein erziehenden Elternteil,
- hohe (niedrige) Bevölkerungsdichte,
- Konsum von Snacks oder von stark zuckerhaltigen Softdrinks,
- häufiges Computer spielen,
- alleiniges Einnehmen von Hauptmahlzeiten,
- frühere Einführung von Beikost,
- Verwendung von Einschlafflaschen mit kalorienhaltigen Getränken und
- regelmäßiger Konsum von Snacks beim Fernsehen.

Literatur

de Onis M, Blossner M (2000) Prevalence and trends of overweight among preschool children in developing countries. Am J Clin Nutr 72: 1032–1039

Dewey KG (2003) Is breastfeeding protective against child obesity? J Hum Lact 19: 9–18

Dietz WH Jr, Gortmaker SL (1985) Do we fatten our children at the television set? Obesity and television viewing in children and adolescents. Pediatrics 75: 807–812

Kalies H, Lenz J, von Kries R (2002) Prevalence of overweight and obesity and trends in body mass index in German pre-school children, 1982–1997. Int J Obes Relat Metab Disord 26: 1211–1217

Locard E, Mamelle N, Billette A, Miginiac M, Munoz F, Rey S (1992) Risk factors of obesity in a five year old population. Parental versus environmental factors. Int J Obes Relat Metab Disord 16: 721–729

Montgomery SM, Ekbom A (2002) Smoking during pregnancy and diabetes mellitus in a British longitudinal birth cohort. BMJ 324: 26–27

Ong KK, Ahmed ML, Emmett PM, Preece MA, Dunger DB (2000) Association between postnatal catch-up growth and obesity in childhood: prospective cohort study. BMJ 320: 967–971

Rasmussen F, Johansson M (1998) The relation of weight, length and ponderal index at birth to body mass index and overweight among 18-year-old males in Sweden. Eur J Epidemiol 14: 373–380

Robinson TN (1999) Reducing children's television viewing to prevent obesity: a randomized controlled trial. JAMA 282: 1561–1567

Rosenbaum M, Leibel RL, Hirsch J (1997) Obesity N Engl J Med 337: 396–407

Stunkard AJ, Harris JR, Pedersen NL, McClearn GE (1990) The body-mass index of twins who have been reared apart. N Engl J Med 322: 1483–1487

Toschke AM, Montgomery SM, Pfeiffer U, von Kries R (2003) Early intrauterine exposure to tobacco inhaled products and obesity. Am J Epidemiol 158: 1068–1074

von Kries R, Toschke AM, Koletzko B, Slikker W, Jr (2002a) Maternal smoking during pregnancy and childhood obesity. Am J Epidemiol 156: 954–961

von Kries R, Toschke AM, Wurmser H, Sauerwald T, Koletzko B (2002b). Reduced risk for overweight and obesity in 5- and 6-year old children by duration of sleep – a cross-sectional study. Int J Obes Relat Metab Disord 26: 710–716

Weiterführende Literatur

Ebbeling CB, Pawlak DB, Ludwig DS (2002) Childhood obesity: public-health crisis, common sense cure. Lancet 360: 473–482

Flegal KM (1999) The obesity epidemic in children and adults: current evidence and research issues. Med Sci Sports Exerc 31: 509–514

Kommentar: Gute Übersichtsarbeiten.

Ätiologie

Übergewicht und Adipositas entstehen, wenn über längere Zeiträume die Energiezufuhr den Energieverbrauch übersteigt. Ruheumsatz, thermischer Effekt der Nahrung und körperliche Aktivität erklären praktisch vollständig den Energieverbrauch im Erwachsenenalter. Beim Heranwachsenden ist zusätzlich Energie für den Wachstumsprozess zu veranschlagen. Im Säuglingsalter trägt die adaptive Thermogenese ebenfalls noch zum Energieverbrauch bei. Das Fehlen von Methoden, mittels derer Energieaufnahme und -verbrauch valide und präzise in epidemiologischen Untersuchungen gemessen werden könnten, erschwert die Ätiologie-Forschung ungemein. Es genügt bereits eine täglich geringfügig positive Energiebilanz, damit Übergewicht entsteht. Dieser kleine Energieüberschuss kann mit gängigen Methoden nicht zuverlässig nachgewiesen werden.

So verwundert es nicht, dass es bislang nicht eindeutig möglich ist, die Ursachen für die Adipositas-Epidemie zu identifizieren. Zu berücksichtigen ist, dass aufgrund des Rückgangs körperlicher Arbeit die Energieaufnahme im Vergleich zu vor 30 Jahren bei Erwachsenen im Durchschnitt gefallen ist. Demnach hat sich der Umfang körperlicher Aktivität im Verhältnis noch stärker verringert. Solche allgemeinen Überlegungen schließen aber keinesfalls aus, dass bei Kindern und Jugendlichen andere Faktoren relevant sind. Diskutiert werden beispielsweise auch epistatische Phänomene.

Genetische Faktoren dürften mutmaßlich zu mehr als 50% zur interindividuellen Variabilität des BMI beitragen. Möglicherweise wirkt sich die Genetik im Jugendalter am stärksten aus; im Säuglings- und Kleinkindalter können noch intrauterin relevante Faktoren nachwirken, so dass in diesem frühen Stadium die Genetik noch nicht von so großer Bedeutung ist. Die Identifikation der für Adipositas relevanten Erbanlagen gestaltet sich schwierig; wahrscheinlich sind die Effekte einzelner Genvarianten so klein, dass deren Nachweis nur unter Heranziehung großer Kollektive möglich ist. Obwohl es sowohl Gen-Gen- als auch Gen-Umwelt-Interaktionen geben muss, ist hierzu auf molekularer Ebene bislang so gut wie nichts bekannt. In Zwillingsuntersuchungen konnte hingegen formal gezeigt werden, dass eineiige Zwillinge bei einer Überernährung und einer Diät ähnlich zu- bzw. abnehmen. Auch fallen Gewichtszunahmen bei der Einnahme von solchen Medikamenten, die als Nebenwirkung die Gewichtsregulation beeinflussen, bei eineiigen Zwillingen ähnlicher aus als bei zweieiigen. Die kommenden Jahre werden zeigen, inwieweit die molekulare Basis für eine individuelle Prädisposition zur Adipositas aufgeklärt werden kann.

Genetik
und Gen-Umwelt-Interaktionen

J. Hebebrand, A.-K. Wermter, A. Hinney

3.1   Einleitung

Die Ätiologie der Adipositas ist multifaktoriell. Somit tragen bei einem Betroffenen Umwelteinflüsse **und** mehrere bis hin zu vielen Genvarianten zu Entstehung und Verlauf der Störung bei. Adipositas kann mutmaßlich ohne genetische Veranlagung nicht entstehen; die entsprechenden Umweltbedingungen stellen ein **sine qua non** dar. Die genetische Prädisposition resultiert aus der Wirkung aller Genvarianten (Allele) eines Individuums auf Energiezufuhr, -aufnahme und -verbrauch. Hierbei haben einzelne Genvarianten einen nur sehr kleinen, andere hingegen einen großen (so genannte Hauptgene) quantitativen Einfluss auf das Körpergewicht. Die Allele wirken sich auf Stoffwechsel ebenso wie Verhalten aus (Hebebrand et al., 2001 a, b). Individuelle Unterschiede in Art und Anzahl der zu Übergewicht prädisponierenden Allele entscheiden mit darüber, wann, unter welchen Umweltbedingungen, über welche Mechanismen und in welchem Umfang Adipositas resultiert. Genetische Faktoren nehmen auch Einfluss auf Art und Schweregrad der Folgestörungen.

Adipositas ist in den westlichen Industrieländern, aber auch in vielen Schwellenländern, zunehmend häufiger geworden. Diese Tatsache unterstreicht die Bedeutung der Umwelteinflüsse (▶ Kap. 5 und 6). Die Ernährungs- und Bewegungsgewohnheiten einer modernen Lebensweise treffen auf eine genetische Ausstattung des Menschen, die hierfür primär nicht geschaffen ist. Vielmehr erscheint es plausibel anzunehmen, dass solche Allele, die sich zu Zeiten knapper Futter- bzw. Nahrungsvorräte als vorteilhaft erwiesen, im Verlauf der Evolution ausgebreitet haben (»thrifty genotype«, sparsamer Genotyp; Neel et al., 1998). Die weite Verbreitung dieser Genvarianten bedingt nun, dass ein erheblicher Teil der Bevölkerung Übergewicht entwickelt.

❶ Allele, die zu Adipositas prädisponieren, sind auf der molekularen Ebene nur schwer zu identifizieren. Nichtsdestotrotz hat es in den letzten Jahren erste Durchbrüche gegeben; es kann davon ausgegangen werden, dass
▼

sich die Identifikation relevanter Genvarianten in den nächsten Jahren erheblich beschleunigen wird. Schon jetzt erhebt sich die Frage, wie sich diese Erkenntnisse auf unser Verständnis der Adipositas, auf unseren Umgang mit übergewichtigen Individuen und auf Diagnostik und Therapie auswirken werden.

3.2   Formalgenetische Befunde

Zwillings-, Adoptions- und Familienstudien deuten alle auf eine genetische Komponente beim Phänotyp Körpergewicht bzw. Adipositas hin (Maes et al., 1997; Hebebrand et al., 1998). Allerdings gibt es zwischen diesen Ansätzen teilweise deutliche Unterschiede im Hinblick auf die Schätzung des Ausmaßes der Heritabilität (Erklärung des genetisch bedingten Anteils der phänotypischen Varianz). Einheitlich am höchsten wird diese bei den Zwillingsuntersuchungen eingestuft.

Zwillings- und Adoptionsstudien

Obwohl sich eineiige Zwillinge aufgrund des Vorliegens eines feto-fetalen Transfusionssyndroms im Hinblick auf Geburtslänge und -gewicht stark unterscheiden können, kommt es bereits in der frühen Kindheit bei eineiigen (monozygoten) Zwillingen zu einer jeweiligen Annäherung dieser Parameter. Die Intrapaarkorrelation des BMI ist bei eineiigen Zwillingen über das Kindes-, Jugend- und Erwachsenenalter relativ einheitlich hoch; im späten Kindes- und im Jugendalter sind sie am höchsten (Pietilainen et al., 1999). Die entsprechenden Heritabilitätsschätzungen liegen zwischen 0,6 und maximal 0,9 (Maes et al., 1997).

Bei der Interpretation der hohen Erblichkeitsschätzungen für das Körpergewicht bei Zwillingsstudien muss berücksichtigt werden, dass unter dem genetischen Anteil der Varianz sowohl direkte als auch indirekte genetische Einflüsse subsummiert werden. Unter einem direkten Einfluss kann beispielsweise ein erblich bedingter übermäßiger Hunger im Säuglingsalter verstanden werden. Auf diesen Hunger werden Mütter selbst dann, wenn sie unterschiedlichen Kulturen angehören, vergleichsweise relativ einheitlich reagieren, indem sie zunächst einen derartigen Säugling häufiger stillen bzw. füttern. Obwohl dies eine Umweltbedingung darstellt, wird die häufige Energiezufuhr als indirekter genetischer Einfluss dem genetischen Anteil der Varianz des Körpergewichts zugeschrieben. Ein biologisch bedingter Phänotyp kann demnach spezifische Umweltreaktionen hervorrufen, die im dargestellten Beispiel die Zunahme des Körpergewichts des Säuglings zur Folge hätten.

Aufgrund der vorgenannten Überlegungen sind beispielsweise Studien, die die präventive Wirkung des Stillens auf die Entstehung von Übergewicht aufgezeigt haben (z. B. von Kries et al., 1999), solange anfechtbar, bis nicht die Gründe der Mütter für das Abstillen mit berücksichtigt werden. Tatsächlich geben Mütter als einen häufigen Grund für das Abstillen an, dass ihr Kind nicht mehr richtig satt wird. Dieser indirekte genetische Einfluss auf ein genetisch bedingt hungriges Kind könnte eine Erklärung dafür sein, dass frühzeitig abgestillte Kinder langfristig schwerer sind als länger gestillte.

Erstaunlicherweise unterscheiden sich **gemeinsam und getrennt aufgewachsene eineiige Zwillinge** im Hinblick auf die Intrapaarkorrelation des BMI nicht (Stunkard et al., 1990). Hiernach spielen gemeinsame Umwelterfahrungen (»shared environment«) – wie z. B. das Aufwachsen in einer Familie – keine wesentliche Rolle, da die Körpergewichte von Zwillingen hierdurch nicht ähnlicher werden. Auch Adoptionsstudien gehen von einem nur geringen Einfluss der gemeinsamen Umwelt aus. So fand sich beispielsweise in einer groß angelegten Adoptionsstudie kein Zusammenhang zwischen dem BMI männlicher Adoptivlinge bei Musterung und der Adoptiveltern. Hingegen stieg der BMI der leiblichen Eltern in Abhängigkeit von der Gewichtsklasse der Adoptivlinge (Stunkard et al., 1986). In anderen Adoptionsstudien sind aber zumindest niedrige Korrelationen zwischen den Adoptivkindern und den Adoptiveltern ermittelt worden. Möglicherweise erklärt das Alter der Adoptivlinge teilweise die unterschiedlichen Ergebnisse. So wird gemutmaßt, dass gemeinsam erlebte Umweltfaktoren auf Klein- bzw. Schulkinder noch Einfluss auf das Gewicht nehmen, wohingegen dies im Ju-

gend- und Erwachsenenalter nicht bzw. kaum mehr der Fall ist.

Basierend auf den Erkenntnissen der Zwillingsstudien wird der **Umweltanteil** an der Varianz des BMI mit ca. 10–40% beziffert. Wenn in der Tat gemeinsam erlebte Umweltfaktoren nur von geringer, hingegen getrennt erlebte (»non-shared environment«) von großer Bedeutung sind, so ist es lohnenswert, für den alltäglichen Umgang mit entsprechenden Familien, sich die Implikationen zu vergegenwärtigen: Sind zwei oder mehr gemeinsam aufwachsende Geschwister adipös, kann dies allenfalls nur zu einem geringen Anteil durch die gemeinsame Umwelt erklärt werden. Die Ähnlichkeit dürfte weitaus stärker auf genetische Faktoren zurückzuführen sein. Was und wie die Eltern einkaufen, kochen und aufdecken bzw. wie viel sie fernsehen, trägt kaum zum Vorhandensein der Adipositas bei beiden Kindern bei. Vielmehr gilt es im Hinblick auf die Klärung von Varianz des Körpergewichts durch Umweltfaktoren zu ermitteln, was die einzelnen Geschwister tatsächlich essen bzw. wie viel sie sich bewegen (Hewitt, 1997). Wie bereits oben ausgeführt, ist aufgrund der nicht ganz einheitlichen Ergebnisse formalgenetischer Studien nicht auszuschließen, dass eine solche Aussage primär auf ältere Kinder bzw. Jugendliche zutrifft. Bei jüngeren könnte die gemeinsame Umwelt noch eine nicht zu vernachlässigende Rolle spielen.

Die **getrennt gemachten Umwelterfahrungen**, die letztlich wichtiger sind als die gemeinsam erlebten, sollen ebenfalls praktisch beleuchtet werden: Gelangen beispielsweise zwei eineiige Zwillinge in unterschiedliche Kindergärten, wobei in dem einen Süßigkeiten verzehrt werden dürfen, im anderen hingegen nicht, so könnte dies zu dem BMI-Unterschied zwischen den beiden beitragen. Findet der eine Zwilling als Jugendlicher eine Freundin, die gern wandert, der andere hingegen eine, die gern fernsieht, so könnte dies ebenfalls den Gewichtsunterschied mit erklären. Unter getrennt gemachten Umwelterfahrungen fallen aber auch weniger leicht nachzuvollziehende Begebenheiten, denn auch individuelle Reaktionen auf **gemeinsam erlebte Umweltfaktoren** werden zu den getrennt erlebten Umweltfaktoren gezählt. Spricht beispielsweise der Vater bei

Mahlzeiten beständig Ermahnungen aus, nicht soviel zu essen, so könnte ein Zwilling (Geschwister) diese beachten, der (das) andere hingegen mit Trotz reagieren und erst recht viel essen.

Der weitgehend fehlende Einfluss der gemeinsam erlebten Umwelt auf das Körpergewicht ist auch damit erklärt worden, dass in unserer Gesellschaft die Umwelt ohnehin sehr ähnlich ist. Dies trifft insbesondere auf Faktoren zu, die Ess- und Bewegungsverhalten bestimmen. Ältere Kinder und Jugendliche können sich bei Angehörigen, bei Freunden bzw. mit ihrem Taschengeld fast jederzeit etwas zu essen besorgen. Der Schulalltag sieht ebenfalls häufig recht ähnlich aus, so dass das Ausmaß an Bewegungsmöglichkeit hierdurch zu einem großen Teil vorgegeben ist.

Familienstudien

Allgemeine Familienstudien bilden, neben Zwillings- und Adoptionsstudien als den Sonderfällen der Familienuntersuchungen, den 3. Pfeiler der Formalgenetik. Eltern-Kind-Korrelationen für den BMI liegen je nach Studie zwischen 0,1 und 0,3 (Bouchard u. Pérusse, 1993; Hebebrand et al., 2001 a). Wiederholt sind höhere Mutter- als Vater-Kind-Korrelationen ermittelt worden. Ursächlich werden genetische Faktoren, intrauterine Prägung und/oder die größere Bedeutung der Mütter für die Umwelt der Kinder angenommen, wobei es sich für die Kinder um gemeinsam erlebte Umwelterfahrungen handeln dürfte. Die Geschwister-Korrelationen für den BMI liegen im Allgemeinen geringfügig über den Eltern-Kind-Korrelationen.

Sowohl Adoptions- als auch Familienstudien gelangen im Vergleich zu den Zwillingsuntersuchungen zu meist niedrigeren Heritabilitätsschätzungen. Komplexen Modellberechnungen von Bouchard et al. zufolge sind beispielsweise nur 5% der Varianz des BMI genetisch bedingt (Bouchard u. Pérusse, 1993); andere Familienstudien beziffern typischerweise die Heritabilität auf 0,2–0,5. Einzelne rezente und groß angelegte Familienuntersuchungen gelangen, wie die Zwillingsuntersuchungen, zu Erblichkeitsschätzungen in der Größenordnung von 0,7. Die Ursachen für die unterschiedlichen Heritabilitätsschätzungen

sind nicht genau bekannt (Maes et al., 1997). Die Modellierungen, die für die Berechnungen der Erblichkeit bei den Familienstudien herangezogen werden, sind komplex und beruhen auf jeweils spezifischen Annahmen. Die individuelle Gewichtsdynamik in Abhängigkeit vom Alter – ein Kind kann untergewichtig und als Erwachsener adipös sein – kann bei der Abschätzung der Heritabilität anhand von Familiendaten nicht adäquat berücksichtigt werden; es kann in solchen Studien lediglich statistisch für Alterseffekte adjustiert werden.

Ein zweiter wichtiger Grund für die unterschiedlichen Erblichkeitsschätzungen liegt im Vorhandensein epistatischer genetischer Effekte (Stunkard et al., 1990). Grundsätzlich werden **additive** von **nicht-additiven Effekten** einzelner Allele unterschieden. Im ersten Fall bewirken beispielsweise die Genvarianten 1, 2 und 3 an den Genorten A, B und C eine Zunahme des BMI um durchschnittlich 2%, 3% bzw. 4%. Liegen bei einem Individuum die Allele 1, 2 und 3 in Kombination vor, so resultiert ein um 9% höherer BMI. Ein ähnlich einfaches Beispiel für einen **nicht-additiven** Effekt wäre, wenn – wiederum bezogen auf die 3 Genorte A, B und C – Allel 3 sich ausschließlich auf das Körpergewicht auswirkt, wenn der Betreffende zugleich auch die Allele 1 und 2 trägt. Somit sind verschiedenste Gen-Gen-Interaktionen vorstellbar. Schätzungen zufolge sind ca. 33% und 66% der genetischen Effekte, die das Körpergewicht beeinflussen, additiver bzw. nicht-additiver Natur.

Die hohen Heritabilitätsschätzungen im Rahmen der Zwillingsstudien könnten durch die Bedeutung derartiger epistatischer Phänomene maßgeblich bedingt sein. Zugleich wären die meist niedrigeren Heritabilitätsschätzungen der Familienstudien erklärt, da im Vergleich zu eineiigen Zwillingen (genetisch identisch) bei erstgradigen Verwandten (im Durchschnitt 50% der Allele gemeinsam) die Wahrscheinlichkeit gering wäre, dass die gleichen (nicht-additiven) Gen-Gen-Interaktionen wirksam sind (Maes et al., 1997). Dies gilt um so mehr, je mehr Erbanlagen an der Gewichtsregulation beteiligt sind. Eine rezente Familienstudie, die an einer sehr großen Stichprobe unter Modellierung epistatischer Effekte erfolgte, ergab in der Tat eine Heritabilität des BMI von 0,7, die somit die Größenordnung der Zwillingsstudien erreicht (Maes et al., 1997).

Hat ein gesundes Geschwister einen BMI im obersten Altersdezil, so lässt dies Rückschlüsse auf die BMI-Verteilung weiterer Geschwister zu (Magnusson u. Rasmussen, 2002). So ist die Wahrscheinlichkeit gering, dass diese Geschwister – sofern kein großer Altersabstand vorliegt und diese ebenfalls gesund sind – einen BMI < 50. Perzentil aufweisen. Dieser Zusammenhang ist wiederum maßgeblich genetisch bedingt und spricht gegen eine relative Häufigkeit von Hauptgeneffekten. Das Vorkommen von dünnen (untersterstes BMI-Dezil) und adipösen (oberstes Dezil) Kindern innerhalb einer Geschwisterreihe ist selten – kritisch ist hier zu prüfen, ob eine Erkrankung mit Auswirkung auf das Körpergewicht bei einem der beiden Geschwister vorliegt. Auch ist zu überprüfen, ob es sich um den gleichen leiblichen Vater handelt.

Bei der Diskussion um die Erblichkeit des Körpergewichts darf nicht vergessen werden, dass in einer Vielzahl von formalgenetischen Studien meist mittel hohe (um 0,5) Erblichkeitsschätzungen für zahlreiche Phänotypen ermittelt wurden, die potenziell Einfluss auf den BMI nehmen. Zu nennen sind hier Studien, die die Beteiligung genetischer Faktoren an beispielsweise Geschmack, Ruheumsatz, körperlicher Aktivität und gezügeltem Essverhalten aufzeigen.

Die genetischen Faktoren, die den BMI eines Individuums regulieren, sind mutmaßlich nicht über das ganze Leben hinweg die gleichen. Modellberechnungen, die auf der Basis einer Längsschnittstudie von Zwillingspaaren durchgeführt wurden, ergaben, dass nur ca. 40% der genetischen Faktoren, die den BMI im Alter von 20 Jahren beeinflussen, noch im Alter von 48 bzw. 63 Jahren wirksam sind. Hingegen sind die genetischen Faktoren, die einen Einfluss auf die Gewichtsregulation im Alter von 48 Jahren haben, praktisch die gleichen, die im Alter von 63 Jahren wirksam sind (Fabsitz et al., 1992). Höchstwahrscheinlich ist dieser Aspekt auch für die frühkindliche Entwicklung von Bedeutung. Hierdurch wäre erklärbar, warum der BMI im Kindesalter eine nur relativ geringe Vorhersage für den BMI im Erwachsenenalter ermöglicht (▶ Kap 11).

> **Praxistipp**
>
> Zusammengefasst sprechen die vorliegenden formalgenetischen Befunde für eine hohe Erblichkeit des BMI, die an die der Körperhöhe heranreicht. Hiernach würden genetische Faktoren 50–80% der Varianz des BMI erklären. In die Erblichkeitsschätzungen fließen direkte und indirekte genetische Faktoren mit ein. Während gemeinsam erlebte Umweltfaktoren möglicherweise im Kindesalter noch Einfluss auf den BMI nehmen, scheinen mit zunehmendem Alter getrennt erlebte Umweltbedingungen an Bedeutung stark zu gewinnen. Der genetische Einfluss auf den BMI kann als die Summe aller genetischen Einflüsse auf Stoffwechsel und Verhalten aufgefasst werden, die Energieaufnahme und -verbrauch bestimmen.

3.3 Molekulargenetische Befunde

Alle bislang beim Menschen identifizierten Regelkreise (▶ Kap. 12 und 13), die an der Gewichtsregulation beteiligt sind, wurden zunächst bei Nagetieren entdeckt. Ebenso sind alle monogenen Formen der humanen Adipositas bis auf zwei Ausnahmen zunächst bei Mäusen entweder als Spontanmutationen oder als »Knock-outs« identifiziert worden. Dies unterstreicht die herausragende Bedeutung tierexperimenteller Ansätze für die biomedizinische Adipositas-Forschung. Ähnlich wie beim Menschen gilt es, die monogenen Formen der Adipositas zu trennen von den oligo- bis polygen bedingten. Während in den letzten Jahren die Aufklärung der spontan entstandenen Mutationen bei Maus, Ratte und Mensch, die den Phänotyp extreme Adipositas bedingen, größtes Interesse hervorrief und entscheidend dazu beitrug, die molekulare Adipositas-Forschung zu etablieren, sind seit mehreren Jahren auch zahlreiche so genannte »Quantitative trait loci« (QTL) in entsprechenden Tiermodellen lokalisiert worden (Chagnon et al., 2003; http://www.obesitygene.pbrc.edu). Beim Menschen sind über 30 Genomscans erfolgt, um gewichtsrelevante Gene bestimmten chromosomalen Abschnitten zuordnen zu können (Hebebrand et al., 2003). Da manche Kopplungsbefunde beim Menschen in solchen homologen chromosomalen Regionen lokalisiert wurden, in denen auch QTL der Maus liegen, ergibt sich die Frage, ob dies speziesübergreifend die gleichen Gene sind. Bislang scheinen beim Menschen 2 Gene identifiziert worden zu sein, die Kopplungsbefunde zumindest teilweise erklären können. Beide Befunde sind aber gegenwärtig nicht bestätigt.

Die molekulargenetische Adipositas-Forschung ist bislang durch nur wenige »harte« Befunde gekennzeichnet. Hierzu zählen einige Gen-Identifikationen bei syndromalen Formen der Adipositas, auf die an anderer Stelle eingegangen wird (▶ Kap 4). Die übrigen Befunde betreffen seltene monogene Formen der Adipositas, die sich zudem von der »normalen« Adipositas durch das Vorliegen einer Reihe weiterer – insbesondere endokrinologischer – Auffälligkeiten unterscheiden und somit auch als syndromale Formen aufgefasst werden können.

Mutationen im Leptin-Gen

Historisch an erster Stelle sind Mutationen im Leptin-Gen zu nennen, die bislang weltweit bei lediglich einzelnen Personen diagnostiziert werden konnten, erstmalig 1997 (Montague et al., 1997). Personen mit Mutationen im Leptin-Gen zeigen bereits im Säuglingsalter ein beständiges und ausgeprägtes Hungergefühl; bereits innerhalb von wenigen Monaten liegt der BMI oberhalb des Referenzbereichs. Im Kindesalter zeigen Betroffene ein Essverhalten, das dem des Prader-Willi-Syndroms (▶ Kap. 4) ähnelt; es wird keine Gelegenheit ausgelassen, um an Essbares heranzukommen. Die sexuelle Reifung bleibt bei den Betroffenen aus, da Leptin sich bei Tier und Mensch als ein Trigger-Signal für die Pubertät erwiesen hat. Kinder mit funktionell relevanten Mutationen im Leptin-Gen sind bislang in Deutschland nicht ermittelt worden; die bisherigen Leptin-defizienten Patienten wurden in Familien türkischer und pakistanischer Herkunft beschrieben. In allen Fällen ließ sich eine Blutsverwandtschaft der Eltern nachweisen; dies trifft auch auf die bislang weltweit einzig beschriebe-

nen 3 Geschwister mit Mutationen im Leptin-Rezeptor-Gen zu (Hebebrand et al., 2001, 2003).

Funktionell relevante Mutationen

Als eine weitere endokrinologisch relevante Form der Adipositas ist das gemeinsame Vorkommen von Adipositas in Verbindung mit roten Haaren und einem Kortisol-Mangel zu nennen. Diese autosomal-rezessiv bedingte Form der Adipositas ist ebenfalls selten; die Adipositas entsteht aufgrund unterschiedlicher Mutationen im Proopiomelanocortin-Gen, die sowohl das Fehlen des ACTH als auch des α-MSH zur Folge haben (Krude et al., 1998). α-MSH ist ein wichtiges Neuropeptid, das Sättigung signalisiert. Die Wirkung wird primär über Bindung an den Melanocortin-4-Rezeptor (MC4R) vermittelt.

Zum gegenwärtigen Zeitpunkt sind lediglich die molekulargenetischen Befunde zum Melanocortin-4-Rezeptorgen (MC4R) in Zusammenhang mit der »normalen« (d.h. keine weiteren spezifischen endokrinologischen oder sonstigen Befunde) Adipositas klinisch relevant. Basierend auf der Beobachtung, dass MC4R-Knock-out-Mäuse eine Adipositas entwickeln, wurden auch beim Menschen zahlreiche Mutationssuchen vorgenommen. Tatsächlich findet man bei ca. 2,5% aller extrem adipösen Kinder und Jugendlichen in Deutschland Mutationen in diesem Rezeptor-Gen (Hinney et al., 2003); bei jeweils 100 Kindern einer ambulanten Adipositas-Therapiegruppe bzw. einer konsekutiven Inanspruchnahmepopulation der Adipositas-Ambulanz einer universitären Kinderklinik fanden sich je 2 Kinder mit funktionell relevanten Mutationen.

Solche Mutationen – bislang sind weltweit ca. 40 verschiedene beschrieben worden (Locusheterogenität) – bedingen auf unterschiedliche Art und Weise entweder einen teilweisen oder vollständigen Verlust der Rezeptorfunktion. Da bereits eine Mutation in einem der beiden MC4R-Allele ausreicht, um eine Adipositas hervorzurufen, spricht man von einer ko-dominanten Vererbung. Personen mit Compound-Heterozygotie (beide Allele weisen unterschiedliche Mutationen auf) oder Homozygotie für die gleiche Mutation (in der Regel im Falle einer Blutsverwandtschaft der Eltern) sind noch adipöser als heterozygote Träger. MC4R-Mutationen werden weltweit fast ausschließlich bei Kindern, Jugendlichen und Erwachsenen mit Adipositas, nur extrem selten hingegen bei normalgewichtigen Kontrollen gefunden. In entsprechenden Stammbäumen ko-segregiert die Mutation mit dem Phänotyp Adipositas (Übergewicht kann aber durchaus auch bei Familienmitgliedern vorkommen, die nicht Mutationsträger sind). In seltenen Fällen können Mutationsträger in Familien, die über einen adipösen Indexpatienten identifiziert wurden, ohne erkennbare Ursache normalgewichtig sein. Bei Erwachsenen gehen wir davon aus, dass das Vorliegen einer MC4R-Mutation sich deutlich stärker beim weiblichen als beim männlichen Geschlecht auswirkt. Innerhalb von Familien, die über einen adipösen Indexpatienten erfasst wurden, sind männliche und weibliche Mutationsträger ca. 5 bzw. 10 kg/m^2 schwerer als die Familienangehörigen mit einem Wildtyp-Genotyp (Dempfle et al., 2004).

Gibt es phänotypische Besonderheiten bei einer durch eine MC4R-Mutation bedingten Adipositas? Kinder mit Mutationen sollen im Vergleich zu BMI-gematchten adipösen Kontrollen ein schnelleres Längenwachstum aufweisen, wobei die Endlänge sich aber nicht unterscheidet. Auch die Knochendichte ist überdurchschnittlich hoch. Ein ausgeprägter Hyperinsulinismus kennzeichnet ferner Mutationsträger im Kindesalter (Farooqi et al., 2003). Für die in der Literatur berichtete starke Assoziation (Branson et al., 2003) zwischen der Binge-Eating-Störung (▶ Kap. 27) und dem Status als Mutationsträger finden wir bei einer großen Anzahl an Trägern keinen Hinweis (Hebebrand et al., 2004).

In jüngster Vergangenheit konnte der Beitrag eines Polymorphismus (häufige Genvariante; per definitionem Allelfrequenz>1%) im MC4R an der Gewichtsregulation nachgewiesen werden. Dieser Polymorphismus, der bei ca. 3–5% der Bevölkerung vorliegt, bedingt einen Aminosäureaustausch, der jedoch in funktionellen Untersuchungen bislang keine Unterschiede zum Wildtyprezeptor erkennen ließ. Dennoch konnte im Rahmen einer Meta-Analyse (Geller et al., 2004), in die über 7500 Personen einbezogen wurden, nachgewiesen werden, dass Träger des Polymorphismus vor Adipositas geschützt sind (relatives Risiko ca. 0,7). Ein erwachsener Mann, der heterozygot für den Polymorphismus ist, wiegt durchschnittlich ca. 1,5 kg weniger als ein Wildtyp-Träger.

❗ **Mutationen bzw. Polymorphismen im MC4R können somit offenbar sowohl zu einer reduzierten Rezeptorfunktion als auch zu einer erhöhten Aktivität führen. Falls die genetische Prädiposition zur Adipositas sich aus einer Vielzahl solcher kleinen Effekte, im Sinne einer polygenen Vererbung, zusammensetzen sollte, wird es noch erheblicher Anstrengungen bedürfen, um die entsprechenden Genvarianten zu identifizieren.**

3.4 Molekulargenetische Diagnostik

Gegenwärtig kommt der molekulargenetischen Diagnostik bei der »normalen« (keine Intelligenzminderung, keine evidenten endokrinologischen Auffälligkeiten) Adipositas im Wesentlichen lediglich im Rahmen von Forschungsfragestellungen eine Bedeutung zu. Aufgrund der Unsicherheit bezüglich der Validität zahlreicher positiver Assoziationsbefunde zu verschiedensten Kandidaten-Genen beschränkt sich eine klinisch-wissenschaftlich sinnvolle Diagnostik gegenwärtig ohnehin lediglich auf ein Mutationsscreen des MC4R. Zwar können MC4R-Mutationen bei 2–3% aller extrem adipösen Kinder detektiert werden, am sichersten durch eine Re-Sequenzierung. Es sind jedoch die niedrige »Trefferquote« und damit in Zusammenhang stehend die insgesamt hohen Kosten zu bedenken. Zudem kann selbst bei Identifikation einer Mutation nicht notwendigerweise eine eindeutige Aussage zu deren klinischer Bedeutung getätigt werden: Falls es sich um eine neu entdeckte Mutation handelt, müssten funktionelle Studien nachgeschaltet werden. Auf längerer Sicht dürfte diesem Aspekt jedoch nur noch eine untergeordnete Bedeutung zukommen, da das Auffinden neuer Mutationen zunehmend seltener werden wird.

Bei der Durchführung einer molekulargenetischen Diagnostik im Kindes- und Jugendalter ist zu berücksichtigen, dass sich hierdurch **möglicherweise Nachteile** für das Kind ergeben. So wäre ein Mutationsträger bei Antritt eines Beschäftigungsverhältnisses bzw. Abschluss einer privaten Krankenversicherung bzw. einer Lebensversicherung verpflichtet, diesen Befund mitzuteilen. Eltern könnten im Wissen um die genetische Bedingtheit der Adipositas ihres Kindes in ihren Bemühungen nachlassen, ein gesundes Ess- und Bewegungsverhalten zu fördern – auch wenn ein solcher Rückschluss wissenschaftlich in keiner Weise zu rechtfertigen wäre. Den Eltern und dem Kind müsste mitgeteilt werden, dass das Wiederholungsrisiko für weitere Kinder – sofern einer der beiden Eltern selbst Mutationsträger ist – hoch ist. Selbstverständlich bestünde für die zukünftigen Kinder des Indexpatienten ebenfalls ein hohes Wiederholungsrisiko.

Vorteile einer molekulargenetischen Diagnostik

Was sind die Vorteile einer molekulargenetischen Diagnostik? Gerade wenn Eltern und das betroffene Kind sich Vorwürfe machen und die Ursachen der Adipositas zu ergründen suchen, könnte sich eine molekulargenetische Diagnostik **entlastend** auswirken. Eine solche Familie wüsste bei Identifikation einer MC4R-Mutation, woran sie ist. Theoretisch könnten Eltern im Wissen um die Veranlagung zur Adipositas ihres Kindes frühzeitig versuchen, das Ess- und Bewegungsverhalten positiv zu steuern; sie könnten dann genau benennen, warum es gerade bei ihrem Kind so wichtig ist, einer übermäßigen Gewichtszunahme entgegen zu steuern. Gesamtgesellschaftlich könnte der Einzug der molekulargenetischen Diagnostik zu einer **Entstigmatisierung von Menschen mit Adipositas** beitragen.

> **Praxistipp**
>
> Eine molekulargenetische Diagnostik sollte in jedem Fall sowohl vor- als auch nachher mit einer ausführlichen Beratung verbunden sein. Vor der eigentlichen Diagnostik ist sicher zu stellen, dass die Eltern das Vorgehen verstehen und potenzielle Implikationen einschließlich oben genannter möglicher Nachteile nachvollziehen können. Falls der Befund negativ ausfällt, müssen sie wissen, dass dies eine stärkere genetische Bedingtheit der Adipositas ihres Kindes beim gegenwärtigen Wissensstand keinesfalls ausschließt. Bei positiver Diagnostik sind die Eltern und das Kind (in Abhängigkeit vom Alter) ausführlich über den Befund und die sich daraus ergebenden Implikationen zu informieren.

Unabhängig von der Durchführung einer molekulargenetischen Diagnostik empfiehlt es sich aus unserer Sicht stets, ausführlich mit einer Familie über die erblichen Aspekte einer Adipositas zu sprechen. Häufig ermöglicht das Wissen um die Bedeutung genetischer Faktoren einen anderen Umgang mit der Störung; der Entlastungseffekt ist hierbei von besonderer Bedeutung. Gegenwärtig machen viele Kinder und Eltern die Erfahrung, dass trotz erheblicher familiärer Belastung an Adipositas der Kinderarzt oder Therapeut über Vererbung nicht spricht; das Thema wird ausgeblendet. Bedenklich wird es, wenn ein Therapeut die Bedeutung der Vererbung entweder nicht kennt oder sie negiert. Ein solcher Therapeut wird ausschließlich Umwelteinflüsse für relevant erachten und somit an der Realität vorbei arbeiten; hier gilt es durch Informationsvermittlung/Weiterbildung diese Situation zu verbessern. Die therapeutische Erwartungshaltung wird durch diese genetischen Kenntnisse beeinflusst, diese wiederum wirkt sich auf die Patienten entstigmatisierend aus und hilft Schuldgefühle abzubauen. Betroffene fühlen sich sehr viel besser verstanden, wenn therapeutische Ratschläge im Wissen um die genetische Mitverursachung der Adipositas erfolgen.

> **Praxistipp**
>
> Es ist für Betroffene (auch Kinder und Jugendliche) hilfreich zu wissen, dass ihre genetische Prädisposition im Vergleich zu anderen Menschen mehr Appetit/Hunger und/oder einen niedrigeren Energieverbrauch impliziert. Für alle Beteiligten ist dann besser nachzuvollziehen, dass bereits kleinere Gewichtsabnahmen einen großen therapeutischen Erfolg darstellen.

Die moderne Medizin zeigt, dass die genetische Mitbedingtheit einer Störung keinesfalls einen therapeutischen Nihilismus nach sich ziehen muss. Es gilt gerade umgekehrt zu überlegen, wie im Wissen um die Bedeutung genetischer Faktoren therapeutische Interventionen bzw. Präventionsmaßnahmen am erfolgreichsten entwickelt und umgesetzt werden können. Es ist nicht ganz einfach vorherzusagen, wie und in welchem Tempo sich die molekulargenetische Adipositas-Forschung weiterentwickeln wird. Es ist anzunehmen, dass es langsame Fortschritte bei der polygen bedingten Adipositas geben wird. Hier wird es insbesondere darauf ankommen, dass durch unabhängige Bestätigungen und Meta-Analysen Befunde abgesichert werden. Sind erst einmal 20 Polymorphismen in Analogie zu dem MC4R-Polymorphismus bekannt – wird man mithilfe von DNA-Chips bereits bei Neugeborenen angeben können, wie hoch die Wahrscheinlichkeit für die Entwicklung einer Adipositas (bei gegebenen Umweltbedingungen) ist. Unsere Gesellschaft wird sich dieser potenziellen Entwicklung stellen müssen.

Literatur

Bouchard C, Perusse L (1993) Genetic aspects of obesity. Ann N Y Acad Sci 699: 26–35

Branson R, Potoczna N, Kral JG, Lentes KU, Hoehe MR, Horber FF (2003) Binge eating as a major phenotype of melanocortin 4 receptor gene mutations. N Engl J Med 348: 1096–1103

Chagnon YC, Rankinen T, Snyder EE, Weisnagel SJ, Perusse L, Bouchard C (2003) The human obesity gene map: the 2002 update. Obes Res 11: 313–367

Dempfle A, Hinney A, Heinzel-Gutenbrunner M, Raab M, Geller F, Gudermann T, Schäfer H, Hebebrand J (2004) Large quantitative effect of melanocortin-4 receptor gene mutations on BMI. JMG (im Druck)

Fabsitz RR, Carmelli D, Hewitt JK (1992) Evidence for independent genetic influences on obesity in middle age. Int J Obes Relat Metab Disord 16: 657–666

Farooqi IS, Yeo GS, Keogh JM, Aminian S, Jebb SA, Butler G, Cheetham T, O'Rahilly S (2000) Dominant and recessive inheritance of morbid obesity associated with melanocortin 4 receptor deficiency. J Clin Invest 106: 271–279

Farooqi IS, Keogh JM, Yeo GS, Lank EJ, Cheetham T, O'Rahilly S (2003) Clinical spectrum of obesity and mutations in the melanocortin 4 receptor gene. N Engl J Med 348: 1085–1095

Geller F, Reichwald K, Dempfle A, Illig T, Vollmert C, Herpertz S, Siffert W, Platzer M, Hess C, Gudermann T, Biebermann H, Wichmann HE, Schafer H, Hinney A, Hebebrand J (2004) Melanocortin-4 receptor gene variant i103 is negatively associated with obesity. Am J Hum Genet 74:572–581

Hebebrand J, Hinney A, Roth H, Ziegler A (1998) Genetische Aspekte der Adipositas. In: Wechsler JG (Hrsg) Adipositas/ Ursachen und Therapie. Ex Libris Roche-Blackwell, Berlin Wien, S. 105–117

Hebebrand J, Hinney A, Oeffner F (2001a) Molekulare Grundlagen der Adipositas. In: Ganten D, Ruckpaul K (Hrsg) Molekularmedizinische Grundlagen von Endokrinopathien. Springer, Berlin Heidelberg New York Tokio, S. 387–426

Hebebrand J, Sommerlad C, Geller F, Gorg T, Hinney A (2001b) The genetics of obesity: practical implications. Int J Obes Relat Metab Disord 25: S10–18

Hebebrand J, Friedel S, Schauble N, Geller F, Hinney A (2003) Perspectives: molecular genetic research in human obesity. Obes Rev 4: 139–146

Hebebrand J, Geller F, Dempfle A, Heinzel-Gutenbrunner M, Raab M, Gerber G, Wermter AK, Horro FF, Blundell J, Schäfer H, Remschmidt H, Herpertz S, Hinney A (2004) Binge-eating episodes are not characteristic of carriers of melanocortin-4 receptor gene mutations. Mol Psychiatry 23: (Epub ahead of print)

Hewitt JK (1997) The genetics of obesity: what have genetic studies told us about the environment. Behav Genet 27: 353–358

Hinney A, Hohmann S, Geller F, Vogel C, Hess C, Wermter A-K, Brokamp B, Goldschmidt H, Siegfried W, Remschmidt H, Schäfer H, Gudermann T, Hebebrand J (2003) Melanocortin-4 Receptor Gene: Case-control study and transmission disequilibrium test confirm that functionally relevant mutations are compatible with a major gene effect for extreme obesity. J Clin Endocrinol Metab 88: 4258–4267

Kries R von, Koletzko B, Sauerwald T, Mutius E von, Barnert D, Grunert V, von Voss H (1999) Breast feeding and obesity: cross sectional study. BMJ 319:147–150

Krude H, Biebermann H, Luck W, Horn R, Brabant G, Gruters A (1998) Severe early-onset obesity, adrenal insufficiency and red hair pigmentation caused by POMC mutations in humans. Nat Genet 19: 155–157

Maes HH, Neale MC, Eaves LJ (1997) Genetic and environmental factors in relative body weight and human adiposity. Behav Genet 27: 325–351

Magnusson PK, Rasmussen F (2002) Familial resemblance of body mass index and familial risk of high and low body mass index. A study of young men in Sweden. Int J Obes Relat Metab Disord 26: 1225–1231

Montague CT, Farooqi IS, Whitehead JP, Soos MA, Rau H, Wareham NJ, Sewter CP, Digby JE, Mohammed SN, Hurst JA, Cheetham CH, Earley AR, Barnett AH, Prins JB, O'Rahilly S (1997) Congenital leptin deficiency is associated with severe early-onset obesity in humans. Nature 387: 903–908

Neel JV, Weder AB, Julius S (1998) Type II diabetes, essential hypertension, and obesity as »syndromes of impaired genetic homeostasis«: the »thrifty genotype« hypothesis enters the 21st century. Perspect Biol Med 42: 44–74

Pietilainen KH, Kaprio J, Rissanen A, Winter T, Rimpela A, Viken RJ, Rose RJ (1999) Distribution and heritability of BMI in Finnish adolescents aged 16y and 17y: a study of 4884 twins and 2509 singletons. Int J Obes Relat Metab Disord 23: 107–115

Stunkard AJ, Sorensen TI, Hanis C, Teasdale TW, Chakraborty R, Schull WJ, Schulsinger F (1986) An adoption study of human obesity. N Engl J Med 314: 193–198

Stunkard AJ, Harris JR, Pedersen NL, McClearn GE (1990) The body mass index of twins who have been reared apart. N Engl J Med 222: 1483–1487

Weiterführende Literatur

Maes HH, Neale MC, Eaves LJ (1997) Genetic and environmental factors in relative body weight and human adiposity. Behav Genet 27: 325–351

Kommentar: Die Autoren fassen die formalgenetischen Befunde sehr gut zusammen und liefern Erklärungen für die unterschiedlichen Erblichkeitsschätzungen.
Wer sich einen jeweils aktuellen Überblick zu molekulargenetischen Befunden verschaffen möchte, sei auf die »Human Obesity Gene Map« verwiesen (http://www.obesitygene. pbrc.edu). Die Website http://www.adipositas-online.de enthält Informationen zur Genetik der Adipositas für Experten und für Laien.

Syndromale Formen der Adipositas

R. Pankau

4.1   Einleitung

In der klinischen Genetik sind mehr als 75 unterschiedliche Syndrome bekannt, die obligat oder fakultativ mit einer Adipositas assoziiert sein können, wobei etwa die Hälfte eine stammbetonte Adipositas aufweisen, die praktisch nie ein isoliertes Symptom dieser Syndrome darstellt. Sie wird ergänzt durch vielfältige weitere Merkmale, die wiederum bei ein und demselben Syndrom nicht in gleicher Zahl oder Ausprägung vorkommen müssen. Ein und dasselbe Syndrom kann also ein sehr variables Erscheinungsbild aufweisen.

Leitsymptome der syndromalen Adipositas

Ein häufig anzugebender weiterer Befund in Kombination mit der Adipositas ist die mentale Entwicklungsstörung. Dadurch wird die Zahl der in Frage kommenden Syndrome um etwa 30% gesenkt. Diese lässt sich weiter auf 20 Syndrome eingrenzen, wenn man die Symptomenliste um den Kleinwuchs erweitert, der allerdings ein sehr uncharakteristisches Merkmal darstellt und immer im Zusammenhang mit der Elterngröße zu bewerten ist. So sind Patienten mit dem Bardet-Biedl-Syndrom häufig sehr groß. Fügt man den Hypogonadismus als 4. Symptom hinzu, verringert sich die Zahl der möglichen Syndrome auf etwa 10. Sind einzelne dieser Symptome vorhanden, sollte gezielt nach weiteren auffälligen Befunden und Fehlbildungen hin untersucht werden. Die isolierte Adipositas bei Kindern und Jugendlichen macht ein Syndrom eher unwahrscheinlich (❏ Abb. 4.1).

Isolierte Genmutation

Von diesen seit langem bekannten Syndromen sind Krankheitsbilder abzugrenzen, deren Adipositas auf Genmutationen zurückzuführen sind.

Langfristig wird die Stabilität des Gewichts und damit auch die Körperzusammensetzung durch den Informationsaustausch zwischen Energiereserven des Körpers und übergeordneten hypothalamischen Zentren sichergestellt (▶ Kap. 11 und 13). Hieran ist beispielsweise das Protein Leptin und der Leptin-Rezeptor beteiligt. Durch Mutationen im Leptin-Gen wird dieser Regelkreis gestört.

Das klinische Bild mündet in eine extreme Adipositas mit einem hypogonadotropen Hypogonadismus ein.

Das Kortikotropin-releasing-Hormon steuert in den Zellen der Adenohypophyse die Synthese und Freisetzung von Proopiomelanokortin (POMC), aus dem durch Spaltung das adrenokortikotrope Hormon (ACTH), Melanozyten-stimulierende Hormon (MSH) und β-Endorphin entstehen. Eine Mutation im POMC-Gen äußert sich klinisch wiederum durch eine extreme Adipositas in Kombination mit einem ACTH-Mangel und Rothaarigkeit (❏ Abb. 4.1).

Diagnostik

> **Praxistipp**
>
> Die diagnostische Zuordnung zu einem Syndrom basiert wesentlich auf den Ergebnissen der eingehenden körperlichen Untersuchung mit detaillierter Beschreibung möglicher Dysmorphien vorwiegend im Gesicht und Dokumentation von Fehlbildungen. Sie wird ergänzt durch
> - die Beurteilung des Körperbaus, einschließlich der Hände und Füße:
>   - harmonisch oder disharmonisch,
>   - symmetrisch oder asymmetrisch,
>   - kurze oder lange Finger und Zehen,
>   - Hexadaktylie vorhanden oder operativ bereits korrigiert,
>   - Syndaktylien,
> - der Haut hinsichtlich Striae und Naevi und
> - die Bewertung der Fettverteilung.

Wichtig ist auch die Beurteilung des äußeren Genitale einschließlich des Pubertätsstadiums und die Erhebung des neurologischen Status. Zur Basisdokumentation gehört auch das Somatogramm und die Darstellung von Größe, Gewicht, Kopfumfang sowie des Body Mass Index (BMI) im Verlauf anhand von Perzentilenkurven (▶ Kap. 1).

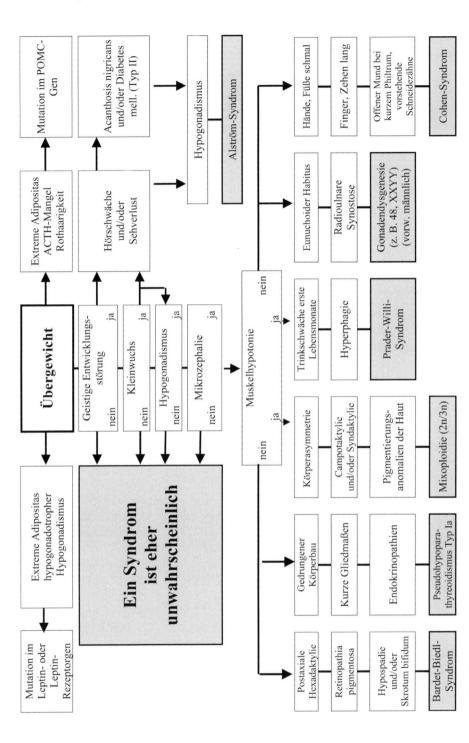

■ **Abb. 4.1.** Flussdiagramm: Adipositas bei syndromalen Krankheiten

Die ergänzenden diagnostischen Maßnahmen in Einzelfällen sind im Folgenden ohne Gewichtung aufgelistet.

Ergänzende Diagnostik im Rahmen einer Syndromzuordnung

- Längen- und Umfangsmessungen einzelner Extremitäten
- Röntgenaufnahme der linken Hand
- Beurteilung des Augenhintergrundes
- Hörprüfung
- Blutzucker nüchtern und oraler Glukosetoleranztest
- Endokrinologische Funktionsdiagnostik:
  - Hypothalamus-Hypophysen-Gonadenachse
  - Schilddrüsenfunktion
  - Wachstumshormonsekretion
  - Kalziumstoffwechsel
- Chromosomenanalyse
- Molekulargenetische Untersuchungen

Makrosomie im Neugeborenen- und Säuglingsalter

Charakteristisch ist den syndromalen Formen der Adipositas, dass sich diese in aller Regel erst im Verlauf der Entwicklung manifestieren. Davon abzugrenzen sind Syndrome, bei denen eine Makrosomie (Gewicht und Körpergröße erhöht) schon bei Geburt oder in den ersten Lebensmonaten als führendes Symptom vorhanden ist. Diese Syndrome zählen nicht in klassischer Weise zu jenen mit einer Adipositas, da der BMI nicht über der 90. Perzentile liegt. Beispielhaft sei das Sotos-Syndrom, Weaver-Syndrom und das Beckwith-Wiedemann-Syndrom genannt. Von den genetisch definierten Syndromen sind die Fetopathia diabetica und das Cushing-Syndrom abzugrenzen. Auf diese Gruppe von Syndromen wird nicht näher eingegangen. Im Folgenden werden einzelne in ◘ Abb. 4.1 aufgelistete Syndrome näher beschrieben.

4.2 Prader-Willi-Syndrom

Das Prader-Willi-Syndrom (PWS; MIM-Nr. 176270) zählt zur Gruppe der Contiguous-gene-Syndrome, das durch den Verlust des väterlich geprägten SNRPN-Gens, des Necdin-Gens und möglicherweise weiterer Gene hervorgerufen wird (Glenn et al., 1993; Ohta et al., 1999).

Leitsymptome

Mangelnde intrauterine Kindsbewegungen, muskuläre Hypotonie, Hyporeflexie sowie Trinkschwäche in den ersten 6 Lebensmonaten und erhöhter Speichelfluss. Kryptorchismus mit kleinem Penis und Skrotum oder hypoplastische Labien. Beginnende unkontrollierte Hyperphagie im 2. Lebenshalbjahr.

Ergänzende Befunde

De- oder hypopigmentierte Hautareale, schmales Oberlippenrot, volle Wangen. Zahnschmelzhypoplasie, partieller Wachstumshormonmangel.

Verlauf

Schon in der frühen Kindheit entwickeln die Patienten eine deutliche Adipositas bei gleichzeitiger motorischer Entwicklungsstörung. Der Selbstbeschaffungszwang von Nahrungsmitteln bestimmt den Alltag. Zu beobachten ist ein relativer Kleinwuchs, dann kombiniert mit kleinen Händen und Füßen. Oft kommt es zur Ausbildung einer Skoliose der BWS und einer frühzeitigen Karies (◘ Abb. 4.2). Schlaf-Apnoe-Phasen sind mit unterschiedlichem Schweregrad bei allen Patienten vorhanden, neben extremer Bewegungsarmut und Stereotypien wie Zupfen und Kratzen der Haut, die Schmerzempfindung ist herabgesetzt. Eine Pubertas tarda in beiden Geschlechtern wird beobachtet, eine primäre Amenorrhö zeigen etwa 60% der Mädchen mit dem PWS. Die ausgeprägte Adipositas (◘ Abb. 4.3) begünstigt schon früh die Entwicklung einer Herzinsuffizienz und eines Diabetes-mellitus-Typ-2b. Eine geistige Entwicklungsstörung ist

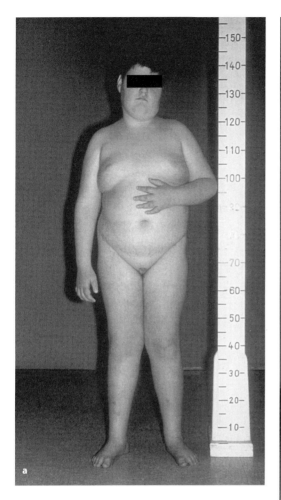 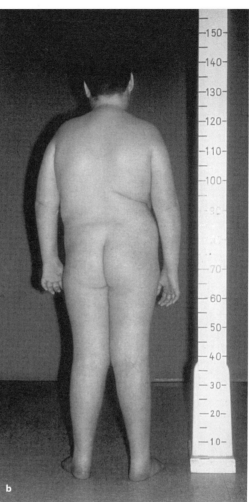

◨ **Abb. 4.2 a–c.** Männlicher Patient im Alter von 8,11 Jahren (**a**, **b**) sowie 14,1 und 18,11 Jahren (**c**) mit ausgeprägter Adipo- sitas, Lipomakromastie, Genu valga, Skoliose der BWS und Hypogenitalismus

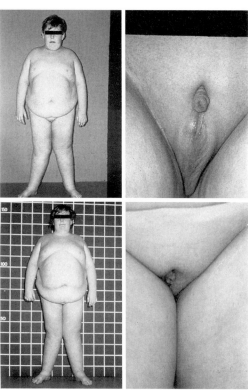
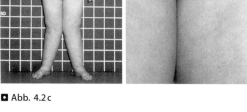
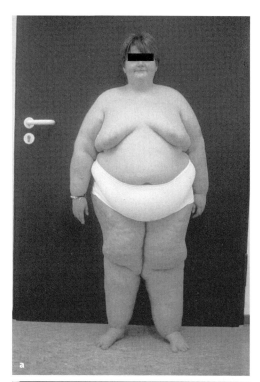

◘ Abb. 4.2 c

nicht obligat; es besteht daher ein weites Spektrum hinsichtlich des IQ, der im Mittel um 62 liegt
(Prader et al., 1956; Greenswag, 1987).

Häufigkeit

Zwischen 1:10000 bis 1:25000.

Ätiologie

Zwei drittel bis drei viertel aller PWS-Patienten
zeigen eine Deletion im langen Arm des vom Vater geerbten Chromosoms 15 in der Region
15q11–13. Davon sind weniger als 10% auf eine
unbalancierte Translokation zurückzuführen; in
der Mehrzahl handelt es sich um interstitielle De-
letionen. Eine maternale uniparentale Disomie
der Chromosomen 15 wird je nach Studie um
bis zu 30% beobachtet, wobei dieses Ereignis
dann häufig mit einem erhöhten mütterlichen Alter einhergeht. So genannte Imprinting-Defekte,

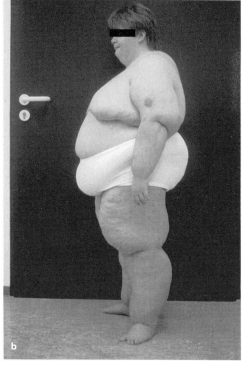

◘ Abb. 4.3 a, b. Kleinwüchsige Patientin mit 18 Jahren
(146 cm). Massive Adipositas am Stamm und den Extremitäten
(BMI 72,71 kg/m^2)

hervorgerufen durch Mikrodeletionen im Imprinting-Zentrum des väterlichen Chromosoms 15 führen ebenfalls zum klinischen Bild des Prader-Willi-Syndroms (2–4%). In diesen Fällen beträgt das Wiederholungsrisiko 50%.

4.3 Bardet-Biedl-Syndrom

Das Bardet-Biedl-Syndrom (BBS; MIM-Nr. 209900) ist ein familiäres Krankheitsbild mit großer genetischer Heterogenität. In Abhängigkeit von der jeweiligen Mutation entsteht ein sehr variables Krankheitsbild.

Leitsymptome

Stammbetonte Adipositas, die mit etwa 2–3 Jahren beginnt. Postaxiale Hexadaktylie vorwiegend der Füße, Syn- und Brachydaktylien. Hypogenitalismus mit kleinem Penis und Kryptorchismus. Geistige Entwicklungsstörung mit schlechterem verbalen IQ im Vergleich zum Handlungs-IQ.

Ergänzende Befunde

Vaginalatresie, Uterushypoplasie oder Uterus duplex, Veränderungen des Nierenparenchyms, Morbus Hirschsprung.

Verlauf

Entwicklung einer Retinitis pigmentosa oder einer retinalen Dysplasie mit durchschnittlich 5,8 Jahren, die zunächst als Nachtblindheit im Kindesalter auffällt und in einen schweren Visusverlust im 2. Jahrzehnt einmünden kann. Einschränkung der Nierenfunktion sowie Entstehung eines Diabetes-mellitus-Typ-2 b und eines renalen Hypertonus. Fakultativ mäßiggradiger Kleinwuchs.

Häufigkeit

Unter 1:160 000.

Ätiologie

Autosomal-rezessive Vererbung; bekannt sind 8 verschiedene Genorte:

BBS1	Chromosom 11q13
BBS2	Chromosom 16q21
BBS3	Chromosom 3p13
BBS4	Chromosom 15q22.3
BBS5	Chromosom 2q31
BBS6	Chromosom 20p12
BBS7	Chromosom 4q27
BBS8	Chromosom 14q32.11

Es wird vermutet, dass der Typ BBS4 (15q22.3) mit einer frühen Adipositas assoziiert ist, während der Typ BBS2 (16q21) die schwächste Form des Syndroms hervorruft (◘ Abb. 4.4; Beales et al., 1999; Katsanis et al., 2001).

4.4 Cohen-Syndrom

Das Cohen-Syndrom (MIM-Nr. 216 550) zeichnet sich durch eine besondere Facies in Kombination mit primärer mentaler Entwicklungsstörung, Mikrozephalie, Muskelhypotonie und stammbetonter Adipositas aus.

Leitsymptome

Kraniofaziale Dysmorphie mit leicht antimongoloider Lidachse, kurzem Philtrum und offen stehendem Mund, große obere Schneidezähne. Muskuläre Hypotonie, Hypogenitalismus, primäre Mikrozephalie und primäre mentale Entwicklungsstörung. Stammbetonte Adipositas im Jugendalter (◘ Abb. 4.5).

Ergänzende Befunde

Schmale Hände und Füße, überstreckbare Gelenke, Larynxstenosen, Myopie, chorioretinitische Dystrophie bis hin zur Retinitis pigmentosa. Leukozyto- und Granulozytopenie (teilweise intermittierend), relativer Kleinwuchs. Einige Patienten zeigen eine Laryngomalazie (Chandler et al., 2003).

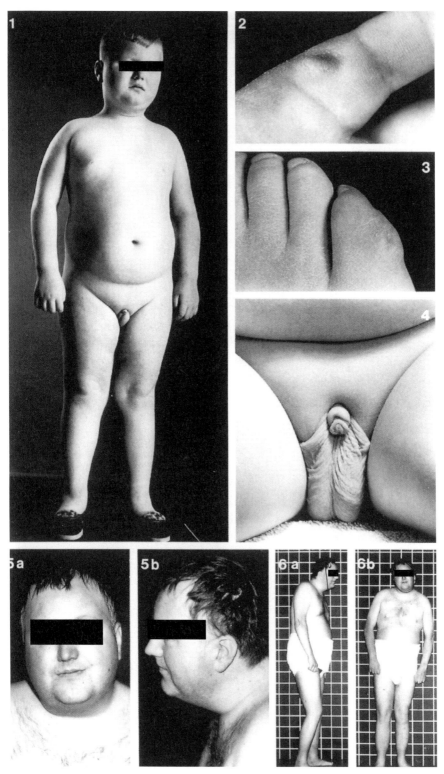

◘ **Abb. 4.4.** Patient im Alter von 7 und 33 Jahren. Stammbetonte Adipositas und Hypogenitalismus. Rudimente von postaxialem
6. Finger und 6. Zehe

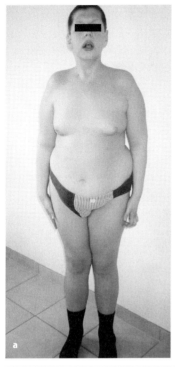
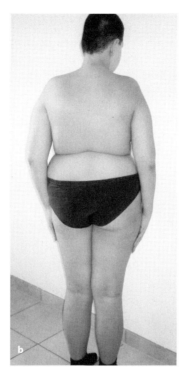

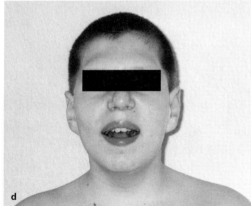

Abb. 4.5 a–d. Patient im Alter von 13,6 Jahren. Deutliche stammbetonte Adipositas mit Lipomakromastie; kurzes Philtrum und offenstehender Mund, große obere Schneidezähne, antimongoloide Lidachsenstellung. Bekannt ist ein Hypogenitalismus, eine Myopie und eine mäßige geistige Entwicklungsstörung. Somatogramm:

Länge: 162 cm
Gewicht: 78 kg
Kopfumfang: 50,5 cm (< 3. Perz.)
BMI: 29,72 kg/m² (> 97. Perz.)

Der BMI lag mit 4,10 Jahren bei 14,19 kg/m² (zwischen 10.–25. Perz.). Eine Adipositas entwickelte der Patient mit 8 Jahren

Verlauf

Die überwiegend stammbetonte Adipositas entwickelt sich meistens erst mit Beginn des Schulalters. Deutlich verzögerte Sprachentwicklung bei leichter bis mäßiger geistiger Behinderung (IQ 35–69); verzögerte Pubertät (Kivitie-Kallio u. Norio, 2001).

Häufigkeit

Sehr gering, bisher etwa 100 Fälle publiziert.

Ätiologie

Autosomal-rezessive Vererbung. Mutation des COH 1-Gens in der Region 8q22 (Kolehmainen et al., 2003).

4.5   Alström-Syndrom

Das Alström-Syndrom (MIM-Nr. 203 800) ähnelt in seinem Symptomenspektrum dem Bardet-Biedl-Syndrom, wobei eine mentale Entwicklungsstörung und eine Polydaktylie fehlen.

Leitsymptome

Nystagmus und Kardiomyopathie bereits im Säuglingsalter. Adipositas, Acanthosis nigricans (◘ Abb. 4.6).

Ergänzende Befunde

Hypogenitalismus.

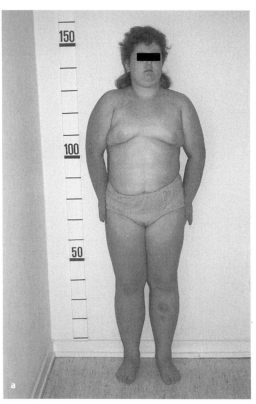

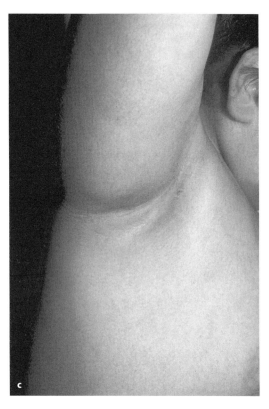

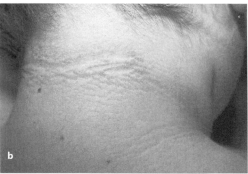

◘ **Abb. 4.6.** Patientin im Alter von 10,4 Jahren. Deutliche Adipositas mit Lipomakromastie und Acanthosis nigricans im Nacken und den Achselhöhlen. Somatogramm:
Länge: 154 cm
Gewicht: 73,5 kg
Kopfumfang: 53 cm
BMI: 30,99 kg/m^2
Bekannt war in dem Alter bereits eine höhergradige Sehschwäche, Innenohrschwerhörigkeit und eine Insulinresistenz. Die Patientin verstarb mit 20 Jahren an den Folgen einer fulminanten Ösophagusvarizenblutung bei portaler dekompensierter Leberzirrhose

Verlauf

Zentraler Visusverlust bis hin zur Erblindung, sensorische Hörstörungen. Entwicklung einer stammbetonten Adipositas häufig bereits in den ersten Lebensjahren. Diabetes-mellitus-Typ-2 b und fakultativ Leberfunktionsstörungen bis hin zur Leberzirrhose (Michaud et al., 1996; Russel-Eggitt et al., 1998).

Häufigkeit

Sehr gering, bis 1998 sind weniger als 50 Fälle beschrieben.

Ätiologie

Autosomal-rezessive Vererbung; der vermutete Genort für ALMS I liegt in der Region 2q13 (Hearn et al., 2002).

4.6   Mixoploidie (2n/3n)

Die inkomplette Triploidie ist ein Fehlbildungs-Retardierungssyndrom, das mit Kleinwuchs, Körperasymmetrie, Hypogenitalismus und primärer geistiger Entwicklungsstörung einher geht und gerade im Kleinkindalter dem Silver-Russell-Syndrom ähnlich ist (Meinecke u. Engelbrecht, 1988).

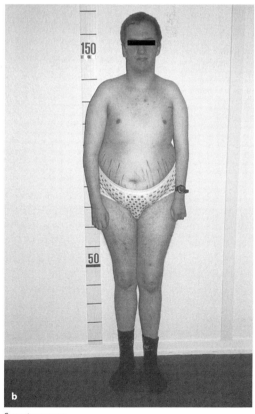

☐ **Abb. 4.7.** Patient im Alter von 4,6 Jahren und 20 Jahren. Körperasymmetrie mit Verkürzung des linken Armes sowie des linken Beines bei leichter Gesichtsasymmetrie. Partielle häutige Syndaktylien der Finger und Kamptodaktylie. Hypogenitalismus. Striae rubrae der Hüften im Alter von 20 Jahren.

Somatogramm:
Länge: 165 cm
Gewicht: 75 kg
Kopfumfang: 57 cm
BMI: 27,55 kg/m^2
Im Alter von 15 Jahren lag der BMI bei 18,94 kg/m^2

Abb. 4.7 c

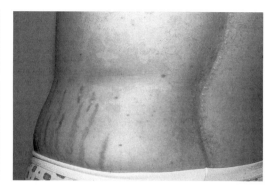

Abb. 4.7 d

Leitsymptome

Dystrophie und disharmonischer Kleinwuchs im Säuglingsalter bei relativ großem Hirnschädel, Körperasymmetrie, geistige Entwicklungsstörung.

Ergänzende Befunde

Kutane Syndaktylien und Kamptodaktylie (❏ Abb. 4.7), Sandalenlücke, Hypoplasie der 5. Zehe beidseits, Genital- und Nierenfehlbildungen, Pigmentierungsstörungen der Haut wie bei der Hypomelanosis Ito.

Verlauf

Entwicklung einer stammbetonten Adipositas sowie deutliche statomotorische mentale Entwicklungsstörung, kombiniert mit muskulärer Hypotonie. Fakultativ werden zerebrale Krampfanfälle beobachtet (Graham et al., 1981).

Häufigkeit

Sehr gering; weniger als 50 Fälle in der Literatur bisher beschrieben.

Ätiologie

Nebeneinander von diploiden und triploiden Zellen, wobei 69 Chromosomen meistens nur in einem bestimmten Prozentsatz in kultivierten Hautfibroblasten nachweisbar sind.

Literatur

Beales PL, Elcioglu N, Woolf AS, Parker D, Flinter FA (1999) New criteria for improved diagnosis of Bardet-Biedl syndrome: results of a population survey. J Med Genet 36: 437–446

Chandler KE, Kidd A, Al-Gazali L, Kolehmainen J, Lehesjoki AE, Black GCM, Clayton-Smith J (2003) Diagnostic criteria, clinical characteristics, and natural history of Cohen syndrome. J Med Genet 40: 233–241

Graham JM, Hoehn H, Lin MS, Smith DW (1981) Diploid-triploid mixoploidy: Clinical and cytogenetic aspects. Pediatrics 68: 23–28

Greenswag LR (1987) Adults with Prader-Willi syndrome: a survey of 232 cases. Dev Med Child Neurol 29: 145–152

Glenn CC, Nicholls RD, Robinson WP, Saitoh S, Niikawa N, Schinzel A, Horsthemke B, Driscoll DJ (1993) Modification of the DNA methylation imprint in unique Angelman and Prader-Willi patients. Hum Molec Genet 2: 1377–1382

Hearn T, Renforth GL, Spalluto C, Hanley NA, Piper K, Brickwood S, White C, Connolly V, Taylor JFN, Russell-Eggitt I, Bonneau D, Walker M, Wilson DI (2002) Mutation of ALMS1, a large gene with a tandem repeat encoding 47 amino acids, causes Alstrom syndrome. Nature Genet 31: 79–83

Katsanis N, Lupski JR, Beales PL (2001) Exploring the molecular basis of Bardet-Biedl syndrome. Hum Molec Genet 10: 2293–2299

Kivitie-Kallio S, Norio R (2001) Cohen syndrome: essential features, natural history, and heterogeneity. Am J Med Genet 102: 125–135

Kolehmainen J, Black GCM, Saarinen A, Chandler K, Clayton-Smith J, Traskelin A, Perveen R, Kivitie-Kallio S, Norio R, Warburg M, Fryns JP, de la Chapelle A, Lehesjoki AE (2003) Cohen syndrome is caused by mutations in a novel gene, COH1, encoding a transmembrane protein with a presumed role in vesicle-mediated sorting and intracellular protein transport. Am J Hum Genet 72: 1359–1369

Meinecke P, Engelbrecht R (1988) Fehlbildungs-Retardierungssyndrom infolge inkompletter Triploidie. Monatsschr Kinderheilkd 136: 206–209

Michaud JL, Heon E, Guilbert F, Weill J, Puech B, Benson L, Smallhorn JF, Shuman CT, Buncic JR, Levin AV, Weksberg R, Breviere GM (1996) Natural history of Alstrom syndrome in early childhood: onset with dilated cardiomyopathy. J Pediat 128: 225–229

Ohta T, Gray TA, Rogan PK, Buiting K, Gabriel JM, Saitoh S, Muralidhar B, Bilienska B, Krajewska-Walasek M, Driscoll DJ, Horsthemke B, Butler MG, Nicholls RD (1999) Imprinting-mutation mechanisms in Prader-Willi syndrome. Am J Hum Genet 64: 397–413

Prader A, Labhart A, Willi H (1956) Ein Syndrom von Adipositas, Kleinwuchs, Kryptorchismus und Oligophrenie nach myatonieartigem Zustand im Neugeborenenalter. Schweiz Med Wschr 86: 1260–1261

Russell-Eggitt IM, Clayton PT, Coffey R, Kriss A, Taylor DSI, Taylor JFN (1998) Alstrom syndrome: report of 22 cases and literature review. Ophthalmology 105: 1274–1280

Die Abb. 4.1-4.5 stammen aus der Universitätskinderklinik Kiel, ehemaliger Direktor Prof. Dr. med. Jürgen Schaub.
Herrn Prof. Dr. med. Peter Meinecke, Abt. Medizinische Genetik am Altonaer Kinderkrankenhaus (Hamburg), danke ich für die fachliche Beratung und die Überlassung der Bilder zum Alström-Syndrom (Abb. 4.6) und der Mixoploidie (Abb. 4.7).

Umgebungsfaktoren – Körperliche Aktivität

J. Hebebrand, K. Bös

5.1   Grundlagen

Während bei der Thematik Übergewicht häufig primär an eine erhöhte Energieaufnahme gedacht wird, sollten stets beide Komponenten der Energiebilanz betrachtet werden (▶ Kap. 15). Dies wird auch dadurch untermauert, dass sich spezifische zentrale biophysiologische Regulationsmechanismen sowohl auf Energieaufnahme als auch -verbrauch auswirken (▶ Kap. 12 und 13). Bei der Therapie der Adipositas ist in den letzten Jahren diskutiert worden, inwieweit eine dauerhafte Gewichtsabnahme nicht besser über eine Erhöhung des Energieverbrauchs als über eine Einschränkung der Energiezufuhr zu erzielen ist. Eine Erhöhung des Energieverbrauchs kann gerade bei Kindern und Jugendlichen auch durch eine Reduktion sitzender Tätigkeiten und hier insbesondere des Fernseh-, Video- und PC-Konsums erzielt werden (▶ Kap. 36 und 38).

Komplexe Regulationsmechanismen einschließlich zahlreicher Neuropeptide, Hormone, entsprechender Rezeptoren und nachgeschalteter zellulärer Regelmechanismen wirken an der Energiehomöostase mit (▶ Kap. 12 und 13). Eine positive Energiebilanz, die über längere Zeiträume aufrechterhalten wird, führt zu einem Gewichtsanstieg. Die kleine Energiemenge pro Tag, die hierfür bereits ausreicht (z. B. 20–30 kcal), lässt sich durch die heute zur Verfügung stehenden Messmethoden nicht nachweisen (▶ Kap. 35).

In Analogie zu den Schwierigkeiten der exakten Bestimmung der Energieaufnahme beim Menschen gestaltet sich die genaue Messung des Energieverbrauchs und insbesondere des durch körperliche Aktivität bedingten Verbrauchs ebenfalls problematisch (▶ Kap. 33 und 34).

Die individuelle körperliche Aktivität ist maßgeblich von Umweltfaktoren abhängig. Gleichwohl liegen die in der Quebec-Familienstudie ermittelten Erblichkeitsschätzungen für Ausmaß an Inaktivität, mittelschwere bis schwere körperliche Arbeit, tägliche körperliche Aktivität bzw. zeitlichem Umfang an körperlicher Aktivität im vergangenen Jahr zwischen 16 und 25%. In Zwillingsstudien wurden deutlich höhere Erblichkeitsschätzungen für körperliche Aktivität in der Größenordnung von 40–60% ermittelt. Kürzlich wurden erstmalig chromosomale Regionen identifiziert, die Kopplung zu Inaktivität und anderen quantitativen Variablen körperlicher Aktivität zeigen (Simonen et al., 2003). Da genetische Faktoren den Umfang körperlicher Aktivität mitbestimmen, handelt es sich nicht um ein Verhalten, das ausschließlich dem freien Willen unterliegt und individuell beliebig dauerhaft beeinflussbar ist.

5.2   Bewegungsmangel

Die rezente Adipositas-Epidemie impliziert, dass umweltbedingte Veränderungen von Energieaufnahme und/oder -verbrauch stattgefunden haben. Allgemein wird davon ausgegangen, dass beide im Verlauf der letzten Jahrzehnte rückläufig waren, wobei die durchschnittliche Abnahme des durch körperliche Aktivität bedingten Energieverbrauchs stärker ausgefallen ist als die Reduktion der Energiezufuhr mit dem Resultat einer positiven Energiebilanz. In jedem Fall steht fest, dass heutzutage bereits Kleinkinder einen weitgehend sitzenden Lebensstil aufweisen; nur ca. 2% ihrer Zeit verbringen beispielsweise englische Kinder mit stärkerer körperlicher Aktivität (Reilly et al., 2004). Bös, Opper u. Woll (2002) kommen bei 1500 untersuchten deutschen Grundschulkindern ebenfalls zu dem Ergebnis, dass die Bewegungsaktivität gering ist. Ein Viertel der Kinder spielt einmal oder weniger pro Woche im Freien.

Bei einer Analyse von 1000 Bewegungstagebüchern von Grundschulkindern kommen Obst u. Bös (1997) zu dem Ergebnis, dass ein durchschnittliches Grundschulkind heutzutage pro Tag 9 h liegt, 9 h sitzt, 5 h steht und sich gerade noch 1 h bewegt. Dieser offensichtliche Bewegungsmangel bei Grundschulkindern steht im Widerspruch zur Selbsteinschätzung von Kindern und Jugendlichen, die Bewegung und Sport nach wie vor als sehr wichtige und beliebte Freizeitaktivitäten bezeichnen und zum hohen Organisationsgrad von Kindern und Jugendlichen in Sportvereinen (vgl. zusammenfassend Schmidt, Hartmann-Tews u. Brettschneider, 2003). Es scheint allerdings so, dass der organisierte Sport den Verlust an Bewegung im Alltag nicht kompensieren kann.

Die Folgen von Bewegungsmangel auf die körperliche Leistungsfähigkeit ist Gegenstand zahlreicher Forschungsarbeiten. In einem aktuellen Review kommt Bös (2003) auf der Basis von 54 ausgewerteten Studien zu dem Resultat, dass sich die motorische Leistungsfähigkeit bei Kindern und Jugendlichen in den letzten 25 Jahren um 10% verschlechtert hat.

> Beispielsweise wurden in einer Studie von Bös u. Mechling (2002) im Jahre 1996 bei 115 Jungen im Alter von 10 Jahren die gleichen Tests durchgeführt wie bei Bös u. Mechling im Jahre 1976 (N=342, Alter 10 Jahre).
>
> Es wurden 10 Testaufgaben verglichen (◘ Tabelle 5.1). Bei 9 Vergleichen sind die heutigen Kinder der früheren Generation weit unterlegen. Lediglich bei der Koordination bei Präzisionsaufgaben zeigen sich keine Leistungsunterschiede. Dies lässt sich möglicherweise damit erklären, dass der Präzisionsanteil der Motorik durch die feinmotorischen Anforderungen beim PC und Elektronikspielen heutiger Kinder gefördert wird. Diese Tätigkeiten werden überwiegend sitzend ausgeübt, was sich darin zeigen kann, dass deutliche Leistungsunterschiede zu Ungunsten der heutigen Grundschüler vorliegen. Eine Einzelbetrachtung zeigt die deutlichsten Unterschiede im Medizinball-Stoß (Leistungsdifferenz 60%). Bemerkenswerte 42% beträgt der Leistungsabfall bei den Sit-ups, 28% bei den Liegestützen und immerhin 20% beträgt die Leistungsdifferenz im Ausdauerlauf. Betrachtet man die Zahlenwerte, so erkennt man, dass 10-Jährige etwa im 6-Minuten-Lauf durchschnittlich 230 m weniger laufen, in 30 s 8 Liegestützen und 10 Sit-ups weniger absolvieren oder beim Rumpfbeugen im Durchschnitt nicht mehr das Sohlenniveau erreichen. Diese Befunde sind alarmierend, v.a. wenn man bedenkt, dass sich der motorische Fähigkeitsbereich sehr früh ausbildet und in der Lebensspanne eine hohe Stabilität besitzt.

Als gesichert gilt auch, dass mit zunehmendem BMI im Kindesalter grobmotorische Fähigkeiten und körperliche Ausdauer schlechter werden.

Beispielsweise war der BMI bei 668 deutschen Kindern im Alter von durchschnittlich fast 7 Jahren signifikant mit dem im Körperkoordinationstest erzielten Wert ($r = -0,16$) und der in 6 min gerannten Strecke ($r = -0,20$) korreliert (Graf et al., 2004). Auch Bös et al. (2002) konstatieren enge Beziehungen zwischen Konstitution und Leistungsfähigkeit. Normalgewichtige Kinder haben eine signifikant bessere Fitness als übergewichtige oder adipöse Kinder.

Die zugrunde liegenden Mechanismen für den säkular verminderten Energieverbrauch sind komplex und umfassen u.a.

- die Zunahme des Fernseh- und Videokonsums mitbedingt durch die Ausdehnung der Sendezeiten,
- die Einführung von Privatsendern und die Industrialisierung der Film- und Medienbranchen,
- den Siegeszug des PCs einschließlich PC-Spiele (auch »Gameboy«) und Internet und
- die Abnahme der zur Bewältigung des Alltags erforderlichen körperlichen Aktivität.

Bei Kindern sind hier insbesondere der Schulweg und der Besuch von Freunden in der Freizeit zu nennen: Kinder gelangen heute häufiger mit öffentlichen Verkehrsmitteln oder PKW in die Schule als früher; während ehemals Kinder das Haus relativ spontan verlassen konnten, um mit anderen im Freien zu spielen, bedarf es heute gezielter Verabredungen. Zudem müssen solche sozialen Kontakte für ein Kind so interessant sein, dass es willens ist, auf die bequeme Freizeitgestaltung mittels Fernsehen und PC zu verzichten. Solche Veränderungen sind in soziokulturelle Prozesse eingebunden. Beispielsweise bedingen die durchschnittlich geringere Kinderzahl, die Verkehrsdichte, aber auch reißerische Medienberichte (z.B. Kindesentführungen), dass die Angst um die eigenen Kinder heute höher zu sein scheint als früher mit der Folge, dass Kinder von ihren Eltern häufiger gefahren werden. Auch die Zunahme der Anzahl allein erziehender Eltern und berufstätiger Mütter sowie die Auflösung von Großfamilien bedingen, dass Kinder

◨ **Tabelle 5.1.** Vergleich der motorischen Testdaten von 1976 und 1996 (Bös u. Mechling, 2002)

Item	Messzeit-punkt	n	Mittelwert	Streuung	t	Signifikanz p
6 min-Lauf	1976	292	1144,95	140,71	14,63	0,000
	1996	109	915,68	136,76		
Bewegungskoordinationstest (BKT) (Punkte)	1976	309	5,10	1,68	−1,08	0,280
	1996	114	5,33	2,06		
Maximalkraft (kg)	1976	104	23,60	8,80	6,53	0,000
	1996	114	17,73	3,66		
50 m-Sprint (s)	1976	74	9,36	0,81	−3,39	0,001
	1996	62	9,87	0,96		
Liegestütz (Anzahl/30 s)	1976	315	21,75	5,85	15,46	0,000
	1996	114	13,51	4,47		
Sit-ups (Anzahl/30 s)	1976	315	23,69	8,31	15,54	0,000
	1996	114	13,72	4,48		
Medizinball-Stoß (cm)	1976	303	257,87	26,50	−18,54	0,000
	1996	114	431,97	98,94		
Jump-and-Reach (cm)	1976	302	32,08	6,05	9,61	0,000
	1996	114	25,86	5,42		
Herzberg-Test (s)	1976	311	15,33	4,50	7,88	0,000
	1996	114	11,46	4,44		
Sit-and-Reach	1976	310	2,96	5,53	6,05	0,000
	1996	114	−1,79	7,67		

Nähere Erläuterungen s. Text.

vermehrt fernsehen bzw. am PC sitzen, da sie so »gut aufgehoben« sind oder sich sonst langweilen würden.

5.3 Zusammenhang zwischen Energieaufnahme und körperlicher Aktivität

Ob ein enger Zusammenhang zwischen Energieaufnahme und körperlicher Aktivität existiert, ist wissenschaftlich umstritten. Während einige Untersucher lediglich von einer losen Kopplung sprechen, weisen andere auf eine sehr enge hin. Dieser Aspekt scheint insbesondere wichtig im Hinblick auf die Empfehlung, durch körperliche Aktivität eine Gewichtsabnahme herbeizuführen.

Studien an sowohl normalgewichtigen als auch übergewichtigen Probanden haben gezeigt, dass 2 Trainingseinheiten à 50 min mit hoher Belastung (70% maximale Sauerstoffaufnahme, VO_2max) nicht zu einem signifikanten Anstieg von Hungergefühl und Nahrungsaufnahme führen. In einzelnen Studien wird sogar von einer bewegungsinduzierten Anorexie ausgegangen, nach der starke körperliche Aktivität zu einer Reduktion des Hungergefühls führt. Für eine lose Kopplung sprechen auch Beobachtungen, wonach Personen, die abrupt ihre körperliche Aktivität einschränken (müssen – z. B. jugendliche Sportler nach einer Fraktur), ihre vorangegangene Energieaufnahme beibehalten (Blundell u. King, 1998).

Im Gegensatz hierzu lässt sich tierexperimentell zeigen, dass körperliche Aktivität auf das Gewicht von Ratten keinen Einfluss hat: Nach 4 Wochen zeigten sich bei Ratten mit und ohne Laufrad keine Unterschiede des Körpergewichts, obwohl die Laufrad-Ratten ihre Energiezufuhr um ca. 130% steigerten. Hiernach würde eine sehr enge Kopplung zwischen körperlicher Aktivität und Energieaufnahme bestehen. Beim Menschen ist ebenfalls bekannt, dass Sportler (z. B. Tour-de-France-Fahrer) bei körperlicher Belastung ihre Energieaufnahme steigern. Als Ursache für die diskrepanten Befunde beim Menschen kommen die Dauer solcher Studien, Ausmaß und Intensität körperlicher Aktivität, Alter und Geschlecht in Betracht. Außerdem spielen beim Menschen Lerneffekte, gezügeltes Essverhalten und soziale Umgebungsfaktoren eine Rolle. Auch längerfristige Mechanismen der Gewichtsregulation sind zu berücksichtigen: Personen, die wesentlich ihre körperliche Aktivität steigern, könnten initial sogar weniger als zuvor essen (induzierte Anorexie), langfristig aber ihr Energiedefizit durch erhöhte Energieaufnahme wieder ausgleichen. Angesichts der Komplexität der Regulation der Energieaufnahme würde es verwundern, wenn es zumindest mittelfristig nicht eine mehr oder minder enge Kopplung zwischen körperlicher Aktivität und Energieaufnahme geben würde. Fest steht auch, dass eine isolierte und in den Alltag relativ einfach einzubauende Steigerung der körperlichen Aktivität (z. B. 30 min Spazieren gehen pro Tag) nicht zu einer Gewichtsabnahme führt. Um eine solche zu erzielen, müssen zusätzlich diätetische Maßnahmen ergriffen werden (Sothern, 2001). Auf die gesundheitlichen Vorteile körperlicher Aktivität unabhängig von deren Einfluss auf das Körpergewicht wird weiter unten eingegangen (▶ Kap. 39 und 40).

5.4 Zusammenhang zwischen Energieverbrauch bzw. körperlicher Aktivität und anthropometrischen Variablen

Die Befundlage im Hinblick auf die Bedeutung des Energieverbrauchs und besonders der körperlichen Aktivität für die Entwicklung von Übergewicht und Adipositas im Kindes- und Jugendalter ist keinesfalls eindeutig. So ist zwar in einzelnen, aber keinesfalls in allen Studien, die Kontrollkinder mit normalgewichtigen Risikokindern (Kinder übergewichtiger Eltern) verglichen haben, ein niedrigerer Energieverbrauch bei den Risikokindern ermittelt worden. Bei durchschnittlich 5 Jahre alten Kindern von adipösen bzw. normalgewichtigen Eltern zeigten sich z. B. unter Heranziehung der doppelt-markierten-Wasser-Methode keine systematischen Unterschiede des Gesamtenergieverbrauchs, des Ruheumsatzes und des Energieverbrauchs durch körperliche Aktivität (Goran et al., 1995). Studien an Risikokindern haben den Vorteil, dass die Messungen vor der (wahrscheinlichen) Entstehung des Übergewichts vorgenommen werden; Messungen an bereits übergewichtigen Kindern haben den Nachteil, dass das Übergewicht zu einer Reduktion des Energieverbrauchs beitragen könnte und somit eine kausale Beziehung nicht hergestellt werden kann.

In der longitudinal ausgerichteten Kinder-Framingham-Studie wiesen die Kinder, die im Alter von 4–11 Jahren im obersten Drittel bezüglich täglicher körperlicher Aktivität lagen, geringere Zunahmen von BMI und anderen anthropometrischen Variablen auf (Moore et al., 2003), so dass die Autoren von einer Reduktion der Fettmassenzunahme durch körperliche Aktivität ausgehen. Allerdings haben nicht alle Longitudinalstudien diesen Zusammenhang stützen können.

Als Erklärung für die diskrepanten Befunde könnten (mess)methodische Gründe verantwortlich sein; die geringe positive Energiebilanz, die pro Tag ausreicht, um mittelfristig Übergewicht zu bedingen, ist mutmaßlich bei den üblichen Fallzahlen nicht systematisch nachweisbar. Es wird auch diskutiert, ob beispielsweise die Dauer und Frequenz körperlicher Aktivität nicht relevanter ist als der Aktivitäts-bedingte Energieverbrauch (Goran u. Treuth, 2001).

❶ Wichtig im Hinblick auf eine Gewichtsabnahme ist, dass körperliche Aktivität eine Fettoxidation bedingt. Dies bedeutet, dass die körperliche Aktivität nur mit moderater Intensität ausgeübt werden darf (60–70% von

▼

VO$_2$max) und relativ lange aufrechterhalten werden sollte (günstigerweise mindestens 30–60 min). In diesem Sinne günstige sportliche Aktivitäten sind Walking für Anfänger oder Jogging und Radfahren für Fortgeschrittene. Bei sportlicher Aktivität mit höherer Intensität (80% von VO$_2$max und mehr) werden in erster Linie Kohlenhydrate und keine Fette verbrannt. Die für die Fettverbrennung günstige Intensität lässt sich auch mithilfe der Herzfrequenz abschätzen und ist in vielen elektronischen Herzfrequenzmessgeräten als so genannte »own-zone« bereits fest einprogrammiert, so dass das Training danach gesteuert werden kann (Spanaus, 2002).

Exakt lässt sich die Stoffwechsellage mittels Spiroergometrie durch den respiratorischen Quotienten (RQ) bestimmen. Der RQ ist das Verhältnis von CO$_2$-Abgabe und O$_2$-Aufnahme. Bei reiner Kohlenhydratverbrennung besteht ein Gleichgewicht und der RQ ist 1. Bei einem RQ von 0,7 (CO$_2$-Abgabe < O$_2$-Aufnahme) befindet sich der Organismus im Fettstoffwechsel, steigt der RQ über 1 erfolgt die Energiegewinnung anaerob (▶ Kap. 33 und 34).

Uneinheitliche Ergebnisse wurden ebenfalls in solchen Querschnittsstudien erzielt, die Energieverbrauch bzw. körperliche Aktivität in Beziehung setzten zu BMI oder Fettmasse. Hierbei erwies sich körperliche Aktivität von bereits übergewichtigen (Klein)Kindern geringer, ähnlich und sogar höher ausgeprägt im Vergleich zu Kontrollkindern. Kinder mit einem hyperkinetischen Syndrom (Aufmerksamkeits-Defizit-/Hyperaktivitätsstörung), die definitionsgemäß hyperaktiv sind, waren einer rezenten Studie zufolge sogar schwerer als die Referenzpopulation (Holtkamp et al., 2004). Nebst wiederum methodischen Problemen sind auch mögliche Geschlechts- und Altersunterschiede zu berücksichtigen: So zeigte sich bei Jungen und Mädchen im Alter von 6–9 Jahren unter Heranziehung der doppelt-markierten-Wasser-Methode, die als Goldstandard zur Messung des Energieverbrauchs gilt (▶ Kap. 33), lediglich bei den Jungen ein signifikanter Zusammenhang zwischen körperlicher Aktivität und dem prozentualen Anteil der Fettmasse am Gesamtgewicht (r = –0,5; Ball et al., 2001).

Ältere Kinder und Jugendliche mit Übergewicht zeigen in verschiedenen Studien relativ einheitlich eine geringere körperliche Aktivität als Kontrollen; der prozentuale Anteil der Fettmasse korreliert mit der täglichen Dauer sitzender Tätigkeiten (Maffeis, 2000). Allerdings ist der prozentuale Anteil der körperlichen Aktivität am Gesamtenergieverbrauch zwischen normalgewichtigen und adipösen Kindern nicht unterschiedlich, da Übergewicht aufgrund der höheren fettfreien Masse und des zu bewegenden Gewichts einen höheren Energieverbrauch bei Durchführung der gleichen Tätigkeit bedingt. Insgesamt betrachtet finden sich zwar Hinweise dafür, dass körperliche Aktivität vor der Entwicklung von Übergewicht schützt (Goran u. Treuth, 2001); als wissenschaftlich eindeutig gesichert kann dies jedoch gegenwärtig noch nicht gelten.

Praxistipp

Als günstig an der sportlichen Aktivität können 3 Mechanismen gelten:
1. Die direkte Fettverbrennung durch sportliche Aktivität: Bei einer moderaten Intensität (z.B. beim Walking) werden pro Stunde etwa 400 Kilokalorien verbrannt. Der Fettanteil liegt bei rund 80%, d.h. 320 Kalorien.
2. Nach einer körperlichen Aktivität besteht eine erhöhte Stoffwechsellage, in der weitere Energie verbrannt wird. Man spricht von dem so genannten EPOC-Effekt (»excess post oxygen consumption«). Dieser EPOC-Effekt wirkt auch bei Krafttraining (vgl. Murphy u. Schwarzkopf, 1992).
3. Durch regelmäßige sportliche Aktivität gelingt es, die Muskelsubstanz zu erhalten oder sogar aufzubauen. Muskulatur benötigt aber mehr Energie als Fettgewebe. Menschen mit einem höheren Anteil an Muskulatur haben auch einen höheren energetischen Umsatz.

5.5 Bedeutung des Fernsehkonsums

In jüngster Vergangenheit ist insbesondere körperliche Inaktivität mit kindlichem Übergewicht in Verbindung gebracht worden. Das Medium Fernsehen steht hierbei immer wieder im Brennpunkt öffentlichen Interesses und wissenschaftlicher Untersuchungen; ganz besonders die Wirkungen auf Kinder und Jugendliche sind vielfältig untersucht. So wird bei Kindern mit Übergewicht mit am häufigsten das Fernsehen angeschuldigt, für das erhöhte Körpergewicht verantwortlich zu sein. In der Tat hat der Fernsehkonsum in unserer Gesellschaft im Verlauf der letzten 20 Jahre ganz erheblich zugenommen. Dies gilt für beide Geschlechter und in allen Altersbereichen. So kam z. B. 1988 die Gruppe der 14–29-Jährigen auf eine durchschnittliche Sehdauer von 92 min pro Tag, 1999 hingegen waren es in der gleichen Gruppe bereits 135 min pro Tag (Mediendaten Südwest, 2000). In den USA verbringen Kinder mehr als 25% ihrer Wachzeit vor dem Fernseher (Robinson, 2001).

Man bedenke, dass in Deutschland die öffentlich-rechtlichen Fernsehanstalten erst seit 1981 ein Vormittagsprogramm (zunächst meist Wiederholungen vom Vorabend) und seit 1992 das »Morgenmagazin« senden. Vor dieser Zeit konnte man sich erst am vorgerückten Nachmittag vor den Fernseher setzen. Das Aufkommen von Privatsendern, Kabelfernsehen bzw. Satellitenempfang hat zudem dazu beigetragen, dass heute zu jeder Tageszeit eine vielfältige Programmauswahl möglich ist (◘ Tabelle 5.2). Einen erheblichen Anteil des Programms machen Fortsetzungsserien

aus, die Kinder und Jugendliche verstärkt dazu verleiten, an jedem Tag neue Folgen zu sehen. Die Einführung eines Kinderkanals 1997 durch die öffentlich-rechtlichen Fernsehanstalten wurde als ein großer Fortschritt gepriesen; es wird für Kinder von 6–19 Uhr (eine Ausdehnung der Sendezeit ist geplant) ein Programm ausgestrahlt, das lehrreich und pädagogisch wertvoll sein soll.

Unbestritten ist, dass Eltern durch das Fernsehen eine erhebliche Entlastung erfahren können; für Kinder übt das Fernsehen eine hohe Anziehungskraft aus; es bietet eine sehr einfache Möglichkeit der (passiven!) Freizeitgestaltung und verhindert das Aufkommen von Langeweile; hierbei wird nebst einer Inaktivität bzw. einem sitzenden Lebensstil der heranwachsenden Generation auch in Kauf genommen, dass Kinder eine aktive Freizeitgestaltung verlernen. Hinzu kommt, dass auch PC-Spiele, Gameboys und andere ähnliche elektronische Spiele weiter zu einer Erhöhung der Zeit führen, die im Sitzen verbracht wird.

Der Zusammenhang zwischen Fernsehkonsum und Körpergewicht ist in zahlreichen Querschnitts- und Longitudinalstudien untersucht worden (Übersicht bei Robinson, 2001). Epidemiologische Querschnittsstudien zeigen relativ konsistent einen schwachen Zusammenhang zwischen Fernsehkonsum und Übergewicht auf; die Spannbreite nachgewiesener Effekte ist jedoch beträchtlich. In einer Studie konnte beispielsweise 60% der Prävalenz an kindlichem Übergewicht auf exzessiven Fernsehkonsum zurückgeführt werden; in anderen Studien fand sich überhaupt kein Zusammenhang. Ein kausaler Rückschluss auf die Entstehung der Adipositas durch übermäßigen Fernsehkonsum ist jedoch durch solche Studien nicht möglich. Gut vorstellbar ist nämlich auch, dass Kinder mit Adipositas gerade aufgrund ihres Übergewichts vermehrt fernsehen.

Prospektiv ausgerichtete Longitudinalstudien sind erwartungsgemäß seltener durchgeführt worden: In einer größeren (n=2153) amerikanischen Studie (Dietz u. Gortmaker, 1985) fand sich eine Assoziation zwischen dem von den Eltern angegebenen Fernsehkonsum im Alter von 6–11 Jahren und der Adipositas-Prävalenz mit 12–17 Jahren. Die Gruppe um Robinson fand hingegen bei 279 prospektiv untersuchten Sechst-

◘ **Tabelle 5.2.** Entwicklung der Fernsehlandschaft in Deutschland

1953	< 1000 Deutsche hatten einen Fernseher
1981	Vormittagsprogramm (öffentlich-rechtlich)
1984	RTL
1985	SAT 1
1989	Pro 7
1992	Morgenmagazin (öffentlich-rechtlich)
1993	Vox, RTL 2, Viva
1995	VIVA 2, Super RTL, TM3
1997	Kinderkanal (öffentlich-rechtlich)

und Siebtklässlern keinen Zusammenhang zwischen dem Fernsehkonsum zum Ausgangszeitpunkt und dem für Pubertätsstatus-adjustierten BMI 7–24 Monate später (r=0,03).

Robinson (2001) fasst die bis 2001 publizierten Studien zum TV-Konsum bei Kindern gut zusammen, indem er 3 mögliche Mechanismen diskutiert, durch die Fernsehen zur Entwicklung von Übergewicht beitragen könnte:

> 1. Fernsehen ersetzt körperliche Aktivität und führt somit zu einem erniedrigten Energieverbrauch.
> Bei 2 Untersuchungen an 671 Schülern der 6. und 7. Klasse bzw. an 1900 Schülern der 9. Klasse betrugen die Korrelationen zwischen angegebener körperlicher Aktivität und dem Fernsehkonsum in Stunden –0,1 (p < 0,05) bzw. –0,05 (nicht signifikant). In einer Interventionsstudie bedingte die erreichte Reduktion des Fernsehkonsums nicht eine Zunahme moderater bzw. starker körperlicher Aktivität, ein Einfluss auf leichtere und somit schwer zu erfassende Aktivität konnte nicht ausgeschlossen werden. Zusammenfassend ist die Befundlage inkonsistent; ein minimaler Einfluss des Fernsehens auf körperliche Aktivität erscheint denkbar.
> 2. Fernsehen führt zu einer erhöhten Energieaufnahme durch parallel erfolgendes Essen (primär Snacks) bzw. durch die Auswirkung von Werbung auf das Essverhalten.
> Tatsächlich bewirkt Werbung, dass Kinder irrige Vorstellungen über den Nähr- bzw. Gesundheitswert von Nahrungsmitteln und insbesondere Snacks entwickeln. In einzelnen Studien konnte ein Zusammenhang zwischen Werbung und Nachfrage der Kinder bzw. Kaufverhalten der Eltern nachgewiesen werden. Fernsehkonsum in Stunden war bei Neuntklässlern mit der Aufnahme fettreicher Nahrungsmittel korreliert (r=ca. 0,2). Schüler der 4. bis 6. Klasse aus Familien, die zwei oder mehr Mahlzeiten beim Fernsehen einnahmen, aßen mehr Fleisch, Pizza und salzige Snacks, aber weniger Obst und Gemüse. Insgesamt

scheint die begrenzte Anzahl an vorliegenden Studien die Hypothese zu stützen.
> 3. Fernsehen bewirkt eine Absenkung des Ruheumsatzes.
> In 2 experimentellen Studien wurde der Grundumsatz von Kindern beim Fernsehen mit Kontrollkindern verglichen, die gebeten wurden, still zu sitzen oder zu lesen. Während in der einen Studie die Hypothese bestätigt wurde, fand die zweite keine Unterschiede. Möglicherweise zeigen Kinder, die lediglich still sitzen, mehr motorische Unruhe als solche Kinder, die lesen oder fernsehen. Beim Fernsehen ist u.U. von Bedeutung, ob es sich um eine für Kinder langweilige oder aufregende Sendung handelt.

5.6 Ableitbare Empfehlungen

Bei Programmen zur Steigerung der körperlichen Aktivität beispielsweise an Schulen muss mitbedacht und dementsprechend mituntersucht werden, ob übergewichtige Kinder nicht reaktiv ihre außerschulische Aktivität reduzieren bzw. körperliche Aktivität als so unangenehm erleben, dass dies Auswirkungen auf ihr langfristiges Bewegungsverhalten hat (Sothern, 2001). Übergewichtige Kinder werden besonders bei sportlichen Aktivitäten gehänselt; sie haben eine geringere Ausdauer und erfahren körperliche Aktivität häufig als unangenehm bis hin zu schmerzhaft; die Verletzungsgefahr ist erhöht. Spezifische Richtlinien bezüglich Intensität, Dauer und Art der sportlichen Aktivität existieren gegenwärtig nicht (Sothern, 2001). Da Spaß und Erfolgserlebnisse für die Motivation zum Sporttreiben eine wesentliche Rolle spielen, gilt es deshalb übergewichtigen Kindern Erfolgserlebnisse zu vermitteln (▶ Kap. 39). Dies gelingt, wenn Situationen hergestellt werden, in denen übergewichtige Kinder nicht zu sehr benachteiligt sind. Dies ist der Fall, wenn Kinder ihre Körpermasse nicht nur hemmend erleben, wie z.B. beim Laufen und Springen, sondern wenn sie diese positiv einsetzen können, z.B. beim Ziehen, Werfen und Stoßen. Bei Kraft- und Koordinationsübungen haben übergewichtige Kinder weniger Nachteile gegenüber normalgewichtigen Kindern als bei Ausdauer- und Schnelligkeitsübungen.

> **Praxistipp**
>
> Aktuell favorisieren Experten eine Reduktion von Inaktivität als Ziel für therapeutische und präventive Ansätze.

Epstein et al. (1995) verglichen bei 8- bis 12-jährigen adipösen Kindern aus insgesamt 61 Familien therapeutische Ansätze, bei denen die Kinder randomisiert 3 Gruppen zugeteilt wurden. In einer Gruppe bestand das Ziel in einer Steigerung körperlicher Aktivität, in einer zweiten sollten die Kinder sitzende Tätigkeiten reduzieren und in der letzten Gruppe wurden beide Ziele verfolgt. Nach einem Jahr fanden sich die größten Gewichtsabnahmen bei den Kindern, die für die Reduktion sitzender Tätigkeiten (nebst Fernsehen auch Computerspiele, Telefonieren und Brettspiele) belohnt wurden. In einer 2. größeren Studie (8- bis 12-jährige Kinder; 90 Familien) konnte dieser Befund nicht bestätigt werden (Übersicht Robinson, 2001). In Schulinterventionsstudien wurde jedoch ebenfalls gezeigt, dass die Reduktion sitzender Tätigkeiten und insbesondere des Fernsehkonsums sich positiv auf die Gewichtsentwicklung auswirkte. So wurden in einer von Robinson (1999) selbst durchgeführten Studie, im Rahmen derer eine »Interventionsschule« mit einer »Kontrollschule« (3. und 4. Klasse) verglichen wurde, nach 7 Monaten bei den Kindern der Interventionsstudie ein durchschnittlicher BMI-Abfall um 0,45 kg/m^2 erzielt. Die Intervention verfolgte ausschließlich als Ziel die Reduktion sitzender Tätigkeit. Die Schullehrer selbst führten die Intervention durch (18 Unterrichtsstunden), zudem wurden die Eltern durch Informationsschreiben einbezogen. In den Stunden wurden den Kindern u. a. Selbstbeobachtungsstrategien vermittelt, einmalig sollten die Kinder über 10 Tage den Fernseher ausgeschaltet lassen. Es wurden kurzfristige und langfristige Anreize für die Einhaltung einer wöchentlichen Fernsehdauer von 7 h geschaffen; eine bewusste Programmauswahl wurde geübt. Jeder Schülerhaushalt bekam zudem ein elektronisches Gerät zur Registrierung des Fernsehkonsums.

Campbell et al. (2002) haben in ihrer Cochrane-Analyse zu Maßnahmen zur Prävention von Übergewicht im Kindes- und Jugendalter das weitgehende Fehlen solider wissenschaftlicher Studien bemängelt. Die gegenwärtige Studienlage würde es nicht gestatten, eindeutige Aussagen zu einzuschlagenden Strategien zu treffen. Es »erscheint sinnvoll vorzuschlagen, dass eine Konzentration auf Strategien erfolgt, die eine Reduktion sitzender Tätigkeiten und eine Erhöhung der körperlichen Aktivität vorschlagen«.

Unabhängig von einer über körperliche Aktivität intendierten Gewichtsabnahme ist allgemein festzuhalten, dass körperliche Bewegung sich somatisch und psychisch günstig auf Kinder (und Erwachsene) auswirkt. Es kommt zu einer relativen Zunahme der fettfreien Masse, kardiovaskuläre bzw. Stoffwechselparameter werden günstig beeinflusst (◘ Kapitel 39 und 40); grobmotorische Fähigkeiten werden geschult. Zusätzlich führt körperliche Bewegung zu einer Besserung des psychischen Wohlbefindens; insbesondere Depressivität und Ängstlichkeit können abnehmen.

Insofern erscheint es von elementarer Bedeutung, dass Kindern Freude und Spaß an Bewegung vermittelt wird. In unserer heutigen Gesellschaft ist es wichtig, dass Eltern, Sportlehrer und Trainer (Sportvereine) diesen Aspekt sehr hoch bewerten. Noch zu häufig hindert ein Leistungsdenken die Akteure an der Umsetzung dieser einfachen Botschaft. Es muss deshalb auch Sportlehrern und Trainern in Vereinen in ihrer Aus- und Weiterbildung vermittelt werden, wie sie Kinder und insbesondere solche mit Übergewicht zu körperlicher Aktivität motivieren können. Diese Personen sollten auch die körperlichen Störungen und Leistungsgrenzen von übergewichtigen Kindern kennen und sich in deren seelische Probleme einfühlen können; bei extremer Adipositas im Kindes- und Jugendalter bestehen vielfach schon orthopädische Störungen, die individuell bei der Heranführung eines Betroffenen an Bewegung beachtet werden müssen. Auf eine übermäßige Belastung der Gelenke ist zu achten; ggf. sollte vor einer Belastung ein Muskelaufbautraining erfolgen.

Da insbesondere die Erhöhung der körperlichen Aktivität im Alltag bzw. bei alltäglichen Verrichtungen eine Chance bietet, das Bewegungspensum von Kindern und Jugendlichen (aber auch Erwachsenen!) zu erhöhen, ist in mancherlei Hinsicht ein Umdenken erforderlich. Ist beispielsweise das Wohngebiet bzw. der Straßenverkehr wirklich so gefährlich, dass ein Kind nicht zur Schule laufen oder radeln kann? Falls der Fußweg Gefahren aufweist, können wir nicht Maßnahmen ergreifen, um ihn für unsere Kinder sicherer zu gestalten? Hier ist die Initiative von Eltern, älteren Schülern, Schule, Gemeinden/Städten und Städtebauplanern gefragt. Es erscheint bedenklich, wenn wir wohlmeinend versuchen, unsere Kinder vor diversen Gefahren zu schützen, hierbei aber deren Gesundheit letztendlich potenziell gefährden.

Andere Möglichkeiten zur Einflussnahme sind die Begrenzung der Fernseh- und PC-Zeiten bei Kindern; wenn wir als Erwachsene auf die Fernbedienung verzichten würden, bliebe auch den Kindern nichts anderes übrig als aufzustehen, um das Programm zu wechseln. Viele solcher kleinen Maßnahmen wirken sich in ihrer Summe positiv aus. Hierbei kommt der Modellfunktion der Erwachsenen eine große Bedeutung zu.

Literatur

Ball EJ, O'Connor J, Abbott R, Steinbeck KS, Davies PSW, Wishart C, Gaskin KJ, Baur LA (2001) Total energy expenditure, body fatness, and physical activity in children aged 6–9 y. Am J Clin Nutr 74: 524–528

Blundell JE, King NA (1998) Effects of exercise on appetite control: loose coupling between energy expenditure and energy intake. Int J Obes Relat Metab Disord 22 (Suppl 2): 22–29

Bös K (2003) Motorische Leistungsfähigkeit von Kindern und Jugendlichen. In: Schmidt W, Hartmann-Tews I, Brettschneider W (Hrsg) Erster Deutscher Kinder- und Jugendsportbericht. Hofmann, Schorndorf, S 85–107

Bös K, Mechling H (2002) Dimensionen sportmotorischer Leistungen im Längsschnitt. In: Ludwig G, Ludwig B (Hrsg) Koordinative Fähigkeiten – Koordinative Kompetenz. Universitätsverlag, Kassel, S 50–58

Bös K, Opper E, Woll A (2002) Fitness in der Grundschule. Haltung und Bewegung 22 (4): 5–20

Campbell K, Waters E, O'Meara S, Kelly S, Summerbell C (2002) Interventions for preventing obesity in children. Cochrane Database Syst Rev: CD001871

Dietz WH, Gortmaker SL (1985) Do we fatten our children at the TV set? Television viewing and obesity in children and adolescents. Pediatrics 75: 807–812

Epstein LH, Valoski AM, Vara LS et al. (1995) Effects of decreasing sedentary behaviour and increasing activity on weight change in obese children. Health Psychol 14: 109–115

Goran MI (1998) Measurement issues related to studies of childhood obesity: assessment of body composition, body fat distribution, physical activity and food intake. Pediatrics 101: 505–518

Goran MI, Treuth MS (2001) Energy expenditure, physical activity, and obesity in children. Pediatr Clin North Am 48: 931–953

Goran MI, Carpenter WH, McGloin A, Johnson R, Hardin JM, Weinsier RL (1995) Energy expenditure in children of lean and obese parents. Am J Physiol 268: E917–E924

Graf C, Koch B, Kretschmann-Kandel E, Fallkowski G, Christ H, Coburger S, Lehmacher W, Bjarnason-Wehrens B, Platen P, Tokar W, Predel HG, Dordel S (2004) Correlation between BMI, leisure habits and motor abilities in childhood (CHILT-project). Int J Obes Relat Metab Disord 28: 22–26

Holtkamp K, Konrad K, Muller B, Heussen N, Herpertz S, Herpertz-Dahlmann B, Hebebrand J (2004) Overweight and obesity in children with attention-deficit/hyperactivity disorder. Int J Obes Relat Metab Disord 28: 685–689

Moore LL, Gao D, Bradlee ML, Cupples LA, Sundarajan-Ramamurti A, Proctor MH, Hood MY, Singer MR, Ellison RC (2003) Does early physical activity predict body fat change through childhood? Prev Med 37: 10–17

Murphy E, Schwarzkopf R (1992) Effects of standard set and circuit weight training on excess post exercise oxygen consumption. J Strength Condition Res 6 (2): 88–91

Obst F, Bös K (1997) Akzeptanz und Wirkung zusätzlicher Sportstunden in der Grundschule. Sportpraxis 2: 44–48

Reilly JJ, Jackson DM, Montgomery C, Kelley LA, Slater C, Grant S, Paton JY (2004) Total energy expenditure and physical activity in young Scottish children: mixed longitudinal study. Lancet 363: 211–212

Robinson TN (1999) Reducing children's television viewing to prevent obesity: A randomized controlled trial. JAMA 282: 1561–1567

Robinson TN (2001) Television viewing and childhood obesity. Pediatric Clin N Am 48: 1017–1025

Schmidt W, Hartmann-Tews I, Brettschneider W (2003) (Hrsg) Erster Deutscher Kinder- und Jugendsportbericht. Hofmann, Schorndorf, S 85–107

Simonen RL, Rankinen T, Pérusse L, Rice T, Rao DC, Chagnon Y, Bouchard C (2003) Genome-wide linkage scan for physical activity levels in the Quebec Family Study. Med Sci Sports Exerc 35: 1355–1359

Sothern MS (2001) Exercise as a modality in the treatment of childhood obesity. Pediatric Clin N Am 48: 995–1015

Spanaus W (2002) Herzfrequenzkontrolle im Ausdauersport. Meyer & Meyer, Aachen

Steinbeck KS (2001) The importance of physical activity in the prevention of overweight and obesity in childhood: a review and an opinion. Obes Rev 2: 117–130

Weiterführende Literatur

Goran MI, Treuth MS (2001) Energy expenditure, physical activity, and obesity in children. Pediatr Clin North Am 48: 931–953
Kommentar: Die Autoren geben eine gute Übersicht zu Energieverbrauch und Entwicklungsaspekten bei Kindern.

Robinson TN (2001) Television viewing and childhood obesity. Pediatric Clin N Am 48: 1017–1025
Kommentar: Der Autor geht möglichen Zusammenhängen zwischen Fernsehkonsum und Übergewicht im Kindes- und Jugendalter wissenschaftlich fundiert nach.

Umgebungsfaktoren – Ernährungsgewohnheiten

M. Kersting

6.1 Ernährung von Kindern und Jugendlichen im Wandel

In der Ernährung bestehen **komplexe Wechselwirkungen** zwischen der Zufuhr an Energie und Nährstoffen und dem Lebensmittelverzehr. Die Lebensmittelauswahl und das Ernährungsverhalten werden außerdem durch die Umwelt beeinflusst. Offensichtlich hat sich das Ernährungsumfeld bei Kindern und Jugendlichen in den letzten Jahrzehnten erheblich verändert. Kinder sind heute mehr denn je einem Angebot attraktiver preiswerter Lebensmittel und andauernden Aufforderungen zum Konsum ausgesetzt. Das menschliche Genom entspricht dagegen noch dem des Jägers und Sammlers, wo effektive Energienutzung und -speicherung für Nahrungsnotzeiten einen Überlebensvorteil boten. Bei dem heutigen Nahrungsüberfluss kann dieses bei den Kindern leicht zum »genetischen Bumerang« werden.

Welche Ernährungsfaktoren in welcher Weise zur weiten Verbreitung der Überernährung bei Kindern und Jugendlichen in den Wohlstandsgesellschaften beitragen, ist ungeklärt. So kam auch eine Literaturauswertung zum Übergewicht im Kindesalter, die im Auftrag der »US Centers for Disease Control« vorgenommen wurde (Center for Weight and Health, 2001), trotz einer Fülle von Studien aus dem engeren und weiteren Ernährungsbereich aus den letzten Jahrzehnten nicht zu eindeutigen Schlussfolgerungen hinsichtlich der Rolle der Ernährung für die Adipositas bei Kindern und Jugendlichen.

In Abhängigkeit vom **Alter** wirken unterschiedliche Umwelteinflüsse auf die Entwicklung von Ernährungsgewohnheiten bei Kindern ein (▶ Kap. 8 und 11). Schon pränatal über das Fruchtwasser und postnatal über die Muttermilch kommt das Kind mit Geschmacksstoffen aus seinem engsten Ernährungsumfeld in Kontakt. Bei Ernährung mit industriell hergestellter Säuglingsnahrung fehlt eine solche Geschmacksvariation. Im Kleinkindalter ist die Familie das Lernumfeld, in dem Ernährungsgewohnheiten geprägt werden, die auch das Risiko für Übergewicht beeinflussen (Birch, 2002). Später kommen Faktoren des weiteren Umfelds, wie Gruppendruck durch Altersgenossen oder das Lebensmittelmarketing hinzu. Jugendliche sind auch rationalen Argumenten bei der Ernährung zugänglich.

Untersuchungen zum »**Tracking**« lassen zwar eine gewisse längerfristige Stabilität bestimmter Ernährungsparameter im Kindes- und Jugendalter erkennen, die Studien beschränken sich aber meist auf einzelne Altersabschnitte und wenige Ernährungsfaktoren.

6.2 Interpretation von Verzehrstudien bei Kindern und Jugendlichen

Die Untersuchung von Ernährungsgewohnheiten ist auf valide Verzehrdaten angewiesen. Prospektive Erhebungen wie Ernährungsprotokolle erfordern von den teilnehmenden Kindern oder Jugendlichen bzw. den Eltern erheblichen Aufwand (▶ Kap. 35). Retrospektive Erhebungen, wie Ernährungsanamnesen, setzen gutes Erinnerungsvermögen voraus. Bei Jugendlichen fehlt oft das notwendige Interesse zur Teilnahme an Ernährungsstudien.

> **Praxistipp**
>
> »Underreporting« (Unterschätzen) des Nahrungsverzehrs bzw. der Energiezufuhr ist ein generelles Problem bei Verzehrserhebungen. Underreporting ist außerdem abhängig vom Alter und vom Gewichtsstatus der Personen. Bei Jugendlichen, v. a. Mädchen, kommt Underreporting häufiger vor als bei Kindern, wie u. a. die DONALD-Studie zeigt. Bei Adipösen ist es unabhängig vom Alter erheblich häufiger und stärker ausgeprägt als bei nicht Adipösen (Livingstone u. Robson, 2000). Außerdem ist v. a. bei Adipösen an nährstoff- und lebensmittelspezifisches Underreporting zu denken, z. B. bei »dick machenden« Lebensmitteln.

Ein weiteres Problem deckte eine Studie zur **Mahlzeitenhäufigkeit** bei Jugendlichen auf (Crawley u. Summerbell, 1997). Hier wurden adipöse und nicht adipöse Teilnehmer nicht nur jeweils als Gesamtgruppe betrachtet, sondern es wurden auch Untergruppen mit besonderen Verhaltensmustern identifiziert. Die Hypothese, wonach adipöse Personen weniger Mahlzeiten am Tag einnehmen als nicht adipöse, wurde bei der Gesamtbetrachtung der beiden Gruppen noch bestätigt, nicht aber bei Betrachtung der Untergruppen. Nur die adipösen Jugendlichen, die eine Diät einhielten sowie restriktive Esser verzehrten weniger Mahlzeiten als die nicht adipösen Jugendlichen.

Das **soziale Milieu** kann sich auf Lebensmittelwahl und Ernährungsverhalten bei Kindern und Jugendlichen auswirken. Nationale Unterschiede und uneinheitliche Definitionen von Sozialschichten lassen definitive Rückschlüsse auf Zusammenhänge mit der Adipositas bei Kindern und Jugendlichen bisher nicht zu.

6.3 Energiezufuhr und Nährstoffverteilung

6.3.1 Energiezufuhr

Die zentrale Frage, ob und um wie viel die Energiezufuhr adipöser Kinder höher ist als die Energiezufuhr nicht adipöser Kinder kann trotz zahlreicher Quer- und Längsschnittstudien bislang nicht eindeutig beantwortet werden (Center for Weight and Health, 2001). Die Genauigkeit der herkömmlichen Erhebungsmethoden reicht hierfür nicht aus (▶ Kap. 35). Denn bereits eine geringfügig überhöhte Energiezufuhr hat auf lange Sicht eine überhöhte Gewichtszunahme zur Folge.

In den nationalen **Verzehrstudien** aus den USA fand sich bei Kindern und Jugendlichen in den letzten Jahrzehnten kein Anstieg der Energiezufuhr, obwohl sich im selben Zeitraum die Anzahl adipöser Kinder und Jugendlicher mehr als verdoppelt hat (Troiano et al., 2000). Gleichzeitig verminderte sich der Fettverzehr, was offensichtlich durch einen höheren Kohlenhydratverzehr energetisch kompensiert wurde. Bei Kindern

und Jugendlichen in Europa, wo die Verbreitung der Adipositas erhebliche regionale Unterschiede aufweist (▶ Kap. 2), lassen sich trotz zahlreicher Verzehrdaten keine längerfristigen Trends bei der Energiezufuhr oder der Nährstoffverteilung erkennen.

6.3.2 Nährstoffverteilung

Die theoretischen Grundlagen und eine Reihe von Querschnittstudien bei Kindern und Jugendlichen sprechen für den **Fettverzehr** als wesentlichen Einflussfaktor für Übergewicht (▶ Kap. 14). Die wenigen aber besonders wertvollen Längsschnittstudien einschließlich der DONALD-Studie stellen diese These eher in Frage.

> Von besonderem Wert ist diesbezüglich eine Längsschnittstudie bei Kindern und Jugendlichen von 2–15 Jahren aus Adelaide, Australien (Magarey et al., 2001). Dort wurde 1975 eine Geburtskohorte rekrutiert und mit 64–121 Probanden pro Alterszeitpunkt und Geschlecht mittels Verzehrserhebungen (3- bzw. 4-Tage-Wiege-Ernährungsprotokolle) und anthropometrischen Untersuchungen zu 7–9 Alterszeitpunkten weiter verfolgt. Weder bei Querschnittsbetrachtung der einzelnen Altersgruppen noch im Längsschnitt fanden sich Zusammenhänge zwischen den Energie-adjustierten Makronährstoffen Fett, Kohlenhydrate und Protein und dem Standard Deviation Score (SDS) des BMI sowie der Trizeps-Hautfaltendicke. Dagegen war die Fettzufuhr positiv und die Kohlenhydratzufuhr negativ mit der Subskapular-Hautfaltendicke assoziiert. Die Nährstoffzufuhr scheint demnach selektiv mit den Parametern des Körperfettgehalts in Verbindung zu stehen.

Die Hypothese von Rolland-Cachera, dass ein hoher **Proteinverzehr** in der frühen Kindheit das Risiko für eine spätere Adipositas erhöht, konnte durch andere Untersuchungen zu diesem Thema nicht bestätigt werden.

Der **Zuckerverzehr** ist kein unabhängiger Risikofaktor für Übergewicht (Hill u. Prentice, 1995). Allerdings zeigt sich sehr wohl ein Zusammenhang zwischen dem Konsum von zuckerhaltigen Softdrinks und Fruchtsaftgetränken und der Entwicklung von Adipositas (Ludwig, Peterson u. Gortmaker, 2001). Zucker und Fett (bezogen auf die Energiezufuhr, E%) sind in der Ernährung bei Kindern und Erwachsenen meist invers korreliert (»Fett-Zucker-Schaukel«). Dies allein rechtfertigt es aber nicht, dem Zucker womöglich eine protektive Wirkung hinsichtlich des Übergewichts zuzusprechen.

6.4   Sättigungswirkung der Kost

6.4.1   Energiedichte

Die isolierte Betrachtung der Nährstoffe als Einflussfaktoren der Adipositas vernachlässigt deren komplexere indirekte Einflüsse auf die Energiedichte (Kilojoule/g bzw. kcal/g), d. h. das Nahrungsvolumen. Voluminöse Mahlzeiten lösen über die Magenfüllung und gastrointestinale Mechano- und Chemorezeptoren eher ein Sättigungsgefühl aus als kompakte, energiedichte Mahlzeiten. Die Energiedichte der Lebensmittel wird durch Fett erhöht und durch Wasser, meist vergesellschaftet mit Ballaststoffen wie in Obst und Gemüse, vermindert (▶ Kap. 4).

Somit unterscheiden sich auch die **sensorischen Qualitäten** von energiedichten und weniger energiedichten Mahlzeiten. Kinder erlernen rasch die Präferenz für wohlschmeckende energiedichtere Mahlzeiten, während Präferenzen für Gemüse, das eher bitter schmeckt, sich erst im Erwachsenenalter entwickeln (▶ Kap. 8). Eine energiedichtere Nahrung kann für die Deckung des relativ hohen Energiebedarfs für Kinder von Vorteil sein, sie kann aber beim heutigen Überangebot wohlschmeckender energiedichter Lebensmittel zum Risiko für eine passive Überernährung werden (Birch, 2002).

Epidemiologische Daten zur Energiedichte in der Ernährung von Kindern und Jugendlichen sind rar. Über alle Altersgruppen der US-Bevölkerung betrachtet, erreicht die Energiedichte der Kost bei Kindern und Jugendlichen ein Maximum. Der Abfall im Erwachsenenalter wird mit dem altersbedingten Wandel der sensorischen Präferenzen erklärt. Bei Kleinkindern in Großbritannien war die Energiedichte der Kost positiv mit der Zufuhr von Energie und Fett (E%) und negativ mit dem Zuckerverzehr (E%) assoziiert, aber nicht mit dem BMI.

6.4.2   Glykämischer Index

In jüngster Zeit wird der glykämische Index bzw. die glykämische Last der Lebensmittel auch in Zusammenhang mit der Adipositas vermehrt diskutiert (Ebbeling u. Ludwig, 2001).

❶ Mit dem glykämischen Index können kohlenhydrathaltige Lebensmittel nach ihrer blutzuckersteigernden Wirkung eingeteilt werden. Unterschiedliche Lebensmittel mit gleicher Kohlenhydratmenge können damit hinsichtlich ihrer Wirkung auf den Blutzuckeranstieg eingeteilt werden. Der glykämische Index (GI) gibt in Zahlen die blutzuckersteigernde Wirkung der Kohlenhydrate bzw. der Lebensmittel an. Die blutzuckersteigernde Wirkung von Glukose dient als Referenzwert (100), mit dem andere Kohlenhydrate verglichen werden. Der glykämische Index wird als die Fläche unter der Kurve der Blutzuckerwerte definiert. Das heißt ein GI von 50 bedeutet, dass der Blutzuckeranstieg dieses Lebensmittels nur die Hälfte des Anstiegs der Glukose ausmacht.

Ballaststoffreiche, wenig verarbeitete Lebensmittel, wie Gemüse, Vollkornprodukte, haben in der Regel eine niedrige glykämische Last und verhindern einen rapiden postprandialen Blutzuckerabfall und rasch auftretende erneute Hungergefühle. Adipöse Jugendliche aßen nach Mahlzeiten mit höherer glykämischer Last mehr als nach Mahlzeiten mit niedrigerer glykämischer Last.

Lebensmittel werden aber in der Praxis nicht einzeln sondern in Mahlzeiten verzehrt, wo andere Resorptionsbedingungen herrschen. Außerdem sind glykämische Last und Energiedichte der Lebensmittel nicht immer unabhängig voneinander.

6.4.3 Portionsgröße

Vielfach wird argumentiert, immer **größere Essensportionen** v. a. beim Essen außer Haus wären für die zunehmende Verbreitung der Adipositas verantwortlich, und der Konsum würde durch Sonderpreise noch zusätzlich gefördert. Tatsächlich essen 5-jährige Kinder wie Erwachsene von größeren Portionen mehr als von kleinen Portionen mit identischer Energiedichte. Dagegen reagieren 3-jährige Kinder noch mehr auf innere Sättigungssignale und essen dieselbe Menge unabhängig von der Portionsgröße.

Nationale Verzehrstudien in den USA zeigen, dass bei der Gruppe von Speisen, deren Beitrag zur Energiezufuhr im Laufe der letzten 20 Jahre am stärksten angestiegen war, auch die Portionsgrößen zugenommen hatten. Dies soll für alle Altersgruppen gelten. Untersucht wurden vorwiegend Produkte aus dem Fast-food-Bereich einschließlich Softdrinks, v. a. wenn sie in Fast-food-Restaurants verzehrt wurden. Bei der Interpretation der Daten ist zu bedenken, dass die Verzehrmengen lediglich anhand von Portionsangaben geschätzt wurden, was für Kinder problematisch ist. Andere Auswertungen derselben Studiendaten unter Berücksichtigung einer Vielzahl von Grundlebensmitteln fanden nicht nur Zunahmen, sondern bei einem Teil der Lebensmittel auch Verminderungen von Portionsmengen sowie erhebliche Unterschiede in Abhängigkeit vom Alter.

Aus dem Verzehr einzelner Lebensmittel oder Mahlzeiten können nicht ohne weiteres Schlussfolgerungen auf die individuelle tägliche Zusammenstellung der Lebensmittel und Portionsgrößen gezogen werden. Wurde auch die Gesamternährung erfasst, dann stieg mit der Häufigkeit des Verzehrs in Fast-food-Restaurants bei Jugendlichen die tägliche Energiezufuhr und es wurden weniger »gesunde« Lebensmittel verzehrt, aber es ergab sich kein Zusammenhang zum Übergewicht. Im Durchschnitt verzehrte dieses Kollektiv von Schülern in den USA etwa 1- bis 2-mal pro Woche Fast-food-Produkte (French et al., 2001).

6.5 Lebensmittelauswahl

6.5.1 Gesamtkost

Bei jüngeren Kindern beeinflussen Verzehrgewohnheiten und Geschmackspräferenzen der Eltern sowie der elterliche Gewichtsstatus und Erziehungsstil den Lebensmittelverzehr und das potenzielle Adipositas-Risiko. Ansonsten liegen nur sporadische Daten zum Zusammenhang von Lebensmittelauswahl und Adipositas bei Kindern vor.

> **Praxistipp**
>
> Auffällige Unterschiede bei den Nahrungspräferenzen von Kindern und Jugendlichen in Abhängigkeit vom Gewichtsstatus gibt es nicht.
> Auch in ihrem Ernährungswissen unterscheiden sich adipöse und nicht adipöse Kinder nicht voneinander.

Bei der Bewertung der Gesamtkost auf der Basis von Verzehrhäufigkeiten ausgewählter Lebensmittel fanden sich keine Unterschiede zwischen übergewichtigen und normalgewichtigen Schulkindern in Kiel. Auch für die Verzehrhäufigkeit energiedichter Lebensmittel bei bayrischen Schulkindern spielte der Gewichtsstatus keine Rolle. Detaillierte longitudinale Verzehrdaten der DONALD-Studie, die alle Altersgruppen von Kindern und Jugendlichen berücksichtigen, lassen ebenfalls keine systematischen Zusammenhänge zwischen Lebensmittelverzehr und Übergewicht erkennen. Auch bei Anwendung komplexer Lebensmittelmuster-Indizes bei Erwachsenen ließen sich keine Zusammenhänge zwischen Gesamtkostqualität und Übergewicht herstellen.

Es wird sogar diskutiert, ob die ernährungswissenschaftliche Empfehlung sich abwechslungsreich zu ernähren möglicherweise dem Übergewicht Vorschub leistet, zumindest, wenn man Abwechslung auch bei energiedichten Süßigkeiten und Snacks walten lässt. Denn damit könnte die **sensorisch spezifische Sättigung** unterlaufen werden, die besagt, dass von Mahlzeiten mit größerer Lebensmittelvielfalt mehr konsumiert wird als von einem eintönigeren Lebensmittelangebot. Kinder sind davon nicht ausgenommen.

6.5.2 Spezielle Lebensmittel

In den USA nehmen Kinder und Jugendliche inzwischen gut die Hälfte ihres Getränkeverzehrs und fast 10% ihrer Energiezufuhr in Form von **Softdrinks** auf. Der Anstieg in den letzten Jahrzehnten ging im Wesentlichen auf Kosten des Verzehrs von Milch (Troiano et al., 2000). Dort trinken übergewichtige Kinder mehr Softdrinks als nicht übergewichtige. Bei Schulkindern erhöhte sich das Risiko für eine Adipositas bei zusätzlichem täglichen Verzehr von einer Dose gezuckerter Softdrinks im Laufe von 1,5 Jahren um 60% (Ludwig, Peterson u. Gortmaker, 2001).

Kontrollierte Studien zeigen, dass Zucker in Form von Getränken energetisch weniger kompensiert wird als Zucker in fester Nahrung. Bei Kindern nimmt mit zunehmendem Alter die Kompensationsfähigkeit ab.

Dass hoher **Fruchtsaftverzehr** bei Kleinkindern das Adipositas-Risiko erhöht konnte in nachfolgenden Studien einschließlich der DONALD-Studie nicht bestätigt werden.

Ob und mit welchen Mechanismen der Milchverzehr bzw. die Kalziumzufuhr protektiv auf die Adipositas bei Kindern und Erwachsenen wirkt, wird z. Z. diskutiert.

6.5.3 Fernsehen und Lebensmittelverzehr

Beim Fernsehen sind Kinder in den Wohlstandsgesellschaften einer massierten Werbung für überwiegend fett- und zuckerreiche Lebensmittel ausgesetzt (▶ Kap. 5). Dies bleibt nicht ohne Konsequenzen für ihre Ernährung (Coon u. Tucker, 2002). Kinder verlangen nach den im Fernsehen beworbenen Produkten. Da Kinder außerdem die Kaufentscheidungen der Familie erheblich beeinflussen, erhalten sie diese Produkte vielfach auch.

> **Praxistipp**
>
> Höherer Fernsehkonsum bei Kindern ist mit einer höheren Energie- und Fettzufuhr, einem häufigeren Verzehr von Snacks und einem geringeren Verzehr von Obst und Gemüse assoziiert.

Vermehrter Fernsehkonsum erhöht das Risiko für Übergewicht bei Kindern. Welche Bedeutung dabei dem Essverhalten und welche der körperlichen Inaktivität zukommt, ist schwer zu entschlüsseln.

6.6   Mahlzeitenmuster

Systematische Untersuchungen zur Frage, inwieweit Anzahl und Art der Mahlzeiten die Entstehung von Übergewicht bei Kindern und Jugendlichen beeinflussen, sind rar. Die Interpretation wird außerdem dadurch erschwert, dass »Mahlzeiten« in den Ernährungs- und Verhaltenswissenschaften nicht einheitlich spezifiziert sind. Insbesondere gilt dies für das »Zwischendurch-Essen«, vielfach als Snacking bezeichnet.

Am ehesten kann noch das **Frühstück** definiert werden. Demnach lassen übergewichtige Kinder und Jugendliche das Frühstück häufiger ausfallen als nicht übergewichtige. Möglicherweise ist bei adipösen Kindern auch die Verteilung der Mahlzeiten über den Tag wenig ausgewogen.

Allgemein lässt sich in westlichen Industrieländern ein Trend zur Auflösung traditioneller Mahlzeitenstrukturen bei Kindern, Jugendlichen und Familien feststellen. Der **Außer-Haus-Verzehr,** der vielfach dem Snacking gleichgesetzt wird, nimmt auch bei Kindern und Jugendlichen zu. Gemeinsame Mahlzeiten von Kindern und Eltern werden seltener. Mahlzeiten außer Haus sind meist energie- und fettreicher als Mahlzeiten in der Familie.

6.7 Ernährung von Kindern und Jugendlichen in Deutschland

In Deutschland gibt es weder ein bundesweites Monitoring der Adipositas bei Kindern und Jugendlichen noch bundesweite Studien zur Ernährung in diesen Altersgruppen. Im Folgenden werden deshalb Daten aus verschiedensten Studien zusammengestellt, um einen Einblick in die hiesige Ernährungssituation im Hinblick auf die Adipositas zu ermöglichen (Kersting et al., 2003).

6.7.1 Verzehrdaten der DONALD-Studie

In der DONALD-Studie (»Dortmund Nutritional and Anthropometric Longitudinally Designed Study«) wurden seit 1985 mehr als 9.000 Ernährungsprotokolle von etwa 1.100 Kindern und Jugendlichen im Alter von 0,25–18 Jahren gesammelt. Im Kollektiv sind übergewichtige (ca. 10%) und adipöse (ca. 2%) Teilnehmer verglichen mit den internationalen BMI-Referenzwerten nach Cole et al. perzentilengerecht verteilt (Alexy et al., 2002).

- Gemessen an den Empfehlungen verzehren die Kinder und Jugendlichen zu wenig pflanzliche Lebensmittel, v.a. Gemüse, Kartoffeln und Brot/Getreideprodukte, aber zu viel fettreiches Fleisch und energiereiche Süßigkeiten (◘ Abb. 6.1). Mineralwasser dominiert bei den Getränken, erst bei Jugendlichen gefolgt von Limonaden.
- Insgesamt ergibt sich ein Missverhältnis der Makronährstoffe mit hohen Anteilen von Fett, gesättigten Fettsäuren und Zucker sowie niedriger Ballaststoff- und Energiedichte.
- Diese Lebensmittel- und Nährstoffmuster werden in der Familienernährung geprägt.
- Die insgesamt niedrige Energiezufuhr reflektiert eine geringe körperliche Aktivität.
- Längerfristig bleibt die Energiezufuhr unverändert, ebenso wie das Körpergewicht, während der Fettverzehr zugunsten komplexer Kohlenhydrate sinkt.

6.7.2 Weitere Daten zur Kinderernährung

▬ Etwa 50% der Kinder nehmen das Frühstück und Mittagessen in der Familie ein, 90% das

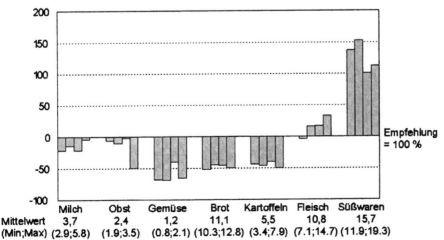

◘ **Abb. 6.1.** Verzehrmengen (Mediane) von ausgewählten Lebensmittelgruppen bei 4–6-jährigen Kindern und 13–14-jährigen Jugendlichen der DONALD-Studie im Vergleich mit den Empfehlungen der optimierten Mischkost (► Kap. 41) sowie Energiedichten der Lebensmittelgruppen (Alexy et al., 2001)

Abendessen. Grundschüler verzehren häufiger zu Hause ein Frühstück als ältere Schüler und Jugendliche.

— Bis zu 40% der Kinder und Jugendlichen halten das Fernsehen bei den Mahlzeiten für wichtiger als das Zusammensein mit der Familie.
— Beim Mittagessen in Kindertagesstätten werden vielfach übergroße Portionen angeboten.
— Armut in Familien ist ein Risiko für eine einseitige Ernährung und Übergewicht bei Kindern.
— Fast-food-Produkte rangieren bei den Nahrungspräferenzen von Kindern und Jugendlichen weit vorne, nicht aber beim tatsächlichen Verzehr.
— Fernsehwerbung für Kinder gilt v. a. energie- und zuckerreichen Lebensmitteln; spezielle »Kinderlebensmittel« sind im Wesentlichen Süßprodukte.

Insgesamt ergeben sich keine Hinweise darauf, dass sich die Ernährung von Kindern und Jugendlichen in Deutschland grundsätzlich von der Ernährung dieser Altersgruppen in anderen Wohlstandsgesellschaften unterscheidet.

6.8 Ernährungsgewohnheiten und kindliche Adipositas – eine offene Frage

Es gibt verschiedene Gründe dafür, dass die Rolle der Ernährung für die epidemische Verbreitung der Adipositas bei Kindern und Jugendlichen im Unklaren bleibt:

— Bei der Ätiologie der Adipositas interagieren die Umweltfaktoren Ernährung und Bewegung mit der genetischen Prädisposition (► Kap. 3).
— Die Ernährung erklärt neben der Bewegung nur einen (möglicherweise kleinen) Teil der Imbalanz des Energiehaushalts (► Kap. 12).
— Die Validität von Verzehrsangaben bei adipösen Kindern und Jugendlichen ist fraglich.
— Minimale Unterschiede bei der Energiezufuhr können in Feldstudien mit den üblichen Methoden nicht erfasst werden (► Kap. 35).

— Einzelne Ernährungsfaktoren (Nährstoffe, Lebensmittel, Mahlzeiten) erklären nur einen Bruchteil der Gesamtenergiezufuhr.
— Ernährungsverhalten ist Teil eines komplexen individuellen, familiären und gesellschaftlichen Lebensstils.

Diese Vielschichtigkeit der Ernährung dürfte mit ein Grund dafür sein, dass bisherige Maßnahmen der Prävention und Therapie der Adipositas bei Kindern und Jugendlichen wenig erfolgreich geblieben sind (► Kap. 36).

Literatur

Alexy U, Sichert-Hellert W, Kersting M, Manz F (2001) The foods most consumed by German children and adolescents: results of the DONALD Study. Ann Nutr Metab 45:128–134

Alexy U, Sichert-Hellert W, Kersting M (2002) Fifteen-year time trends in energy and macronutrient intake in German children and adolescents: results of the DONALD Study. Brit J Nutr 87: 595–604

Birch LL (2002) Childhood overweight: family environmental factors. In: Chen C, Dietz WH (eds) Obesity in childhood and adolescence. Nestle Nutr Workshop Series, Pediatric Program Vol. 49. Williams & Wilkins, Philadelphia, pp 161–171

Center for Weight and Health (2001) Pediatric overweight: a review of the literature. College of Natural Resources, Univ. of California, Berkely

Coon KA, Tucker KL (2002) Television and children's consumption patterns. Minerva Pediatr 54:423–436

Crawley H, Summerbell C (1997) Feeding frequency and BMI among teenagers aged 16–17 years. Int J Obes 21: 159–161

Ebbeling CB, Ludwig DS (2001) Treating obesity in youth: should dietary glycemic load be a consideration? Advanc Pediatr 48: 179–212

French SA, Story M, Neumarkt-Sztainer D, Fulkerson JA, Hannan P (2001) Fast food restaurant use among adolescents: associations with nutrient intake, food choices and behavioral and psychosocial variables. Int J Obes 25: 1823–1833

Hill JO, Prentice AM (1995) Sugar and body weight regulation. Am J Clin Nutr 62: 264–274

Kersting M, Alexy U, Rothmann N (2003) Fakten zur Kinderernährung. Marseille, München

Livingstone MBE, Robson PJ (2000) Measurement of dietary intake in children. Proc Nutr Soc 59: 279–293

Ludwig DS, Peterson KE, Gortmaker SL (2001) Relation between consumption of sugar-sweetened drinks and childhood obesity:a prospective, observational analysis. Lancet 357: 505–508

Magarey AM, Daniels LA, Boulton TJC, Cockington RA (2001) Does fat intake predict adiposity in healthy children and adolescents aged 2–15 y? A longitudinal analysis. Eur J Clin Nutr 55: 471–481

Troiano RP, Briefel RR, Carroll MD, Bialostosky K (2000) Energy and fat intakes of children and adolescents in the United States: data from the national health and nutrition examination surveys. Am J Clin Nutr 72: 1343–1353

Weiterführende Literatur

Livingstone MBE, Robson PJ (2000) Measurement of dietary intake in children. Proc Nutr Soc 59: 279–293
Kommentar: Diese sehr gründliche Übersichtsarbeit verdeutlicht, wie schwierig es ist, genaue und valide Verzehrsdaten von Kindern und Jugendlichen zu gewinnen. Sie legt die Schlussfolgerung nahe, dass die Frage des Ernährungseinflusses auf die Entstehung von Übergewicht bei Kindern und Jugendlichen mit den zur Verfügung stehenden epidemiologischen Methoden wohl kaum zu klären sein dürfte.

Swinburn BA, Caterson I, Seidell JC, James WPT (2004) Diet, nutrition and the prevention of weight gain and obesity. Publ Health Nutri 7: 123–146
Kommentar: Diese Übersichtsarbeit kommt nach Diskussion zahlreicher protektiver und risikoerhöhender Faktoren für die Entstehung von Übergewicht zu dem Schluss, dass neben einem bewegungsarmen Lebensstil als weiterer Risikofaktor mit eindeutiger Evidenz auf dem Ernährungssektor allein ein hoher Verzehr energiedichter (fett- und zuckerreicher) Lebensmittel gelten kann. Für die Kinderernährung ist von besonderem Interesse, dass sich als wahrscheinlich protektiver Faktor neben dem Stillen das familiäre Umfeld mit Förderung eines gesunden Ernährungs- und Bewegungsverhalten erwiesen hat, ein wichtiger Grund dafür, der Ernährung und Ernährungserziehung in der Familie gebührende Beachtung zu schenken.

Entwicklungsaspekte

Bislang ist Entwicklungsaspekten bei der Thematik Übergewicht im Kindes- und Jugendalter nur bedingt systematisch Rechnung getragen worden. Lediglich zur anthropometrischen Entwicklung (insbesondere Körperhöhe, -gewicht und BMI) gibt es mittlerweile eine Vielzahl von Studien. Hiernach bestehen vereinfacht ausgedrückt folgende Zusammenhänge:

1. Der BMI im Säuglingsalter korreliert nur sehr schwach mit dem BMI im Erwachsenenalter; demnach hat ein dicker Säugling nur ein minimal erhöhtes Risiko auch als Erwachsener adipös zu sein.

2. Dem BMI im Alter von 10 Jahren kommt ebenfalls noch keine hohe Bedeutung zu; er erklärt ca. 10% der Varianz des BMIs mit 35 Jahren.

3. Der BMI im Alter von 18 Jahren erklärt hingegen bereits ca. 50% der Varianz des BMIs mit 35 Jahren.

4. Übergewicht im Kindesalter neigt deutlich stärker zur Persistenz, wenn ein oder beide Elternteile adipös sind.

5. Die Wahrscheinlichkeit der Persistenz des Übergewichts im Erwachsenenalter ist auch vom Ausprägungsgrad der Adipositas im Kindes- bzw. Jugendalter abhängig: Je übergewichtiger das Kind, desto wahrscheinlicher kommt es zu einer Adipositas im Erwachsenenalter.

6. Kinder mit einem niedrigen Geburtsgewicht zeigen ein erhöhtes Risiko für die Entstehung von Adipositas und den typischen Folgestörungen; hierbei sind offenbar primär solche Kinder gefährdet, die nach der Geburt rasch zunehmen (»catch-up growth«). Den Arbeiten von Barker et al. kommt im Hinblick auf Zusammenhänge zwischen intrauteriner Mangelversorgung und Risiken für metabolische Störungen eine besondere Bedeutung zu (Barker-Hypothese; ▶ Kap. 11).

Für ein fundiertes Verständnis der Adipositas im Kindes- und Jugendalter scheinen auch Kenntnisse der Entwicklung der Nahrungsaufnahme und der Motorik bzw. des Bewegungsverhaltens von Bedeutung zu sein, obwohl direkte Zusammenhänge zur Entstehung von Übergewicht nicht bekannt sind bzw. allenfalls Mutmaßungen darüber angestellt werden können.

Entwicklung und Regulation des Fettgewebes

M. Wabitsch, P. Fischer-Posovszky

7.1 Das Wachstum des Fettgewebes während der körperlichen Entwicklung

In einer histologischen Untersuchung menschlicher Feten konnten Poissonnet et al. (Poissonnet et al., 1983, 1984) zeigen, dass das erste fetale Fettgewebe zwischen der 14. und 24. Schwangerschaftswoche mit einem kritischen Gewicht des Feten von 125 g entsteht. Zuerst bilden sich Verdichtungen mesenchymaler Zellen, die morphologisch kleine Gewebeläppchen bilden. In die Gewebeläppchen sprossen dann Kapillaren ein, und es entstehen primitive Fettläppchen, deren Zellen sich durch ihren hohen Triglyzeridgehalt auszeichnen. Diese Fettläppchen sind zuerst im Kopf- und Halsbereich, dann am Körperstamm und schließlich an den Extremitäten zu finden. Ihre Anzahl ändert sich nach der 23. Schwangerschaftswoche nicht mehr. Im weiteren Verlauf entwickeln sich diese Zellen zu univakuolären, noch sehr kleinen Adipozyten, die dann die typischen Fettläppchen bilden, wie sie beim Neugeborenen zu finden sind (Poissonnet et al., 1984). Entlang der kleinen Gefäße der Fettläppchen kann man dann alle Stadien der Fettzellentwicklung finden: die jüngsten Zellen befinden sich in der Peripherie, die am weitesten im Differenzierungsprozess fortgeschrittenen im Hilus. Die Beobachtung, dass die erste identifizierbare Struktur in einem sich entwickelnden Fettläppchen eine Kapillare ist, weist auf den unmittelbaren Zusammenhang zwischen der Entstehung von Fettzellen und der Angiogenese hin (Poissonnet et al., 1983). Zu Beginn des letzten Trimesters der Schwangerschaft ist die subkutane Hautschicht des Feten an nahezu allen Stellen des Körpers mit differenziertem Fettgewebe ausgestattet (Poissonnet et al., 1984). Zum Zeitpunkt der Geburt beträgt der Fettanteil an der Körpermasse bereits 16% (Häger et al., 1977; McLaren 1987; ◻ Abb. 7.1).

Ein Teil des Fettgewebes besteht aus braunem Fettgewebe oder einer Mischform von braunem und weißem Fettgewebe. Das braune Fettgewebe ist für die Wärmeproduktion in der Neonatalperiode verantwortlich. Es unterscheidet sich histologisch und biochemisch deutlich vom weißen

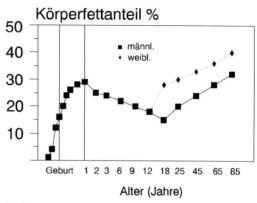

◻ Abb. 7.1. Entwicklung des prozentualen Anteils der Körperfettmasse an der Gesamtkörpermasse während der körperlichen Entwicklung

Fettgewebe. Im Gegensatz zum weißen Fettgewebe enthält es mehr Kapillaren und Nervenfasern, die Fettzellen sind kleiner und multivakuolär. Die braune Farbe wird durch den hohen Gehalt an mitochondrialem Cytochrom hervorgerufen. Beim Menschen lässt sich braunes Fettgewebe nur noch im Säuglingsalter sicher nachweisen.

Bis zum Ende des 1. Lebensjahres steigt der Körperfettgehalt bei normalgewichtigen Individuen im Mittel weiter auf 28% an, was besonders durch eine Zunahme des subkutanen Anteils des weißen Fettgewebes deutlich wird. Die Fettmasse steigt dabei von ca. 0,7 kg (Geburt) auf ca. 2,8 kg an. Der weitaus geringere Teil des weißen Fettgewebes befindet sich intraabdominell und retroperitoneal.

Normalerweise besitzen Säuglinge einen beträchtlichen Panniculus adiposus, den typischen »Babyspeck«. Stratz (1902) spricht von der Phase der »1. Fülle«, in der sich der Heranwachsende befindet. Aus dieser 1. Fülle entwickelt sich dann die »1. Streckung«: Die subkutane Fettschicht verschmälert sich ab dem 2. Lebensjahr, obwohl das Wachstum nicht beschleunigt ist. In späteren Jahren wiederholt sich dieser biphasische Vorgang in ähnlicher Weise (Garn u. Haskell, 1959 a, b): Der Körperfettanteil vergrößert sich zwischen dem 8. und 10. Lebensjahr – also in einer Phase während der frühen Pubertät (»2. Fülle«). Bei Knaben kann man dann eine »2. Streckung« (»fat spurt«) in der Phase des pubertären Wachstumsschubes beobachten, während bei den Mädchen das Stadium der 2. Fülle häufig erhalten bleibt und eine weitere Zunahme der Fettmasse bis ins Erwachsenenalter erfolgt. Eine maximale Anhäufung von Fettgewebe scheint physiologischerweise stets vor einer Wachstumssteigerung zu entstehen.

Die Zunahme der Körpermasse während des Wachstums kann unterteilt werden in Zuwachs an fettfreier und in Zuwachs an fetthaltiger Körpermasse. Das Verhältnis dieser beiden Anteile zueinander ist vom Lebensalter abhängig und ändert sich in einer zyklischen Form (Dugdale, 1975). Hieraus lässt sich auf die Existenz kritischer Perioden der Fettgewebsentwicklung schließen.

> **Praxistipp**
>
> Das Wachstum des Fettgewebes und der fettfreien Körpermasse während des Kindes- und Jugendalters verläuft in zyklischen Phasen. Dies lässt auf sensible Perioden schließen.

Der Gestaltwandel des Kindes bis zur Geschlechtsreife und danach wird durch die Ausprägung eines bestimmten Fettverteilungstyps beeinflusst, welcher vermutlich genetisch fixiert ist. Diese Konstitutionsmerkmale können aber in Folge von Krankheiten der Gonaden oder der Nebennierenrinde oder anderer meist seltener Störungen verändert werden. Die typischen Geschlechtsunterschiede in der Ausprägung des Fettorgans werden erst während der Pubertät deutlich sichtbar, obwohl sich solche bereits im Kindes- und Kleinkindesalter andeuten.

Die individuellen Variationen des Körperfettanteils an der Körpermasse sind in jeder Altersgruppe enorm und bilden einen sehr ungleichmäßigen, statistischen Schwankungsbereich. Der Abstand von der 50. zur 90. Perzentile ist dabei deutlich größer als derjenige von der 10. bis zur 50. Dies ist auch der Hauptgrund für die nicht-Gaußsche Verteilung der Körpergewichte (▶ Kap. 1).

7.2 Die Veränderung der Fettgewebszellularität während des körperlichen Wachstums

Untersuchungen der Zellularität des Fettgewebes in den 70er Jahren haben zu dem Konzept geführt, dass die endgültige Fettzellzahl eines Individuums in der Kindheit festgelegt wird und im Erwachsenenalter nur geringe Änderungen auftreten. Nur bei extrem Übergewichtigen scheint sich die Fettzellzahl auch im Erwachsenenalter zu erhöhen. Die Gesamtfettzellzahl scheint dabei während 2 sensitiver Phasen der **Adipogenese** – im 1. Lebensjahr und kurz vor der Pubertät – deutlich anzusteigen. Diese beiden Perioden entsprechen den von Stratz (1902) beschriebenen Phasen der 1. und 2. Fülle. Das Volumen der Fettzellen ist beim Neugeborenen noch klein und nimmt im 1. Lebensjahr deutlich zu und erreicht dabei fast die Größe wie sie bei Erwachsenen gefunden wird.

Aufgrund der Ergebnisse der Untersuchungen der Fettgewebszellularität wurde ursprünglich vermutet, dass die Gesamtzahl der Fettzellen eines Individuums während der o. g. sensiblen Phasen der Adipogenese in der Kindheit fixiert wird und sich im Erwachsenenalter nicht mehr ändert (Knittle, 1979). Eine weitere Vergrößerung der Fettmasse wird dann im Wesentlichen durch eine Zunahme des Adipozytenvolumens erreicht. Spätere Untersuchungen zeigen jedoch, dass bei massiver Gewichtszunahme bei Erwachsenen auch eine Zunahme der Fettzellzahl beobachtet werden kann.

Da der Body Mass Index (BMI) eines Individuums auch während der Kindheit ein gutes Maß für dessen Körperfettgehalt darstellt, werden die Änderungen des prozentualen Anteils der Fettmasse an der Gesamtkörpermasse während des Kindes- und Jugendalters auch bei der Betrachtung von altersabhängigen Perzentilenkurven für den BMI deutlich (Leitlinien der AGA: www.a-g-a.de; ▶ Kap. 1). Eine interessante Beobachtung wurde dabei von Rolland-Cachera et al. (Rolland-Cachera, 1984) gemacht, die zeigen konnten, dass eine Adipositas im Jugendalter dann entsteht, wenn der so genannte physiologische »Adipositas-Rebound« (hiermit ist die erneute Zunahme des BMI vor der Pubertät – 2. Fülle – gemeint) zu früh oder vor dem 6. Lebensjahr eintritt.

> **Praxistipp**
>
> Die Zahl der Fettzellen nimmt v.a. im 1. Lebensjahr zu, in einer Phase vor der Pubertät und in allen Lebensphasen bei massiver Gewichtszunahme.

7.3 Die Physiologie der Fettzelle

7.3.1 Lipidsynthese im Fettgewebe

Die Synthese von Lipiden im Fettgewebe kann über unterschiedliche, metabolische Wege erfolgen (Hauner, 1992): Der quantitativ wichtigste Weg ist die Aufnahme von Fettsäuren aus dem Blut. Triglyzeride, die im Blut als Lipoproteine mit sehr niedrigem spezifischen Gewicht (VLDL) oder als Chylomikronen vorkommen, werden durch die Lipoproteinlipase hydrolysiert (◘ Abb. 7.2). Dieses Enzym wird von der Fettzelle synthetisiert und ist nach seiner Sekretion an der luminalen Seite des Endotheliums lokalisiert. Die Aktivität der Lipoproteinlipase wird durch Erhöhung der Insulinspiegel gesteigert.

Im Blut zirkulierende freie Fettsäuren, die an Albumin gebunden sind, stellen eine andere Quelle für die Lipidaufnahme durch Adipozyten dar. Darüber hinaus haben Adipozyten die Fähigkeit, Fettsäuren aus Substraten wie Glukose, Acetat und Pyruvat zu synthetisieren. Dieser letzt genannte Prozess der **de novo** Synthese von Fettsäuren ist auch als **Lipogenese** bekannt. Die meisten der Fettsäuren, die in die Fettzelle gelangen oder dort neu synthetisiert wurden, werden dort verestert und als Triglyzeride gespeichert. Es muss hier auch erwähnt werden, dass die Synthese und die Speicherung anderer Lipide im Fettgewebe erfolgt; z.B. wird ein Hauptteil der Cholesterinreserven des Körpers im Fettgewebe gespeichert.

Glukose tritt durch erleichterte Diffusion in die Fettzelle ein. Dieser Prozess wird durch spezifische Glukosetransportmoleküle unterstützt. Das bedeutendste Glukosetransportmolekül im Fettgewebe ist Glut 4, welches u.a. durch Insulin reguliert wird. In der Fettzelle wird Glukose phosphoryliert und zur Synthese von α-Glyzerophosphat, Fettsäuren und Glykogen verwendet. Ein Teil der aufgenommenen Glukose wird direkt oxidiert. Neuere Untersuchungen lassen vermuten, dass Laktat ein Hauptprodukt des Glukosestoffwechsels im Fettgewebe ist, zu welchem bis zu 50% der metabolisierten Glukose abgebaut werden.

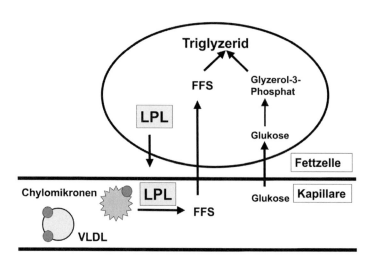

◘ Abb. 7.2. Schematische Darstellung der Lipogenese im Adipozyten

7.3.2 Lipidspeicherung und -mobilisierung

Die Freisetzung von Fettsäuren aus Fettzellen zur Energiebereitstellung während Perioden negativer Energiebilanz wird durch eine komplexe Interaktion verschiedener Hormone reguliert (Hauner, 1992). Ein entscheidender Schritt im Abbau der intrazellulären Triglyzeride ist die Aktivierung der hormonsensitiven Lipase (HSL), die über das Adenylcyclase-System und die nachfolgenden Kaskaden von Proteinphosphorylierungen vermittelt wird (◙ Abb. 7.3). Das Ergebnis dieses Prozesses ist die Bildung von freien Fettsäuren und Diacylglycerol, welches wiederum zu freien Fettsäuren und Glyzerin hydrolysiert wird. Im Gegensatz zu den freien Fettsäuren, die in den Fettzellen teilweise für die Triglyzeridsynthese wieder verestert werden können, kann das anfallende Glyzerin aufgrund eines Mangels einer Glyzerokinase-Aktivität in den Fettzellen nicht wieder verwendet werden. Es ist interessant festzustellen, dass die beiden gegensätzlichen Vorgänge der Lipidspeicherung und -mobilisierung gleichzeitig ablaufen können. Das relative Ausmaß beider Prozesse bestimmt den Stoffwechselweg der vorherrscht.

7.3.3 Regulation des Fettzellstoffwechsels

Die Lipidspeicherung und -mobilisierung im Fettgewebe wird durch eine Vielzahl von Faktoren und Einflüssen reguliert (Hauner, 1992). Mit zunehmendem Alter kommt es zu einer Vergrößerung von Fettzellen, die aus veränderten metabolischen Aktivitäten resultiert: Die lipolytische Aktivität und die Synthese von Fettsäuren nimmt langsam ab, wogegen die Produktion von α-Glyzerophosphat und die Synthese von Triglyzeriden zunimmt. Änderungen in der Nahrungszufuhr haben einen direkten Einfluss auf den Fettzellstoffwechsel und vermögen auch die Sensitivität der Fettzellen gegenüber verschiedenen Hormonen zu verändern (▶ Kap. 17 und 18).

❗ Insulin ist der wichtigste hormonelle Faktor, der die anabolen Funktionen im Fettgewebe stimuliert. Neben seiner Wirkung auf die Lipoproteinlipase stimuliert Insulin den zellulären Glukosetransport und die Aufnahme weiterer Metabolite, es stimuliert die Triglyzeridsynthese und hemmt die Lipolyse. Katecholamine sind die wichtigsten Gegenspieler von Insulin, welche v. a. die Lipolyse stimulieren.

Neben diesen Hauptregulatoren des Fettgewebsstoffwechsels kommen anderen Hormonen wie Glukagon, Glukokortikoiden, anderen Steroidhormonen und auch dem Wachstumshormon eine bedeutende modulierende Funktion zu. Alle

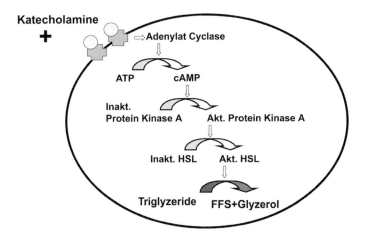

◙ Abb. 7.3. Schematische Darstellung der Lipolyse im Adipozyten

Hormone vermitteln ihre Wirkung über spezifische Rezeptoren, deren Vorhandensein für fast alle der genannten Hormone bei Fettzellen beschrieben worden ist.

7.4 Regulation der Größe des Fettorgans auf zellulärer Ebene

Eine Zunahme der Größe des Fettorgans und damit der Energiespeicher des Körpers kann durch eine Volumenzunahme der Adipozyten und durch eine Erhöhung der Adipozytenzahl erreicht werden. Eine Reduktion der Größe des Fettorgans kann durch eine Reduktion des Adipozytenvolumens erreicht werden. Darüber hinaus gibt es Hinweise, dass bei deutlichen Gewichtsabnahmen dies auch zu einer Reduktion der Adipozytenzahl führen kann. Dies wird durch eine Dedifferenzierung oder **Apoptose** von Adipozyten erreicht.

Das weiße Fettgewebe des Menschen enthält einen großen Pool mesenchymaler Vorläuferzellen (pluripotenter mesenchymaler Stammzellen), die nach adäquater Stimulation in Adipozyten differenzieren. Nach Isolierung aus dem Gewebeverband und Anzüchtung im Kulturgefäß sind diese Zellen makroskopisch nicht von Fibroblasten zu unterscheiden. Während des Differenzierungsprozesses in einen Adipozyten verändern die Zellen ihre Morphologie. Sie runden sich ab und lagern zunächst multivakulär Lipidtröpfchen in ihrem Zytoplasma ein. Diese morphologischen Veränderungen sind das Ergebnis verschiedener molekularer und biochemischer Vorgänge. Am Ende des Differenzierungsprozesses haben die Präadipozyten nicht nur den Phänotyp eines Adipozyten angenommen, sondern besitzen auch alle biochemischen und funktionellen Merkmale einer differenzierten Fettzelle (◘ Abb. 7.4).

Unter In-vitro-Bedingungen können solche mesenchymale Vorläuferzellen aus dem weißen Fettgewebe auch in Knorpel- und Knochenzellen differenzieren, was auf die noch erhaltene Pluripotenz dieser Zellen hinweist. Differenzierungsfähige, mesenchymale Vorläuferzellen finden sich im Fettgewebe von Individuen aller Altersstufen.

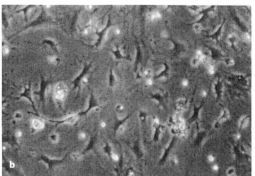

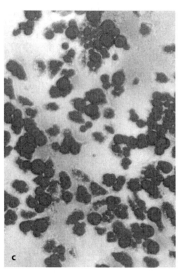

◘ **Abb. 7.4a–c. a** Menschliches, subkutanes Fettgewebe, **b** aus dem menschlichen Fettgewebe isolierte stroma-vaskuläre Zellen in vitro. Der überwiegende Anteil sind Präadipozyten (100fache Vergrößerung), **c** in vitro, unter Serum-freien, chemisch definierten Bedingungen differenzierte menschliche Adipozyten (Oil-red-Färbung, 100fache Vergrößerung)

Dabei zeigen die Vorläuferzellen aus dem Fettgewebe von Kindern eine deutlich höhere Differenzierungsfähigkeit als diejenigen von Erwachsenen (Wabitsch, 2000).

7.5 Wirkung bestimmter Hormone auf die Fettgewebszellularität

Verschiedene endokrinologische Erkrankungen sind mit einer Veränderung der Fettgewebsmasse und -zellularität assoziiert. Eine Zusammenfassung der Befunde zeigt ◘ Tabelle 7.1.

In den letzten Jahren wurden verschiedene Faktoren identifiziert, die die Differenzierung von humanen Adipozyten in vitro stimulieren bzw. hemmen. Insulin, IGF-I, Glukokortikoide und Trijodthyronin stimulieren in physiologischen Konzentrationen die Differenzierung von humanen Präadipozyten (Wabitsch, 2000). Neuere Befunde zeigen, dass Fettsäuren den Differenzierungsprozess beeinflussen können. Gesättigte Fettsäuren scheinen potenter die adipogene Differenzierung zu stimulieren als ungesättigte Fettsäuren. Zu den Faktoren, die die Differenzierung hemmen, gehören TNF-α, PDGF, IGF-1, FGF, TGF-β. Wachstumshormon hemmt ebenfalls den Differenzierungsprozess und führt am Adipozyten zu einer Reduktion des Lipidgehalts durch eine Hemmung der Lipogenese und Steigerung der Lipolyse (Wabitsch et al., 1995).

7.6 Molekulare Mechanismen der adipogenen Differenzierung

Obwohl heutzutage moderne Untersuchungsmethoden wie die DNA-Chip-Technologie und die Stammzelltechnologie zu Verfügung stehen, ist über die initialen Schritte der Fettzelldifferenzierung, ausgehend von einer omnipotenten Stammzelle bis hin zum Präadipozyten, nur wenig bekannt. Bei der Determinierung von einer mesenchymalen Stammzelle zur Fettvorläuferzelle spielen Signalmoleküle der Wnt-Familie, die Bone-Morphogenetic-Proteine (BMPs) und auch bestimmte Rho-GTPasen eine wichtige Rolle. Die terminale Differenzierung vom Präadipozyt bis zum reifen Adipozyt hingegen ist sehr gut untersucht. Zahlreiche Untersuchungen an immortalisierten Präadipozyten-Zelllinien (Rosen u. Spiegelman, 2000) zeigten, dass auf molekularer Ebene die sequenzielle Aktivierung von spezifischen Transkriptionsfaktoren von zentraler Bedeutung für die Induktion des Differenzierungsprozesses ist. Nach hormoneller Stimulation (s. oben) werden zunächst die Transkriptionsfaktoren C/EBPβ und C/EBPδ (CCAAT/»enhancer

◘ Tabelle 7.1. Die Zellularität des Fettgewebes bei ausgewählten endokrinen Erkrankungen

Faktor	Fettzellvolumen	Fettzellenanzahl	Fettmasse
Insulin Überschuss	+++	+	+++
Kortisol Überschuss	+++	+	+++
Wachstumshormon Überschuss Mangel	– ++	++ –	– ++
Testosteron Mangel	++	?	++
Trijodthyronin Überschuss Mangel	– normal	++ –	normal –

+++ sehr vermehrt, + etwas vermehrt, – erniedrigt.

binding protein«) aktiviert, was zur Induktion der Expression von PPARγ (»peroxisome proliferator-activated receptor«) führt. Bei dieser Induktion handelt es sich wahrscheinlich um einen direkten transkriptionellen Effekt durch Bindung der C/EBPs an den PPARγ-Promotor. PPARγ induziert die Expression von C/EBPα. C/EBPα wiederum wirkt in einer positiven Rückkopplungsschleife auf PPARγ, um den Status der Differenzierung aufrecht zu erhalten.

> **Praxistipp**
>
> An dieser Stelle soll erwähnt sein, dass potente Agonisten von PPARγ (Glitazone) mittlerweile als Medikamente zur Steigerung der Insulinsensitivität bei Typ-2-Diabetikern eingesetzt werden.

Durch einen alternativen Signalweg kann ADD1/SREBP-1c (»adipocyte determination and differentiation factor 1/sterol regulatory element binding protein-1c«) zur Produktion eines endogenen PPARg-Liganden und somit zur Aktivierung von PPARγ führen. Insgesamt führt diese Kaskade schließlich zur Expression von Fettzell-spezifischen Genen, zur Entwicklung der notwendigen Insulinsensitivität der Zelle und zur Produktion von Leptin, dem Botenstoff, der dem zentralen Nervensystem die Größe der Energiereserven signalisiert. Untersuchungen an verschiedenen transgenen und Knock-out-Mäusen führten letztendlich zur Bestätigung dieser Ergebnisse und zu einem besseren Verständnis der Adipogenese **in vivo** (Valet et al., 2002).

Literatur

Ailhaud G, Hauner H (2004) Development of white adipose tissue. In: Bray et al. (eds) Handbook of obesity. Etiology and Pathophysiology, 2nd ed. Marcel Dekker, New York, Basel, pp 481–512

Dugdale AE, Payne PR (1975) Pattern of fat and lean tissue deposition in children. Nature 256 (5520): 725–727

Garn SM, Haskell JA (1959 a) Fat and growth during childhood. Science 130: 1711–1712

Garn SM, Haskell JA (1959 b) Fat changes during adolescence. Science 129 (3363): 1615–1616

Häger A, Sjöström L, Arvidsson B, Björntorp P, Smith U (1977) Body fat and adipose tissue cellularity in infants: a longitudinal study. Metabolism 26: 607–614

Hauner H (1992) Physiology of the fat cell, with emphasis on the role of growth hormone. Acta Paediatr (Suppl) 383: 47–51

Knittle JL, Timmers K, Ginsberg-Fellner F, Brown RE, Katz DP (1979) The growth of adipose tissue in children and adolescents. Cross-sectional and longitudinal studies of adipose cell number and size. J Clin Invest 63(2): 239–246

McLaren DS (1987) A fresh look at some perinatal growth and nutritional standards. Wld Rev Nutr Diet 49: 87–120

Poissonnet CM, Burdi AR, Bookstein FL (1983) Growth and development of human adipose tissue during early gestation. Early Hum Dev 8(1): 1–11

Poissonnet CM, Burdi AR, Garn SM (1984) The chronology of adipose tissue appearance and distribution in the human fetus. Early Hum Dev 10(1/2): 1–11

Rolland-Cachera MF et al. (1984) Adiposity rebound in children: a simple indicator for predicting obesity. Am J Clin Nutr 39: 129–135

Rosen ED, Spiegelman BM (2000) Molecular regulation of adipogenesis. Annu Rev Cell Dev Biol 16: 145–171

Stratz W (1902) Der Körper des Kindes. Emke, Stuttgart

Valet P, Tavernier G, Castan-Laurell I, Saulnier-Blanche JS, Langin D (2002) Understanding adipose tissue development from transgenic animal models. J Lipid Res 43: 835–860

Wabitsch M (2000) The acquisition of obesity: insights from cellular and genetic research. Proc Nutr Soc 59: 325–330

Wabitsch M, Hauner H, Heinze E, Teller W (1995) The role of GH/IGF's in adipocyte differentiation. Metabolism 44 (Suppl): 45–49

Weiterführende Literatur

Ailhaud G, Hauner H (2004) Development of white adipose tissue. In Bray et al. (eds) Handbook of obesity. Etiology and Pathophysiology, 2nd ed. Marcel Dekker, New York, Basel
Kommentar: Weiterführender Lehrbuchartikel über die Ontogenese, Differenzierung, Biologie und Funktion des Fettgewebes mit besonderer Berücksichtigung des humanen Fettgewebes.

Rosen ED, Spiegelman BM (2000) Molecular regulation of adipogenesis. Annu Rev Cell Dev Biol 16: 145–171
Kommentar: Exzellente, viel zitierte Übersichtsarbeit über die molekularen Mechanismen der Regulation der Fettzelldifferenzierung. Als Übersicht und auch als Einstiegslektüre zu diesem modernen Forschungsthema.

Entwicklung des Essverhaltens und der Geschmackswahrnehmung

J. Hebebrand

8.1 Einleitung

Für ein fundiertes Verständnis der Adipositas im Kindes- und Jugendalter ist es lohnenswert, sich die Entwicklungsaspekte aller mit der Nahrungsaufnahme zusammenhängenden Funktionen zu vergegenwärtigen. Da Essen auch von Geruch und Geschmack der jeweiligen Speise abhängt, wollen wir im Folgenden primär die Entwicklung dieser beiden Sinnessysteme veranschaulichen. Wir werden der Frage nachgehen, inwieweit Geschmackspräferenzen – z.B. die Vorliebe für fettreiche Nahrung – einen Beitrag zur Entwicklung der frühmanifesten Adipositas liefern.

Das Füttern des Säuglings und Kleinkinds und später die gemeinsamen Mahlzeiten stellen eine wichtige Form der Interaktion zwischen Bezugsperson und Kind dar, die die Beziehung zwischen beiden beeinflusst. Bei Säuglingen und Kleinkindern, die gut und ggf. auch überdurchschnittlich viel essen, stellt sich eine positive Interaktion quasi von allein ein. Das Kind erhält für sein »unkompliziertes« Essverhalten (und die »gute« Gewichtszunahme) Zuwendung und Lob. Hingegen kann eine problematische Nahrungsaufnahme des Säuglings/Kindes zu Unsicherheit, Hilflosigkeit und Schuldgefühlen der Eltern führen. Im Alter von 5–10 Jahren zeigen ca. 20% der Kinder ein über mindestens 6 Monate andauerndes wählerisches Essverhalten, das nicht selten den Eltern Sorgen macht. Untergewicht scheint bei diesen Kindern aber nicht gehäuft vorzukommen.

Im späteren Kindesalter fangen Kinder, insbesondere Mädchen, an, ihre Figur und ihr Körpergewicht ebenso wie die ihrer »Peers« wahrzunehmen. Diese soziokulturell geprägte Wahrnehmung kann in Bestrebungen einmünden, das Essverhalten kognitiv verändern zu wollen. Es resultieren Diäten und andere Maßnahmen zur Gewichtsregulation; Übergänge zu Essstörungen sind fließend. Das Essverhalten von Jugendlichen kann sehr einseitig sein, das gemeinsame Essen mit anderen Familienmitgliedern wird seltener. Das Auslassen des Frühstücks ist gehäuft gerade bei übergewichtigen älteren Kindern und Jugendlichen anzutreffen.

Diese kurze Darstellung zeigt bereits deutlich, dass das Erlernen eines gesunden Trink- und Essverhaltens ein komplexes Geschehen ist, auf das physiologische, emotionale und soziale Faktoren Einfluss nehmen.

8.2 Lernerfahrungen

Für einen Säugling bzw. ein Kleinkind ist es lebensnotwendig, Essbares von Nichtessbarem unterscheiden zu lernen. Zunächst richtet sich die Ablehnung eines zugeführten Stoffes danach, ob Geruch und Geschmack als unangenehm empfunden werden. Schlecht riechende und/oder übel schmeckende Substanzen werden entweder gar nicht erst in den Mund gesteckt oder aber wieder ausgespuckt. Dass es ca. 25 Geschmacksrezeptoren zur Wahrnehmung von Bitterstoffen, hingegen nur eine deutlich geringere Anzahl von »Süß-Rezeptoren« gibt, könnte mit der evolutionären Bedeutung der Unterscheidung von genießbarem und Ungenießbarem zusammenhängen. Während die Geruchswahrnehmung stark durch Erfahrung und Lernen geprägt wird, erscheinen Ablehnung von Bitterstoffen und Akzeptanz von Süßstoffen angeboren.

Selbstverständlich schützt dieser basale, allein auf die Sinnesempfindung beschränkte Mechanismus nicht vor der Aufnahme giftiger Substanzen. Im Verlauf der weiteren Entwicklung lernt das Kind, die Wertigkeit zugeführter Nahrung anhand körperlicher Reaktionen einzustufen. Falls ein Stoff unangenehme Empfindungen oder Übelkeit verursacht, wird das Kind diesen in Zukunft meiden. Je unmittelbarer diese körperliche Reaktion der Nahrungsaufnahme folgt, desto größer ist der aversive Lerneffekt. Sobald das Kind sich selbst Gegenstände in den Mund steckt, kommt der steuernden Funktion der Bezugspersonen eine große Bedeutung zu. Einerseits wird die Aufnahme von Ungenießbarem sanktioniert, andererseits kommt die Vorbildfunktion zum Tragen (Lernen am Modell). Parallel hierzu wird das Kind für ein »vernünftiges« Essen positiv verstärkt.

Neben dieser grundlegenden Unterscheidung zwischen Genießbarem und Ungenießbarem entwickelt das Kind individuelle Geschmacksaversionen bzw. -präferenzen. Unangenehme Körperreaktionen auf ein bestimmtes Nahrungsmittel können über eine Konditionierung zur zukünftigen Ablehnung führen. Dem Auftreten von Übelkeit kommt hierbei eine große Bedeutung zu. So kommt es bei einer Lebensmittelallergie nur dann zur eindeutigen Ablehnung eines Geschmacks, wenn Übelkeit eine direkte Folge der Allergie ist. Zählt jedoch Übelkeit nicht zu den allergischen Symptomen, verändert sich die Geschmacksempfindung nicht.

Im Säuglingsalter machen gestillte Kinder bereits Erfahrungen mit verschiedenen Geschmacksrichtungen, da der Geschmack der Muttermilch in Abhängigkeit von der Speisenauswahl der Mutter sich verändert. Wird bei Flaschenkindern der Energiegehalt der Milch verändert, so trinken sie von der verdünnten Milch mehr, von energiereicherer Milch weniger, vorausgesetzt, die Bezugsperson versucht das Trinkverhalten nicht zu beeinflussen. Somit können bereits Säuglinge ihre Energiezufuhr regulieren (Birch u. Fisher, 1998). Auch Kinder regulieren ihre Energieaufnahme in Abhängigkeit von der Energiedichte der aufgenommenen Speisen unter der Voraussetzung, dass die Eltern nicht regulierend einwirken (z. B. Lob für leer gegessenen Teller).

Mit Ausnahme von süßen und salzigen Nahrungsmitteln, die rasch akzeptiert werden, müssen andere mehrfach angeboten werden, bis das Kind diese als schmackhaft empfindet.

❗ Im Hinblick auf Adipositas ist relevant, dass Eltern, die sich fettreich ernähren, ihre Kinder der gleichen Diät aussetzen und somit diese Kinder ebenfalls lernen, fettreiche Nahrungsmittel zu mögen. Nebst diesem Lernen am Modell spielen hierbei aber auch genetische Faktoren eine Rolle; Zwillings- und Familienstudien zeigen, dass beispielsweise die Vorliebe für fettreiche Speisen eine erbliche Komponente aufweist.

Verfügbarkeit und Zugang zu bestimmten Nahrungsmitteln zuhause und in der Schule (z. B. Obst und Gemüse) spielen bei der kindlichen Speiseauswahl eine Rolle. Darüber hinaus ist der soziale Kontext wichtig. Speisen (z. B. Eis),

die von den Eltern als Belohnung eingesetzt werden, können die kindliche Präferenz dieser Speise steigern. Mit zunehmendem Alter eines Kindes beeinflussen auch Mitschüler bzw. Freunde ebenfalls die Speisenauswahl.

Vorlieben für spezifische Nahrungsmittel entstehen auf verschiedene Weisen: In einigen Zwillingsstudien ist eine höhere Übereinstimmung der Geschmackspräferenzen der eineiigen im Vergleich zu zweieiigen Zwillingen ermittelt worden, so dass genetische Faktoren für die Präferenzbildung relevant zu sein scheinen (Reed et al., 1997). Aus theoretischen Gründen scheint aber der Einfluss genetischer Faktoren begrenzt, da eine starke erbliche Determinierung der Geschmackspräferenz der Anpassungsfähigkeit eines Individuums an eine bestimmte Umwelt entgegen stehen würde. Ein Kind kann auch über assoziatives Lernen Präferenzen ausbilden. Hierbei wird ein Geschmack mit einem angenehmen Ereignis in Verbindung gebracht. Dieses angenehme Ereignis kann sich sowohl auf die gleichzeitige Gabe des wohlschmeckenden Stoffes (v. a. Süßem) als auch auf den sozialen Kontext beziehen. Umgekehrt kann eine Geschmacksabneigung sich über die gleichen Mechanismen vollziehen. Neben assoziativem Lernen sind aber auch physiologische Reaktionen für die Ausbildungen von Präferenzen relevant. So können Nahrungsmittel mit hohem Kaloriengehalt aufgrund eines sich einstellenden angenehmen Sättigungsgefühls bevorzugt werden. Gerade der Nachspeise kommt u. U. deshalb eine besondere Vorliebe zu, da diese in einem engen zeitlichen Zusammenhang zum angenehmen Sättigungsgefühl steht.

8.3   Entwicklung des Geruchssinns

Die Geruchsrezeptoren in der Nase werden vom 1. Hirnnerven (N. olfactorius) innerviert. Die Geruchsrezeptoren sind einheitlich G-Protein-gekoppelte Rezeptoren (Winberg u. Porter, 1998). Beim Menschen wird der Anteil der Geruchsrezeptor-Gene auf 1–2% aller Gene beziffert. Diese Vielzahl ermöglicht die Wahrnehmung der gesamten Geruchspalette, wobei die eigentliche Geruchssensation durch die Bindung eines Duftstoffes an entsprechend spezifische Rezeptoren entsteht. Die Geruchsschwelle ist überschritten, wenn eine genügende Anzahl von Rezeptoren mit den entsprechenden Duftpartikelchen besetzt ist.

Die wiederholte Darbietung eines Geruchs zusammen mit einem Schmerzreiz resultiert in einem verstärkten postsynaptischen Potenzial und erhöhter Erregbarkeit von Neuronen im lateralen Kern der Amygdala als Reaktion auf den Geruch. Konditionierung und Habituierung verursachen gegensätzliche Effekte im lateralen Kern. Hierbei hat Dopamin eine wichtige Funktion, die konsistent mit der Rolle dieses Neurotransmitters bei der Entwicklung des emotionalen Gedächtnisses ist.

Bei Erwachsenen spielt der Geruch möglicherweise eine Rolle bei der Partnerfindung. Aber bereits im Neugeborenenalter kommt dem olfaktorischen System ebenfalls eine potenzielle Bedeutung bei der Ausbildung der Mutter-Kind-Bindung zu. Außerdem wird durch maternale Gerüche das Verhalten des Kindes beeinflusst; das Kind erlernt beispielsweise über den Geruchssinn, die Brustwarze der Mutter aufzufinden (Winberg u. Porter, 1998).

Nach der Geburt ist der Geruchssinn des Neugeborenen bereits soweit ausgeprägt, dass sich Mutter und Kind allein am Geruch erkennen können (Schaal, 1988). In verschiedenen Untersuchungen fanden sich eindeutige Hinweise dafür, dass bereits das ungeborene Kind Gerüche wahrnimmt, diese »speichern« kann und nach der Geburt entsprechend dieser Erfahrungen sein Verhalten ausrichtet (Hudson u. Distel, 1999). Postnatal kommt dem Geruch von Fruchtwasser eine beruhigende Wirkung zu (Varendi et al., 1996, 1998). So wenden sich 3 Tage alte Säuglinge – unabhängig davon, ob sie gestillt werden oder die Flasche erhalten – dem Geruch des mütterlichen Fruchtwassers zu (Marlier et al., 1998a). Wird diesen Säuglingen sowohl der Geruch des Fruchtwassers der eigenen wie einer fremden Mutter angeboten, so wenden sich die Neugeborenen bevorzugt dem bekannten Fruchtwassergeruch zu (Schaal et al., 1998). 2 und 4 Tage alte Neugeborene, die Flaschenmilch von Geburt an erhalten, wenden dennoch ihren Kopf bevorzugt dem mütterlichen Fruchtwasser gegenüber der Flaschenmilch zu, sodass offenbar die pränatale Wahrnehmung des Fruchtwassergeruchs auch noch postnatal das Verhalten von Neugeborenen beeinflusst (Malier et al., 1998b). Die hohe Plastizität des menschlichen Geruchssinns wird durch die Tatsache belegt, dass bereits ab dem 3. Lebenstag die Zuwendung bevorzugt zum mütterlichen Laktationssekret gegenüber dem Fruchtwasser erfolgt (Marlier et al., 1998b; Varendi et al., 1997).

Die weitere Entwicklung des kindlichen Geruchssinns ist weniger gut untersucht. Unterzieht man Kindern zwischen 3,5 und 13 Jahren einem Geruchstest mit Babypuder, Kaugummi, Bonbon, Fisch und Apfelsine, so erzielen die jüngsten zu 66% korrekte Antworten. Diese Rate steigt auf 92% bei 5,3-jährigen Kindern, um hiernach mehr oder minder konstant zu bleiben (Richman et al., 1992). Kinder teilen Düfte weitaus häufiger richtig danach ein, ob es sich um Essbares bzw. Nichtessbares handelt, als dass sie den entsprechenden Stoff eindeutig benennen könnten. Die Identifikation eines spezifischen Geruchs erfolgt bei 8- bis 14-jährigen Kindern mit einer Geschwindigkeit, die lediglich derer älterer Erwachsener entspricht; jüngere Erwachsene sind deutlich schneller. Die langsamere Identifikation bei Kindern ist aber allein eine Folge des lang andauernden Lernprozesses, der der raschen Benennung eines Geruchs zugrunde liegt. Kinder können nämlich Gerüche genauso schnell wahrnehmen wie junge Erwachsene, d. h. die Konzentrationsschwelle zur Wahrnehmung des entsprechenden Duftstoffs unterscheidet sich nicht. Ab dem frühen mittleren Erwachsenenalter lassen die Diskriminationsfähigkeit und die Fähigkeit, Gerüche zu identifizieren, parallel nach (Cain et al., 1995; De Wijk u. Cain, 1994).

8.4   Geschmackssinn

Der Geschmackssinn bezieht im erweiterten Sinne alle sensorischen Wahrnehmungen ein, die mit der Nahrungsaufnahme einhergehen: Nebst dem eigentlichen Geschmack zählen der retronasale Geruchssinn und die Chemosensation dazu (Nasser, 2001). Die Geschmacksknospen – fokale

Ansammlungen von ca. 100 Geschmacksrezeptoren – von primär Zunge, aber auch weichem Gaumen, Uvula, Pharynx, Larynx und Speiseröhre, werden in 3 zwiebelförmigen Papillenarten (fungiform, foliate und vallat) gefunden. Fungiforme Papillen enthalten 3–5, die beiden anderen jeweils hunderte von Geschmacksknospen. Die eigentlichen Geschmackszellen stellen modifizierte Epithelzellen mit neuronalen Eigenschaften (u. a. Fähigkeit zur Depolarisation) dar. Die Efferenzen zum Kortex über Synapsen in Hirnstamm und Thalamus erfolgen über die Hirnnerven VII (Chorda tympani; vordere Zunge), IX (hintere Zunge) und X (Larynx). Aufgrund der Innervation durch 3 Hirnnerven sind Ausfälle der Geschmackswahrnehmung sehr viel seltener als solche des Riechens (Bartoshuk u. Beauchamp, 1994).

In jüngster Zeit ist es gelungen, mehrere Geschmacksrezeptoren, die für die Wahrnehmung von Aminosäuren und der Geschmacksqualitäten süß und bitter verantwortlich sind, zu identifizieren. Hierbei handelt es sich um G-proteingekoppelte Rezeptoren. Die 3 homologen Geschmacksrezeptoren (»taste receptors«) T1R1, T1R2 und T1R3 bilden Heterodimere: Die Kombinationen T1R1 und T1R3 und T1R2 und T1R3 ermöglichen die Wahrnehmung von Aminosäuren (u. a. Uami) bzw. Süßem. Wahrscheinlich gibt es weitere bislang unbekannte Geschmacksrezeptoren, die die Wahrnehmung dieser Geschmacksqualitäten verfeinern. Ca. 25 T2-Rezeptoren gewährleisten die Wahrnehmung von Bitterstoffen. So ist beispielsweise T2R16 in Geschmackszellen der Zunge vorhanden; bittere Beta-Glucopyranoside wirken aktivierend. Somit erlaubt dieser Rezeptor über das Erkennen einer spezifischen chemischen Struktur die Wahrnehmung von verschiedenen Bitterstoffen (Bufe et al., 2002).

In Geschmackszellen werden entweder nur T2- oder meist 2 (niemals alle) der insgesamt bislang 3 T1-Rezeptoren exprimiert; somit ist jede Geschmackszelle nur in der Lage, auf eine Geschmacksqualität zu reagieren (Amrein u. Bray, 2003). Distinkte, nichtüberlappende Gruppen von Geschmackszellen sind für die Wahrnehmung der unterschiedlichen Geschmacksqualitäten verantwortlich. Die T1- und T2-Rezeptoren benützen dennoch gemeinsam die gleichen nach-

geschalteten Signalwege, die möglicherweise durch weitere Regelkreise moduliert werden. Die Identifikation der Rezeptoren, die für die Wahrnehmung der Geschmacksqualitäten sauer und salzig zuständig sind, steht noch aus; mutmaßlich handelt es sich um Ionenkanäle.

Bildgebende Verfahren am Primaten haben gezeigt, dass der kaudolaterale orbitofrontale Kortex auf Geschmackswahrnehmung nur dann reagiert, wenn das Tier hungrig ist (Nasser, 2001). Dieses Phänomen ist assoziiert mit einem veränderten dopaminergen Tonus im Nucleus accumbens und präfrontalen Kortex. Die positive Bewertung spezifischer Nahrungsmittel wird serotoninergen und opioidergen, das Verlangen (»craving«) hingegen dopaminergen Regelkreisen zugeschrieben.

> **Praxistipp**
>
> Bei Personen mit Adipositas findet man im Vergleich zu normalgewichtigen eine geringere Dopamin-Rezeptordichte. Dem dopaminergen System kommt eine wichtige Rolle beim zentralen Belohnersystem (»brain reward system«) zu; eine Ursache für Adipositas ist möglicherweise dadurch gegeben, dass der Organismus sich durch übermäßiges Essen selbst belohnt und somit ein relativer Dopaminmangel in diesem System ausgeglichen wird. Das Cannabinoidsystem wirkt an diesem »Belohnersystem« mit.

Auch die peripheren Hormone Insulin und Leptin beeinflussen den Geschmack. So lässt sich bei Mäusen durch Applikation von Leptin die Reaktion peripherer Geschmacksnerven auf Süßes selektiv unterdrücken (Kawai et al., 2000).

8.4.1 Genetische Variabilität des Geschmackssinns

Eine unterschiedliche Wahrnehmung von Süßstoffen ist bei Mäuseinzuchtstämmen seit längerem bekannt: »Taster« können im Gegensatz zu »Non-taster« bereits niedrige Konzentrationen von künstlichen Süßstoffen und Saccharose schmecken. Mehrere Gruppen konnten basierend auf entsprechenden Kopplungsbefunden zu Chromosom 4 der Maus T1R3 als das Gen identifizieren, das für diesen genetischen Unterschied verantwortlich ist (Max et al., 2001; Nelson et al., 2001; Montmayeur et al., 2001).

Auch beim Menschen ist genetische Variabilität in Geschmacksrezeptor-Genen bekannt, die wahrscheinlich für interindividuelle Unterschiede in der Wahrnehmung von Geschmacksqualitäten verantwortlich sind. Methodische Probleme erschweren jedoch einen interindividuellen Vergleich der Geschmackswahrnehmung (Bartoshuk, 2000). Beim Menschen ist die Fähigkeit am besten untersucht, Phenylthiocarbamid (PTC) bzw. Propylthiouracil (PROP) schmecken zu können. Diese Fähigkeit wird unvollständig dominant vererbt, das Spektrum erstreckt sich von »Nicht-Schmeckern« (rezessiv) zu »Schmeckern« (ein dominantes Allel) und »Super-Schmeckern« (homozygot dominant). Unter den Schmeckern haben Frauen eine gegenüber Männern leicht erhöhte Wahrnehmung. Super-Schmecker haben mehr fungiforme Papillen; sie schmecken verdünnten Kaffee intensiver, Saccharin erscheint ihnen bitterer und ebenso wie Saccharose süßer. Super-Schmecker reagieren empfindlicher auf Alkohol, Chili und andere Irritationen bzw. Schmerzreize im Mundraum. Super-Schmecker zeigen auch eine intensivere Wahrnehmung von Fett in Milchprodukten und Salatöl. Aufgrund der stärkeren Wahrnehmung, die sie negativ bewerten, essen sie nicht so gern stark fett- oder zuckerhaltige Speisen. Zudem sollen sie weniger rauchen und Alkohol trinken. In einzelnen Studien erwiesen sich Super-Schmecker als dünner im Vergleich zu anderen Normalgewichtigen. Unlängst wurde auf Chromosom 7 ein Bitterrezeptor-Gen aus der T2R-Familie identifiziert, in dem Kombinationen bestimmter Polymorphismen (Haplotypen) gemeinsam mit dem Geschlecht 60% der Varianz der beobachteten Schmeckvariabilität erklärten (Kim et al., 2003).

Zwillingsstudien zeigen, dass die Erblichkeit für die Zufuhr einzelner Speisen gering ist. Als Ausnahme sind Stoffe wie Alkohol und Kaffee zu nennen, die selbst eine pharmakologische Wirkung entfalten. Hingegen ist die Erblichkeit für die Makronährstoffzusammensetzung der Nahrung (Fett-, Kohlenhydratanteil) höher (Reed et al., 1997).

8.4.2 Entwicklung des Geschmackssinns

Morphologisch reife Geschmackszellen lassen sich bereits in der 14. Schwangerschaftswoche finden, sodass der Fötus theoretisch das Fruchtwasser schmeckt, das er ab der 12. Schwangerschaftswoche aufnimmt. Möglicherweise zeigt der Fötus bereits eine Vorliebe für Süßes und eine Ablehnung von Bitterem. Frühgeborene saugen kräftiger an einem gesüßten als einem ungesüßten Schnuller (Maone et al., 1990). Bei Neugeborenen lässt sich eine hohe Sensibilität und Affinität für Süßes feststellen, hingegen wird Saures ebenso wie Bitteres abgelehnt. Bei salzigem Geschmack reicht das Spektrum von Ablehnung über Indifferenz bis hin zur Präferenz. Da für den Menschen ungenießbare Stoffe häufig bitter oder sauer schmecken, ist die angeborene Ablehnung dieser beiden Geschmacksqualitäten als Schutz vor der Aufnahme derartiger Stoffe zu verstehen. Aber beide Geschmacksrichtungen tragen bereits im Kindesalter zur Palatabilität von Speisen und Getränken bei, wodurch die individuellen Geschmackspräferenzen beeinflusst werden. Wahrscheinlich gibt es Phasen, in denen Geschmackspräferenzen geprägt werden (»olfactory imprinting«): 7 Monate alte Säuglinge, die bereits früh an unangenehm schmeckende Hydrolysat-Nahrung gewöhnt wurden, nehmen diese gern an, während solche Säuglinge, die erstmalig im gleichen Alter diese Kost erhalten, sich ablehnend verhalten (Mannella et al., 2004). Möglicherweise stellt der 4. Lebensmonat eine Schwelle dar, vor der solche unangenehmen Geschmäcker relativ unproblematisch eingeführt werden können. Für eine Vorliebe für Karotten scheint auch die intrauterine und Muttermilchexposition bedeutsam zu sein (Mannella et al., 2001).

Süßstoffe wirken sich auf das Neugeborene beruhigend aus. Die Wirksamkeit dieser beruhigenden Wirkung von Süßstoffen lässt im Verlauf der ersten Lebenswochen nach; am Zustandekommen des Effekts ist möglicherweise das Opiatsystem beteiligt (Barr et al., 1999). Säuglinge mit einer »Dreimonatskolik« reagieren vermindert auf den beruhigenden Effekt der Saccharose (Rohrzucker). Obwohl die orale Gabe von Chinin zu einem »angewiderten« Gesichtsausdruck Neugeborener führt, schreien Neugeborene vorübergehend weniger. Die Gabe von Maisöl schließlich führt zu keiner Reaktion bei einem schreienden Neugeborenen. Die Reaktion auf orogustatorische Reize ist folglich bereits unterschiedlich. Beruhigende Wirkungen beruhen u. U. nicht (nur) auf einer positiven hedonistischen Geschmacksempfindung, sondern (auch) auf einer generellen Geschmackswahrnehmung (Graillon et al., 1997).

Beim Vergleich der Geschmackssensitivität 8- bis 9-jähriger Kinder mit der Erwachsener fanden sich keine Unterschiede der Wahrnehmungsschwellen für Saccharose, Kochsalz, Zitronensäure und Koffein zwischen Mädchen und Erwachsenen beiderlei Geschlechts. Hingegen zeigen Jungen eine verminderte Geschmackswahrnehmung gegenüber sowohl Frauen (für alle 4 Geschmacksqualitäten) und Männern (Saccharose, Kochsalz, Zitronensäure) als auch Mädchen (Saccharose, Kochsalz). Hiernach reift die Geschmackswahrnehmung beim männlichen Geschlecht langsamer (James et al., 1997).

Die Vorliebe für Süßes ist im Verlauf der Entwicklung zum Erwachsenen rückläufig: 44 Personen wurden erstmalig im Alter von 11–15 und abermals im jungen Erwachsenenalter verschieden stark konzentrierte Zuckerlösungen angeboten. Die bevorzugte Konzentration war im Erwachsenenalter niedriger (Desor u. Beauchamp, 1987), wobei die Gründe hierfür unbekannt sind.

> **Praxistipp**
>
> Kinder, die häufig süße Getränke zu sich nehmen (und somit vielleicht auch eine stärkere Präferenz für Süßes zeigen), nehmen stärker zu als Kinder, die dieses Verhalten nicht zeigen (Ludwig et al., 2001).

8.4.3 Rolle des Geschmackssinns für die Entwicklung von Übergewicht

Während die Palatabilität einen großen Anteil der Speisenauswahl eines einzigen Individuums erklären kann, vermag sie kaum interindividuelle Unterschiede zu erklären. Allgemein wird davon ausgegangen, dass sich Übergewichtige von Normalgewichtigen nicht (oder allenfalls nur geringfügig und somit praktisch nicht messbar) im Hinblick auf die Speisenauswahl, Geschmacksempfindung und deren hedonistische Bewertung unterscheiden (Nasser, 2001). Möglicherweise könnten Studien an Risikopopulationen (z. B. Kinder übergewichtiger Eltern) hier weiterführend sein. Insbesondere tierexperimentelle Ansätze zeigen die Bedeutung genetischer Faktoren für die bevorzugte Makronährstoffzusammensetzung der Nahrung auf. Nebst der unterschiedlichen Geschmackspräferenz für Süßes ist auch die Präferenz für fettreiche Nahrung zu nennen, in deren Hinsicht sich Mäuseinzuchtstämme systematisch unterscheiden; manche Stämme entwickeln unter fettreicher Diät Übergewicht, andere sind resistent.

Es ist anzunehmen, dass die molekulare Forschung in den nächsten Jahren aufzeigen wird, in welchem Umfang Übergewicht auf genetische Variabilität der Geschmacksrezeptoren und deren nachgeschalteten Proteine beruht. Durch den Nachweis spezifischer Polymorphismen können methodische Probleme bei der Erhebung der Geschmackspräferenz eingegrenzt werden. Die Feststellung genetischer Variabilität im Hinblick auf die zentrale Wahrnehmung und Reaktion auf Geschmacksstoffe wird mutmaßlich ebenfalls dazu beitragen zu klären, ob und in welchem Umfang diese für die Entstehung von Übergewicht von Bedeutung ist.

8.5 Entwicklung des Essverhaltens

Säuglinge werden zunächst mit Muttermilch oder Flaschenkost ernährt. In einzelnen Studien ist hierbei untersucht worden, inwieweit das Saugverhalten sich bei gestillten vs. flaschengefütterten Kindern unterscheidet (Birch u. Fisher, 1998). Die Saugkraft ist hiernach in etwa ähnlich, die Frequenz des Saugens jedoch bei gestillten Kindern höher. Dies bedeutet mutmaßlich, dass Flaschenkinder die Milch mit geringerem Energieaufwand zu sich nehmen. Tatsächlich ist die Milchaufnahme über 24 h bei 6, 14, 22 und 26 Monate alten gestillten Säuglingen geringer als bei »Flaschenkindern«. Ein Vergleich zwischen gestillten und Flaschenkindern hat ferner ergeben, dass die erst genannten mehr »Mahlzeiten« pro Tag erhalten.

❶ Ob dem Stillen eine protektive Wirkung im Hinblick auf die Entstehung einer Adipositas zukommt, wird in verschiedenen Studien unterschiedlich beurteilt (▶ Kap. 2). Nach Adjustierung für verschiedene »Confounder« (u. a. soziale Schichtzugehörigkeit, maternale und paternale Adipositas) ist der Effekt als relativ gering einzustufen, insbesondere im Vergleich zur Bedeutung des BMI und der sozialen Schichtzugehörigkeit der Eltern.

Kinder, die bereits ein eigenständiges Essverhalten entwickelt haben, meiden von sich aus häufig ihnen unbekannte Speisen. Erst durch u. U. mehrfache Überwindung dieser Hemmschwelle werden in der weiteren Entwicklung durchaus positive Erfahrungen mit der Aufnahme fremdartiger Lebensmittel gemacht, so dass sich dieses »neophobische« Verhalten u. U. mehr und mehr verflüchtigt. Jedoch entwickelt sich eine Ablehnung gegenüber Substanzen, die nicht essbar oder gefährlich sind bzw. nicht schmecken recht früh; bereits Kinder im Alter von 4–5 Jahren haben Nahrungsmittelaversionen, die denen Erwachsener ähnlich sind.

Eine wichtige Frage ist, inwieweit Eltern auf das Essverhalten ihres Kindes Einfluss haben bzw. wie sich ein bezüglich der Nahrungsaufnahme restriktiver Erziehungsstil der Eltern auf die Kinder auswirkt. Eltern gehen allgemein davon aus, dass sie das Essverhalten ihres Kindes positiv beeinflussen können, indem sie den Zugang zu »schlechten« Nahrungsmitteln einschränken. Falls aber in positiv besetzten Situationen (z. B. Geburtstagsfeier, Schulausflug etc.) die gleichen Lebensmittel angeboten werden, kann dies eher das Verlangen des Kindes fördern. In Querschnittsstudien hat sich wiederholt bei Kleinkindern ein Zusammenhang zwischen einem im Hinblick auf das kindliche Essverhalten regulierenden Erziehungsverhalten der Eltern und Übergewicht des Kindes gezeigt. Hierbei ist die Kausalität aber umstritten: Während dies einerseits als Hinweis dafür gewertet wird, dass Eltern möglichst wenig das kindliche Essverhalten zu beeinflussen suchen sollten, kann umgekehrt auch angeführt werden, dass Eltern gerade dann reglementierend eingreifen, wenn das Kind ein Gewichtsproblem hat (Birch u. Fisher, 1998). Zudem sind Alterseffekte zu berücksichtigen: Das Essverhalten von Kleinkindern lässt sich einfacher beeinflussen; bereits bei 8- bis 9-Jährigen zeigte sich bei Jungen kein systematischer Zusammenhang zwischen BMI und einem das Essverhalten reglementierenden Erziehungsstil der Eltern. Bei Mädchen ging ein reglementierender Erziehungsstil sogar mit einem geringfügig niedrigeren Gewicht einher ($r = -0{,}12$; Robinson et al., 2001).

Genetisch bedingte Störungen zeigen auf, dass extremes und somit klinisch relevantes Essverhalten (z. B. zu geringe Nahrungsaufnahme postnatal beim Prader-Willi-Syndrom (▶ Kap. 4), aber auch die später einsetzende Hyperphagie; Hyperphagie bei Leptin-Defizienz (▶ Kap. 13) eine genetische Grundlage haben kann. Differenzialdiagnostisch sind u. a. zentrale Tumoren, Infektionen und extreme psychosoziale Begebenheiten zu bedenken.

Literatur

Amrein H, Bray S (2003) Bitter-sweet solution in taste transduction. Cell 112: 283–284

Barr RG, Pantel MS, Young SN, Wright JH, Hendricks LA, Gravel R (1999) The response of crying newborns to sucrose: is it a »sweetness« effect? Physiol Behav 66: 409–417

Bartoshuk LM (2000) Comparing sensory experiences across individuals: recent psychophysical advances illuminate genetic variation in taste perception. Chem Senses 25: 447–460

Bartoshuk LM, Beauchamp GK (1994) Chemical senses. Annu Rev Psychol 45:419–449Birch LL, Fisher JO (1998) Development of eating behaviors among children and adolescents. Pediatrics 101 (Suppl): 539–549

Bufe B, Hofmann T, Krautwurst D, Raguse JD, Meyerhof W (2002) The human TAS2R16 receptor mediates bitter taste in response to beta-glucopyranosides. Nat Genet 32: 397–401

Cain WS, Stevens JC, Nickou CM, Giles A, Johnston I, Garcia-Medina MR (1995) Life-span development of odor identification, learning, and olfactory sensitivity. Perception 24: 1457–1472

De Wijk RA, Cain WS (1994) Odor identification by name and by edibility: life-span development and safety. Human Factors 36: 182–187

Desor JA, Beauchamp GK (1987) Longitudinal changes in sweet preferences in humans. Physiol Behav 39: 639–641

Graillon A, Barr RG, Young SN, Wright JH, Hendricks LA (1997) Differential response to intraoral sucrose, quinine and corn oil in crying human newborns. Physiol Behav 62: 317–325

Hudson R, Distel H (1999) The flavor of life: perinatal development of odor and taste preferences. Schweiz Med Wochenschr 129: 176–181

James CE, Laing DG, Oram N (1997) A comparison of the ability of 8–9-year-old children and adults to detect taste stimuli. Physiol Behav 62: 193–197

Kawai K, Sugimoto K, Nakashima K, Miura H, Ninomiya Y (2000) Leptin as a modulator of sweet taste sensitivities in mice. Proc Natl Acad Sci U S A 97: 11044–11049

Kim UK, Jorgenson E, Coon H, Leppert M, Risch N, Drayna D (2003) Positional cloning of the human quantitative trait locus underlying taste sensitivity to phenylthiocarbamide. Science 299: 1221–1225

Ludwig DS, Peterson KE, Gortmaker SL (2001) Relation between consumption of sugar-sweetened drinks and childhood obesity: a prospective, observational analysis. Lancet 357: 505–508

Mannella JA, Jagnow CJ, Beauchamp GK (2001) Prenatal and postnatal flavor learning by human infants. Pediatrics 107(6): E88

Mannella JA, Cara E, Griffin BS, Beauchamp GK (2004) Flavor programming during infancy. Pediatrics 113: 840–845

Maone TR, Mattes RD, Bernbaum JC, Beauchamp GK (1990) A new method for delivering a taste without fluids to preterm and term infants. Dev Psychobiol 23: 179–191

Marlier L, Schaal B, Soussignan R (1998a) Neonatal responsiveness to the odor of amniotic and lacteal fluids: a test of perinatal chemosensory continuity. Child Dev 69: 611–623

Marlier L, Schaal B, Soussignan R (1998b) Bottle-fed neonates prefer an odor experienced in utero to an odor experienced postnatally in the feeding context. Develop Psychobiol 33: 133–145

Max M, Shanker YG, Huang L, Rong M, Liu Z, Campagne F, Weinstein H, Damak S, Margolskee RF (2001) Tas1r3, encoding a new candidate taste receptor, is allelic to the sweet responsiveness locus Sac. Nat Genet 28: 58–63

Montmayeur JP, Liberles SD, Matsunami H, Buck LB (2001) A candidate taste receptor gene near a sweet taste locus. Nat Neurosci 4: 492–498

Nasser J (2001) Taste, food intake and obesity. Obes Rev 2:213–218

Nelson G, Hoon MA, Chandrashekar J, Zhang Y, Ryba NJ, Zuker CS (2001) Mammalian sweet taste receptors. Cell 106: 381–390

Reed DR, Bachmanov AA, Beauchamp GK, Tordoff MG, Price RA (1997) Heritable variation in food preferences and their contribution to obesity. Behav Genet 27: 373–387

Richman RA, Post EM, Sheehe PR, Wright HN (1992) Olfactory performance during childhood. I. Development of an odorant identification test for children. J Pediatr 121: 908–911

Schaal B (1988) Olfaction in infants and children: Development and functional perspectives. Chem Sens 13: 145–190

Schaal B, Marlier L, Soussignan R (1998) Olfactory function in the human fetus: evidence from selective neonatal responsiveness to the odor of amniotic fluid. Behav Neurosci 112: 1438–1449

Varendi H, Porter RH, Winberg J (1996) Attractiveness of amniotic fluid odor: evidence of prenatal olfactory learning? Acta Paediatrica 85: 1223–1227

Varendi H, Porter RH, Winberg J (1997) Natural odour preferences of newborn infants change over time. Acta Paediatrica 86: 985–990

Varendi H, Christensson K, Porter RH, Winberg J (1998) Soothing effect of amniotic fluid smell in newborn infants. Early Hum Develop 51: 47–55

Winberg J, Porter RH (1998) Olfaction and human neonatal behaviour: clinical implications. Acta Paediatrica 87:6–10

Entwicklung des Energieverbrauchs

C. Maffeis, Y. Schutz

9.1   Gesamtenergieverbrauch

Der gesamte tägliche Energieverbrauch eines Kindes ist die Summe aus dem Grundumsatz (»basal metabolic rate«, BMR), der postprandialen Thermogenese (oder dem thermischen Effekt der Nahrung), dem Energieverbrauch für die körperliche Aktivität (EE_{Act}) und einer kleineren Komponente, dem Energieverbrauch, der für das Wachstum notwendig ist (EE_G) (◻ Abb. 9.1). Der Energiebedarf für das Längenwachstum ist nach dem ersten Lebensjahr bis zur Pubertät relativ niedrig und beträgt weniger als 3% des gesamten täglichen Energieverbrauchs (World Health Organization, 1985).

Ungefähr 90% des täglichen Energieverbrauchs werden während der Kindheit durch den Grundumsatz und die körperliche Aktivität bedingt. Das Körpergewicht (und die Körperzusammensetzung) erklären überwiegend die interindividuelle Varianz dieser Größen. Allerdings ist die körperliche Aktivität willkürlich steuerbar (▸ Kap. 5) und deshalb von dem Verhalten des Individuums und seiner Entscheidung, körperlich mehr oder weniger aktiv zu sein abhängig. Die fettfreie Körpermasse (FFM), die hauptsächlich die Organe und Muskulatur beinhaltet (▸ Kap. 32), ist durch eine hohe Stoffwechselaktivität charakterisiert. Bei einem 7,5 kg schweren Kleinkind ist die Stoffwechselaktivität im Gehirn (44% des Grundumsatzes), in der Leber (14%), im Herz (4%) und in der Niere (6%) höher als im Skelettmuskel (6%; Elia, 2000). Die entsprechenden Werte für Erwachsene sind im Vergleich dazu deutlich unterschiedlich (Gehirn 20%, Muskulatur 22%; ◻ Abb. 9.2).

Beratungstipps

Das Lebensalter und das Geschlecht beeinflussen alle Komponenten des täglichen Gesamtenergieverbrauchs unabhängig vom Einfluss der Körperzusammensetzung. Dies ist durch verschiedene Faktoren erklärbar. Die wichtigsten dabei sind:

▬ Das Verhältnis von Organmasse zu Skelettmasse innerhalb der Komponente fettfreie Körpermasse nimmt mit steigendem Lebensalter bei Kindern ab und deshalb verringert sich auch die metabolische Aktivität in Bezug auf die fettfreie Körpermasse mit dem Alter (Elia, 2000).

▬ Männliche Individuen haben eine größere Skelettmasse und eine niedrigere Fettmasse als weibliche Individuen, v. a. während und nach der Pubertät (Rico et al., 1993).

▬ Das Maß der körperlichen Aktivität (ausgedrückt als PAL oder »physical activity level«: das Verhältnis zwischen Gesamtenergieverbrauch und Grundumsatz) nimmt mit steigendem Lebensalter zu bis zu einer Phase vor der Pubertät bei beiden Geschlechtern (◻ Kap. 16). Bei Mädchen wird im Anschluss daran ein deutlicherer Rückgang beobachtet als bei Jungen (Maffeis, 1999).

Die Entwicklung des Gesamtenergieverbrauchs von Geburt bis zum Alter von 18 Jahren wurde auf der Basis einer Meta-Analyse von Daten, die bei amerikanischen Kindern gewonnen wurde, zusammengestellt (zugrunde liegende Methode: doppelt markiertes schweres Wasser (Butte, 1993; ▸ Kap. 33). Der Grundumsatz wurde auf der Basis einer WHO/FAO/UNU-Formel berechnet basierend auf anthropometrischen Parametern unter Berücksichtigung des Geschlechts, des Lebensalters und des Körpergewichts. Der aktivitätsbedingte Energieverbrauch wurde aus den arithmetischen Unterschieden zwischen Gesamtenergieverbrauch–Grundumsatz ermittelt. Aus didak-

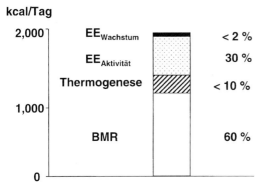

◻ **Abb. 9.1.** Komponenten des täglichen Energieverbrauchs bei einem 10 Jahre alten Jungen mit moderater körperlicher Aktivität

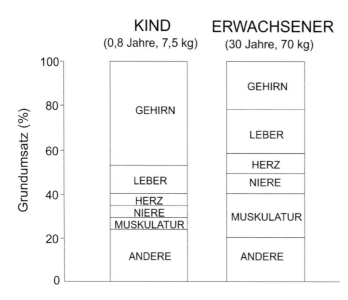

◘ Abb. 9.2. Unterschiede in der Verteilung des Ruhe-Energieverbrauchs bei einem Säugling (< 1 Jahr), BMR = 390 kcal/Tag und bei einem Erwachsenen (30 Jahre), BMR = 1680 kcal/Tag. (Nach Elia, 2000)

tischen Gründen sind die individuellen Werte für jede Gruppe von Kindern nicht dargestellt, sondern die geglätteten Kurven, die aus den Originaldaten berechnet wurden (◘ Abb. 9.3; Butte, 1993). Vergleichbare Daten für die Veränderungen des Energiestoffwechsels während des körperlichen Wachstums bei adipösen Kindern sind nicht verfügbar. Es ist allerdings klar, dass die BMR und der Gesamtenergieverbrauch – ausgedrückt in absoluten Werten – mit ihrer Kurve auf einem höheren Niveau lägen, so wie dies weiter oben dargestellt wurde.

9.2 Einfluss des Geschlechts auf den Energieverbrauch

Die Daten in ◘ Abb. 9.3 zeigen deutlich, dass
1. der Einfluss des Geschlechts auf den Gesamtenergieverbrauch ab einem Alter von ungefähr 10 Jahren bedeutsam wird mit einem Energieumsatz, der bei Jungen höher liegt als bei Mädchen.
2. gibt es eine relativ schnelle Veränderung beim Gesamtenergieverbrauch und des Grundumsatzes während des ersten Lebensjahres als Folge des schnellen Längenwachstums.
3. tendiert das körperliche Aktivitätsniveau (PAL) berechnet aus Gesamtenergieverbrauch di-

vidiert durch den Grundumsatz mit dem Längenwachstum anzusteigen (die Werte liegen bei Geburt bei ungefähr 1,3 und erreichen 1,8 im Alter von 10 Jahren). PAL scheint sich dann zu stabilisieren bzw. nimmt unter bestimmten Bedingungen insbesondere bei Frauen nach dem Alter von 10 Jahren etwas ab (Maffeis, 1999).

Der Einfluss des Geschlechts auf die PAL ist nicht eindeutig. Zudem ist zu erwähnen, dass es große individuelle Unterschiede in den PALs gibt (die Daten sind nicht gezeigt), die aus Unterschieden im Lebensstil, dem geografischen Wohnort und den sozioökonomischen Bedingungen resultieren (▶ Kap. 5).

> **Praxistipp**
>
> Der Einfluss des Geschlechts auf den Gesamtenergieverbrauch wird ab einem Alter von ungefähr 10 Jahren bedeutsam. Jungen haben danach einen höheren Energieumsatz als Mädchen.

Es ist zu erwähnen, dass frühere Berechnungen der Veränderung des Grundumsatzes während des Längenwachstums (Schutz, 1994) auf der Basis der Energiezufuhr durchgeführt wurden (als Maß für den Energiebedarf) und nicht auf der Basis des Gesamtenergieverbrauchs, da zu dieser

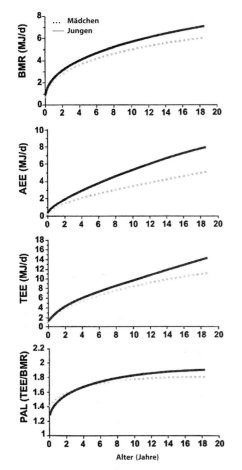

□ Abb. 9.3. Muster der Änderungen des Grundumsatzes (**BMR**, des aktivitätsbedingten Energieverbrauchs, des Gesamtenergieverbrauchs und des körperlichen Aktivitätsniveaus (**PAL = TEE/BMR**) von amerikanischen Mädchen und Jungen von Geburt bis 18 Jahren (Daten aus Buttle, 1993; die Daten wurden aus einer Meta-Analyse generiert)

Zeit entsprechende Daten zum Gesamtenergieverbrauchs nicht verfügbar waren. Der Einfluss des Geschlechts konnte bestätigt werden (keine Änderung bis zum Alter von 8 Jahren), aber das Verhältnis Energiezufuhr zu Grundumsatz war bei Geburt höher (>2,0) und zeigte einen Abfall auf 1,5 während des ersten Lebensjahres. Dies kann dadurch begründet werden, dass der Energiebedarf für das Wachstum mit berücksichtigt werden muss, wenn der Bedarf aus dem Gesamtenergiebedarf berechnet wird. Es muss auch berücksichtigt werden, dass v. a. bei adipösen Individuen sehr viel Vorsicht geboten ist, wenn die Energiezufuhr angegeben wird, da ein systematisches »Underreporting« der Nahrungszufuhr vorliegt (▶ Kap. 6).

Literatur

Butte N (1993) Fat intake of children in relation to energy requirements. Am J Clin Nutr 72 (Suppl):1246–1252

Elia M (2000) Fuels of the tissues. In: Garrow JS, James WPT, Ralph A (eds). Human Nutrition & Dietetics. Churchill, Livingstone, pp 37–59

Maffeis C (1999) Childhood obesity: the genetic-environmental interface. Baillieres Best Pract Res Clin Endocrinol Metab 13(1): 31–46

Rico H, Revilla M, Villa LF et al. (1993) Body composition in children and Tanner's stages: a study with Dual-Energy-X-Ray absorptiometry. Metabolism 42: 967–970

Schutz Y (1994) Energy needs: assessement and requirements. In: Shils M, Olson JA, Shike M (eds) Modern nutrition in health and disease. 8th ed. Lea & Febiger, p 106

World Health Organization (1985) Energy and protein requirements: report of a joint FAO/WHO/UNU expert consultation. World Health Organization, Geneva

Entwicklung der körperlichen Aktivität in Abhängigkeit vom Lebensalter

U. Korsten-Reck

10.1 Einleitung

Die Sachverständigenkommission des 11. Kinder und Jugendberichts des Deutschen Bundestages hat eine neue öffentliche Verantwortung für das Aufwachsen von Kindern und Jugendlichen in unserer Gesellschaft zum Leitmotiv gemacht. Es liegen große Chancen darin, der Prävention den ihr zustehenden Stellenwert einzuräumen. Weg von der Krankheitsbewältigung hin zur Krankheitsvermeidung sollten Maßnahmen des »Empowerments« angeboten werden und dies im ganzheitlichen Ansatz auf verschiedenen Ebenen zum Thema Gesundheit: Ernährung, Bewegung und Erfassung von Risikofaktoren (Public Health Forum, 2002).

Unsere heutigen gesellschaftlichen Strukturen drängen den natürlichen Bewegungsdrang unserer Kinder immer mehr in den Hintergrund. Der Schwerpunkt bei Kindern und Jugendlichen, aber auch bei Erwachsenen, liegt im Bereich der Kopfarbeit: sitzende Tätigkeiten sind über Schule, Beruf, Computer und Fernsehen vorgezeichnet. Die Bewegungsräume sind stark eingeschränkt; welches Kind kann noch auf der Straße oder im Wald spielen und Abenteuer erleben wie Generationen zuvor?

10.2 Motopädagogische Grundlagen der körperlichen Aktivität

»Sieben oder acht Jahre des Sich-Bewegens und Spielens sind notwendig, um einem Kind die sensomotorische Fähigkeit zu vermitteln, die als Grundlage für seine intellektuelle, soziale und persönliche Entwicklung dienen kann.« Diese Aussage von Jean Piaget zeigt, dass in der aktiven Auseinandersetzung des Kindes mit der Umwelt sich maßgeblich die Motorik zur wichtigen Grundlage der Handlungs- und Kommunikationsfähigkeit entwickeln muss. Bewegung ist notwendig, um kognitive Fähigkeiten zu erwerben. So steht das Erlernen von Konkretem vor dem Erlernen von Abstraktem, das Greifen und Anfassen vor dem Begreifen. Erfahrungen mit dem eigenen Körper sind die Grundlage der Kommunikation mit der eigenen Person und mit anderen. Die Wahrnehmung von Raum und Zeit, die zunehmend in unserer Computerwelt und über das Fernsehen verloren geht, kann nur über die Körpererfahrung erlernt und stabilisiert werden. Der Sport vermittelt elementar das Gefühl von Anstrengung, Stärken und Schwächen, lässt Erfolg und Niederlage zu und schafft Identität und Solidarität. Neben der Förderung der Konzentrationsfähigkeit, Teamfähigkeit, Leistungsbereitschaft, Lernbereitschaft und Problemlösung kann sich Hilfsbereitschaft und Rücksichtnahme als soziale Kompetenz und Handlungsspielraum entwickeln und der Transfer in weitere Bereiche der Gesundheitserziehung wie Ernährung und Verhalten erreicht werden.

Im 1. Lebensjahr geht es nach Erikson (1989) zunächst um Urvertrauen und um Überwindung von Misstrauen. Hierzu geeignete Bewegungen werden über Schaukeln, Wiegen und Schwingen vermittelt. Sie sind durch sanfte Wechsel und geringe Intensität geprägt und vermitteln ein Gefühl von Geborgenheit, Beständigkeit und Sicherheit. Ähnlich beschützende Situationen erleben Kinder im Zusammenhang mit Spielsituationen, bei denen Materialien wie bedeckende Tücher, Zelte, Höhlen oder andere »Unterschlupfe« möglich sind. In der Motopädagogik werden diese natürlichen Erfahrungen verstärkt einbezogen um bestehenden Entwicklungsdefiziten zu begegnen.

Kleinkinder benutzen in ihren Entwicklungsstufen jede Aktivität um Bausteine zu entwickeln, die über die sensomotorische Integration (Ayres, 2002) weitere komplexere Bewegungsabläufe zulassen.

Vom 2. Lebensjahr an können Berührungen gezielt wahrgenommen werden. Das Kind begreift, wo sein Körper beginnt und aufhört. Dies sind wesentliche Erfahrungen im Kontext mit Spielsachen oder anderen Gegenständen. Es beginnt seinen Lebensraum zu erkunden. Über Bewegung werden so genannte »Landkarten des Körpers« im Gehirn gespeichert, welche es zum weiteren Planen und Steuern benutzen kann. Es kommt hinzu, dass die 3. Dimension erforscht wird. Kinder beginnen zu klettern und erreichen damit eine visuelle Raumwahrnehmung. Wenn Kinder so erfahren, dass sie sich ohne Anleitung sicher zurecht finden, dann ist dies der Schritt zu Selbstwertgefühl und Zufriedenheit. Im 2. und 3. Lebensjahr bewegt sich das Kind zwischen Autonomie und Zweifel. Es experimentiert mit »Ich« und »Du«, es kommt zu ersten Zusammenstößen zwischen Eltern und Kind, wichtig wird Nähe und Distanz, Fortlaufen und Verfolgtwerden. Erfahrungsangebote im Balancieren, Klettern und Rutschen sind besonders zu empfehlen.

Im Vorschulalter liegt das Hauptmerkmal im Sich-Identifizieren mit Rollen und Tätigkeiten der Erwachsenen. Kinder entwickeln Eigeninitiative, eine wesentliche Bedingung für ein positives Selbstkonzept (Zimmer, 1989). Hier sind die von unserer Gesellschaft vorgegebenen übertriebenen Verbote, Ermahnungen und Handlungseinschränkungen besonders kontraproduktiv in Anbetracht von Bewegungsmangel und Einschränkung von Bewegungsräumen.

Bewegungsangebote von der Sicherheit des Bekannten wie Schaukeln führt zum »Drang nach Abenteuer« auf Rollbrett, Pedallo, Roller, Skateboard oder Inline-Skates, um die Welt zu erobern. Rollenspiele bieten die Gelegenheit sich mit Vorbildern auseinander zu setzen.

> **Praxistipp**
>
> Für die praktische Arbeit mit adipösen Kindern und Jugendlichen lassen sich somit folgende Grundthemen zur Entwicklung der körperlichen Aktivität formulieren (nach Erikson):
> - Vertrauen bilden
> - Autonomie aufbauen
> - Initiative entwickeln

Die **intrinsische Motivation** zur körperlichen Aktivität besteht bei gesunden Kindern von Geburt an. Kinder sind neugierig und wollen Neues entdecken, den eigenen Körper in ihrem Umfeld erproben, die Sinne immer neu reizen und Erlerntes stabilisieren. Hinzu entwickelt sich die **extrinsische Motivation** über Lob und Anerkennung durch die Außenwelt.

Allgemein betrachtet gibt es keinerlei Lernen ohne Bewegung, diesbezüglich muss auch der Schulalltag neue Inhalte schaffen im Sinne von »Bewegtes Lernen« (Köckenberger, 1999):

1. Bewegung als Kompensation für Defizite im Bereich der Lern- und Erfahrungsmöglichkeiten.
2. Bewegung als Einheit von Lernprozessen und schulpädagogische Umgestaltung.

Der heute allgemein festgestellte Bewegungsmangel in einer veränderten Kindheit muss Ausgangspunkt von psychomotorischen Fördermaßnahmen werden, wenn diesem Zustand Einhalt geboten werden soll.

> **Beratungstipps**
>
> Die kindzentrierte Entwicklung sollte folgende Ziele berücksichtigen:
> - Aufbau eines positiven Selbstkonzeptes und Förderung der Leistungsmotivation,
> - Anbahnung von Lernstrategien,
> - Förderung von Ausdauer und Konzentration,
> - Verbesserung der Koordination (Hülsmann u. Schmitz-Post, 2002).

Die Förderung knüpft an den Grundbedürfnissen der Kinder an. Es soll die Ich-, Sach- und Sozialkompetenz individuell gefördert werden, um den Kindern vermehrte Handlungsstrategien und Handlungsmöglichkeiten in Schule und Alltag zu eröffnen.

10.3 Medizinische Grundlagen der körperlichen Aktivität

Auswertungen von Fragebögen und Aktivitätsprotokollen zeigen, dass gerade bei übergewichtigen Eltern die körperliche Inaktivität im Vordergrund steht, und daraus resultierend auch Kinder in diesen Familien passiv sind. Ernährungsgewohnheiten sowie Aktivitätsmuster werden aber schon in früher Kindheit durch die Eltern geprägt. Daraus wird verständlich, dass sich erst in der ganzen Familie ein Bewusstsein entwickeln muss, was inaktive und aktive Zeiten sind, um eine Lebensstilveränderung herbeizuführen (Korsten-Reck et al., 1994).

Nur durch die Überschreitung von Reizschwellen können Adaptationen erzielt werden. Die Entwicklungsabschnitte von Kindheit und Jugend sind morphologisch durch Zunahme der Größe sowohl vom Körper als auch von Körperteilen gekennzeichnet. Altersbedingtes Wachstum, hypertrophische und reparative Wachstumsvorgänge werden durch körperliche Aktivität beeinflusst. Muskelarbeit führt durch mechanische Belastung am Halte- und Stützapparat zu vergrößerten metabolischen Umsatzraten, zur Verbesserung der Sauerstoffversorgung und führt bei geeigneter Intensität und Dauer zur Erhöhung der Fettverbrennung (▶ Kap. 16). Körperliche Aktivität ist somit schon im Kindesalter zum Erhalt oder zur Vergrößerung der Magermasse (»lean body mass«) verantwortlich. Darüber hinaus lösen Muskelkontraktionen Hormonausschüttungen aus, die im Kindes- und Jugendalter steuernd das Wachstum beeinflussen. Pulsierende Abgaben großer Mengen an Wachstumshormon ist erforderlich, um bei genügender Nährstoffdichte Wachstum physiologisch zu bewirken. Ausdauerbelastungen führen zu einer Erhöhung der Ausschüttung des Wachstumshormons (GH). Über die GH-Aktivierung erfolgt eine Sekretion der gonadalen Steroide, die ihrerseits die basale GH-Sekretion stimulieren und in der Pubertät den Wachstumsschub in Gang setzen (Hollmann u. Hettinger, 2000).

Die körperliche Aktivität beeinflusst somit die Organadaptation für die gesamten weiteren Lebensabschnitte sowohl in physischer als auch psychischer Sicht.

Untersuchungen zeigen, dass die Alltagsaktivität des Schulkindes für die volle Entwicklung der organischen Leistungsfähigkeit nicht ausreicht (Hollmann u. Hettinger, 2000).

Die Leistungsentwicklung und die Belastbarkeit erfolgt anhand der motorischen Hauptbeanspruchungsformen:

- Koordination,
- Flexibilität,
- Kraft,
- Schnelligkeit und
- Ausdauer.

Die wesentliche motorische Entwicklung läuft bei Jungen in den Altersstufen von 7–10 Jahren und mit 13–16 Jahren ab. Bei Mädchen liegt die 2. Phase 2–3 Jahre früher (Hollmann u. Hettinger, 2000):

Die koordinativen Fähigkeiten setzen bereits nach der Geburt ein und können je nach Förderung ihr Optimum zu unterschiedlichsten Zeitpunkten entwickeln. Die Faustregel lautet:

> ❗ Je früher mit einem Bewegungsablauf begonnen wird, desto früher stellt sich eine koordinativ optimale Qualität ein.

Viele Sportarten mit großem koordinativem Spektrum setzen deshalb schon früh mit einem systematischen Training ein. Die größte Entwicklungsdynamik für die Koordination dürfte in der vorpuberalen Phase liegen. Ermüdungszustände sollten Beachtung finden.

Die Flexibilität erreicht bis zum 10. Lebensjahr an der Grenze vom kindlichen zum jugendlichen Alter ihren Maximalwert. Hier sollte auf Überbeanspruchung besonders geachtet werden.

Das Krafttraining ist bei achsengerechter Wirbelsäulen- und Extremitätengelenkbelastung als sensomotorisches Training zur besseren neuromuskulären Funktion in jeder Altersstufe möglich; vor der Pubertät mit dem eigenen Körpergewicht, nach der Pubertät darüber hinaus steigerbar. Sportorthopädische Untersuchungen und Verlaufskontrollen sind angezeigt. Die Maximalkraft wird bei Mädchen mit dem 15.–17. Lebensjahr, bei Jungen mit dem 18.–22. Lebensjahr erreicht.

Schnelligkeitstraining ist im selben Altersgang ohne Einschränkung möglich. Das Schnelligkeits-Ausdauertraining sollte anhand der Pulsfrequenz oder des Laktatspiegels gestaltet werden.

Mädchen erreichen die Höchstwerte für die maximale Sauerstoffaufnahme bereits mit dem 14.–16. Lebensjahr, Jungen mit dem 19. Lebensjahr. Normwerte der kardiopulmonalen Leistungsfähigkeit im Kindes- und Jugendalter wurden von Klemt (1987; in Hollmann u. Hettinger, 2000) erarbeitet. Der größte Leistungsschub fand sich während der Pubertät bei Mädchen zwischen dem 10. und 12. Lebensjahr, bei Jungen zwischen 12–14 Jahren.

Beratungstipps

Die Bestimmung des biologischen Alters durch Röntgen der linken Hand ist dann angezeigt, wenn die Endgröße entscheidend ist oder aber die Frage der Akzeleration oder Retardierung bei bestimmten Sportarten von Interesse ist. Grundsätzlich sind die Akzelerierten leistungsfähiger und belastbarer als die Normalentwickler und Retardierten. Bei Akzelerierten müssen Überforderungen im psychischen Bereich jedoch beachtet werden.

Auffallend ist die niedrige Phosphofruktokinaseaktivität (PFK), die bei Kindern im Vergleich zu Erwachsenen gemessen wurde (Hollmann u. Hettinger, 2000). Da die PFK als leistungsbegrenzendes Enzym der Glykolyse angesehen wird, ist eine Erklärung für die **niedrige anaerobe Kapazität** (niedrige maximale Laktatspiegel) im Kindes- und Jugendalter gegeben. Die Parameter des Fettstoffwechsels gleichen dagegen denen der Erwachsenen.

Praxistipp

Zusammenfassend kann festgestellt werden, dass im Vorschulalter die Schulung der koordinativen Bewegungsabläufe in Form von Gehen, Hüpfen, Springen, Werfen und Balancieren im Vordergrund stehen sollte. Im Grundschulalter sind die motorischen Beanspruchungsformen mit Betonung der Vielseitigkeit und keiner zu frühen Spezialisierung zu berücksichtigen. Im Alter zwischen dem 8.–11. Lebensjahr können schon sportartspezifische Gesichtspunkte mit geeigneten weiteren koordinativen Fertigkeiten und Techniken die körperliche Aktivität bestimmen. Es sollte jedoch auf abwechslungsreiche Bewegungsabläufe, die Spaß und Freude machen, geachtet werden. Trainer und Therapeuten sind gefragt dies umzusetzen, da im präpuberalen und puberalen Alter die Voraussetzungen für eine lebenslange sportliche Betätigung – egal auf welchem Niveau – geschaffen werden (Hollmann u. Hettinger, 2000; Keller, 2002).

10.4 Ausblick

Der enge Zusammenhang zwischen Bewegung und Lernen wird durch die neuere Gehirnforschung bestätigt. Ein Lernen mit dem gesamten Körper und seinen Sinnen beinhaltet eine vielfältige und komplexe Vernetzung der Lerninhalte im Gehirn. Das Wachstum »neuronaler Ensembles« sowie die Vergrößerung »synaptischer Kontaktflächen« stehen dafür. »Über Bewegung erschließt sich ein Lebenszusammenhang, der die Aufspaltung in Wissen und Können, Kopf und Körper, Schulinhalt und Lebenswelt nicht kennt« (Schäffler u. Schmidt, 1997, in Hülsmann u. Schmitz-Post, 2002).

Übergewichtige Kinder unterscheiden sich in physischer wie auch in psychischer Hinsicht von nicht Übergewichtigen, wenn sie ihre Schwächen verbergen müssen.

Die **psychische Prädisposition** äußert sich in Ablehnung und Isolierung von außen, Hemmung und Angst und daraus folgendem Rückzug (Außenseiterstatus), erhöhtem Leidensdruck, geringem Selbstbewusstsein, Berührungsängsten, Passivität in vielen Lebenssituationen und Misserfolgsorientierung (Korsten-Reck u. Bauer, 1994; ► Kap. 27).

Die **physische Prädisposition** beinhaltet einen Mangel an motorischen Fähigkeiten und Fertigkeiten, eine niedrige Leistungsfähigkeit, eine geringe Bereitschaft zur Ausdauerbelastung, Koordinationsschwächen, Schwächen des Bewegungsapparates, eine eingeschränkte Beweglichkeit und häufig Verlust der räumlichen Wahrnehmung und der Körperwahrnehmung.

Sport in der Gruppe scheint für alle Übergewichtigen, zumindest zu Beginn, die einzige Möglichkeit zu sein, aus ihrer Passivität herauszukommen (► Kap. 39). Gegenüber der Gruppe ist das Verhalten des Einzelnen oft zunächst sehr zurückhaltend. Nach einer relativ kurzen Zeit des »Beschnupperns« entwickelt sich die Bereitschaft, sich der Gruppe gegenüber zu öffnen und die eigene Ängstlichkeit zu überwinden. Die Mitglieder einer Gruppe erkennen relativ schnell, dass alle in der Gruppe das selbe Handicap besitzen, da alle übergewichtig sind. Adipöse Kinder und Jugendliche sind sehr stark von der positiven Rückmeldung der Therapeuten und anderer Gruppenmitglieder abhängig. Sie benötigen viel Lob und Ermutigung. Über ein größeres Selbstvertrauen wird die Integration im Schulsport und eine langfristige Einbindung in den Vereinssport ermöglicht, was immer Ziel sein sollte. So führt Bewegung zum Life-time-Sport.

Literatur

Ayres AJ (2002) Bausteine der kindlichen Entwicklung. Springer, Berlin Heidelberg New York Tokio

Erickson EH (1989) Identität und Lebenszyklus. Suhrkamp, Frankfurt a. M.

Fischer K (1996) Entwicklungstheoretische Perspektiven der Motologie des Kindesalters. Karl Hofmann, Schorndorf

Hollmann W, Hettinger T (2000) Sportmedizin. Schattauer, Stuttgart S 491–512

Hülsmann M, Schmitz-Post (2002) Bewegtes Lernen. Prax Psychomoto 27: 116–123

Keller H (2002) Motorische Entwicklung im Kindes- und Jugendalter. In: Hebestreit H, Ferrari R et al. (Hrsg) Kinder- und Jugendsportmedizin. Thieme, Stuttgart, S 1–14

Köckenberger H (1999) Wie kommt Montessori auf das Rollbrett? Prax Psychomoto 27: 100–115

Korsten-Reck U, Bauer S et al. (1994) Sports and nutrition – an out-patient program for adipose children (long-term experience). Int J Sports Med 15: 242–248

Public Health Forum (2002) 10 Heft 37, S 7

Zimmer (1989) Kreative Bewegungsspiele. Psychomotorische Förderung im Kindergarten. Herder, Freiburg

Weiterführende Literatur

Bar-Or O (1996) The child and adolescent athlete. The Enzyclopaedia of Sports Medicine VI. Blackwell Science, Oxford

Blair SN, Clark DG, Cureton KJ, Powell KE (1989) Exercise and fitness in childhood: implications for a lifetime health. In: Grisolfi CV, Lamb DR (eds) Youth, exercise and sports. Benchmark, Carmel, IN, pp 401–430

Kommentar: Diese Arbeiten geben einen guten Überblick zur Leistungsfähigkeit und Belastbarkeit bei Kindern und Jugendlichen und unterstreichen die Bedeutung der Bewegung im Rahmen der Gesunderhaltung

Intrauterine und postnatale Prägung

K. Zwiauer

11.1 Intrauterine Prägung

Aus tierexperimentellen Daten gibt es seit mehreren Jahrzehnten klare Hinweise, dass bereits intrauterin hormonelle und nutritive Faktoren prägende Wirkungen auf die weitere (Gewichts-)Entwicklung ausüben. Basierend auf diesen experimentellen Untersuchungen mehren sich die Hinweise, dass auch beim Menschen intrauterine Ernährungseinflüsse prägende Auswirkungen auf spätere Lebensbereiche ausüben.

11.1.1 Barker-Hypothese

Das intrauterine Wachstum und das Geburtsgewicht werden von zahlreichen Faktoren beeinflusst. Insbesondere der austragenden Mutter kommt – im Gegensatz zur Eispenderin und genetischen Faktoren des Kindes – eine erhebliche Rolle zu (Barker, 1995, 1998, 2001; Barker u. Osmond, 1986).

Die Hypothese des »fetalen Ursprungs« von verschiedenen Erkrankungen des Erwachsenenalters wie koronarer Herzkrankheit, Schlaganfall, Diabetes-mellitus-Typ-2 und Bluthochdruck wurde durch epidemiologische Untersuchungen von D. J. P. Barker zugrunde gelegt. Entgegen der allgemeinen Annahme behauptet er, dass die modernen »Zivilisationserkrankungen«, wie z. B. die koronare Herzkrankheit, die häufigste Todesursache in der westlichen Welt, nicht durch Lebensstilveränderungen der letzten Jahrzehnte bedingt sind. Die Einflüsse dieses Lebensstils, wie z. B. Adipositas, Zigaretten rauchen, erhöhte Fettaufnahme und Stress erklären kaum, warum der steigende Wohlstand in der Dritten Welt regelmäßig von Epidemien der koronaren Herzerkrankung gefolgt ist oder warum die Häufigkeit dieser Erkrankung in der westlichen Welt zunächst steil anstieg, bis sie zur häufigsten Todesursache geworden war, nun aber abfällt.

Die Hypothese des »fetalen Ursprungs« geht davon aus, dass frühkindliche nutritive Faktoren, die zu »Small-for-date-Neugeborenen« führen, die Ursache dafür sind. Viele Säuglinge und Kinder müssen sich an ein limitiertes Nahrungsangebot anpassen, wobei sie ihre Physiologie und ihren Stoffwechsel adaptieren und Organsysteme intrauterin programmieren. Diese Anpassungsmechanismen führen zu einer fetalen Wachstumsverlangsamung und verändern dauerhaft die Struktur und Funktion des Körpers und verschiedener Organsysteme. Das Wachstum des fetalen Kopfumfangs wird in der Regel aufrechterhalten, weil offenbar das Gehirn das am besten »geschützte« Organ ist.

Diese Zusammenhänge gelten nach Barker unabhängig von postnatalen Risikofaktoren, wie z. B. niedriger sozioökonomischer Status oder Rauchen. Die Folgen der intrauterinen »Fehlprogrammierung« werden durch eine kompensatorisch bedingte übermäßige postnatale Gewichtszunahme aggraviert (»catch-up growth«) solcher Small-for-date-Neugeborenen (Eriksson et al., 1999).

Folgen der Anpassungsvorgänge sind koronare Herzkrankheit, Bluthochdruck, Diabetes-Typ-2 und Schlaganfall. Die frühen Anpassungsvorgänge haben somit permanente Effekte auf die Struktur und Funktion des Körpers, ein Vorgang, der auch mit dem Begriff »Programmierung« beschrieben wird. Sie erlauben es dem Fetus, zu überleben und weiter zu wachsen, allerdings um den hohen Preis erhöhter Morbidität und Mortalität im Erwachsenenalter. In seinen epidemiologischen Studien – die durch zahlreiche Untersuchungen in unterschiedlichen ethnischen Gruppen und Ländern bestätigt werden konnten – werden direkte Zusammenhänge zwischen dem Geburtsgewicht und dem Auftreten von koronaren Herzerkrankungen, Diabetes mellitus, Bluthochdruck, aber auch anderen Risikofaktoren, wie Cholesterin oder Fibrinogen gefunden (Barker, 1995, 1998, 2001; Barker u. Osmond, 1986).

Gravierende Auswirkung von intrauteriner Mangelernährung und permanenter »Programmierung« des Fetus zeigten sich auch als Folge des holländischen Hungerwinters im 2. Weltkrieg: Untersuchungen an Personen, die von dieser Hungerzeit in utero betroffen waren, wiesen im Alter von 50 Jahren eine schlechtere Glukosetoleranz auf als Personen, die vor dem Hungerwinter geboren wurden oder Personen, die nach der Hungerperiode empfangen wurden (Ravelli et al., 1998). Wenngleich der Effekt auf das Geburtsgewicht minimal war, leiden diese Personen offensichtlich als Folge der intrauterinen Mangelernährung im Erwachsenenalter an einer erhöhten Insulinresistenz. Untersuchungen an Söhnen solcher holländischer Mütter, die während der 6 Monate anhaltenden Hungerepidemie im Jahre 1944/1945 schwanger waren, ergaben, dass Übergewicht im Alter von 18 Jahren (Rekruten) häufiger auftrat, wenn die reduzierte Energiezufuhr im 1. Trimenon erfolgte. Übergewicht war hingegen seltener bei den Söhnen im Alter von 18 Jahren zu beobachten, die im 3. Trimenon der Hungerepidemie ausgesetzt waren (Ravelli, Stein u. Susser, 1976). Im Alter von 50 Jahren war hingegen lediglich der BMI von Frauen, nicht aber von Männern erhöht, die im 1. Trimenon der Hungersnot ausgesetzt gewesen waren (Ravelli et al., 1999).

Fetale und neonatale Hyperinsulinämie/Hyperleptinämie aber auch unmittelbar postnatale nutritive Einflüsse dürften zu perinatal und postnatal erworbener, persistierender Fehlorganisation und/oder Fehlfunktion hypothalamischer Regelzentren des Körpergewichts, der Nahrungsaufnahme und des Stoffwechsels führen, wie neueste Untersuchungen von Plagemann zeigen (Plagemann et al., 2002). Persistierende (lebenslange) hypothalamische Leptin- und/oder Insulinresistenz, erhöhte Basalexpression orexigener Neuropeptide und infolge dessen permanent erhöhte Adipositas- und Diabetesdisposition scheinen Folgen dieser intrauterinen und postnatalen Anpassungsvorgänge zu sein.

Trotz dieser Daten ist die **Barker-Hypothese** nicht unumstritten, weil möglicherweise konfundierende Variablen wie z. B. Rauchen der Mutter, Plazenta-Insuffizienz, Körperzusammensetzung (Fettmasse – fettfreie Masse) sozioökonomische und genetische Faktoren nicht adäquat berücksichtigt wurden bzw. werden können. Die Häufung von kardiovaskulären Erkrankungen im Er-

wachsenenalter bei ehemals Small-for-date-Kindern könnte zudem auch damit erklärt werden, dass deren Mütter selbst ein erhöhtes Risiko für diese Erkrankungen aufweisen, wodurch das Auftreten einer Plazenta-Insuffizienz begünstigt würde. Letztlich könnten die gleichen Genvarianten sowohl zu niedrigem Geburtsgewicht als auch zur Prädisposition zur Entwicklung einer spezifischen Erkrankung im Erwachsenenalter beitragen (Poulter, 2001).

Als leicht zu messender Parameter für intrauterine Ernährungseinflüsse auf den Feten kann das Geburtsgewicht herangezogen werden. Zahlreiche Studien haben den Einfluss des Geburtsgewichts auf das Körpergewicht im Erwachsenenalter untersucht. Trotz unterschiedlicher Definitionen des Übergewichts im Erwachsenenalter, verschiedener Endpunkte und statistischer Analysen konnte in der überwiegenden Mehrzahl der Untersuchungen ein positiver Zusammenhang zwischen Geburtsgewicht und Gewicht im Erwachsenenalter gefunden werden (Whitaker u. Dietz, 1998; ▸ Kap. 2).

> **Praxistipp**
>
> Wenngleich alle diese Studien methodische Probleme aufweisen, so lassen diese Untersuchungen in Zusammenschau und insbesondere die Ergebnisse der »Nurses Health Study« vermuten, dass vorgeburtliche (nutritive) Einflüsse wesentliche, vom mütterlichen Gewicht unabhängige und langdauernde Auswirkungen auf das Körpergewicht ausüben (Curhan et al., 1996).

Einflüsse des mütterlichen Gewichts auf das Geburtsgewicht sind unbestritten: Mütterliches Übergewicht ist assoziiert mit erhöhtem Geburtsgewicht und die Hautfettfaltendicke von Neugeborenen übergewichtiger Mütter ist stärker als von normalgewichtigen (Edwards et al., 1978; Whitelaw, 1976). Mütterliches Übergewicht beeinflusst das Körpergewicht der Kinder möglicherweise in einer Kombination zwischen Weitergabe genetischer Einflüsse und prä- und postnatalen Umgebungsfaktoren: Metabolische Substrateinflüsse intrauterin, die sich pränatal auf das Geburtsgewicht auswirken und postnatale Weitergabe von Essverhalten (▶ Kap. 8) und Aktivitätsmustern (▶ Kap. 10), die sich in den weiteren Jahren auf die Gewichtsentwicklung auswirken.

11.2   Postnatale Einflüsse

11.2.1   Stillen

Ob die Ernährung im 1. Lebensjahr, insbesondere ob Stillen eine Schutzwirkung vor der Entwicklung von Übergewicht hat, ist in den letzten Jahrzehnten kontrovers diskutiert worden (▶ Kap. 2 und 8). Eine Reihe von neueren Untersuchungen der letzten Jahre haben den Zusammenhang zwischen Stillen und weiterer Gewichtsentwicklung und Adipositas zu klären versucht. Neuere Studien lassen allerdings vermuten, dass Stillen einen (mäßig) protektiven Effekt gegenüber Adipositas im Kindesalter aufweist (◘ Abb. 11.1).

Insgesamt sind bis dato 12 Studien publiziert worden, die sich mit dieser Thematik befasst haben: Alle Untersuchungen haben die Prävalenz von kindlicher Adipositas im Alter von mehr als 3 Jahren untersucht, wobei sehr unterschiedliche Probandenzahlen (von knapp über 100 bis zu über 177000) inkludiert waren. 9 der 12 Untersuchungen konnten – auch unter Berücksichtigung zahlreicher Kofaktoren – einen schützenden Effekt des Stillens gegenüber Übergewicht und Adipositas im Kindesalter feststellen. Bei allen 3 Untersuchungen, die keinen Effekt beschreiben, wurde nicht erhoben, ob ausschließlich gestillt wurde oder nicht. Nicht bei allen 9 Untersuchungen, die einen negativen Zusammenhang zwischen dem Stillen und Adipositas finden konnten, war eine »Dosis-Wirkungs-Beziehung« zu erheben: Bei 4 Untersuchungen fand sich eine solche, bei einer nur ein Trend, aber kein signifikanter Zusammenhang. Fast alle Untersuchungen haben zahlreiche Kofaktoren in die Berechnungen miteinbezogen und für mögliche Einflussfaktoren korrigiert, z. B.: Gestationsalter, Fütterungsprobleme, Schlafprobleme, Geschlecht, Rasse, Einführung der Beikost, BMI, Rauchen, Bildung und Alter der Mutter/Eltern, Fettzufuhr u. a. m. Dennoch blieb der Einfluss des Stillens auf das Risiko zur Entwicklung von Übergewicht oder Adipositas bestehen, sodass Stillen tatsächlich einen präventiven Einfluss haben dürfte.

◘ Tabelle 11.1 zeigt die wesentlichen Daten der angeführten Untersuchungen.

Schlüssige und ausreichend belegte Erklärungen für den protektiven Effekt des Stillens gibt es derzeit keine. Als mögliche Mechanismen für den präventiven Einfluss werden u. a. ein besseres Regulationsvermögen der Energiezufuhr bei gestill-

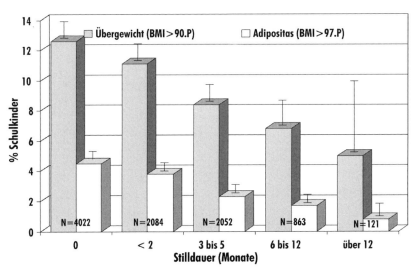

◘ **Abb. 11.1.** Zusammenhang zwischen der Dauer des Stillens und der Häufigkeit von Übergewicht und Adipositas

□ Tabelle 11.1. Untersuchungen zum Zusammenhang von Stillen und weiterer Gewichtsentwicklung

Autor, Jahr, Ort	Probanden (n) Alter	Ernährung- Gruppen	Gewicht Outcome	Ergebnisse
Kramer (1981), Kanada	427 12–18 Jahre	Jemals gestillt vs. jemals Milch- nahrung	>120% Rel.	Risk ratio 0,31 [a, b]
		Dauer des aus- schließlichen Stillens	Gewicht/Größe	
O'Callaghan (1997), Australien	3909 5 Jahre	Dauer des Stillens	BMI 85.–94. P	n.s.
			BMI ≥95. P	
von Kries (1999), Deutschland	9357 5–6 Jahre	Jemals gestillt vs. Milchnahrung	BMI >90. P	adj. OR 0,79 [a]
		Dauer des Stillens	BMI >97. P	adj. OR 0,75 [a]
Tulldahl (1999), Schweden	781 17–18 Jahre	ausschließlich Stillen vs. <2 Monate	BMI >85. P	Risk ratio 0,70 [a]
Wadsworth (1999), Großbritannien	3731 6 Jahre	Jemals gestillt vs. Milchnahrung	BMI >90. P	Risk ratio 0,95
		Dauer des Stillens	BMI >97. P	Risk ratio 0,88
Gillman (2001), USA	15.341 9–14 Jahre	Vorwiegend Stillen vs. vorwiegend Milchnahrung bis zum 6. Lebens- monat	BMI >95. P	adj. OR 0,78 [a, b]
Hediger (2001), USA	2685	Jemals gestillt vs. jemals Milch- nahrung	BMI >85.–94. P	adj. OR 0,63 [a]
		Dauer des Stillens	BMI ≥95. P	adj. OR 0,84 [b]
Poulton (2001), Neuseeland	1037 3–26 Jahre	Stillen >6 Monate vs. ausschließlich Milchnahrung	BMI >25 kg/m^2	adj. OR 0,25–1,01 [a, b]
Armstrong (2002), Schottland	32 200 3–4 Jahre	Ausschließlich gestillt vs. Milch- nahrung mit 6–8 Wochen	BMI >95. P	adj. OR 0,72 [a]
			BMI >98. P	adj. OR 0,70 [a]
Liese (2002), Deutschland	2008 6–14 Jahre	Jemals gestillt vs. Milchnahrung	BMI >90. P	adj. OR 0,66 [a]
		exklusives Stillen, Dauer des Stillens	BMI >97. P	
Toschke (2002), Tschechien	33 768 6–14 Jahre	Jemals gestillt vs. Milchnahrung Dauer des Stillens	BMI >90. P	adj. OR 0,80 [a, b]
Grummer-Strawn (2004), USA	177 304 4 Jahre	Stillen vs. nicht Stillen	BMI >95. P	adj. OR 0,70 [a, b]
		Dauer des Stillens 6–12, >12 Monate		adj. OR 0,49 [a, b]

[a] p <0,05, [b] adjustiert für mütterliches Gewicht (BMI), **adj.OR** odds ratio, **P** Perzentil.

11

ten Kindern oder eine metabolische Programmierung durch diverse Faktoren, die in der Muttermilch enthalten sind, z.B. Leptin, angenommen. Letztendlich sind – trotz aller vorliegenden Untersuchungen – mit beeinflussende und in den Studien nicht berücksichtigte Kovariablen des familiären Umfeldes noch nicht völlig ausgeschlossen. Untersuchungen von Dewey u. Lonnerdal weisen darauf hin, dass Säuglinge, wenn sie gestillt werden, die Nahrungsaufnahme besser regulieren und ihren Bedürfnissen anpassen, als wenn sie mit der Flasche gefüttert werden (Dewey u. Lonnerdal, 1986). Bei 14 von 18 voll gestillten Säuglingen, die während des 2-wöchigen Versuchszeitraums abgepumpte Muttermilch per Flasche bekommen haben, stieg in den ersten Tagen die Trinkmenge um mehr als 73 g/Tag, um nach einigen Tagen wieder annähernd auf die Ausgangsmenge während der Stillzeit zurückzukehren. Gestillte Säuglinge regulieren zudem mit ihren Trinkmengen die Milchproduktion der Mutter. Bei milchformulaernährten Säuglingen könnte das Sättigungsverhalten durch die leichte Verfügbarkeit von Nahrung in der Milchflasche wesentlich leichter übergangen werden. Die Zusammensetzung der Milchnahrungen ist zudem energie- und nähstoffreicher verglichen mit der der Muttermilch und kann die Entwicklung einer physiologischen Nahrungskontrolle erschweren. Die bei gestillten Säuglingen besser ausgeprägten Kontrollmechanismen, die durch interne Sättigungssignale geprägt sind, könnten eine gewisse Schutzwirkung vor Übergewicht darstellen (Birch u. Fisher, 1998).

Die Zusammensetzung der Muttermilch mit Unterschieden insbesondere in der Fettkomponente und mit einer Vielzahl an Hormonen und bioaktiven Faktoren, die sie enthält, könnten Gründe für ein vermindertes Risiko von Übergewicht bei gestillten Säuglingen sein. Diese Inhaltsstoffe, z.B. epidermaler Wachstumsfaktor und TNFα, können die Anlage von Fettgewebe hemmen und es wäre denkbar, dass dadurch der präventive Effekt bedingt ist. Bei Säuglingen, die mit Milchnahrungen gefüttert werden, können außerdem deutlich höhere Insulin-Konzentrationen im Plasma gefunden werden als bei gestillten Kindern. Hohe Insulin-Spiegel dürften bei der frühen Entwicklung von Adipozy-

ten einen stimulierenden Effekt haben und damit möglicherweise die Entwicklung von Adipositas fördern (▶ Kap. 7).

Ein anderer Inhaltsstoff der Muttermilch, der für den präventiven Effekt verantwortlich sein könnte, ist Leptin. Savino et al. untersuchten den Zusammenhang zwischen Muttermilch und Leptin (Savino et al., 2002). Leptin ist ein komplexes Protein, das in der Muttermilch enthalten ist und das ein Schlüsselenzym der Sättigung ist. Es zeigt zudem an, dass körpereigene Energiereserven ausreichend gefüllt sind. Savino konnte zeigen, dass die Leptin-Konzentrationen im Serum von gestillten Säuglingen deutlich höher sind, als bei Formula-Nahrung ernährten Säuglingen. Dies könnte ein Grund dafür sein, dass die Gewichtsentwicklung von gestillten vs. mit Milchnahrung gefütterten Säuglingen unterschiedlich ist. Singhal et al. konnten zudem in einer rezenten Untersuchung zeigen, dass bei 13- bis 16-Jährigen ehemals Frühgeborenen, in Abhängigkeit von der Ernährung in den ersten Lebensmonaten die Leptin-Konzentrationen signifikant unterschiedlich waren und frühkindliche Ernährungseinflüsse auf den Leptin-Spiegel prägend sein können und indirekt damit die Entwicklung von Adipositas begünstigen oder hemmen können (Singhal et al., 2002).

Trotz all der vorliegenden Studienergebnisse darf aber nicht vergessen werden: Epidemiologische Studien, auch wenn sie plausible metabolische und pathophysiologische Hintergründe haben, können keinen kausalen Zusammenhang beweisen, sie können lediglich die Hypothesengeneration vorantreiben. Diese Hypothesen müssen aber in prospektiven klinischen Untersuchungen verifiziert werden, um eine Kausalität zu beweisen.

Insgesamt dürfte, verglichen mit anderen Risiko- und Einflussfaktoren, wie z.B. Gewicht der Eltern, der familiären Ernährungsgewohnheiten und körperlicher Inaktivität die Rolle des Stillen wahrscheinlich eher als gering anzusehen sein. Dennoch stellt dieser Aspekt einen weiteren Grund dar, Stillen bei allen Säuglingen zu fördern.

Praxistipp

Vorgeburtliche und postnatale (nutritive) Einflüsse beeinflussen das Geburtsgewicht und die weitere Gewichtsentwicklung. Das mütterliche Übergewicht dürfte das Körpergewicht der Kinder einerseits durch genetische Einflüsse, aber andererseits auch durch prä- und postnatale nutritive, metabolische und hormonelle Faktoren modifizieren. (Langes) Stillen scheint einen gewissen protektiven Effekt auf die Entwicklung von Adipositas im Kindes- und Jugendalter zu haben.

11.2.2   Früher »adiposity rebound«

Der »adiposity rebound« stellt eine vulnerable Phase in der Gewichtsentwicklung dar.

❗ Unter »adiposity rebound« versteht man den Zeitpunkt, ab dem es nach der Phase des Absinkens des Körperfettgewebes und des BMI im Kleinkindesalter wieder zu einer Zunahme des BMI kommt (▶ Kap. 1 und 7).

Normalerweise steigt der BMI wieder etwa ab dem 6. Lebensjahr an. Kinder, die diesen Rebound früher (beispielsweise mit 3 Jahren) erleben, weisen ein erhöhtes Risiko für die Entwicklung einer persistierenden Adipositas auf. Umgekehrt neigen die Kinder, die erst spät den »Rebound« aufweisen, zu Untergewicht im Jugendalter.

11.2.3   Adoleszenz

Eine weitere »vulnerable« Phase in der Gewichtsentwicklung ist die Adoleszenz. Bei Jungen ist die BMI-Zunahme in diesem Lebensabschnitt primär durch einen Anstieg der Muskelmasse bedingt, der Anteil der Fettmasse am Gesamtkörpergewicht bleibt mit ca. 15–18% konstant. Bei Mädchen kommt es hingegen zu einer deutlichen Zunahme der Fettmasse, deren Anteil am Gesamtkörpergewicht von ca. 17 auf 24% ansteigt. Zudem verändert sich durch den Einfluss von Östro-

gen das Fettverteilungsmuster. Eine besonders hohe Zunahme des Körpergewichts in diesem Zeitraum scheint bei beiden Geschlechtern ein Risiko für Übergewicht und Adipositas im Erwachsenenalter darzustellen. Das Körpergewicht in der Adoleszenz hat zudem bereits einen sehr hohen prädiktiven Wert für das Körpergewicht im Erwachsenenalter.

Beratungstipps

Nebst diesen dynamischen Aspekten der individuellen Körpergewichtsentwicklung trägt das Gewicht der Eltern eine erhebliche Information. Ist z. B. mindestens ein Elternteil eines übergewichtigen Kindes im Alter von 1–2 Jahren selbst adipös, so beträgt das Risiko dieses Kindes, auch noch im Erwachsenenalter adipös zu sein, ca. 40%. Ist hingegen kein Elternteil adipös, so liegt das Risiko dieses Kindes unter 10% (◨ Abb. 11.2). Es wird somit deutlich, dass das elterliche Gewicht einen ganz erheblichen Einfluss auf die Vorhersagekraft eines kindlichen BMIs für das Gewicht im Erwachsenenalter hat. Praktisch bedeutet dies, dass therapeutische Maßnahmen zur Gewichtsreduktion bzw. zum Gewichthalten insbesondere bei solchen Kindern unter 10 Jahren indiziert sind, die mindestens ein übergewichtiges Elternteil haben. Umgekehrt kann mit einiger Wahrscheinlichkeit davon ausgegangen werden, dass das Übergewicht eines Kindes im weiteren Verlauf nicht persistiert, wenn Adipositas bei den Eltern nicht vorkommt. Die Erhebung der Gewichtsanamnese bei solch normalgewichtigen Eltern ergibt dann nicht selten, dass ein Elternteil als Kind ebenfalls übergewichtig war.

11.2.4   Fettzufuhr

Experimentelle Untersuchungen und epidemiologische Daten haben die Bedeutung der Energiezufuhr in Form von Fett für die Entwicklung von Übergewicht und Adipositas aufgezeigt (Poppitt u. Prentice, 1996; Boozer et al., 1995;

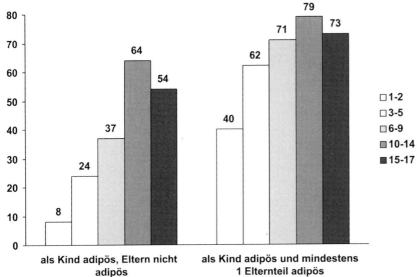

Abb. 11.2. Wahrscheinlichkeit des Fortbestehens einer frühmanifesten Adipositas im Erwachsenenalter in Abhängigkeit vom Alter des Kindes (in Jahren) und dem Vorliegen einer Adipositas bei mindestens einem Elternteil. (Nach Whitaker et al., 1997)

▶ Kap. 6). Da Fett eine höhere Energiedichte als Kohlenhydrate und Protein aufweist, ist eine fettreiche Ernährung bei gleichem Volumen, das eine wichtige Rolle für das Sättigungsgefühl hat – energiedichter bzw. Mahlzeiten mit gleichem Energiegehalt deutlich kleiner (▶ Kap. 14). Fettreiche Lebensmittel und Mahlzeiten sind zudem besonders bekömmlich und schmackhaft und Sättigungssignale können durch besonders guten Geschmack leicht überspielt werden. Zudem gibt es Hinweise darauf, dass Fett weniger sättigend ist als Kohlenhydrate und nach einer fettreichen Mahlzeit die höhere Energiezufuhr nicht berücksichtigt wird, somit mehr Energie zugeführt wird (Rolls et al., 1994).

Fett kann sehr leicht in Fettdepots gespeichert werden und die Fettoxidation ist bei übermäßiger Fettzufuhr – im Gegensatz zur Oxidation von Kohlenhydraten und Proteinen – nur sehr begrenzt steigerbar. Die Folge davon ist, dass Fett eingelagert wird. Die Kontrolle der Fettzufuhr ist daher eine kritische Größe in der Regulation der Energiezufuhr und des Körpergewichts (Poppitt u. Prentice, 1996; Prentice, 1996).

Eine hohe Fettzufuhr hat aber darüber hinaus nicht nur Konsequenzen hinsichtlich der Energiezufuhr, sondern auch noch Auswirkungen auf die Zusammenstellung der Nährstoffzufuhr, auf die Aufnahme von Ballaststoffen und v. a. auf die Aufnahme von Kohlenhydraten. Eine hohe Fettzufuhr ist negativ korreliert mit der Aufnahme von Kohlenhydraten und umgekehrt, eine Ernährung, die reich an Obst und Gemüse ist, ist fettarm. Wie nachteilig und zu Übergewicht und Adipositas führend diese Verbindung bei den gegebenen Nahrungspräferenzen von Kindern ist, braucht nicht betont zu werden. Aus vielen Nahrungspräferenz-Untersuchungen wissen wir, dass gerade Kinder und Jugendliche das essen, was ihnen schmeckt und das sind süße, fettreiche Nahrungsmittel (Drewsnowski, 1989). In Verbindung mit der permanenten Verfügbarkeit dieser Nahrungsmittel und der zunehmenden Inaktivität ist damit die Wahrscheinlichkeit der Entstehung von Übergewicht extrem hoch.

> **Praxistipp**
>
> Wenngleich der Fettbedarf im Säuglings- und Kleinkindesalter deutlich über dem von größeren Kindern liegt, so ist dennoch zu beachten, dass mit einem hohen Fettverzehr ein hoher Geschmacksfaktor bei geringem Sättigungswert verbunden ist.

Wenngleich definitive kausale Zusammenhänge hinsichtlich der Auswirkungen frühkindlicher Ernährungseinflüsse bislang weitgehend fehlen, so zeichnet sich dennoch ab, dass nicht nur fetale nutritive Ereignisse, sondern auch noch die postpartale Zeit von prägender Bedeutung sein kann (► Kap. 8). Inwieweit aber der epidemiehaften Ausbreitung von Übergewicht und Adipositas begegnet werden kann, muss sehr in Frage gestellt werden. Das Wissen um neurophysiologische Zusammenhänge, geprägte Nahrungspräferenzen oder metabolische Einflussfaktoren ist aber Grundvoraussetzung für kausaltherapeutische, rationale Maßnahmen und sinnvolle Ernährungsempfehlungen zur Eindämmung des Problems der Adipositas.

11.2.5 Eiweißzufuhr im Säuglingsalter

Eine Hypothese von Rolland-Cachera vermutet einen Zusammenhang zwischen einer hohen Eiweißzufuhr in frühen Lebenszeiten und dem Risiko für Übergewicht im späteren Leben (Rolland-Cachera et al., 1995; ► Kap. 6): In einer Gruppe von 112 Kindern, die vom 8. Monat bis zum 8. Lebensjahr longitudinal verfolgt wurden, war ein direkter Zusammenhang zwischen der Eiweißzufuhr und dem Risiko für eine frühzeitige Zunahme des Übergewichts zu finden. Kinder mit einem »early adiposity rebound« – d.h. bei Kindern, bei denen der BMI nach der Phase des Absinkens im Alter von 3–4 Jahren wieder frühzeitig eine Zunahme des BMI zeigte (vor dem 4. Lebensjahr) – hatten eine durchschnittliche Zufuhr von Eiweiß 16,6% verglichen mit einer Zufuhr von 14,9% bei den Kindern, die einen späten »early adiposity rebound« hatten. Zudem zeigte die Eiweißzufuhr eine direkte positive Korrelation mit dem BMI und der subskapulären Hautfettfaltendicke im Alter von 8 Jahren.

Eine hohe Eiweißzufuhr soll – entsprechend dieser Hypothese – zu einer Stimulation der IGF-1-Sekretion führen und Zellteilung und -reifung beschleunigen. Die erhöhten IGF-1-Konzentrationen beschleunigen somit Körperwachstum, Zunahme von Muskelmasse und auch Fettmasse (► Kap. 7). Ein frühes Ansteigen des BMI in der

Kindheit (»early adiposity rebound«) und eine höheres Adipositas-Risiko sollen die unmittelbaren Konsequenzen sein.

In einer Untersuchung von Dorosty et al. (2000) an über 900 dänischen Kindern konnte allerdings kein Zusammenhang zwischen der Eiweißzufuhr und der frühzeitigen Entwicklung von Adipositas im Kindesalter gefunden werden. Die durchschnittliche prozentuale Eiweißzufuhr im Alter von 18 Monaten war kein Prädiktor für die spätere Entwicklung eines frühen oder späten »adiposity rebounds«. Allerdings war die Eiweißzufuhr in dieser Studie nicht so hoch wie in der von Rolland-Cachera.

In einer weiteren Untersuchung von Svahn et al. (1999) konnte kein Zusammenhang zwischen Eiweißzufuhr im Alter von 9 Monaten und Adipositas (BMI und Körperfett) im Alter von 10 Jahren gefunden werden.

Die Hypothese von Rolland-Cachera wird durch eine kürzlich publizierte Untersuchung von Scaglioni et al. (2000) gestützt. Bei fast 150 Kindern, die bis zum 5. Lebensjahr beobachtet wurden, konnte wieder ein Zusammenhang zwischen der Eiweißzufuhr im Alter im 1. Lebensjahr und dem BMI im Alter von 5 Jahren gefunden werden: Kinder mit einem BMI über der 90. Perzentile im Alter von 5 Jahren hatten eine signifikant höhere Eiweißzufuhr mit 1 Jahr als solche mit einem niedrigen BMI. In der gesamten untersuchten Population war die Eiweißzufuhr sehr hoch (22 Energie% in der adipösen Gruppe und 20 Energie% in der nicht übergewichtigen Gruppe). Zudem fanden sich insgesamt sehr viele adipöse Kinder in der Untersuchung.

Ob tatsächlich ein Zusammenhang zwischen der Eiweißzufuhr in den ersten Lebensjahren und einem höheren Risiko für Adipositas besteht oder nicht, werden erst weitere zukünftige Untersuchungen klären können.

Der Zusammenhang zwischen hoher Eiweißzufuhr und einem erhöhten Risiko für
die Entwicklung von Adipositas ist nicht
gesichert und wird kontrovers diskutiert.
Dennoch sollte auch aus anderen Gründen
die Eiweißzufuhr im Bereich der altersentsprechenden Norm gehalten werden.

Literatur

Armstrong J, Reilly JJ, Child Health Information Team (2002)
Breastfeeding and lowering the risk of childhood obesity.
Lancet 359 (9322): 2003–2004

Barker DJP (1995) Fetal origins of coronary heart disease. BMJ
311: 171–174

Barker DJP (1998) Mothers, babies and health in later life, 2nd
edn. Churchill Livingstone, Edinburgh

Barker DJP (2001) Fetal and infant origins of adult disease. Monatsschr Kinderheilkd (Suppl 1) 149: 2–6

Barker DJP, Osmond C (1986) Infant mortality, childhood nutrition and ischaemic heart disease in England and Wales.
Lancet 1: 1077–1081

Birch LL, Fisher JO (1998) Development of eating behaviours
among children and adolescents. Pediatrics 101:539–549

Boozer CN, Schoenbach G, Atkinson RL (1995) Dietary fat and
adiposity: a dose-response relationship in adult male rats
fed isocalorically. Am J Physiol 268: E546–550

Curhan GC, Chertow GM, Willett WC, Spiegelman D, Colditz
GA, Manson JE, Speizer FE, Stampfer MJ (1996) Birth
weight and adult hypertension and obesity in women.
Circulation 94: 1310–1315

Dewey KG, Lonnerdal B (1986) Infant self-regulation of breast
milk intake. Acta Paediatr Scand 75: 893–898

Dorosty AR, Emmett PM, Cowin S, Reilly JJ (2000) Factors associated with early adiposity rebound. ALSPAC Study
Team. Pediatrics 105: 1115–1118

Drewsnowski A (1989) Sensory preferences for fat and sugar in
adolescence and adult life. Ann NY Acad Sci 561: 243–250

Edwards LE, Dickes WF, Alton IR, Kakanson EY (1978) Pregnancy in the massively obese: course, outcome, and obesity
prognosis of the infant. Am J Obstet Gynecol 131:
479–483

Eriksson JG, Forsen R, Tuomilehto J, Winter PD, Osmond C, Barker DJP (1999) Catch-up growth in childhood and death
from coronary heart disease: a longitudinal study. BMJ
318: 7–11

Gillman MW, Rifas-Shiman SL, Camargo CA Jr, Berkey CS, Fra-
zier AL, Rockett HR, Field AE, Colditz GA (2001) Risk of
overweight among adolescents who were breastfed as infants. JAMA 285: 2461–2467

Grummer-Strawn LM, Mei Z, Centers for Disease Control and
Prevention Pediatric Nutrition Surveillance System (2004)
Does breastfeeding protect against pediatric overweight?
Analysis of longitudinal data from the Centers for Disease
Control and Prevention Pediatric Nutrition Surveillance
System. Pediatrics 113(2): E81–86

Hediger ML, Overpeck MD, Ruan WJ, Troendle JF (2001) Early
infant feeding and growth status of US-born infants and
children aged 4–71 mo: analyses from the third National
Health and Nutrition Examination Survey, 1988–1994. Am
J Clin Nutr 72: 159–167

Kramer MS (1981) Do breast-feeding and delayed introduction
of solid foods protect against subsequent obesity? J Pediatr 98: 883–887

Kries R von, Koletzko B, Sauerwald T, Mutius E von, Barnert D,
Grunert V, Voss H von (1999) Breast feeding and obesity:
cross sectional study. BMJ 319: 147–150

Liese AD, Hirsch T, von Mutius E, Keil U, Leupold W, Weiland SK
(2002) Inverse association of overweight and breast feeding in 9 to 10-y-old children in Germany. Int J Obes Relat
Metab Disord 25: 1644–1650

O'Callaghan MJ, Williams GM, Andersen MJ, Bor W, Najman JM
(1997) Prediction of obesity in children at 5 years: a cohort
study. J Paediatr Child Health 33: 311–316

Plagemann A, Harder T, Franke K, Kohlhoff R (2002) Long-term
impact of neonatal breast feeding on body weight and
glucose tolerance in children of diabetic mothers. Diabetes Care 25: 16–22

Poppitt SD, Prentice AM (1996) Energy density and its role in
the control of food intake: evidence from metabolic and
community studies. Appetite 26: 153–174

Poulter NR (2001) Birthweights, maternal cardiovascular
events, and Barker hypothesis. Lancet 357: 1990–1991

Poulton R, Williams S (2001) Breastfeeding and risk of overweight. JAMA 286: 1449–1450

Prentice AM (1996) Food and nutrient intake and obesity. In:
Angel A, Anderson H, Bouchard C, Laud D, Lestger I, Men-
delson R (eds) Progress in Obesity Research. Vol 7. John
Libbey, London, UK, pp 451–457

Ravelli GP, Stein ZA, Susser MW (1976) Obesity in young men
after famine exposure in utero and early infancy. N Engl J
Med 295: 349–353

Ravelli ACJ, van der Meulen JHP, Michels RPJ, Osmond C, Barker
DJP, Hales CN, Bleker OP (1998) Glucose tolerance in
adults after prenatal exposure to famine. Lancet 351:
173–177

Ravelli ACJ, van der Meulen JHP, Osmond C, Barker DJP, Bleker
OP (1999) Obesity at the age of 50 y in men and women
exposed to famine prenatally. Am J Clin Nutr 70: 811–816

Rolland-Cachera MF, Deheeger M, Akrout M, Bellise F (1995)
Influence of macronutrients on adiposity development:
a follow up study of nutrition and growth from 10 months
to 8 years of age. Int J Obes 19: 573–578

Rolls BJ, Kim-Harris S, Fischman MW, Foltin RW, Moran TH, Sto-
ner SA (1994) Satiety after preloads with different
amounts of fat and carbohydrate: implications for obesity.
Am J Clin Nutr 60: 476–487

Savino F, Costamagna M, Prino A, Oggero R, Silvestro L (2002)
Leptin levels in breastfed and formula-fed infants. Acta
Paediatr 91: 897–902

Scaglioni S, Agostoni C, Notaris RD, Radaelli G, Radice N, Valenti M, Giovannini M, Riva E (2000) Early macronutrient intake and overweight at five years of age. Int J Obes Relat Metab Disord 24: 777–2781

Singhal A, Farooqi IS, O'Rahilly S, Cole TJ, Fewtrell M, Lucas A (2002) Early nutrition and leptin concentrations in later life. Am J Clin Nutr 75: 993–999

Svahn JC, Axelsson IE, Raiha NC (1999) Macronutrient and energy intakes in young children fed milk products containing different quantities and qualities of fat and protein. J Pediatr Gastroenterol Nutr 29: 273–281

Toschke AM, Vignerova J, Lhotska L, Osancova K, Koletzko B, von Kries R (2002) Overweight and obesity in 6- to 14-year-old Czech children in 1991: protective effect of breast-feeding. J Pediatr 141: 764–769

Tulldahl J, Pettersson K, Andersson SW, Hulthen L (1999) Mode of infant feeding and achieved growth in adolescence: early feeding patterns in relation to growth and body composition in adolescence. Obes Res 7: 431–437

Wadsworth M, Marshall S, Hardy R, Paul A (1999) Breast feeding and obesity. Relation may be accounted for by social factors. BMJ 319 :1576

Whitaker RC, Dietz WH (1998) Role of the prenatal environment in the development of obesity. J Pediatr 132: 768–776

Whitaker RC, Wright JA, Pepe MS, Seidel KD, Dietz WH (1997) Predicting obesity in young adulthood from childhood and parental obesity. N Engl J Med 337: 869–873

Whitelaw AGL (1976) Influence of maternal obesity on subcutaneous fat in the newborn. BMJ 24: 985–986

Weiterführende Literatur

Fleischer-Michaelsen K, Hoppe C, Molgaard C (2003) Effect of early protein intake on linear growth velocity and development of adiposity. Monatsschr Kinderheilkd 151: 558–564

Kommentar: Review über die Auswirkungen der Eiweißzufuhr in der frühkindlichen Ernährung auf Wachstum und die Entwicklung von Adipositas. Gute Übersicht über die Zusammenhänge Ernährung und metabolische Effekte auf das Wachstum im Säuglings- und Kleinkindesalter.

Oberle D, Toschke AM, von Kries R, Koletzko B (2003) Metabolische Prägung durch frühkindliche Ernährung: Schützt Stillen gegen Adipositas? Monatsschr Kinderheilkd 151: 558–564

Kommentar: Zusammenfassende Übersichtsarbeit über das Thema »Adipositas und Stillen« mit neuester Literatur und umfassender Darstellung des derzeitigen Forschungsstandes.

11

IV

Physiologische Regelsysteme

Physiologische Regelsysteme spielen sowohl bei der Entstehung als auch für die Folgen der Adipositas eine wichtige Rolle. Nach der Entdeckung des Leptins im Jahr 1994 wurde weltweit intensiv die Regulation des Körpergewichts erforscht. Dabei wurden alte Hypothesen über regulierende Faktoren, z. B. die Lipostat-Hypothese, die bereits Jahrzehnte zuvor durch Ergebnisse von Tierexperimenten aufgestellt wurde, wieder aufgegriffen. In der Zwischenzeit sind eine Fülle von regulierenden peripheren und zentralen Faktoren identifiziert worden, die in einem komplexen Netzwerk zur Körpergewichtsregulation beitragen.

Physiologie
der Körpergewichtsregulation

O. Fricke, M. Wabitsch, E. Schönau

12.1 Zusammenhang zwischen Evolution und Regelung

Die Aufnahme von Energie ist die Grundlage jeder Form von Leben, da nur durch sie ein zellulärer Stoffwechsel ermöglicht wird. Da nach der speziellen Relativitätstheorie Einsteins eine Äquivalenz zwischen Energie und Masse besteht, bewirkt eine Energieaufnahme oberhalb der in Arbeit und Wärme umgesetzten Energie eine Massenzunahme. Die Erhaltung von geordneter Masse benötigt nach dem 2. Hauptsatz der Thermodynamik Energie, so dass Arbeit, die aus gespeicherter Energie geleistet wird, einen niedrigeren Wirkungsgrad besitzt als die Arbeit, die aus ungespeicherter Energie geleistet wird. Da Energie ein begrenztes Gut ist, gibt es für jedes lebende Individuum ein Optimum der Energiespeicherung bzw. eine optimale Masse, die sich aus seinen Umweltbedingungen ergibt. Demnach ist die Optimierung des Zusammenhangs zwischen der Größen »Körpermasse«, »Energieaufnahme« und »Arbeit« ein Verhältnis, welches dem evolutionären Selektionsdruck unterworfen ist.

❶ Teleologisch betrachtet wird jede Spezies bestrebt sein, Mechanismen zur Optimierung des Verhältnisses der Größen Körpermasse, Energieaufnahme und Arbeit zueinander zu entwickeln. Diese Optimierung naturwissenschaftlicher Größen kann durch den Prozess der Regelung beschrieben werden.

12.2 Elemente und Modi der Regelung

Norbert Wiener führte 1948 den Begriff der Kybernetik in die Literatur ein (Wiener, 1948).

❶ Grundsätze der Kybernetik, der Lehre von Regelung und Steuerung, lassen sich in der Natur überall dort nachvollziehen, wo naturwissenschaftliche Größen, die Regelgrößen, in der Nähe eines Optimums, dem Sollwert, gehalten werden sollen

Demnach ist Regulation die Anpassung einer Regelgröße an einen Sollwert durch Verstellen einer Stellgröße. In ◘ Abb. 12.1 sind die Elemente eines Regelkreises dargestellt, welcher in ◘ Abb. 12.2 anhand eines Beispiels veranschaulicht wird. Über einen Sensor wird die Regelgröße gemessen. Die gemessene Regelgröße findet Eingang in den Regler, der aus Vergleicher und Verstärker besteht. Der Vergleicher misst die Differenz zwischen gemessener Regelgröße und Sollwert. Diese Differenz wird vom Verstärker in ihrer Amplitude verändert und an die Stelleinrichtung weitergeleitet, die über die Veränderung der Stellgröße Einfluss auf die Regelgröße nimmt, welche wiederum in einer Rückkopplung vom Sensor gemessen wird. Mithilfe eines solchen Regelkreises kann der Einfluss von Störgrößen auf die Regelgröße minimiert werden. Im dargestellten Beispiel wird der Wasserstand eines Gefäßes durch eine Regeleinrichtung konstant gehalten. Durch den Abfluss von Wasser aus dem Bassin (Störgröße) fällt der Wasserstand (Regelgröße), wo-

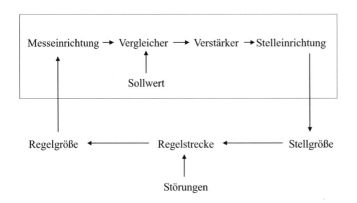

◘ Abb. 12.1. Element des Regelkreises

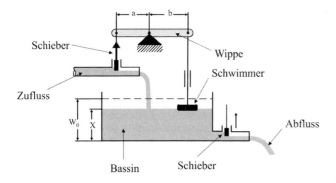

Abb. 12.2. Regelkreis am Beispiel des regulierten Wasserpegels in einem Wasserbassin

W_0 = Sollwert, X = Pegelstand

durch der Schwimmer absinkt (Sensor), welches zum Kippen der Wippe führt (Regeldifferenz: Differenz zwischen Sollwert und Regelgröße). Der Hebelarm der Wippe stellt den Verstärker dar. Durch das Kippen der Wippe wird eine Zuflussklappe geöffnet (Stelleinrichtung), sodass Wasser in das Becken strömt (Stellgröße). Durch das zuströmende Wasser wird der fallende Wasserstand ausgeglichen und in der Nähe des Optimums gehalten (waagerechte Wippe).

Im Beispiel der Regelung des Wasserstands im Bassin handelt es sich um einen Proportional-Regler. Bei der proportionalen Regelung wird die Stellgröße proportional zur Regeldifferenz verändert. Diese Form der Regelung führt niemals zum Angleichen der Regelgröße an den Sollwert, sondern führt die Regeldifferenz einem Minimum zu. Weitere Modi der Regelung sind die differenzielle und die integrale Regelung. In der differenziellen Regelung wird die Stellgröße proportional zur Änderung der Regeldifferenz über die Zeit verstellt. Diese Form der Regelung ermöglicht das Angleichen der Regelgröße an den Sollwert, ist aber wenig robust gegenüber stark schwankenden Regeldifferenzen. Die meisten in der Natur verwirklichten Regelmechanismen lassen sich mit der Verbindung von proportionaler und differenzieller Regelung, dem Proportional-Differenzialregler, beschreiben. Diese Form der Regelung ist z. B. bei der Regelung des Herzzeitminutenvolumens über den Gefäßreflex am Sinus der A. carotis zu finden. Bei der integralen Regelung wird die Stellgröße proportional zur zeitlichen Summation der Regeldifferenzen verändert. Dieser Regelungsmodus verläuft zeitlich langsamer

als die differenzielle Regelung, ist jedoch robuster und ermöglicht das Angleichen der Regelgröße an den Sollwert.

Zusammenfassend zeigt sich die differenzielle Regelung bei zeitlich schneller Regelung der proportionalen und integralen Regelung überlegen, ist jedoch gegenüber starken Schwankungen der Regeldifferenz weniger robust. In der Natur sind in der Regel Kombinationen der 3 Regelmodi zu finden, die sich in der Selektion einem singulären Regelungsmodus überlegen gezeigt haben.

12.3 Regelung des Körpergewichts

Grundlagen zum Verständnis der Regulation des Körpergewichts wurden bereits durch Lavoisier im 18. Jahrhundert geschaffen, als dieser zeigte, dass die Wärmeproduktion eines Lebewesens auf dem gleichen chemischen Prozess beruht wie die bei einem brennenden Holzstück. Im weiteren Verlauf der Geschichte konnten Wissenschaftler die Prinzipien der Thermodynamik beschreiben und ihre Anwendbarkeit auf biologische Systeme demonstrieren (▶ Kap 15). Bereits vor 50 Jahren postulierte Mayer, dass das zentrale Nervensystem (ZNS) in der Lage ist, die zirkulierenden Glucosespiegel zu messen und die Energieaufnahme durch einen so genannten »glucostatischen Mechanismus« reguliert wird (Mayer, 1953). Kennedy postulierte ein so genanntes »lipostatisches System«, in dem die Fettspeicher des Körpers ein Signal sezernieren, das die Energiehomöostase beeinflusst (Kennedy, 1953). Meyer fand darüber hinaus Hinweise für ein »amino-statisches System«, in dem die Qualität und die Quantität der dem Körper zugeführten Amino-säuren die Energiebilanz reguliert. Heute wissen wir, dass das Körpergewicht durch ein komplexes System reguliert wird mit afferenten Signalen (einschließlich glukostatische, lipostatische und aminostatische Signale), die dem ZNS Informa-tionen über den Ernährungszustand des Indivi-duums übermitteln und die dann in efferente Sig-nale auslösen, die ihrerseits die Energieaufnahme und den Energieverbrauch beeinflussen (Rosen-baum u. Leibel, 1998; Schwartz et al., 2000). Der aktuelle Erkenntnisstand über die neuroendokri-nologische Regulation des Körpergewichts ist in ▶ Kap 13 ausführlicher dargestellt. Im Folgenden soll das Prinzip der Regelung weiter durch Beispiele ver-tieft werden.

12.4 Die hypothalamische Regelung der Nahrungsaufnahme

Die Physiologie von Appetit, Hunger und Essver-halten zu verstehen heißt, den Elementen des Re-gelkreises biologische Strukturen zuzuordnen. Entscheidende Experimente zur Lokalisation ap-petitregulierender Elemente wurden in den 40er und 50er Jahren des vergangenen Jahrhunderts durchgeführt. In diesen Experimenten wurden die Auswirkungen von Läsionen hypothal-mischer Kerngebiete auf die Nahrungsaufnahme und Gewichtsentwicklung untersucht. Bilaterale Läsionen des lateralen hypothalamischen Areals (LHA) bewirken eine Aphagie (Anand u. Bro-beck, 1951), wogegen Läsionen im Bereich des ventromedialen Hypothalamus (VMH) zu einer Hyperphagie führen (Duggan u. Booth, 1986). Diese Befunde wurden von Stellar zum Konzept der »Dual Center Hypothesis« zusammengefasst, wobei der LHA die Lokalisation des »Appetitzen-trums« und dem VMH die Funktion des »Sätti-gungszentrums« zugeschrieben wurden (Stellar, 1954; ▶ Kap 13). Diese Vorstellungen Stellars müssen aufgrund späterer Experimente mit Ein-schränkungen gesehen werden. Läsionen im Be-reich des VMH erhöhen den parasympathischen Tonus, wodurch die Insulin-Sekretion erhöht

wird (Steffens, 1970). Daraus resultiert eine Hy-perphagie in Verbindung mit einer verstärkten Lipogenese. Aus diesem Grund lässt sich die durch Läsionen im VMH bedingte Hyperphagie durch eine Vagotomie unterbinden (Inoue et al., 1978).

Entgegengesetzt verhält es sich mit Läsionen in der LHA. Bilaterale Läsionen der LHA ernied-rigen den Vagotonus. Dies vermindert die Insu-lin-Sekretion und verlängert die Zeit der Magen-passage, wodurch nach der Mahlzeit ein länger anhaltendes Sättigungsgefühl auftritt (Powley u. Keesey, 1970). Läsionen der eng zur LHA verlau-fenden Fasern des medialen Vorderhirnbündels bewirken eine Abschwächung appetitanregender Sinneseindrücke (Marshall et al., 1971; Unger-stedt, 1971). Da **dopaminerge Fasern des me-dialen Vorderhirnbündels** die Empfänglichkeit für alle Sinneseindrücke vermitteln (»general arousal«), tritt bei diesen Läsionen eine Trägheit motivationsbedingten Verhaltens im Allgemeinen auf.

Auch Kerngebieten außerhalb des Hypothala-mus kommt eine Funktion in der Steuerung der Nahrungsaufnahme zu. Vagale Afferenzen, die den **Füllungszustand des Magens** übermitteln, werden im Nucleus tractus solitarius (NTS) um-geschaltet und finden von dort aus Eingang in die LHA (Schwartz et al., 2000). Auch das Peptid-hormon **Cholezystokinin** vermittelt seinen appe-titdämpfenden Effekt über den NTS (Geary, 2000). Interessanterweise wird die appetitdämp-fende Wirkung von Cholezystokinin durch Ös-tradiol verstärkt (Geary et al., 2001). Dabei wird durch Östradiol die pro Mahlzeit aufgenommene Nahrungsmenge, nicht jedoch die Anzahl der Mahlzeiten verringert. Diese Beobachtung leitet über zum Einfluss sexueller Steroidhormone auf die Nahrungsaufnahme.

12.5 Modulation der Nahrungsaufnahme durch zentralwirksame Faktoren am Beispiel der Wirkung von Östrogenen und Monoaminen

Östrogene besitzen bei Applikation in die Liquorräume eine inhibierende Wirkung auf die Nahrungsaufnahme. Auch Androgene weisen bei zentraler Gabe diesen Effekt auf, aber nur wenn sie im ZNS in Östrogene aromatisiert werden (Nunez, 1980). Dagegen bewirkt die systemische Gabe von Androgenen eine Gewichtszunahme, v.a. durch seine anabole Wirkung auf die Skelettmuskulatur (Rand u. Breedlove, 1992). Zusätzlich konnte gezeigt werden, dass Androgene beim Menschen eine hemmende Wirkung auf die Leptin-Sekretion aus den Adipozyten besitzen (Wabitsch et al., 1997). Dies könnte andererseits zu einer vermehrten Energiezufuhr bei höheren Androgenspiegeln beitragen. Da hypothalamische Kerngebiete eine Vielzahl von Östrogenbindungsstellen aufweisen, ist anzunehmen, dass Östrogene auch einen direkten Einfluss auf die hypothalamische Regelung der Nahrungsaufnahme besitzen. Details solcher Mechanismen sind auf zellulärer Ebene z. Z. noch ungeklärt.

Monoaminerge Transmitter wie Noradrenalin, Dopamin, und 5-Hydroxytryptamin besitzen eine modulierende Wirkung auf die Nahrungsaufnahme (Schwartz et al., 2000). Im Tierversuch zeigt die Applikation von Noradrenalin in den periventrikulären Nukleus (PVN) eine appetitfördernde Wirkung (Leibowitz et al., 1984). Dieser Effekt besitzt einen physiologischen Hintergrund, da der PVN über einen Zufluss noradrenerger Fasern aus dem Locus coeruleus verfügt (Wellman, 2000). Zur dopaminergen Wirkung liegen im Tierversuch uneinheitliche Ergebnisse vor. Wie bereits angesprochen, führt der Verlust dopaminerger Neurone der ventralen tegmentalen Area, deren Fasern über das mediale Vorderhirnbündel verlaufen, zu einer Abschwächung appetitinduzierender Reize. Dagegen vermitteln dopaminerge Neurone im ARC und dorsomedialen Nukleus (DMN) einen inhibierenden Effekt auf die Nahrungsaufnahme. 5-Hydroxytryptamin vermittelt ebenfalls eine inhibierende Wirkung

auf den Appetit, die wahrscheinlich über den Hypothalamus vermittelt wird, wobei die Perikarya der serotonergen Neurone in den Raphe-Kernen des Mesenzephalons gelegen sind (Leibowitz u. Alexander, 1998). Zum molekularen Mechanismus von 5-Hydroxytryptamin auf hypothalamische Neurone besteht aktuell kein experimentell überprüftes Modell. Jedoch wird bereits der appetitdämpfende zentrale Mechanismus von 5-Hydroxytryptamin durch den Einsatz von selektiven Serotonin-Reuptake-Inhibitoren (SSRI) pharmakologisch nutzbar gemacht.

Ghrelin und Cholezystokinin sind gastrointestinale Hormone, die wahrscheinlich hypothalamischen Zentren eine Rückkopplung über die gastrointestinale Aktivität vermitteln können. Da die Ausschüttung von Cholezystokinin vom Fettgehalt der Nahrung abhängig ist, ist davon auszugehen, dass gastrointestinale Hormone nicht nur Informationen über die Aufnahme von Nahrung, sondern auch über die Zusammensetzung aufgenommener Nahrung vermitteln können. Da Insulin-Serumspiegel in Zusammenhang mit dem Kohlenhydratmetabolismus stehen, wird durch Insulin an die mit Insulin-Rezeptoren ausgestatteten Zentren Information zur Katabolie und Anabolie peripherer Gewebe vermittelt. Neben hormonellen Signalen erhalten hypothalamische Strukturen auch metabolische Informationen über Afferenzen des vegetativen Nervensystems, die v. a. über den N. vagus vermittelt werden. So wird u. a. der Füllungszustand des Magens übermittelt (Geary, 2000).

In einem kybernetischen Modell zur Steuerung der Nahrungsaufnahme kann hormonellen und neuronalen Signalen die Bedeutung von Regelgrößen zugeordnet werden. Hypothalamische Strukturen mit Rezeptoren für diese hormonellen Rückkopplungssignale und synaptischen Kontakt zu vagalen Afferenzen übernehmen die Funktion von Sensoren. Östrogene, aber auch monoaminerge Afferenzen scheinen die Empfindlichkeit des Sensors zu modulieren und integrieren damit unterschiedliche Aspekte der Homöostase wie z. B. den Metabolismus und das reproduktive Verhalten im Kontext von Reizaufnahme und Antwort. Dieser Gedanke lässt sich unter dem Konzept der gerichteten Aufmerksamkeit zusammenfassen. In Abhängigkeit vom internen und externen Milieu werden sensorische Informationen in das Verhalten integriert. So zeigen Ratten unter dem Einfluss von Östrogenen eine höhere Empfänglichkeit für sexuelle Reize, wogegen die Nahrungsaufnahme induzierende Reize zögerlicher beantwortet werden.

12.6 Kybernetik der Gewichtsregulation

Bei Übertragung in ein kybernetisches Modell können hormonelle Rückkopplungssignale wie Leptin, Ghrelin und Insulin als Stellvertreter der Regelgrößen Fettmasse, gastrointestinale Aktivität und Kohlenhydratmetabolismus betrachtet werden. Wie bereits beschrieben wurde, kann durch Vagotomie z. T. die Wirkung hypothalamischer Läsionen auf die Nahrungsaufnahme unterbunden werden. Dies legt nahe, dass Effektorsignale z. T. über parasympathische Efferenzen vermittelt werden, die von hypothalamischen Kerngebieten wie der LHA und dem VMN kontrolliert werden. Dem Hypothalamus käme im kybernetischen Modell sowohl die Funktion eines Sensors als auch zum Teil die Aufgabe eines Effektors zu. Dabei wird die Sensitivität des Sensors durch hormonelle Faktoren (Östrogene) und neuronale Einflüsse (monoaminerge Afferenzen) moduliert. Wenig Beachtung gefunden hat bisher

die Beschreibung physiologischer Aspekte der Gewichtsregulation unter der Vorstellung des Modus der Regelung. Es ist anzunehmen, dass physiologisch eher schnell geforderte Regelantworten wie das Anheben des Blutzuckers einer differenziellen Regelung unterworfen sind. Die Regelung der Körperfettmasse geschieht über den Zeitraum von Tagen und würde eher von einer robusten Regelung profitieren, sodass hier an eine proportionale oder integrale Regelung zu denken wäre.

Die Beschreibung physiologischer Prozesse durch kybernetische Modelle setzt die Zuordnung biologischer Strukturen zu regelungstechnischen Elementen voraus, wobei die Verbindung zwischen Regel- und Stellgröße durch eine Übertragungsfunktion hergestellt wird. Die Zuordnung biologischer Strukturen zu regelungstechnischen Elementen ist mit dem Problem der semantischen Simplifikation, der inhaltlichen Reduktion auf eine singuläre Begrifflichkeit verbunden. So kann ein und die gleiche biologische Struktur in einem Regelkreis die Funktion einer Regelgröße, in einem anderen zugleich die Funktion einer Stellgröße übernehmen. Diese mögliche Verschaltung von einzelnen Regelkreismodellen zu Metamodellen ist in ☐ Abb. 12.3 skizziert. Die oben beschriebene Wirkung von Östrogenen und Monoaminen auf das Körpergewicht verdeutlicht die mögliche Verzahnung eines Regelkreises zur Gewichtsregulation mittels metabo-

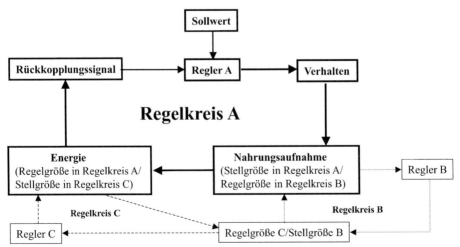

☐ **Abb. 12.3.** Mögliche Verschaltung von einzelnen Regelkreismodellen zu Metamodellen

lischer Rückkopplung mit anderen Regelkreisen wie z. B. zur Steuerung der reproduktiven Funktion oder der gerichteten Aufmerksamkeit. Der Vorteil des kybernetischen Ansatzes liegt jedoch in der Aufklärung möglicher Emergenz durch das Zusammenführen einzelner biologischer Elemente unter dem Prinzip der wechselseitigen Abhängigkeit. In der Kybernetik besteht dieses in der Identifikation der Übertragungsfunktion, die den Zusammenhang zwischen Regel- und Stellgröße möglichst nahe an den experimentellen Beobachtungen des untersuchten Systems beschreibt. Zusammenfassend könnte die Zuordnung biologischer Strukturen zu kybernetischen Begriffen wie »Sollwert« und »Verstärker« entscheidend zur Erweiterung unseres Verständnisses zur Regulation von Metabolismus und Nahrungsaufnahme beitragen. Um diese Fragen in der Zukunft einer Klärung zuzuführen, gilt es das molekulare Zusammenspiel appetitfördernder und hemmender Signale mit neurophysiologischen Methoden experimentell noch enger in Verbindung zu setzen.

Literatur

Anand BK, Brobeck JR (1951) Hypothalamic control of food intake in rats and cats. Yale J Biol Med 24: 123–140

Duggan JP, Booth DA (1986) Obesity, overeating and rapid gastric emptying in rats with ventromedial hypothalamic lesions. Science 231: 609–611

Geary N (2000) Estradiol and appetite. Appetite 35: 273–274

Geary N, Asarian L, Korach KS, Pfaff DW, Ogawa S (2001) Deficits in E2-dependent control of feeding, weight gein and cholecystokinin satiation in ER-alpha null mice. Endocrinology 142: 4751–4754

Inoue S, Bray GA, Mullen YS (1978) Transplantation of pancreatic beta-cells prevents development of hypothalamic obesity in rats. Am J Physiol 235: 266–271

Kennedy G (1953) The role of depot fat in the hypothalamic control of food intake in the rat. Proc R Soc London (B) 140: 578–591

Leibowitz S, Alexander J (1998) Hypothalamic serotonin in control of eating behavior, meal size and body weight. Biol Psychiatry 44: 851–862

Leibowitz S, Roossin P, Rosenn M (1984) Chronic norepinephrine injection into the hypothalamic paraventricular nucleus produces hyperphagia and increased body weight in the rat. Pharmacol Biochem Behav 21: 801–808

Marshall JF, Turner BH Teitelbaum P (1971) Sensory neglect produced by lateral hypothalamic damage. Science 174: 523–525

Mayer J (1953) Glucostatic mechanisms of the regulation of food intake. N Engl J Med 249: 13–16

Nunez AA, Gray JM, Wade GN (1980) Food intake and adipose tissue lipoprotein lipase activity after hypothalamic benzoate implants in rats. Physiol Behav 25: 595–598

Powley TL, Keesey RE (1970) Relationship of body weight to the lateral hypothalamiac feeding syndrome. J Comp Physiol Psychol 70: 25–36

Rand MN, Breedlove SM (1992) Androgen locally regulates rat bulbucavernosus and levator ani size. J Neurobiol 23: 17–30

Rosenbaum M, Leibel R (1998) The physiology of body weight regulation: relevance to the etiology of obesity in children. Pediatrics 101: 525–539

Schwartz MW, Woods SC, Porte Jr D, Seeley RJ, Baskin DG (2000) Central nervous system control of food intake. Nature 404: 661–671

Steffens AB (1970) Plasma insulin content in relation to blood glucose level and meal pattern in the normal and hypothalamic hyperphagic rat. Physiol Behav 5: 147–151

Stellar E (1954) The physiology of motivation. Psychol Rev 61: 5–22

Tschop M, Smiley DL, Heiman ML (2000) Ghrelin induces adiposity in rodents. Nature 407: 908–913

Ungerstedt U (1971) Adipsia and aphagia after 6-hydroxydopamine induced degeneration of the nigro-striatal dopamine system. Acta Physiol Scand (Suppl) 367: 95–122

Wabitsch M, Blum WF, Muche R, Braun M, Hube F, Rascher W, Heinze E, Teller W, Hauner H (1997) Contribution of androgens to the gender difference in leptin production in obese children and adolescents. J Clin Invest 100: 808–813

Wellman PJ (2000) Norepinephrine and the control of food intake. Nutrition 16: 837–842

Wiener N (1948) Cybernetics or control and communication in the animal and the machine. MIT, Cambridge

Weiterführende Literatur

Rosenbaum M, Leibel R (1998) The physiology of body weight regulation: relevance to the etiology of obesity in children. Pediatrics 101: 525–539
Kommentar: Hervorragende Übersichtsarbeit zur Physiologie der Gewichtsregulation mit besonderer Berücksichtigung der Ätiologie der Adipositas im Kindes- und Jugendalter.

Schwartz MW, Woods SC, Porte Jr D, Seeley RJ, Baskin DG (2000) Central nervous system control of food intake. Nature 404: 661–671
Kommentar: Gut verständliche Übersichtsarbeit zu den Hunger und Sättigung regulierenden neuronalen Netzwerken im zentralen Nervensystem.

Neuroendokrinologische Regulation von Hunger und Sättigung und des Energieverbrauchs

H. Krude

13.1 Komponenten der Gewichtsregulation

Die deutliche Zunahme der Adipositas insbesondere im Kindesalter in den letzten 10 Jahren hat die physiologische Grundlage der Körpergewichtsregulation erstmals zu einer nicht nur biologisch spannenden, sondern auch für die Gesundheitssysteme relevanten Frage werden lassen. Erst jetzt im Lichte des Verlustes einer ausgeglichenen Energiebilanz im Rahmen der Adipositas-Entwicklung wird wieder wahrgenommen, welch exaktes Regelwerk nötig ist, um das Körpergewicht über einen längeren Zeitraum konstant zu halten (▶ Kap. 12). Weigle stellte hierzu eine eindrückliche Berechnung an: Bei einem normalgewichtigen Erwachsenen mit einem Körpergewicht von 70 kg beträgt die durchschnittliche Nahrungsaufnahme ca. 9 Mio. Kilokalorien pro 10 Jahre; wenn dieser Erwachsene im gleichen Zeitraum 2,5 kg an Körpergewicht zunimmt – was der normalen alterungsbedingten Gewichtsentwicklung entspricht – werden lediglich 0,2% der aufgenommenen Energiemenge als Fett gespeichert. Eine Verschiebung des Gleichgewichts von Energieaufnahme und Energieverbrauch um einen Prozentpunkt würde somit bereits eine Gewichtszunahme von 12,5 kg bedeuten (Weigle, 1994). Dieses Rechenbeispiel zeigt, wie sehr das normale Gewicht von einer ausgeglichenen Bilanz von Energieaufnahme und Energieverbrauch, der so genannten Energiehomöostase abhängt. Das Grundprinzip der Regelung und Kybernetik biologischer Systeme ist in ▶ Kap. 12 ausführlich dargestellt.

13.2 Besonderheiten der Körpergewichtsregulation während des körperlichen Wachstums

Anders als im Erwachsenenalter folgt das Körpergewicht in den ersten Lebensjahren einer sehr dynamischen Entwicklung. Bereits nach einem Jahr haben Säuglinge ihr Geburtsgewicht verdreifacht. Betrachtet man hierbei das Verhältnis von Gewichts- und Längenentwicklung ergibt sich eine erste Phase deutlich steigender BMI-Werte, die von einer Konstanz bzw. einem Rückgang des BMI im 2. und 3. Jahr gefolgt wird (▶ Kap. 1). Betrachtet man hierbei die individuelle Gewichtsentwicklung der Säuglinge und Kleinkinder, so fällt auf, dass die jeweiligen BMI-Werte einer der Normalperzentilen folgen und nicht im Normalbereich oszillierend verlaufen. Um diese exakten Gewichtsverläufe von Kleinkindern zu erreichen, müssen die dem Körpergewicht zugrunde liegenden Regelmechanismen in einem relativ kurzen Zeitraum von wenigen Monaten eine Umstellung des Richtwerts der Energiehomöostase etablieren.

Aus diesen Beispielen werden die 2 Hauptkomponenten der Physiologie der Gewichtsregulation deutlich: Zum einen müssen die täglichen Mengen an aufgenommener Energie ins Verhältnis zum Energieverbrauch gesetzt werden und diese aktuelle Energiebalance muss langfristig einem intrinsischen, vorgegebenen Richtwert angepasst werden, dem so genannten »Setpoint« (Leibel, 1990). Wie die dynamisch regulierten Gewichtsverläufe der Kleinkinder zeigen, unterliegt dieser »Setpoint« dabei alterungsabhängigen Änderungen. Im Folgenden sollen die strukturellen und molekularen Grundlagen der Regulation des Körpergewichts dargestellt werden.

13.3 Anatomie der Gewichtsregulation

Schon seit mehr als 100 Jahren hatten klinische Beobachtungen nahe gelegt, dass umschriebene Bereiche des Zentralnervensystems für eine normale Gewichtsentwicklung bedeutsam sind. Fröhlich beschrieb 1901 einen Patienten mit massiver Gewichtszunahme bei einem großen Tumor der Hypophyse, so dass nachfolgend diese häufige Assoziation von schwerer Adipositas in Folge von Tumoren des Zentralnervensystems als »Fröhlich-Syndrom« bezeichnet wurde. Nach Einführung hoch auflösender Bildgebungstechniken zeigten genauere Untersuchungen an einer größeren Zahl von Kindern mit Tumoren der Hypophyse (Kraniopharyngeome), dass insbesonre Tumoren mit großem suprasellärem Anteil unter Einbeziehung hypothalamischer Kerngebiete zu einer Adipositas-Entwicklung führen (Lustig et al., 2003; ▶ Kap. 26). Experimente an verschiedenen Tieren zeigten dann, dass Verletzungen alleine der Hypophyse nicht zu einer Veränderung des Körpergewichts führen, wohl aber Defekte im Bereich des Hypothalamus. Hierbei zeigten gezielte stereotaktische Manipulationen an einzelnen Kerngebieten des Hypothalamus der Ratte, dass mehr lateral gelegene Läsionen des Hypothalamus zu einer **Gewichtsabnahme** führen, wohingegen mediale Läsionen zu einer **Gewichtszunahme** führen. Aus diesen Experimenten wurde das Konzept entwickelt, dass es mindestens 2 verschiedene Kerngebiete des Hypothalamus gibt, die in einem dualen und reziproken Sinne das Körpergewicht regulieren: Ein medial dem 3. Ventrikel anliegendes so genanntes anorexigenes (Sättigung förderndes) Zentrum unter Einbeziehung v. a. des Nucleus paraventricularis und ein mehr lateral gelegenes orexigenes (Hunger förderndes) Zentrum, bestehend vorwiegend aus dem Nucleus mediolateralis (◘ Abb. 13.1; Elmquist, 1999). Weitergehende Studien legten nahe, dass trotz einer deutlichen Zu- bzw. Abnahme des Gewichts nach gezielter Läsion die Möglichkeit zur Regulation des veränderten Körpergewichts erhalten bleibt. Ratten mit medialen bzw. lateralen Hypothalamus-Defekten konnten weiterhin auf hyper- bzw. hypokalorische Diäten ausgelöste Veränderung des Körpergewichts adäquat reagieren, indem sie durch kompensatorische Hypo- bzw. Hyperphagie das Gewicht der nicht mit Diäten behandelten Kontrollgruppe wieder erreichten.

🛑 Diese Beobachtungen begründeten das generelle Konzept, dass in verschiedenen hypothalamischen Kerngebieten der individuelle Richtwert des Körpergewichts fixiert ist und dass dieser »Setpoint« des Körpergewichts durch Defekte in einzelnen Kernen verschoben aber nicht prinzipiell aufgehoben wird. Durch diese Experimente hatte man die anatomischen Strukturen mittels derer das ZNS eine Energiehomöostase aufrechterhält und in denen der individuelle »Setpoint« des Körpergewichts determiniert wird, identifiziert.

13.4 Regelkreis der Gewichtsregulation

Die Existenz hypothalamischer Kerngebiete mit Auswirkung auf die Konstanz des Körpergewichts legt einen klassischen endokrinen Regelkreis der Gewichtsregulation nahe (▶ Kap. 12). Im Sinne eines solchen Regelkreises der Gewichtsregulation muss ein Signal aus der Peripherie des Körpers den Ist-Zustand der aktuellen Körperfettmasse an die hypothalamischen Zentren vermitteln. Erst vor wenigen Jahren wurde dieses Molekül identifiziert.

Dies gelang anhand zweier genetischer Adipositas-Mausmodelle, den so genannten ob/ob- und db/db-Mäusen. Beide Mausstämme zeichnen sich durch eine schwere Adipositas mit Diabetes-Entwicklung aus, die einer rezessiven Vererbung folgt. Mithilfe von sehr aufwändigen so genannten »Parabioseexperimenten«, in denen die Blutkreisläufe der beiden Mausarten miteinander verbunden wurden, konnte gezeigt werden, dass mit dem Blut der db/db-Maus eine Substanz übertragbar war, die die Adipositas der ob/ob-Maus kompensieren konnte. Damit lag nahe, dass die der ob/ob-Maus zugrunde liegende genetische Störung ein im Blutkreislauf zirkulierendes Hormon mit einer zentralen Rolle in der Gewichtsregulation betreffen müsste. Die Klonierung des defekten Gens der ob/ob-Maus bestätigte diese Annahme, da das Gen für ein Peptidhormon kodiert, das von Adipozyten sezerniert wird und das bei intraperitoneler Applikation zu einer Normalisierung des Körpergewichts der ob/ob-Maus führt, also eine anorexigene Wirkung aufweist (Zhang et al., 1994).

Die Entdeckung dieses »Leptin« genannten Hormons stellte den Beginn des molekularen Verständnisses der Körpergewichtsregulation dar. Ein weiterer Schritt nach der Klonierung des Leptin-Gens war die Identifizierung des defekten Gens der db/db-Maus: Es kodiert für den Membranrezeptor des Leptins (Tartag-

▼

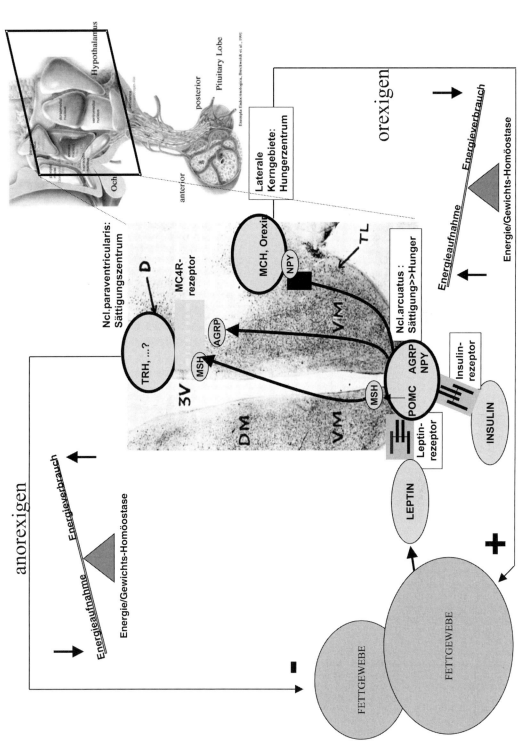

■ Abb. 13.1 Synopsisrelevante Faktoren und Neurone, die bei der Gewichtsregulation beteiligt sind

lia et al., 1995). Auch konnte sehr rasch gezeigt werden, dass Leptin den Fettgehalt des Körpers anzeigt, da es von den Adipozyten proportional zur Zunahme von Fettgewebe gebildet wird (▶ Kap. 17). Da Leptin eine offensichtlich anorexigene Wirkung aufweist, lag es nahe, anzunehmen, dass der Anstieg des Leptins bei Zunahme von Fettmasse ein entscheidendes Signal darstellt, dass dem Gehirn den Körperfettgehalt mitteilt und eine zentrale Gegenregulation vermittelt mit dem Ziel, das Körpergewicht wieder auf den vorgegebenen »Gewichts-Setpoint« einzuregulieren.

Nach der Entdeckung dieser ersten Moleküle der Gewichtsregulation stellte sich die Frage, ob die bereits bekannten anorexigenen bzw. orexigenen Kerngebiete des medialen und lateralen Hypothalamus die Zielstrukturen dieses neu entdeckten peripheren Adipozytenhormons Leptin darstellen.

13.4.1 Moleküle und Neurone 1. Grades

Die Arbeiten zur Lokalisation der Leptin-Zielgebiete ergaben interessanterweise, dass die meisten Leptin-Rezeptoren nicht in den zuvor beschriebenen Kerngebieten des medialen oder lateralen Hypothalamus nachweisbar waren, sondern in einem kleinen bis dahin wenig beachteten Kern am Übergang des Infundibulums in den 3. Ventrikel, dem **Nucleus arcuatus** (der auch Nucleus infundibularis genannt wird, da er direkt am Übergang des Hypothalamus zum Infundibulum der Hypophyse liegt). Dieser Kern liegt ebenfalls in enger Nachbarschaft zu einer Struktur, an der die Blut-Hirn-Schranke den Austausch von höhermolekularen Stoffen zulässt, der Eminentia mediana. Hier in der Eminentia mediana besteht ein enger Kontakt hypothalamischer Neurone mit dem Portalkreislauf der Hypophyse, über den ein Zugang des peripheren Hormons Leptin an Neurone des Nucleus arcuatus möglich ist. In den Neuronen des Nucleus arcuatus konnte in einer großen Anzahl nachfolgender Studien nach Bin-

dung des Leptins eine komplexe Änderung der Expression verschiedener Gene nachgewiesen werden (Barsh u. Schwartz, 2002). Hierbei konnten 2 Neuronengruppen unterschieden werden:

- Eine 1. Gruppe steigert nach Bindung von Leptin die Expression des Gens, das für den Hormonvorläufer Proopiomelanocortin (POMC) kodiert und des Gens, das für einen CART genannten Neurotransmitter kodiert. Nachfolgend wird in dieser Neuronengruppe des Nucleus arcuatus das Vorläuferpeptid POMC zu kleinen Fragmenten mit Neurotransmitterwirkung den MSH-Peptiden mittels verschiedener Enzyme gespalten.
- In einer 2. Zellgruppe werden dagegen die Neuropeptid-Y-(NPY) und Agouty-Related-Peptid-Gene (AGRP) in ihrer Expression nach Leptin-Bindung reduziert.

Diese gegensinnige Veränderung der Gen-Expression der 4 Gene führt in der Summe zu einem gleichsinnigen physiologischen Effekt, da die beiden Gen-Paare eine reziproke Wirkung aufweisen: Der Neurotransmitter CART und die als Neurotransmitter fungierenden MSH-Peptidfragmente wirken anorexigen. Die NPY- und AGRP-Neurotransmitter wirken dagegen orexigen. Die Zunahme der Bildung von anorexigenem MSH und CART und die Reduktion des orexigenen NPY und AGRP in Antwort auf steigendes Leptin stellen somit eine reziproke aber gleichsinnige Gegenreaktion auf steigendes Körpergewicht dar, mit der Folge einer Gewichtsreduktion.

> **Praxistipp**
>
> Leptin führt somit – bildlich gesprochen – die Aktivität des Nucleus arcuatus mit 2 Zügeln: Bei steigender Leptin-Konzentration (=Gewichtszunahme) wird der eine anorexigene Zügel (CART, POMC) gespannt und der gegensinnige orexigene (NPY, AGRP) gelockert mit dem Ergebnis der kompensatorischen Gewichtsabnahme. Umgekehrt wird bei niedrigen Leptin-Konzentrationen (= Untergewicht) der anorexigene Zügel gelockert und der orexigene Zügel gespannt mit eine Netto-Gewichtszunahme als Resultat.

Welche Rolle spielen nun die zuvor beschriebenen medialen und lateralen Kerngebiete in dieser komplexen Antwort des Nucleus arcuatus auf steigende Leptin-Konzentrationen?

13.4.2 Moleküle und Neurone 2. Grades

Aufwändige immunhistochemische Arbeiten erbrachten den Nachweis, dass die verschiedenen Neurone des Nucleus arcuatus axonalen Kontakt zu den lange bekannten medial-anorexigenen und lateral-orexigenen Kernen aufnehmen. Neurone des Nucleus arcuatus, die die anorexigenen Transmitter CART und MSH generieren, nehmen axonalen Kontakt v.a. zu der medialen Kerngruppe mit dem Nucleus paraventricularis auf. Dagegen projizieren die NPY und AGRP exprimierenden Neurone v.a. zu den lateralen orexigenen Kernen. Es konnte also gezeigt werden, dass das primäre Leptin-Signal im Nucleus arcuatus auf 2 verschiedene Neuronengruppen aufgeteilt wird (Neurone 1. Grades) und dann zu den medialen und lateralen Kerngebieten des Hypothalamus mit bekannter anorexigener und orexigener Funktion weitergeleitet wird (Neurone 2. Grades). Interessanterweise nehmen die AGRP-exprimierenden Neurone des Nucleus arcuatus ebenfalls Kontakt mit dem medialen Kerngebiet auf und führen hier zu einer axonalen Hemmung der MSH-Zielneurone. Dieser gekreuzten Projektion unterliegt eine enge Interaktion der MSH- und AGRP-Wirkung auf Rezeptorebene, die im Folgenden im Detail dargestellt werden soll:

Interaktion der MSH- und AGRP-Wirkung

Die anorexigene Wirkung des MSH wird über den so genannten Melanocortin-4-Rezeptor (MC4R) vermittelt, der zur Familie der G-Protein-gekoppelten Rezeptoren gehört (Adan u. Kas, 2003). Durch Bindung des MSH und Aktivierung des MC4R wird die Zielzelle mittels Generierung von cAMP aktiviert und eine anorexigene Antwort der Zielzelle ausgelöst. Der AGRP-Neurotransmitter bindet ebenfalls an den MC4R, weist aber eine antagonistische Wirkung auf. Durch Bindung des AGRP an den MC4R wird die aktivierende MSH-Bindung verhindert. AGRP wirkt somit indirekt über eine Hemmung der MSH-Wirkung. Die orexigene, Hunger auslösende Wirkung des AGRP wird also durch eine Hemmung der anorexigenen Wirkung des MSH an den medialen Kerngebieten vermittelt. Im Unterschied zu dieser nur indirekten Wirkung des AGRP wird die Hunger steigernde Wirkung des NPY direkt an den lateralen orexigenen Kerngebieten des Hypothalamus durch die Aktivierung der dort exprimierten NPY-Rezeptoren vermittelt. Die Bindung der NPY-Rezeptoren des lateralen Hypothalamus führt zur Bildung nachgeschalteter orexigener Transmitter, insbesondere des Ore-xins und des Melanin-concentrating-Hormons (MCH).

13.4.3 Efferenzen des Regelkreises

An diesem Punkt der Darstellung der hypothalamischen Leptin-Wirkung stellt sich die Frage, wie nun der efferente Schenkel des Regelkreises molekular vermittelt wird? Wie erreichen die Neurone des Nucleus paraventricularis nach Bindung des MSH an den MC4R, dass die Körperfettmasse wieder reduziert wird (▶ Kap. 7)? Bei Nagern, die mit Leptin bzw. mit MSH-Analoga behandelt wurden, konnte eindeutig gezeigt werden, dass die tägliche Kalorienzufuhr gesenkt wird und dass darüber hinaus der Metabolismus gesteigert wird. Aber wie kann man sich diese Effekte molekular vorstellen? Bisher sind diese efferenten Effekte noch wenig verstanden. Immerhin konnte eine Verbindung der Leptin-MSH-Achse zur Regulation des Metabolismus in Neuronen des Nucleus paraventricularis nachgewiesen werden: In MC4R-exprimierenden Neuronen ließ sich eine TRH-Expression zeigen, die unter Gabe von Leptin/MSH-Analoga zunahm. Daher geht man davon aus, dass über die Leptin/MSH-Wirkung eine Steigerung der TRH-TSH-Schilddrüsenachse erfolgt, mit dem Ergebnis einer gesteigerten T4-Sekretion der Schilddrüse (▶ Kap. 26), die wiederum eine Steigerung des Metabolismus nach sich zieht (Nellni et al., 2000). Somit wäre über die Aktivierung der Schilddrüsenfunktion und des Metabolismus ein efferenter Schenkel des Gewichtsregelkreises molekular zu verstehen.

Weitere Forschungsarbeiten werden zu klären haben, welche neuronalen und molekularen Einflüsse die bewusste Wahrnehmung des Hunger-/Sättigungsgefühls vermittelt. Hier scheint es von Interesse zu sein, dass Projektionen der MSH-Axone des Nucleus arcuatus zu höheren kortikalen Regionen bestehen und dass der MC4R ebenfalls in kortikalen Bereichen exprimiert wird. So lässt sich der Übergang der Leptin-Antwort in ein bewusst wahrzunehmendes Sättigungsgefühl molekular vorstellen. In diesem Zusammenhang werden die Untersuchungen mittels funktioneller MRT-Darstellung, die bereits kortikale Strukturen mit erhöhter Aktivität in Abhängigkeit von Fasten- bzw. Sättigungsbedingungen aufzeigen konnten (Gao, 2001), weitere Erkenntnisse ermöglichen.

13.4.4 Dopamin

Auch stellt sich die Frage, ob weitere Transmitter für höhergradige Verschaltungen der gewichtsregulierenden Zentren innerhalb des Hypothalamus wesentliche Funktionen übernehmen. Für das Dopamin weisen Ergebnisse in verschiedenen Tiermodellen auf eine orexigene Wirkung hin. So konnte für Mäuse mit einer induzierten genetischen Störung der Dopaminsynthese gezeigt werden, dass sie in einem hohen Maße hypophag sind und in der Kachexie versterben. Auch die Gewichtsabnahme von Patienten mit Morbus Parkinson wird in Folge dieser Beobachtung nicht mehr alleine auf eine erschwerte Nahrungsaufnahme durch die primäre Bewegungsstörung zurückgeführt, sondern als Ausdruck einer gestörten orexigenen Wirkung des Dopamins erklärt (Barsh u. Schwartz, 2002; ▶ Kap. 12).

13.4.5 Monogene Defekte der neuroendokrinologischen Gewichtsregulation

Aufgrund der großen Zahl von Arbeiten zum Thema der zentralen Gewichtsregulation mit der laufenden Neubeschreibung weiterer hypothalamischer Kerngebiete und Transmitter, wird ein komplexes Netzwerk der zentralen Gewichts-

regulation erkennbar: Leider wird aber zur gleichen Zeit aufgrund der hohen Komplexität der Verschaltung der einzelnen Neurone und Transmitter die Funktion des Netzwerks immer schwerer verstehbar. Anhand von wenigen Patienten mit genetischen Defekten in diesem Netzwerk lassen sich aber Hauptkomponenten der Gewichtsregulation beim Menschen identifizieren.

So zeigen Patienten mit Mutationen im Leptin-, Leptin-Rezeptor-, POMC- und MC4R-Gen eine schwere und frühmanifeste Adipositas (▶ Kap. 3). Diese schwere Adipositas lässt sich bei Patienten mit Leptin-Gen-Defekt mittels Injektion von rekombinant hergestelltem Leptin komplett beheben (Farooqi et al., 1999). Vor allem dieser letzte Befund unterstreicht die zentrale und übergeordnete Rolle des Leptins in der Gewichtsregulation des Menschen. Da bei den vorliegenden Gen-Defekten eine schwere Adipositas auftritt kann gefolgert werden, dass andere Komponenten der Gewichtsregulation die Wirkung der ausgefallenen Gene nicht kompensieren können und es kann somit von einer wesentlichen Wirkung der gesamten Leptin-MSH-MC4R-Achse in der hypothalamischen Gewichtsregulation des Menschen ausgegangen werden. Für andere Komponenten, insbesondere die orexigenen Transmitter NPY und AGRP, konnten (noch) keine vergleichbaren Mutationen in z. B. anorektischen Patientengruppen beschrieben werden.

13.4.6 Periphere Hormone des Regelkreises

Neben der Vielzahl an bereits bekannten Molekülen der zentralen Gewichtsregulation sind neben dem anorexigen wirkenden Leptin deutlich weniger periphere Signale mit direktem und starkem Einfluss auf das Körpergewicht beschrieben. Für Insulin konnte ein Leptin-ähnlicher, aber schwächerer anorexigener Effekt beschrieben werden. Hier zeigte sich, dass Insulin in Neuronen des Nucleus arcuatus zu den gleichen Änderungen der reziproken Gen-Expression führt wie Leptin. So entwickeln Mäuse mit einem induzierten ZNS-spezifischen Defekt des Insulinrezeptors eine Adipositas (Brüning et al., 2000). Es konnte auch gezeigt werden, dass in den Insulin- und Leptin-

Zielneuronen des Nucleus arcuatus nach Bindung der jeweiligen Rezeptoren ein gemeinsamer intrazellulären Signaltransduktionsweg aktiviert wird. Somit scheinen – um im Bild der Zügel zu bleiben – zwei Kutscher die gleichen Zügel der hypothalamischen Gewichtsregulation zu führen. Da Leptin im Vergleich zu dem stark von Mahlzeiten abhängigen Schwankungen des Insulins relativ konstante Serumspiegel aufweist, könnte man in diesen beiden anorexigenen Hormonen langfristig-tonische und kurzfristig Mahlzeit-adaptierende Komponenten der Gewichtsregulation erkennen.

❗ Die Entdeckung eines orexigenen Gegenspielers zum anorexigenen Leptin/Insulinpaar stellt die neueste Errungenschaft auf dem Feld der neuroendokrinologischen Gewichtsregulation dar. Mit dem im Magen gebildeten Hormon Ghrelin, das an Neurone des Nucleus arcuatus bindet, gelang der Nachweis, dass auch in der Peripherie ein starkes reziprokes Regulationsprinzip der Gewichtsregulation besteht (Tschöp et al., 2000).

Es konnte gezeigt werden, dass die periphere Gabe von Ghrelin das Gewicht von Nagern deutlich steigert und beim Menschen eine Zunahme der täglichen Nahrungsaufnahme bewirkt. Weiterhin konnte gezeigt werden, dass Ghrelin einer Tagesrhythmik folgt, die sich dem Verlauf täglicher Mahlzeiten anpasst. So erreichen Ghrelin-Spiegel kurz vor einer Mahlzeit hohe Serumspiegel, um schon im Verlauf der Nahrungsaufnahme abzufallen und dann langsam wieder bis zur nächsten Mahlzeit anzusteigen. Aus dieser Rhythmik und aus den deutlich orexigenen Effekten wurde gefolgert, dass Ghrelin ein wesentliches peripheres Hormon darstellt, über das die aktuelle Nahrungsaufnahme induziert wird. Dass Ghrelin selbst wiederum einer zentralen Regulation unterliegt, kann man aus der Tatsache ableiten, dass das Niveau der Mahlzeiten-abhängigen Ghrelin-Rhythmik bei stark übergewichtigen Patienten deutlich abgesenkt ist. Diese Reduktion der Ghrelin-Konzentrationen bei Adipositas stellt eine sinnvolle Gegenregulation des Körpers zur Erhaltung eines Energiegleichgewichts dar.

Für weitere Peptidhormone des Gastrointestinaltrakts gibt es eine Vielzahl von Befunden, die ebenfalls auf eine Beeinflussung der Körpergewichtsregulation hindeuten (▶ Kap. 44). Allerdings sind die gewichtsbeeinflussenden Effekte dieser Peptide bisher noch nicht beim Menschen ausreichend untersucht.

13.5 Neuroendokrinologie der Adipositas

Aus dem bisher dargestellten Zusammenhängen der neuroendokrinologischen Regulation des Körpergewichts stellt sich abschließend die Frage, ob sich Defekte der bisher beschriebenen Komponenten der Gewichtsregulation bei Patienten mit Adipositas nachweisen lassen. Im Unterschied zu den leicht zugänglichen peripheren Hormonen Leptin und Ghrelin, die für die adäquate Gegenregulationen bei starker Adipositas nachgewiesen werden konnten – deutlicher Anstieg des anorexigenen Leptins und Senkung der orexigenen Ghrelin-Wirkung – lassen sich keine Daten zu den hypothalamischen Transmittersystemen bei adipösen Patienten erheben. Einzelne wenige Studien haben versucht, im Liquor Konzentrationen der bekannten hypothalamischen Peptidtransmitter mit verschiedenen induzierten Gewichtsänderungen zu korrelieren, was keine signifikanten Ergebnisse ergab. Hierbei ist zu berücksichtigen, dass die Transmitterkonzentration im zugänglichen Liquor des Spinalkanals höchstwahrscheinlich nicht repräsentativ für die funktionell relevante synaptische Konzentration im Bereich der hypothalamischen Axone ist. Somit bleibt bis auf weiteres die Frage offen, ob die Dekompensation der zentralen Körpergewichtsregulation bei Auftreten einer schweren Adipositas durch eine inadäquate Regulation der hypothalamischen Neurotransmitter POMC, CART, NPY oder AGRP zu erklären ist. Dies ist insbesondere deshalb bedauerlich, da sich nur durch den Nachweis einer solchen Fehlregulation ein gezielter und pathophysiologisch abgesicherter pharmakologischer Therapieansatz der Adipositas entwickeln ließe (▶ Kap. 43).

Das Körpergewicht stellt ebenso wie der Blutdruck oder die Herzfrequenz eine sehr genau regulierte physiologische Größe dar. Es konnte ein Regelkreis beschrieben werden, der hauptsächlich durch das periphere Hormon Leptin sowie durch das hypothalamische Melanocortin-System aufgebaut ist. Dieser Regelkreis hält das Körpergewicht in engen genetisch vorgegebenen Grenzen konstant. Abweichungen des Körpergewichts von der Norm, wie z.B. bei der schweren Adipositas, sind daher immer als schwerwiegende Schädigung dieses Regelkreises anzusehen.

Literatur

Adan RA, Kas MJ (2003) Inverse agonism gains weight. Trends Pharmacol Sci 24: 315–321

Brüning JC, Gautam D, Burks DJ, Gillette J, Schubert M, Orban PC, Klein R, Krone W, Muller-Wieland D, Kahn CR (2000) Role of brain insulin receptor in control of body weight and reproduction. Science 289: 2122–2125

Farooqi IS, Jebb SA, Langmack G, Lawrence E, Cheetham CH, Prentice AM, Hughes IA, McCamish MA, O'Rahilly S (1999) Effects of recombinant leptin therapy in a child with congenital leptin deficiency. N Engl J Med 341: 879–884

Gao JH (2001) Neuroimaging and obesity. Obes Res 9: 729–730

Leibel RL (1990) Is obesity due to a heritable difference in 'set point' for adiposity? West J Med 153: 429–431

Lustig RH, Post SR, Srivannaboon K, Rose SR, Danish RK, Burghen GA, Xiong X, Wu S, Merchant TE (2003) Risk factors for the development of obesity in children surviving brain tumors. J Clin Endocrinol Metab 88: 611–616

Nellni EA, Vaslet C, Harris M, Hollenberg A, Bjorbak C, Flier JS (2000) Leptin regulates prothyrotropin-releasing hormone biosynthesis. Evidence for direct and indirect pathways. J Biol Chem 275: 36124–36133

Tartaglia LA, Dembski M, Weng X, Deng N, Culpepper J, Devos R, Richards GJ, Campfield LA, Clark FT, Deeds J et al. (1995) Identification and expression cloning of a leptin receptor, OB-R. Cell 83: 1263–1271

Tschöp M, Smiley DL, Heiman ML (2000) Ghrelin induces adiposity in rodents. Nature 407: 908–913

Weigle DS (1994) Appetite and the regulation of body composition. FASEB J 8: 302–310

Zhang Y, Proenca R, Maffei M, Barone M, Leopold L, Friedman JM (1994) Positional cloning of the mouse obese gene and its human homologue. Nature 372: 425–432

Weiterführende Literatur

Barsh GS, Schwartz MW (2002) Genetic approaches to studying energy balance: perception and integration. Nat Rev Genet 3: 589–600

Kommentar: Dieser Artikel ist sehr zu empfehlen, da er den aktuellen Kenntnisstand zum Thema der Physiologie der Gewichtsregulation gut zusammenfasst. Alle wichtigen Gene und Hormone werden erwähnt und in anschaulichen Abbildungen in ihrer Interaktion dargestellt. In der immer komplexer werdenden Physiologie der molekularen Gewichtsregulation hilft diese Arbeit die wichtigen »Player« in den Regelkreisen im Auge zu behalten.

Elmquist JK, Elias CF, Saper CB (1999) From lesions to leptin: hypothalamic control of food intake and body weight. Neuron 22: 221–232

Kommentar: Sehr zu empfehlende Arbeit, die einem die Regelsysteme des Körpergewichts aus einer eher historischen Perspektive vermittelt. Durch den historischen Aufbau wird der Leser langsam und verständlich in die Anatomie und die molekulare Physiologie der Körpergewichtsregulation eingeführt.

Regulation von Hunger und Sättigung in Abhängigkeit von der Nahrungszusammensetzung

M. Wabitsch

Für zahlreiche Nährstoffe gibt es Hinweise, dass sie beim Menschen die Gewichtsentwicklung beeinflussen können (▶ Kap. 6). Für die Energieträger Protein, Kohlenhydrate und Fett ist bekannt, dass sie eine unterschiedliche Wirkung auf die Sättigung und die Energiebilanz haben können. Es ist davon auszugehen, dass die Zufuhr von Kohlenhydraten und Proteinen durch efferente Signale des ZNS relativ gut reguliert wird, während die Zufuhr von Fett im menschlichen Körper wenig akute Sättigung vermittelt und keiner guten Regulation unterworfen ist. Darüber hinaus ist gezeigt worden, dass Nahrungsmittel mit hohem Nahrungsfasergehalt eine bessere Sättigung vermitteln als Nahrungsmittel mit niedrigem Faseranteil. Für zahlreiche weitere Nährstoffe wurde eine Wirkung auf Hunger- und Sättigungsempfinden sowie auf davon unabhängige Stoffwechselvorgänge beschrieben, die die Gewichtsentwicklung beeinflussen.

14.1 Fett

Fett hat eine höhere Energiedichte als andere Nährstoffe. Zudem scheint die Gegenregulation des Körpers (Fett-induzierte Appetitkontrolle) nicht ausreichend und zeitlich erst spät einzutreten. Ein erhöhter Fettgehalt in der Nahrung ist zumindest für die Kurzzeitregulation der Nahrungszufuhr ungünstig. Die Speicherkapazität für Fett im Körper ist nahezu unbegrenzt. Übermäßige Zufuhr von Fett führt nicht zu einer akuten Erhöhung der Fettoxidation, sondern wird mit hoher Effizienz (ca. 96%) in den Fettgewebsdepots des Körpers abgespeichert (▶ Kap. 15). Einige prospektive Studien zeigten, dass der Fettgehalt der Nahrung die Gewichtsentwicklung beeinflussen kann.

14.2 Proteine

Die Mechanismen, die für die sättigende Wirkung von proteinhaltiger Nahrung verantwortlich sind, sind noch nicht gut aufgeklärt. Phenylalanin und Tryptophan sind Vorläufer von Monoa-min-Neurotransmittern, die eine sättigende Wirkung vermitteln können.

Dies weist darauf hin, dass die Aminosäurezusammensetzung der Nahrungsproteine die sättigende Wirkung unterschiedlich beeinflussen kann (Havel, 2001). Der Körper hat eine begrenzte Speicherkapazität für Eiweiß. Der Aminosäurestoffwechsel ist streng reguliert. Jeder Überschuss an Aminosäuren führt zu einer vermehrten und nahezu vollständigen Oxidation.

14.3 Kohlenhydrate

Für Kohlenhydrate gibt es im Körper eine geringe Speicherkapazität in Form von Glykogen. Die Aufnahme von Kohlenhydraten und deren Oxidation sind ebenfalls sehr streng reguliert. Ein Überschuss an Kohlenhydraten kann allerdings auch in Form von Fett abgespeichert werden. Die Konzentration der Glukose in der Zirkulation und der Glukosestoffwechsel sind wichtig für die Regulation der Nahrungszufuhr. Ein Teil der Wirkung wird über Glukose-sensitive Neurone im Hypothalamus vermittelt (Havel, 2001). Ein anderer Teil wird über den so genannten glykämischen Index der Nahrungsstoffe vermittelt (▶ Kap. 6). Es wird angenommen, dass der Verzehr von Mahlzeiten mit einem hohen glykämischen Index zu einem postprandialen Mangel an verfügbarer Energie führt und die erneute Energiezufuhr unterstützt.

> **Beratungstipps**
>
> Während einer Diät mit niedrigem Kohlenhydratanteil und relativ hohem Fett- und Proteinanteil wird kurzfristig eine größere Gewichtsabnahme erreicht als mit einer Diät, bei der der Kohlenhydratanteil zugunsten einer Reduktion des Fettanteils erhöht ist. Auf dieser Beobachtung basiert die seit langer Zeit bekannte Atkins-Diät. Ein Teil der Gewichtsabnahme kann dabei wahrscheinlich über die erhöhten zirkulierenden Konzentrationen von Ketonkörper (ketogene Diät) erklärt werden, die zu einer Hemmung des Hungerempfindens führen.
> ▼

> (Anmerkung: Diese Diät kann aufgrund von erheblichen Nebenwirkungen und der unklaren Langzeitergebnisse nicht empfohlen werden).

Die Zusammensetzung der Nährstoffe der Diät beeinflusst auch das Ausmaß, zu welchem überschüssige Energie abgespeichert wird. Die Nährstoffe niedriger Speicherkapazität im Körper werden bevorzugt oxidiert, wenn die Zufuhr den Bedarf übersteigt.

Die Eigenschaften von Makronährstoffen auf das Hunger- und Sättigungsempfinden und auf die Energiespeicherung sind in ❑ Tabelle 14.1 dargestellt.

14.4 Ballaststoffe (Nahrungsfasern)

Die Menge an konsumierten Ballaststoffen ist invers mit der Gewichtsentwicklung korreliert. Individuen mit einer hohen Zufuhr von Ballaststoffen (>21 g/8400 kJ) nahmen in 10 Jahren ungefähr 4 kg weniger an Gewicht zu als Individuen mit niedriger Zufuhr (< 12 g/8400 kJ). Nahrungsmittel mit hohem Faseranteil haben eine bessere Sättigungsvermittlung als Nahrungsmittel mit niedrigem Faseranteil.

Die Hemmung der Nahrungszufuhr durch Faserstoffe wird zum einem durch
- eine erhöhte Sättigungsvermittlung (bei niedrigem Energiegehalt der Nahrung) und/oder
- höherem Sättigungsempfinden (längerer Zeitraum zwischen den Mahlzeiten) oder durch

- eine Beeinflussung der Energiespeicherung (Steigerung der Fettoxidation, geringere Fettspeicherung) vermittelt.

Insbesondere führen lösliche Faserstoffe zu einer Reduktion der Absorptionsrate von Kohlenhydraten im Darm und folglich zu einer niedrigeren postalimentären Glukosekonzentration (glykämischer Index), die wiederum eine geringere Höhe der Insulinsekretion zur Folge hat. Weitere Mechanismen, die die Wirkung von Faserstoffen auf die Nahrungszufuhr vermitteln, sind beschrieben. Hierzu gehören auch die Beeinflussung gastrointestinaler Hormone (Cholezystokinin, »gastric inhibitory peptide«, »glucagon-like-peptide-I«).

Die Schmackhaftigkeit der Nahrung beeinflusst das Essverhalten (▶ Kap. 8), insbesondere besitzen Speisen mit hohem Fettgehalt und hohem Zuckergehalt einen ungünstigen Einfluss auf die Menge der zugeführten Nahrung und die Energiebilanz. Es konnte z. B. gezeigt werden, dass die Menge der zuckerhaltigen Getränke pro Tag die Gewichtsentwicklung bei Kindern beeinflussen kann (Ludwig, Peterson u. Gortmaker, 2001).

Für andere Nährstoffe bzw. Nahrungsmetabolite, wie Laktat, Pyruvat und Ketonkörper wurde eine hemmende Wirkung auf das Hungerempfinden und die Nahrungszufuhr beschrieben.

Neben den Makronährstoffen und deren Metabolite wurde auch für andere Nährstoffe eine allerdings von der Beeinflussung des Hunger- und Sättigungsempfindens eher unabhängige Wirkung auf die Körpergewichtsentwicklung beschrieben. Beispielsweise wird angenommen,

❑ Tabelle 14.1. Eigenschaften von Makronährstoffen auf das Hunger- und Sättigungsempfinden und auf die Energiespeicherung. (Mod. nach WHO, 1998)

	Proteine	Kohlenhydrate	Fett
Fähigkeit, eine Mahlzeit zu beenden	Hoch	Mittelmäßig	Niedrig
Fähigkeit, Hunger zu unterdrücken	Hoch	Hoch	Niedrig
Beitrag zur täglichen Energieaufnahme	Niedrig	Hoch	Hoch
Energiedichte	Niedrig	Niedrig	Hoch
Speicherkapazität des Körpers	Niedrig	Niedrig	Hoch
Selbstregulation (Fähigkeit, die eigene Oxidierung zu stimulieren)	Hervorragend	Hervorragend	Schlecht

dass der Kalziumgehalt der Nahrung die Gewichtsentwicklung des Körpers beeinflussen kann (Parikh u. Yanovski, 2003). Einen Einfluss auf die Körpergewichtsentwicklung wurde auch für bestimmte Fettsäuren beschrieben. Auf der Grundlage solcher Beobachtungen liegt es nahe, spezielle Nahrungsmittel zur Verfügung zu stellen, bei denen diese Zusammenhänge berücksichtigt werden (»functional food«; Hill u. Peters, 2002; ► Kap. 43).

> **Praxistipp**
>
> ▬ Eine ballaststoffreiche Nahrung, z.B. > 20 g/8400 kJ Faserstoffe oder für Kinder: »Lebensalter+5=Faserstoffe (g)«, mit ausgeglichenem Fettgehalt (< 35%) hat zumindest kurzfristig einen günstigen Einfluss auf das Sättigungsempfinden und damit die Menge an zugeführter Energie.
>
> ▬ Zuckerhaltige Getränke und Nahrungsmittel mit einem hohen Anteil von schnell verfügbarer Glukose (hoher glykämischer Index) sind bei Kindern mit einer übermäßigen Gewichtszunahme assoziiert.

Literatur

Havel PJ (2001) Peripheral signals conveying metabolic information to the brain: short-term and long-term regulation of food intake and energy homeostasis. Exp Biol Med 226: 963–977

Hill JO, Peters JC (2002) Biomarkers and functional foods for obesity and diabetes. Brit J Nutr 88: 213–218

Ludwig DS, Peterson KE, Gortmaker SL (2001) Relation between consumption of sugar-sweetened drinks and childhood obesity: a prospective, observational analysis. Lancet 357: 505–508

Parikh SJ, Yanovski JA (2003) Calcium intake and adiposity. Am J Clin Nutr 77: 281–287

Pereira MA, Ludwig DS (2001) Dietary fiber and body weight regulation. Observations and mechanisms. Ped Clin North Am 48: 969–980

WHO (1998) Report of a WHO consultation on Obesity

14

Regulation des Energiestoffwechsels

C. Maffeis, Y. Schutz

Kinder benötigen über die Nahrung zugeführte Energie, um den Stoffwechsel, die Körperfunktionen, die Gesundheit und das Wachstum aufrechtzuerhalten. Ein Kind ist in der Lage, die Energiezufuhr in Abhängigkeit vom Energieverbrauch zu regulieren und letzteren sehr effizient zu gestalten. Unterschiede in diesem Regulationsvermögen und dem Grad der Effizienz zwischen einzelnen Individuen werden durch genetische Faktoren verursacht (▶ Kap. 3). Die Mechanismen, die eine akkurate Anpassung der Energiezufuhr an den Energiebedarf steuern, sind nicht genau bekannt (▶ Kap. 12) und deshalb ist es schwierig, geeignete molekulare Ziele im Rahmen der Prävention und Therapie der Adipositas zu identifizieren. Allerdings wurden einige relevante Faktoren gefunden, die einen Teil des komplexen Regulationssystems erklären, in dem Energiezufuhr, Energieverbrauch, Körpergewicht und Körperzusammensetzung ständig direkt und indirekt in einem dynamischen Prozess miteinander interagieren (◧ Abb. 15.1; ▶ Kap. 12 und 13).

15.1 Energiebilanz

Die Regulation des Energieumsatzes ist bei den meisten Individuen sehr effizient, dynamisch gestaltet und präzise. Unter normalen Lebensbedingungen wird die Energiebilanz während der Veränderungen des Ernährungs- und Bewegungsverhaltens im Rahmen von Stunden, Tagen und Wochen spontan und unwillkürlich erreicht. Bei einem Ungleichgewicht von Energiezufuhr zu Energieabgabe muss es daher zu einer Veränderung des Körpergewichts bzw. der Körperzusammensetzung und damit des Energiegehalts des Körpers kommen. Die Änderung der abgespeicherten Energie im Körper durch die zeitliche Variabilität der Energiezufuhr und Energieabgabe kann unter Verwendung der Gleichung für die Energiebilanz wie folgt ausgedrückt werden:

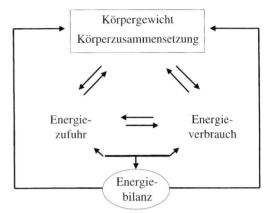

◧ **Abb. 15.1.** Komplexe Beziehung zwischen Energiezufuhr und Energieabgabe bzw. Energiebilanz und Körpergewicht bzw. Körperzusammensetzung

❗ **Zugeführte Energiemenge pro Zeiteinheit minus abgegebene Energiemenge pro Zeiteinheit = abgespeicherte Energiemenge pro Zeiteinheit***

Bei Tieren und bei Menschen konnte klar gezeigt werden, dass Veränderungen des Körpergewichts und der Körperzusammensetzung als Ergebnis einer chronisch positiven (oder negativen) Energiebilanz zu einer kompensatorischen Zunahme (oder Abnahme) der Energieabgabe führen, die einer weiteren Gewichtszunahme (oder -abnahme) entgegenwirkt (Weyer et al., 2000). Die weltweit zunehmende Prävalenz von Übergewicht und Adipositas im Kindesalter zeigt, dass die Anpassung des Energieverbrauchs an die Energiezufuhr während der schnellen und tiefgreifenden Veränderungen der Lebensbedingungen inadäquat ist (▶ Kap. 3). Die Adipositas ist der Preis, der für die Unfähigkeit der homöostatischen Mechanismen des menschlichen Körpers, sich schnell an die neuen Lebensbedingungen anzupassen (Missadaptation), bezahlt werden muss.

---

* Die zusätzlich für das Wachstum benötigte Energie (Energiegehalt der neugebildeten Gewebe und der Energiebedarf für den Aufbau des Gewebes) der Kinder verändern diese Gleichung nicht, da das Wachstum gleichzusetzen ist mit einer physiologischen Abspeicherung von Energie in neuem Gewebe (fettfreie und fetthaltige Körpermasse).

15.2 Energieverbrauch

Der gesamte tägliche Energieverbrauch eines Kindes ist die Summe aus

- dem Grundumsatz (»basal-metabolic rate«, BMR),
- der postprandialen Thermogenese (oder dem thermischen Effekt der Nahrung),
- dem Energieverbrauch für die körperliche Aktivität (EE_{Act}) und
- einer kleineren Komponente, dem Energieverbrauch, der für das Wachstum notwendig ist (EE_G); (▶ Kap. 9 und 13).

Je höher die fettfreie Körpermasse eines Individuums (in kg) ist, umso höher ist der Grundumsatz (▶ Kap. 32). Die Schilddrüsenfunktion und der Eiweißstoffwechsel sind weitere Einflussgrößen für die metabolische Aktivität der fettfreien Körpermasse und des Grundumsatzes. Die Fettmasse (FM), die 2. Komponente des Körpergewichts im 2-Kompartiment-Modell der Körperzusammensetzung (▶ Kap. 33), hat eine niedrige metabolische Aktivität. Diese ist hauptsächlich durch die Verstoffwechslung von Fettsäuren in Fettzellen (▶ Kap. 7) bedingt, so dass qualitativ gesehen die Fettmasse bei adipösen Personen einen signifikanten Beitrag zum Grundumsatz liefert, da diese eine deutlich erhöhte Körperfettmasse besitzen.

Der Energieverbrauch für die körperliche Aktivität wird hauptsächlich durch das Körpergewicht bestimmt (Maffeis et al., 1993 a). Je höher das Körpergewicht (FFM+FM, fettfreie Masse und Fettmasse), umso höher ist der Energieverbrauch für körperliche Aktivitäten, bei denen das Gewicht des Körpers bewegt werden muss, wie z. B. Gehen, Laufen (▶ Kap. 16). Die verbleibende interindividuelle Variabilität des Energieverbrauchs durch körperliche Bewegung kann über den Einfluss des Trainingszustandes, der zu einer höheren Arbeitseffektivität führt und einer Verbesserung der Arbeitsökonomie sowie durch Umgebungsfaktoren (Umgebungstemperatur, Umgebungsfeuchtigkeit und Höhe) erklärt werden.

15.2.1 Thermogenese

❶ Der Begriff Thermogenese bezieht sich auf die Differenz zwischen basalem Energieverbrauch und dem gemessenen Energieverbrauch im kompletten Ruhezustand. Dieser wird durch verschiedene Faktoren beeinflusst. Ein Hauptfaktor ist die Nahrungszufuhr.

Der thermogenetische Effekt einer Mahlzeit beträgt ungefähr 10% (oder weniger bei einigen adipösen Individuen) der Gesamtenergiezufuhr (oder des Gesamtenergieverbrauchs). Der thermogenetische Effekt einer Mahlzeit wird durch die Menge an exogen zugeführten Nährstoffen bedingt. Thermogenese entsteht hauptsächlich durch die Absorption, Verstoffwechslung und Speicherung von Nahrung und entspricht der ATP-Menge, die benötigt wird, um Makronährstoffe innerhalb des Magen-Darm-Trakts zu absorbieren und die für den Transport der Nährstoffe im Körper und bei der Speicherung im Gewebe und Organen notwendig ist (Glukose als Glukogen, Fettsäuren in Form von Triglyzeriden, ◨ Abb. 15.2).

Zusätzlich trägt die metabolische Veränderung von Eiweiß, Glykogen und Fett im Körper zur Thermogenese bei, da diese Vorgänge mit Recyclingprozessen vergleichbar sind (die ihrerseits ATP verbrauchen). Die Metabolisierung von Eiweiß und Glykogen wird durch die Nahrungszufuhr stimuliert. Der Energiebedarf für diese Prozesse ist unterschiedlich: er ist für den Protein-Stoffwechsel (25–30% des Energiegehalts von Eiweiß) höher als für den Kohlenhydrat-Stoffwechsel (5–10%) und den Lipid-Stoffwechsel (2–4%; Jequier, 1984). Deshalb ist die Zusammensetzung der Nahrung neben ihrem Energiegehalt eine wichtige Einflussgröße der nahrungsinduzierten Thermogenese und damit auch der Energiebilanz des Körpers.

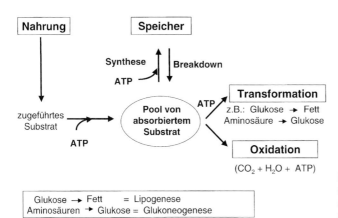

Abb. 15.2. Der ATP-Verbrauch im Intermediär-Stoffwechsel, Beitrag zum thermogenetischen Effekt der Nahrung (postprandiale Thermogenese)

Zusammengefasst kann Thermogenese durch eine Reihe von Faktoren induziert werden:

1. Durch Nahrungszufuhr entweder direkt nach einer Mahlzeit (der so genannte thermische Effekt der Nahrung) oder mittelfristig während einer länger dauernden Überernährung nach Adaptation an das neue Niveau der zugeführten Energie (adaptative Thermogenese).
2. Durch Kälteexposition bzw. durch Kälte-induzierte Thermogenese.
3. Durch Aufnahme von potenziellen, thermogenetischen Substanzen (Koffein, Tein und bestimmten Medikamenten, die einen thermogenetischen Effekt haben).

Aus der Tatsache, dass während der letzten Jahrzehnte der Energiegehalt der Ernährung der Kinder kontinuierlich nach unten gegangen ist (▶ Kap. 6), lässt sich vermuten, dass eine gleichzeitige über dieses Maß hinausgehende Reduktion des Gesamtenergiebedarfs die Entwicklung der Adipositas gefördert hat (▶ Kap. 5). Theoretisch können alle Komponenten des täglichen Gesamtenergieverbrauchs verantwortlich für diesen reduzierten Bedarf sein. Allerdings unterstützen die verfügbaren Daten nicht die Hypothese, dass normalgewichtige Kinder, die später adipös sind, eine höhere metabolische Effizienz aufweisen (Goran, Carpentier u. Poehlmann, 1993). In diesem Zusammenhang ist besonders zu erwähnen:

a) Der Grundumsatz ist bei adipösen Kindern höher als bei nicht adipösen aufgrund der höheren fettfreien Körpermasse (dem metabolisch aktiven Gewebe). Wenn man den Grundumsatz auf die fettfreie Körpermasse bezieht, dann findet sich kein Unterschied zwischen adipösen, ehemalig adipösen und immer schlanken Kindern (Maffeis, Schutz u. Pinelli, 1992a).

b) Die nahrungsinduzierte Thermogenese ist bei adipösen Kindern etwas geringer als bei nicht adipösen Kindern (Molnar et al., 1985; Tounian et al., 1993; Maffeis et al., 1993b). Dieser Befund kann durch eine verminderte sympathische Aktivität nach Nahrungszufuhr und durch die bestehende Insulinresistenz erklärt werden. Allerdings wird dieser kleine Unterschied durch eine Gewichtsabnahme aufgehoben. Daraus lässt sich schließen, dass eine reduzierte nahrungsinduzierte Thermogenese eher nicht als ätiologisch wichtiger Faktor für die Entstehung der Adipositas bei Kindern herangezogen werden kann (Maffeis, Schutz u. Pinelli, 1992b).

c) Der Energieverbrauch für körperliche Aktivität war bei Kindern und Jugendlichen mit Adipositas nicht niedriger als bei normalgewichtigen des gleichen Alters und Geschlechts (❑ Abb. 15.3, Bandini, Schoeller u. Dietz, 1990; Maffeis et al., 1996). Ebenso konnten longitudinale Untersuchungen unter normalen Lebensbedingungen unter Verwendung von doppelt-markiertem schwerem Wasser in Kombination mit indirekter Kalorimetrie (um den nicht aus dem Grund-

15

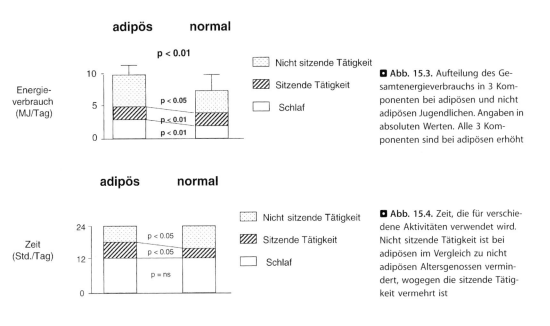

■ **Abb. 15.3.** Aufteilung des Gesamtenergieverbrauchs in 3 Komponenten bei adipösen und nicht adipösen Jugendlichen. Angaben in absoluten Werten. Alle 3 Komponenten sind bei adipösen erhöht

■ **Abb. 15.4.** Zeit, die für verschiedene Aktivitäten verwendet wird. Nicht sitzende Tätigkeit ist bei adipösen im Vergleich zu nicht adipösen Altersgenossen vermindert, wogegen die sitzende Tätigkeit vermehrt ist

umsatz herrührenden Energieverbrauch messen zu können; ▶ Kap. 33 und 34) keinen signifikanten Unterschied zwischen dem Energieverbrauch für die körperliche Aktivität und dem Zuwachs an Körperfett bei Kindern demonstrieren (Goran et al., 1998). Allerdings ist anzumerken, dass die Genauigkeit der verfügbaren Methoden um den Energieverbrauch für die körperliche Bewegung unter normalen Lebensbedingungen zu messen es nicht erlaubt, kleine Unterschiede in der Größenordnung von 1–2% des Gesamtenergieverbrauchs zu detektieren (▶ Kap. 33 und 34). Ein minimales Ungleichgewicht zwischen Gesamtenergiezufuhr und Gesamtenergieverbrauch in dem Sinne, dass die Zufuhr größer als der Verbrauch ist, kann zu einem geringen Energieüberschuss führen und schließlich zur Akkumulation von Körperfett (▶ Kap. 12). Dabei kann eine geringfügige chronische Imbalanz zwischen Energiezufuhr und -verbrauch von nur 1% relevant sein. Bei einem 12 Jahre alten normalgewichtigen Jungen kann eine solche Differenz über ein Jahr zu einem Energieüberschuss von mehr als 35 000 kJ führen, und wenn diese Energie abgespeichert wird in Form von Fett würde das ungefähr 0,9 kg Fett entsprechen oder einem Zuwachs von 20% der Gesamtfettmasse.
d) Adipöse Kinder verbringen mehr Zeit am Tag als ihre Altersgenossen mit körperlicher Aktivität

mit niedrigem Energieverbrauch (■ Abb. 15.4; Bandini, Schoeller u. Dietz, 1990). Heute ist eine sitzende Tätigkeit bei Kindern sehr weit verbreitet (▶ Kap. 5). Eine solche Verhaltensweise ist ein potenzieller Prädiktor für die weitere Gewichtszunahme (Maffeis, Zaffanello u. Schutz, 1997). Weitere Untersuchungen sind notwendig, um mehr Klarheit über die Rolle der Muskelaktivität beim Energieverbrauch und Zuwachs an Körperfett bei Kindern zu schaffen.

15.3 Nährstoff- bzw. Substratbilanz

Um den komplexen Bereich der Energiebilanz-Regulation bei Kindern näher zu beleuchten, ist es notwendig, sich mit dem Konzept der Nährstoffbilanz bzw. des Nährstoffbedarfs zu beschäftigen. Der gesamte Energiebedarf wird durch die Summe des Bedarfs aller Gewebe und Organe, die den Körper ausmachen, bestimmt. Dieser muss durch die Energie, die durch die Makronährstoffe zugeführt wird, gedeckt werden. Für Kinder sind die energietragenden Nährstoffe: Kohlenhydrate, Eiweiß und Fett, da Alkohol normalerweise nicht zugeführt wird. Die Energie, die aus Faserstoffen dem Körper zugeführt wird, ist vernachlässigbar gering und macht weit weniger als 1% der Gesamtenergiezufuhr bei einer typischen Ernährung in unserem Land aus.

Die Nährstoffe, die dem Körper zur Verfügung stehen, werden nach ihrer Absorption entweder oxidiert und/oder gespeichert. Deshalb besteht die Gesamtenergiebilanz aus der Summe von 3 individuellen Nährstoffbilanzen:

— Energie-(Substrat-)Bilanz = Protinbilanz + Kohlenhydratbilanz + Fettbilanz
  Dabei wird jede Nährstoffbilanz berechnet aus

— Menge an zugeführtem Nährstoff – Menge an oxidiertem Nährstoff = Menge an abgespeichertem Nährstoff

Zwei Hauptfaktoren wurden identifiziert, die eine wichtige Rolle beim Zuwachs von Körperfett bei Kindern haben:

1. Die Tatsache, dass durch eine Fettzufuhr die Fettoxidation nicht wesentlich gesteigert wird und

2. die konstitutionelle oxidative »Hierarchie« im Organismus, die den Kohlenhydraten und dem Protein die Priorität für die Oxidierung vor dem Fett gibt.

Auf der Basis von experimentellen Daten bei Tieren und beim Menschen kann davon ausgegangen werden, dass die Protein- und Kohlenhydratbilanz sehr effizient selbstreguliert sind (Flatt, 1988). Dies trifft für die Fettbilanz nicht zu (▶ Kap. 14). Die Aufnahme von reinen Makronährstoffen führte bei Erwachsenen dazu, dass die Eiweiß- und Kohlenhydratzufuhr direkt die Eiweiß- und Kohlenhydratoxidierung stimuliert haben, während die Fettzufuhr die Fettoxidation nicht beeinflusste (Schutz, Flatt u. Jequier, 1989). Die Zufuhr von großen Fettmengen in der Nahrung (ca. 106 g Fett in 24 h oder ca. 35% des täglichen Energiebedarfs) führt nur zu einem unmerklichen Anstieg der Fettoxidation (weniger als 1%) und des gesamten Energieverbrauchs. Der Körper hat eine relativ kleine Speicherkapazität für Kohlenhydrate (in Form von Glykogen) und für Eiweiß (als »labiles« Eiweiß und in Form eines sehr kleinen Aminosäurenpools). Im Gegensatz dazu ist die Fettspeicherkapazität nahezu unbegrenzt. Darüber hinaus ist es für den Organismus zwingend notwendig, die zirkulierende

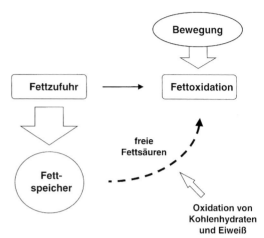

◘ Abb. 15.5. Exogen zugeführtes Fett wird primär im Fettgewebe gespeichert und nur wenig wird direkt oxidiert. Die Fettoxidation kann verstärkt werden durch eine Zunahme der Körperfettmasse (bei Adipositas) oder durch vermehrte körperliche Aktivität

Glukosekonzentration innerhalb enger Grenzen zu halten. Die beiden o. g. Besonderheiten erklären, warum im Gegensatz zu Kohlenhydraten und Eiweiß das aufgenommene Fett vorzugsweise abgespeichert wird, zumindest die Menge, die nicht direkt oxidiert wird. Dieser Prozess ist unabhängig von der Menge an zugeführtem Fett, hängt aber von der Menge an zugeführten Kohlenhydraten und Eiweiß, die gleichzeitig zugeführt werden und dann oxidiert werden, ab (◘ Abb. 15.5). In anderen Worten: Die Körperfettmasse kann als »Energiepuffer« des Körpers betrachtet werden.

Im Fettgewebe kann Fett aus Kohlenhydraten synthetisiert werden (De-novo-Lipogenese; Acheson et al., 1987; ▶ Kap. 7). Jedoch spielt die De-novo-Lipogenese unter normalen Ernährungsbedingungen in den Industrieländern eine untergeordnete Rolle. Eine massive Überernährung mit Kohlenhydraten (Energiezufuhr ca. 21 000 kJ pro Tag, 85% Kohlenhydrate) über mehrere Tage führte zu einer Nettolipidsynthese von ca. 150 g pro Tag aus Kohlenhydraten, nachdem die Glykogenspeicher gesättigt waren (Acheson et al., 1988). Auf der Basis der Kenntnis, dass die Menge an Glukose, die in Fett verwandelt wird, bei Erwachsenen unter einer normalen Mischkost vernachlässigbar gering ist, lässt sich ableiten, dass für eine Gewichtsstabilität der Organismus nicht nur Eiweiß, sondern auch Kohlenhydrate und Fett oxidieren sollte entsprechend dem Verhältnis wie diese Nährstoffe über die Ernährung zugeführt werden.

15.4 Nahrungszusammensetzung, Skelettmuskulatur und Adipositas

Die Zusammensetzung der Nahrung beeinflusst die Nährstoffbilanz. Besonders zu erwähnen ist, dass eine Beziehung zwischen der Fettzufuhr (ausgedrückt als Anteil an der Energiezufuhr) und der Adipositas bei Kindern und Jugendlichen besteht (Maffeis, Pinelli u. Schutz, 1996; Gazzaniga u. Burns, 1993; ▶ Kap. 15). Darüber hinaus lassen longitudinale Daten vermuten, dass die Fettzufuhr ein ursächlicher Faktor für den Zuwachs an Fettmasse darstellt (Klesges et al., 1995). Erwachsene, die sich ad libitum von dem Auge nach identischen Nahrungsmitteln ernährten, welche allerdings unmerklich derart manipuliert waren, dass sie 20, 40, 60% Fett beinhalteten, zeigten im Verlauf unterschiedliche Veränderungen ihrer Körperfettmasse: Diejenigen, die die Nahrungsstoffe mit niedrigem Fettgehalt zu sich nahmen, zeigten einen leichten Verlust an Körperfettmasse. Eine leichte Zunahme an Körperfett wurde bei denjenigen gefunden, die sich mit einer Diät mit 40% Fettgehalt ernährten, schließlich war ein deutlicher Zuwachs an Fettmasse bei denjenigen gefunden worden, die die Diät mit hohem Fettgehalt zu sich nahmen (Stubbs et al., 1995a). Diese Ergebnisse unterstreichen die Rolle der Fettzufuhr bei dem Zuwachs an Fettmasse.

> **Praxistipp**
>
> Eine Ernährung mit hohem Fettgehalt kann das Wachstum der Fettmasse durch mehrere Mechanismen begünstigen:
> - Die hohe Energiedichte und Schmackhaftigkeit fettreicher Ernährung fördert eine größere spontane Nahrungs- bzw. Energiezufuhr (Stubbs et al., 1995 b),
> - wenig Steigerung des Sättigungsempfindens (Rolls et al., 1994),
> - geringe Autoregulation bei übermäßiger Energiezufuhr (Blundell, Burley u. Lawton, 1993) und
> - geringe Nahrungsmittel-induzierte Thermogenese (Maffeis et al., 2001).
>
> Über die Rolle der Kohlenhydrat- und Proteinzufuhr auf die Entwicklung von Adipositas sind deutlich weniger Daten verfügbar.

Das Muster der Nahrungszufuhr kann theoretisch auch die Fett- und Nährstoffbilanz beeinflussen. Insbesondere scheint die Aufteilung der Nahrungszufuhr über den Tag und im Speziellen die Nahrungszufuhr am Abend mit Adipositas bei präpubertären Kindern assoziiert zu sein (Maffeis et al., 2000). Wenn auch diese Beziehung in weiteren experimentellen Untersuchungen genauer überprüft werden muss, ist es denkbar, dass eine große Nahrungsmenge, die zum Abendessen gegessen wird und der normalerweise keine Phase körperlicher Aktivität erfolgt, wie dies nach dem Frühstück oder Mittagessen der Fall ist, eine effizientere Energiespeicherung hauptsächlich in Form von Fett begünstigen wird. Der Verzehr einer fettreichen Nahrung zum Abendessen verstärkt dieses Risiko des Fettzuwachses (Maffeis u. Schutz, unpublizierte Beobachtung).

Es ist auch notwendig, den dynamischen Effekt der Fettbilanz zu betrachten. Es gibt überzeugende Daten, die zeigen, dass im Rahmen einer positiven Energiebilanz und einer bestimmten Ernährungszusammensetzung der allmähliche Zuwachs der Fettspeicher eine simultane Zunahme der Fettoxidation bewirkt, die zu einer neuen Fettbilanz führt, welche bei höherem Körpergewicht und vergrößerter Körperfettmasse erreicht wird. Bei Kindern, Jugendlichen und Erwachsenen wurde klar gezeigt, dass eine direkte Beziehung zwischen der Körperfettmasse und der postabsorptiven Fettoxidation besteht (Maffeis, Pinelli u. Schutz, 1995; Molnar u. Schutz, 1998; Schutz, 1993). Bei einer größeren Fettmasse ist der Fettsäure-Turnover im Fettgewebe erhöht. Dies fördert die Entwicklung von höheren Nüchtern-Fettsäurekonzentrationen im Blut und führt schließlich dazu, dass die Substratverfügbarkeit im Muskel in Kompetition mit der Glukose vergrößert ist. Höhere zirkulierende Insulinspiegel können die Insulinresistenz überwinden und die reduzierte Glukoseoxidation normalisieren. Diese Entwicklung führt zu einer allmählichen Zunahme der Insulinresistenz (▶ Kap. 18). Die Insulinsensitivität im Fettgewebe ist für die Fettoxidation deutlich geringer als für die Lipolyse. Der so genannte »Masseneffekt«, der durch die Adipositas auf die Fettoxidation wirkt, kann als limitierter Faktor angesehen werden, der die Expansion der Fettmasse selbst limitiert (Schutz et al., 1992; Zurlo et al., 1990).

> Eine kürzlich veröffentlichte Studie zeigt, dass bei Kindern ca. 11% der postprandial oxidierten Fettmenge aus dem mit der Nahrung zugeführten Fett stammten und 89% aus endogenem, abgespeichertem Fett für die Oxidation rekrutiert wurden (innerhalb von 9 h nach der Nahrungszufuhr unter Ruhebedingungen; Maffeis et al., 1999). Die Oxidation von exogenem Fett ausgedrückt als Anteil der gesamten Fettoxidation war direkt mit der Fettmasse des Körpers korreliert ($r=0{,}56$, $p<0{,}03$), wogegen die Oxidation von endogenem Fett ausgedrückt als Anteil der gesamten Fettoxidation invers mit dem Ausmaß der Adipositas assoziiert war ($r=-0{,}57$, $p<0{,}03$). Die vermehrte Oxidation von exogenem Fett während der Entstehung einer Adipositas kann als protektiver Mechanismus angesehen werden, der einer weiteren Zunahme der Fettmasse vorbeugt, wenn der Körper exogenem Fett im Rahmen einer Mahlzeit exponiert wird.

Ein anderes quantitativ wichtiges Gewebe, das bei der Regulation der Fettbilanz eine Rolle spielt, ist neben dem Fettgewebe die Skelettmuskulatur. Die meisten Fettsäuren werden in der Skelettmuskelzelle oxidiert. Die Fettoxidation im Muskel wird durch die körperliche Aktivität stimuliert, v. a. bei langdauernder körperlicher Aktivität (Tremblay et al., 1992; Martin et al., 1993). Die Fettoxidationsrate während und nach körperlicher Betätigung wird durch die Art der körperlichen Betätigung bestimmt (aerob, anaerob), durch ihre Intensität und Dauer, den Trainingszustand des Individuums und die Umgebungsbedingungen (Temperatur, Luftdruck und Feuchtigkeit). Die höchste Fettoxidationsrate wird normalerweise bei moderater Intensität (60% VO_2max) einer aeroben Aktivität erreicht (Martin, 1996).

Interessanterweise wird die Ernährungszusammensetzung durch die körperliche Aktivität beeinflusst. Kinder, die regelmäßig an einem Sportprogramm teilnahmen, neigten dazu, selbstbestimmend eine Ernährung zu wählen, die ein relativ hohes Kohlenhydrat-zu-Fett-Verhältnis hatte (Deheeger et al., 1997).

Literatur

Acheson KJ, Schutz Y, Bessard T et al. (1987) Carbohydrate metabolism and de novo lipogenesis in human obesity. Am J Clin Nutr 45: 78–85

Acheson KJ, Schutz Y, Bessard T et al. (1988) Glycogen storage capacity and de novo lipogenesis during massive overfeeding in man. Am J Clin Nutr 48: 240–247

Bandini L, Schoeller DA, Dietz WH (1990) Energy expenditure in obese and nonobese adolescents. Pediatr Res 27: 198–203

Blundell J, Burley VJ, Lawton CL (1993) Dietary fat and the control of energy intake: evaluating the effects of fat on meal size and postmeal satiety. Am J Clin Nutr 57(suppl): 772S–778S

Deheeger M, Rolland-Cacherà MF, Fontvieille AM (1997) Physical activity and body composition in 10 year old French children: linkages with nutritional intake? Int J Obes 21: 372–379

Flatt JP (1988) Importance of nutrient balance in body weight regulation. Diabetes Metab Rev 4: 571–581

Gazzaniga JM, Burns TL (1993) Relationship between diet composition and body fatness, with adjustment for resting energy expenditure and physical activity, in preadolescent children. Am J Clin Nutr 58: 21–28

Goran MI, Carpenter WH, Poehlman ET (1993) Total energy expenditure in 4- to 6-year-old children. Am J Physiol 264: E706–711

Goran MI, Shewchuk R, Gower BA, Nagy TR, Carpenter WH, Johnson RK (1998) Longitudinal changes in fatness in white children: no effect of childhood energy expenditure. Am J Clin Nutr 67(2): 309–316

Jequier E (1984) Energy expenditure in obesity. In: James WPT (ed) Clinics in Endocrinology and Metabolism. WB Saunders, Philadelphia, pp 563–580

Klesges RC, Klesges LM, Eck LH, Shelton ML (1995) A longitudinal analysis of accelerated weight gain in preschool children. Pediatrics 95 :126–130

Maffeis C, Schutz Y, Pinelli L (1992a) Effect of weight loss on resting energy expenditure in obese prepubertal children. Int J Obes 16: 41–47

Maffeis C, Schutz Y, Pinelli L (1992b) Postprandial thermogenesis in obese children before and after weight reduction. Europ J Clin Nutr 46: 577–583

Maffeis C, Pinelli L, Schutz Y (1995) Increased fat oxidation in prepubertal children: a metabolic defense against further weight gain? J Pediatr 126: 15–20

Maffeis C, Pinelli L, Schutz Y (1996) Fat intake and adiposity in 8 to 11-year-old obese children. Int J Obes 20: 170–174

Maffeis C, Zaffanello M, Schutz Y (1997) Relationship between physical inactivity and adiposity in prepubertal boys. J Pediatr 131: 288–292

Maffeis C, Schutz Y, Schena F, Zaffanello M, Pinelli L (1993a) Energy expenditure during walking and running in obese and nonobese prepubertal children. J Pediatr 123(2): 193–199

Maffeis C, Schutz Y, Zoccante L, Micciolo R, Pinelli L (1993b) Meal-induced thermogenesis in lean and obese prepubertal children. Am J Clin Nutr 578: 481–485

Maffeis C, Zaffanello M, Pinelli L, Schutz Y (1996) Total energy expenditure and patterns of activity in 8 to 10-year-old obese and nonobese children. J Ped Gastroenterol Nutr 23: 256–261

Maffeis C, Armellini F, Tatò L, Schutz Y (1999) Fat oxidation and adiposity in children: exogenous versus endogenous fat utilisation. J Clin Endocr Metab 84: 654–658

Maffeis C, Provera S, Filippi L, Sidoti G, Schena S, Pinelli L, Tato L (2000) Distribution of food intake as a risk factor for childhood obesity. Int J Obes Relat Metab Disord 24(1): 75–80

Maffeis C, Schutz Y, Grezzani A et al. (2001) Meal-induced thermogenesis and obesity: is a fat meal a risk factor for fat gain in children? J Clin Endocrinol Metab 86: 214–219

Martin WH (1996) Effects of acute and chronic exercise on fat metabolism. Exer Sports Sci Rev 24: 203–231

Molnar D, Schutz Y (1998) Fat oxidation in nonobese and obese adolescents: effect of body composition and pubertal development. J Pediatr 132: 98–104

Molnar D, Varga P, Rubecz I et al. (1985) Food induced thermogenesis in obese children. EurJ Pediatr 144: 27–31

Rolls BJ, Kim-Harris S, Fischman MW et al (1994) Satiety after preloads with different amounts of fat and carbohydrate: implications for obesity. Am J Clin Nutr 60: 476–487

Schutz Y (1993) The adjustement of energy expenditure and oxidation to energy intake: the role of carbohydrate and fat balance. Int J Obes Relat Metab Disord 17 (Supple 3): 23–27

Schutz Y, Flatt JP, Jequier E (1989) Failure of dietary fat to promote fat oxidation: a factor favoring the development of obesity. Am J Clin Nutr 50: 307–314

Schutz Y, Tremblay A, Weinsier RL, Nelson KM (1992) Role of fat oxidation in the long-term stabilization of body weight in obese women. Am J Clin Nutr 55: 670–674

Stubbs RJ, Harbron CG, Murgatroyd PR, Prentice AM (1995a) Covert manipulation of dietary fat and energy density: effect on substrate flux and food intake in men feeding ad libitum. Am J Clin Nutr 62: 316–329

Stubbs RJ, Ritz P, Coward WA, Prentice AM (1995b) Covert manipulation of the dietary fat to carbohydrate ratio and energy density: effect on food intake and energy balance in free-living men feeding ad libitum. Am J Clin Nutr 62: 330–337

Tounian P, Girardet J Ph, Carlier L et al. (1993) Resting energy expenditure and food-induced thermogenesis in obese children. J Pediatr Gastroent Nutr 16: 451–457

Weyer C, Pratley RE, Salbe AD et al. (2000) Energy expenditure, fat oxidation, and body weight regulation: a study of metabolic adaptation to long term weight change. J Clin Endocrinol Metab 85: 1087–1094

Zurlo F, Lillioja S, Esposito-Del Puente A et al. (1990) Low ratio of fat to carbohydrate oxidation as a predictor of weight gain: study of 24-h RQ. Am J Physiol 259: E650–657

Regulation des Energieverbrauchs über körperliche Bewegung

H. Hebestreit

Der Energiebedarf des Körpers gliedert sich in den so genannten Ruheumsatz (50–70% des Gesamtbedarfs), die zusätzliche Wärmeproduktion im Rahmen der Nahrungsverdauung (ca. 10–15%), den Bedarf für das Wachstum und den Bedarf für aktive körperliche Bewegung. Der Anteil der für die aktive körperliche Bewegung benötigten Energie am Gesamtbedarf ist hierbei der variabelste (Malina u. Bouchard, 1991). So nimmt ein gesunder 12-jähriger Junge täglich ca. 7,9 MJ Energie mit der Nahrung zu sich, während ein Sportler gleichen Alters und Gewichts ca. 2,5 MJ (=32%) mehr Energie umsetzt (Fogelholm et al., 2000).

16.1 Energiebereitstellung bei körperlicher Belastung

Die Energiebereitstellung während sehr kurzer körperlicher Belastungen erfolgt aus den ATP- und Phosphokreatininspeichern der Muskulatur. Bereits bei körperlicher Aktivität von einigen Sekunden Dauer wird die Energie jedoch zunehmend über den glykolytischen (»laktaziden«) Stoffwechsel gewonnen. Nach etwa 2 min Belastung werden mehr als 50% der benötigten Energie durch Oxidation von Glukose bereit gestellt. Die Oxidation von Lipiden, Aminosäuren oder Cholesterin spielt quantitativ eine untergeordnete Rolle. Quellen der muskulären Glukoseoxidation sind neben den Glykogenspeichern in der Muskulatur die Glukose aus dem Blut, die aus den Glykogenspeichern der Leber sowie eventuell aufgenommener Nahrung ersetzt wird.

> **Praxistipp**
>
> Erst bei einer langdauernden Belastung gewinnt die Oxidation von Triglyzeriden sowohl aus intramuskulären Speichern als auch aus Adipozyten für die Energiebereitstellung an Bedeutung.

So stammen z. B. während eines Marathon-Laufs nur etwa 20% der benötigten Energie aus der Verbrennung von Triglyzeriden. Bei einem 80 km Lauf (Ultra-Marathon) sind es »nur« 60%. Bei

der Beurteilung dieser Zahlen darf jedoch nicht vergessen werden, dass nach Beendigung einer Belastung die Störungen im Energie-, Flüssigkeits- und Ionengleichgewicht ausgeglichen werden müssen, was mit einer erhöhten Oxidation von Lipiden einher geht. Weiterhin wird der Stoffwechsel in dieser Phase durch die erhöhte Körpertemperatur, Atmung und Herzfrequenz gesteigert.

Neben der Dauer einer Belastung bestimmt auch ihre Intensität relativ zur anaeroben Schwelle und zur maximalen Leistungsfähigkeit über den Anteil der Lipidoxidation an der Energiebereitstellung.

> **Beratungstipps**
>
> Belastungen mit niedriger Intensität gehen mit einer relativ stärkeren Lipidoxidation einher als intensivere Belastungen.

16.2 Körperliche Leistungsfähigkeit

Die maximale Sauerstoffaufnahme (VO_2max) gilt als bester Einzelparameter zur Bestimmung der körperlichen Leistungsfähigkeit einer Person (▶ Kap. 34). Gleichzeitig ist dieser Parameter ein Wert für die maximale oxidative Kapazität unter physiologischen Bedingungen. Während in der Vergangenheit kardiovaskuläre Faktoren als begrenzend für die VO_2max angesehen wurden, gilt heute auch die oxidative Kapazität der Muskulatur als begrenzend.

Die absolute VO_2max in ml O_2 pro Minute nimmt im Laufe des Kindes- und Jugendalters zu. Da die VO_2max u. a. von der Körpergröße und dem Geschlecht abhängt, wird sie traditionell auf das Körpergewicht bezogen. Die gewichtsbezogene VO_2max liegt bei Jungen unabhängig vom Alter relativ konstant um 50 ml·min^{-1}·kg^{-1}. Bei Mädchen fällt die VO_2max von ca. 47 ml·min^{-1}·kg^{-1} im Alter von 8 Jahren auf ca. 37 ml·min^{-1}·kg^{-1} mit 16 Jahren ab. Die Standardabweichung beträgt dabei bei beiden Geschlechtern ca. 5 ml·min^{-1}·kg^{-1}.

In absoluten Zahlen haben adipöse Kinder und Jugendliche eine ähnliche oder höhere

VO$_2$max wie nicht adipöse Gleichaltrige. Bezogen auf das Körpergewicht erscheint die VO$_2$max jedoch oft als erniedrigt (Trost et al., 2001). Unter Verwendung der fettfreien Körpermasse als Bezugsgröße ergibt sich kein Effekt des Körperfettgehalts auf die VO$_2$max.

Neben der maximalen aeroben Kapazität spielen die Reaktionen auf submaximale Belastungen für die Leistungsfähigkeit bei länger dauernden Belastungen eine große Rolle. So bestimmt die so genannte Laktatschwelle, ab welcher Belastungsintensität der Laktatspiegel im Blut steigt und damit eine lang dauernde Belastung erschwert wird bzw. unmöglich ist. Die Laktatschwelle scheint bei adipösen Jugendlichen relativ zur maximalen Leistungsfähigkeit niedriger zu liegen als bei nicht adipösen Gleichaltrigen (Bar-Or, 1995). Dies könnte eine Erklärung dafür sein, dass adipöse Jugendliche eine gegebene Belastung in der Regel als anstrengender empfinden als ihre nicht adipösen Altersgenossen (Marinov et al., 2002).

16.3 Energieumsatz bei verschiedenen Aktivitäten

Der Energiebedarf körperlicher Aktivität ist abhängig von der Art, Intensität und Dauer der Aktivität, aber auch vom Körpergewicht (◘ Tabelle 16.1). Individuelle Faktoren wie z. B. die Bewegungsökonomie und die Zusammensetzung der Muskulatur spielen eine modifizierende Rolle.

16.4 Körperliche Aktivität und Adipositas

Relativ zum Grundumsatz und in absoluten Zahlen steigt der Energiebedarf für körperliche Aktivität mit dem Alter bei Kindern und Jugendlichen (◘ Abb. 16.1; ► Kap. 9). Dabei scheint sowohl der Gesamtenergieumsatz als auch der aktivitätsbedingte Energieumsatz bei adipösen Kindern und Jugendlichen nicht anders zu sein als bei nicht adipösen Altersgenossen (◘ Abb. 16.1). Viele Untersuchungen haben jedoch gezeigt, dass adipöse Kinder und Jugendliche in der Regel körperlich weniger aktiv sind als ihre nicht adipösen Altersgenossen (Bar-Or, 1995; Trost et al., 2001; ► Kap. 5). Diese scheinbare Diskrepanz lässt sich einfach erklären: für eine gegebene Aktivität wird bei größerer Körpermasse meist mehr Energie umgesetzt (◘ Tabelle 16.1). Adipöse brauchen also weniger körperliche Aktivität als nicht Adipöse, um denselben aktivitätsbedingten Energieumsatz zu erreichen.

Ob eine verringerte körperliche Aktivität Ursache und nicht nur Folge einer Adipositas ist, ist z. Z. noch nicht geklärt. Einzelne Untersuchungen zeigen jedoch, dass eine geringe körperliche Aktivität im Säuglings- und Kleinkindalter ein Risikofaktor für eine Adipositas im weiteren Kindesalter darstellen kann.

◘ **Tabelle 16.1.** Energieumsatz in kJ pro 10 min Aktivität in Abhängigkeit vom Körpergewicht. (Nach Bar-Or, 1983)

	Körpergewicht in kg						
	20	30	40	50	60	70	80
Gehen 4 km/h	71	89	107	126	144	162	180
Gehen 6 km/h	98	118	138	158	177	197	217
Rennen 8 km/h	160	216	271	327	382	438	494
Rennen 10 km/h	205	267	328	389	450	511	572
Fahrrad fahren 10 km/h	60	86	112	138	163	189	215
Fahrrad fahren 15 km/h	93	132	172	212	251	291	330
Fußballspiel	151	227	302	378	454	530	605
Brustschwimmen 30 m/min	80	121	162	202	243	284	325
Tennis	92	139	185	231	277	323	370
Basketball	143	214	286	357	428	500	571

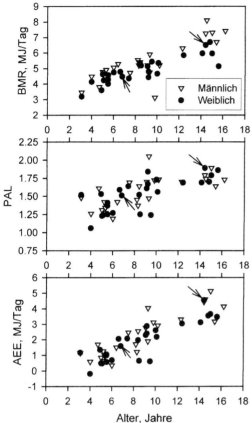

◼ Abb. 16.1. Zusammenhang zwischen Alter und Grundumsatz (BMR), täglichem Energieumsatz bezogen auf den Grundumsatz (PAL) sowie täglichem aktivitätsbedingtem Energieumsatz (AEE) im Kindes- und Jugendalter. AEE wurde dabei berechnet als Tagesgesamtenergieumsatz minus 10% (Energieumsatz durch Nahrungsaufnahme) geteilt durch den Grundumsatz. Die Abbildung basiert auf einer Zusammenstellung von Studien, in denen der tägliche Energieumsatz mittels der »Doubly-labeled-water-Methode« gemessen wurde (Hoos et al., 2003). Jedes Symbol repräsentiert den Mittelwert einer Studie. Die Pfeile deuten auf 2 Studien, in denen der mittlere Körperfettgehalt der Probanden über 30% lag. Bei Wichtung der einzelnen Studien je nach Probandenzahl ließ sich PAL mit guter Genauigkeit aus dem Alter vorhersagen (PAL = 0,025 × Alter + 1,40; r = 0,85; SEE = 0,10). Ein Unterschied zwischen Mädchen und Jungen bestand nicht. Bezüglich des AEE zeigten sich Geschlechtsunterschiede (Jungen: AEE = 0,30 × Alter + 0,025; Mädchen: AEE = 0,21 × Alter + 0,33), die jedoch bei der Berechnung von AEE/kg Körpergewicht verschwanden

16.5 Einfluss einer verordneten Belastung auf die körperliche Aktivität

Bewegung, Spiel und Sport werden in der Behandlung der Adipositas therapeutisch eingesetzt (▶ Kap. 39). Eine Rationale dafür ist, dass verordnete Sportstunden zu einer Steigerung des Energieumsatzes führen.

> **Praxistipp**
>
> Sollten Sportstunden jedoch zu einer Reduktion der körperlichen Aktivität zu anderen Zeiten führen, könnte der Effekt von Therapiesport auf den Energieumsatz geringer werden bzw. sogar zu einer Verringerung des Gesamtumsatzes führen.

Nur einzelne Untersuchungen haben bisher den Effekt einer »verordneten« Sportstunde auf die körperliche Aktivität bzw. den Energieumsatz in den folgenden Tagen untersucht. Kriemler et al. (1999) sahen 14 adipöse Jugendliche 3-mal für einen Vormittag in einem Trainingszentrum. An einem Tag wurde eine intensive Belastung verordnet, an einem anderen eine mittelintensive Belastung und an einem dritten keine Belastung. Im Vergleich zu Tagen ohne Aufenthalt im Trainingszentrum zeigte die körperliche Aktivität am Nachmittag nach dem Besuch eine abnehmende Tendenz, unabhängig von der Intensität der Intervention. Am darauf folgenden Tag war die körperliche Aktivität jedoch gesteigert, wenn eine mittelintensive Belastung vorangegangen war, während sie nach der intensiven Belastung abnahm.

Langfristig kann eine erhöhte körperliche Aktivität im Kindes- und Jugendalter zu einer gesteigerten Aktivität führen. In einer Nachuntersuchung des Trois-Riviere-Experiments, in dem Schulklassen in Kanada während der ersten 6 Schuljahre entweder 1 oder 5 Stunden Sport pro Woche erhielten, zeigte sich, dass ein Mehr an Schulsport in der Kindheit bei 35- bis 40-jährigen Frauen zu einer gesteigerten körperlichen Aktivität führte (Trudeau et al., 1998). Bei den Männern ergaben sich keine Unterschiede zwischen denen mit und denen ohne zusätzlichen Schulsport.

Literatur

Bar-Or O (1983) Pediatric sports medicine for the practitioner. Springer, Berlin Heidelberg New York Tokio

Bar-Or O (1995) Obesity. In: Goldberg B (eds) Sports and exercise for children with chronic health conditions. Human Kinetics, Champaign, IL, pp 335–353

Fogelholm M, Rankinen T, Isokääntä M, Kujala U, Uusitupa M (2000) Growth, dietary intake, and trace element status in pubescent athletes and schoolchildren. Med Sci Sports Exerc 32: 738–746

Hoos MB, Gerver WJM, Kester AD, Westerterp KR (2003) Physical activity levels in children and adolescents. Int J Obes 27: 605–609

Kriemler S, Hebestreit H, Mikami S, Bar-Or T, Ayub BV, Bar-Or O (1999) Impact of a single exercise bout on energy expenditure and spontaneous physical activity of obese boys. Pediatr Res 46: 40–44

Malina RM, Bouchard C (1991) Energy and nutritional requirements. In: Malina RM, Bouchard C (eds) Growth, maturation and physical activity. Human Kinetics, Champaign IL, pp 353–370

Marinov B, Kostianev S, Turnovska T (2002) Ventilatory efficiency and rate of perceived exertion in obese and non-obese children performing standardized exercise. Clin Physiol Funct Imaging 22: 254–260

Trost SG, Kerr LM, Ward DS, Pate RR (2001) Physical activity and determinants of physical activity in obese and non-obese children. Int J Obes Relat Metab Disord 25: 822–829

Trudeau F, Laurencelle L, Tremblay J, Rajic M, Shephard RJ (1998) A long-term follow-up of participants in the Trois-Rivières Semi-longitudinal study of growth and development. Ped Exerc Sci 10: 366–377

Das Fettgewebe als endokrines Organ

H. Hauner, M. Wabitsch

17.1 Zellularität des Fettgewebes

Adipositas ist durch eine Größenzunahme des Fettgewebes charakterisiert. Diese beruht entweder auf einer Hypertrophie der vorhandenen Fettzellen oder einer Kombination aus Fettzellhypertrophie und -plasie (▶ Kap. 7).

> **Beratungstipps**
>
> Mit jeder Gewichtszunahme kommt es zunächst zu einer Volumenzunahme der Adipozyten. Erreichen diese eine kritische Zellgröße, dann kommt es über bislang unbekannte Signale, die wahrscheinlich von den vergrößerten Fettzellen abgegeben werden, zur Rekrutierung von spezifischen Vorläuferzellen und damit zur Neubildung von Fettzellen.

Somit sind Fettzellen das eigentliche zelluläre Substrat der Adipositas. Ein möglicher Faktor, der die Fettzellzahl in parakriner Wirkweise reguliert ist IGF-1. Die Menge an im weißen Fettgewebe produziertem IGF-1 ist bei Säugern hoch und scheint mit der in der Leber produzierten Menge vergleichbar zu sein. Unter In-vitro-Bedingungen konnte gezeigt werden, dass sich die IGF-1-Sekretion humaner Adipozyten während der adipogenen Differenzierung aus Präadipozyten verzehnfacht, während sich die von IGFBP-3 nur verdoppelt. Damit wäre eine erhöhte Menge an freiem, biologisch aktiven IGF-1 verfügbar, das die Proliferation und Differenzierung von Präadipozyten stimuliert. Wegen der ungewöhnlichen Größe der Fettzellen bestehen die Fettdepots des Körpers zu etwa 95% aus Adipozyten.

Bezieht man allerdings die Fettzellzahl auf die gesamte Zellzahl im Fettgewebe, so sind nur ca. zwei Drittel der vorhandenen Zellen Adipozyten. Bei den restlichen Zellen handelt es sich ganz überwiegend um Fettzellvorläuferzellen oder Präadipozyten. Nach neueren Befunden ist davon auszugehen, dass sich diese Zellen auf verschiedenen Entwicklungsstufen der Fettzelldifferenzierung befinden. Zumindest ein Teil dieser mesenchymalen Zellen scheint noch pluripotent zu sein, da sie sich je nach hormoneller Stimulation und Kulturbedingungen zu Adipozyten, Chondrozyten, Osteoblasten oder Myoblasten differenzieren lassen (Zuk et al., 2001). Die stromale Zellfraktion besteht aus etwa 2×10^5 Zellen pro Gramm Fettgewebe. Mit steigender Körperfettmasse nimmt auch die Gesamtzahl der Stromazellen zu. Das Verhältnis zwischen Fettzell- und Präadipozytenzahl scheint mit dem Lebensalter allerdings abzunehmen.

In der stromalen Zellfraktion des Fettgewebes finden sich ferner Endothelzellen, deren Anteil in den subkutanen Fettdepots <1% und in den omentalen Depots ca. 5–20% ausmacht. Weiter lassen sich Lymphozyten und Monozyten/Makrophagen in variabler Zahl nachweisen. Letztere sind in den omentalen Fettdepots wiederum deutlich zahlreicher als in den subkutanen Depots. Kürzlich wurde berichtet, dass es mit zunehmender Fettzellgröße und Fettmasse Makrophagen im Fettgewebe gibt, die aus dem Knochenmark stammen und einen Großteil der vom Fettgewebe sezernierten Zytokine bilden (Weisburg et al., 2003). Wichtig ist auch der Hinweis, dass Fettzellen von einem Netz sympathischer Nervenfasern umgeben sind. Über die sonstige zelluläre Zusammensetzung der stromalen Zellfraktion ist bisher wenig bekannt.

17.2 Die klassische Funktion der Fettzellen

Die klassische Vorstellung von der Funktion des Fettgewebes war, dass in diesem Organ überschüssige Energie in Form von Triglyzeriden eingelagert wird und diese Energiereserven bei erhöhtem Bedarf bzw. Nahrungsmangel rasch wieder mobilisiert werden (▶ Kap. 7). Lange Zeit wurde angenommen, dass die Regulation der Fettzellfunktion ausschließlich durch exogene Hormone wie Insulin oder Katecholamine erfolgt. Dafür spricht auch, dass Fettzellen spezifische Rezeptoren für eine Vielzahl von Hormonen exprimieren. Adipozyten wurden daher primär als Zielzellen einer komplexen hormonellen Regulation betrachtet. Eine eigenständige aktive Rolle im Stoffwechselgeschehen wurde dem Fettgewebe dagegen lange nicht zugestanden.

17.3 Sekretorische Funktion von Fettzellen

In den letzten 10 Jahren hat sich unsere Vorstellung von der Funktion der Fettzellen dramatisch geändert. Initialzündung für diesen Paradigmenwechsel war zum einen die Beobachtung, dass Fettzellen den Tumor-Nekrose-Faktor-alpha (TNF-α) synthetisieren (Hotamisligil et al., 1993) und zum anderen die Entdeckung von Leptin, einem fettzellspezifischen Protein, welches in die Blutbahn freigesetzt wird und nach Passage der Blut-Hirn-Schranke die Nahrungsaufnahme supprimiert (Zhang et al., 1994; ▶ Kap. 13). In der Folgezeit wurden rasch weitere Faktoren – Proteine und andere Moleküle – beschrieben, die von Fettzellen produziert und sezerniert werden (◘ Abb. 17.1). Dabei ist zwischen Faktoren, die in der Zirkulation erscheinen und dort eine systemische Wirkung entfalten, und solchen, die primär auf lokaler Ebene wirksam sind, zu unterscheiden. Einige Sekretionsprodukte wie z. B. Interleukin-6 (IL-6) scheinen sowohl lokal als auch in der Blutbahn aktiv zu sein. Bislang wurden mehr als 100 Sekretionsprodukte charakterisiert, die sich unterschiedlichen Familien zuordnen lassen. Dazu gehören Fettsäuren, Prostaglandine bis hin zu komplexen Proteinen.

17.4 Crosstalk zwischen Fettgewebe und anderen Körperorganen

Auch wenn nur ein kleinerer Teil dieser Sekretionsprodukte als klassische endokrine Botenstoffe anzusehen sind, so liegt nach diesen Befunden die Hypothese nahe, dass diese Faktoren einen intensiven Crosstalk zwischen dem Fettgewebe und anderen Körperorganen unterhalten. Dies dürfte von enormer klinischer Bedeutung sein, da die Adipositas mit einer Vielzahl unterschiedlicher Begleit- und Folgeerkrankungen einhergeht, deren Pathophysiologie bislang ungeklärt ist (▶ Kap. 18, ▶ Kap. 23). Derzeit laufen viele Untersuchungen, um der Frage nachzugehen, welche Bedeutung diese Sekretionsprodukte für die Entstehung der Adipositas-typischen Komplikationen haben. Eine bessere Kenntnis dieser Zusammenhänge könnte möglicherweise neue Optionen eröffnen, um die Komplikationen der Adipositas zu vermeiden oder zumindest zielgenauer therapieren zu können.

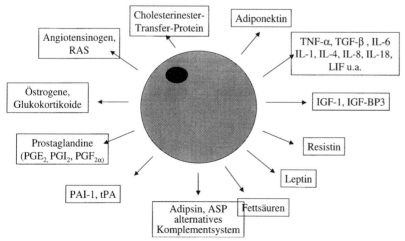

◘ **Abb. 17.1.** Sekretionsprodukte von Fettzellen. **RAS** Renin-Angiotensin-System, **TNF-α** Tumor-Nekrose-Faktor-α, **TGF-β** Transforming Growth Factor-β, **IL** Interleukin, **LIF** Leukemia Inhibitory Factor, **IGF-1** Insulin-like Growth Factor-1, **ASP** Acylation Stimulating Protein, **PAI-1** Plasminogenaktivator-Inhibitor-1, **tPA** tissue Plasminogenaktivator

17.5 Adipokine und chronische Inflammation

Ein auffällig hoher Anteil der neu entdeckten Sekretionsprodukte gehört in die Familie der Zytokine und Chemokine. Dazu zählen beispielsweise TNF-α, TGF-β, IL-1, IL-4, IL-6, IL-8, IL-18, M-CSF, MIF und MIP-1α. Auch Faktoren des alternativen Komplementsystems, Plasminogenaktivator-Inhibitor-1 (PAI-1) und Leptin lassen sich als Mediatoren einer inflammatorischen Aktivität definieren. Da die Produktion und Sekretion der meisten dieser Proteine mit steigendem Körpergewicht zunimmt, lässt sich Adipositas auch als ein Zustand einer subakuten chronischen Inflammation beschreiben. Fettzellen und ihre Vorläuferzellen können dementsprechend als primitive Immunzellen betrachtet werden, die sogar die Fähigkeit zur Phagozytose besitzen.

Im Folgenden sollen einige Sekretionsprodukte von Fettzellen, die insbesondere im Hinblick auf die Pathophysiologie der metabolischen und kardiovaskulären Komplikationen der Adipositas wichtig sein könnten, näher beleuchtet werden.

17.5.1 Leptin

Leptin ist das Produkt des ob-Gens, das 1994 durch positionelle Klonierung identifiziert wurde (Zhang et al., 1994). Es handelt sich um ein zytokinähnliches Protein, das beim Menschen aus 157 Aminosäuren besteht und eine sekretorische Sequenz aufweist. Leptin wird fast ausschließlich im Fettgewebe exprimiert. Die Sekretion von Leptin durch Fettzellen ist abhängig vom Fettzellvolumen und wird durch Insulin und Glukokortikoide stimuliert bzw. durch Wachstumshormon und durch Androgene inhibiert (Wabitsch et al., 1997).

Es besteht eine relativ enge Beziehung zwischen der Körperfettmasse und den Serum-Leptin-Konzentrationen. Adipöse Menschen weisen dementsprechend deutlich höhere Spiegel als schlanke Personen auf. Interessanterweise sezernieren subkutane Fettzellen mehr Leptin als

omentale Fettzellen. Leptin ist in der Blutbahn überwiegend an Trägerproteine wie z. B. einen löslichen Leptin-Rezeptor gebunden und gelangt über ein sättigbares Transportsystem durch die Blut-Hirn-Schranke. Hauptwirkort sind hypothalamische Areale wie z. B. der Nucleus arcuatus, in denen Hunger und Sättigung reguliert werden (▶ Kap. 13).

Daneben besitzt Leptin eine Vielzahl peripherer Wirkungen. So hemmt Leptin die Insulin- und Kortisolsekretion, fördert die Knochenbildung und ist essenziell für die Fertilität. Kürzlich wurde berichtet, dass die Serum-Leptin-Spiegel bei Patienten mit angiografisch nachgewiesener koronarer Herzkrankheit höher sind als bei koronar-gesunden Kontrollpersonen und in der West-of-Scotland-Studie erwies sich Leptin als ein unabhängiger Risikofaktor für kardiovaskuläre Ereignisse. Ferner wurde beobachtet, dass Leptin eine immunmodulatorische Wirkung ausübt.

Die anfangs gehegte Hoffnung, dass mit Leptin ein neues Wirkprinzip zur Therapie der Adipositas zur Verfügung steht – ähnlich wie Insulin in der Behandlung des Diabetes mellitus – erfüllte sich allerdings nicht. In klinischen Studien erwies sich das gewichtssenkende Potenzial von rekombinantem Leptin als begrenzt (Heymsfield et al., 1999). Allerdings ist die subkutane Gabe von Leptin bei den seltenen Patienten mit genetischem Leptin-Mangel oder Lipoatrophie zur Therapie der Wahl geworden. Durch Leptin-Gabe lassen sich außerdem die hormonellen Störungen bei Patientinnen mit Anorexia nervosa weitgehend beseitigen.

17.5.2 TNF-α

1993 wurde von Hotamisligil et al. erstmals eine gesteigerte Expression von TNF-α bei genetisch adipösen Ratten beschrieben. Die Autoren postulierten gleichzeitig, dass dieses Zytokin als Mediator der für die Tiere charakteristischen metabolischen Störungen fungiert, da die bestehende Insulinresistenz durch Neutralisierung des zirkulierenden TNF-α mittels Infusion eines löslichen Rezeptors der Tiere beseitigt werden konnte (Hotamisligil et al., 1993). Auch bei adipösen Menschen wurde in der Folgezeit eine erhöhte TNF-

a-Expression im Fettgewebe gefunden, allerdings waren diese Befunde weniger eindeutig. Bei adipösen Menschen wurden in der Blutbahn bestenfalls grenzwertig erhöhte zirkulierende TNF-*a*-Spiegel gemessen. Deutlich erhöht waren allerdings die Konzentrationen der beiden löslichen TNF-Rezeptoren.

Auf der Basis weiterer Befunde beim Menschen wird heute angenommen, dass das in Fettzellen produzierte TNF-*a* keine große systemische Bedeutung besitzt und kaum für die Adipositas-assoziierte Insulinresistenz verantwortlich ist (Hube u. Hauner, 1999; ▶ Kap. 18).

Daneben gibt es eine Reihe von Hinweisen, dass TNF-*a* auf lokaler Ebene eine Vielzahl unterschiedlicher kataboler Effekte ausübt. Dazu gehören
- die Hemmung der adipogenen Differenzierung bzw. Dedifferenzierung bereits existierender Fettzellen (▶ Kap. 7),
- die Störung der Insulinsignalübertragung auf der Ebene der IRS-1-Phosphorylierung,
- die Hemmung der GLUT4- und Leptin-Expression,
- die Stimulierung der Lipolyse und der PAI-1-Synthese und andere eher ungünstige Wirkungen.

Der teleologische Sinn könnte dabei sein, dass eine erhöhte Synthese von TNF-*a* mit steigendem Körpergewicht zu einer Art negativer Feedback-Regulation führt, die die Fettgewebsexpansion um den Preis einer lokalen Insulinresistenz begrenzt.

17.5.3   Interleukin-6

Das ursprünglich in Immunzellen entdeckte IL-6 nimmt möglicherweise eine zentrale Rolle im Adipositas-assoziierten Entzündungsgeschehen ein. IL-6 wird überwiegend von reifen Fettzellen, aber auch von Fettzellvorläuferzellen sezerniert, die Syntheseleistung ist dabei in den omentalen Depots größer als in den subkutanen. Eine Zunahme des Körpergewichts geht mit erhöhten IL-6-Serumkonzentrationen einher.

Im Kontext der chronischen Inflammation bei Adipositas dürfte die gesteigerte IL-6-Produktion dafür verantwortlich sein, dass die Serumkonzentrationen von C-reaktivem Protein (CRP) und Fibrinogen erhöht sind, da deren hepatische Synthese unter der Kontrolle von IL-6 steht. Daneben fördert IL-6 auch proatherosklerotische Prozesse wie die Aggregation von Thrombozyten oder die Synthese von Adhäsionsmolekülen im Gefäßendothel. Klinische Studien haben kürzlich gezeigt, dass erhöhte Plasmakonzentrationen von IL-6 einen eigenständigen und unabhängigen Risikofaktor für Myokardinfarkt darstellen.

17.5.4   Plasminogenaktivator Inhibitor-1 (PAI-1)

PAI-1 ist der stärkste endogene Inhibitor der Fibrinolyse, indem es die Aktivierung von Plasminogen durch t-PA und u-PA unterdrückt und damit das empfindliche Gleichgewicht zwischen Koagulation und Fibrinolyse stört. PAI-1 scheint ein eigenständiger Risikofaktor für thromboembolische Komplikationen zu sein. Neuere Studien ergaben überraschenderweise, dass Fettzellen eine wichtige Produktionsstätte von PAI-1 sind. Dabei zeigte sich, dass omentale Fettzellen eine deutlich höhere Synthese- und Sekretionsleistung aufweisen als subkutane Fettzellen. Da im omentalen Fettgewebe eine höhere Zytokin-Expression vorherrscht und zudem mehr Monozyten/Makrophagen vorhanden sind, könnte dies die höhere PAI-1-Produktion erklären. Mit zunehmender Fettgewebsmasse werden auch höhere zirkulierende Konzentrationen von PAI-1-Antigen bzw. -Aktivität gemessen. Nach neueren experimentellen Studien wird die PAI-1-Produktion in Fettzellen durch Pharmaka wie Thiazolidindione oder AT_1-Rezeptor-Antagonisten supprimiert. Eine Gewichtssenkung durch diätetische Maßnahmen geht ebenfalls mit einem Abfall der PAI-1-Konzentrationen einher.

17.5.5   Angiotensinogen/ Angiotensin-II

Fettzellen sind auch ein wichtiger Syntheseort für Angiotensinogen. Bereits tierexperimentelle Studien hatten ergeben, dass sich die Angiotensinogen-Expression im Fettgewebe durch diätetische Maßnahmen modulieren lässt. Inzwischen ist gut belegt, dass Fettzellen alle Komponenten exprimieren, die für die enzymatische Umwandlung von Angiotensinogen in das biologisch aktive Angiotensin-II und dessen Degradierung benötigt werden. Darüber hinaus wurde berichtet, dass Fettzellen von adipösen Personen mehr Angiotensinogen mRNA enthalten als Fettzellen schlanker Personen und dass die Angiotensinogen-Expression in omentalen Fettzellen höher ist als in subkutanen (van Harmelen et al., 2000a,b). In einer klinischen Studie fand sich zudem eine positive Assoziation zwischen BMI und den zirkulierenden Konzentrationen von Angiotensinogen. Da Angiotensin-II ein potenter Vasokonstriktor ist und mit steigendem BMI auch das Hypertonie-Risiko zunimmt, drängt sich die Hypothese auf, dass eine gesteigerte Produktion von Angiotensin-II im Fettgewebe für die Adipositas-assoziierte Hypertonie mitverantwortlich sein könnte.

Daneben zeichnen sich interessante lokale Wirkungen von Angiotensin-II im Fettgewebe ab. So scheint Angiotensin-II neben einer Vasokonstriktion auch verschiedene metabolische und proinflammatorische Effekte auszuüben. Angiotensin-II interferiert mit der Insulin-Signalübertragung in Fettzellen und trägt damit möglicherweise zur Entstehung einer lokalen Insulinresistenz bei. Daneben fördert Angiotensin-II die Expression von PAI-1, Leptin, IL-6 und IL-8 im Fettgewebe. Diese Wirkungen werden wahrscheinlich über eine Aktivierung von MAK-Kinasen bzw. des NFkB-Signalwegs vermittelt Alle diese Effekte lassen sich durch Blockade des AT_1-Rezeptors aufheben. Die klinische Relevanz dieser Befunde ist derzeit noch unklar, mit ACE-Hemmern und AT_1-Rezeptor-Antagonisten stehen aber wirksame Pharmaka zur Verfügung, mit denen sich der inflammatorische Prozess im Fettgewebe adipöser Personen wenigstens partiell supprimieren lässt.

17.5.6   Adiponektin

Adiponektin wurde 1995/1996 als ein Protein, das ausschließlich von reifen Fettzellen synthetisiert wird, entdeckt. Überraschenderweise fanden sich bei adipösen Personen im Vergleich zu schlanken niedrigere Plasmaspiegel.

Auch das Vorliegen einer Insulinresistenz war mit erniedrigten Plasmakonzentrationen von Adiponektin assoziiert. Nach Gewichtsabnahme bzw. nach Gabe von Thiazolidindionen wurde ein Anstieg erniedrigter Konzentrationen beobachtet. In Tierexperimenten hemmte die Gabe von rekombinantem Adiponektin die hepatische Glukoseproduktion und führte damit zu einer signifikanten Besserung eines Diabetes-Typ-2. Überraschenderweise fanden sich allerdings bei Mäusen mit Adiponektin-Knock-out nur diskrete Stoffwechselstörungen, die erst nach fettreicher Ernährung manifest werden (Maeda et al., 2002).

Adiponektin scheint daneben antiarteriosklerotische Eigenschaften zu besitzen. So wurde von einer japanischen Arbeitsgruppe gezeigt, dass Adiponektin die Adhäsion von Monozyten an das Gefäßendothel verhindert und die endotheliale Expression von Adhäsionsmolekülen hemmt. Kürzlich wurde publiziert, dass Adiponektin die Aktivierung des proinflammatorischen NFκB-Signalwegs unterdrückt. Somit greift Adiponektin protektiv in wichtige Pathomechanismen der Arteriosklerose ein. Derzeit lässt sich jedoch noch nicht abschließend bewerten, welcher Stellenwert der verminderten Produktion von Adiponektin in der Pathogenese der Adipositas-assoziierten Insulinresistenz bzw. Arteriosklerose wirklich zukommt.

17.5.7   Cholesterinester- Transfer-Protein

Das Cholesterinester-Transferprotein (CETP) steuert den Austausch von Cholesterinestern zwischen LDL- und HDL-Partikeln. Bei einer erhöhten Konzentration kommt es zum Absinken der HDL-Cholesterinspiegel. Neuere Daten zeigen, dass dieses Protein zu einem großen Teil von Fettzellen gebildet wird. Bei Adipositas wird dementsprechend mehr CETP synthetisiert als bei schlanken Personen. Dieser Mechanismus könnte dazu beitragen, dass bei steigendem Körpergewicht die Serumkonzentrationen des HDL-Cholesterins absinken und der Anteil kleiner, dichter LDL-Partikel, die als besonders atherogen gelten, zunimmt.

17.5.8 Steroidhormone

Das Fettgewebe ist neben der Nebenniere das größte Reservoir an Steroidhormonen im Körper, die dort metabolisiert und auch wieder in die Zirkulation freigegeben werden können. Androgene werden im Fettgewebe durch die P450-Aromatase, die v. a. in Präadipozyten exprimiert wird, in Östrogene umgewandelt (Androstendion → Östron, Testosteron → Östradiol). Eine erhöhte Fettmasse kann daher mit einer Feminisierung des Mannes bzw. des heranwachsenden männlichen Jugendlichen einhergehen (Pseudo-Gynäkomastie) (▶ Kap. 26). Im Fettgewebe wird ein Enzym exprimiert, das die Metabolisierung von Kortison in Kortisol katalysiert (11β-Hydroxysteroid-Dehydrogenase Typ 1, 11β-HSD1) und damit zu einer Erhöhung der lokalen Konzentration an Kortisol führt. Die Expression dieses Enzyms ist im viszeralen Fettgewebe deutlicher als im subkutanen. Eine erhöhte Expression von 11β-HSD1 im Fettgewebe ist im Tiermodell mit einer Insulinresistenz und Diabetes mellitus assoziiert.

> **Beratungstipps**
>
> Die bei männlichen Jugendlichen mit Adipositas oft beobachtete (Pseudo-)Gynäkomastie ist teilweise durch die vermehrte Aromatisierung von Androgenen zu Östrogenen in den vergrößerten Fettdepots erklärbar.

17.6 Fettzellprodukte und Insulinresistenz

Es ist lange bekannt, dass die Insulinwirkung im Körper mit steigendem Körpergewicht abnimmt. Welche Mechanismen dieser Beziehung zugrunde liegen, konnte bisher nicht aufgeklärt werden. Inzwischen gibt es erste Hinweise, dass Sekretionsprodukte von Fettzellen direkt eine Insulinresistenz an der Muskulatur, dem Hauptorgan der Glukoseverwertung, induzieren können (▶ Kap. 18). In einem Kokulturmodell von humanen Muskelzellen und Fettzellen konnte kürzlich gezeigt werden, dass lösliche Faktoren, die von Fettzellen freigesetzt werden, die intrazelluläre Insulin-Signalübertragung stören und damit für diese Störung zumindest mitverantwortlich sein könnten (Dietze et al., 2002).

17.7 Regionale Unterschiede

Nach einer Vielzahl von Studien wird das gesundheitliche Risiko adipöser Menschen maßgeblich von der Lokalisation der überschüssigen Fettdepots und damit dem Fettverteilungsmuster bestimmt. Vor allem vergrößerte viszerale Fettdepots sind eng mit der Entwicklung metabolischer und kardiovaskulärer Komplikationen assoziiert (Kissebah u. Krakower, 1994).

> **Beratungstipps**
>
> Das Gesundheitsrisiko einer Adipositas hängt maßgeblich von der Lokalisation der überschüssigen Fettdepots ab. Bei Vergrößerung der viszeralen Fettdepots ist das Risiko für die Entwicklung metabolischer (▶ Kap. 23) und kardiovaskulärer Komplikationen (▶ Kap. 21) erhöht.

Deshalb ist es von großem Interesse, auf Unterschiede in der sekretorischen Funktion von Fettzellen aus verschiedenen Körperregionen zu achten. Solche Studien haben signifikante regionale Unterschiede in der Expression bestimmter Fettzellprodukte aufgedeckt (◨ Tabelle 17.1). Es fällt v.a. auf, dass Faktoren, die besonders eng mit

▣ Tabelle 17.1 Vergleich der sekretorischen Funktion von subkutanen und omentalen Fettzellen

Sekretions-produkt	Subkutane Fettzelle	Omentale Fettzelle
Leptin	++	+
TNF-α	++	+
PAI-1	+	+++
Angioten-sinogen	+	++
Interleukin-6	++	++

PAI-1 Plasminogenaktivator Inhibitor-1.

Komplikationen der Adipositas verknüpft sind, in omentalen Fettzellen stärker exprimiert werden als in subkutanen Fettzellen. Dies gilt allerdings nicht für alle Sekretionsprodukte. So ist beispielsweise die Expression von Leptin in subkutanen Fettzellen deutlich höher als in omentalen Fettzellen (Hube et al., 1996).

In diesem Kontext ist allerdings auch zu beachten, dass etwa 80% des Körperfetts in den subkutanen Depots lokalisiert ist und nur etwa 15% in den viszeralen Fettdepots, sodass sich die Frage nach der tatsächlichen Relevanz der sekretorischen Funktion im viszeralen Fettgewebe stellt. Dabei muss aber auch berücksichtigt werden, dass die Vaskularisierung und Innervierung der omentalen Fettdepots deutlich ausgeprägter ist als die in den subkutanen Depots. Für PAI-1 konnte gezeigt werden, dass omentale Fettzellen bis zu 5-mal mehr PAI-1 freisetzen als subkutane Fettzellen. Dies könnte miterklären, warum die PAI-1-Serumkonzentrationen beim Menschen enger mit der Größe der viszeralen Fettdepots als mit der Gesamtkörperfettmasse korrelieren.

17.8 Sekretorische Funktion von Fettzellen und Adipositas-Komplikationen

Bei der Darstellung der wichtigsten Sekretionsprodukte von Fettzellen wurden bereits mögliche klinische Implikationen angesprochen. Die bisherigen Studien liefern aber lediglich indirekte Evidenz und reichen nicht aus, um Kausalzusammenhänge zwischen bestimmten Sekretionsprodukten von Fettzellen und bestimmten Komorbiditäten der Adipositas herstellen zu können. So kann aus Expressionsdaten im Fettgewebe kein Aufschluss über Sekretionsraten gewonnen werden. Auch Studien an transgenen Tieren mit gezieltem Knock-out oder Überexpression sind nur von begrenztem Wert, da vielfach kompensatorische Mechanismen existieren und die experimentellen Bedingungen häufig artifiziell sind. Hinzu kommt, dass die publizierten Befunde keineswegs immer konsistent sind. Dennoch zeichnet sich immer deutlicher ab, dass wichtige metabolische und kardiovaskuläre Komplikationen der Adipositas von Sekretionsprodukten des Fettgewebes gefördert wenn nicht sogar verursacht werden (▣ Tabelle 17.2).

▣ Tabelle 17.2. Fettzellfunktion bei Adipositas und mögliche Assoziation mit Komplikationen der Adipositas

Produkt	Sekretion	Klinische Störung
TNF-α und andere Zytokine	↑	Insulinresistenz Diabetes-Typ-2 (?)
Fettsäuren	↑	Hypertriglyzeridämie Insulinresistenz
Adiponektin	↓	Insulinresistenz Arteriosklerose
Angiotensinogen, Angiotensin-II	↑	Hypertonie (?) Insulinresistenz (?)
PAI-1	↑	Thrombembolien
Cholesterinester-Transfer-Protein	↑	HDL-Cholesterin ↓
Östrogene	↑	Endometrium-, Mammakarzinom

■ **Tabelle 17.3.** Wirkung ausgewählter Pharmaka auf die sekretorische Funktion des Fettgewebes

Glitazone	TNF-α ↓, PAI-1↓, Adiponektin ↑
Metformin	PAI-1 ↓
AT$_1$-Blocker	Leptin ↓, PAI-1 ↓, IL-6↓, IL-8↓
Statine	IL-6 ↓, PAI-1 ↓
Phosphodiesterasehemmer	TNF-α ↓

17.9 Beeinflussung der sekretorischen Funktion von Fettzellen durch Ernährung und Medikamente

Wenn die sekretorische Funktion von Fettzellen an der Pathogenese wichtiger Adipositas-Komplikationen beteiligt ist, stellt sich unweigerlich die Frage nach den Möglichkeiten für Prävention und Behandlung. Dieses Thema wurde in letzter Zeit in einer Reihe von Studien behandelt. Dabei stellte sich heraus, dass durch diätetische Maßnahmen zur Gewichtsreduktion erhöhte Plasmaspiegel der genannten Sekretionsprodukte signifikant gesenkt werden können. Dies gilt auch für erhöhte Konzentrationen proinflammatorischer Proteine aus Fettzellen.

Da die Möglichkeiten einer diätetischen Gewichtsreduktion in der Regel begrenzt sind (▶ Kap. 38) und nur ein kleiner Teil erfolgreicher Abnehmer das neue Körpergewicht langfristig halten kann, stellt sich aber auch die Frage nach sinnvollen medikamentösen Ansätzen zur Beeinflussung der sekretorischen Funktion von Fettzellen (▶ Kap. 43). Wenn es nicht gelingt, das Körpergewicht zu senken, dann könnte zumindest versucht werden, durch gezielte pharmakologische Interventionen gesundheitsgefährdende Störungen und Komplikationen zu vermeiden. Auch zu diesem Thema liegen inzwischen interessante Befunde vor (■ Tabelle 17.3). In solchen Untersuchungen zeigte sich, dass die gesteigerte Produktion proinflammatorischer Proteine durch Substanzklassen wie Thiazolidindione, AT$_1$-Rezeptor-Antagonisten, ACE-Hemmer, Statine und nicht zuletzt durch Metformin reduziert werden kann. Auch die Analysen großer prospektiver Studien mit diesen Substanzen sprechen dafür, dass diese aufgrund einer antiinflammatorischen Komponente wirksam sind. Von besonderem Interesse in diesem Zusammenhang ist auch, dass die o.g. Substanzen die Neuerkrankungsrate für Diabetes-Typ-2 senken.

Literatur

Dietze D, Koenen M, Röhrig K, Horikoshi H, Hauner H, Eckel J (2002) Impairment of insulin signaling in human skeletal muscle cells by co-culture with human adipocytes. Diabetes 51: 2369–2376

Heymsfield SB, Greenberg AS, Fujioka K, Dixon RM, Kushner R, Hunt T, Lubina JA, Patane J, Self B, Hunt P, McCamish M (1999) Recombinant leptin for weight loss in obese and lean adults. A randomized, controlled, dose-escalation study. JAMA 282: 1568–1575

Hotamisligil GS, Shargill NS, Spiegelman BM (1993) Adipose expression of tumor necrosis factor-α: direct role in obesity-linked insulin resistance. Science 259: 87–91

Hube F, Hauner H (1999) The role of TNF-α in human adipose tissue: prevention of weight gain at the expense of insulin resistance? Horm Metab Res 31: 626–631

Hube F, Lietz U, Igel M, Jensen PB, Tornqvist H, Joost HG, Hauner H (1996) Difference in leptin mRNA levels between omental and subcutaneous abdominal adipose tissue from obese humans. Horm Metab Res 28: 690–693

Kissebah AH, Krakower GR (1994) Regional adiposity and morbidity. Physiol Rev 74: 761–811

Maeda M, Shimomura I, Kishida K et al. (2002) Diet-induced insulin resistance in mice lacking adiponectin/ACRP. Nat Med 8: 731–738

Van Harmelen V, Ariapart P, Hoffstedt J, Lundkvist I, Bringman S, Arner P (2000a) Increased adipose angiotensinogen gene expression in human adipose tissue. Obes Res 8: 337–341

Van Harmelen V, Elizalde M, Ariapart P, Bergstedt-Lindqvist S, Reynisdottir S, Hoffstedt J, Lundkvist I, Bringman S, Arner P (2000b) The association of human adipose angiotensinogen gene expression with abdominal fat distribution in obesity. Int J Obes Relat Metab Disord 24: 673–678

Wabitsch M, Blum WF, Rascher W, Hauner H (1997) Studies on the regulation of leptin expression using in vitro differentiated human adipocytes. In: Blum WF, Kiess W, Rascher W (eds) Leptin. The voice of adipose tissue. Johann Ambrosius Barth, Heidelberg Leipzig, pp 102–109

Weisberg SP, McCann D, Desci M, Rosenbaum M, Leibel RL, Ferrante AW (2003) Obesity is associated with macrophage accumulation in adipose tissue. J Clin Invest 112: 1796–1808

Zhang Y, Proenca R, Maffei M, Barone M, Leopold L, Friedman JM (1994) Positional cloning of the mouse obese gene and its human homologue. Nature 372: 425–432

Zuk PA, Zhu M, Mizuno H, Huang J, Futrell JW, Katz AJ, Benhaim P, Lorenz HP, Hedrick MH (2001) Multilineage cells from human adipose tissue: implications for cell-based therapies. Tissue Eng 7: 211–228

Weiterführende Literatur

Fischer-Posovszky P, Wabitsch M (2004) Entwicklung und Funktion des Fettgewebes. Monatsschr Kinderheilkunde, Aug.

Ailhaud G, Hauner H (2004) White adipose tissue development. In: Bouchard C, Bray GH (eds) Handbook of Obesity, 2nd ed. Marcel Dekker, New York

17

V

Komorbidität

Adipositas ist eines der dominierenden Gesundheitsprobleme in den westlichen Industrienationen. Dies ist v.a. bedingt durch die Risiko-Assoziation von Adipositas mit metabolischen Veränderungen und damit zusammenhängenden Folge-erkrankungen sowie einer dadurch erhöhten Mortalität. Zu den mit Adipositas in Verbindung gebrachten metabolischen Veränderungen gehören Hyperlipidämie, Insulinresistenz und die damit zusammenhängenden Folgeerkrankungen wie Diabetes-mellitus-Typ-2, arterielle Hypertonie, und kardiovaskuläre Erkrankungen im Allgemeinen.

Weitere Auffälligkeiten ohne offensichtlichen und direkt erkennbaren Krank-heitswert treten gehäuft bei Kindern und Jugendlichen mit Adipositas auf: Striae distensae, Beschleunigung des Längenwachstums und der Skelettreife, Pseudo-gynäkomastie und späte Entwicklung der sekundären Geschlechtsmerkmale mit relativem Hypogonadismus bei Jungen und frühe Entwicklung der sekundären Geschlechtsmerkmale bei Mädchen.

Zu berücksichtigen ist, dass Jugendliche mit einer extremen Adipositas be-ruflich aber auch im privaten Umkreis im weitesten Sinne des Wortes benachteiligt sind. Das Vorliegen einer kindlichen Adipositas beeinträchtigt möglicherweise die psychosoziale Entwicklung. Diese Kinder werden gehänselt und können eine Selbstwertproblematik und gelegentlich depressive Symptome entwickeln. Bei extremer Adipositas sollte an eine mögliche psychiatrische Komorbidität in Form von affektiven Störungen (insbesondere Depressionen), Angst- und Essstörungen (Bulimia nervosa und die Binge-Eating-Störung) gedacht werden.

Das konkrete Gesundheitsproblem der Adipositas besteht in einer drastischen Erhöhung des Risikos für Sekundär- und Folgeerkrankungen. Als schwerste Se-kundärerkrankung ist v.a. der Diabetes-mellitus-Typ-2 zu nennen, der bei schwerer Adipositas im Erwachsenenalter bis zu 90-mal häufiger auftritt als bei Schlanken. Bluthochdruck tritt etwa 5-mal häufiger bei adipösen als bei nicht adipösen Pa-tienten auf. Die Blutfettwerte sind proportional zum Ausmaß des Übergewichts erhöht. Allein diese 3 genannten Faktoren erhöhen das Risiko, eine Gefäßerkran-kung (koronare Herzerkrankung, Herzinfarkt, Schlaganfall) zu entwickeln um ein Vielfaches. Ferner treten einige Lungenerkrankungen (Hypoxie-Syndrome, Schlaf-Apnoe, Cor pulmonale), Gicht und Arthrose aufgrund der mechanischen Belastung vermehrt auf. Das Risiko für einige bösartige Erkrankungen (z.B. von Colorektum, Prostata, Endometrium, Zervix, Ovar, Mamma) erhöht sich ebenfalls. Adipositas kann daher als initialer Auslöser einer Vielfalt und im Einzelfall auch einer Kaskade von chronischen Folgeerkrankungen mit außerordentlich hohen direkten und in-direkten Kosten für das Gesundheitswesen angesehen werden. Allein der Dia-betes-mellitus-Typ-2 verursacht jährliche Kosten in Milliardenhöhe. In Deutschland sind etwa 5–6% der Gesamtbevölkerung und 10–12% der über 50-Jährigen vom

Diabetes-mellitus-Typ-2 betroffen. Das sind derzeit mehr als 4 Mio. Menschen. Durch die kardiovaskulären Folgeerkrankungen (koronare Herzerkrankung, Herzinfarkt, Schlaganfall, Dialysepflichtigkeit, periphere Durchblutungsstörungen bis hin zu Amputationen, Erblindung) entstehen Behandlungskosten, die in Deutschland in der Größenordnung von 25 Mrd. Euro pro Jahr liegen (extrapoliert von Daten aus USA). Es wird geschätzt, dass sich in den westlichen Industrieländern die Diabetes-Prävalenz bis zum Jahre 2015 verdoppeln wird.

Veränderungen der Insulinsensitivität und -resistenz

E. Heinze

Insulinresistenz und Insulinsensitivität beschreiben das Spektrum der Insulinwirkung. Obwohl Insulin ein pleiotrophes Hormon ist, werden Synthese und Sekretion des Insulins überwiegend durch Glukose gesteuert, deren Konzentration im Gegensatz zu Aminosäuren und Lipiden nur in engen Grenzen (3–8 mmol/l) schwankt. Um eine Euglykämie aufrecht zu erhalten, wird Insulin in bedarfsgerechter Menge aus den β-Zellen freigesetzt.

Bei der Insulinresistenz, der verminderten Insulinwirkung, wird eine größere Menge Insulin (Hyperinsulinismus) sezerniert, um einen normalen Blutzucker zu erreichen.

Die Konzentration des Blutzuckers ist die Summe aus Resorption, endogener Produktion (Leber, Niere) und dem Verbrauch der Glukose.

18.1   Bestimmung der Insulinresistenz und -sensitivität

Um die Insulinwirkung zu messen, wird die Glukoseresorption durch Fasten und die endogene Produktion durch eine Insulininfusion ausgeschaltet. Hierzu wird eine vergleichsweise hohe Insulinkonzentration benötigt, die Insulinwirkung wird unter hyperinsulinämischen Bedingungen bestimmt. Unter diesen Voraussetzungen ist die infundierte Menge an Glukose, um eine Euglykämie zu erreichen, ein Maß für die Insulinwirkung. Sie wird in mmol pro Minute angegeben und wird als M-Wert bezeichnet. Um Unterschiede in der Insulinwirkung, die nur mittelbar auf die Insulinsensitivität zurückgeführt werden können, weitgehend zu minimieren, wird der M-Wert z. B. auf das Körpergewicht
- (bw) als M_{bw} = mol pro Minute pro kg oder sinnvoller auf die fettfreie Körpermasse
- M_{ffm} = μmol pro Minute pro kg bezogen (Ferranini u. Mari, 1998).

Es besteht weitgehende Übereinstimmung, dass der Glukoseclamp unter euglykämischen Bedingungen der Goldstandard zur Bestimmung der Insulinwirkung ist. Weitere Methoden sind Minimal Model (Minimod), eine Weiterentwicklung des intravenösen Glukosetoleranztests (Bergman et al., 1989) und der Insulinsuppressionstest (Yeni-Komshian et al., 2000).

Die genannten Methoden sind kosten-, personal- und zeitaufwändig und für den Patienten eingreifend. Einfachere Methoden beruhen auf Einzelbestimmungen von Glukose und Insulin (HOMA, Quicki) oder auf der Auswertung des oralen Glukosetoleranztests (ISI) und sind im Folgenden beschrieben.

»Homeostasis Model Assessment« (HOMA)

❶ HOMA = NPG (mmol/l) × NPI (pmol/l) × 135^{-1} (NPG = Nüchtern-Plasma-Glukose, NPI = Nüchtern-Plasma-Insulin). Definitionsgemäß entspricht ein Wert von 1 einer normalen Insulinempfindlichkeit, ein höherer Wert beschreibt die Insulinresistenz.

In eigenen Kollektiven adipöser Kinder und Jugendlicher lag der mittlere Wert für HOMA bei 4. Assoziationen zwischen dem hyperinsulinämischen-euglykämischen Clamp und HOMA wurden mit einem r von > 0,800 angegeben. Diese hohen Korrelationskoeffizienten wurden bei Probanden unterschiedlichen Alters mit Normal- oder Übergewicht, Diabetes bzw. Hypertonie erhoben.

Quicki

Quicki benutzt zur Bestimmung der Insulinresistenz wie HOMA Nüchternglukose und -insulin. Durch logarithmische Umformung wird die schiefe Verteilung der Glukose- und Insulinwerte ausgeglichen. Der Korrelationsquotient zwischen Quicki und HOMA betrug r = 0,98 (Radziuk, 2000).

ISI

Wird zusätzlich während des oralen Glukosetoleranztests Insulin gemessen, lässt sich die Insulinsensitivität ISI bestimmen:

$$ISI_{comp} = \frac{10000}{\sqrt{(NPG(mg/dl) \times NPI(\mu U/ml)) \times (Mittelwert\ OGTT\ Glukose \times Mittelwert\ OGTT\ Insulin)}}$$

NPG=Nüchtern-Plasma-Glukose, NPI=Nüchtern-Plasma-Insulin

Der Korrelationskoeffizient zwischen ISI_{comp} und dem euglykämischen Clamp betrug r = 0,73 und zwischen ISI_{comp} und HOMA r = 0,92 (Matsuda u. DeFronzo, 1999).

Weitere Methoden zur Bestimmung der Insulinsensitivität/-resistenz, die auf dem OGTT beruhen, wurden von Cederholm, Belfiore, Stumvoll und Soonthornpun angegeben. Es ist möglich, dass sich HOMA und ISI_{comp} als bevorzugte Methoden zur Bestimmung der Insulinresistenz/-sensitivität durchsetzen werden (◘ Abb. 18.1).

18.2 Pathogenese

In aller Regel (Ausnahme z. B. Prader-Willi-Syndrom) führt eine Zunahme des Körperfettgewebes zu einer Abnahme der Insulinsensitivität. Dabei spielen nach neuen Erkenntnissen Sekretionsprodukte der Adipozyten wie Adiponektin, Leptin und TNF-a eine wichtige Rolle (▶ Kap. 17).

Die Konstellation von Adipositas, gestörter Glukosetoleranz bzw. Diabetes-mellitus-Typ-2, Hypertonie, Dyslipidämie, Hyperkoagulabilität, Hyperurikämie, Mikroalbuminurie und Insulinresistenz (Hyperinsulinismus) wird als **metabolisches Syndrom** bezeichnet (Reaven, 2003; ▶ Kap. 32). Ob der Hyperinsulinismus nur auf exogenen Noxen beruht, kann bezweifelt werden, da bei Kindern und Jugendlichen zunächst erhöhte Insulin-Konzentrationen gemessen wurden und erst Jahre später die Cluster des metabolischen Syndroms auftraten (Raitakari et al., 1995).

Den **freien Fettsäuren** im Plasma, die vorzugsweise im Fettgewebe aus der Lipolyse entstehen, kommt eine Schlüsselstellung bei dem Hyperinsulinismus zu. Sie sind bei Patienten mit Insulinresistenz erhöht. Die freien Fettsäuren stimulieren die Insulinfreisetzung und tragen entscheidend zum Hyperinsulinismus der Patienten bei. Freie Fettsäuren wirken kontrainsulinär durch Steigerung der Glukoneogenese in der Leber sowie durch Hemmung der Aufnahme und Oxidation der Glukose in der Muskulatur. Die durch Fettsäuren induzierte Insulinresistenz wird auf die erhöhte Bildung von Acetyl-CoA mit Hemmung der Glukoseoxidation zurückgeführt. Der Mechanismus wird als Glukose-Fettsäuren- oder Randle-Zyklus bezeichnet.

Klinisch bedeutsamer als die molekular definierten Ursachen der Insulinresistenz sind Bewegungsarmut und Fettsucht.

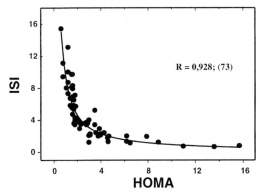

R = 0,928; (73)

◘ **Abb. 18.1.** Assoziation von Insulinsensitivität (ISI) und Insulinresistenz (HOMA) bei normalgewichtigen und adipösen Kindern und Jugendlichen

> **Beratungstipps**
>
> Durch sportliche Aktivität nimmt die Insulinempfindlichkeit auch ohne Gewichtsabnahme oder Änderung der Körperzusammensetzung vorzugsweise durch verstärkte Expression der Glukosetransporter in der Muskulatur und in geringerem Ausmaß in der Leber und im Fettgewebe zu (Goodyear u. Kahn, 1998).

Auf weitere Folgen des Hyperinsulinismus mit klinischer Relevanz wird nun eingegangen. Insulin ist das wichtigste Hormon bei der Regulation von **SHBG** (Sexual-Hormon-Bindendes-Globulin) in der Leber. Die Plasmaspiegel von SHBG werden durch den Hyperinsulinismus dramatisch gesenkt, so dass der freie Anteil des Testosterons ansteigt, wodurch der Hirsutismus bei Frauen mit PCO (polyzystisches Ovar), einer Sonderform des metabolischen Syndroms, verstärkt wird (▶ Kap. 26).

Die Plasmakonzentrationen der Androgene werden weiterhin durch IGF-I erhöht. IGF-I steigert die Produktion der Androgene in der Nebenniere.

Der überwiegende Anteil des IGF-I ist an Plasmaproteine (IGFBP-1–6) gebunden. **IGFBP-1** reguliert die raschen Effekte des IGF-1, die auf dem freien Anteil von IGF-I beruhen. Insulin erniedrigte die Konzentrationen von IGFBP-1 im Plasma durch Hemmung der Synthese des Bindungsproteins in der Leber, so dass der freie Anteil von IGF-I anstieg. IGFBP-1 korrelierte invers und eng mit der Glukosetoleranz und den kardiovaskulären Risikofaktoren der Insulinresistenz, die mit HOMA gemessen wurde. Somit besteht ein enger Zusammenhang zwischen einem Hyperinsulinismus und dem IGF-I/IGFBP-1-System mit Erhöhung des ungebundenen Anteils des IGF-I. IGF-I könnte durch Stimulation von Zellwachstum (z. B. Endothelzellen) zu den Komplikationen der Insulinresistenz beitragen (Heald et al., 2001).

18.3   Therapie der Insulinresistenz

Körperliche Trägheit als Folge von sitzenden Tätigkeiten und Übergewicht bilden die Hauptkomponenten der Insulinresistenz. Veränderung des mit Bewegungsarmut verbundenen Lebensstils durch eine kalorienreduzierte Ernährung und durch Erhöhung der körperlichen Leistungsfähigkeit wie durch ein tägliches 30-minütiges Training verhinderte wirkungsvoll die Progression einer gestörten Glukosetoleranz in einen Diabetes-Typ-2 (Tuomiletho et al., 2001).

Die Modifikation des Lebensstils mit dem Hauptgewicht der gesteigerten körperlichen Aktivität war doppelt so wirksam wie eine Therapie mit Metformin (Knowler et al., 2002). Metformin gilt als Mittel der ersten Wahl bei übergewichtigen Patienten mit Diabetes-Typ-2, bei denen diätetische und Interventionen zur Steigerung der körperlichen Fitness versagt haben. Als gesicherte Wirkung der Biguanide gilt die Hemmung der Glukoneogenese der Leber, während die Verbesserung der Insulinempfindlichkeit an der Muskelzelle uneinheitlich beurteilt wird. Unter Metformin wird das Körpergewicht stabilisiert mit einer Tendenz zur Gewichtsabnahme (▶ Kap. 43). Milde gastrointestinale Beschwerden können auftreten, während die früher gefürchtete Laktatazidose mit Phenformin unter Metformin bei sachgerechter Indikation eine Rarität darstellt. Es ist zu empfehlen, die Therapie mit Metformin langsam mit einer morgendlichen Einzeldosis von 500 mg zu beginnen und langsam über Wochen die Dosis auf maximal 3×850 mg zu steigern. Bei akuten Erkrankungen sollte die Metformin-Therapie unterbrochen werden. Metformin ist als Therapie bei Insulinresistenz und Hirsutismus indiziert. Bei Frauen mit PCO (polyzystisches Ovar-Syndrom) auch ohne Diabetes ging der Hirsutismus eindrucksvoll zurück. Bei normoglykämischen, hirsuten, insulinresistenten Mädchen wurden die Befunde bestätigt. Hypoglykämien wurden bei den Patientinnen nicht registriert.

Die **Thiazolidindione**, die die Insulinempfindlichkeit erhöhen, könnten in den kommenden Jahren eine Therapieoption bei Insulinresistenz darstellen. Zur Zeit sind sie nur zur Therapie des Diabetes-Typ-2 zugelassen und in Europa nur in Verbindung mit Metformin (Matthaei et al., 2000).

Literatur

Bergmann RN, Hope ID, Yang YJ, Watanabe RM, Meador MA, Youn JH, Ader M (1989) Assessment of insulin sensitivity in vivo: A critical review. Diab/Metab Rev 5: 411–429

Ferrannini E, Mari A (1998) How to measure insulin sensitivity. J Hypertens 16: 895–906

Goodyear LJ, Kahn BB (1998) Exercise, glucose transport, and insulin sensitivity. Annu Rev Med 49: 235–261

Heald AH, Cruichshank JK, Riste LK, Cade JE, Anderson S, Greenhalgh A, Sampayo J, Taylor W, Fraser W, White A, Gibson JM (2001) Close relation of fasting insulin-like growth factor binding protein-1 (IGFBP-1) with glucose tolerance and cardiovascular risk in two populations. Diabetologia 44: 333–339

Knowler WC, Barret-Connor E, Fowler SE, Hamman RF, Lachin JM, Walker EA, Nathan D (2002) Reduction in the incidence of type 2 diabetes with lifestyle intervention or metformin. N Engl J Med 346: 393–403

Matsuda M, DeFronzo A (1999) Insulin sensitivity indices obtained from oral glucose tolerance testing. Diab Care 22: 1462–1470

Matthaei S, Stumvoll M, Kellerer M, Häring HU (2000) Pathophysiology and pharmacological treatment of insulin resistance. Endocr Rev 21: 585–618

Raitakari OT, Porkka KVK, Rönnemaa T, Knip M, Uhari M, Akerblom HK, Viikari JSA (1995) The role of insulin in clustering of serum lipids and blood pressure in children and adolescents. The cardiovascular risk in young Finns study. Diabetologia 38: 1042–1050

Radziuk J (2000) Insulin sensitivity and its measurement: Structural commonalities among the methods. J Clin Endocrinol Metab 85: 4426–4433

Reaven GM (2003) Insulin resistance/compensatory hyperinsulinemia, essential hypertension, and cardiovascular disease. J Clin Endocrinol Metab 88: 2399–2403

Tuomilehto J, Lindström J, Eriksson JG, Valle TT, Hämäläinen H, Hanne-Parikka P, Keinänen-Kukaanniemi S, Laasko M, Louheranta A, Rasta M, Salminen V, Uusitupa M (2001) Prevention of type 2 diabetes mellitus by changes in lifestyle among subjects with impaired glucose tolerance. N Engl J Med 344:1343–1350

Yeni-Komshian H, Carantoni M, Abbasi F, Reaven GM (2000) Relationship between several surrogate estimates of insulin resistance and quantification of insulin-mediated glucose disposal in 490 healthy nondiabetic volunteers. Diab Care 33: 171–175

Weiterführende Literatur

Matthaei S, Stumvoll M, Kellerer M, Häring HU (2000) Pathophysiology and pharmacological treatment of insulin resistance. Endocr Rev 21: 585–618

Kommentar: Hervorragende Übersichtsarbeit zur Pathophysiologie und Therapie der Insulinresistenz, verständlich und ausführlich. Eine Arbeit, mit der man sich in das Thema gut einarbeiten kann.

Knowler WC, Barret-Connor E, Fowler SE, Hamman RF, Lachin JM, Walker EA, Nathan D (2002) Reduction in the incidence of type 2 diabetes with lifestyle intervention or metformin. N Engl J Med 346: 393–403

Tuomilehto J, Lindström J, Eriksson JG, Valle TT, Hämäläinen H, Hanne-Parikka P, Keinänen-Kukaanniemi S, Laasko M, Louheranta A, Rasta M, Salminen V, Uusitupa M (2001) Prevention of type 2 diabetes mellitus by changes in lifestyle among subjects with impaired glucose tolerance. N Engl J Med 344: 1343–1350

Kommentar: Zwei zentrale Publikationen zur Wirkung von Änderungen des Ernährungs- und Bewegungsverhaltens auf die Glukosetoleranz und die Prävention des Diabetesmellitus-Typ-2.

Störungen der Glukosetoleranz und Diabetes-mellitus-Typ-2

M. Wabitsch, E. Heinze, T. Reinehr

19.1 Epidemiologie

Die Prävalenz des Diabetes-mellitus-Typ-2 hat in den Industrienationen in den letzten Jahren zu- und das mittlere Manifestationsalter abgenommen. Parallel dazu ist eine deutliche Zunahme der Prävalenz von Übergewicht und Adipositas sowohl im Erwachsenenalter als auch im Kindes- und Jugendalter zu beobachten.

Über die Epidemiologie des Diabetes-mellitus-Typ-2 bei Kindern und Jugendlichen liegen nur wenige Informationen vor. In den Vereinigten Staaten und in Kanada wurde der Diabetes-mellitus-Typ-2 im Kindesalter im Zusammenhang mit Adipositas v. a. in spezifischen, ethnischen Gruppen mit der höchsten Prävalenz bei Pima-Indianern gefunden (Fagot-Campagna et al., 2000).

Die geschätzte Prävalenz des Diabetes (alle Typen) bei Jugendlichen wurde im 3. Gesundheits-Survey in den USA mit 0,41% und die der gestörten Glukosetoleranz mit 1,76% angegeben. Kürzlich wurde in einer multiethnischen Gruppe von 167 adipösen Kindern und Jugendlichen in den USA bei mehr als 20% eine gestörte Glukosetoleranz und bei 4 Individuen ein Diabetes-mellitus-Typ-2 (Sinha et al., 2002) gefunden. In verschiedenen Diabeteszentren in den USA wurde eine Zunahme des prozentualen Anteils von Diabetes-mellitus-Typ-2 bei der Diagnose Diabetes im Kindes- und Jugendalter beschrieben (4% vor 1990, bis zu 45% in neueren Erhebungen). Das Vorkommen des Diabetes-Typ-2 bei adipösen Kindern wird nicht nur in Nordamerika beobachtet. In ◘ Tabelle 19.1 sind einige Berichte mit Angaben zur Prävalenz zusammengefasst.

◘ **Tabelle 19.1.** Geschätzte Angaben zur Prävalenz oder Inzidenz des Diabetes-mellitus-Typ-2 bei Kindern und Jugendlichen

	Erhebungs-zeitraum	Ethnische Gruppe	Alter (Jahre)	Geschätzte Prävalenz pro 1000
Populationsbasierte Studien				
Arizona	1992–1996	Pima Indianer	10–14	22,3
			15–19	50,9
Manitoba	1996–1997	Ureinwohner	10–19	36,0
NHANES III	1988–1994	Weiße, afrikanische und mexikanische Amerikaner	12–19	4,1
Österreich	1999–2001	Weiße Europäer	<15	0,0025
Klinische Studien				
Tokyo	1974–1994	Japaner	6–18	0,03
Indian Health Services	1996	Indianer	0–14	1,3
Manitoba	1998	Ureinwohner	5–14	1,0
			15–19	2,3
Cincinnati, OH	1994	Weiße, afrikanische Amerikaner	10–19	Inzidenz 7,2 pro 100 000
Screening-Untersuchungen bei übergewichtigen Kindern				
Yale	2001	Weiße und afrikanische Amerikaner	4–10	25% IGT
				0% Dm2
			11–18	21% IGT
				4% Dm2
Deutschland	2002	Weiße Europäer	9–20	7% IGT
				1% Dm2
Italien	2002	Weiße Europäer	6–18	5% IGT

Dm2 Diabetes-mellitus-Typ-2, **IGT** gestörte Glukosetoleranz.

In einer Kohortenstudie, die zwischen 2000 und 2001 bei 520 deutschen Kindern und Jugendlichen durchgeführt wurde, wurde in 6,7% der Fälle eine Störung in der Glukosehomöostase gefunden, davon zeigten 1,5% Hinweise auf das Vorliegen eines Diabetes-mellitus-Typ-2 und 2,1% eine pathologische Glukosetoleranz (Wabitsch et al., 2004). Demnach können auch in Deutschland heute Störungen der β-Zellfunktion bei Kindern und Jugendlichen mit Adipositas früh in Zusammenhang mit extremer Adipositas diagnostiziert werden. Auf der Basis dieser Daten kann spekuliert werden, dass bis zu 15 000 Kinder und Jugendliche mit Adipositas einen Diabetes-mellitus-Typ-2 in Deutschland haben, wenn die Anzahl von adipösen Kindern mit 1 Million geschätzt wird. Im Gegensatz dazu sind aktuell nur 130 Kinder mit Diabetes-mellitus-Typ-2 in der standardisierten EDV-basierten Dokumentation (dpv) für Diabetes-Patienten dokumentiert.

19.2 Pathophysiologie

Der Diabetes-mellitus-Typ-2 ist eine komplexe metabolische Erkrankung mit heterogener Ätiologie, dabei spielen soziale Faktoren, Verhaltensfaktoren und Umgebungsfaktoren, die sich v. a. auf das Ernährungs- und Bewegungsverhalten auswirken, eine bedeutende Rolle. Diese werden auf der Basis einer genetischen Veranlagung wirksam.

> **Praxistipp**
>
> Die gestörte Glukosetoleranz ist ein intermediäres Stadium im natürlichen Verlauf der Entwicklung eines Diabetes-Typ-2 und ist ein eigenständiger Risikofaktor für kardiovaskuläre Erkrankungen.
>
> Die Pubertät scheint eine wichtige Rolle in der Entwicklung einer gestörten Glukosetoleranz und der Manifestation eines Diabetes-Typ-2 bei Kindern mit Adipositas zu spielen. Während der Pubertät findet man eine physiologische Zunahme der Insulinresistenz, die sich nach der Pubertät wieder etwas normalisiert.

Insulinresistenz bei Adipositas als Folge von Überernährung und Bewegungsmangel (▶ Kap. 18) führt zunächst zu einer kompensatorischen Expansion der β-Zellmasse und im weiteren zu einer Erschöpfung der Funktion der β-Zelle. Im weiteren Krankheitsverlauf wird die β-Zellmasse durch Apoptose reduziert (Bell u. Polonsky, 2001). Tritt eine Dekompensation der Glukosehomöostase und ein Diabetes im Zusammenhang mit Adipositas bereits im Kindes- und Jugendalter auf, so liegt neben der Insulinresistenz eine sehr frühe inadäquate Insulinproduktion und -sekretion vor. Aufgrund der Hinweise für ein familiäres Vorkommen des Diabetes-mellitus-Typ-2 kann von einer genetischen Prädisposition ausgegangen werden. Bisherige Untersuchungen zur Genetik des Diabetes-mellitus-Typ-2 (Kopplungsanalysen, Kandidatengen-Ansatz) haben allerdings wenig Einblick auf verursachende Gene erbringen können. Man geht in den meisten Fällen von einer multifaktoriellen Vererbung aus.

19.3 Klinisches Erscheinungsbild

Der Diabetes-mellitus-Typ-2 tritt zunächst asymptomatisch auf und wird meist im Rahmen von Screening-Untersuchungen diagnostiziert (pathologischer Glukosetoleranztest, Glukosurie). Kinder und Jugendliche mit Diabetes-Typ-2 haben oft eine positive Familienanamnese für einen Diabetes. Akanthosis nigricans und das polyzystische Ovar-Syndrom sind oft mit Insulinresistenz und Adipositas sowie Diabetes-mellitus-Typ-2 assoziiert. Dyslipoproteinämien (▶ Kap. 20) und arterielle Hypertonie (▶ Kap. 21) werden ebenso im Zusammenhang mit Diabetes-mellitus-Typ-2 bei Kindern und Jugendlichen gefunden (Arslanian, 2002).

19.4 Differenzialdiagnose

Die eindeutige Zuordnung des Diabetes-mellitus-Typ-2 bei adipösen Kindern und Jugendlichen ist nicht immer auf der Basis der klinischen Symptome möglich. Typischerweise haben Kinder mit Diabetes-mellitus-Typ-1 eine Anamnese mit deutlichem Gewichtsverlust, Polyurie und Poly-dypsie. Diese Patienten sind eher selten adipös. Bei den meisten dieser Patienten sind positive Titer für β-Zell-Autoantikörper nachweisbar. Bei Manifestation liegt meist eine Ketoazidose vor.

Neben dem Diabetes-mellitus-Typ-2 sind andere, seltene, nicht immunologisch bedingte Diabetes-Formen, die oft im jungen Erwachsenenalter diagnostiziert werden und familiär gehäuft auftreten (autosomal-dominante Vererbung), bekannt (»Maturity Onset Diabetes of the Youth«, MODY). In den letzten Jahren konnten die mutierten Gene bei 6 verschiedenen MODY-Typen (1–6) entdeckt werden:

MODY 1	HNF-4α (OMIM 125850)
MODY 2	Glukokinase (OMIM 125851)
MODY 3	HNF-1α (OMIM 600496)
MODY 4	IPF-15 (OMIM 606392)
MODY 5	HNF-1β (OMIM 604284)
MODY 6	NeuroD1 (OMIM 606394)

(http://www.ncbi.nlm.nih.gov/entrez/query.fcgi?db=OMIM)

Der MODY-Diabetes ist gekennzeichnet durch eine Mutation mit hoher Penetranz in einem einzigen Gen. MODY 2 und 3 zeigen dabei die weitaus größere Häufigkeit im Vergleich zu den anderen MODY-Formen (Bell u. Polonsky, 2001).

19.5 Diagnostik

Die Diagnosekriterien für Diabetes und Störungen im Glukosestoffwechsel bei Kindern und Jugendlichen sind in der folgenden Übersicht und in ◘ Tabelle 19.2 dargestellt.

Diagnosekriterien für Diabetes (Expert Committee on the Diagnosis and Classification of Diabetes Mellitus, 1997, 2003)

Klinische Symptome des Diabetes und zufällig gemessene Glukosekonzentration:
- >200 mg/dl (11,1 mmol/l) im venösen Plasma oder kapillären Vollblut,
- >180 mg/dl (10,0 mmol/l) im venösen Vollblut,
- >220 mg/dl (12,2 mmol/l) im kapillären Plasma.

Zufällig wird definiert als irgendein Zeitpunkt am Tag ohne Berücksichtigung des Zeitpunktes der letzten Mahlzeit. Zu den klassischen klinischen Symptomen des Diabetes gehören Polyurie, Polydipsie und Gewichtsverlust;

oder
- Nüchternglukose:
  - >126 mg/dl (7,0 mmol/l) im venösen oder kapillären Plasma,
  - >110 mg/dl (6,2 mmol/l) im venösen oder kapillären Vollblut.
  - Nüchtern ist definiert als keine Kalorienzufuhr während der letzten 8 h;

◘ **Tabelle 19.2.** Diagnosekriterien für Störungen im Glukosestoffwechsel bei der Durchführung eines oralen Glukosetoleranztests (Expert Committee on the Diagnosis and Classification of Diabetes Mellitus, 1997, 2003)

	Zeitpunkt	Venöses Plasma	Venöses Vollblut	Kapilläres Plasma	Kapilläres Vollblut
Normal	0 min	<100 mg/dl		<100 mg/dl	
	2 h	<140 mg/dl	<120 mg/dl	<160 mg/dl	<140 mg/dl
Gestörte Nüchtern-glykämie	0 min	100–125 mg/dl		100–125 mg/dl	
Gestörte Glukose-toleranz	2 h	140–199 mg/dl	120–179 mg/dl	160–219 mg/dl	140–199 mg/dl
Diabetes mellitus	0 min	>125 mg/dl	>109 mg/dl	>125 mg/dl	>109 mg/dl
	2 h	>199 mg/dl	>180 mg/dl	>219 mg/dl	>199 mg/dl

oder
- 2-Stunden-Wert der Glukosekonzentration während des oralen Glukosetoleranztests:
    - >200 mg/dl (11,1 mmol/l) im venösen Plasma oder kapillären Vollblut,
    - >180 mg/dl (10,0 mmol/l) im venösen Vollblut,
    - >220 mg/dl (12,2 mmol/l) im kapillären Plasma.

Der Test sollte mit einer Flüssigkeit, die 1,75 g/kg Körpergewicht (maximal 75 g) in Wasser gelöste Glukose enthält, durchgeführt werden.

Wenn keine akute metabolische Dekompensation vorliegt, sollte ein pathologischer Befund durch eine erneute Untersuchung an einem anderen Tag bestätigt werden, um die entsprechende Diagnose zu stellen. Die Klassifikation des vorliegenden Diabetes kann entsprechend dem Flussdiagramm durchgeführt werden (Abb. 19.1).

19.6 Komplikationen des Diabetes-mellitus-Typ-2 bei Kindern und Jugendlichen

Der Diabetes-mellitus-Typ-2 ist langfristig eine ernsthafte und sehr teure Erkrankung. Die chronischen Folgen des Diabetes bei Erwachsenen beinhalten makrovaskuläre Erkrankungen (v. a. kardiovaskuläre Erkrankungen mit der Folge von Schlaganfall und Herzinfarkt) sowie mikrovaskuläre Erkrankungen, wie Retinopathie, Nephropathie und Neuropathie, die im Endstadium zur Nierenfunktionsstörung und Dialyse, Erblindung oder Beinamputation führen können. Diese Komplikationen tragen zu der hohen Morbidität und Mortalität von Personen mit Diabetes bei.

Über die Komplikationen des Diabetes-mellitus-Typ-2 bei Kindern und Jugendlichen liegen wenig Daten vor. Die Ergebnisse von Langzeituntersuchungen bei Erwachsenen sind nicht direkt auf Kinder übertragbar. Allerdings werden die pathophysiologischen Vorgänge, die durch eine Hyperglykämie ausgelöst werden, bei Kindern vergleichbar sein mit denen bei Erwachsenen. In der »UK-prospective-diabetes-Study« (UKPDS) wurden 5012 Patienten über eine mittlere Dauer von 10 Jahren nachuntersucht (Stratton et al., 2000). Dabei konnte gezeigt werden, dass Endpunkte mikrovaskulärer Veränderung in Abhängigkeit von der Diabetes-Dauer und dem $HbA1_C$-Wert als Maß für die Hyperglykämie auftreten. Es ist anzunehmen, dass bei einer Manifestation des Diabetes bereits im Kindesalter diese Endpunkte sehr viel früher erreicht werden. Über makrovaskuläre Veränderungen bei Kindern mit Diabetes-mellitus-Typ-2 ist ebenfalls wenig bekannt. Die Entwicklung der Arteriosklerose ist zeitabhängig und die absolute Zeit zwischen Diagnosestellung und den entsprechenden

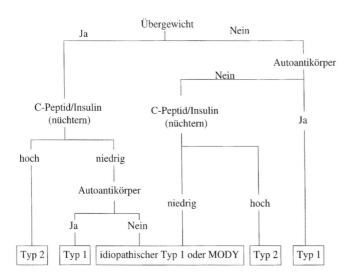

 Abb. 19.1. Flussdiagramm zur Klassifikation des Diabetes

Endpunkten kann Jahre betragen und kann auch vom absoluten Alter der Betroffenen abhängig sein.

Praxistipp

Mikrovaskuläre Veränderungen können u.U. bereits bei Diagnosestellung eines Diabetes-mellitus-Typ-2 vorliegen. Daher ist es sinnvoll Kinder und Jugendliche auf eine Retinopathie und Mikroalbuminurie bereits bei Diagnosestellung zu untersuchen.

19.7 Screening für Diabetes-mellitus-Typ-2 und gestörter Glukosetoleranz bei Kindern und Jugendlichen mit Adipositas

Auf der Basis der publizierten Daten wird klar, dass die meisten der europäischen und viele der amerikanischen Individuen mit Diabetes-mellitus-Typ-2 asymptomatisch bei Diagnosestellung sind. Dementsprechend war die Prävalenz von Störungen im Glukosestoffwechsel in einer Screening-Studie in Deutschland bei adipösen Kindern deutlich höher als in anderen Berichten. Es ist wahrscheinlich, dass wie bei Erwachsenen in Deutschland eine bedeutende Zahl von adipösen Kindern und Jugendlichen einen bislang nicht diagnostizierten Diabetes-mellitus-Typ-2 aufweisen. Daher ist ein Screening auf Diabetes in Risikogruppen notwendig. Die Durchführung eines oralen Glukosetoleranztests ist entsprechend den Kriterien in der folgenden Übersicht sinnvoll. Die Verwendung des HbA1$_C$-Wertes ist aus heutiger Sicht nicht ausreichend sensitiv für das Screening, da etwa ein drittel der asymptomatischen Kinder mit Diabetes-mellitus-Typ-2 normale HbA1$_C$-Werte haben.

Kriterien für die Durchführung eines oralen Glukosetoleranztests zum Ausschluss eines Diabetes-mellitus-Typ-2 bei Kindern und Jugendlichen. (Mod. nach ADA, 2000)

- Übergewicht (BMI > 90. Perzentile) und
- einer der folgenden Risikofaktoren:
- positive Familienanamnese für Diabetes-mellitus-Typ-2 bei erst- oder zweitgradig Verwandten,
- ethnische Herkunft: Asien, Indianer, Afrika, Hispanier,
  - Zeichen der Insulinresistenz oder mit ihr assoziierte Veränderungen (Akanthosis nigricans, arterielle Hypertonie, Dyslipidämie, polyzystisches Ovar-Syndrom),
  - extreme Adipositas (BMI > 99,5. Perzentile; ▶ Kap. 1).

19.8 Therapie des Diabetes-mellitus-Typ-2 bei Kindern und Jugendlichen

Das ideale Ziel der Behandlung ist die Normalisierung der Blutzuckerwerte und des HbA1$_C$-Wertes. Eine Kontrolle der assoziierten Komorbidität, wie Hypertonie und Dyslipoproteinämie ist auch im Hinblick auf spätere makrovaskuläre Komplikationen erforderlich. Schlussendlich muss es gelingen, das Risiko für die akuten und chronischen Komplikationen des Diabetes zu reduzieren.

Die nichtpharmakologischen Therapiebausteine für die Behandlung von Kindern und Jugendlichen mit gestörter Glukosetoleranz und Diabetes entsprechen denen der Adipositas-Therapie (▶ Kap. 38) und beinhalten die Bausteine

- Verhaltensmodifikation,
- Steigerung der körperlichen Bewegung,
- Reduktion der körperlichen Inaktivität und
- Veränderung der Ernährung.

Allerdings können nur wenige der Betroffenen mit diesen Maßnahmen erfolgreich behandelt werden. Eine pharmakologische Intervention mit Insulin oder oralen Antidiabetika ist meist von Anfang an im Falle des Diabetes-mellitus-Typ-2 notwendig. Die Patienten sollten an einer Diabetes-Schulung, wie sie für Patienten mit Diabetes-mellitus-Typ-1 entwickelt wurde, teilnehmen. Eine besondere Bedeutung sollte den oben beschriebenen Veränderungen des Lebensstils beigemessen werden.

> **Praxistipp**
>
> Die Patienten sollten langfristig in einer erfahrenen Diabetes-Ambulanz für Kinder und Jugendliche betreut werden und die notwendigen Untersuchungen zur frühzeitigen Entdeckung von Folgeerkrankungen und deren Therapie durchgeführt werden.

19.8.1 Pharmakologische Behandlung

In ◘ Tabelle 19.3 sind Möglichkeiten der pharmakologischen Behandlung des Diabetes-mellitus-Typ-2 bei Kindern und Jugendlichen dargestellt. Metformin, ein Biguanid, ist zweifellos das Medikament der 1. Wahl. Allerdings liegt für diese Indikation in Deutschland im Gegensatz zu den USA keine Zulassung vor. Die Behandlung mit Insulin wird häufig der einzig sinnvolle Weg sein, um die Hyperglykämie langfristig zu kontrollieren.

19.9 Prävention

Die individuellen und volkswirtschaftlichen Konsequenzen der Zunahme des Diabetes-mellitus-Typ-2 auch bei Kindern und Jugendlichen erfordern dringende Reaktionen unseres Gesundheitssystems und der Gesundheitspolitik. Die Prävention des Diabetes-mellitus-Typ-2 bei Kindern kann nur über eine Prävention der Adipositas evtl. konzentriert auf Risikogruppen erreicht werden (▶ Kap. 47). Die Maßnahmen, die für eine primäre oder sekundäre Prävention Anwendung

◘ Tabelle 19.3. Behandlungsmöglichkeiten des Diabetes-mellitus-Typ-2 bei Kindern und Jugendlichen. (Nach Matthews, 2002)

Vorgehen	Reduktion der Hyperglykämie	Verbesserung der β-Zellfunktion	Verbesserung der Insulinresistenz	Anwendung empfohlen	FDA[a]/ EMEA[b] Zulassung	Bemerkung
Ernährungs- und Bewegungstherapie	Ja	Nein	Ja	Ja	Ja	Erster Schritt; Erfolg hängt von erfolgreicher Änderung des Lebensstils ab
Insulin	Ja	Nein	Nein	Ja	Ja	Gewichtszunahme?
Metformin	Ja	Nein	Ja	Ja	Nein	Wenig Nebenwirkungen
Sulphonylharnstoffe	Ja	Ja	Nein	Ja	Nein	Wenig Nebenwirkungen bei Erwachsenen
Thiazolidinediones	Ja	?	Ja	Nein	Nein	Gewichtszunahme; keine Langzeiterfahrungen
Arcarbose	?	Nein	Nein	??	Nein	Nebenwirkungen u.U. inakzeptabel
Orlistat	?	Nein	Nein	??	Nein	Nebenwirkungen u.U. inakzeptabel
Chirurgische Therapie	Ja	Nein	Ja	???		Kasuistiken

[a] FDA: Federal Drug Administration (USA).
[b] EMEA: European Medicine Evaluation Agency (European).

19

finden können, entsprechen im Wesentlichen den Maßnahmen zur Prävention der Adipositas und sind in ▶ Kap. 47 ausführlich dargestellt. Da Individuen mit gestörter Glukosetoleranz ein deutlich erhöhtes Risiko für die Entwicklung eines Diabetes haben (DECODE-Study-Group, 1999) ist das Screening für das Vorkommen dieser Veränderung in Risikogruppen und gezielte präventive Maßnahmen bei den Betroffenen ganz besonders notwendig. Kürzlich veröffentlichte Interventionsstudien haben überzeugend gezeigt, dass durch eine Steigerung der körperlichen Bewegung und eine gesunde Ernährungsweise sowie mittels eines mäßigen Gewichtsverlusts die Progression von einer gestörten Glukosetoleranz zu einem Diabetes aufgehalten werden kann (Tuomilehto 2002; Knowler, 2002).

Literatur

American Diabetes Association (ADA) (2000) Type 2 diabetes in children and adolescents. Diab Care 23: 381–389

Arslanian SA (2002) Type 2 Diabetes in children: Clinical aspects and risk factors. Horm Res 57 (suppl 1): 19–28

Bell GI, Polonsky KS (2001) Diabetes mellitus and genetically programmed defects in β-cell function. Nature 414: 788–791

Fagot-Campagna A, Pettitt DJ, Engelgau MM, Burrows NR, Geiss LS, Valdez R, Beckles GL, Saadine J, Gregg EW, Williamson DF, Narayan KM (2000) Type 2 diabetes among North American children and adolescents: an epidemiologic review and a public health perspective. J Pediatr 136: 644–672

Knowler WC, Barrett-Connor E, Fowler SE, Hamman RF, Lachin JM, Walker EA, Nathan DM (2002) Diabetes Prevention Program Research Group. Reduction in the incidence of type 2 diabetes with lifestyle intervention or metformin. N Engl J Med 346: 393–403

Matthews DR, Wallace TM (2002) Children with type 2 diabetes: the risks of complications. Horm Res 57 (suppl 1): 34–39

Sinha R, Fisch G, Teague B, Tamborlane WV, Banyas B, Allen K, et al. (2002) Prevalence of impaired glucose tolerance among children and adolescents with marked obesity. N Eng J Med 346: 802–810

Stratton IM, Adler AI, Neil HA, Matthews DR, Manley SE, Cull CA, et al. (2000) Association of glycaemia with macrovascular and microvascular complications of type 2 diabetes (UKPDS 35): prospective observational study. BMJ 321: 405–412

The DECODE Study Group (1999) Glucose tolerance and mortality: comparison of WHO and American Diabetes Association diagnostic criteria. Lancet 354: 617–621

The Expert Committee on the Diagnosis and Classification of Diabetes Mellitus (1997) Report of the expert committee on the diagnosis and classification of diabetes mellitus. Diabetes Care 20: 1183–1197

The Expert Committee on the Diagnosis and Classification of Diabetes Mellitus (2003) Follow-up Report on the diagnosis of diabetes mellitus. Diabetes Care 26: 3160–3167

Tuomilehto J, Lindström J, Eriksson JG et al. (2001) Prevention of type 2 diabetes mellitus by changes in lifestyle among subjects with impaired glucose tolerance. N Engl J Med 344: 1343–1350

Wabitsch M, Hauner H, Hertrampf M, Muche R, Hay B, Mayer H, Kratzer W, Debatin, Heinze E (2004) Type 2 diabetes mellitus and impaired glucose regulation in caucasian children and adolescents with obesity living in Germany. Int J Obes Relat Metab Disord 28: 307–313

Weiterführende Literatur

Knowler WC, Barrett-Connor E, Fowler SE, Hamman RF, Lachin JM, Walker EA, Nathan DM (2002) Diabetes Prevention Program Research Group. Reduction in the incidence of type 2 diabetes with lifestyle intervention or metformin. N Engl J Med 346: 393–403

Kommentar: Beispielhafte prospektive, randomisierte Präventionsstudie bei 3234 Erwachsenen mit erhöhter Glucose (nüchtern oder nach Belastung), die zeigte, dass durch Änderungen des Lebensstils und durch Metformin die Inzidenz des Diabetes mellitus gesenkt werden kann. Dabei waren Änderungen des Lebensstils effektiver als die Behandlung mit Metformin.

Tuomilehto J, Lindström J, Eriksson JG et al. (2001) Prevention of type 2 diabetes mellitus by changes in lifestyle among subjects with impaired glucose tolerance. N Engl J Med 344: 1343–1350

Kommentar: Beispielhafte prospektive, randomisierte Präventionsstudie bei 522 Erwachsenen mit gestörter Glucosetoleranz, die zeigte, dass durch eine regelmäßige, detaillierte und individuelle Beratung mit den Zielen moderater Gewichtsreduktion, Reduktion der Zufuhr von Fett und gesättigten Fettsäuren und Steigerung der körperlichen Aktivität und Zufuhr von Ballaststoffen, die Entwicklung eines Typ-2-Diabetes verhindert werden kann.

Serumlipide/-lipoproteine bei Kindern und Jugendlichen mit Übergewicht und Adipositas

K. Widhalm, W. Kiess

20.1 Erhöhte Serumlipide und Lipoproteine

Erhöhte Serumlipide und Lipoproteine bzw. ein verändertes Profil (LDL-C, HDL-C, TG) werden meist bei Erwachsenen mit Übergewicht festgestellt und stellen ein im Labor sichtbares Problem dar, das dann erst zu therapeutischem Vorgehen bei Adipositas veranlasst. Bei Kindern und Jugendlichen sind veränderte Lipid- und Lipoprotein-Serumkonzentrationen im Rahmen von Übergewicht und Adipositas ebenfalls relativ häufig zu finden und liefern zunehmend Anlass für Interventionen.

20.2 Häufigkeit und epidemiologischer Hintergrund

In der Bogalusa-Heart-Study (Frontini, Bao u. Elkasabany, 2001) zeigte sich, dass der BMI gut mit den Serumlipiden/-lipoproteinen und mit dem Körperfett (wie Trizeps- und subskapuläre Hautfalten-Messung) korreliert. Bei den Untersuchungen der Serumlipide von 12- bis 13-Jährigen ist v. a. in Bezug auf die HDL-Werte eine hohe Korrelation des BMI im Vergleich mit dem Gewicht/Größe-Index aufgefallen. Übergewichtige Kinder und Jugendliche mit einem Alter von 5–17 Jahren hatten ein 2,4faches Risiko, erhöhte Serum-Cholesterin-Konzentrationen aufzuweisen im Vergleich zu normalgewichtigen Gleichaltrigen. Die Wahrscheinlichkeiten (Odds Ratios) für erhöhte LDL-, erniedrigte HDL- und erhöhte Triglyzeridspiegel bei übergewichtigen Schulkindern im Vergleich zu schlanken Kindern und Jugendlichen betrugen 3,0, 3,4 bzw. 7,1. Dennoch ist festzuhalten, dass der Einfluss von Übergewicht im Gegensatz zu anderen, v. a. genetischen Faktoren, als relativ mäßig einzuschätzen ist: Nur ca. 9–24% der Variabilität der Lipidspiegel sind bei Kindern durch Übergewicht allein zu erklären (Frontini, Bao u. Elkasabany, 2001). Besonders eine **abdominale Adipositas** geht bei Erwachsenen mit erhöhten Triglyzeridwerten und niedrigem HDL-Cholesterin einher.

20.3 Definition und Diagnostik

Folgende normative Daten scheinen auch für Kinder und Jugendliche Gültigkeit zu besitzen:

Cholesterin	< 190 mg/dl
LDL	< 130 mg/dl
HDL	> 40 mg/dl
TG	< 100 mg/dl

Praxistipp

Liegen Serumlipidspiegel innerhalb dieser Referenzwerte, geht man operational von einem »normalen Serumlipidmuster« aus. Die Bestimmung von Cholesterin, LDL-, HDL-Cholesterin und Triglyzeriden wird im Rahmen der Basisdiagnostik bei übergewichtigen Kindern und Jugendlichen empfohlen. Die Bestimmung von Apolipoprotein-A1 (ApoA1), Apolipoprotein-B (ApoB) und weitergehende Verfahren wie VLDL-Cholesterin-Bestimmung, Lipoproteinelektrophorese und z. B. die LDL-Rezeptor-Messung kann bei anamnestischen Hinweisen auf das Vorliegen von anderen (genetisch bestimmten) Störungen des Lipidstoffwechsels eingesetzt werden. Im Rahmen eines oralen Glukosetoleranztests kann der Lipidstoffwechsel im Sinne einer Prüfung der Insulinsensitivität untersucht werden.

Piers R. Blackett et al. (2003) verglichen die Lipidwerte von 17 übergewichtigen Jugendlichen mit den Werten von 12 normalgewichtigen Jugendlichen, wobei besondere Bedeutung auf das Apo-C-III gelegt wurde: Dieses Lipoprotein korreliert mit den Triglyzeriden und triglyzeridreichen Lipoproteinen und beeinflusst die Lipolyse. Übergewichtige hatten höhere Serumlipidwerte, einen höheren Gehalt an Lipoprotein-C-III, gebunden an Lipoproteine, die Apo B enthalten und eine niedrigere Apo-C-III-Ratio.

Interessanterweise unterschieden sich Erwachsene, die als Kinder übergewichtig gewesen waren, hinsichtlich ihrer Serumlipidwerte kaum von denen, die als Kinder normalgewichtig waren. Ihre HDL-Werte differierten nur um 1 mg/dl, ähnlich verhielt es sich bei ihren LDL- und Gesamtcholesterin-Werten. Ein deutlicher Unterschied wurde nur bei den Triglyzeriden festgestellt, wobei die als Kinder Übergewichtigen niedrigere Werte hatten als die Normalgewichtigen (53 vs. 76 mg/dl).

20.4 Pathophysiologie

Serumlipid- und Lipoproteinkonzentrationen werden enzymatisch reguliert. Sowohl plasmatische Enzyme als auch zellständige und intrazelluläre Enzyme sind am Lipidstoffwechsel beteiligt. Hormone wie v. a. Insulin und Substrate wie freie Fettsäuren modulieren die Expression und Funktion der beteiligten Enzyme. Die Lipoproteinlipase katalysiert z. B. den Abbau von Chylomikronen und VLD-Lipoproteinen. Die hepatische Triglyzeridlipase erfüllt mehrfache Funktionen im Rahmen der Umwandlung von Lipoproteinen. Die Aktivität der Triglyzeridlipase ist dabei bei Übergewichtigen gesteigert und Insulin-abhängig. Eine erniedrigte Lecithin-Cholesteryl-Acyl-Transferase-Aktivität bei Erwachsenen mit Adipositas wird für die erniedrigten HDL-Cholesterin-Konzentrationen bei Adipösen mitverantwortlich gemacht. Fettsäure-Transportproteine sowie das so genannte Cholesterin-Ester-Transferprotein werden bei Adipösen vermehrt gebildet. Es wird vermutet, dass es deshalb zu einer Verringerung von HDL-Cholesterin im Serum von Übergewichtigen kommt.

20.5 Risiko- und Folgeerkrankungen

Bei Erwachsenen ist durch zahlreiche Studien der deutliche Zusammenhang zwischen Übergewicht, erhöhten Lipidwerten und erhöhten kardiovaskulären Risiken dokumentiert. Aus der Framingham-Heart-Study (Kenchaiah, Evans u. Levy, 2002) geht darüber hinaus auch eindeutig hervor, dass ein erhöhter BMI u. a. mit einem ansteigenden Risiko, an einer Herzinsuffizienz zu erkranken, verbunden ist. Bei einem Anstieg des BMI um einen Faktor von jeweils 1, steigt das Risiko bei Frauen um 5%, bei Männern sogar um 7%.

Eine schwedische Studie von Jonsson et al. (2002) berichtet ebenfalls, dass die kardiovaskulären Risiken aufgrund von Übergewicht im Ansteigen begriffen sind.

Des Weiteren zeigt sich, dass das Alter, mit dem die Kinder übergewichtig werden und das Ausmaß des Übergewichts sich auf ihren BMI und ihre kardiovaskulären Risikofaktoren im Erwachsenenalter auswirken (Freedman, Kahn u. Diets, 2001). 2617 Teilnehmer wurden als Kinder und Jugendliche im Alter zwischen 2 und 17 Jahren, und später als Erwachsene im Alter zwischen 18 und 37 Jahren untersucht.

> In einer im Jahre 1992 veröffentlichten Studie (Zwiauer u. Widhalm, 1992) wurde der Zusammenhang zwischen Übergewicht und Körperfettverteilung und der damit verbundenen kardiovaskulären Risiken untersucht. Es stellte sich heraus, dass v. a. neben dem Ausmaß des Übergewichts die Fettverteilung (abdominelles Fettverteilungsmuster) wesentlich ist: von den 105 übergewichtigen Kindern zwischen 10 und 14 Jahren wurde die Körperfettverteilung mithilfe des **Verhältnisses Hüfte-Taillen-Umfang** (WHR) berechnet. Es zeigte sich, dass Lipide, Glukose und Insulin, aber auch die Blutdruckwerte mit der WHR korrelieren. Triglyzeride, Gesamtcholesterin, HDL, LDL, Apo-B, Apo-AI/B-Ratio waren ebenso mit der WHR assoziiert.
>
> Eine ähnliche Studie wurde 1994 in Schweden von Flodmark et al. (1993) durchgeführt, mit dem Unterschied, dass 2 Gruppen von Übergewichtigen – 29 Übergewichtige im Alter von 14 Jahren und 32 Übergewichtige im Alter von 12 Jahren – untersucht wurden. Zusätzlich zum Hüft-Taillen-Umfang-Verhältnis wurde auch der Taillen-Umfang alleine bestimmt. Es zeigte sich, dass beide Parameter in gleichem Ausmaß mit den Lipoprotein-Konzentrationen korrelieren. TG, HDL und die Apo-B/AI-Ratio standen in engem Zusammenhang mit dem Taillen-Umfang. LDL zeigte keine Korrelation. Allerdings wurde in dieser Studie kein Zusammenhang zwischen systolischem und

▼

diastolischem Blutdruck und abdomineller Fettverteilung gefunden. Ähnliche Ergebnisse wurden auch von Jong Weon Choi et al. (2002) berichtet.

Kang et al. (2002) haben sich mit der Frage beschäftigt, ob übergewichtige Jugendliche häufiger den »small-dense-LDL-Phänotyp« (SDLDL) aufweisen und ob damit ein höheres kardiovaskuläres Risiko verbunden sei. Bei 80 übergewichtigen 13- bis 16-Jährigen wurden die Serumlipide ermittelt und ihr LDL wurde in die 2 Phänotypgruppen, SDLDL und LDLDL, unterteilt. 54% der Jugendlichen hatten den SDLDL-Phänotyp. Im Vergleich zu den Jugendlichen mit LDLDL hatten sie ein deutlich höheres Gewicht, höhere VLDL, Apo-B-Werte und eine höhere Cholesterin/HDL-Ratio.

In einer jüngst veröffentlichten Untersuchung berichten Katzmarzky et al. (2003) über den Nutzen von Richtlinien für die Klassifikation von Übergewicht bei Kindern und Jugendlichen in Bezug auf die kardiovaskulären Risikofaktoren. Von den 410 Buben und 337 untersuchten Mädchen aus Quebec hatten die Übergewichtigen deutlich höhere Cholesterinwerte, LDL- und Triglyzeridwerte, HDL

war erniedrigt (◘ Tabelle 20.1). Es wurde herausgefunden, dass übergewichtige Kinder eine 1,6- bis 9,1-mal höhere Anzahl an Risikofaktoren für koronare Erkrankungen haben als nicht übergewichtige Kinder. Buben und Mädchen mit 4 oder mehr Risikofaktoren (erhöhte Lipidwerte, RR) waren 19- bis 43-mal häufiger übergewichtig verglichen mit anderen Kindern, die keine Risikofaktoren hatten.

20.6 Therapiemöglichkeiten

Hinsichtlich des Zusammenhangs zwischen Ausmaß der Adipositas und veränderten Serumlipiden/-lipoproteinen bei Kindern und Jugendlichen und möglichen therapeutischen Interventionen liegen mehrere Untersuchungen vor, wobei teilweise unterschiedliche Ergebnisse veröffentlicht wurden.

Im Einzelnen seien nur wenige Studien diskutiert, die sich mit dieser Thematik beschäftigen:

◘ Tabelle 20.1. Kovarianzanalyse: Serumlipide bei normalgewichtigen und übergewichtigen Jugendlichen

	Jungen			Mädchen		
	Normales Gewicht	Über-gewicht	Signifikanz p	Normales Gewicht	Über-gewicht	Signifikanz p
TG (mmol/l)	0,720	0,840	0,080	0,800	1,050	0,002
Gesamtcholesterin (mmol/l)	4,360	4,410	0,720	4,450	5,040	0,0006
HDL (mmol/l)	1,400	1,270	0,020	1,400	1,240	0,002
Gesamtcholesterin/HDL	3,140	3,550	0,005	3,200	4,120	<0,0001
LDL (mmol/l)	2,550	2,690	0,310	2,630	3,210	0,0003

Im »Childhood obesity report« der WHO (2004) wird von deutlich erhöhten Serumlipidwerten, v. a. der Triglyzeride und LDL-Werte, und erniedrigten HDL-Werten bei Kindern, deren BMI über der 97. Perzentile liegt, berichtet. Somit scheint der Zusammenhang zwischen Übergewicht und erhöhten Lipidwerten im Kindesalter gut dokumentiert zu sein (❏ Tabelle 20.2).

Eine Intervention mit Fibraten, Statinen, Ernährungsmodifikation und Lifestyle-Veränderungen (vermehrte physische Aktivität) wird aus groß angelegten Studien mit Erwachsenen beschrieben. Ein positiver Effekt von Statinen auf eine reduzierte Mortalität und verminderte Morbidität (Verminderung des Herzinfarktrisikos) wird in diesen Arbeiten berichtet. Bei Kindern und Jugendlichen sind ähnliche Studien nicht oder nur mit unzureichenden Fallzahlen durchgeführt worden.

Mithilfe einer Reduktionskost lassen sich erhöhte Triglyzerid- und erniedrigte HDL-Cholesterin-Konzentrationen bei Übergewichtigen normalisieren. Bei rascher Gewichtsreduktion fallen allerdings die HDL-Cholesterinspiegel noch weiter ab und steigen erst bei Gewichtsstabilisierung auf normale Konzentrationen an (Wirth, 2000).

Zusammenfassend kann festgehalten werden, dass die bisher publizierten Daten trotz teilweiser unterschiedlicher Ergebnisse deutlich machen, dass Übergewicht bei Kindern und Jugendlichen mit veränderten Serumlipid/-lipoprotein-Werten einhergeht. Betroffen sind v. a.

- Triglyzeride ($\uparrow$),
- HDL-Cholesterin ($\downarrow$) und in mäßigem Grad
- LDL-Cholesterin ($\uparrow$) und
- Gesamtcholesterin ($\uparrow$).

Normative Daten für Erwachsene gelten für ältere Schulkinder und Jugendliche: Cholesterin > 190 mg/dl, TG > 150 mg/dl, HDL < 35 mg/dl. Das Ausmaß der Veränderungen bei Adipositas scheint eher »undramatisch« und ist durch Gewichtsreduktion und Bewegungstherapie (beim Erwachsenen) reversibel. Die Wirksamkeit von pharmakologischen Interventionen zur Korrektur von Fettstoffwechselstörungen, z. B. mit Fibraten oder Statinen, ist bei Kindern und Jugendlichen noch wenig dokumentiert.

Literatur

Childhood obesity report (WHO 2004) Obesity in children and young people. A crisis in public health. Report to the World Health Organization. Obes Rev 5 (Suppl)

Flodmark CE, Sveger T, Nilsson-Ehle P (1993) Waist measurement correlates to a potentially atherogenic lipoprotein profile in obese 12–14-year-old children. Acta Pediatrica 83:941–945

Freedman DS, Khan LK, Diets WH (2001) Relationship of childhood obesity to coronary heart disease risk factors in adulthood: the Bogalusa Heart Study. Pediatrics 108:712–718

Frontini MG, Bao W, Elkasabany A (2001) Comparison of weight-for-height indices as a measure of adiposity and cardiovascular risk from childhood to young adulthood: the Bogalusa Heart Study. J Clin Epidemiol 5:817–822

Jong Weon Choi, Soo Hwan Pai, Soon Ki Kim (2002) Associations between total body fat and serum lipid concentrations in obese human adolescents. Ann Clin Lab Sci 32:271–278

Jonsson S, Hedblad B, Engström G (2002) Influence of obesity on cardiovascular risk. Twenty-three-year follow-up of 22.025 men from an urban Swedish population. Int J Obesity 26:1046–1053

Kang HS, Gutin B, Barbeau P, Litaker MS, Alisson J, Le NA (2002) Low-density lipoprotein particle size, central obesity, cardiovascular fitness and insulin resistance syndrom mark-

❏ Tabelle 20.2. Zusammenhang zwischen Übergewicht und erhöhten Lipidwerten im Kindesalter

BMI	TG – Erhöhung in %	LDL-C – Erhöhung in %	HDL-C – Erhöhung in %
< 25	2	8	5
25–49	3	8	5
50–74	3	9	6
75–84	6	10	4
85–94	10	18	8
95–97	10	12	7
> 97	21	23	18

ers in obese youths. Int J Obes Relat Metab Disord 26:1030–1033

Katzmarzky PT, Tremblay A, Perusse L, Despres JP (2003) The utility of the international child and adolescent overweight guidelines for predicting coronary heart disease risk factors. J Clin Epidemiol 56:456–462

Kenchaiah S, Evans J, D Sc, Levy D (2002) Obesity and the risk of heart failure. N Engl J Med 347:305–313

Wirth A (2000) Adipositas – Epidemiologie, Ätiologie, Folgekrankheiten, Therapie, 2. Aufl. Springer, Berlin Heidelberg New York Tokio

Zwiauer K, Widhalm K (1992) Cardiovascular risk factors in obese children in relation to weight and body fat distribution. J Am Coll Nutr 11(S):41–50

Weiterführende Literatur

Freedman DS, Srinivasan SR, Berenson SS (2002) Risk of cardiovascular complications. In: Burniat W, Cole T, Lissau J, Poskitt E (eds) Child and adolescent obesity. Cambridge University Press

Kommentar: Die Veränderungen von Lipiden/Lipoproteinen bei Kindern und Jugendlichen und deren Bedeutung als kardiovaskuläre Risikofaktoren werden ausführlich beschrieben.

Blutdruck und kardiale Veränderungen

K. Zwiauer

21.1 Blutdruckmessung

Bei übergewichtigen Kindern und Jugendlichen ist häufig bei Einzelmessungen ein erhöhter systolischer und diastolischer Blutdruck zu finden. Grundsätzlich sollten bei übergewichtigen Kindern und Jugendlichen daher Mehrfachmessungen über einen längeren Zeitraum durchgeführt werden. Zudem sind bei der Technik der Messung des Blutdrucks einige wesentliche Punkte besonders zu beachten, um verfälschte Ergebnisse von Messungen auszuschließen. Nach einer ausreichend langen, 3- bis 5-minütigen Ruhezeit, sollte die Messung in entspannter sitzender Position erfolgen.

Die häufigste Fehlerquelle für falsche Messungen bei übergewichtigen und adipösen Kindern ist eine nicht adäquate, zumeist zu kleine Blutdruckmanschette. Die richtige Größe der Blutdruckmanschette ist von entscheidender Bedeutung für ein korrektes Messergebnis. Die Breite der Blutdruckmanschette sollte etwa 40% des Oberarms, gemessen vom Olekranon bis zum Akromion betragen und ca. 80–100% des Oberarmumfangs abdecken (Bartosh u. Aronson, 1999; Lurbe, Sorof u. Daniels, 2004).

> **Praxistipp**
>
> Die korrekte Messung des Blutdrucks ist von erheblicher praktischer Bedeutung: ruhige, entspannte Atmosphäre, richtiger Messpunkt am rechten Arm, in Höhe des Herzens und die breiteste, noch bequem platzierbare Blutdruckmanschette sollten einen verlässlichen Blutdruckwert ergeben. Bei erhöhten Werten sind Wiederholungsmessungen und eventuell eine ambulante Blutdrucklangzeitmessung angezeigt.

Wenn schmälere Manschettengrößen verwendet werden, dann sind die gemessenen systolischen und diastolischen Blutdruckwerte falsch hoch, wenn wesentlich breitere Manschettengrößen als notwendig verwendet werden, dann werden u. U. erhöhte Blutdruckwerte nicht erkannt. Aus diesem Grund sind oft auch schon bei größeren Kindern und Jugendlichen Manschetten notwendig, die sonst bei Erwachsenen verwendet werden. Die gemessenen systolischen und diastolischen Blutdruckwerte sollten mit Größen/Alters-Referenzwerten verglichen werden (◘ Abb. 21.1 und 21.2).

Zur Objektivierung von über die Norm erhöhten in der Ordination oder Ambulanz ge-

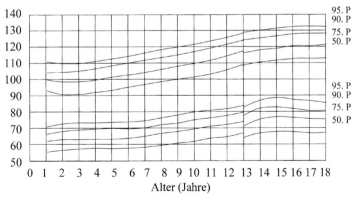

Werte der 90. Perzentile und Körpermaße (cm, kg)

Systolisch	105	105	106	107	109	111	112	114	115	117	119	122	124	125	126	127	127	127
Diastolisch	67	69	69	69	69	70	71	72	74	75	77	78	80	81	82	81	80	80
Länge	77	89	98	107	115	122	129	135	142	148	154	160	165	168	169	170	170	170
Gewicht	11	13	15	18	22	25	30	35	40	45	51	58	63	67	70	72	73	74

◘ **Abb. 21.1.** Blutdruck-Perzentile (mmHg) und 90. Perzentile für systolischen und diastolischen Blutdruck und Körpermaße (cm, kg) bei Mädchen im Alter von 0–18 Jahren

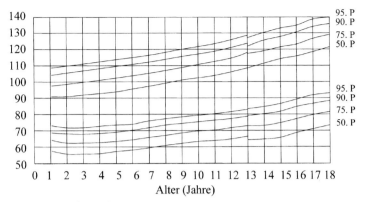

Werte der 90. Perzentile und Körpermaße (cm, kg)

Systolisch	105	106	107	108	109	111	112	114	112	117	119	121	124	126	129	131	134	136
Diastolisch	69	68	69	70	71	73	74	75	76	77	79	77	77	78	79	81	83	84
Länge	80	91	100	108	115	122	129	136	141	147	153	159	165	172	178	182	184	184
Gewicht	11	14	16	18	22	25	29	34	39	44	50	55	62	68	74	80	84	86

◘ **Abb. 21.2.** Blutdruck-Perzentile (mmHg) und 90. Perzentile für systolischen und diastolischen Blutdruck und Körpermaße (cm, kg) bei Jungen im Alter von 0–18 Jahren (Task Force on Blood Pressure Control in Children, 1987)

messener Blutdruckwerte kann eine **24-Stunden-Blutdruckmessung** durchgeführt werden. Damit ist es möglich, in unterschiedlichen Alltagssituationen das Blutdruckprofil zu erfassen. Referenzwerte für die ambulante Blutdrucklangzeitmessung finden sich in ◘ Tabelle 21.1.

21.2 Epidemiologie

Auch bei korrekter und wiederholter Blutdruckmessung finden sich bei übergewichtigen und adipösen Kindern in der Praxis und der Ambulanz häufig erhöhte Werte: in der Normalpopulation ist persistierender Bluthochdruck im Kindesalter selten, bei etwa 1% von Kindern und Jugendlichen im Alter von 5–18 Jahren zu finden

◘ **Tabelle 21.1.** Referenzwerte für die ambulante Blutdrucklangzeitmessung. (Nach Soergel et al., 1997)

Größe (cm)	Tag 8–20 Uhr		Nacht 0–6 Uhr		24 Stunden	
	50. P	95. P	50. P	95. P	50. P	95. P
Mädchen	50. P	95. P	50. P	95. P	50. P	95. P
120	112/73	123/85	95/55	104/63	105/65	113/72
130	113/73	125/85	96/55	107/65	105/65	117/75
140	114/73	127/85	97/55	110/67	107/65	121/77
150	115/73	129/85	99/56	113/67	109/66	124/78
160	118/73	132/85	102/56	116/67	112/66	126/78
170	121/73	135/85	104/56	119/67	115/67	128/77
180	124/73	137/85	107/56	122/67	120/67	130/77
Jungen	50. P	95. P	50. P	95. P	50. P	95. P
120	111/72	120/84	96/55	107/66	103/65	113/73
130	112/72	124/84	97/55	109/66	105/66	117/75
140	114/72	126/84	98/55	111/66	108/66	120/76
150	115/73	128/84	99/55	112/66	110/66	122/76
160	116/73	131/84	100/55	113/66	111/66	124/76
170	118/74	134/84	101/55	113/66	112/66	124/76
180	120/74	131/84	103/55	114/66	113/66	124/76

(Lauer et al., 1975). Allerdings weisen 60% der Kinder mit erhöhtem Blutdruck ein Körpergewicht von >120% des Mittelwertes bezogen auf Geschlecht, Größe und Alter auf. Bei übergewichtigen und adipösen Kindern und Jugendlichen findet sich Bluthochdruck 9-fach so oft als bei Normalgewichtigen (Lauer u. Clarke, 1989). Etwa 20–30% aller adipösen Kinder und Jugendlichen haben erhöhte Blutdruckwerte und adipöse Kinder weisen ein ca. 2,4fach erhöhtes Risiko für Hypertonie verglichen mit normalgewichtigen Gleichaltrigen (Freedman, 1997) auf. Eine vorwiegend abdominelle Fettverteilung mit erhöhtem Bauch-Hüft-Umfang (»waist-hip-ratio«) scheint möglicherweise – ähnlich wie bei Erwachsenen – unabhängig vom Ausmaß des Übergewichts ein besonderer Risikofaktor für das Auftreten von Bluthochdruck bei übergewichtigen Kindern und Jugendlichen zu sein (Lurbe et al., 1998, 2001; ▶ Kap. 23).

Der Blutdruck hat bei Kindern und Jugendlichen, wie andere physiologische Parameter auch, eine Tendenz, seine Position in der Blutdruckverteilungskurve über Jahre beizubehalten (positives Tracking). Wenngleich eine Aussage über die zukünftige Entwicklung des Blutdrucks individuell nicht sicher möglich ist, so sind die Zusammenhänge aus epidemiologischer Sicht signifikant. Kinder und Jugendliche mit hohem Blutdruckniveau weisen ein erhöhtes Risiko für die Entwicklung einer arteriellen Hypertonie im Erwachsenenalter auf. Korrelationen zwischen dem systolischen Blutdruck im Kindesalter und im Alter von 26–30 Jahren liegen zwischen 0,27–0,39 und im Erwachsenenalter zwischen 0,24 und 0,31 (Bao et al., 1994; Lauer et al., 1989). Basierend auf den Daten der Muscatine-Studie haben übergewichtige und adipöse Kinder ein etwa 8,5–10fach so hohes Risiko für eine arterielle Hypertonie im Erwachsenenalter wie normalgewichtige Kinder (Lauer et al., 1989). Ein zweiter wichtiger Risikofaktor ist eine rasche Gewichtszunahme und ein rasch steigender BMI im Kindesalter (Sinaiko et al., 1999): In der Minneapolis-Kinder-Blutdruck-Studie wurden 7-jährige Kinder 16 Jahre später untersucht und es zeigte sich, dass der Ausgangs-BMI mit dem Blutdruck im jungen Erwachsenenalter hochsignifikant (p=0,0001) assoziiert war. Am dramatischsten war der Zusammenhang zwischen der Rate des BMI-Anstiegs im Kindes- und Jugendalter und dem Risiko für einen Bluthochdruck im jungen Erwachsenenalter (Sinaiko et al., 1999).

> **Praxistipp**
>
> Rasche Gewichtszunahme, rascher BMI-Anstieg und eine abdominelle Fettverteilung sind häufig mit einem Bluthochdruck bei adipösen Kindern und Jugendlichen assoziiert. Wenngleich im Kindes- und Jugendalter morphologische und klinische Auswirkungen des Bluthochdrucks nicht offensichtlich sind, so mehren sich die Hinweise auf gravierende Langzeitwirkungen im Sinne von hypertensiver Herzerkrankung, Schlaganfall und Gefäßveränderungen.

Im Kindesalter schon bestehendes Übergewicht und bis ins Jugendalter rasch ansteigendes Körpergewicht und BMI sind daher die wesentlichsten Risikoparameter für eine arterielle Hypertonie im Erwachsenenalter.

Wenngleich es nur sehr wenige Langzeitdaten über die Auswirkungen von Adipositas-assoziierten Blutdruckerhöhungen gibt, so gibt es doch sich mehrende Hinweise darauf, dass es gravierende Auswirkungen auf hypertensive Herzerkrankungen, Schlaganfall und Gefäßveränderungen gibt (Heyden et al., 1969; Berenson et al., 1998; McGill et al., 2002).

21.3 Pathomechanismus

Hyperinsulinämie (▶ Kap. 18) ist einer der zentralen pathomechanischen Einflussfaktoren auch in der Genese der Hypertonie bei Adipösen. Bluthochdruck durch Adipositas ist mit einer erhöhten kardialen Herzauswurfleistung, mit einem erhöhten intravasalen Volumen, mit einer massiv erhöhten Natriumretention und gesteigerten Renin-Angiotensin-Aktivität verbunden (Jiang et al., 1993; Hall, 1997; Feld et al., 1998). Die Hyperinsulinämie hat Veränderungen der Gefäßfunktion und einen veränderten Ionentransport an der Zellmembran zur Folge. Die stark erhöhte zentralnervös-sympathische Aktivität, die bei Übergewicht und Adipositas gefunden werden kann, verstärkt durch die adrenerge Blockade die Natriumrückresorption in der Niere. Neue Untersuchungen lassen auch vermuten, dass Leptin und seine komplexen neurochemischen Interaktionen im Hypothalamus bei der Blutdrucksteigerung mit eine Rolle spielen (Hall et al., 2001).

Als Folge der chronisch erhöhten kardialen Auswurfleistung kommt es zu einer linksventrikulären Erhöhung der Herzmasse, einem bei Erwachsenen anerkannten unabhängigen Risikofaktor für die Entwicklung von kardiovaskulären Erkrankungen, Schlaganfall und erhöhter Morbidität. Dass auch für die kardialen Veränderungen die Hyperinsulinämie von ganz entscheidender Bedeutung ist, unterstreichen Untersuchungen, die zeigen, dass nicht so sehr die Gesamtkörperfettmasse oder die Höhe des BMI, sondern vielmehr das Ausmaß der Hyperinsulinämie der wichtigste Parameter für die kardialen Veränderungen ist (Daniels et al., 2002).

Diätetische Maßnahmen und Erhöhung der körperlichen Aktivität mit Steigerung der körperlichen Fitness, die zur Gewichtsabnahme führen, können den Blutdruck effektiv senken (Clarke et al., 1986; Rocchini et al., 1988) (▶ Kap. 39 und 40). Die Senkung des Blutdrucks ist vom Ausmaß der Gewichtsabnahme direkt abhängig: Je mehr Körpergewicht abgenommen wird, umso höher ist die Senkung der diastolischen und systolischen Blutdruckwerte, wobei die Normalisierung des Blutdrucks mit einer Normalisierung anderer pathologisch veränderter Stoffwechselparameter, wie z. B. Hyperinsulinämie, Dyslipidämie, einhergeht. Die Sinnhaftigkeit der Normalisierung des Körpergewichts bei übergewichtigen Kindern und Jugendlichen wird dadurch weiter unterstrichen.

Literatur

Bao W, Srinivasan SR, Wattigney WA, Berenson GS (1994) Persistence of multiple cardiovascular risk clustering related to syndrome X from childhood to young adulthood. The Bogalusa Heart Study. Arch Intern Med 154: 1842–1847

Bartosh SM, Aronson AJ (1999) Childhood hypertension. An update on etiology, diagnosis, and treatment. Pediatr Clin North Am 46(2): 235–252

Berenson GS, Srinivasan SR, Bao W, Newman WP 3rd, Tracey RE, Wattigney WA (1998) Association between multiple cardiovaskular risk factors and atherosclerosis in children and young adults. The Bogalusa Heart Study. N Engl J Med 4;338(23): 1650–1656

Clarke WR, Woolson RF, Lauer RM (1986) Changes in ponderosity and blood pressure in childhood: the Muscatine Study. Am J Epidemiol 124: 195–206

Daniels SR, Witt SA, Glascock B, Khoury PR, Kimball TR (2002) Left atrial size in children with hypertension: the influence of obesity, blood pressure, and left ventricular mass. J Pediatr 141: 186–190

Feld LG, Springate JE, Waz WR (1998) Special topics in pediatric hypertension. Semin Nephrol 18: 295–303

Freedman DS, Srinivasan SR, Valdez RA, Williamson DF, Berenson GS (1997) Secular increases in relative weight and adiposity among children over two decades: the Bogalusa Heart Study. Pediatrics 99: 420–426

Hall JE (1997) Mechanism of abnormal renal sodium handling in obesity hypertension. Am J Hypertens 10: 49S–55S

Hall JE, Hildebrandt DA, Kuo J (2001) Obesity hypertension: role of leptin and sympathetic nervous system. Am J Hypertens 14: 103S–115S

Heyden S, Bartel AG, Hames CG, McDonough JR (1969) Elevated blood pressure levels in adolescents. Evans County, Georgia. Seven-year-follow up of 30 patients and 30 controls. JAMA 209: 1683–1689

Jiang X, Srinivasan SR, Bao W, Berenson GS (1993) Association of fasting insulin with longitudinal changes in blood pressure in children and adolescents. The Bogalusa Heart Study. Am J Hypertens 6: 564–569

Lauer RM, Clarke WR (1989) Childhood risk factors for high adult blood pressure: the Muscatine study. Pediatrics 84: 633–641

Lauer RM, Connor WE, Leaverton PE et al. (1975) Coronary heart disease risk factors in school children: the Muscatine study. J Pediatr 86: 697–706

Lauer RM, Lee J, Clarke WR (1989) Predicting adult cholesterol levels from measurement in childhood and adolescence: the Muscatine Study. Bull NY Acad Med 65: 1127–1142

Lurbe E, Alvarez V, Liao Y, Tacons J, Cooper R, Cremades B, Torro I, Redon J (1998) The impact of obesity and body fat distribution on ambulatory blood pressure in children and adolescents. Am J Hypertens 11: 418–424

Lurbe E, Alvarez V, Redon J (2001) Obesity, body fat distribution, and ambulatory blood pressure in children and adolescents. J Clin Hypertens 3: 362–367

Lurbe E, Sorof JM, Daniels SR (2004) Clinical and research aspects of ambulatory blood pressure monitoring in children. J Pediatr 144: 7–16

McGill HC Jr, Mc Mahan CA, Herderick EE et al. (2002) Pathobiological determinants of atherosclerosis in youth (PDAY) research group. Obesity accelerates the progression of coronary atherosclerosis in young men. Circulation 105: 2712–2718

Rocchini AP, Katch V, Anderson J, Hinderliter J, Becque D, Martin M, Marks C (1988) Blood pressure in obese adolescents: effect of weight loss. Pediatrics 82: 16–23

Sinaiko AR, Donahue RP, Jacobs DR Jr, Prineas RJ (1999) Relation of weight and rate of increase in weight during childhood and adolescence to body size, blood pressure, fasting insulin, and lipids in young adults. The Minneapolis Children's Blood Pressure Study. Circulation 23, 99: 1471–1476

Soergel M, Kirschstein M, Busch C, Danne T, Gellermann J, Holl R, Krull F, Reichert H, Reusz GS, Rascher W (1997) Oscillometric twenty-four hour ambulatory blood pressure measurement in healthy children and adolescents: a multicenter trial including 1141 subjects. J Pediatr 130: 178–184

Task Force on Blood Pressure Control in Children (1987) Report of the second task force on blood pressure control in children. Pediatrics 79: 1–25

Weiterführende Literatur

Sorof J, Daniels S (2002) Obesity hypertension in children: a problem of epidemic proportions. Hypertension 40 (4): 441–447

Kommentar: Ausgezeichnete Übersichtsarbeit über das epidemische Problem der Adipositas und Hypertonie bei Kindern und Jugendlichen – Epidemiologie, Pathophysiologie, kardiovaskuläre Risikofaktoren und Komplikationen werden ebenso ausführlich diskutiert wie Behandlungsansätze und Ausblicke.

Sorof J, Daniels S (2001) Obesity, body fat distribution and ambulatory blood pressure in children and adolescents. J Clin Hypertens (Greenwich) Nov–Dec 3(6): 362–367. Related Articles, Links

Kommentar: Gute Übersichtsarbeit über den Zusammenhang zwischen Adipositas und die Auswirkungen auf Blutdruckmessungen im ambulanten Bereich. Bewertung von zusätzlichen Risikofaktoren und ihren Einfluss auf den Blutdruck.

Fettleber und Cholezystopathie

W. Kratzer

22.1 Fettleber (Steatosis hepatis)

Die sonomorphologische Diagnose Steatosis hepatis entspricht histologisch einer Ansammlung von überschüssigen Triglyzeriden in den Hepatozyten. Dabei sind per Definition mindestens 50% der Leberzellen betroffen. Die genaue molekulare Genese ist nicht geklärt.

Die Energiebereitstellung im Organismus funktioniert u. a. durch Betaoxidation von freien Fettsäuren in Mitochondrien (▶ Kap. 15). Man nimmt an, dass der Überschuss an freien Fettsäuren, der den Tagesenergiebedarf übersteigt, nicht verworfen wird, sondern im endoplasmatischen Retikulum zu Triglyzeriden verestert und intrazellulär gespeichert wird. Der Leber kommt dabei als Schaltstelle des Intermediärstoffwechsels eine besondere Bedeutung zu.

22.1.1 Prävalenz der Steatosis hepatis bei Kindern

Die Steatosis hepatis hat in den vergangenen Jahren ein erhöhtes Forschungsinteresse erfahren. Die Häufigkeit ihres Auftretens ist bei Erwachsenen deutlich in Zusammenhang mit erhöhten Körpergewichten und Insulinresistenz (▶ Kap. 18) angestiegen.

Derzeit existiert nur eine Studie an einem Kollektiv von 810 unselektionierten Kindern. Die Prävalenz der Steatosis hepatis betrug 2,6% (Tominaga et al., 1995). In Kollektiven von adipösen Kindern wurden in der Literatur Prävalenzen zwischen 22,5% und 53% angegeben (Rashid u. Roberts, 2000; Franzese et al., 1997; Guzzaloni et al., 2000). Aufgrund der unterschiedlichen Kriterien zur Definition der Adipositas sind die publizierten Daten jedoch nur schwer vergleichbar.

In einer eigenen aktuellen Untersuchung bei 453 adipösen Kindern und Jugendlichen im Alter zwischen 8 und 19 Jahren fanden wir bei 138 Kindern und Jugendlichen sonografische Hinweise für eine parenchymatöse Leberverfettung. 43% der Jungen und 20% der Mädchen hatten solche Veränderungen. Des Weiteren wurden bei 21% eine Erhöhung der AST, bei 15% eine Erhöhung der ALT und bei weiteren 15% eine Erhöhung

der γ-GT im Serum nachgewiesen (Thiere, Dissertation 2004).

Bemerkenswert war dabei, dass die Prävalenz der Steatosis hepatis unabhängig vom Pubertätsstadium zu sein scheint und bereits in der präpubertären Lebensphase 21% der Kinder eine Steatosis hepatis aufwiesen. Ein weiterer interessanter Befund war, dass die Häufigkeit des Vorkommens einer Fettleber bei Jungen deutlich höher zu sein scheint als bei Mädchen. Im Gegensatz dazu kommt eine Fettleber bei erwachsenen Frauen häufiger vor als bei erwachsenen Männern.

22.1.2 Diagnostik der Steatosis hepatis

Sowohl bei Erwachsenen als auch bei Kindern wurde nachgewiesen, dass die Ultraschall-Methode geeignet ist eine Fettleber zu diagnostizieren.

> **Praxistipp**
>
> Die Sonografie ist in Bezug auf die Biopsie (Methode der Wahl) aufgrund ihrer hohen Sensitivität und ihrer hohen Spezifität für Screening-Untersuchungen geeignet. Zudem kommt dem Vorteil der Nichtinvasivität bei der Untersuchung von Kindern eine große Bedeutung zu.

22.1.3 Steatosis hepatis und NASH (»Non-alcoholic-steatohepatitis«)

Verlaufsbeobachtungen bei Erwachsenen konnten zeigen, dass ein beträchtlicher Prozentsatz der Patienten mit Steatosis hepatis eine nicht-alkoholische Steatohepatitis (NASH) entwickeln, die wiederum ein hohes Risiko für die Entwicklung einer Leberzirrhose oder Leberfibrose hervorruft (Neuschwander-Tetri u. Caldwell, 2003). Die Diagnose NASH basiert auf dem Befund einer Biopsie. Die Histologie ist der Alkohol-Hepatitis ähnlich. Neben der Verfettung treten entzündliche Infiltration der Zellen und z. T. Mallorybodies, perisinusoidale Fibrosierung und Zirrhose auf. Häufig werden gleichzeitig Hepatomegalie und erhöhte Transaminasen beobachtet. NASH tritt auch bei Kindern auf und kann mithilfe einer Sonografie untersucht werden (Rashid u. Roberts, 2000). Der Verdacht auf eine entzündliche Veränderung im Sinne einer Steatohepatitis liegt v. a. dann nahe, wenn gleichzeitig zu der mittels Ultraschall diagnostizierten Fettleber die Transaminasen erhöht sind. In diesem Fall muss von einer Schädigung der Hepatozyten mit Freisetzung der Enzyme ins Blut ausgegangen werden.

22.1.4 Steatosis hepatis und metabolisches Syndrom

Steatosis hepatis und Adipositas

Die Mehrzahl der zu dieser Fragestellung vorliegenden Studien beschreiben einen Zusammenhang zwischen Steatosis hepatis und Grad der Adipositas. Es kann davon ausgegangen werden, dass die Zunahme der Prävalenz der Steatosis hepatis in direktem Zusammenhang mit der Zunahme der Adipositas-Prävalenz bei Kindern und Erwachsenen steht.

Steatosis hepatis und Körperfettverteilung

Die zentrale Form der Adipositas spielt eine Sonderrolle im Bereich der Körperfettverteilung. Bei Erwachsenen und Kindern bestehen enge Assoziationen zwischen intraabdominalem Fett und Adipositas-assoziierten Folgeerkrankungen, wie Diabetes mellitus, Insulinresistenz, Hypertonie und kardiovaskulären Erkrankungen (▶ Kap. 23). Die Steatosis hepatis muss als weiterer häufig vorkommender Befund bei der zentralen Adipositas verstanden werden. Es wird angenommen, dass der bei vermehrten intraabdominellen Fettdepots vermehrte hepatische Zufluss an freien Fettsäuren über die Portalvene eine pathophysiologisch wichtige Rolle zukommt (Neuschwander-Tetri u. Caldwell, 2003; ▶ Kap. 17).

Steatosis hepatis und Hyperlipidämie

Zu dieser Fragestellung gibt es für Kinder bisher wenig Daten. Für Cholesterin, LDL, VLDL (▶ Kap. 20) konnte keine eindeutige Korrelation mit einer Steatosis hepatis nachgewiesen werden. Dagegen konnte für Triglyzeride ein Zusammenhang mit dem Auftreten einer Steatosis hepatis gezeigt werden. Aufgrund von Ergebnissen in Studien bei Erwachsenen wird eine enge Beziehung zwischen Steatosis hepatis und Triglyzeriden vermutet.

Steatosis hepatis und Glukosestoffwechsel

In verschiedenen Studien bei Erwachsenen zeigte sich gehäuft ein Zusammenhang zwischen Steatosis hepatis und Parametern des Glukosestoffwechsels, wie z. B. Insulin und Glukose (Neuschwander-Tetri u. Caldwell, 2003). Dabei lag bei den Betroffenen eine Insulinresistenz vor. Inwieweit dies bei zunehmender Adipositas bei Kindern in Zukunft eine Rolle spielen wird muss in weiteren Untersuchungen geklärt werden.

In unserer eigenen Untersuchung an 453 adipösen Kindern und Jugendlichen im Alter zwischen 8 und 19 Jahren fanden wir, dass zahlreiche Parameter des metabolischen Syndroms bei den Patienten mit Steatosis hepatis ausgeprägter zu finden waren als es bei den Patienten war, die keine sonografische Veränderung der Leber im Sinne einer parenchymatösen Verfettung hatten (Thiere, Dissertation 2004). Bei den betroffenen Patienten konnten andere Ursachen für eine entsprechende Parenchym-Veränderung der Leber bzw. eine Erhöhung der Leberenzyme weitgehend ausgeschlossen werden.

22.1.5 Differenzialdiagnosen

Bei Kindern und Jugendlichen haben sowohl die Erhöhung der Leberenzyme als auch eine sonografische Echogenitätsvermehrung der Leber verschiedene Differenzialdiagnosen, wie
- Virus-Hepatitis,
- Morbus Wilson,
- Hämochromatose oder Hämosiderose,
- Autoimmun-Hepatitis,

zystische Fibrose und

α-1-Antitrypsin-Mangel.

Alle diese Differenzialdiagnosen haben eine niedrige Prävalenz. Mit der Zunahme der Prävalenz der Adipositas in den vergangenen 10–15 Jahren werden vermehrt Kinder mit erhöhtem Körpergewicht und erhöhten Leberenzymen in den Kinderarztpraxen und in den Polikliniken zur Abklärung vorgestellt. Die Steatosis hepatis war bislang eine eher unbedeutende Differenzialdiagnose. Eigene Beobachtungen und neue Ergebnisse aus der Literatur zeigen jedoch, dass die Steatosis hepatis ein bedeutsamer Befund bei Kindern und Jugendlichen mit Adipositas zu sein scheint.

> **Praxistipp**
>
> Bei Kindern und Jugendlichen mit Adipositas und Erhöhungen der Leberenzyme im Serum sollten die o. g. Differenzialdiagnosen ausgeschlossen werden, insbesondere dann, wenn Konzentrationen gemessen werden, die das Dreifache der oberen Referenzwerte übersteigen oder die Messwerte unter Gewichtsreduktion nicht rückläufig sind.

22.2 Cholezystopathie

Die Bedeutung der Adipositas im Kindes- und Jugendalter für die Entstehung von Gallenblasensteinen ist noch nicht geklärt. Auch zum Einfluss anderer möglicher Risikofaktoren, wie familiäre Belastung oder Pubertätsstadien, liegen nur wenige Informationen vor.

22.2.1 Prävalenz

Obwohl bereits pränatal Gallensteine auftreten können, werden bei Kindern und Jugendlichen insgesamt selten Gallenblasenkonkremente festgestellt. Die Prävalenz in unselektionierten Kollektiven wird mit 0,1% bis 0,6% angegeben (Palasciano et al., 1989; Kächele et al., 2000). Aktuell scheint die Prävalenz der Cholezystolithiasis und die Zahl der Cholezystektomien im Kinder- und Jugendalter allerdings zuzunehmen (Wang u. Dietz, 2002; Waldhausen u. Benjamin, 1999). Dies wird auch in Zusammenhang mit der steigenden Prävalenz der Adipositas gesehen.

22.2.2 Risikofaktoren

Als prädisponierende Faktoren zur Bildung von Gallenblasensteinen im Kindesalter werden gesteigerte Hämolyse, z. B. bei Sichelzellanämie, Immunglobulinmangel, Opioid-, Ceftriaxon- und Furosemidmedikation, parenterale Ernährung, Frühgeburtlichkeit sowie verschiedene seltene Stoffwechselerkrankungen, z. B. Morbus Wilson, diskutiert. Der Anteil der idiopathischen Gallensteinträger unter den Kindern und Jugendlichen wird zwischen 20–65% angegeben und scheint mit zunehmendem Alter der Kinder und Jugendlichen zuzunehmen.

Die Adipositas wurde bislang nicht als Risikofaktor für die Entwicklung von Gallensteinen im Kindesalter gesehen. Neue Untersuchungen weisen jedoch auf einen solchen Zusammenhang hin. In unserer eigenen Untersuchung bei 493 adipösen Kindern und Jugendlichen im Alter von 8–18 Jahren, die alle sonografisch untersucht wurden, fanden wir bei 10 Kindern einen oder mehrere Gallensteine (ca. 2%; Thiere, Dissertation 2004). Dieser Anteil an Steinträgern ist deutlich höher als in Kollektiven normalgewichtiger Kinder (Palasciano et al., 1989; Kächele et al., 2000). Die 10 Patienten mit Gallensteinen hatten höhere BMI-Werte und vor der Untersuchung deutlich mehr Gewicht abgenommen als das Restkollektiv.

> **Praxistipp**
>
> Schnelle und häufige Gewichtsabnahmen scheinen zudem ein Risikofaktor für die Entstehung von Gallensteinen in Zusammenhang mit dem Vorliegen einer Adipositas zu sein.

Die Indikation zur Cholezystektomie basiert auf ähnlichen Kriterien wie beim Erwachsenen und muss bei asymptomatischen Steinträgern nicht routinemäßig erfolgen (Bruch et al., 2000; Wesdorp et al., 2000).

Literatur

Bruch SW, Ein SH, Rocchi C, Kim PCW (2000) The management of nonpigmented gallstones in children. J Ped Surg 35: 729–732

Franzese A, Vajro P, Argenziano A, Puzziello A, Iannucci MP, Saviano MC, Brunetti F, Rubino A (1997) Liver involvement in obese children. Ultrasonography and liver enzyme levels at diagnosis and during follow-up in an Italian population. Dig Dis Sci 42: 1428–1432

Guzzaloni G, Grugni G, Minocci A, Moro D, Morabiato F (2000) Liver steatosis in juvenile obesity: correlations with lipid profile, hepatic biochemical parameters and glycemic and insulinemic responses to an oral glucose tolerance test. Int J Obes Relat Metab Disord 24: 772–776

Kächele V, Wabitsch M, Hay B, Pfeiffer MM, Adler G, Kratzer W (2000) Cholezystolithiasis bei Kindern und Jugendlichen. Monatschr Kinderheilkd 148: 600–604

Neuschwander-Tetri BA, Caldwell SH (2003) Nonalcoholic Steatohepatitis: Summary of an AASLD single topic conference. Hepatology 37: 1202–1219

Palasciano G, Portincasa P, Vinciguerra V, Velardi A, Tardi S, Baldassare G, Albano O (1989) Gallstone prevalence and gallbladder volume in adolescents: An epidemiological ultrasonic survey and relationship to Body Mass Index. Am J Gastroenterol 84: 1378–1382

Rashid M, Roberts EA (2000) Nonalcoholic steatohepatitis in children. J Pediatr Gastroenterol Nutr 30: 48–53

Tominaga K, Kurata JH, Chen YK, Fujimoto E, Miyagawa S, Abe I, Kusano Y (1995) Prevalence of fatty liver in Japanese children and relationship to obesity. An epidemiological ultrasonographic survey. Dig Dis Sci 40: 2002–2009

Waldhausen JH, Benjamin DR (1999) Cholecystectomy is becoming an increasingly common operation in children. Am J Surg 177: 364–367

Wang G, Dietz WH (2002) Economic burden of obesity in youths aged 6 to 17 years: 1979–1999. Pediatrics 109: 81–86

Wesdorp I, Bosman D, de Graaff A, Aronson D, van der Blij F, Taminiau J (2000) Clinical presentation and predisposing factors of Cholelithiasis and slugde in children. J Pediatr Gastroenterol Nutr 31: 411–417

Weiterführende Literatur

Neuschwander-Tetri BA, Caldwell SH (2003) Nonalcoholic Steatohepatis: Summary of an AASLD single topic conference. Hepatology 37: 1202–1219
Kommentar: Aktuelle Übersichtsarbeit zu Diagnosekriterien, Klinik und Therapie der nichtalkoholischen Steatohepatitis mit einem ausführlichen Abschnitt zur Pathophysiologie.

Roberts EA (2002) Steatohepatitis in children. Best Pract Res Clin Gastroenterol 16: 149–165
Kommentar: Aktuelle Übersichtsarbeit zur Steatosis hepatis bei Kindern mit Beschreibung wichtiger Differenzialdiagnosen und dem aktuellen Stand der Therapiemöglichkeiten.

Das metabolische Syndrom beim Kind und Jugendlichen

S. Gallistl, C. Denzer

23.1   Symptomatologie

Das metabolische Syndrom, dessen Erstbeschreibung bei Erwachsenen über 40 Jahre zurück liegt, und seit einigen Jahren durch internationale Gesellschaften definiert wurde, beschreibt die Teilaspekte

- Adipositas,
- Insulinresistenz,
- Dyslipidämie und
- Hypertonie.

Der Name »metabolisches Syndrom« (auch Syndrom-X oder Reaven-Syndrom genannt) ist der Name für diesen Komplex aus mehreren pathogenetisch zusammenhängenden Symptomen. Zu den Hauptsymptomen gehört die Adipositas mit Fettverteilung vom männlichen Typ. Das Übergewicht führt zur gestörten Glukosetoleranz und schließlich zur Insulinresistenz. Das heißt, dass der Körper mehr Insulin produzieren muss, um eine blutzuckersenkende Wirkung zu erreichen (▶ Kap. 18). Bei übergewichtigen Diabetikern können folglich höhere Insulinspiegel beobachtet werden als bei stoffwechselgesunden Patienten. Der Blutdruck steigt mit zunehmendem Körpergewicht. Bewegungsmangel verschlechtert zusätzlich diese Stoffwechselveränderungen. Ein weiteres Symptom ist die Dyslipidämie (▶ Kap. 20). Das Muster der Dyslipidämie, die im Zusammenhang mit Insulinresistenz und Diabetes-Typ-2 beobachtet wird, ist relativ einheitlich: erhöhte Triglyzeride, vermindertes HDL-Cholesterin und dichtere LDL-Cholesterin-Partikel, deren Konzentration nicht unbedingt erhöht sein muss. Als zugrunde liegende Mechanismen werden Störungen des hepatischen VLDL-Stoffwechsels, der Lipoprotein-Lipase-Aktivität und die vermehrte Verfügbarkeit von freien Fettsäuren diskutiert.

Die Symptome Insulinresistenz, Hyperinsulinismus, Dyslipidämie und Hypertonus (▶ Kap. 2) werden auch als »tödliches Quartett« bezeichnet, denn alle 4 Faktoren fördern arteriosklerotische Gefäßveränderungen und somit kardiovaskuläre Komplikationen.

23.2   Definition und Diagnostik

Einheitliche Definitionen des metabolischen Syndroms bei Kindern und Jugendlichen und verbindliche Referenzwerte sowie Cut-off-Werte gibt es derzeit noch nicht, sind aber dringlich für Definition und Diagnostik notwendig. Die Entwicklung des metabolischen Syndroms erstreckt sich über verschiedene intermediäre Vorstadien von der Kindheit bis zum Vollbild im Adoleszenten- oder späterer Erwachsenenalter. Einzelne Komponenten des metabolischen Syndroms weisen ein so genanntes »tracking« auf, d. h., sie bestehen kontinuierlich von der Kindheit bis in das Erwachsenenalter. Hierzu zählen insbesondere die Dyslipidämie, der erhöhte Blutdruck (Bao et al., 1997) und die Adipositas (Steinberger et al., 2001). Daten aus Studien an Erwachsenen belegen nicht nur die erhöhte kardiovaskuläre Morbidität und Mortalität sowie das dramatisch erhöhte Erkrankungsrisiko für einen Diabetes-Typ-2, sondern auch die Bedeutung eines »clusterings« dieser Risikofaktoren im Kindes- und Jugendalter für spätere Morbidität und Mortalität (Isomaa et al., 2001; Lakka et al., 2002).

Auf der Grundlage des Tracking-Phänomens der Komponenten des metabolischen Syndroms erscheint es daher sinnvoll, dieselben Risikofaktoren wie im Erwachsenenalter in eine Definition des metabolischen Syndroms im Kindes- und Jugendalter einzubeziehen, da diese vermutlich den größten prädiktiven Wert für spätere Morbidität und Mortalität haben. ◻ Tabelle 23.1 listet Vorschläge für sinnvolle Screening-Untersuchungen für einzelne Komponenten des metabolischen Syndroms auf und fasst diese Einzelempfehlungen jeweils zu einem Vorschlag zur standardisierten Diagnostik und Therapie des metabolischen Syndroms zusammen. ◻ Tabelle 23.2 gibt eine Übersicht über mögliche Referenzwerte für Einzelkomponenten des metabolischen Syndroms.

Auch wenn es an einheitlicher Definition fehlt und die Prävalenz des metabolischen Syndroms bei Kindern und Jugendlichen insgesamt relativ gering ist, erscheinen standardisierte Screening-Untersuchungen auf Faktoren des metabolischen Syndroms in dieser Risikopopulation dringend geboten, insbesondere dann, wenn zusätzlich an-

Tabelle 23.1. Zusammenfassung pädiatrischer Empfehlungen und Leitlinien für die Prävention von Erkrankungen, die mit dem metabolischen Syndrom assoziiert sind. (Mod. nach Cruz u. Goran, 2004)

	Adipositas (Wabitsch u. Kunze, 2001)	Diabetes-Typ-2 (American Diabetes Association, 2000)	Hypertension (National High Blood Pressure Education Program, 1996)	Kardiovaskuläre Erkrankungen (Kavey et al, 2003)	Empfehlung
Screeninguntersuchung	Bestimmung der BMI-Perzentile	Nüchternglykämie oder oGTT	RR-Messungen, bei V.a. Hypertonus 24 h-RR-Messung	Familienanamnese, BMI, Blutdruck, Ernährung, körperliche Aktivität, Rauchen, Lipidprofil (nüchtern)	BMI, oraler Glukosetoleranztest, Taillenumfang, Serumlipidprofil (nüchtern), Blutdruck
Wer sollte untersucht werden?	Alle Kinder	Kinder=10 Jahre (oder mit Einsetzen der Pubertät) mit einem BMI=90. Perzentile und 2 weiteren Risikofaktoren (+ familiäre Diabetesbelastung, Zeichen der Insulinresistenz)	Alle Kinder ≥3 Jahre	Alle Kinder ≥2 Jahre; Lipide bei positiver Familienanamnese für frühzeitige kardiovaskuläre Morbidität oder bei weiteren Risikofaktoren (z.B. BMI=97. Perzentile, Diabetes, Rauchen, Hypertension)	Alle Kinder mit einem BMI≥97. Perzentile oder mit einem BMI >90. Perzentile und positiver Familienanamnese
Wer sollte behandelt werden?	Kinder mit einem BMI ≥90. Perzentile bei Begleiterkrankungen, alle Kinder mit einem BMI≥97. Perzentile	Kinder mit manifestem Typ-2-Diabetes	Kinder mit einem Blutdruck >95. Perzentile für Körperlänge/Alter/Geschlecht	LDL >160 mg/dl; Tg≥150 mg/dl; HDL≥35 mg/dl; RR≥95. Perzentile; BMI≥97. Perzentile; Raucher, Kinder mit Diabetes-Typ-2	Kinder mit 3 Komponenten des metabolischen Syndroms
Therapieziel	Gewichtskonstanz oder Gewichtsreduktion	Normalisierung von Glukose und HbA1C, Gewichtsreduktion	RR <95. Perzentile; Gewichtsreduktion	Verbesserung des Lipidprofils, Blutdrucksenkung, Gewichtsreduktion, Diabeteskontrolle, Nikotinabstinenz	Verbesserung der Insulinresistenz

■ Tabelle 23.1 (Fortsetzung)

	Adipositas (Wabitsch u. Kunze, 2001)	Diabetes-Typ-2 (American Diabetes Association, 2000)	Hypertension (National High Blood Pressure Education Program, 1996)	Kardiovaskuläre Erkrankungen (Kavey et al., 2003)	Empfehlung
Art der Therapie	Verhaltensmodifikation (»Lifestyle«, Ernährung und körperliche Aktivität)	Verhaltensmodifikation (»Lifestyle«, Ernährung und körperliche Aktivität) und pharmakologische Therapie	Verhaltensmodifikation (»Lifestyle«, Ernährung und körperliche Aktivität) und pharmakologische Therapie	Verhaltensmodifikation (»Lifestyle«, Ernährung und körperliche Aktivität) und pharmakologische Therapie falls LDL >190 mg/dl oder Tg >400 mg/dl	Verhaltensmodifikation (»Lifestyle«, Ernährung und körperliche Aktivität), pharmakologische Therapie nur im Rahmen von Therapiestudien

◘ **Tabelle 23.2.** Vorschläge für Grenzwerte zur Diagnostik der Komponenten des metabolischen Syndroms. (Mod. nach Cruz u. Goran, 2004)

Metabolisches Syndrom	Alter (Jahre)	Männlich	Weiblich
Glukoseregulation (American Diabetes Association, 2000)			
Nüchternglykämie	–	100 mg/dl	100 mg/dl
2 h-Wert nach oGTT	–	140 mg/dl	140 mg/dl
Systolischer Blutdruck (National High Blood Pressure Education Program, 1996)	8	112 mmHg	111 mmHg
	12	119 mmHg	119 mmHg
	15	125 mmHg	124 mmHg
	17	133 mmHg	125 mmHg
	Erwachsen	130 mmHg	130 mmHg
Diastolischer Blutdruck (National High Blood Pressure Education Program, 1996)	8	73 mmHg	71 mmHg
	12	77 mmHg	76 mmHg
	15	79 mmHg	80 mmHg
	17	83 mmHg	81 mmHg
	Erwachsen	85 mmHg	85 mmHg
Triglyzeride (Dorner et al., 1979)	6–9	123 mg/dl	
	10–12	159 mg/dl	
	13–18	150 mg/dl	
HDL-Cholesterin (Hickman et al., 1998)	6–8	37 mg/dl	37 mg/dl
	9–11	39 mg/dl	38 mg/dl
	12–15	35 mg/dl	36 mg/dl
	16–19	33 mg/dl	37 mg/dl

amnestisch familiäre Belastungen für einzelne oder mehrere Risikofaktoren bestehen.

23.3 Prävalenz

Mehrere große populationsbasierte Studien geben Aufschluss über die Prävalenz des metabolischen Syndroms bei Kindern und Jugendlichen in den USA (z. T. mit unterschiedlichen ethnischen Hintergründen; Chen et al., 1999; Cook et al., 2003; Cruz et al., 2004) als auch in Europa (Akerblom et al., 1999). So wurde in der Bogalusa-Heart-Study das metabolische Syndrom definiert als Vorhandensein von 4 Komponenten des Syndroms (jeweils >oberhalb der 75. alters- und geschlechtsspezifischen Perzentile). Hieraus ergab sich eine Prävalenz des metabolischen Syndroms von 4% bei weißen und von 3% bei schwarzen Kindern in den USA (Chen et al., 2000). Weiterhin liegen Ergebnisse der NHANES-III-Studie aus den USA vor, die die Prävalenz des metabolischen Syndroms bei 12–19-jährigen Jugend-

lichen mit 4,2% angibt (Cook et al., 2003). Interessanterweise liegt hier die Prävalenz bei männlichen Studienteilnehmern mit 6,1% fast 3-mal so hoch wie bei den weiblichen Studienteilnehmerinnen (2,1%). Die häufigsten pathologischen Veränderungen in diesem Studienkollektiv waren erhöhte Triglyzeride und erniedrigtes HDL-Cholesterin. Vergleichbare Prävalenzzahlen zeigt die »Cardiovascular-Risk-in-Young-Finns-Study« mit einer Prävalenz des metabolischen Syndroms von 4% bei 6–18 Jahre alten finnischen Kindern und Jugendlichen (Raitakari et al., 1995; ◘ Tabelle 23.3).

❶ Das Vollbild, oder auch nur einzelne Faktoren des metabolischen Syndroms haben in der pädiatrischen Gesamtpopulation eine vergleichsweise niedrige Prävalenz. Dieses Bild verändert sich jedoch grundlegend, wenn man Studienergebnisse in Kollektiven übergewichtiger Kinder und Jugendlicher betrachtet.

◘ **Tabelle 23.3.** Prävalenz des metabolischen Syndroms bei Kindern und Jugendlichen am Beispiel ausgewählter Studien. (Nach Cruz u. Goran, 2004)

Merkmale	Chen et al. (2000)	Raitakari et al. (1995)	Cruz et al. (2004)	Cook et al. (2003)
Population	Weiße und afroamerikanische Kinder (n=2127)	Finnische Kinder (n=1865)	Übergewichtige hispanische Kinder (Ø-BMI 97. Perzentile, n=126)	Weiße (n=646), afroamerikanische (n=824), mexik.-amerik. (n=846) Kinder
Alter	5–17	6–18	8–13	12–19
Definition des metabolischen Syndroms	4 Komponenten 75. Perzentile für Alter u. Geschlecht	3 Komponenten 75. Perzentile für Alter u. Geschlecht	3 Komponenten	3 Komponenten
Komponenten des metabolischen Syndroms				
Adipositas	BMI	n.v.	Taillenumfang >90. Perzentile für Alter, Geschlecht, Ethnie (NHANES-III)	Taillenumfang >90. Perzentile für Alter, Geschlecht
Hyperglykämie	n.v.	n.v.	Gestörte Glukose-toleranz (2-h-Glukose) 140 mg/dl	Gestörte Nüchtern-glykämie (Glukose 110 mg/dl)
Hypertension	MAD	Blutdruck	Hoher Blutdruck (90. Perzentile für Körperlänge, Alter und Geschlecht)	Hoher Blutdruck (90. Perzentile für Körperlänge, Alter und Geschlecht)
Dyslipidämie	Triglyzerid/ HDL-Quotient	Triglyzeride 75. Perzentile, HDL <25. Perzentile	Triglyzeride 90. Perzentile für Alter u. Geschlecht, HDL <10. Perzentile für Alter u. Geschlecht	Triglyzeride >110 mg/dl, HDL <40 mg/dl
Insulinresistenz	Nüchterninsulin	n.v.	n.v.	n.v.
Prävalenz des metabolischen Syndroms	4% bei weißen und 3% bei schwarzen Kindern	4%	30%	Insgesamt Übergewicht
			4,2%	28,7%
Prävalenz einzelner Komponenten (%)				
Großer Taillen-umfang		62	9,8	74,5
Hyperglykämie		27	1,5	2,6
Niedriges HDL		67	23,3	50
Hohe Tri-glyzeride		26	23,4	51,8
Hoher Blutdruck		22	4,9	11,2

In der bereits zitierten NHANES-III-Untersuchung (Cook et al., 2003) konnte bei Jugendlichen mit einem BMI oberhalb der 95. Perzentile amerikanischer Referenzwerte eine Prävalenz des metabolischen Syndroms von 28,7% nachgewiesen werden, verglichen mit 6,1% bei Jugendlichen mit einem BMI zwischen der 85. und 95. Perzentile und nur 0,1% bei Jugendlichen mit einem BMI unterhalb der 85. Perzentile.

23.4   Pathophysiologie

23.4.1   Insulinresistenz als zentrale Stoffwechselstörung

Die exakten ätiologischen Mechanismen des metabolischen Syndroms sind trotz intensiver Forschung nicht vollständig aufgeklärt. Die Insulinresistenz dürfte – nach derzeitigem Wissensstand – eine Schlüsselrolle in der Pathogenese des metabolischen Syndroms spielen und ist an der Entstehung von Dyslipidämie, Bluthochdruck und Atherosklerose beteiligt. Im Glukosestoffwechsel resultieren daraus 2 Abnormalitäten:

- die gestörte Unterdrückung der endogenen Glukoseproduktion und
- die gestörte Stimulation der Glukoseaufnahme.

Übergewicht und Fettsucht sind von herausragender Bedeutung bei der Entstehung der Insulinresistenz. Beim Menschen wird der Ausdruck »Insulinresistenz« häufig synonym mit eingeschränkter insulinstimulierter Glukoseaufnahme verwendet. Diese wird üblicherweise mit dem hyperinsulinämischen-euglykämischen-Clamp gemessen. Es ist jedoch gut dokumentiert, dass nicht nur die muskuläre Glukoseaufnahme, sondern auch die Lipolyse im Fettgewebe und die endogene Glukoseproduktion durch Insulin reguliert werden. In der Tat sind Störungen in all diesen Prozessen bei der Entwicklung von Glukoseintoleranz beteiligt (▶ Kap. 18 und 19).

23.4.2   Insulinresistenz, Hypertonus und Hyperkoagulation

Insulin ist darüber hinaus aber auch ein potenter Vasodilatator. Es gibt überzeugende Hinweise dafür, dass die insulinvermittelte Vasodilatation bei Insulinresistenz eingeschränkt ist. Es ist daher gut möglich, dass Insulinresistenz nicht nur den Glukosestoffwechsel betrifft, sondern auch an der Entstehung des Hypertonus beteiligt ist. Der mögliche kausale Zusammenhang gilt jedoch als umstritten und nicht gesichert. Interessanterweise korreliert die endotheliale Dysfunktion, die allgemein als früher Arteriosklerosemarker akzeptiert wird, mit Insulinresistenz in jungen gesunden normotensiven Probanden.

Vor kurzem wurde auch gezeigt, dass Insulin die Thrombozytenaggregation bei insulinempfindlichen Menschen hemmt. Bei übergewichtigen Menschen mit und ohne Diabetes-Typ-2 dagegen ist die Thrombozytenaggregation gesteigert. Dies weist darauf hin, dass Insulinresistenz auch an der gesteigerten Thrombozytenaggregation und damit an der Hyperkoagulabilität des Blutes beteiligt ist.

Das Zusammentreffen all dieser Faktoren verkörpert das atherogene Potenzial insulinresistenter Krankheitsbilder wie bei dem Diabetes-Typ-2. Etwa 85% der Patienten mit Diabetes-Typ-2 sind übergewichtig und Adipositas ist in hohem Maße mit Insulinresistenz assoziiert. Deshalb gilt ein erhöhter Körperfettanteil als eine der stärksten Determinanten der Insulinresistenz.

23.4.3   Fettgewebe als Ursache der Insulinresistenz

Von großem wissenschaftlichen Interesse ist die Beantwortung der Frage, welche Faktoren aus dem Fettgewebe die kausale Verbindung zur Insulinresistenz darstellen (▶ Kap. 17). Mehr als 30 Jahre lang konnte man lediglich die freien Fettsäuren (FFS) als Verbindungsglied zwischen Adipositas und Insulinresistenz ins Feld führen (▶ Kap. 18). Freie Fettsäuren entstammen der Hydrolyse von Triglyzeriden des Speicherfetts.

Bei Übergewicht ist die Freisetzung von freien Fettsäuren ins Plasma gesteigert. Zellulär konkurrieren sie mit der Glukose um oxidative Kapazitäten. Außerdem hemmen sie den Glukosetransport in die Muskelzelle. In der Leber stimuliert die Oxidation der freien Fettsäuren die Glukoneogenese. Das »Konzept der freien Fettsäuren« hat jüngst mit der Identifizierung intramyozellulärer Lipide eine neue Dimension erhalten. Intramyozelluläre Fettdepots unterliegen offenbar der Regulation durch Insulin. Dies lässt es möglich erscheinen, dass Effekte von freien Fettsäuren auf den muskulären Glukosestoffwechsel existieren, die durch Messungen im Plasma nicht entdeckt werden können (d.h. parakrin oder autokrin).

23.4.4 Fettgewebe als endokrines Organ

Mit den Fortschritten der vergangenen Jahre auf dem Gebiet der Biotechnologie, Molekularbiologie und Pharmakologie gelang es weitere biologische Funktionen von Fettgewebe zu identifizieren (▶ Kap. 17). Fettgewebe ist nicht nur ein träger Energiespeicher, sondern besitzt darüber hinaus alle Eigenschaften einer endokrinen Drüse. Es sezerniert Peptidhormone, die auf dem Blutweg zu ihren Zielzellen gelangen und dort spezifische biologische Wirkungen entfalten. Adipozyten sezernieren beispielsweise alle Komponenten des Renin-Angiotensin-Aldosteron-Systems, womit sich eine Verbindung zum Hypertonus herstellen lässt. Für die Vermittlung der Insulinresistenz werden derzeit folgende Peptide, auch Adipozytokine genannt, diskutiert:

- Tumor-Nekrose-Faktor-α (TNF-α),
- Resistin und
- Adiponektin.

TNF-α ist ein Zytokin, das primär in Makrophagen produziert wird und in der Fremdabwehr eine Rolle spielt. In Tiermodellen verursacht es Insulinresistenz. Fettgewebe stellt auch quantitativ bedeutsame Mengen dieses Zytokins her. In Nagetiermodellen der Adipositas ist die TNF-α-Expression im Fettgewebe vermehrt. Beim Menschen scheinen zirkulierende TNF-α-Spiegel je-

doch nicht mit Insulinresistenz zu korrelieren. Es gibt jedoch mehr und mehr Hinweise dafür, dass TNF-α ebenfalls parakrin wirkt, also direkt zwischen Fett- und Muskelgewebe.

Vor kurzem wurde das 114 Aminosäuren enthaltende und von Adipozyten im Fettgewebe sezernierte Zytokin Resistin (kurz für »resistant to insulin«) identifiziert. Resistin wird vermehrt während der Adipozytenreifung freigesetzt. Darüber hinaus wurde eine gesteigerte Expression in Nagetiermodellen gezeigt. Eine intravenöse Resistinapplikation verursachte Glukoseintoleranz und Insulinresistenz bei Mäusen. Andererseits verminderten neutralisierende Antikörper Insulinresistenz und Hyperglykämie in einem Mäusemodell mit Diabetes-Typ-2. Diese Daten sahen ursprünglich vielversprechend aus, sind aber inzwischen z.T. widerlegt worden. Der Nachweis analoger Mechanismen beim Menschen steht noch aus, sodass dieses Konzept im Moment als fraglich angesehen werden muss.

Unter den Fettgewebspeptiden ist derzeit, nicht zuletzt auch aufgrund der hohen Plasmaspiegel, das Adiponektin am interessantesten. Mit einer Konzentration von etwa 5 g/ml liegt es 3 Zehnerpotenzen über den meisten anderen Hormonen. Bei Adipositas sind die Plasmaspiegel signifikant niedriger. Sowohl bei Pima-Indianern als auch bei Weißen wurde eine positive Korrelation mit der Insulinempfindlichkeit gefunden. Außerdem beobachtete man eine signifikante Abnahme der Adiponektinspiegel bei Verschlechterung der Glukosetoleranz und eine Zunahme nach Gewichtsabnahme. In Nagetiermodellen für Insulinresistenz stellt die intravenöse Gabe von rekombinantem Adiponektin eine normale Insulinempfindlichkeit her. Damit scheint Adiponektin im Gegensatz zu TNF-α und Resistin vor Insulinresistenz und Diabetes-Typ-2 zu schützen. Möglicherweise wird die Adiponektin-Expression von Peroxisomenproliferator-aktivierten Rezeptoren (PPAR) kontrolliert. Genetische Varianten in diesem Signalweg können damit die hohe interindividuelle Variabilität von Insulinresistenz bei gleichem BMI mit erklären.

23.5 Veränderungen bei adipösen Kindern und Jugendlichen

Mit den steigenden Prävalenzzahlen für Adipositas findet man auch bereits bei adipösen Kindern und Jugendlichen in zunehmendem Maß Veränderungen, die dem metabolischen Syndrom entsprechen. Wie bei Erwachsenen hängt die Entwicklung der Insulinresistenz und der kardiovaskulären Risikofaktoren nicht nur vom Ausmaß der Adipositas, sondern auch von der Fettverteilung ab. Kinder und Jugendliche mit zentraler Fettverteilung zeigen viel häufiger Symptome des metabolischen Syndroms als Altersgenossen mit peripherer Fettverteilung. In kürzlich durchgeführten Untersuchungen an adipösen Kindern konnte gezeigt werden, dass 86% mindestens einen und 9% alle 4 der untersuchten Faktoren des metabolischen Syndroms (gestörte Glukosetoleranz, Hyperinsulinismus, Dyslipoproteinämie und Hypertonie) aufwiesen. Normalgewichtige gleichaltrige Kinder hatten nur in 20% einen Risikofaktor und keines der normalgewichtigen Kinder wies alle 4 Faktoren auf.

Ein manifester Diabetes-Typ-2 wird bei übergewichtigen und adipösen Kindern 10fach häufiger gefunden als bei normalgewichtigen (▶ Kap. 19).

Etwa 30% aller adipösen Kinder weisen eine arterielle Hypertonie auf. Auch eine durchschnittliche Vergrößerung der linksventrikulären Muskelmasse um 25% ist bei Adipösen bereits im Alter von 12 Jahren gefunden worden (▶ Kap. 21).

Laborchemische oder radiologische Zeichen einer Steatohepatitis wurden bei etwa 25% adipöser und bei 40–50% hochgradig adipöser Kinder gefunden (▶ Kap. 22).

23.6 Kurz- und langfristige Morbidität und Mortalität

Bei Erwachsenen ist das metabolische Syndrom ein gesicherter Risikofaktor für die Entwicklung eines Diabetes-Typ-2 und kardiovaskulärer Erkrankungen mit deutlich erhöhter kardiovaskulärer Mortalität. Daten der »Bogalusa-Heart-Study« legen nahe (Berenson et al., 1998), dass bereits im Jugendalter Frühstadien der Atherosklerose vorhanden sind, und deren Ausmaß eng mit der Anzahl vorhandener kardiovaskulärer Risikofaktoren (Adipositas, Hypertonie, Hypertriglyzeridämie, erniedrigtes HDL-Cholesterin) korreliert. Des weiteren ist eine erhöhte Morbidität und Mortalität durch kardiovaskuläre Erkrankungen im Erwachsenenalter mit Übergewicht und Adipositas und deren Folgeerscheinungen in der Adoleszenz verknüpft (DiPietro et al., 1994; Must et al., 1992). Über einen Follow-up-Zeitraum von 11,6 Jahren zeigt die »Bogalusa Heart Study« (Srinivasan et al., 2002) in einem Kollektiv von 745 weißen und schwarzen Kindern und Jugendlichen in den USA, dass der BMI im Kindesalter und erhöhte Insulinspiegel die wichtigsten Prädiktoren eines »clustering« von Komponenten des metabolischen Syndroms im jungen Erwachsenenalter sind.

> **Praxistipp**
>
> Nach den Ergebnissen dieser Untersuchung ist der juvenile BMI der wichtigere Prädiktor für das spätere kardiovaskuläre Risikoprofil, da die Assoziation zwischen Insulin im Kindesalter und späterem metabolischen Syndrom nach Adjustierung für den kindlichen BMI nicht mehr signifikant war.

Studien zur Prävalenz von Diabetes-Typ-2, gestörter Glukosetoleranz und Insulinresistenz in Populationen adipöser Kinder und Jugendlicher zeichnen ein alarmierendes Bild. In einer multiethnischen Kohorte adipöser Kinder und Jugendlicher konnte eine Prävalenz gestörter Glukosetoleranz von über 20% gefunden werden, zusätzlich hatten 4% der untersuchten Jugendlichen einen silenten Diabetes-Typ-2 (Sinha et al., 2002). In einem großen Kollektiv deutlich adipöser italienischer Kinder und Jugendlicher konnten in 4,5% der untersuchten Fälle eine gestörte Glukosetoleranz gefunden werden (Invitti et al., 2003) und in einem Kollektiv deutscher adipöser Kinder und Jugendlicher eine Prävalenz von 2,1% für eine gestörte Glukosetoleranz bzw. 1,5% für einen Diabetes-Typ-2 (Wabitsch et al., 2004).

Bei adipösen Kindern und Jugendlichen mit gestörter Glukosetoleranz liegt eine Einschränkung der ß-Zellfunktion vor, die mit dem Alter zunimmt (Goran et al., 2004). Bei Persistenz der Adipositas ist daher die Entwicklung eines Diabetes-Typ-2 über frühzeitige und lang dauernde Belastung der ß-Zelle durch Insulinresistenz, die zusätzlich durch Sekretionsprodukte der Adipozyten aggraviert, und konsekutive sekretorische Dysfunktion beschleunigt.

23.7 Therapieansätze

Zahlreiche Studien konnten zeigen, dass die Optimierung der Energiezufuhr verbunden mit körperlicher Aktivität zu einer drastischen Verbesserung der Stoffwechselsituation bei adipösen Kindern und Jugendlichen führt. Selbst beginnende atherosklerotische Gefäßwandveränderungen scheinen durch entsprechende Verhaltensänderung reversibel zu sein. Deshalb ist der Verhaltensmodifikation im Rahmen der Therapie unbedingt der Vorrang zu geben.

Zusätzliche medikamentöse Therapieansätze sollten bei Kindern und Jugendlichen sehr restriktiv und wenn möglich im Rahmen von Therapiestudien durchgeführt werden.

> Praxistipp
>
> Eine deutliche Besserung der Stoffwechselsituation und der zukünftigen Prognose kann mit vernünftiger Ernährung und regelmäßiger körperlicher Aktivität erreicht werden. Medikamente sollten nur in Ausnahmesituationen verwendet werden.

Literatur

Akerblom HK, Viikari J, Raitakari OT, Uhari M (1999) Cardiovascular Risk in Young Finns Study: general outline and recent developments. Ann Med 31 Suppl 1: 45–54

American Diabetes Association (2000) Type 2 diabetes in children and adolescents. Pediatrics 105: 671–680

Bao W, Srinivasan SR, Valdez R, Greenlund KJ, Wattigney WA, Berenson GS (1997) Longitudinal changes in cardiovascular risk from childhood to young adulthood in offspring of parents with coronary artery disease: the Bogalusa Heart Study. JAMA 278: 1749–1754

Berenson GS, Srinivasan SR, Bao W, Newman WP 3rd, Tracy RE, Wattigney WA (1998) Association between multiple cardiovascular risk factors and atherosclerosis in children and young adults. The Bogalusa Heart Study. N Engl J Med 338: 1650–1656

Chen W, Srinivasan SR, Elkasabany A, Berenson GS (1999) Cardiovascular risk factors clustering features of insulin resistance syndrome (Syndrome X) in a biracial (Black-White) population of children, adolescents, and young adults: the Bogalusa Heart Study. Am J Epidemiol 150: 667–674

Chen W, Bao W, Begum S, Elkasabany A, Srinivasan SR, Berenson GS (2000) Age-related patterns of the clustering of cardiovascular risk variables of syndrome X from childhood to young adulthood in a population made up of black and white subjects: the Bogalusa Heart Study. Diabetes 49: 1042–1048

Cook S, Weitzman M, Auinger P, Nguyen M, Dietz WH (2003) Prevalence of a Metabolic Syndrome Phenotype in Adolescents: Findings From the Third National Health and Nutrition Examination Survey, 1988–1994. Arch Pediatr Adolesc Med 157: 821–827

Cruz ML, Goran MI (2004) The metabolic syndrome in children and adolescents. Curr Diab Rep 4: 53–62

Cruz ML, Weigensberg MJ, Huang TT, Ball G, Shaibi GQ, Goran MI (2004) The metabolic syndrome in overweight Hispanic youth and the role of insulin sensitivity. J Clin Endocrinol Metab 89: 108–113

DiPietro L, Mossberg HO, Stunkard AJ (1994) A 40-year history of overweight children in Stockholm: life-time overweight, morbidity, and mortality. Int J Obes Relat Metab Disord 18: 585–590

Dorner K, Stingl EM, Toeller W, Simon C (1979) Reference values of lipid metabolism in childhood (author's transl). Monatsschr Kinderheilkd 127: 511–514

Goran MI, Bergman RN, Avila Q, Watkins M, Ball GD, Shaibi GQ, Weigensberg MJ, Cruz ML (2004) Impaired glucose tolerance and reduced beta-cell function in overweight Latino children with a positive family history for type 2 diabetes. J Clin Endocrinol Metab 89: 207–212

Hickman TB, Briefel RR, Carroll M, Rifkind B, Cleeman J, Maurer K, Johnson C (1998) Distributions and trends of serum lipid levels among United States children and adolescents ages 4-19 years: data from the Third National Health and Nutrition Examination Survey. Prev Med 27: 879–890

Invitti C, Guzzaloni G, Gilardini L, Morabito F, Viberti G (2003) Prevalence and concomitants of glucose intolerance in European obese children and adolescents. Diabetes Care 26: 118–124

Isomaa B, Almgren P, Tuomi T, Forsen B, Lahti K, Nissen M, Taskinen MR, Groop L (2001) Cardiovascular morbidity and mortality associated with the metabolic syndrome. Diabetes Care 24: 683–968

Kavey RE, Daniels SR, Lauer RM, Atkins DL, Hayman LL, Taubert K (2003) American Heart Association guidelines for primary prevention of atherosclerotic cardiovascular disease beginning in childhood. Circulation 107: 1562–1566

Lakka HM, Laaksonen DE, Lakka TA, Niskanen LK, Kumpusalo E, Tuomilehto J, Salonen JT (2002) The metabolic syndrome and total and cardiovascular disease mortality in middle-aged men. JAMA 288: 2709–2716

Must A, Jacques PF, Dallal GE, Bajema CJ, Dietz WH (1992) Long-term morbidity and mortality of overweight adolescents. A follow-up of the Harvard Growth Study of 1922 to 1935. N Engl J Med 327: 1350–1355

Raitakari OT, Porkka KV, Ronnemaa T, Knip M, Uhari M, Akerblom HK, Viikari JS (1995) The role of insulin in clustering of serum lipids and blood pressure in children and adolescents. The Cardiovascular Risk in Young Finns Study. Diabetologia 38: 1042–1050

Sinha R, Fisch G, Teague B, Tamborlane WV, Banyas B, Allen K, Savoye M, Rieger V, Taksali S, Barbetta G, Sherwin RS, Caprio S (2002) Prevalence of impaired glucose tolerance among children and adolescents with marked obesity. N Engl J Med 14; 346: 802–810

Srinivasan SR, Myers L, Berenson GS (2002) Predictability of childhood adiposity and insulin for developing insulin resistance syndrome (syndrome X) in young adulthood: the Bogalusa Heart Study. Diabetes 51: 204–209

Steinberger J, Moran A, Hong CP, Jacobs DR Jr, Sinaiko AR (2001) Adiposity in childhood predicts obesity and insulin resistance in young adulthood. J Pediatr 138: 469–473

Update on the 1987 Task Force Report on High Blood Pressure in Children and Adolescents: a working group report from the National High Blood Pressure Education Program (1996) National High Blood Pressure Education Program Working Group on Hypertension Control in Children and Adolescents. Pediatrics 98: 649–658

Wabitsch M, Kunze D (2001) Leitlinien der Arbeitsgemeinschaft Adipositas im Kindes- und Jugendalter (AGA)

Wabitsch M, Hauner H, Hertrampf M, Muche R, Hay B, Mayer H, Kratzer W, Debatin KM, Heinze E (2004) Type II diabetes mellitus and impaired glucose regulation in Caucasian children and adolescents with obesity living in Germany. Int J Obes Relat Metab Disord 28: 307–313

Weiterführende Literatur

Steinberger J, Daniels SR (2002) Obesity, insulin resistance, diabetes, and cardiovascular risk in children: an American Heart Association scientific statement from the Atherosclerosis, Hypertension, and Obesity in the Young Committee (Council on Cardiovascular Disease in the Young) and the Diabetes Committee (Council on Nutrition, Physical Activity, and Metabolism). Circulation 107: 1448–1453

Kommentar: Die Arbeit von Steinberger et al. gibt einen sehr schönen Überblick über den Zusammenhang zwischen Adipositas und metabolischen Veränderungen bei Kindern und Jugendlichen.

Respiratorische Veränderungen und Schlaf-Apnoe

W. Siegfried, N. Netzer

Wer als Laie an Adipositas und Lunge bzw. Atmung denkt, dem fällt zunächst die Kurzatmigkeit von Adipösen beim Treppensteigen ein. Tatsächlich handelt es sich hierbei eher um eine muskuläre Insuffizienz infolge mangelnder kardiopulmonaler Ausdauerleistung (Trainingszustand) als um ein direkt pulmonales Problem, wie auch durch die gute aerobe und v. a. anaerobe Leistungsfähigkeit von gut trainierten mächtigen Footballspielern, Ringern und Hammerwerfern eindrücklich unter Beweis gestellt wird.

Dennoch stellt die extreme Adipositas per se einen der größten Risikofaktoren für annähernd alle pulmonalen Erkrankungen dar, und ist damit dem Zigaretten rauchen fast gleichzustellen. Extreme Adipositas selbst führt in erster Linie zu einer restriktiven Lungenfunktionsstörung, durch die eine erhöhte Atemarbeit und gestörter Gasaustausch indirekt in der Folge zu Pneumonien, chronischer Bronchitis und Emphysem (»Blue Bloater«), pulmonalen Thromboembolien (König, 2001) und direkt zum Adipositas-Hypoventilations-Syndrom (Pickwick-Syndrom; Dickens, 1836) führen können. Ein Zusammenhang zwischen Asthma und Adipositas konnte noch nicht sicher bewiesen werden. Adipositas stellt darüber hinaus den wichtigsten Risikofaktor für die obstruktive Schlaf-Apnoe und das obstruktive Schnarchen (»Upper Airway Resistance Syndrom«, UARS) bei Erwachsenen, Kindern und Adoleszenten dar (König, 2001; Ward u. Marcus, 1996; Mallory et al., 1989). Gerade in letzter Zeit werden genetische Zusammenhänge zwischen Adipositas und Schlaf-Apnoe gefunden (Palmer et al., 2003).

24.1 Pathophysiologie der gestörten Atmung bei extremer Adipositas

Bildlich gesprochen lastet das zusätzliche Körpergewicht extrem Adipöser (BMI > 30) auf dem Brustkorb und behindert die Hebung des Brustkorbs und damit die Ausdehnung der Lunge bei der Inspiration. Das Zwerchfell wird durch den viszeralen Anteil der Adipositas nach oben gedrückt und verstärkt den Effekt der verminderten thorakalen Compliance. Bei Patienten mit BMI > 30 ist die Compliance durchschnittlich um 40% gegenüber normalen Werten erniedrigt. Dies führt zu einer restriktiven Lungenfunktionsstörung mit einer bis um 25% verringerten inspiratorischen Vitalkapazität (IVC). Der dadurch bei der Atmung nicht bewegte Anteil des gesamten zur Verfügung stehenden Lungenvolumens (Totalkapazität, TLC) bzw. die funktionale Residualkapazität (FRC) sinkt (Li et al., 2003). Den Gesetzen der Schwerkraft entsprechend ist dieser Effekt beim Schlafen in Rückenlage am stärksten, aber auch bei Stehen und Gehen muss das zusätzliche den Brustkorb nach unten ziehende Körpergewicht von den Atemmuskeln, v.a. den Interkostalmuskeln, nach oben mit bewegt bzw. gehoben werden (Rubinstein et al., 1990; Sahebjami, 1998). In erster Linie entspricht die pathologisch hohe FRC einer verringerten Lungenfläche, die für den Gasaustausch bzw. die Oxygenierung des Blutes in den Lungenkapillaren zur Verfügung steht (Bosisio et al., 1984). Große Teile des Lungengewebes werden überhaupt nicht mehr belüftet und Kohlendioxid bleibt in der Lunge gefangen (CO_2-Retention). Die Verschlechterung des Gasaustausches lässt sich durch eine um ca. 17% verringerte Diffusionskapazität für Kohlenmonoxid (Dlco) bei extrem adipösen Kindern messen (Li et al., 2003; Inselma et al., 1993).

Die Atemmuskelpumpe versucht diese Atembehinderung und die mangelnde Oxygenierung und CO_2-Retention durch eine verstärkte muskuläre Anstrengung auszugleichen. Dabei erschöpft sie sich oft schon in Ruhe schnell, denn die Atemarbeit liegt bei extrem Adipösen um 60% höher als bei Normalgewichtigen (Rochester, 1995), bei Patienten mit zusätzlicher obstruktiver Schlaf-Apnoe sogar um 250%. Die Folge dieses Teufelskreises kann eine noch mehr verringerte Inspiration und eine weiter ansteigende FRC und CO_2-Retention sein. In fortgeschrittenen Fällen steigt dann das arterielle pCO_2 auf pathologische Werte über 45 mmHg an und der arterielle Sauerstoffpartialdruck sinkt unter 70 mmHg. Dieser Fall stellt per Definition bei Patienten mit einem BMI > 30 eine **Adipositas-Hypoventilation** dar (Weitzenblum et al., 2002).

24.1.1   Direkte und indirekte pathophysiologische Folgen des gestörten Gasaustausches und der erschöpften Atemmuskelpumpe bei Adipositas

Direkte Folgen der geringeren Oxygenierung des arteriellen Blutes sind eine geringere Leistungsfähigkeit des gesamten Organismus und ein Anstieg des Drucks in den Pulmonalkapillaren mit einer Erhöhung des Pulmonalisdrucks und in der weiteren Folge der Entwicklung eines Cor pulmonale.

> **Praxistipp**
>
> Auch bei noch weniger ausgeprägten Fällen pulmonaler Fehlfunktion kann sich diese zu einem ernsten Problem in allen Phasen einer Operation mit Vollnarkose auswirken. Adipöse Patienten sind daher per se bei operativen Maßnahmen gefährdet und gelten als besondere Risikopatienten in der Anästhesie (Sugerman, 1987).

Adipositas und obstruktive Lungenerkrankungen (Asthma, Bronchitis, Emphysem)

Die indirekten Folgen der erhöhten Residualkapazität, die mit Erschöpfung der Atemmuskelpumpe noch weiter ansteigt, sind vielfältig und werden z. T. kontrovers diskutiert. So führt die mangelnde Belüftung ganzer Lungenabschnitte vermutlich zu Atelektasen (Eichenberger et al., 2002). Diese Areale werden auch für die Retention von Surfactant und Mucus angeschuldigt mit den möglichen Folgen von Infektionsherden im retinierten Mucus.

Die Folge kann die Manifestation einer chronisch obstruktiven Lungenkrankheit sein: Chronisch obstruktive Bronchitis (COPD), bronchiale Überreagibilität, Belastungsasthma, Asthma bronchiale und als Langzeitfolge einer sich selbst erhaltenden COPD das Lungenemphysem treten bei Erwachsenen und Kindern mit Adipositas gehäuft auf (Chinn et al., 2002; Castro Rodriguez et al., 2001). Diskutiert wird auch, ob die chronisch obstruktiven Lungenkrankheiten in einer genetischen Verbindung mit Adipositas stehen, allerdings liegen hierzu noch keine gesicherten Erkenntnisse vor (Gennuso et al., 1998).

> **Praxistipp**
>
> Asthma bronchiale und COPD können durch Adipositas im Kindes- und Jugendalter getriggert und verschlechtert werden.

24.2   Adipositas und obstruktive Schlaf-Apnoe

Die wohl für die klinische Praxis relevanteste Atemwegserkrankung in Verbindung mit Adipositas stellt die obstruktive Schlaf-Apnoe (OSAS) dar. Von dieser Erkrankung sind in den westlichen Industrienationen etwa 2–5% der Allgemeinbevölkerung betroffen (Young, 2002) und davon auch ein großer Anteil bei Kindern (Ward u. Marcus, 1996). Genau genommen handelt es sich bei OSAS nicht um eine Lungenerkrankung, sondern um eine Erkrankung der oberen Atemwege. Pathophysiologisch gesehen führt eine Instabilität der Pharynxwände und der Zungengrundmuskulatur zu einem Kollaps bzw. Verschluss der oberen Atemwege oberhalb des Kehlkopfes bei der Inspiration (in ganz besonders schweren Fällen auch bei der Exspiration). Ein Totalverschluss der oberen Atemwege für mehr als 10 Sekunden wird als Apnoe, ein Teilverschluss als Hypopnoe bzw. in Verbindung mit lautem Schnarchen als obstruktives Schnarchen bezeichnet (Mattys u. Netzer, 1992). Das Aussetzen der Atmung löst im Atemzentrum des Gehirns eine Reflexreaktion mit einem Ausstoß an Katecholaminen aus, um über ein Erwecken (Arousal) wieder eine Normalisierung der Atmung herbeizuführen. Die gesundheitsschädigenden Folgen von OSAS liegen in dieser Antwort des Körpers auf die aussetzende Atmung. Mit dem Anstieg der Katecholamine gehen ein Anstieg der Herzfrequenz und des arteriellen Blutdrucks auf extreme Spitzenwerte und eine Aufwachreaktion im Gehirn einher. Die Folgen sind ein deutlich erhöhtes Risiko für Apoplex und kardiale Infarkte sowie eine Manifestation hohen Blutdrucks auch tagsüber (Newman et al., 2001) und eine Störung des normalen Schlafs, die zu extremer Tagesmüdigkeit führt.

Bei Adipositas, mit Bevorzugung des männlichen Geschlechts, kommt es zu einer Einlagerung von Fett in die Pharynxwände und in die Zungengrundmuskulatur. Dies führt zum einen zu einer Verengung des Retropharyngealraumes und zum anderen zu einer erhöhten Instabilität der Pharynxwände, den Hauptursachen für schlafbezogene Atmungsstörungen.

Noch immer wird Adipositas in der Literatur und bei den Verantwortlichen im Gesundheitswesen als Hauptursache für die Genese schlafbezogener obstruktiver Atemwegsstörungen betrachtet. Allerdings wird in letzter Zeit zunehmend davon ausgegangen, dass genetische Komponenten dazu kommen müssen, um tatsächlich bei Patienten mit einem BMI > 30 zur Entwicklung einer Schlaf-Apnoe zu führen (Coppola, 1999; Palmer et al., 2003). In einer eigenen Untersuchung wurde festgestellt, dass Schlaf-Apnoe bei extrem adipösen Jugendlichen nicht signifikant gehäuft vorkam, jedoch die mittlere nächtliche Sauerstoffsättigung signifikant vermindert war und durch Gewichtsreduktion normalisiert werden konnte (Siegfried et al., 1999). Extrem adipöse Kinder mit Schlaf-Apnoe-Syndrom zeigen Defizite im Lernen und in der Merkfähigkeit; es besteht sogar eine Korrelation zur Anzahl der nächtlichen Atemstillstände bei allen extrem übergewichtigen Kindern (Rhodes, 1995).

Bei Kindern und Jugendlichen kann eine deutliche Gewichtsabnahme zu einer Eliminierung des OSAS führen, bei Erwachsenen ist dies leider nur ganz selten der Fall, da die Instabilität der oberen Atemwege, auch nachdem das eingelagerte Körperfett verschwunden ist, erhalten bleibt (◘ Abb. 24.1).

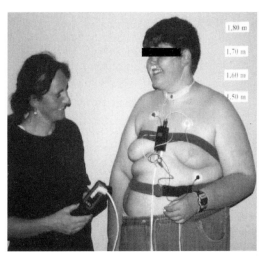

◘ **Abb. 24.1.** 13-jähriger Junge, BMI 47 kg/m², Schlaf-Apnoe-Syndrom, Screening mit der 7-Kanal-Mesambox

24.3 Seltene genetische Erkrankungen mit Adipositas und gestörter Atmung

Die bekannteste genetisch bedingte Erkrankung mit Adipositas und schlafbezogener Atmungsstörung in Kombination ist das Prader-Willi-Syndrom (Nixon u. Brouillette, 2002; ► Kap. 4). Bei den Betroffenen kommt es zu einer allgemeinen muskulären Hypotonie, oft aber nicht immer zu einer verzögerten mentalen Entwicklung und Verhaltensstörungen. Muskuläre Hypotonie und Adipositas sind gleichermaßen Ursachen für die gestörte nächtliche Atmung. In der Regel müssen diese Patienten mit positivem Atemwegsdruck (CPAP, Bilevel-CPAP) therapiert werden. Es gibt neben dem Prader-Willi-Syndrom zahlreiche weitere genetisch bedingte ähnliche Krankheitsbilder bzw. Syndrome.

Beratungstipps

Übergewicht im Kindes- und Jugendalter führt auch zu nächtlichen Atemstillständen, die im Erwachsenenalter kaum noch durch Gewichtsreduktion zu behandeln sind. Dies kann auch zu einem Abfall der schulischen Leistungen führen.

24.4 Gewichtsverlust als Therapie

Der mögliche Therapieerfolg von gezielter Gewichtsreduktion bei Adipösen ergibt sich aus der Art der Atemwegserkrankung. Manifeste chronische obstruktive Atemwegserkrankungen werden durch eine Gewichtsreduktion alleine nicht therapierbar sein, selbiges gilt für OSAS bei Erwachsenen. Dennoch gilt, dass eine höhere Lebensqualität und eine Reduktion des Risikos von Folgeerkrankungen speziell bei Kindern und Jugendlichen durch größere Leistungsreserven bei Gewichtsreduktion auch bei Betroffenen dieser Erkrankungsformen erzielt werden können (Hakala et al., 2000). Bei Kindern mit OSAS sollte eine langfristige Gewichtsabnahme die nichtinvasive Atemunterstützung unbedingt begleiten.

> **Praxistipp**
>
> Bei der Adipositas-Hypoventilation ist eine deutliche Gewichtsabnahme die erste und unbedingte Maßnahme für einen langfristigen Therapieerfolg begleitet durch die notwendige Beatmung mit Bilevel-CPAP oder volumengesteuerter Beatmung.

Literatur

Bosisio E, Sergi M, di Natale B, Chiumello G (1984) Ventilatory volumes, flow rates, transfer factor and its components (membrane component, capillary volume) in obese adults and children. Respiration 45(4): 321–326

Castro Rodriguez JA, Holberg CJ, Morgan WJ, Wright AL, Martinez FD (2001) Increased incidence of asthmalike symptoms in girls who become overweight or obese during school years. Am J Respir Crit Care Med 163(6): 1344–1349

Chinn S, Jarvis D, Burney P (2002) Relation of bronchial responsiveness to body mass index in the ECRHS. European Community Respiratory Health Survey. Thorax 57(12): 1028–1033

Coppola M (1999) Fat and prejudice. Sleep Breath 3(1): 35–36

Dickens C (1986) The pickwick papers. Penguin Classics. Reprint of 1836–1837 edition. Penguin Books, London

Eichenberger A, Proietti S, Wicky S, Frascarolo P, Suter M, Spahn DR, Magnusson L (2002) Morbid obesity and postoperative pulmonary atelectasis: an underestimated problem. Aneth Analg 95(6): 1788–1992

Gennuso J, Epstein LH, Palluch RA, Cerny F (1998) The relationship between asthma and obesity in urban minority children and adolescents. Arch Pediatr Aolesc Med 152: 1197–1200

Hakala K, Stenius-Aarniala B, Sovijarvi A (2000) Effects of weight loss on peak flow variability, airways obstruction, and lung volumes in obese patients with asthma. Chest 118(5): 1315–1321

Inselma LS, Milanese A, Deurloo A (1993) Effect of obesity on pulmonary function in children. Pediatr Pulmonol 16(2): 130–137

Koenig SM (2001) Pulmonary complications of obesity. Am J Med Sci 321 (4): 249–279

Li AM, Chan D, Wong E, Yin E, Nelson EA, Fok TF (2003) The effects of obesity on pulmonary function. Arch Dis Child 88(4): 361–363

Mallory GB Jr, Fiser DH, Jackson R (1989) Sleep associated breathing disorders in morbidly obese children and adolescents. J Pediatr 115(6): 892–897

Matthys H, Netzer N (1995) Schlafmedizin, ein Kompendium. Dustri-Verlag, Dr. Karl Feistle, München Deisenhofen

Newman AB, Nieto FJ, Guidry U, Lind BK, Redline S, Pickering TG, Quan SF (2001) Sleep heart health study research group: relation of sleep disordered breathing to cardiovascular disease risk factors: the sleep heart health study. Am J Epidemiol 154: 50–59

Nixon GM, Brouillette RT (2002) Sleep and breathing in Prader Willi syndrome. Pediatr Pulmonol 34(3): 209–217

Palmer LJ, Buxbaum SG, Larkin E, Patel SR, Elston RC, Tishler PV, Redline S (2003) A whole genome scan for obstructive sleep apnea and obesity. Am J Hum Genet 72(2): 340–350

Rhodes SK (1995) Neurocognitive deficits in morbidly obese children with obstructive sleep apnea. J Pediatr 127: 741–744

Rubinstein I, Zamel N, Du Barry L (1990) Airflow limitation in morbidly obese, nonsmoking men. Ann Intern Med 112: 828–832

Sahebjami H (1998) Dyspnea in obese healthy men. Chest 114: 1373–1377

Siegfried W, Siegfried A, Rabenauer M, Hebebrand J (1999) Snoring and sleep apnea in obese adolescents: effect of long-term weight loss-rehabilitation. Sleep Breathing 3: 83–87

Sugerman HJ (1987) Pulmonary function in morbid obesity. Gastroenterol Clin North Am 16(2): 225–237

Ward SL, Marcus CL (1996) Obstructive sleep apnea in infants and young children. J Clin Neurophysiol 13(3): 198–207

Weitzenblum E, Kessler R, Chaouat A (2002) Alveolar hypoventilation in the obese: the obesity hypoventilation syndrome. Rev Pneumol Clin 58(2): 83–90

Young T, Peppard P (2002) Epidemiology of obstructive sleep apnea. Am J Respir Crit Care Med 165: 1217–1239

Weiterführende Literatur

Koenig SM (2001) Pulmonary complications of obesity. Am J Med Sci 321(4): 249–279
Kommentar:Diese Übersichtsarbeit geht auf die wesentlichen Aspekte pulmonaler Komplikationen hervorgerufen durch Adipositas ein.

Orthopädische Komorbidität

K. P. Günther, F. Thielemann

In diesem Kapitel werden diejenigen Erkrankungen des kindlichen Stütz- und Bewegungsapparates näher beleuchtet, bei denen vorbestehendes Übergewicht bzw. Adipositas als Risikofaktor diskutiert werden.

25.1   Fußdeformitäten

Ein häufiger Grund für die Vorstellung von Kindern in einer orthopädischen Sprechstunde ist die Sorge der Eltern um deren »Plattfüße« und daraus möglicherweise erwachsende Beschwerden im späteren Leben. Obwohl keine universal akzeptierte Definition für einen Plattfuß existiert, sind die anatomischen Charakteristika dieser Deformität eine

- ausgeprägte Eversion des subtalaren Komplexes während der Standphase mit einer Plantarflexion des Talus und Kalkaneus in Relation zur Tibia,
- ein dorsalflektiertes und abduziertes Os naviculare und
- ein in Relation zur Rückfußstellung supinierter Vorfuß.

In den meisten Fällen bestehen zum Vorstellungszeitpunkt keine oder nur moderate Beschwerden. Der klinische Untersuchungsbefund zeigt eine mehr oder minder ausgeprägte Verkleinerung oder gar fehlende Aussparung der Belastungsfläche in der Mitte des medialen Fußrandes, d.h. einen Verlust des Fußlängsgewölbes.

Differenzialdiagnostisch müssen

- der physiologische Knick-Senk-Fuß bis zum 6. Lebensjahr,
- ein flexibler Plattfuß (normale Morphologie des Fußlängsgewölbes unter Entlastung und Varisierung der Ferse),
- ein kontrakter oder rigider Plattfuß (Manifestation sekundärer Strukturschäden mit Verlust der Beweglichkeit im unteren Sprunggelenk oder bei Bestehen einer tarsalen Koalition),
- ein kongenitaler Plattfuß (Talus verticalis) und
- ein neurogener Knick-Platt-Fuß (neuromuskuläre Funktionsstörung)

in Betracht gezogen werden.

Sowohl bei der physiologischen Aufrichtung des Längsgewölbes am kindlichen Knick-Senk-Fuß als auch bei der Entstehung eines flexiblen Plattfußes kann Übergewicht theoretisch einen negativen Einfluss ausüben. Bei der Mehrzahl der vorliegenden Untersuchungen wurde ein solcher Zusammenhang dokumentiert (Riddiford-Harland et al., 2000; Sachithanandam u. Joseph, 1995).

Riddiford-Harland et al. untersuchten anhand von statischen Fußabdrücken den Zusammenhang zwischen Übergewicht und Strukturveränderungen am Fuß bei 431 präpubertären australischen Kindern. Die Ergebnisse sprechen für einen klaren Zusammenhang zwischen kindlichem Übergewicht und dem Auftreten einer Plattfußdeformität. Eine gleiche Aussage trafen Sachithanandam und Joseph (1995) nach Auswertung statischer Fußabdrücke von 1846 erwachsenen Individuen in Indien.

In einer kürzlich von Horn (2002) vorgelegten Untersuchung aus der Universität Ulm wurde die klinische Prävalenz von Plattfüßen bei einer Studiengruppe von 411 adipösen Kindern (215 Mädchen und 196 Jungen) mit einem mittleren Alter von 14,5 Jahren (9–17 Jahre) ermittelt. Es fanden sich Plattfüße bei 77 Kindern (18,9%). Bei 66 Kindern (16,1%) wurde die Deformität als flexibel, bei 11 Kindern (2,7%) als kontrakter bzw. rigider Plattfuß eingestuft. Aufgrund des Fehlens einer Kontrollgruppe ist die Interpretation dieser Daten erschwert; dennoch zeigte sich eine erhöhte Prävalenz des Plattfußes bei einer Subgruppe mit extremer Adipositas (mittlerer BMI 35,2 kg/m^2). Interessant ist der Vergleich der Resultate mit den Daten einer anderen deutschen Feldstudie mit 345 Schülern im Alter zwischen 10 und 13 Jahren, bei denen eine Prävalenz des Plattfußes von 19,1% gefunden wurde. Es lag keine Korrelation zwischen Körpergewicht und der Fußdeformität vor (Jerosch u. Mamsch, 1998). Eine fehlende Korrelation zwischen einer bestehenden Fußdeformität und Körpergewicht wird auch von Rao und Joseph (1992) berichtet. Garcia-Rodriguez et al. (1999) führten eine Feldstudie an 1181 Schülern in Spanien durch und berichten über eine erhöhte Prävalenz der flexiblen Plattfußdeformität nur bei übergewichtigen 4- bis 5-Jährigen, während bei älteren Studienteilnehmern keine diesbezügliche Korrelation hergestellt werden konnte. Es muss erwähnt werden, dass es auf der Basis der vorliegenden Studien nicht möglich ist, über den Verlauf und über die klinische Relevanz dieser Befunde Aussagen zu treffen.

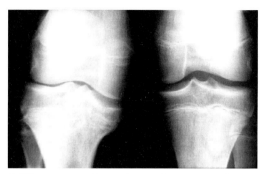

◘ Abb. 25.1. Progrediente Tibia vara bei einem 14-jährigen Jungen **rechts**

25.1.1 Tibia vara (Morbus Blount)

Die idiopathische Tibia vara, auch als Osteochondrosis deformans tibiae oder, nach dem Erstbeschreiber als Morbus Blount (Blount, 1937) beschrieben, zählt zur Erkrankungsgruppe der aseptischen Osteochondronekrosen. Sie ist durch eine Wachstumsstörung im Bereich der proximalen, medialen Tibiametaphyse und Epiphysenfuge charakterisiert, die zu einer progredienten O-Bein-Deformität führen kann. Verschiedene Untersuchungen zeigten, dass diese Veränderungen bei Kindern und Jugendlichen mit erhöhtem Körpergewicht häufiger vorkommen (Thompson, Carter u. Smith, 1984; Dietz et al., 1982; Smith, 2000).

Die Erkrankung wird entsprechend des Manifestationsalters in 3 Altersgruppen unterteilt:
1. infantiler (unter 3 Jahren),
2. juveniler (4.–10. Lebensjahr) und
3. adoleszenter Befallstyp (11 Jahre und älter; Thompson et al., 1984).

Ätiologie

Vermutlich führt die Kombination biologischer und mechanischer Faktoren (Überlastung) zu einer Deformation der proximalen, medialen Tibiaepiphyse (◘ Abb. 25.1). Da sich die Erkrankung gehäuft bei Afro-Amerikanern findet, wird eine genetisch bedingte Disposition mit in Betracht gezogen. Als prädisponierende Faktoren gelten eine vorbestehende varische Achsausrichtung der betroffenen Extremität in Verbindung mit Übergewicht, extremer Aktivität und schnellem Wachstum. Auffällig ist eine Persistenz der sich normalerweise im Rahmen des Wachstums zurückentwickelnden physiologischen Genu vara. Die aus den erhöhten bis exzessiven Druckkonzentrationen resultierenden repetitiven Verletzungen der posteromedialen Tibiaepiphyse führen zu einem lokalen Verhalt und asymmetrischem Wachstum, einer Unterbrechung der enchondralen Ossifikation und damit einer progressiven Varusdeformität im Knie. Häufig tritt die Erkrankung in Kombination mit einem ausgeprägten Innentorsionsfehler des Unterschenkels auf.

Bei der selteneren juvenilen und adoleszenten Form ist häufig nur eine Extremität betroffen, und es bestehen gelegentlich lokale Schmerzen. Histomorphologische Analysen der Wachstumsfugen von 5 operativ behandelten Patienten zeigten übereinstimmende Veränderungen mit dem infantilen Erkrankungstyp (Fissuren und Spalten der Wachstumsfuge, fibrovaskuläres und kartilaginäres Reparaturgewebe, mediale epimetaphysäre knöcherne Brückenbildungen), wie sie auch bei der Epiphysiolysis capitis femoris (kindliches Hüftkopfgleiten) beschrieben werden. Dies suggeriert einen ähnlichen Pathomechanismus.

> **Praxistipp**
>
> Hauptunterschiede zwischen den 3 Formen der Tibia vara bestehen infolge des unterschiedlichen Manifestationsalters im Ausmaß des noch verbleibenden Wachstums, der Höhe der Krafteinwirkung auf das mediale Kniekompartiment und der Rezidivneigung nach erfolgter operativer Korrektur.

Eine andere interessante Hypothese zur Ätiologie der adoleszenten Form der Tibia vara wurde von Davids et al. (1996) präsentiert. In einer biomechanischen Analyse untersuchten sie die These, dass eine erhöhte Belastung des medialen Kniekompartiments während des Gangzyklus Folge kompensatorischer Gangveränderungen bei vergrößerten Oberschenkelumfängen adipöser Individuen sei (»fat-thigh gait«). Mithilfe dreidimensionaler Bewegungsanalysen konnten verschiedene Gangveränderungen wie ein dynamisches Genu varum und eine verstärkte Knierotation in der Standbeinphase sowie eine Zirkumduktion in der Schwungphase identifiziert werden. Diese pathologischen Belastungszyklen können beim betroffenen Individuum Druckbelastungen erzeugen, die für eine Alteration der Wachstumsfuge ausreichen.

25.1.2 Epiphysiolysis capitis femoris (Hüftkopfepiphysenlösung)

Eine besonders schwerwiegende Hüfterkrankung im Kindes- und Jugendalter ist die juvenile Epiphysenlösung der Schenkelhalsepiphysenfuge, die aufgrund der entstehenden Deformation als wesentliche Arthroseursache gilt. Jungen sind mit 3 : 1 bevorzugt befallen. Der Häufigkeitsgipfel der Erkrankung liegt bei 12 Jahren (Mädchen) bzw. 14 Jahren (Jungen). Ein beidseitiger Befall zeigt sich bei etwa 40% der Kinder (Engelhardt, 1990; Jerre et al., 1994).

Es ist nicht ganz leicht, den typischerweise adipösen Habitus Betroffener in ein pathogenetisches Konzept einzuordnen, zumal das Vorliegen einer hormonellen Dysbalance während der Pubertät (▶ Kap. 27) bei Patienten mit Epiphysiolysis capitis femoris (E.c.f.) unbestritten ist. Ob die Adipositas nur Ausdruck eines exzessiv erhöhten BMI ohne Stoffwechselstörung ist oder aber Folge einer biochemischen Dysfunktion mit pathologischen hormonellen Alterationen, ist bislang unklar. Bei etwa der Hälfte der betroffenen Kinder sind konstitutionelle Auffälligkeiten in Form eines Hochwuchses oder aber der früher als Fröhlich-Syndrom (Dystrophia adiposogenitalis) beschriebenen Stamm-Adipositas mit Unterentwicklung der Genitalien zu beobachten.

Pathogenese

Weiner (1996) beschreibt in seinem aktuellen Konzept zur Pathogenese der E.c.f. sehr gut die unterschiedlichen Theorien hinsichtlich der Ätiologie der Erkrankung und präsentiert ein pathogenetisches Modell, welches sowohl ausführliche histomorphologische als auch klinische Daten einbezieht: Das häufig erhöhte Körpergewicht in Verbindung mit einer sich während der Pubertät verstärkenden Schräglage der Epiphysenfuge und einer relativen Retrotorsion des Schenkelhalses gilt als Risikofaktor. Eine darauf treffende Alteration des hormonellen Gleichgewichts von Schilddrüsen-, Wachstums- und Geschlechtshormonen führt zu einer mechanischen Erweichung der Wachstumsfuge und vermindert damit deren Resistenz gegenüber einer Dislokation der Epiphyse. Adipositas als ein ursächlicher Faktor wird in fast allen Untersuchungen zu Entstehung und Verlauf der E.c.f. genannt (Dietz et al., 1982; Weiner, 1996; Spero et al., 1992; Vick et al., 1996). Wilcox et al. (1988) dokumentierten bei der Untersuchung einer E.c.f.-Population Körpergewichte oberhalb der 80. Perzentile, Schilddrüsenhormonspiegel unterhalb der 25. Perzentile und deutlich verminderte Testosteronspiegel (▶ Kap. 26). Diese hormonelle Dysbalance soll die Fuge durch eine Erweichung des kollagenen Netzwerkes im Bereich der Wachstumsplatte selbst sowie im Bereich des perichondralen Rings schwächen. Selbst normale Belastungen, aber auch insbesondere Scherbelastungen können den Gleitprozess der Epiphyse dann auslösen.

Subtypen der Epiphysiolysis capitis femoris

In Abhängigkeit von Schmerzbild und Anamnesedauer unterscheidet man stabile (gehfähiger Patient) von instabilen Erkrankungsformen (nicht gehfähiger Patient) bzw. den akuten (Anamnesedauer <2 Wochen) vom chronischen Abrutsch (Anamnesedauer >2 Wochen). Bei der so genannten »akut-auf-chronischen« E.c.f. handelt es sich um eine Mischform, bei der einem akuten und oft hochgradig schmerzhaften Abrutsch ein meist mehrwöchiger und asymptomatisch schleichender Gleitvorgang vorausgegangen ist (◘ Abb. 25.2). Alle Subtypen führen jedoch zu mehr oder weniger stark ausgeprägten Hüft-, Oberschenkel- oder Kniebeschwerden, die leider häufig über längere Zeit verkannt werden.

Von dieser im Kindes- oder Jugendalter klinisch manifesten Erkrankungsgruppe ist ein milder und in der Regel subklinischer Verlauf abzugrenzen: Murray (1971) beschreibt eine so genannte »tilt-deformity« des Femurkopfes als Folge einer exzessiven physischen Aktivität während der Wachstumsperiode, welche keine markanten Schmerzen verursacht und deshalb häufig übersehen wird. Im englischsprachigen Raum wird für die charakteristische Verformung des Hüftkopfes häufig der Begriff »Pistol-grip-Deformität« verwendet (◘ Abb. 25.3).

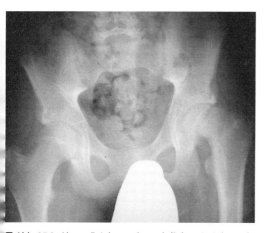

◘ **Abb. 25.2.** Akuter Epiphysenabrutsch **links** mit Geh- und Stehunfähigkeit bei einem 14-jährigen Jungen

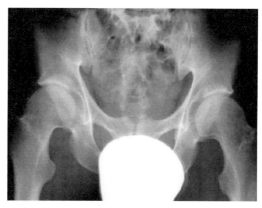

◘ **Abb. 25.3.** Radiologischer Befund einer »tilt-deformity« beider koxaler Femurenden, bei einem 31-jährigen Landwirt, der anamnestisch bereits seit seiner frühen Jugend körperlich schwere Belastung angab

Epidemiologie

Es existieren unterschiedliche Angaben zur Häufigkeit der E.c.f.: Weiner (1996) gibt die Inzidenz der Erkrankung mit 7% an. Kelsey et al. (1970) schätzen eine Inzidenz von etwa 3 pro 100 000/ Jahr für die Bevölkerung in einer südwestamerikanischen Großstadt und deren Umfeld, während Jerre et al. (1996) für eine skandinavische Population eine Inzidenz von 0,08% fanden. Die Definition der E.c.f. (mit oder ohne Einschluss subklinischer, d.h. milder Befunde) und das Design der Studie (z.B. hospital- oder populationsbasiert, Einschluss röntgenologischer Kriterien) werden das Ergebnis von Prävalenz- bzw. Inzidenzanalysen immer beeinflussen. Aus Untersuchungen hospitalbasierter Patientenkollektive mit fortgeschrittener Koxarthrose wissen wir jedoch, dass die Inzidenz symptomatischer und asymptomatischer Dislokationen zusammen höher liegen muss: In einer Meta-Analyse publizierter Studien, die morphologische Veränderungen der Hüfte als Risikofaktor für die Entstehung einer sekundären Koxarthose untersuchten, waren 5–50% der arthrotischen Hüften einer vormals abgelaufenen E.c.f. zuzuordnen (Günther et al., 1999). In der »Ulmer Osteoarthrose-Studie« (Günther et al., 1998), bei der 420 Patienten (220 Frauen und 200 Männer, Altersdurchschnitt 63,3 Jahre) mit fortgeschrittener Osteoarthrose eingehend klinisch und radiologisch untersucht wurden, konnten wir bei 7,1% aller teilnehmenden Personen eine so genannte »tilt deformity« als vorbestehende Deformität feststellen.

Es kann heute als erwiesen angesehen werden, dass es sich bei der E.c.f. um ein multifaktorielles Geschehen handelt, bei dem der Adipositas ätiologisch zumindest eine Rolle als ganz wesentlicher Kofaktor zukommt. Unter diesem Gesichtspunkt wäre es interessant, die Prävalenz bzw. Inzidenz radiologisch erkennbarer morphologischer Veränderungen bei einer übergewichtigen Population im Kindes- und Jugendalter zu analysieren.

> Epiphysiolysis-ähnlicher »tilt-deformities« bei Kindern mit einer extremen Adipositas hin. Aufgrund einer nur geringen Ausprägung der Deformität bei derzeit noch nicht ausreichend validen Daten bezüglich des natürlichen Verlaufs der Erkrankung wurde bei den betroffenen Patienten zum jetzigen Zeitpunkt noch keine Indikation zur operativen Korrektur der Deformität abgeleitet.

> In einer jüngeren gemeinsamen Untersuchung der pädiatrischen und orthopädischen Abteilung der Universität Ulm konnten 411 Kinder und Adoleszente (215 Mädchen und 196 Jungen, mittleres Alter 14,5 Jahre), die sich aufgrund einer extremen Adipositas (BMI Standard-Deviation-Score > 2,8) einer Behandlung unterziehen mussten, hinsichtlich gleichzeitig vorliegender Hüftpathologien untersucht werden (Horn, 2002). Bei allen Teilnehmern erfolgte zunächst eine klinische Untersuchung beider Hüftgelenke. Bei der Feststellung eines pathologischen Bewegungsausmaßes (z. B. Einschränkung der Innenrotation) erfolgte die Anfertigung von Röntgenbildern (Beckenübersicht a.p. und axiale Hüfte). Den Angaben von Murray (1965) folgend wurde die FHR (»femoral-head-ratio«) als Ausdruck der Epiphysenneigung gemessen. In der radiologisch untersuchten Subgruppe von 54 Studienteilnehmern (13,1%) gelang es, 11 Kinder und Jugendliche (2,7%) mit einer erhöhten FHR zu identifizieren (5 Jungen und 6 Mädchen). Das mittlere Körpergewicht in dieser Gruppe betrug 99,8 kg, der mittlere BMI betrug 36,8 kg/m². Lediglich ein drittel dieser Patienten berichtete über gelegentliche Beschwerden in Hüft- oder Kniegelenken. Keiner der Studienteilnehmer war vor Beginn der Studie aufgrund einer E.c.f. chirurgisch vorbehandelt oder zeigte klinische Hinweise für einen relevanten Epiphysenabrutsch. Die Ergebnisse der Studie deuten auf eine erhöhte Prävalenz

25.2 Zusammenhang von Adipositas und Knie- bzw. Hüftarthrose

Hüft- und Kniegelenksarthrosen gehören zu den häufigsten Erkrankungen am Bewegungsapparat und haben eine hohe sozialmedizinische Bedeutung. Bei etwa der Hälfte der davon betroffenen lassen sich definierte Erkrankungsursachen bzw. Risikofaktoren nachweisen. Als so genannte »Präarthrosen« werden Erkrankungen im Kindesalter bezeichnet, die mittlerweile als solche Risikofaktoren anerkannt sind: Neben der Hüftdysplasie sind dies v. a. schwerwiegende Abweichungen von der anatomisch korrekten Gelenkmorphologie, wie sie bei der Tibia vara oder der Epiphysiolysis capitis femoris auftreten können, denn sie führen frühzeitig zu den klinischen und radiologischen Zeichen einer Arthrose. Durch die Deformität kommt es zu einer unphysiologischen Kräfteverteilung im Gelenk mit lokalen Belastungsspitzen, woraus eine entsprechende Knorpelschädigung resultiert.

Etwas weniger eindeutig ist die Datenlage zum klinischen und radiologischen Verlauf bei Patienten mit einer anatomisch korrekten Gelenkmorphologie aber hoher mechanischer Belastung durch eine langjährig bestehende Adipositas: In verschiedenen großen Studien (Davis et al., 1990; Oliveria et al., 1999) konnte ein Zusammenhang zwischen bestehendem Übergewicht und der Entwicklung einer Kniearthrose beobachtet werden. Auch wiesen Felson et al. (1992) auf die Senkung der Inzidenz von Kniearthrosen bei Frauen durch Gewichtsreduktion hin. In einigen Studien wird auch über die Entstehung von Hüftarthrosen bei erhöhtem BMI berichtet, wobei die Ergebnisse jedoch keine zwingenden Rückschlüsse auf Adipositas als kausalen Faktor zulassen (Oliveria et al., 1999). In keiner der Untersuchungen waren Daten zu möglicherweise vorbestehenden spezifischen Extremitäten- oder Gelenkdeformitäten erwähnt.

Im Rahmen der Ulmer Osteoarthrose-Studie untersuchten Stürmer et al. (2000) die Zusammenhänge zwischen einer bestehenden Adipositas (BMI $>30 \, \text{kg/m}^2$) bzw. Übergewichtigkeit (BMI >25 und $<30 \, \text{kg/m}^2$) und radiologischen Arthrose-Merkmalen bei Männern und Frauen mit fortgeschrittener Knie- und Hüftarthrose. In Bezug auf eine radiologisch fortgeschrittene Kniearthrose konnte ein solcher Zusammenhang mit Adipositas bzw. Übergewicht bestätigt werden. Dieser wurde noch deutlicher bei zusätzlicher Achsabweichung der Extremität. Kein Zusammenhang konnte jedoch zwischen Körpergewicht und bilateraler Arthrose der Hüften gefunden werden.

Die Bedeutung, die lokalen biomechanischen und systemisch-metabolischen Faktoren bei der Entstehung von Hüft- und Kniegelenksarthrose in einer adipösen Population zukommt, wird unverändert kontrovers diskutiert. Insgesamt kann jedoch davon ausgegangen werden, dass die Überlastung des Gelenkknorpels zumindest am Kniegelenk durch zu hohes Körpergewicht eine wesentliche Rolle im Erkrankungsprozess spielt.

Beratungstipps

Es kann als erwiesen angesehen werden, dass einer Adipositas im Kindes- und Adoleszentenalter für spezifische wachstumsassoziierte Deformitäten insbesondere im Bereich der lasttragenden unteren Extremitäten eine Triggerfunktion zukommt. Hierzu gehören Fußdeformitäten, die Tibia vara und die Epiphysiolysis capitis femoris. Obwohl valide Daten aus großen statistisch gesicherten Untersuchungen zum natürlichen Verlauf solcher Deformitäten sehr rar sind, kann zumindest für die Tibia vara und die Epiphysiolysis capitis femoris eine ur-
▼

sächliche Bedeutung in der Entstehung von sekundären Arthrosen angenommen werden. In der Primär- und Sekundärprävention dieser Erkrankungen sowie der aus ihnen resultierenden Folgeschäden hat damit die möglichst optimale Behandlung einer Adipositas in allen Lebensabschnitten eine zentrale Bedeutung.

Literatur

Blount WP (1937) Tibia vara: osteochondrosis deformans tibiae. J Bone Joint Surg 19A: 1–8

Davids JR, Huskamp M, Bagley AM (1996) A dynamic biomechanical analysis of the etiology of adolescent tibia vara. J Pediatr Orthop 16: 461–468

Davis MA, Ettinger WH, Neuhaus JM (1990) Obesity and osteoarthritis of the knee: evidence from the national health and nutrition examination survey (NHANES I). Semin Arthritis Rheum 20: 34–41

Dietz WH, Gross WL, Kirkpatrick JA (1982) Blount disease (tibia vara): another skeletal disorder associated with childhood obesity. J Pediatr 101(5): 735–737

Engelhardt P (1990) Epiphysiolysis of the femoral head: indications for the treatment of the contralateral hip at cessation of growth. Z Orthop 23: 262–265

Felson DT, Anderson JJ, Naimark A, Walker AM, Meenan RF (1988) Obesity and knee osteoarthritis. The Framingham study. Ann Intern Med 109: 18–24

Garcia-Rodriguez A, Martin-Jemenez F, Carnero-Varo M, Gomez-Gracia E, Gomez-Aracena J, Fernandez-Crehuet J (1999) Flexible flat feet in children: a real problem? Pediatrics 103(6): e84

Günther KP, Stürmer T, Sauerland S, Zeissig I, Sun Y, Kessler S, Scharf HP, Brenner H, Puhl W (1998) Prevalence of generalized osteoarthritis in patients with advanced hip and knee OA: the Ulm osteoarthritis Study. Ann Rheum Dis 57: 717–723

Günther KP, Stürmer T, Trepte CT, Naumann T, Kinzl L, Puhl W (1999) Häufigkeit gelenkspezifischer Risikofaktoren bei Patienten mit fortgeschrittener Cox- und Gonarthrose in der Ulmer Osteoarthrosestudie. Z Orthop 137: 468–473

Horn MR (2002) Orthopädische Komorbidität bei Kindern und Jugendlichen mit Adipositas unter besonderer Berücksichtigung der Epiphysiolysis capitis femoris. Med.Promotion, Universität Ulm

Jerosch J, Mamsch H (1998) Fehlformen und Fehlhaltungen kindlicher Füße – Eine Feldstudie bei 345 Schülern. Z Orthop 136(3): 215–220

Jerre R, Billing L, Hansson G, Wallin J (1994) The contralateral hip in patients primarily treated for unilateral slipped upper femoral epiphysis. Long term follow up of 61 hips. J Bone Joint Surg Br 76: 563–567

Jerre R, Karlsson, J, Henrikson B (1996) The incidence of phy-
siolysis of the hip: a population-based study of 175 patients. Acta Orthop Scand 67: 53–56

Kelsey JL, Keggi KJ, Southwick WO (1970) The incidence and
distribution of slipped femoral epiphysis in Connecticut
and southwestern United States. J Bone Joint Surg 52A:
1203–1216

Murray RO (1965) The aetiology of primary osteoarthritis of
the hip. Br J Radiol 38 (455): 810–824

Murray RO, Duncan C (1971) Athletic activity in adolescence as
an etiological factor in degenerative hip disease. J Bone
Joint Surg Br 53(3): 406–419

Oliveria SA, Felson DT, Cirillo PA, Reed JI, Walker AM (1999) Body weight, body mass index and incident symptomatic
osteoarthritis of the hand, hip and knee. Epidemiology
10: 161–166

Rao UB, Joseph B (1992) The influence of footwear on the prevalence of flat foot. A survey of 2300 children. J Bone Joint
Surg Br 74(4): 525–527

Riddiford-Harland DL, Steel JR, Storlien LH (2000) Does obesity
influence foot structure in prepubescent children? Int J
Obes Relat Metab Disord 24(5): 541–544

Sachithanandam V, Joseph B (1995) The influence of footwear
on the prevalence of flat foot. A survey of 1846 skeletally
mature persons. J Bone Joint Surg Br Mar 77(2): 254–257

Smith SL, Beckish ML, Winters SC, Pugh LI, Bray EW (2000) Treatment of late-onset tibia vara using afghan percutane-
ous osteotomy and orthofix external fixation. J Pediatr Orthop 20(5): 606–610

Spero CR, Mascial JP, Tornetta P, Star MJ, Tucci JJ (1992) Spip-
ped capital femoral epiphysis in black children : incidence
of chondrolysis. J Pediatr Orthop 12: 444–448

Stürmer T, Günther KP, Brenner H (2000) Obesity, overweight
and patterns of osteoarthritis: the Ulm Osteoarthritis Study. J Clin Epidemiol 53: 307–313

Thompson GH, Carter JR, Smith CW (1984) Late-onset tibia vara : a comparative analysis. J Pediatr Orthop 4(2): 185–194

Vick S, Jaster D, Kundt G, Plath J, Schulze R (1996) Determination of skeletal age using the Oxford score in children
with epiphysiolysis of the femoral head. Z Orthop 134:
305–308

Weiner D (1996) Pathogenesis of slipped capital femoral epiphysis : current concepts. J Pediatr Orthop (Part B) 5:
67–73

Wilcox PG, Weiner DS, Leighley B (1988) Maturation factors in
slipped capital femoral epiphysis. J Pediatr Orthop 8:
196–200

Weiterführende Literatur

Stürmer T, Günther KP, Brenner H (2000) Obesity, overweight
and patterns of osteoarthritis: the Ulm Osteoarthritis Study. J Clin Epidemiol 53: 307–313
*Kommentar: Ergebnisse einer großen deutschen Studie zum
Einfluss von Übergewicht und Adipositas auf Gelenksarthro-
sen.*

Weiner D (1996) Pathogenesis of slipped capital femoral epiphysis: current concepts. J Pediatr Orthop (Part B) 5:
67–73
*Kommentar: Darstellung eines aktuellen Konzepts zur Pa-
thogenese der Epiphyseolysis capitis femoris und unterschiedlicher Theorien zur Ätiologie der Erkrankung unter
Berücksichtigung histomorphologischer und klinischer Daten.*

Endokrinologische Auffälligkeiten bei Adipositas im Kindesalter

A. Grüters

26.1   Einleitung

Übergewichtige Kinder und Jugendliche werden häufig mit der Fragestellung einer endokrinologischen Ursache der Adipositas in endokrinologischen Sprechstunden und Spezialambulanzen vorgestellt. Nur in sehr wenigen Fällen kann hierbei eine endokrine Störung identifiziert werden. So kann das Übergewicht das Symptom sein, das zur Diagnose eines Hyperkortisolismus, z. B. eines M. Cushing, einer Hypothyreose oder eines hypothalamischen Syndroms – z. B. als Folge eines suprasellären Tumors – führt. In den meisten Fällen liegt jedoch keine Grunderkrankung vor. Im Rahmen der Diagnostik fallen jedoch Abweichungen von der Norm auf, z. B. ein leicht erhöhter TSH-Wert, erhöhte Nebennierenandrogen-Spiegel bei präpubertären und pubertären Patienten sowie ein polyzystisches Ovar-Syndrom bei weiblichen Jugendlichen. Die Ursachen für diese häufigen Auffälligkeiten sind derzeit noch nicht aufgeklärt. Neuere Erkenntnisse über die zentralen und peripheren Regelmechanismen führten zur Generierung von Hypothesen, die jedoch im Einzelnen nicht belegt sind. Dennoch werden einige Besonderheiten der Labordiagnostik dahingehend interpretiert, dass eine Funktionsstörung vorliegt, so zur Diagnose der so genannten »latenten Hypothyreose« und es werden Therapien veranlasst, deren Effizienz nicht durch evidenzbasierte Daten belegt oder gar widerlegt sind.

> **Praxistipp**
>
> Die Herausforderung in der endokrinologischen Diagnostik bei Kindern und Jugendlichen mit Adipositas liegt darin, mit einer rationellen Stufendiagnostik endokrine Funktionsstörungen, die behandelt werden müssen und zumindest an der Entwicklung der Adipositas beteiligt sind, sicher zu erkennen und andere Auffälligkeiten im Sinne eines Adipositas-assoziierten Symptoms, dass keiner Behandlung bedarf, zu interpretieren.

Im Folgenden sollen daher die endokrinen Ursachen einer Adipositas im Kindesalter dargestellt und Hinweise für eine rationelle Diagnostik gegeben werden (▶ Kap. 30). Darüber hinaus werden die mit einer Adipositas bei Kindern einhergehenden endokrinen Auffälligkeiten aufgeführt und der derzeitige Stand des Wissens über die Ursachen dieser Auffälligkeiten wiedergegeben.

26.2   Endokrine Ursachen der Adipositas im Kindesalter

26.2.1   Hyperkortisolismus

Eine vermehrte Kortisol-Sekretion der Nebenniere ist bei Kindern selten und entweder auf eine pathologisch erhöhte ACTH-Sekretion der Hypophyse (Morbus Cushing) oder auf Tumoren der Nebenniere, Adenome oder Karzinome (Cushing-Syndrom) zurückzuführen. Die meisten älteren Kinder oder Jugendlichen (80%) haben einen Morbus Cushing, während Kleinkinder häufiger einen Nebennierentumor aufweisen (Magiakou et al., 1994).

Das klinische Symptom, das in den meisten Fällen zur Vorstellung führt (> 90%) ist das Übergewicht. Charakteristisch ist jedoch, dass mehr als 80% der Patienten auch eine Verminderung der Wachstumsgeschwindigkeit aufweisen. Andere typische Symptome wie das so genannte »Vollmondgesicht« mit Plethora und die zentripetale Verteilung des Fettgewebes im Sinne einer »Stammfettsucht« sowie die Muskelhypotrophie sind bei Kindern seltener als bei Erwachsenen vorhanden. In der Regel weisen die Kinder eine generalisierte Adipositas auf, die nicht unbedingt massiv ist, dies insbesondere bei rasch wachsenden Nebennierentumoren (meist Karzinomen), die auch Nebennierenandrogene produzieren. Bei Fehlen der charakteristischen klinischen Symptome kann ein Hyperkortisolismus somit leicht der frühzeitigen Diagnosestellung entgehen (◘ Abb. 26.1). Daher ist die Differenzialdiagnose eines Hyperkortisolismus in die Diagnostik der Adipositas einzubeziehen.

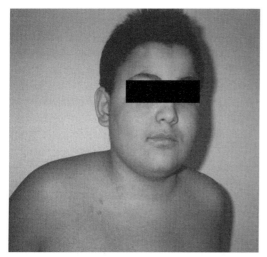

◘ Abb. 26.1. 15-jähriger Patient mit einem Nebennierenkarzinom; Vorstellungsgrund: Adipositas (BMI 29 kg/m^2) ohne charakteristische Zeichen eines Cushing-Syndroms

Die Diagnose beruht auf dem Nachweis einer vermehrten Kortisol-Sekretion.

Praxistipp

Die Bestimmung eines morgendlichen Kortisol-Spiegels, z. B. im Rahmen einer Nüchternblutentnahme, ist zur Diagnosestellung nicht geeignet, da die Streuung des Normalbereiches groß ist (z. B. 5–28 µg/dl). Daher sollte entweder die Bestimmung der Konzentration des freien Kortisols im 24-Stunden-Urin oder die Bestimmung eines abendlichen Kortisol-Spiegels (zwischen 20 und 24 Uhr) erfolgen, da hier zwischen erhöhten und normalen Konzentrationen (maximal 5–8 µg/dl) eine bessere Trennschärfe besteht. Bei erhöhten basalen Konzentrationen erfolgt dann eine Stufendiagnostik mit der Bestimmung von Kortisol und ACTH im Tagesprofil sowie ein Dexamethason-Suppressionstest, mit dem es in den meisten Fällen gelingt, eine periphere von einer zentralen Ursache zu differenzieren.

Die Bildgebung (MRT) der Hypophyse führt nur in ca. 80% der Fälle zum Nachweis eines Mikroadenoms, in den anderen Fällen wird versucht,

das Hypophysenadenom makroskopisch oder durch selektives sinus petrosus sampling intraoperativ aufzusuchen (Yanovski et al., 1993). Ein Nebennierentumor wird entweder durch die Sonografie (erschwert bei Adipositas!) oder CT sichtbar gemacht.

Bei Patienten mit klinischen Zeichen eines Cushing-Syndroms und normalen basalen Kortisol-Spiegeln, aber deutlich erhöhter Kortisol-Sekretion nach Nahrungsaufnahme, wurde das Krankheitsbild eines nahrungsabhängigen Cushing-Syndroms, das durch die ektopische Expression von Rezeptoren für das »Gastric Inhibitory Polypeptid« (GIP) in Nebennierenzellen bedingt ist, beschrieben (Reznik et al., 1992). Es sind auch betroffene Kinder beschrieben, die eine erhöhte Kortisol-Sekretion nach Nahrungsaufnahme bei supprimiertem ACTH aufweisen und bei denen kleine Adenome der Nebenniere gefunden werden (Noordam et al., 2002).

26.2.2 Hypothyreose

Eine angeborene Hypothyreose wird durch das Neugeborenen-Screening erfasst, das seit Anfang der 80er Jahre in den meisten westlichen Industrienationen durchgeführt wird. Nur wenige Fälle entgehen der Diagnose durch das Neugeborenen-Screening und werden zumeist im Säuglings- oder Kleinkindalter aufgrund des Entwicklungsrückstandes diagnostiziert. Die häufigste Ursache einer erworbenen Hypothyreose im Kindes- und Jugendalter ist die Autoimmunthyreoiditis mit der Erscheinungsform der so genannten »Hashimoto-Thyreoiditis«, die immer mit einer Vergrößerung der Schilddrüse einhergeht und auch das führende Symptom ist. Die primär atrophische Form (primäres Myxödem) ohne Struma mit Hypothyreose hingegen ist sehr selten. Der Manifestationsgipfel liegt in der Pubertät und Mädchen sind häufiger betroffen als Jungen.

Die Symptome der erworbenen Hypothyreose bei Kindern und Jugendlichen unterscheiden sich von den Symptomen bei Erwachsenen. Während bei Erwachsenen meist eine Gewichtszunahme zur Vorstellung führt, ist bei Kindern und Jugendlichen die Wachstumsverlangsamung oder ein Kleinwuchs sowie der Leistungsknick in der

Schule mit Konzentrationsschwäche neben der Struma das führende Leitsymptom. Die Adipositas ist selten massiv und ist charakterisiert durch ein pastöses Aussehen der Kinder. So fanden sich bei der Untersuchung der Schilddrüsenfunktion von 290 Kindern und Jugendlichen mit erheblicher Adipositas (BMI 18–66 kg/m^2) nur 3 (1%) Patienten mit einer manifesten Hypothyreose aufgrund einer Autoimmunthyreoiditis (Stichel et al., 2000).

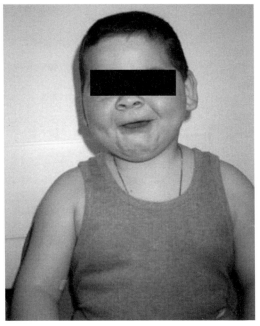

□ Abb. 26.2. 7-jähriger Patient mit Pseudohypoparathyreoidismus-Ia

Praxistipp

Bei Kindern und Jugendlichen mit Adipositas erfolgt der Ausschluss einer primären manifesten Hypothyreose mit der Bestimmung des basalen TSH (Grüters u. Schumm-Draeger, 1998). Nur bei Erhöhung des basalen TSH im Serum schließt sich die Bestimmung des T$_4$ (fT$_4$) im Serum an. Bei Bestätigung der hypothyreoten Stoffwechselsituation erfolgt die Ursachenklärung mit der Bestimmung der Schilddrüsenautoantikörper und der Sonografie der Schilddrüse.

26.2.3   Pseudohypoparathyreoidismus-Ia

Das Krankheitsbild des Pseudohypoparathyreoidismus-Ia (□ Abb. 26.2) ist sehr selten, aber aufgrund des zugrunde liegenden Pathomechanismus sollte es bei der Differenzialdiagnostik endokriner Störungen erwähnt und miteinbezogen werden. Es handelt sich um eine Störung der Signaltransduktion G-Protein gekoppelter Rezeptoren aufgrund von so genannten Loss-of-function-Mutationen im Gs-α-Protein, das durch seine Stimulierung der cAMP-Produktion eine wesentliche Rolle in der Übermittlung von Signalen einer großen Anzahl von Peptiden spielt (z. B. Neurotransmitter und Hormonen, wie Parathormon, TSH, Glukagon, LH, FSH, GHRH etc.; Spiegel et al., 1992). Das bekannteste Symptom ist der Pseudohypoparathyreoidismus mit erniedrigten Ca- und erhöhten Phosphat-Serumspiegeln aufgrund einer verminderten Parathormonwirkung. Weitere Symptome sind ein Kleinwuchs (u. a. durch

einen Wachstumshormon-Mangel aufgrund fehlender GHRH-Funktion; Germain-Lee et al., 2003), eine mentale Retardierung unterschiedlichen Ausmaßes (z. B. durch den Funktionsverlust von Neurotransmittern), in einigen Fällen eine Hypothyreose (verringerte TSH-Funktion) und eine Adipositas (Levine et al., 1994). Die Ursache der Adipositas ist bei diesem Krankheitsbild multifaktoriell und ist mitbedingt durch den Wachstumshormon- und ggf. Schilddrüsenhormon-Mangel. Wesentlicher ist jedoch der Defekt der Signaltransduktion von Rezeptoren mit unmittelbarer Beteiligung an der Appetit- und Körpergewichtsregulation, z. B. dem β-adrenergen Rezeptor und dem Melanocortin-Rezeptor (MC4R) im Hypothalamus (Ong et al., 2000). Da außer dem Gs-α-Protein weitere Peptide in der Signaltransduktion dieser Rezeptoren von Bedeutung sind, ist daher vorstellbar, dass in Zukunft ein Spektrum von Störungen der Signaltransduktion identifiziert werden könnte, das mit dem Symptom der Adipositas einhergeht.

Zum Ausschluss eines Pseudohypoparathyreoidismus-Ib ist bei Patienten mit Adipositas, insbesondere wenn auch eine mentale Retardierung und ein Kleinwuchs besteht, die Bestimmung der Elektrolyte ausreichend.

26.2.4   Wachstumshormon-Mangel

Aufgrund der fehlenden metabolischen Effekte des Wachstumshormons, insbesondere der gesteigerten Lipolyse (► Kap. 7), geht ein Wachstumshormon-Mangel in vielen Fällen mit einer zentripetalen, stammbetonten Adipositas einher. Die Ursache der Adipositas bei Kindern und Jugendlichen mit Wachstumshormon-Mangel ist jedoch häufig multifaktoriell bedingt, da ein angeborener Wachstumshormon-Mangel meist auf eine angeborene Störung der hypothalamohypophysären Sekretion zurückzuführen ist, die auf einer Entwicklungsstörung des Hypothalamus beruht und es konnte gezeigt werden, dass ein Trend zur Korrelation zwischen Adipositas und hypothalamischen Auffälligkeiten in der Bildgebung besteht (Traggiai u. Stanhope, 2004). Somit ist bei diesen Fällen wahrscheinlich, dass die Adipositas maßgeblich durch die Störung der hypothalamischen Gewichts- und Appetitregulation mitbedingt ist, wie es von hypothalamischen Syndromen bekannt ist (s. unten). Da aber auch bei Kindern mit isoliertem Wachstumshormon-Mangel, z. B. aufgrund einer Mutation im Wachstumshormon-Gen (◘ Abb. 26.3) oder bei einem Wachstumshormon-Rezeptordefekt, eine stammbetonte Adipositas beschrieben ist (Binder et al., 2001; Laron u. Klinger, 1993), sollte bei Patienten mit Kleinwuchs und Adipositas bzw. Wachstumsverlangsamung ein Wachstumshormon-Mangel durch die Bestimmung des Wachstumshormonabhängigen Wachstumsfaktor-IGF-1 im Serum erfolgen. Dieser ist bei Wachstumshormon-Mangel deutlich erniedrigt, bei alimentär bedingter Adipositas jedoch hoch normal. Die Bewertung der Wachstumshormon-Sekretion ist bei Patienten mit Adipositas schwierig, da die basalen und stimulierten Wachstumshormonkonzentrationen im Serum auch bei Kindern und Jugendlichen mit alimentär bedingter Adipositas supprimiert sind (Rosenbaum u. Leibel, 1988). Die Ursache für diese Erniedrigung ist nicht geklärt, möglicherweise spielen Signale der Fettzellen hierbei eine Rolle, z. B. das Leptin, da Menschen mit vermehrter Muskelmasse und vergleichbarem Körpergewicht eine normale Wachstumshormon-Sekretion haben (Rosenbaum u. Leibel, 1988). Die normalen IGF1-Spiegel bei supprimierter Wachstumshormon-Sekretion dieser Patienten werden durch die Stimulation der hepatischen IGF1-Produktion durch das oft erhöhte Insulin erklärt.

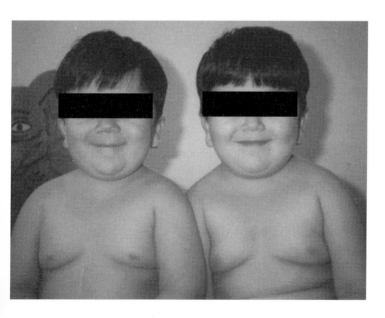

◘ Abb. 26.3. Zwei Brüder (7 und 9 Jahre alt) mit Wachstumshormonmangel-Typ-1 (Gen-Deletion) und stammbetonter Adipositas

26.2.5   Hypothalamische Syndrome

Seit langem ist die Entwicklung einer massiven Adipositas bei Patienten mit hypothalamischen Prozessen, z. B. bei Tumoren der suprasellären Region oder bei angeborenen Syndromen, wie dem Prader-Willi-Labhardt- oder dem Bardet-Biedl-Syndrom bekannt, aber erst in den letzten 5 Jahren hat man ein besseres Verständnis dafür entwickelt, welche Pathomechanismen an der Entstehung der Adipositas beteiligt sind. So konnte der Leptin-Melanocortin-Regelkreis als die wesentliche zentrale Regulation des Körpergewichts und des Appetits beschrieben werden. Dies gelang durch die Beschreibung und Identifizierung von monogenetischen Defekten in diesem Regelkreis, z. B. der Defekte des hypothalamisch exprimierten MC4-Rezeptors und dem hypothalamisch hauptsächlich im Nucleus arcuatus exprimierten Prohormon Proopiomelanocortin (POMC) (Krude, 1998; ▶ Kap. 13). Patienten mit angeborenen hypothalamischen Syndromen, aber auch Patienten mit Zerstörung der hypothalamischen Kerngebiete durch Tumoren (z. B. Kraniopharyngeomen) oder durch die chirurgische Therapie der Tumoren entwickeln eine extreme Adipositas (❏ Abb. 26.4) mit Hyperphagie. Diese Hyperphagie ist oft nicht beherrschbar und letztendlich der entscheidende Faktor für die krankheitsbezogene Morbidität und Mortalität. Wie auch Patienten mit angeborenen hypothalamischen Fehlbildungen (s. oben), so können auch Patienten mit angeborenen hypothalamischen Syndromen mit bislang ungeklärter molekularer Pathogenese (z. B. Patienten mit Prader-Willi-Syndrom) auch andere hypothalamische Ausfälle (z. B. einen partiellen Wachstumshormon-Mangel oder einen Hypogonadismus) aufweisen, die zusätzlich zur Entwicklung der Adipositas beitragen. Die Substitution dieser Hormone (Eiholzer et al., 2000) kann aus oben genannten Gründen des Pathomechanismus jedoch nicht zu einer vollständigen Reversibilität der Adipositas führen.

Neben den angeborenen Syndromen, deren Diagnosestellung durch die seit Geburt bestehenden klinischen charakteristischen Symptome erfolgt, wird bei erworbenen hypothalamischen Prozessen die Diagnose oft spät gestellt, da die

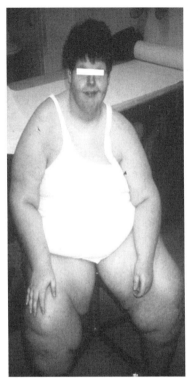

❏ **Abb. 26.4.** Ein 16-jähriger Patient mit hypothalamisch bedingter Adipositas nach Operation eines suprasellären Kraniopharyngeoms

Patienten, wenn z. B. die Symptome einer Hirndrucksteigerung aufgrund eines Tumors fehlen, erst bei erheblicher Adipositas vorgestellt werden, wenn der Tumor bereits eine erhebliche Größe erreicht hat. Andere Erkrankungen, die zur Entwicklung eines hypothalamischen Syndroms führen können, sind eine zerebrale Histiozytose und eine »Autoimmunhypophysitis« mit Infiltration des Hypophysenstiels. Diese Erkrankungen führen nicht zu Hirndrucksteigerungen und werden daher erst durch massive Ausfälle wie z. B. einen Diabetes insipidus oder auch eine Adipositas diagnostiziert.

Bei Patienten mit erworbenem Diabetes insipidus ist daher immer eine Bildgebung notwendig, die in regelmäßigen Abständen wiederholt werden muss, da der hypothalamische Prozess, Tumor oder Infiltration, auch erst nach einer Latenz sichtbar werden kann.

Insbesondere eine sich rasch entwickelnde, extreme Adipositas mit Hyperphagie muss im

Rahmen der Abklärung auch immer einen hypothalamischen Prozess differenzialdiagnostisch miteinbeziehen und bei Verdacht muss eine Bildgebung der suprasellären Region mit MRT veranlasst werden.

26.3 Endokrine Auffälligkeiten bei Adipositas

Neben diesen endokrinen Ursachen einer Adipositas bei Kindern und Jugendlichen werden auch bei der Diagnostik der alimentär bedingten Adipositas Auffälligkeiten des Endokrinums erfasst, die als Sekundärveränderungen der Adipositas aufgefasst werden müssen. Die Pathomechanismen sind hierbei jedoch nicht geklärt.

26.3.1 Erhöhte TSH-Spiegel

Zur Schilddrüsenfunktion bei Adipositas liegen sehr unterschiedliche Ergebnisse vor. In den meisten Studien werden jedoch keine eindeutig pathologischen Konstellationen beschrieben, es fanden sich jedoch immer wieder geringe, aber signifikante Veränderungen gegenüber Kontrollkollektiven, deren pathophysiologische Bedeu-

tung bis heute nicht ausreichend geklärt ist. Bei Erwachsenen wurden häufig erhöhte T_3-Spiegel im Vergleich zu normalgewichtigen Kontrollen nachgewiesen (Scaglione et al., 1991), während sich erniedrigte T_3-Konzentrationen in keiner Studie fanden. Hingegen findet sich in den meisten Studien kein Unterschied in den T_4-Konzentrationen, in nur 2 Studien wurden die Konzentrationen als erhöht beschrieben (Scriba et al., 1979).

Hingegen sind die basalen TSH-Spiegel adipöser Erwachsener gegenüber Kontrollen in den meisten Studien signifikant erhöht (Pirkney et al., 1998), ebenso wie die TRH-stimulierten TSH-Spiegel (Ford, 1981).

Bei Kindern und Jugendlichen liegen zudem nur wenige Studien mit meist nur sehr geringen Fallzahlen vor. Bei den meisten Studien zeigten sich keinerlei Unterschiede zwischen den adipösen und normalgewichtigen Kindern und Jugendlichen (Lala, 1988); diese Studien bezogen sich wiederum auf kleine Fallzahlen. Eine eigene Studie bei 290 adipösen Kindern und Jugendlichen im Vergleich zu 280 normalgewichtigen Kontrollen fand hingegen signifikant erhöhte TSH- und T_3-Spiegel (❏ Abb. 26.5; Stichel, 2000).

Diese Daten können dahingehend interpretiert werden, dass bei Adipositas ein erhöhter Be-

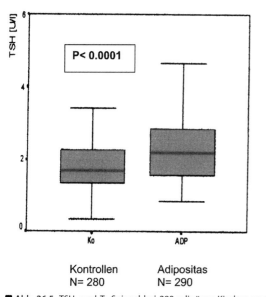

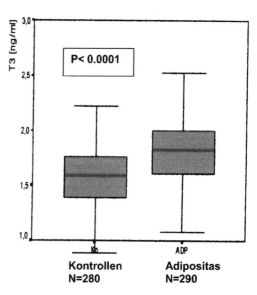

❏ **Abb. 26.5.** TSH- und T_3-Spiegel bei 290 adipösen Kindern und Jugendlichen und 280 normalgewichtigen Kontrollen

darf aufgrund einer Steigerung des Metabolismus an Schilddrüsenhormonen besteht, so dass die T_3-Konzentrationen im Serum erhöht sind (Ventz et al., 1978). Die leicht erhöhten TSH-Werte können aufgrund der erhöhten peripheren Schilddrüsenhormonspiegel nicht als »latente Hypothyreose« gedeutet werden, sondern repräsentieren eher eine sekundäre homöostatische Anpassung an den erhöhten Bedarf an Schilddrüsenhormonen bei Adipositas (Pirkney et al., 1988).

Andere Mechanismen, die diskutiert werden, sind eine Beeinflussung der TRH-Sekretion durch die erhöhten Leptin-Spiegel bei Adipositas, da Leptin-Rezeptoren auf TRH-sezernierenden Neuronen des Nucleus paraventricularis identifiziert wurden und direkt und indirekt durch eine Leptin-induzierte Erhöhung von Melanocortin aktiviert werden (Harris, 2001). Neuere Daten zeigen auch eine direkte Wirkung von Leptin auf den TRH-Promoter, die STAT-3 vermittelt ist (Guo, 2004).

Somit sind die signifikanten Erhöhungen von T_3 und TSH nicht die Ursache, sondern die Konsequenz der Adipositas. Dies wird auch durch die mehrfache Beobachtung gestützt, dass die Veränderungen nach Gewichtsabnahme reversibel sind (Kiortsis, 1999) und eine Schilddrüsenhormongabe keinen Einfluss auf das Gewichtsverhalten hat (Beverly u. Heber, 1996).

> **Praxistipp**
>
> Daher ist zu folgern, dass eine Schilddrüsenhormongabe bei adipösen Kindern und Jugendlichen mit leichter TSH-Erhöhung (zwischen 3 und 8 mU/l) nicht indiziert ist.

26.3.2   Frühe Pubertät und polyzystisches Ovar

In den letzten 2 Jahrzehnten wird insbesondere in den Industrienationen, so z. B. den USA, über einen Trend zu einer früheren Pubertätsentwicklung bei adipösen Mädchen berichtet (Kaplowitz et al., 2001). Wenn auch methodische Zweifel an dieser generellen Beobachtung bestehen (Parent et al., 2003), so ist für Mädchen mit Adipositas eindeutig belegt, dass die sexuelle Reifung sig-

nifikant schneller erfolgt, während bei Jungen dieser Effekt nicht zu verzeichnen ist, sondern ein Trend zu einer eher späten Entwicklung beobachtet wurde (Wang, 2002; Shalitin, 2003). Die Ursache der frühen Entwicklung wird im Zusammenhang mit den erhöhten Leptin-Spiegeln gesehen, da bei Patienten mit Leptin-Mangel oder Leptin-Rezeptordefekt ein Ausbleiben der Pubertät und ein hypogonadotroper Hypogonadismus beschrieben ist, der unter Leptin-Gabe reversibel ist (Farooqi, 2002). Leptin-Rezeptoren wurden sowohl auf gonadotropen Zellen des Hypophysenvorderlappens als auch an Follikelzellen des Ovar nachgewiesen.

Leptin stimuliert die pulsatile GnRH-Sekretion und hat somit eine permissive Rolle für die Gonadotropin-Sekretion. Häufig finden sich erhöhte LH-Konzentrationen und auch die ovariellen Androgene sind erhöht.

Bei Mädchen mit Adipositas wird daher häufiger die Diagnose eines polyzystischen Ovars mit Akanthosis nigricans, Hirsutismus und Regelblutungsanomalien gestellt. Der Pathomechanismus ist nicht geklärt, jedoch spielen neben den erhöhten Leptin-Spiegeln die stark erhöhten Insulin-Spiegel bei der Pathogenese des polyzystischen Ovars eine entscheidende Rolle (▶ Kap. 18). Dementsprechend führen Medikamente, die zu einer verbesserten Insulinwirkung führen, wie z. B. Metformin, zu einer Besserung der Symptomatik (Ibanez, 2000).

Bei adipösen Jungen wurde eine verminderte Gonadotropin-Sekretion nach standardisierter GnRH-Gabe und eine erniedrigte SHBG-Konzentration im Serum im Vergleich zu normalgewichtigen Kontrollen beschrieben. Die freien Testosteron-Spiegel werden durch die im Fettgewebe lokalisierte vermehrte Aromataseaktivität zu Östrogenen metabolisiert, die dann zum klinischen Symptom der Gynäkomastie führen und möglicherweise die Gonadotropin-Sekretion supprimieren (Dunkel et al., 1985).

Die frühnormale Pubertätsentwicklung bei Mädchen mit Adipositas bedarf in der Regel keiner Therapie, bei sehr früher Pubertät (<7. Lebensjahr) und Adipositas muss jedoch eine Diagnostik zum Ausschluss eines hypothalamischen Prozesses durchgeführt werden.

26.3.3 Erhöhte Nebennierenandrogene

Bei Kindern und Jugendlichen mit Adipositas wurden auch wiederholt erhöhte Spiegel von adrenalen Androgenen gemessen. Klinisch wird bei Kindern mit Adipositas daher häufiger eine prämature Adrenarche mit beschleunigter Skelettreifung beobachtet. Neuere Daten zeigen, dass die Erhöhung der Leptin-Spiegel mit der Aktivierung von Enzymen, die in der Synthese der Nebennierenandrogene von Bedeutung sind, einhergeht. Vor dem Beginn der Pubertät und der gonadalen Aktivierung korrelieren die erhöhten DHEA-S-Spiegel mit den Leptin-Konzentrationen und dem BMI, während IGF-1 und BMI mit erhöhten Androstendion-Konzentrationen korrelieren (L'Allemand, 2002). Insgesamt ist der Mechanismus der Aktivierung der adrenalen Androgensynthese nicht geklärt.

Eine prämature Adrenarche mit Steigerung der Wachstumsgeschwindigkeit bei Akzeleration der Skelettreife führt in der Regel jedoch nicht zu einer Verschlechterung der Endgrößenprognose, so dass keine Therapie erforderlich ist.

26.4 Zusammenfassung

In der Differenzialdiagnose der Adipositas im Kindes- und Jugendalter müssen einige, wenn auch seltene endokrine Erkrankungen mit in die Differenzialdiagnose einbezogen werden, da insbesondere die späte Diagnose bei hypothalamischen Tumoren oder Nebennierentumoren fatale Folgen haben kann.

> **Praxistipp**
>
> Aufgrund der dramatischen Zunahme der extremen Adipositas bei Kindern und Jugendlichen in den letzten Jahren ist die Gefahr, dass hypothalamische Tumore oder Nebennierentumore als deren Ursache übersehen werden, größer geworden.

Durch das verbesserte Verständnis der peripheren und zentralen Regulation des Körpergewichts und des Appetits sind einige Begleiterscheinungen der Adipositas, wie die erhöhten TSH-Spiegel und die Aktivierung der GnRH- und Gonadotropin-Sekretion besser verständlich geworden. Andere mit der Adipositas assoziierten endokrinen Phänomene sind bislang nicht verstanden. Das weiterhin wachsende Wissen zu den molekularen Mechanismen dieser basalen Regulationen werden jedoch dazu führen, dass auch diese Symptome erklärt werden können. Eine intensive Diagnostik ist bei den beschriebenen Begleiterscheinungen der Adipositas bei Kindern und Jugendlichen nicht notwendig und sollte daher vermieden werden, um eine Somatisierung zu vermeiden. Eine Behandlung ist nur bei einem ausgeprägten polyzystischen Ovar, das meistens jedoch ältere Mädchen (> 15 Jahre) betrifft, indiziert.

Literatur

l'Allemand D, Schmidt S, Rousson V et al. (2002) Associations between body mass, leptin, IGF-I and circulating adrenal androgens in children with obesity and premature adrenarche. Eur J Endocrinol 146(4): 537–543

Beverley LO, Heber D (1996) Metabolic effect of triiodothyronine replacement during fasting in obese subjects. J Clin Endocrinol Metab 81: 968–976

Binder G, Keller E, Mix M et al. (2001) Isolated GH deficiency with dominant inheritance: new mutations, new insights. J Clin Endocrinol Metab 86(8): 3877–3881

Dunkel L, Sorva R, Voutilainen R (1985) Low levels of sex hormone-binding globulin in obese children. J Pediatr 107: 95

Eiholzer U, Bachmann S, l'Allemand D (2000) Is there growth hormone deficiency in Prader-Willi syndrome? Six arguments to support the presence of hypothalamic growth hormone deficiency in PWS. Horm Res 53(3): 44–52

Farooqi IS (2002) Leptin and the onset of puberty: insights from rodent and human genetics. Semin Reprod Med 20(2): 139–144

Ford MJ, Cameron EH, Ratcliffe WA et al. (1981) TSH response to TRH in substantial obesity. Int J Obes 4: 121–125

Germain-Lee EL, Groman J, Crane JL et al. (2003) Growth hormone deficiency in pseudohypoparathyroidism type 1a: another manifestation of multihormone resistance. J Clin Endocrinol Metab 88(9): 4059–4069

Grüters A, Schumm-Draeger P (1998) Diagnostik und Therapie der Schilddrüsenfunktionsstörungen bei Kindern und Jugendlichen. Kinderarzt 29: 44–49

Guo F, Bakal K, Minokoshi Y et al. (2004) Leptin signaling targets the thyrotopin-releasing hormone gene promoter in vivo. Endocrinology 145(5): 2221–2227

Harris M, Aschkenasi C, Elias CF et al. (2001) Transcriptional regulation of the thyrotropin-releasing hormone gene by leptin and melanocortin signaling. J Clin Invest 107(1): 111–120

Ibanez L, Valls C, Potau N et al. (2000) Sensitization to insulin in adolescent girls to normalize hirsutism, hyperandrogenism, oligomenorrhea, dyslipidemia, and hyperinsulinism after precocious pubarche. J Clin Endocrinol Metab 85(10): 3520–3525

Kaplowitz PB, Slora EJ, Wassermann RC et al. (2001) Earlier onset of puberty in girls: relation to increased body mass index and race. Pediatrics 108(2): 347–353

Kiortsis DN, Durack I, Turpin G (1999) Effects of a low-calorie diet on resting metabolic rate and serum tri-iodothyronine levels in obese children. Eur J Pediatr 158(6): 446–450

Krude H, Biebermann H, Luck W, Horn R, Brabant G, Gruters A (1998) Severe early-onset obesity, adrenal insufficiency and red hair pigmentation caused by POMC mutations in humans. Nat Genet 19: 155–157

Lala VR, Ray A, Jamias P et al. (1988) Prolactin and thyroid status in prepubertal children with mild to moderate obesity. J Am Coll Nutr 7: 361–366

Laron Z, Klinger B (1993) Body fat in Laron syndrome patients: effect of insulin-like growth factor I treatment. Horm Res 40(1–3): 16–22

Levine MA, Schwindinger WF, Downs RW Jr et al. (1994) Pseudohypoparathyroidism: clinical, biochemical, and molecular features. In: Bilezikian JP, Levine MA, Marcus R (eds) The Parathyroids. Raven, New York, pp 781–800

Magiakou MA, Mastorakos G, Oldfield EH (1994) Cushing's syndrome in children and adolescents. NEJM 331: 629–633

Noordam C, Hermus AR, Pesman G et al. (2002) An adolescent with food-dependent Cushing's syndrome secondary to ectopic expression of GIP receptor in unilateral adrenal adenoma. J Pediatr Endocrinol Metab 15(6):853–860

Ong KK, Amin R, Dunger DB (2000) Pseudohypoparathyroidism – another monogenic obesity syndrome. Clin Endocrinol 52(3): 389–391

Parent AS, Teilmann G, Juul A et al. (2003) The timing of normal puberty and the age limits of sexual precocity: variations around the world, secular trends, and changes after migration. Endocr Rev 24(5): 668–693

Pirkney JH, Goodrick SJ, Katz J et al. (1998) Leptin and the pituitary-thyroid axis: a comparative study in lean, obese, hypothyroid and hyperthyroid subjects. Clin Endoc 49: 583–588

Reznik Y, Allali-Zerah V, Chayvialle JA et al. (1992) Food-dependent Cushing's syndrome mediated by aberrant adrenal sensitivity to gastric inhibitory polypeptide. N Engl J Med 327(14): 981–986

Rosenbaum M, Leibel RL (1988) Pathophysiology of childhood obesity. Adv Pediatr 35: 73

Scaglione R, Averna MR, Dichiara MA et al. (1991) Thyroid function and release of thyroid-stimulating hormone and prolactin from the pituitary in human obesity. J Int Med Res 19: 389–394

Scriba PC, Bauer M, Emmert D et al. (1979) Effects of obesity, total fasting and re-alimentation on L-Thyroxine (T4), 3, 5.3′-L-Triiodothyronine (T3), 3,3′, 5′-L-Triiodothyronine (rT3), Thyroxine Binding Globuline (TGB), Cortisol, Thyrotropin, Cortisol Binding Globulin (CBG), Transferrin; $\alpha2$ Haptoglobin and Complement C′3 in serum. Acta Endocrinol 91: 629–643

Shalitin S, Phillip M (2003) Role of obesity and leptin in the pubertal process and pubertal growth – a review. Int J Obes Relat Metab Disord 27(8): 869–874

Spiegel AM, Shenker A, Weinstein LS (1992) Receptor-effector coupling by G proteins: implications for normal and abnormal signal transduction. Endocr Rev 13: 536

Stichel H, l'Allemand D, Grüters A (2000) Thyroid function and obesity in children and adolescents. Horm Res 54: 14–19

Traggiai C, Stanhope R (2004) Body mass index and hypothalamic morphology on MRI in children with congenital midline cerebral abnormalities. J Pediatr Endocrinol Metab 17(2): 219–221

Ventz M, Meng W, Weber A et al. (1978) Schilddrüsenfunktion bei Adipositas. Z Ges Inn Med 33(3): 80–82

Wang Y (2002) Is obesity associated with early sexual maturation? A comparison of the association in American boys versus girls. Pediatrics 110(5): 903–910

Yanovski JA, Cutler GB, Doopmann JL et al. (1993) The limited ability of inferior petrosal sinus sampling with CRH to distinguish between Cushing's disease and pseudo-Cushing's and normal physiology. JCEM 77: 503–508

Verhaltensauffälligkeiten, psychiatrische Komorbidität und Essstörungen

B. Herpertz-Dahlmann

Nicht selten werden im Volksmund adipösen Menschen psychische Störungen (»Frustesser«) oder eine niedrige Intelligenz (»dick und dumm«) unterstellt. Dies hängt u. a. damit zusammen, dass »Dicksein« in unserer Gesellschaft stigmatisiert wird. Adipöse, insbesondere Frauen, sind in ihrem privaten und beruflichen Umfeld benachteiligt (Gortmaker et al., 1993). Auch die Genese der Adipositas wird vielfach mit psychischen Störungen, insbesondere depressiven und ängstlichen Symptomen, in Verbindung gebracht (»Kummerspeck«). Tatsächlich liefern repräsentative Studien bei Erwachsenen keine eindeutigen Belege dafür, dass die »reine« Adipositas (d. h. Übergewicht ohne Essstörungen) mit einem gegenüber der Allgemeinbevölkerung erhöhten Risiko für psychiatrische Störungen einhergeht. Bei übergewichtigen Kindern und Jugendlichen ist die Frage nach einer erhöhten psychiatrischen Morbidität noch schwerer zu beantworten, da es für diese Altersgruppe kaum Untersuchungen gibt.

27.1 Psychiatrische Morbidität bei adipösen Erwachsenen

Grundsätzlich muss zwischen klinischen Studien, d. h. Untersuchungen an Inanspruchnahmepopulationen, und nicht klinischen Untersuchungen, d. h. Feldstudien, unterschieden werden. Während bei Inanspruchnahmepopulationen übereinstimmend eine erhöhte Prävalenz psychiatrischer Störungen gefunden wird, sind die Ergebnisse nicht klinischer Studien widersprüchlich. In Feldstudien wurde sowohl ein erhöhtes Risiko bei adipösen Probanden (z. B. Becker et al., 2001; Herpertz et al., in Vorbereitung) als auch eine der Allgemeinbevölkerung entsprechende Prävalenz psychischer Erkrankungen nachgewiesen (z. B. Lamertz et al., 2002). Weiterhin ist nicht geklärt, ob Adipositas mit einem erhöhten Risiko für spezifische psychiatrische Störungen verbunden ist. Hierbei handelt es sich in erster Linie um depressive und somatoforme Störungen sowie Angsterkrankungen. In einer großen US-amerikanischen Feldstudie (n = 40000; Carpenter et al., 2000) wurde mithilfe multipler logistischer Regressionen aufgezeigt, dass übergewichtige im Vergleich zu normalgewichtigen erwachsenen Frauen ein leicht erhöhtes Risiko für affektive Störungen (»Major Depressive Disorder«) aufwiesen, während übergewichtige Männer eher ein vermindertes Erkrankungsrisiko hatten. Dieses Ergebnis wurde in einer prospektiven Studie bestätigt (Roberts et al., 2000). Die Ergebnisse in der Literatur in Bezug auf die Prävalenz von Angsterkrankungen sind uneinheitlich. In einer deutschen Studie bei jungen Erwachsenen (Becker et al., 2001; n = 2064) wurden gehäuft Angsterkrankungen bei adipösen Frauen gefunden, die in einer weiteren Untersuchung bei 3000 Probandinnen nicht nachgewiesen werden konnten (Lamertz et al., 2002). Allerdings werden auch in epidemiologischen Studien bei Normalgewichtigen Angst- und depressive Erkrankungen häufiger beim weiblichen als beim männlichen Geschlecht beobachtet.

Die Frage nach einer erhöhten Prävalenz psychiatrischer Störungen bei adipösen Probanden ist u. a. nicht eindeutig zu beantworten, weil sich viele der bisherigen epidemiologischen Studien durch methodische Probleme auszeichnen:

- Es wird nicht zwischen BMI-Klassen, d. h. zwischen geringer oder ausgeprägter Adipositas, unterschieden. Während in einigen Studien Erwachsene mit einem BMI ≥ 24 als »Fall« definiert werden, wurde in anderen Arbeiten erst ein BMI ≥ 30 als untere Gewichtsgrenze der Studienpopulation festgesetzt.
- Probanden mit Essstörungen wurden nicht ausgeschlossen; obwohl diese erwiesenermaßen ein erhöhtes Risiko für psychiatrische Störungen haben.
- Bei multiplen statistischen Vergleichen zwischen normalgewichtigen und adipösen Probanden fehlt in vielen Untersuchungen eine Korrektur für multiples Testen.
- In vielen Studien werden keine ausreichend standardisierten Messinstrumente zur Erfassung der psychiatrischen Morbidität verwandt.

Strittig ist auch, ob Adipositas im Erwachsenenalter mit einer erhöhten Rate psychopathologischer Auffälligkeiten einhergeht. Ein gehäuftes Auftreten psychopathologischer Symptome ist nicht grundsätzlich mit einer erhöhten Anzahl an psychiatrischen Diagnosen (definiert nach einem bestimmten Klassifikationssystem) assoziiert.

Fast alle Studien stimmen allerdings darin überein, dass adipöse Erwachsene, die eine Behandlung zur Gewichtsreduktion suchen, sowohl eine vermehrte Psychopathologie als auch eine erhöhte Prävalenz psychiatrischer Diagnosen aufweisen (Fitzgibbon et al., 1993).

27.2 Psychiatrische Morbidität bei adipösen Kindern und Jugendlichen

Die wenigen bisherigen **Feldstudien** dieser Altersgruppe zeigen keine erhöhte psychiatrische Morbidität auf.

In der Gruppe der 14- bis 17-jährigen Übergewichtigen (BMI > 90. Perzentile) und Adipösen (BMI ≥ 95. Perzentile) fanden Lamertz et al. (2002) eine ähnlich hohe Rate psychiatrischer Diagnosen wie bei normal- und untergewichtigen Jugendlichen, wobei Probanden mit Essstörungen von der Analyse ausgeschlossen wurden.

In einer eigenen Feldstudie bei Vorschulkindern zeichnete sich zwar ein Trend für erhöhte Prävalenzen von Trennungsangst und Enkopresis bei adipösen Kindern ab, der aber bei der verhältnismäßig kleinen Fallzahl im Vergleich zu den Normalgewichtigen nicht signifikant war.

Wie bei Erwachsenen wird kontrovers diskutiert, ob bei adipösen Kindern und Jugendlichen, die keine Behandlung suchen, eine erhöhte Anzahl **psychopathologischer Auffälligkeiten** – unabhängig von einer psychiatrischen Diagnose – beobachtet wird. Widersprüchliche Ergebnisse finden sich sowohl in Elternerhebungen mittels Fragebogen als auch in Selbstbefragungen zur **allgemeinen** Psychopathologie (Lamertz et al., 2002). Ähnlich widersprüchlich sind Untersuchungen zur **speziellen** Psychopathologie, z. B. zu ängstlichen oder depressiven Symptomen (Wadden et al., 1989).

Im Gegensatz zu den Befunden in Feldstudien zeigt sich in **klinischen Stichproben** von adipösen Kindern und Jugendlichen eine gegenüber der Allgemeinbevölkerung erhöhte Rate von psychiatrischen Diagnosen und Symptomen.

Die Arbeitsgruppe um Hebebrand fand im Vergleich zu altersentsprechenden Kontrollen 2fach erhöhte Prävalenzraten an Angsterkrankungen und affektiven Störungen bei extrem adipösen Jugendlichen (Durchschnitts-BMI 42 kg/m^2), die sich einer Langzeitrehabilitationsmaßnahme zur Gewichtsreduktion unterzogen (Britz et al., 2000).

Hingegen wiesen Jugendliche und junge Erwachsene beiden Geschlechts mit den höchsten BMI-Werten (n = 47) von insgesamt 1655 untersuchten Probanden in einer Feldstudie des gleichen Altersspektrums keine erhöhten Prävalenzraten für psychiatrische Erkrankungen auf. Allerdings konnte ein wesentliches Ziel der o. g. Studie – nämlich Probanden mit übereinstimmenden BMIs in beiden Stichproben zu vergleichen – nicht erreicht werden: Die Probanden aus der Patientenstichprobe hatten einen signifikant höheren BMI als diejenigen aus der Feldstudie, so dass die ausgeprägtere Adipositas für die erhöhte Rate psychiatrischer Auffälligkeiten verantwortlich sein könnte.

Unabhängig von psychiatrischen Diagnosen ist in klinischen Stichproben auch die allgemeine Psychopathologie adipöser Kinder und Jugendlicher erhöht. Dies lässt sich sowohl in der Elternbefragung (z. B. Braet et al., 1997) als auch in der Patientenbefragung feststellen.

> **Praxistipp**
>
> Zusammenfassend weist die Mehrzahl der Studien darauf hin, dass die psychiatrische Morbidität in klinischen gegenüber nicht klinischen Stichproben adipöser Kinder und Jugendlicher deutlich erhöht ist. Dabei ist nicht klar, ob die erhöhte psychiatrische Morbidität von dem größeren Ausmaß des Übergewichts in klinischen Studien abhängt oder ob ein Zusammenhang zwischen Psychopathologie der Probanden und Therapiemotivation besteht.
>
> In jedem Fall sollten Ärzte oder Therapeuten, die von Kindern und Jugendlichen mit dem Wunsch nach Gewichtsreduktion aufgesucht werden, eine komorbide psychiatrische Störung weder bei Diagnostik noch Therapie aus dem Auge verlieren.

27.3 Zusammenhang von Adipositas und psychiatrischer Störung

Bisher ist nicht bekannt, ob die erhöhte psychiatrische Morbidität vor oder nach der Adipositas auftritt, d. h., ob das Vorliegen einer psychischen Störung die Genese der Adipositas begünstigt oder umgekehrt. Obwohl die psychische Befindlichkeit bei vielen Menschen das Essverhalten beeinflusst, deuten bisherige retrospektive Untersuchungen eher auf psychiatrische Auffälligkeiten als Folge der Adipositas hin. In der o. g. Untersuchung der Arbeitsgruppe von Hebebrand (Britz et al., 2000) gab die Mehrzahl der adipösen Adoleszenten an, dass sich die psychiatrische Symptomatik (Angst oder Depression) erst nach der Manifestation des Übergewichts entwickelt hatte.

27.3.1 Psychosoziale Belastungsfaktoren

Übergewicht wird in unserer Gesellschaft zunehmend sozial sanktioniert. Erwachsene mit Adipositas sind beruflich und in Bezug auf persönliche Kontakte einschließlich Partnerschaft benachteiligt (Pirke u. Platte, 1998). Auch die **psychosoziale Situation** übergewichtiger Kinder und Jugendlicher ist durch deutlich mehr Belastungsfaktoren als die normalgewichtiger Jugendlicher gekennzeichnet (▶ Kap. 29). Insbesondere übergewichtige Mädchen werden von ihren Mitschülern negativer beurteilt als schlanke Kinder; sie werden als weniger sozial kompetent und »attraktiv« angesehen. Im Vergleich zu normalgewichtigen sind sie häufiger an negativen sozialen Interaktionen beteiligt und werden gehänselt und von Gruppenaktivitäten ausgeschlossen. Da soziale Stigmatisierung Auswirkungen auf das Selbstbewusstsein erwarten lässt, wurde mehrfach untersucht, ob sich das Selbstwertgefühl adipöser Kinder von dem normalgewichtiger unterscheidet. Auch hier sind die Ergebnisse der Studien diskrepant. Während einige Autoren darauf verweisen, dass sich bei adipösen Kindern lediglich ein vermindertes Selbstwertgefühl in Bezug auf ihr Aussehen nach-

weisen lässt, finden andere eine globale Verminderung der Selbstakzeptanz. Allerdings müssen die Ergebnisse auch in Abhängigkeit vom Alter der Befragten beurteilt werden. Demnach zeigen jüngere adipöse Kinder nur geringe oder keine Beeinträchtigungen ihres Selbstwertgefühls aufgrund der Adipositas, wohingegen Jugendliche ab der Pubertät eine deutliche Selbstwertproblematik berichten (Strauss, 2000). Untersuchungen bei Erwachsenen haben gezeigt, dass eine Gewichtsreduktion in der Regel mit einer Besserung psychopathologischer Auffälligkeiten (▶ Kap. 29), insbesondere von Angst und Depressionen verbunden ist. Zu ähnlichen Ergebnissen kommen Untersuchungen bei extrem adipösen Menschen mit erheblicher Gewichtsabnahme nach Adipositas-Chirurgie, bei denen sich eine Besserung der psychischen Symptomatik, aber auch geringere Sanktionierung durch die Umwelt nachweisen ließ (Übersicht bei Herpertz u. Senf, 2003).

Obwohl die Mehrzahl bisheriger Befunde Hinweise liefert, dass psychische Störungen überwiegend Folge der Adipositas sind, konnte in 2 Langzeituntersuchungen erstmals ein Zusammenhang zwischen Depression im Kindes- bzw. Jugendalter und adultem Body Mass Index hergestellt werden.

Nach Berücksichtigung diverser einflussnehmender Faktoren wie Geschlecht, Alter, sozioökonomischer Status, Zigaretten- und Alkoholmissbrauch sowie Medikamentenanamnese ließ sich bei den ehemals depressiven Kindern bzw. Jugendlichen im weiteren Verlauf ein erhöhter BMI feststellen, wobei auch die Dauer der depressiven Erkrankung eine Rolle spielte (Pine et al., 2001; Goodman u. Whitaker, 2002).

Andere Untersuchungen liefern darüber hinaus Hinweise, dass Deprivationserfahrungen in der Kindheit das Risiko für eine Adipositas im Erwachsenenalter erhöhen (z. B. Lissau u. Sorensen, 1994). Allerdings wurde in den bisherigen Untersuchungen nicht das Übergewicht der Eltern als möglicher Risikofaktor erfasst.

27.4 Essstörungen bei Adipositas

Ende der 60er Jahre wurde die bis dahin in der Medizin vertretene Meinung, bei der Adipositas handle es sich um eine Essstörung, erstmalig in Frage gestellt. Statt dessen wurde die Hypothese vertreten, dass ein geringer Prozentsatz Adipöser neben dem zu hohen Körpergewicht auch an Essstörungen leidet, dem so genannten »Binge-Eating-Syndrom« und dem so genannten »Night-Eating-Syndrom«. In grundlegenden Arbeiten beschrieben Spitzer und seine Arbeitsgruppe (Spitzer et al., 1992) einige Jahrzehnte später die typischen Merkmale der so genannten »Binge-Eating-Störung« (Binge Eating Disorder, BED), die 1994 Eingang in die Forschungskriterien des amerikanischen psychiatrischen Klassifikationsschemas DSM-IV (APA, 1994) fand (▶ Kap. 31). Im Jahre 1999 folgten Birketvedt et al. mit ihrer Definition des Night-Eating-Syndroms (NES). Beide Essstörungen sind für dieses Kapitel von besonderer Bedeutung, da sie eine hohe psychiatrische Komorbidität aufweisen (s. auch Stunkard u. Allison, 2003).

27.4.1 Binge-Eating-Störung

Definition

Durch die Aufnahme in das DSM-IV wurde die Binge-Eating-Störung (BED) als eine Störung von klinischer Relevanz definiert. Die diagnostischen Kriterien gehen aus der folgenden Übersicht hervor. Die ICD-10 weist die Kategorie F 50.4 (Essattacken bei anderen psychischen Störungen) auf, die mit der Binge-Eating-Störung nicht gleichzusetzen ist, da die ICD-10-Diagnose Essattacken ausschließlich als Reaktion auf belastende Ereignisse definiert. Wesentliche Merkmale der BED sind eine **subjektive** Kategorie, d. h. ein Gefühl von Kontrollverlust beim Essen, und eine **objektive**, d. h. das Ausmaß der Essattacke. Während die letztere sowohl bei Erwachsenen als auch kindlichen Populationen schwer zu beurteilen ist (wann wird die Aufnahme einer größeren Nahrungsmenge als »binge« bzw. »Essattacke« definiert?), ist das 1. Kriterium bei jüngeren Kindern nicht zu erheben. Kinder unter 10 Jahren

sind im Allgemeinen nicht in der Lage, ein Gefühl von Kontrollverlust zu erleben und zu verbalisieren. Gleichermaßen ist es für jüngere Kinder schwierig, Scham oder Schuld zu empfinden und zu äußern. In jüngster Zeit haben daher mehrere Autoren empfohlen, die Definitionskriterien für die Binge-Eating-Störung im Kindes- und Jugendalter zu erweitern, da epidemiologische Studien einen frühen Beginn dieser Essstörung nahe legen, dem die bisherigen Kriterien nicht gerecht werden.

Forschungskriterien für die Binge-Eating-Störung nach DSM-IV

- Wiederholte Episoden von »Fressanfällen«. Eine Episode von »Fressanfällen« ist durch die beiden folgenden Kriterien charakterisiert:
    - Essen einer Nahrungsmenge in einem abgrenzbaren Zeitraum.
    - Gefühl des Kontrollverlustes über das Essen während der Episode.
- Die Episoden von »Fressanfällen« treten gemeinsam mit mindestens 3 der folgenden Symptome auf:
    - Wesentlich schneller essen als normal.
    - Essen bis zu einem unangenehmen Völlegefühl.
    - Essen großer Nahrungsmengen, wenn man sich körperlich nicht hungrig fühlt.
    - Alleine essen aus Verlegenheit über die Menge, die man isst.
    - Ekelgefühle gegenüber sich selbst, Deprimiertheit oder große Schuldgefühle nach dem übermäßigen Essen.
- Es besteht deutliches Leiden wegen der »Fressanfälle«.
- Die »Fressanfälle« treten im Durchschnitt an mindestens 2 Tagen in der Woche für 6 Monate auf.
- Die »Fressanfälle« gehen nicht mit dem regelmäßigen Einsatz von unangemessenen kompensatorischen Verhaltensweisen einher (z. B. »Purging-Verhalten«, Fasten oder exzessive körperliche Betätigung), und sie treten nicht ausschließlich im Verlauf einer Anorexia nervosa oder Bulimia nervosa auf.

Im Gegensatz zur Bulimie werden bei der Binge-Eating-Störung keine zusätzlichen Maßnahmen zur Gewichtsreduktion ergriffen. Während bei der Bulimie eine Essattacke vielfach durch Erbrechen beendet wird, ist die Dauer einer Essattacke bei der BED nicht immer eindeutig. Einige Autoren sprechen dementsprechend von »Binge-Tagen« anstatt von Stunden wie bei der Bulimie (Übersicht bei Stunkard u. Allison, 2003).

Prävalenz

Epidemiologische Studien bei **Erwachsenen** zeigen auf, dass die Prävalenz dieser Essstörungsform in Feldstudien mit 2–4% ähnlich hoch liegt wie die der Bulimie (z. B. Spitzer et al., 1992). Nicht alle Probanden, die über Essattacken in Feldstudien berichten, sind adipös.

In **klinischen** Populationen, d. h. bei Erwachsenen, die aufgrund ihrer Adipositas Behandlung suchen, macht der Anteil der an Binge-Eating-Störung erkrankten Patienten ein fünftel bis ein drittel der Hilfesuchenden aus (Pirke u. Platte, 1998). Ca. ein viertel bis die Hälfte aller Patienten, die eine chirurgische Intervention zur Behandlung ihrer Adipositas suchen (so genannte Gastropexie), leiden an einer BED (Stunkard u. Allison, 2003).

Für das **Kindes- und Jugendalter** liegen nur ganz vereinzelt Studien zur Epidemiologie der Binge-Eating-Störung vor.

Eine Feldstudie, bei der die Prävalenz der BED nach DSM-IV bei Jugendlichen erfasst wurde, zeigte eine Häufigkeit von 3,1% der Mädchen und 0,9% der Jungen auf (Ackard et al., 2003). Die Häufigkeit bei den Mädchen entspricht damit der Epidemiologie der Bulimia nervosa.

Bei adipösen Jugendlichen wird »binge eating« in einer Häufigkeit von 20–30% gefunden, ohne dass alle Kriterien für die Binge-Eating-Störung (s. oben) erfüllt waren (Severi et al., 1993). Mädchen waren häufiger betroffen als Jungen, obwohl im Verhältnis zu den Essstörungen Magersucht und Bulimie deutlich mehr Jungen an BED litten. In der bereits oben beschriebenen Studie bei extrem adipösen Jugendlichen in einer Langzeitrehabilitationsmaßnahme wiesen 57% der weiblichen und 35% der männlichen Jugendlichen eine Binge-Eating-Störung auf (Britz et al., 2000).

Untersuchungen, die auch **Kinder** in ihre Stichprobe einbeziehen, sind noch seltener. In einer Erhebung, die 10- bis 16-jährige Kinder und Jugendliche einschloss, die eine stationäre oder ambulante Behandlung zur Gewichtsreduktion suchten, lag die Prävalenz für die BED bei 1%. Bei 9% der Klientel wurden objektive Essattacken mit Kontrollverlust beobachtet, ohne dass alle übrigen Kriterien für die BED nach DSM-IV erfüllt waren; 12% der adipösen Kinder und Jugendlichen berichteten von Essattacken ohne Kontrollverlust (Decaluwé u. Braet, 2003). Bei den Patienten, die Essattacken mit Kontrollverlust hatten, waren fast immer Essattacken ohne Kontrollverlust vorausgegangen.

> **Praxistipp**
>
> Mit der Intensität des Behandlungsangebots nimmt die Häufigkeit von »binge eating« auch bei kindlichen Populationen zu und betrifft bei ausschließlich stationären Maßnahmen ca. 1/3 der Klientel.

Symptomatik

Klinische Symptome und Folgen der BED bei Erwachsenen mit Adipositas gehen aus der folgenden Übersicht hervor.

> **Merkmale der Adipositas**
> **mit Binge-Eating-Störung im Vergleich**
> **zu »einfacher« Adipositas**
>
> Bei Patienten mit BED finden sich
> - ausgeprägteres Übergewicht,
> - früherer Beginn der Adipositas,
> - früherer Diätbeginn,
> - häufigere Diätphasen,
> - ausgeprägtere Psychopathologie und
> - schlechteres Ansprechen auf Therapiemaßnahmen.

Ca. 10% der erwachsenen Patienten mit einem BMI zwischen 25 und 28, aber 40% derjenigen mit einem BMI von über 30 leiden an Essattacken. Dabei scheint das Ausmaß einer Essattacke um so beträchtlicher zu sein, je höher der BMI eines Probanden ist. Auch bei Kindern und Jugendlichen konnte ein signifikanter Zusammenhang zwischen altersadjustiertem BMI und »binge eating« gefunden werden (Decaluwé u. Braet, 2003). In der Aachener Vorschulkinderstudie waren 6%

in der Gewichtsgruppe oberhalb der 90. BMI-Perzentile im Vergleich zu 1,4% in der Gewichtsgruppe unterhalb der 50. BMI-Perzentile betroffen (Lamerz et al., in Vorbereitung).

Ein großer Teil der Erwachsenen mit BED litt bereits in der Kindheit unter ausgeprägtem Übergewicht (Fairburn et al., 1998). Auch bei Kindern und Jugendlichen geht man davon aus, dass das Übergewicht der BED in den meisten Fällen vorausgeht. Retrospektive Untersuchungen lassen darauf schließen, dass die Binge-Eating-Störung in einem mittleren Alter von 9–12 Jahren beginnt. Hohe Standardabweichungen legen aber nahe, dass sich bei einem Teil der Patienten die Essattacken wesentlich früher manifestierten. In unserer eigenen epidemiologischen Studie wurden sie bereits bei Vorschulkindern beobachtet (s. oben).

Es wird heute bestritten, dass Diät halten eine notwendige Bedingung für die Entstehung von Essattacken im Rahmen der BED ist. Die meisten Betroffenen hatten Essattacken bereits vor den ersten Diätphasen. In unserer Vorschulkinderstudie wurde bei Kindern mit Essattacken keine Häufung von Diätmaßnahmen (veranlasst durch die Mutter) gefunden.

Psychiatrische Komorbidität

Aus psychiatrischer Sicht ist die Binge-Eating-Störung von besonderer Bedeutung, da sich diese Essstörung durch eine hohe **Komorbidität** mit anderen psychischen Erkrankungen auszeichnet. Im Vergleich zu adipösen Patienten ohne Essattacken weisen Patienten mit BED eine erhöhte Rate an **Angststörungen**, **affektiven Erkrankungen** und **Persönlichkeitsstörungen** auf, die ähnlich häufig wie bei Patienten mit Bulimia nervosa beobachtet werden. Insbesondere zeigen Patienten mit BED eine ausgeprägtere affektive Psychopathologie als Patienten ohne BED. So berichten verschiedene Autoren, dass die Lebenszeitprävalenz einer **depressiven Erkrankung** (»Major Depressive Disorder«) und Dysthymie etwa doppelt so hoch wie bei Adipositas ohne Essattacken ist (Übersicht u. a. bei Mitchell u. Pederson-Mussell, 1995). Weiterhin lässt sich eine erhöhte Rate an **Persönlichkeitsstörungen** bei Individuen mit BED finden. Hierbei handelt es sich in erster Linie um impul-

siv-antisoziale Persönlichkeitsstörungen (Cluster B nach DSM-IV) und ängstlich-vermeidende (Cluster C nach DSM-IV). Beide Persönlichkeitsstörungsgruppen finden sich auch gehäuft bei bulimischen Essstörungen (Herpertz-Dahlmann, 2003). Es herrscht noch Unklarheit darüber, ob BED auch mit einem erhöhten Risiko für **Substanzabusus** (Alkohol- und Drogenmissbrauch) verbunden ist.

Neben einer erhöhten Prävalenz an psychiatrischen Diagnosen ist BED bei Adipositas mit einem verminderten Selbstwertgefühl, erhöhter Ängstlichkeit, negativem Körperbild und Resignation im Vergleich zur Adipositas ohne BED assoziiert, und zwar unabhängig von der Höhe des BMI (▶ Kap. 31).

Für das Kindes- und Jugendalter liegen so gut wie keine Studien zur Komorbidität der Binge-Eating-Störung vor. In der oben genannten Untersuchung bei Patienten in einer Rehabilitationseinrichtung wiesen diejenigen mit einer Essstörung ebenfalls eine erhöhte Prävalenzrate von komorbiden affektiven und Angststörungen auf (Britz et al., 2000).

Da bei Kindern und Jugendlichen die Klassifikationskriterien für die Binge-Eating-Störung nur schwer zu erfragen sind, wurde in einer großen epidemiologischen Studie der Zusammenhang von Essattacken (mit und ohne Kontrollverlust, aber ohne allen Kriterien für die BED nach DSM-IV zu genügen) und psychopathologischen Auffälligkeiten erfasst (Ackard et al., 2003). Die Mehrzahl der untersuchten Kinder und Jugendlichen war zwischen 12 und 17 Jahre alt. Es zeigte sich ein enger Zusammenhang von Essattacken mit depressiver Verstimmung und niedrigem Selbstwertgefühl. Diejenigen Individuen, die die Klassifikationskriterien für eine Binge-Eating-Störung erfüllten, wiesen die ausgeprägteste depressive Verstimmung und das niedrigste Selbstwertgefühl auch nach statistischer Kontrolle für den BMI auf. Kinder und Jugendliche, die das Vorhandensein von Essattacken (mit und ohne Kontrollverlust) bejahten, hatten den höchsten BMI, berichteten über die häufigsten Diätphasen im letzten Jahr und maßen Figur und Gewicht die größte Bedeutung bei. Besonders alarmierend waren die Prävalenzangaben für Suizidversuche: 28,6% der Mädchen und 27,8% der Jungen mit einer Binge-Eating-Störung hatten bereits einen Suizidversuch verübt im Vergleich zu weniger als 10% der Kinder, die nicht über Essanfälle berichteten (Ackard et al., 2003).

In unserer eigenen klinischen Klientel können wir einen Zusammenhang von BED und ausgeprägter depressiver Symptomatik bestätigen. Nicht selten fand sich »binge eating« bei adipösen Patienten im Rahmen einer **Borderline-Persönlichkeitsstörung**, die weitere Impulskontrollstörungen (insbesondere selbstverletzendes Verhalten, wiederholte Suizidversuche) und eine ausgeprägte affektive Instabilität aufwiesen.

Behandlung

Kognitiv-behaviorale Psychotherapie und interpersonale Therapie haben sich als wirksam zur Behandlung der Binge-Eating-Störung im Erwachsenenalter erwiesen. Allerdings konnte durch beide psychotherapeutische Interventionen der BMI der übergewichtigen Patienten nicht gesenkt werden.

Hingegen wurde in verhaltenstherapeutischen Programmen zur Gewichtsreduktion auch eine deutliche Verminderung der Essanfälle erreicht, ohne dass letztere spezifisch behandelt wurden. Die Ursachen für die hohe Besserungsrate ohne spezielle Therapie der Binge-Eating-Störung scheint in der guten Ansprechbarkeit auf Placebo und in der hohen Spontanremissionsrate zu liegen (Übersicht bei Stunkard u. Allison, 2003).

So wurde in mehreren pharmakologischen Studien aufgezeigt, dass etwa die Hälfte der betroffenen Patienten mit Binge-Eating-Störung auf die Behandlung mit Placebo ansprach. Die hohe Spontanremissionsrate zeigt sich darin, dass in klinischen und nicht klinischen Studien ein deutlicher Rückgang der Binge-Eating-Symptomatik während eines Zeitraums von einem halben bis zu 5 Jahren beobachtet werden konnte (z. B. Fairburn et al., 2000).

Die Angaben darüber, ob erwachsene Adipöse mit Binge-Eating-Störung im Vergleich zu solchen ohne Binge-Eating-Störung eine verminderte Compliance aufweisen, sind widersprüchlich. Darüber hinaus wurde bei der Mehrzahl der Studien die psychiatrische Komorbidität der Probanden nur unzureichend berücksichtigt.

Bisher liegen keine Studien zur Behandlung der Binge-Eating-Störung bei Kindern und Jugendlichen vor.

> **Praxistipp**
>
> In unserer Klinik sehen wir gute Erfolge bei einem an die Bulimie-Behandlung angelehnten Vorgehen, das eine mäßige Gewichtsreduktion mit regelmäßigen und strukturierten Mahlzeiten und körperlicher Bewegung impliziert.

Pharmakotherapie

Pharmakotherapeutische Studien wurden bisher ausschließlich bei Erwachsenen (>18 Jahre) durchgeführt. Dabei liegen sowohl Studien mit so genannten selektiven Serotonin-Wiederaufnahmehemmern (SSRI; Fluvoxamin, Sertralin, Fluoxetin) als auch mit einem Anti-Epileptikum (Topiramat) vor. Die in diesen Studien angegebenen Dosen entsprechen im Großen und Ganzen denen bei Bulimia nervosa und liegen damit deutlich höher als bei der Behandlung der Depression. In allen bisherigen kontrollierten Studien zu SSRI ließ sich ein signifikanter Effekt nachweisen, allerdings bei sehr kleinen Stichproben und über kurze Zeiträume von ca. 6 Wochen. Eine Gewichtsabnahme konnte durch die Gabe von SSRI nicht erzielt werden. Nach Absetzen des Medikaments wurde die Mehrzahl der Patienten rückfällig.

Unter der Behandlung mit einem Medikament aus der Substanzgruppe der Antikonvulsiva – Topiramat – konnte die Frequenz von Heißhungerattacken ebenfalls signifikant gesenkt werden. Hier wurde ein zusätzlicher gewichtsreduzierender Effekt beobachtet (▶ Kap. 43). Allerdings traten unter der Behandlung mit Topiramat ausgeprägte neurologische Nebenwirkungen in Form von Kopfschmerzen und Parästhesien auf (McElroy et al., 2003).

Zusammenfassend bedarf die Klinik, Prävalenz und Behandlung der Binge-Eating-Störung im Kindes- und Jugendalter noch ausgiebiger Forschung. Die Klassifikationskriterien scheinen dem Krankheitsbild im Kindesalter nicht gerecht zu werden und erfassen keine Formen pathologischen Essverhaltens (insbesondere Essattacken ohne Kontrollverlust), die als Vorläufer der späteren Binge-Eating-Störung zu betrachten sind. Hier sind flexiblere Kriterien – ggf. auch ohne das Merkmal Kontrollverlust (Nicholls et al., 2000) – zu fordern (▶ Kap. 31).

> **Praxistipp**
>
> In jedem Fall sollte bei allen adipösen Kindern und Jugendlichen auf das Vorliegen oder Auftreten einer Binge-Eating-Störung geachtet werden.

Kinder und Jugendliche mit einer Binge-Eating-Störung sollten immer eine gründliche kinder- und jugendpsychiatrische Diagnostik erhalten, um eine psychiatrische Komorbidität abzuklären und zu behandeln. Spezifische Behandlungsformen durch Psycho- und Pharmakotherapie bedürfen noch einer genaueren Evaluation für das Kindes- und Jugendalter.

27.4.2 Nächtliches Essen (Night-Eating-Syndrom)

Da Befunde zum Night-Eating-Syndrom (NES) für das Kindes- und Jugendalter fast gänzlich fehlen, sollen hier kurz wesentliche Merkmale der Störung im Erwachsenenalter dargestellt werden. Es ist jedoch davon auszugehen, dass das NES – ähnlich wie die BED – in nächster Zeit auch für das Kindes- und Jugendalter an Bedeutung gewinnen wird.

Bisher wurden für das NES noch keine einheitlichen Kriterien definiert, die in das DSM-IV oder die ICD-10 Aufnahme gefunden hätten. Die Arbeitsgruppe um Birketvedt stellte 5 Symptome heraus, die der folgenden Übersicht zu entnehmen sind.

> **Vorläufige Kriterien für das Night-Eating-Syndrom (nach Birketvedt et al., 1999)**
>
> A. Morgendliche Appetitlosigkeit (auch wenn der Patient ein Frühstück zu sich nimmt).
> B. Abendliche Hyperphagie (wenigstens 50% der täglichen Kalorienmenge wird nach der letzten Abendmahlzeit zu sich genommen).
> C. Mindestens einmaliges nächtliches Erwachen in mindestens 3 Nächten/Woche.
> D. Bei der nächtlichen Nahrungsaufnahme häufig Verzehr hochkalorischer Nahrungsmittel.
> E. Die beschriebenen Symptome werden über einen Zeitraum von mindestens 3 Monaten beobachtet.

Die Schlafstörungen äußern sich als Einschlaf- und als Durchschlafstörungen. Als zusätzliches Merkmal findet sich bei einem großen Teil der Betroffenen eine depressive Verstimmung, die im Laufe des Tages zunimmt. Sie nehmen bis in den späten Nachmittag bzw. frühen Abend nur ca. ein drittel ihrer täglichen Nahrungsmenge zu sich, während Normalgewichtige und Adipöse ohne NES mehr als zwei drittel ihrer täglichen Kalorienmenge bis zu dieser Tageszeit verzehrt haben. Hingegen erfolgt bei Patienten mit NES zwischen 20 Uhr abends und 6 Uhr morgens mehr als die Hälfte der täglichen Nahrungszufuhr.

Nosologisch scheint es sich bei dem NES um die **Kombination** einer **Essstörung**, **Schlafstörung** und **affektiven Störung** zu handeln.

Die **Ursache** des NES wird in einer Störung des biologischen Rhythmus mit einer Phasenverschiebung gesehen. Damit würden sich sowohl die Appetitlosigkeit am Morgen als auch der verspätete abendliche Hunger erklären (De Zwaan et al., im Druck). Das zirkadiane hormonelle Sekretionsmuster ist ebenfalls gestört. So lässt sich kein nächtlicher Anstieg des Leptins nachweisen, wie es bei Normalgewichtigen und Übergewichtigen ohne NES gefunden wird. Der Kortison-Spiegel ist ähnlich wie bei depressiven Störungen unabhängig vom zirkadianen Rhythmus erhöht (Birketvedt et al., 1999). Diese Befunde wurden bisher allerdings nur in kleinen Stichproben gewonnen und bedürfen der Replikation.

Es gibt nur wenige aussagekräftige Studien zur **Prävalenz** dieser Störung. Die bisher einzige bekannte Feldstudie fand NES bei 1,5% der Bevölkerung. Die Prävalenzrate entspricht der von BED und Bulimia nervosa (Rand et al., 1997). Obwohl NES auch bei Normalgewichtigen beobachtet wird, scheint es in übergewichtigen Populationen deutlich häufiger zu sein. 10–15% nach Behandlung suchender Patienten bis hin zu 30–40% bei Patienten vor Adipositas-Chirurgie leiden an NES.

Ähnlich wie bei der BED ist die psychiatrische Komorbidität hoch, wobei v. a. **affektive Störungen** (»Major Depressive Disorder«) und **Substanzmissbrauch** beobachtet werden. NES unterscheidet sich von BED durch häufigeres nächtliches Erwachen; die Essattacken beinhalten im Allgemeinen geringere Nahrungsmengen als bei der BED.

In jüngster Zeit hat sich eine **Behandlung** mit SSRI – bisher allerdings noch in sehr kleinen Stichproben – als effektiv erwiesen.

Der **Verlauf** wird als chronisch mit häufigen Rückfällen in stressreichen Lebenssituationen beschrieben.

Retrospektive Studien zeigen auf, dass der Beginn des NES im Kindesalter liegt (Schenck u. Mahowald, 1994) und bereits bei Fünfjährigen beobachtet werden kann. In einer eigenen repräsentativen Untersuchung an Aachener Vorschulkindern fanden wir eine Häufigkeit von 1%, wobei lediglich das nächtliche Essen, aber keine **komorbide** Stimmungsveränderungen erfragt wurden (Lamerz et al., im Druck).

Zusammenfassend sollte auch bei übergewichtigen Kindern und Jugendlichen an das Vorliegen eines NES gedacht werden, wenn Eltern über Schlafstörungen ihres adipösen Sohnes oder ihrer Tochter berichten. Dabei müssen insbesondere bei jungen Kindern nicht alle Kriterien erfüllt sein.

Literatur

Ackard DM, Neumark-Sztainer D, Story M, Perry C (2003) Overeating among adolescents: prevalence and associations with weight-related characteristics and psychological health. Pediatrics 111: 67–74

American Psychiatric Association (1994) Diagnostic and statistical manual of mental disorders (4th ed.). American Psychiatric Association, Washington DC

Becker ES, Margraf J, Türke V, Soeder U, Neumer S (2001) Obesity and mental illness in a representative sample of young women. Int J Obes 25: 55–59

Birketvedt GS, Florholmen J, Sundsfjord J, Osterud B, Dinges D, Bilker W, Stunkard A (1999) Behavioral and neuroendocrine characteristics of the night-eating syndrome. JAMA 282: 657–663

Braet C, Mervielde I, Vandereycken W (1997) Psychological aspects of childhood obesity: a controlled study in a clinical and nonclinical sample. J Pediatr Psychol 22: 59–71

Britz B, Siegfried M, Ziegler A, Lamertz C, Herpertz-Dahlmann B, Remschmidt H, Wittchen H-J, Hebebrand J (2000) Rates of psychiatric disorders in a clinical study group of adolescents with extreme obesity and in obese adolescents ascertained via a population based study. Int J Obes 24: 1707–1714

Carpenter KM, Hasin DS, Allison DB, Faith MS (2000) Relationships between obesity and DSM-IV major depressive disorder, suicide ideation, and suicide attempts: results from a general population study. Am J Public Health 90: 251–257

Decaluwé V, Braet C (2003) Prevalence of binge-eating disorder in obese children and adolescents seeking weight-loss treatment. Int J Obes 27: 404–409

De Zwaan M, Burgard MA, Schenck CH, Mitchell JE (im Druck) Nighttime eating: a review of the literature. Eur Eat Dis Rev

Fairburn CG, Doll HA, Welch SL, Hay PJ, Davies BA, O'Connor ME (1998) Risk factors for binge eating disorder: a community-based, case-control study. Arch Gen Psychiatry 55: 425–432

Fairburn CG, Cooper Z, Doll HA, Norman P, O'Connor M (2000) The natural course of bulimia nervosa and binge eating disorder in young women. Arch Gen Psychiatry 57: 659–665

Fitzgibbon ML, Stolley MR, Kirschbaum DS (1993) Obese people who seek treatment have different characteristics than those who do not seek treatment. Health Psychol 12: 346–353

Goodman E, Whitaker RC (2002) A prospective study of the role of depression in the development and persistence of adolescent obesity. Pediatrics 110: 497–504

Gortmaker SL, Must A, Perrin JM, Sobol AM, Dietz WH (1993) Social and economic consequences of overweight in adolescence and young adulthood. N Engl J Med 329: 1008–1012

Herpertz S, Kielman R, Stang A, Siffert W, Wolf AM, Jöckel KH, Senf W (in Vorbereitung) Obesity and psychiatric comorbidity – a multicenter study.

Herpertz S, Senf W (2003) Psychotherapie der Adipositas. Dtsch Ärztebl 20: B1140–1145

Herpertz-Dahlmann B (2003) Essstörungen. In: Herpertz-Dahlmann B, Resch F, Schulte-Markwort M, Warnke A (Hrsg) Entwicklungspsychiatrie. Schattauer, Stuttgart, S. 668–692

Lamertz CM, Jacobi C, Yassouridis A, Arnold K, Henkel AW (2002) Are obese adolescents and young adults at higher risk for mental disorders? A community survey. Obes Res 10: 1152–1160

Lamerz A, Kuepper-Nybelen J, Bruning N, Wehle C, Trost-Brinkhues G, Brenner H, Hebebrand J, Herpertz-Dahlmann B (im Druck) Prevalence of obesity, obesity-related and non-related binge eating and night eating in a cross-sectional field survey of 6-year-old children and their parents in a German urban population. J Child Psychol Psychiat

Lissau I, Sorensen T (1994) Parental neglect during childhood and increased risk of obesity in young adulthood. Lancet 343: 324–327

McElroy SL, Arnold LM, Shapira NA, Keck PE, Rosenthal NR, Karim MR, Kamin M, Hudson JI (2003) Topiramate in the treatment of binge eating disorder associated with obesity: a randomized, placebo-controlled trial. Am J Psychiatry 160: 255–261

Mitchell JE, Mussell MP (1995) Comorbidity and binge eating disorder. Addict Behav 20: 725–732

Nicholls D, Chater R, Lask B (2000) Children into DSM don't go: a comparison of classification systems for eating disorders in childhood amd early adolescence. Int J Eat Disord 28: 317–324

Pine DS, Goldstein RB, Wolk S, Weissman MM (2001) The association between childhood depression and adulthood body mass index. Pediatrics 107: 1049–1056

Pirke KM, Platte P (1998) Psychosomatische Aspekte der Adipositas. Zentrlbl Gynäkol 120: 251–254

Rand CS, Macgregor AM, Stunkard AJ (1997) The night eating syndrome in the general population and among post-operative obesity surgery patients. Int J Eat Disord 22: 65–69

Roberts RE, Kaplan GA, Shema SJ, Strawbridge WJ (2000) Are the obese at greater risk for depression? Am J Epidemiol 152: 163–170

Schenck CH, Mahowald MW (1994) Review of nocturnal sleep-related eating disorders. Int J Eat Disord 15: 343–356

Severi F, Verri A, Livieri C (1993) Eating behaviour and psychological profile in childhood obesity. Adv Biosci 90: 329–336

Spitzer RL, Devlin MJ, Walsh BT, Hasin D, Wing R, Marcus M, Stunkard AJ, Wadden T, Yanovski S, Agras WS, Mitchell J, Nonas C (1992) Binge eating disorder: a multisite field trial of the diagnostic criteria. Int J Eat Disord 11: 191–204

Strauss RS (2000) Childhood obesity and self-esteem. Pediatrics 105: 15

Stunkard AJ, Allison KC (2003) Two forms of disordered eating in obesity: binge eating and night eating. Int J Obes 27: 1–12

Wadden TA, Foster GD, Stunkard AJ, Linowitz JR (1989) Dissatisfaction with weight and figure in obese girls: discontent but not depression. Int J Obes 13: 89–97

Weiterführende Literatur

Brewerton TD (2004) Clinical handbook of eating disorders. An integrated approach. Marcel Dekker, New York
Kommentar: Neue Erkenntnisse für den Kliniker zu Essstörungen, wenn auch leider vornehmlich bei Erwachsenen.

Stunkard AJ, Allison KC (2003) Two forms of disordered eating in obesity: binge eating and night eating. Int J Obes 27: 1–12
Kommentar: Ausführliche und kritische Übersicht zu den beiden Essstörungen.

Kriterien für Adipositas als Krankheit

T. Böhler

Die ärztliche Tätigkeit umfasst Maßnahmen zur Erhaltung der Gesundheit sowie zur Behandlung von Krankheiten. Versicherte der gesetzlichen Krankenversicherung in Deutschland haben Anspruch auf Leistungen zur Verhütung von Krankheiten und von deren Verschlimmerung, zur Früherkennung von Krankheiten und zur Behandlung einer Krankheit. Zentrales Thema sozialmedizinischer Diskussionen ist daher immer wieder die Frage, ob ein bestimmtes Zustandsbild eines Individuums als Krankheit anzusehen ist. Dies betrifft auch die Adipositas im Kindes- und Jugendalter.

28.1 Der Krankheitsbegriff im Sozialrecht

Im deutschen Sozialrecht gilt Krankheit als unbestimmter Rechtsbegriff, der durch die Rechtssprechung interpretiert werden muss. Nach herrschender Meinung ist als Krankheit im Sinne der gesetzlichen Krankenversicherung ein regelwidriger körperlicher oder geistiger Zustand anzusehen, der Behandlungsbedürftigkeit und/oder Arbeitsunfähigkeit zur Folge hat. Für die Feststellung einer Regelwidrigkeit ist vom Leitbild des gesunden Menschen auszugehen, der zur Ausübung normaler körperlicher und physischer Funktionen in der Lage ist (ständige Rechtssprechung des Bundessozialgerichtes, z. B. Az. 3 RK 26/70, 3 RK 92/71).

Entsprechend dem grundlegenden Kriterium der Regelwidrigkeit ist Krankheit generell als Abweichung vom Normalen zu verstehen. Deutlich weniger Einigkeit besteht jedoch bezüglich der Definition, wie »Regelhaftigkeit« bzw. »Normalität« zu verstehen sind. Können diese Begriffe aus einer statistischen Erhebung im Sinne eines Durchschnittswerts abgeleitet werden? Oder haben sie einen wertenden oder vorschreibenden Charakter? Wenn ja, woher werden die Werte bzw. Normen bezogen: Aus dem System der positiven und/oder Grundrechtsnormen, der moralphilosophischen Erkenntnis oder handelt es sich um Ergebnisse der biomedizinischen Forschung?

Auch die Definition des Bundessozialgerichtes, eine Regelwidrigkeit liege erst dann vor, wenn eine wesentliche körperliche oder psychische Funktion nicht (mehr) in befriedigendem Umfang ausgeübt werden könne, erweist sich als unbestimmte Formel: Wer legt nach welchen Kriterien fest, was »wesentliche« Funktionen sind? Wer bestimmt nach welchen Kriterien, ob das Funktionieren eines Organismus »befriedigend« ist?

Ein aus Sicht des Sozialrechts brauchbarer Krankheitsbegriff muss nach Werner und Wiesing (2002) eine normative Aussage nachvollziehbar machen: Die Aussage, dass genau diejenigen medizinischen Leistungen solidarisch finanziert werden sollen, die der Erkennung, Eingrenzung, Linderung oder Heilung von Krankheiten dienen. Ein solcher Krankheitsbegriff darf weder strikt wertneutral (naturalistisch oder statistisch), noch vollständig relativistisch (normativistisch) sein. Er muss in Beziehung zu den tragenden Grundwerten des Sozialrechts stehen und erkennen lassen, warum genau diejenigen, die krank sind, ein Recht auf solidarfinanzierte Behandlung haben.

28.2 Der Krankheitsbegriff in der modernen Medizin

Leider liefert auch die theoretische Medizin keine eindeutigen und objektiven medizinischen Kriterien für die Unterscheidung zwischen Gesundheit und Krankheit. Für Schipperges (1999) hat sich die Diskussion über Gesundheit und Krankheit mit der Pluralität möglicher Krankheitsbegriffe abzufinden. In neuerer Zeit werde zudem immer häufiger die Frage gestellt, ob die Medizin als Handlungswissenschaft nicht prinzipiell auf einen allgemeinen Krankheitsbegriff verzichten könnte, da damit nicht Sachverhalte konstatiert, sondern Forderungen legitimiert und Handlungen gerechtfertigt würden. Auch aus Sicht der Rechtsgeschichte seien die Versuche, Gesundsein und Kranksein begrifflich eindeutig zu trennen, unbefriedigend geblieben. Sie könnten nur den Rahmen abstecken für die Verständigung zwischen dem Patienten, dem Arzt und der Solidargemeinschaft.

Unter der Prämisse, dass Krankheiten als Abstraktion und Denkmodelle anzusehen sind, definiert Gross Krankheit als »eine oder mehrere

Erscheinungen, die eine Abweichung vom physiologischen Gleichgewicht (Homöostase) anzeigen und durch definierte endogene oder exogene Noxen verursacht werden. Sie können durch den Schaden selbst, durch Abwehr oder Kompensationsmechanismen bedingt sein«. Die »Normalität« der Funktionsfähigkeit äußert sich in einem kybernetischen Prinzip, dem physiologischen Gleichgewicht. Der Zustand der normalen Funktionsfähigkeit muss sich im weitesten Sinne statistisch anhand der spezifischen Vergleichsgruppe mit intakter Homöostase bestimmen lassen und wird definiert als Fähigkeit, »die Belastungen des täglichen Lebens zu ertragen« (Gross u. Löffler, 1997).

Temple et al. (2001) wiesen auf die Notwendigkeit einer Neudefinition des Krankheitsbegriffs in der Ära der molekulargenetischen Diagnostik hin. Krankheit wird als ein im Fluss befindliches Konzept bezeichnet, das von gesellschaftlichen und kulturellen Einstellungen beeinflusst wird, die sich in der Geschichte wandelten und von neuen wissenschaftlichen und medizinischen Entdeckungen abhängen. Eine neu formulierte Krankheitsdefinition sollte 3 Elemente enthalten:

— Krankheit ist ein Zustand, der das betroffene Individuum einem erhöhten Risiko schädigender Konsequenzen aussetzt,
— behandelt werden diejenigen an der Krankheit leidenden, bei denen schädigende Auswirkungen verhindert oder vermindert/gebessert werden können und
— Schlüsselelement ist eine Definition des Risikos: Normabweichungen, die nicht zu einem erhöhten Risiko für schädigende Auswirkungen führen, sollen nicht als Krankheitssynonym angesehen werden.

❗ Ein allgemein verbindlicher Krankheitsbegriff wurde in der Wissenschaftsgeschichte nicht entwickelt. Für den Arzt wie den Patienten, für das Individuum wie die Gesellschaft hat Krankheit jeweils eine besondere Bedeutung. Damit kommen Wertvorstellungen ins Spiel, die insbesondere für die sozialrechtliche Definition einer Leistungsverpflichtung der Solidargemeinschaft im Rahmen der gesetzlichen Krankenversicherung maßgeblich sind.

28.3 Gilt Adipositas in der Medizin als Krankheit?

Das Kontinuum von Ansichten bezüglich des Krankheitswertes von Übergewicht und Adipositas reicht unter Angehörigen der Gesundheitsberufe ebenso wie in anderen gesellschaftlichen Gruppen von stark negativ besetzten Einstellungen (Fettleibigkeit ist ungesund, unattraktiv und Zeichen von Faulheit und mangelnder Selbstkontrolle) über ambivalente Einstellungen (Fettleibigkeit ist akzeptabel, aber nicht erstrebenswert) bis hin zu einer positiven Sichtweise (Fettleibigkeit ist attraktiv und führt zu gewissen Vorteilen).

Als Beispiel für eine positive Betrachtung des so genannten »Gewichtsdilemmas« zitiert Neumark-Sztainer (1999) folgende Beobachtung eines Anthropologen:

> Wenn bei den Banyankole, einem Hirtenvolk in Ostafrika, ein Mädchen etwa im Alter von 8 Jahren auf seine Hochzeit vorbereitet wurde, verbot man ihr zunächst das Herumrennen und Spielen. Sie musste sich im Haus aufhalten und täglich eine große Menge Milch trinken, damit sie fett wurde. Am Ende des Jahres konnte sie sich nur noch im Watschelgang fortbewegen. Je dicker sie wurde, desto schöner erschien sie ihrer Umgebung.

Auf der anderen Seite des Spektrums wird die negative Sichtweise von Übergewicht und Adipositas in erster Linie aus den möglichen physischen, sozialen und psychischen Konsequenzen abgeleitet. Mit Übergewicht und Adipositas assoziierte Gesundheitsrisiken und die damit verbundenen Kosten führen dazu, Adipositas im Extremfall als Sünde (religiöse Sichtweise), Krankheit (medizinische Sichtweise), als Vergehen (kriminalistische Sichtweise) und als Hässlichkeit (ästhetische oder kulturelle Sichtweise) anzusehen.

In der aktuellen wissenschaftlichen Fachdiskussion gilt Adipositas als unmittelbare Folge gesellschaftlich determinierten individuellen Verhaltens in Zusammenwirkung mit einer (noch nicht näher bestimmbaren) genetischen Grundausstattung. Es besteht dabei eine genetisch vorgegebene Unfähigkeit, ein Gleichgewicht zwischen Nahrungszufuhr und Energieverbrauch herzustellen. Ätiologisch werden Störungen im Bereich des zellulären Energiestoffwechsels und der Appetitregulation angenommen. In der überwiegenden Zahl der Fälle liegt eine mangelnde Adaptation an soziale und wirtschaftliche Lebensverhältnisse vor.

Die Einschätzung, ob Adipositas eine Krankheit ist, hängt nun u. a. davon ab, welcher dieser Faktoren als wesentlich für die Entwicklung der Fettleibigkeit angesehen wird. Einige Voraussetzungen der Definitionen von Gross und Löffler (1997) bzw. – bei monogenen Adipositas-Formen – von Temple et al. (2001) sind in jedem Fall erfüllt (z. B. Abweichung von der statistischen Normalität, Störung der Homöostase, mangelnde Adaptation). Die **Arbeitsgemeinschaft Adipositas im Kindes- und Jugendalter** empfiehlt daher, eine krankhafte Adipositas generell bei einem Überschreiten der 97. alters- und geschlechtsspezifischen Perzentile des Body Mass Index (BMI) zu diagnostizieren (http://www.a-g-a.de).

28.4 Gilt Adipositas in der Rechtsprechung als Krankheit?

Das Sozialgericht Koblenz entschied am 21. 6. 2001 (Az. S11 KR 247/00), dass auch eine schwere Adipositas im Erwachsenenalter (Körpergewicht von 105 kg bei einer Körpergröße von 162 cm) nicht als Krankheit im Sinne der gesetzlichen Krankenversicherung anzusehen sei, da die Abweichung von einer morphologischen Idealnorm immer noch befriedigende körperliche und psychische Funktionen zulasse.

Das Landessozialgericht Rheinland-Pfalz stellte am 15. 8. 2002 (Az. L5 KR 37/02) fest, dass ein ernährungsbedingtes Körpergewicht, das über dem der Mehrzahl vergleichbarer Menschen liege, keine Regelwidrigkeit im Sinne des sozialen Krankenversicherungsrechtes darstelle. Lediglich die extreme Adipositas (Adipositas per magna) sei wegen behandlungsbedürftiger Begleiterkrankungen als Krankheit im Sinne des SGB V anzusehen (Landessozialgericht Rheinland-Pfalz, Urteil vom 8. 11. 2001; Az. L5 KR 64/00).

Der erste Senat des Bundessozialgerichtes stellte in seiner Sitzung vom 19.2.2003 fest, dass eine Behandlung der extremen Adipositas nicht von vornherein als Leistung der gesetzlichen Krankenversicherung ausgeschlossen sei; es sei jedoch im Einzelfall zu prüfen, ob bei dem betroffenen Patienten die Indikation für eine solche Behandlung (hier: Operation am gesunden Magen) gegeben sei (Az. B1 KR 1/02R).

Vor dem Hintergrund dieser aktuellen sozialrichterlichen Entscheidungen reicht die von der Fachgesellschaft vorgeschlagene Definition der Adipositas als Abweichung von einer alters- und geschlechtsspezifischen Normwertkurve nicht aus, um daraus eine Leistungsverpflichtung der gesetzlichen Krankenversicherung ableiten zu können.

Zum gegenwärtigen Zeitpunkt können somit 2 unterschiedliche Festlegungen des Krankheitswertes der Adipositas unterschieden werden:

- Eine an statistischen Kenngrößen orientierte, wertneutrale (naturalistische) Definition der Adipositas als Krankheit, aufgestellt in den Leitlinien wissenschaftlicher Fachgesellschaften mit dem Ziel, die Handlungsfähigkeit des Arztes zu sichern sowie
- eine normative Krankheitsdefinition der Adipositas, die von den Sozialgerichten formuliert und angewandt wird mit dem Ziel, die Leistungsverpflichtung der gesetzlichen Krankenversicherung festzulegen.

Bei Fortdauer bis in das Erwachsenenalter ist die Adipositas assoziiert mit einer Reihe von Risikofaktoren für chronische Krankheiten (koronare Herzkrankheit, Fettstoffwechselstörungen, Störungen der Insulin-Produktion und -Wirkung, arterieller Bluthochdruck, früh beginnende Arteriosklerose). Derartige zusätzliche Risikofaktoren lassen sich auch schon bei übergewichtigen Schulkindern nachweisen (Freedman et al., 1999). Liegen behandlungsbedürftige Risikofaktoren vor oder hat sich bereits ein entsprechendes Krankheitsbild entwickelt, ist die Adipositas auch aus Sicht der gesetzlichen Krankenversicherung als ein behandlungsbedürftiger Zustand zu werten.

> **Praxistipp**
>
> Ab einem bestimmten Ausprägungsgrad, gemessen als Abweichung von der statistischen Normalität (BMI-Referenzwerte), spätestens aber bei Vorliegen von Begleitkrankheiten wird die Adipositas im Kindes- und Jugendalter aus medizinischer Sicht als Krankheit angesehen. Daraus lässt sich jedoch keine Verpflichtung der gesetzlichen Krankenversicherung für die Kostenübernahme von Behandlungsmaßnahmen ableiten. Hierzu sind neben der medizinischen Krankheitsdefinition normative, an den Grundwerten des Sozialrechts orientierte Entscheidungen von Gesetzgebern bzw. Sozialgerichten zur Konkretisierung von Anspruchsrechten der Mitglieder der gesetzlichen Krankenversicherung zu beachten.

Literatur

Freedman DS, Dietz WH, Srinivasan SR, Berenson GS (1999) The relation of overweight to cardiovascular risk factors among children and adolescents: the Bogalusa Heart Study. Pediatrics 103: 1175–1182

Gross R, Löffler M (1997) Prinzipien der Medizin. Springer, Berlin Heidelberg New York Tokio

Neumark-Sztainer D (1999) The weight dilemma: A range of philosophical perspectives. Int J Obes 23: 31–37

Schipperges H (1999) Krankheit und Kranksein im Spiegel der Geschichte. Springer, Berlin Heidelberg New York Tokio

Temple LKF, McLeod RS, Gallinger S, Wright JG (2001) Defining disease in the genomics era. Science 293: 807–808

Werner MH, Wiesing U (2002) Lehren aus dem Fall Viagra? Der Krankheitsbegriff im Sozialrecht am Beispiel der erektilen Dysfunktion. Gesundheitswesen 64: 398–404

Weiterführende Literatur

Jeffcoate W (1998) Obesity as a disease – Food for thought. Lancet 351: 903–904
  Kommentar: In diesem humorvollen Essay wird »die vermehrte allgemeine Fettleibigkeit« als Folge eines »zunehmenden allgemeinen Wohlstands und der zunehmenden allgemeinen Faulheit« angesehen: Eine sehr eindrückliche Beschreibung der »obesigenen Umwelt« einer modernen Industriegesellschaft.

Neumark-Sztainer D (1999) The weight dilemma: A range of philosophical perspectives. Int J Obes 23: 31–37
  Kommentar: Aus medizinanthropologischer Sicht wird das Kontinuum von Ansichten des Krankheitswerts von Übergewicht und Adipositas unter Angehörigen der Gesundheitsberufe und in Abhängigkeit vom kulturellen Hintergrund in anderen gesellschaftlichen Gruppen dargestellt. Eine hervorragende Gelegenheit, seinen eigenen Standpunkt zu bestimmen oder zu hinterfragen.

Werner MH, Wiesing U (2002) Lehren aus dem Fall Viagra? Der Krankheitsbegriff im Sozialrecht am Beispiel der erektilen Dysfunktion. Gesundheitswesen 64: 398–404
  Kommentar: Eine fundierte sozialmedizinische Diskussion der theoretischen Grundlagen des Krankheitsbegriffs im Leistungsrecht der gesetzlichen Krankenversicherung in Deutschland. Die Schwierigkeiten bei der praktischen Umsetzung werden anhand der Kostenübernahme für Sildenafil zur Behandlung der erektilen Dysfunktion erläutert.

Lebensqualität von Kindern und Jugendlichen mit Adipositas

U. Ravens-Sieberer

29.1 Begriffsbestimmung von gesundheitsbezogener Lebensqualität

In der jüngeren Zeit hat sich der Begriff Lebensqualität und die Lebensqualitätsforschung im Zusammenhang mit Kindern und Jugendlichen sowohl im klinischen Bereich – in der Pädiatrie – als auch im Public-health-Bereich – z. B. in Kinder- und Jugendgesundheit-Surveys – etabliert. Mit dem Begriff Lebensqualität verbindet sich die Berücksichtigung der Befindlichkeit und Funktionsfähigkeit von Personen und Patienten und damit ihr Erleben und Verhalten. Im Unterschied zu den klassischen klinischen Indikatoren von Morbidität und Mortalität bezieht sich Lebensqualität auf die wahrgenommene Gesundheit aus Patientensicht, d. h. auf die so genannte erlebte Gesundheit (Bullinger, 1997). Es geht hierbei also um die Frage, wie Patienten selbst ihre Erkrankung und deren Therapie erleben und wie, unter Berücksichtigung dieser subjektiven Perspektive, sichergestellt werden kann, dass die Patienten eine möglichst hohe Lebensqualität erhalten oder behalten.

Die Frage, wie es den Kindern im Zusammenhang mit ihrem Gesundheitszustand und der Behandlung geht, ist für die Bewertung des Therapieerfolgs ebenso wichtig wie die Frage, wie im individuellen Fall die Behandlung optimal gestaltet werden kann. Gesundheitsbezogene Lebensqualität ist im klinischen Kontext von Bedeutung, wenn es darum geht, den Einfluss bestimmter Erkrankungen und die Auswirkungen von deren Behandlung auf das Wohlbefinden abzuschätzen, Präventions- oder Interventionsbedarf zu ermitteln und verschiedene Behandlungen oder Patientengruppen miteinander zu vergleichen.

29.2 Standardisierte Erfassung von Lebensqualität

Der Einsatz von standardisierten Instrumenten zur Erfassung der gesundheitsbezogenen Lebensqualität stellt dabei eine sinnvolle Ergänzung bei der Betreuung von Kindern und Jugendlichen mit Adipositas dar, um Kinder und Jugendliche mit besonderen Risiken für das Auftreten psychosozialer Anpassungsprobleme zu identifizieren.

> **Praxistipp**
>
> Das am häufigsten genutzte Untersuchungsinstrumentarium zur Erfassung der Lebensqualität von Kindern und Jugendlichen im deutschen Sprachraum ist der Fragebogen KINDL[R] (Ravens-Sieberer u. Bullinger, 2003 a).

Der revidierte KINDL[R] ist ein Fragebogen mit 24 Fragen, der 6 Dimensionen der Lebensqualität abbildet (körperliches Wohlbefinden, psychisches Wohlbefinden, Selbstwert, Familie, Freunde und Funktionsfähigkeit im Alltag (Schule bzw. Vorschule/Kindergarten). Alle KINDL[R]-Versionen enthalten eine zusätzliche Skala »Erkrankung«, deren Fragen bei Vorliegen einer längeren Krankheit bzw. eines Krankenhausaufenthaltes ausgefüllt werden können und die Lebensqualität in Bezug auf die Krankheit und ihre Symptomatik erheben. Zusätzlich liegt eine Reihe von krankheitsspezifischen Modulen, u. a. für die Diagnose Adipositas vor, um sowohl die spezifischen Bedingungen der Erkrankungen und Therapie zu erfassen, als auch eine Referenzmöglichkeit zu anderen klinischen oder gesunden Personengruppen zu ermöglichen.

29.3 Lebensqualitätsforschung für Kinder und Jugendliche mit Adipositas

Zwei Studienbeispiele, die WHO-Jugendgesundheitsstudie und die Kinder-Rehabilitationsstudie, geben einen Einblick in die aktuellen Aktivitäten im Bereich der Lebensqualitätsforschung für Kinder und Jugendliche mit Adipositas in Deutschland und zeigen Wege zur Umsetzung des Lebensqualitätskonzepts in der Pädiatrie.

WHO-Jugendgesundheitsstudie

Die WHO-Jugendgesundheitsstudie »Health Behaviour in School-aged Children (HBSC)« ist ein internationales Forschungsvorhaben, das unter der Schirmherrschaft der Weltgesundheitsorganisation (WHO) alle 4 Jahre Daten von ca. 200 000 Schülerinnen und Schülern aus 35 Ländern erfasst (Hurrelmann et al., 2003). Die Erhebung erfolgte auch in Deutschland mithilfe eines international standardisierten Fragebogens, der Themen zum Gesundheitszustand, zur Lebenszufriedenheit und Lebensqualität, zum psychischen Wohlbefinden, zur körperlichen Aktivität, zum Freizeitverhalten, zur Ernährung und zum Essverhalten beinhaltet.

Um Aussagen bezüglich des Gewichtsstatus für Kinder und Jugendliche machen zu können, wurden populationsspezifische Referenzwerte nach Kromeyer-Hauschild et al. (2001) zur Auswertung der selbstberichteten Daten herangezogen (► Kap. 1). Von allen befragten deutschen Kindern und Jugendlichen konnten nach den Perzentilkriterien 4,6% als übergewichtig sowie 2,1% als adipös klassifiziert werden (Zubrägel u. Settertobulte, 2003). Im Rahmen der Studie wurde an einer Stichprobe von 9704 Kindern und Jugendlichen im Alter von 10–16 Jahren untersucht, wie die gesundheitsbezogene Lebensqualität von Kindern mit Adipositas beschrieben werden kann.
▼

Kinder und Jugendliche mit Übergewicht und Adipositas berichten im Vergleich zu normalgewichtigen Kindern über Einschränkungen der Lebensqualität in allen Lebensbereichen (◘ Abb. 29.1).

Es zeigt sich, dass v. a. die adipösen Kinder besonders unter Beeinträchtigungen des Selbstwertes leiden – die Mädchen deutlich mehr als die Jungen – und dass die berichtete Lebensqualität Zusammenhänge aufweist mit Aspekten der psychosozialen Adaptation, wie sozialem Rückzug und emotionalen Problemen. Kinder und Jugendliche mit Adipositas berichten v. a., dass sie sich nicht wohl in ihrer eigenen Haut fühlen, häufig alleine, ängstlich und unsicher sind und sich aufgrund mangelnder sozialer Kontakte (v. a. in der Schule) langweilen. In dem WHO-Jugendgesundheit-Survey ließ sich zudem ein Zusammenhang von Übergewicht mit psychischen Auffälligkeiten erkennen. Adipöse Kinder und Jugendliche werden signifikant häufiger als psychisch auffällig (15,0%) oder grenzwertig auffällig (22,6%) und seltener als unauffällig (62,4%) klassifiziert als normalgewichtige Kinder und Jugendliche (unauffällig 82,7%, grenzwertig 12,0%, auffällig 5,3%).

Zusätzlich zu Lebensqualitätsvariablen müssen aber auch Assoziationen zwischen Übergewicht und Lebensstilvariablen betrachtet werden, um das Verhalten und die Befindlichkeit der Kinder und Jugendlichen, aber

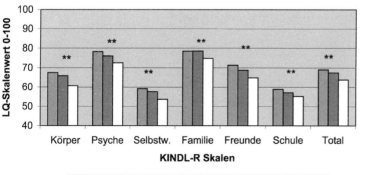

◘ Abb. 29.1. Lebensqualität übergewichtiger und adipöser Kinder und Jugendlicher. WHO-Jugendgesundheitsstudie, ANOVA, p≤0,01, n = 8123

auch die Auswirkungen von Übergewicht besser zu verstehen. Als bedeutsame krankheitsbezogene Einflussfaktoren können generelle Mobilitätseinschränkungen (◘ Abb. 29.2) und Freizeitverhalten, insbesondere der Fernsehkonsum (◘ Abb. 29.3), identifiziert werden. Mit einer zunehmenden Zahl an Tagen pro Woche, in denen Kinder und Jugendliche mehr als 1 h körperlich aktiv sind, nimmt die Chance für Übergewicht und Adipositas deutlich ab (► Kap. 5).

Ausreichender körperlicher Aktivität kann somit eine protektive Wirkung zugesprochen werden (ab ca. 3 Tage pro Woche mehr als eine Stunde), während Fernsehkonsum von mehr als 2 h pro Tag die Chance für Übergewicht und Adipositas deutlich erhöht (► Kap. 5). Aus den Ergebnissen wird ersichtlich, dass schon bei Kindern und Jugendlichen ein direkter Zusammenhang zwischen dem Ausmaß von Adipositas und der Dauer des Fernsehens nachgewiesen werden kann.

Die Änderung des Freizeitverhaltens weg von sportlichen Aktivitäten hin zu stundenlangem Fernsehen und Computer spielen führt somit früh zu z. T. massiven Gewichtsproblemen, die sich im Erwachsenenleben fortsetzen können.

Kinder-Rehabilitationsstudie

Während Daten zu Lebensqualität und Lebensstilen hauptsächlich in der Gesundheitsberichterstattung und Gesundheitsplanung Verwendung finden, werden in einem klinischen Kontext und in der medizinischen Versorgung Lebensqualitätsdaten genutzt, um die Bedürfnisse von adipösen Kindern besonders detailliert zu beschreiben und um die Evaluation von Behandlungseffekten darzustellen (Ravens-Sieberer et al., 2001). So haben z. B. stationäre Kinderrehabilitationsverfahren zum Ziel, neben der Verbesserung der körperlichen Situation und der damit ver-

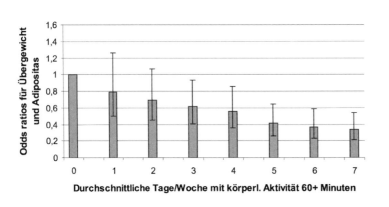

◘ Abb. 29.2. Adipositas und körperliche Aktivität. WHO-Jugendgesundheitsstudie, n = 23 000, adjustiert für andere Lebensstilvariablen, Essverhalten, Alter, Geschlecht und Diäten

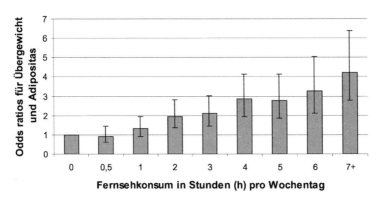

◘ Abb. 29.3. Adipositas und Fernsehkonsum. WHO-Jugendgesundheitsstudie, n = 23 000, adjustiert für andere Lebensstilvariablen, Essverhalten, Alter, Geschlecht und Diäten

bundenen Steigerung der körperlichen Leistungsfähigkeit bei Kindern mit Adipositas inklusive Folgeerkrankungen eine langfristige Verbesserung der individuellen Lebensqualität und sozialen Integration zu erreichen, indem die Beschwerden gemindert und das Management durch den Patienten (und seine Eltern) optimiert werden (▶ Kap. 46).

In einer Studie im Rahmen des rehabilitationswissenschaftlichen Forschungsverbundes Deutschland, der durch das Bundesministerium für Bildung und Forschung (BMBF) gefördert wurde, wurden insgesamt mehr als 1000 Kinder und Jugendliche im Alter von 8–16 Jahren in Rehabilitationskliniken im Verlauf eines Jahres zu ihrer Lebensqualität befragt (Ravens-Sieberer u. Bullinger, 2003 b). An der Studie nahmen Kinder und Jugendliche mit Asthma bronchiale, atopischer Dermatitis und Adipositas teil.

Es kann gezeigt werden, dass Kinder mit Adipositas eine signifikant niedrigere Lebensqualität und damit subjektiv schlechtere Be-

findlichkeit in fast allen Bereichen berichten als Kinder mit Asthma bronchiale oder Neurodermitis (◘ Abb. 29.4).

Vor allem hinsichtlich des eigenen Selbstwerts und im Bereich der sozialen Kontakte mit Gleichaltrigen, also der Freunde, sind für adipöse Kinder im Vergleich zu den anderen Diagnosegruppen deutliche Lebensqualitäteinschränkung zu erkennen. Darüber hinaus ergeben sich innerhalb der Adipositas-Gruppe Unterschiede in der Lebensqualität entsprechend der Ausprägung der Adipositas. Je höher das Gewicht ist, desto schlechter fallen die Bewertungen der eigenen Lebensqualität aus.

Im Zeitverlauf zeigen v. a. die Ergebnisse für die Gruppe der adipösen Kinder und Jugendlichen nach dem stationären Rehabilitationsaufenthalt eine signifikante Verbesserung in dem Gesamt-Lebensqualitätswert und in fast allen Lebensqualitätsbereichen (Körper, Psyche, Selbstwert, Freunde), in dem Modul für »chronische Erkrankung« und v. a. in dem »Adipositas-Modul«, welches besonders rele-

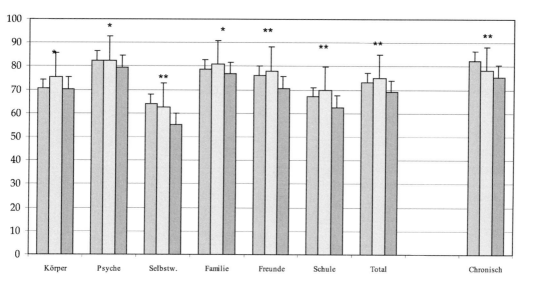

◘ Abb. 29.4. Lebensqualität und Diagnose. ANOVA, * p < 0,05, ** p < 0,01, Kinder-Rehabilitationsstudie, KINDL-R LQ Skalen, Adipositas n = 606, Asthma n = 232, Neurodermitis n = 101

vante krankheitsspezifische und mit Übergewicht assoziierte Inhalte abdeckt (◻ Abb. 29.5). Die hohen Effekte der Rehabilitationsmaßnahme im Hinblick auf die verbesserte subjektive Befindlichkeit blieben über die Zeit stabil und waren mit einer Gewichtsreduktion assoziiert.

Hinsichtlich der Dimension Familie konnte bei der Lebensqualitätsbeurteilung der adipösen Kinder und Jugendlichen über die Zeit keine Verbesserung festgestellt werden. Die Subskala »Familie« beinhaltet Aspekte, die die Interaktion zwischen Eltern und Kindern betreffen. Kinder lernen in der Rehabilitation einen anderen Umgang mit Ernährung und mit Essen, und es ist für sie oftmals schwer, die geänderten Verhaltensweisen später in der Familie durchzuhalten. Da die Familie der adipösen Kinder und Jugendlichen während des stationären Aufenthalts nicht mitgeschult wird und ihre alten Verhaltensweisen oftmals behält, spiegelt dies einen potenziellen Konfliktherd in der Familie um die Ernährung und um Essensgewohnheiten wieder.

Als Prädiktoren zur Voraussage für eine gute Lebensqualität auch noch ein Jahr nach

einer stationären Rehabilitationsmaßnahme können v. a. die soziale Unterstützung in der Familie und durch Freunde, die Abwesenheit von Stressoren, z. B. Schulstress, die Fähigkeit mit der Krankheit eigenständig umzugehen und die Erfüllung der Erwartungen, mit der die adipösen Kinder und Jugendlichen in die Rehabilitation gehen, genannt werden. Je größer also die soziale Unterstützung, je geringer der Stress, je ausgeprägter die Gewissheit, selber auf das Übergewicht einwirken zu können und je besser die Zielerreichung während der Rehabilitation, desto höher wird subjektive Befindlichkeit eingeschätzt.

Gesundheit ist also nicht nur eine messbare Größe im Sinne medizinischer Befunde, sondern ein Gegenstand subjektiven Erlebens, der schon für Kinder und Jugendliche Relevanz besitzt. Mit der Messbarkeit der gesundheitsbezogenen Lebensqualität erhöht sich die Möglichkeit, das Thema in die Versorgungsforschung adipöser Kinder und Jugendlicher einzubeziehen. Durch die systematische Verbreitung des empirisch fundierten Wissens über die Lebensqualität pädiatrischer Patienten mit Adipositas sowie durch

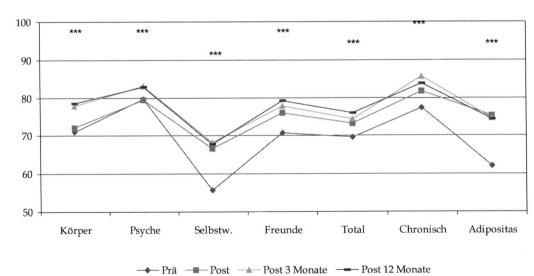

◻ **Abb. 29.5.** Lebensqualität bei Adipositas im Verlauf der Rehabilitation. ANOVA, * p < 0,05, ** p < 0,01, *** p ≤ 0,001, Kinder-Rehabilitationsstudie, KINDL-R LQ Skalen, n = 302

Möglichkeiten ihrer Erfassung und ihrer Veränderung mithilfe therapeutischer Strategien, kann die Lebensqualitätsforschung in der Kinderheilkunde weiter entwickelt werden. Sie kann dazu beitragen, die Lebensqualität der adipösen Kinder nicht nur als Gegenstand der individuellen Arzt-Patient-Interaktion während der Behandlung, sondern auch als Zielkriterium in klinischen Untersuchungen und Therapiestudien zu thematisieren. Ein solches Instrumentarium dient letztlich dem Ziel, die Therapieergebnisse aus Sicht erkrankter Kinder und ihrer Familien zu beurteilen und damit Wege der weiteren Verbesserung der medizinischen und psychologischen Betreuung der Betroffenen zu finden.

Aus den Ergebnissen epidemiologischer und klinischer Studien, in denen kindliche Lebensqualität erfasst wird, lassen sich präventive Maßnahmen auf der Versorgungsseite ableiten. Bisherige repräsentative epidemiologische Studien zum Gesundheitszustand und -verhalten von Kindern und Jugendlichen im deutschen Sprachraum haben Daten zur Lebensqualität von Kindern und Jugendlichen mit Adipositas bei der Identifikation von Risikopopulationen kaum berücksichtigt. Die Befragung zur gesundheitsbezogenen Lebensqualität von Kindern und Jugendlichen wurde daher in den ersten bundesweiten Kinder- und Jugendgesundheit-Survey Deutschlands integriert (Ravens-Sieberer, Bettge u. Erhart, 2003). Unter einer Public-Health-Perspektive erscheint es sinnvoll, Kinder und Jugendliche mit Adipositas – und damit mit einer beeinträchtigten gesundheitsbezogenen Lebensqualität – früh in ihrer Entwicklung zu identifizieren, um ihnen die entsprechenden Förderungsmöglichkeiten zukommen zu lassen. Angesichts der wachsenden Angebotsvielfalt der verschiedenen Therapieprogramme bei Adipositas kommt der Prävention eine besondere Bedeutung zu (▶ Kap. 47). Präventionsprogramme sollten primär- und sekundärpräventiv ausgerichtet sein und die ganze Familie einbeziehen, was frühzeitiges Erkennen übergewichtiger Kinder und die gezielte Beratung und Unterstützung bei der Verhaltensänderung genauso beinhaltet wie die Stärkung des Selbstwertgefühls, eine Schulung der eigenen Körperwahrnehmung und die Anleitung zu einer ausgewogenen Ernährung und zu sinn-

vollem Bewegungs- und Freizeitverhalten. Von Bedeutung ist auch die bereite Vermittlung angemessener Fähigkeiten zum Umgang mit Frustrationen, Ärger und sozialen Belastungen, damit Kinder und Jugendliche nicht zu Frust-, Stress- oder Langeweile-Essern werden und sich durch sozialen Druck im Zusammenhang mit Essen und Trinken nicht beeinflussen lassen. Hier kommt auch Schulen und anderen Sozialisationseinrichtungen eine wichtige Funktion zu.

> **Praxistipp**
>
> Im Sinne der Public-health-Forschung und Praxis scheint es angemessen, durch regelmäßigen Einsatz des Kriteriums »gesundheitsbezogene Lebensqualität« in klinischen, rehabilitationswissenschaftlichen und epidemiologischen Untersuchungen Einschränkungen der Lebensqualität frühzeitig zu erkennen und diesen Bereich aktiv in die Gesundheitsplanung einzubeziehen.

Literatur

Bullinger M (1997) Gesundheitsbezogene Lebensqualität und subjektive Gesundheit. Überblick über den Stand der Forschung zu einem neuen Evaluationskriterium in der Medizin. Psychother Psychosom Med Psychol 3/4: 76–91
Hurrelmann K, Klocke A, Melzer W, Ravens-Sieberer U (2003) Jugendgesundheitssurvey – Internationale Vergleichsstudie im Auftrag der WHO. Juventa, Weinheim
Kromeyer-Hauschild K, Wabitsch M, Kunze D et al. (2001) Perzentile für den Body-Mass-Index für das Kindes- und Jugendalter unter Heranziehung verschiedener deutscher Stichproben. Monatsschr Kinderheilk 149: 807–818
Ravens-Sieberer U, Bullinger M (2003 a) Der Kindl-R-Fragebogen zur Erfassung der gesundheitsbezogenen Lebensqualität bei Kindern und Jugendlichen – Revidierte Form. In: Schumacher J, Klaiberg A, Brähler E (Hrsg) Diagnostische Verfahren zu Lebensqualität und Wohlbefinden. Hogrefe, Göttingen, S 184–188
Ravens-Sieberer U, Bullinger M (2003 b) Lebensqualitätsassessment in der pädiatrischen Rehabilitation. In: Petermann F (Hrsg) Prädiktion, Verfahrensoptimierung und Kosten in der medizinischen Rehabilitation. S. Roderer, Regensburg, S. 325–347
Ravens-Sieberer U, Redegeld M, Bullinger M (2001) Quality of life after inpatient rehabilitation in children with obesity. Int J Obes 25: 63–65
Ravens-Sieberer U, Bettge S, Erhart M (2003) Lebensqualität von Kindern und Jugendlichen – Ergebnisse aus der Pilot-

phase des Kinder- und Jugendgesundheitssurveys. Bundesgesundheitsbl Gesundheitsforsch Gesundheitsschutz 46 (4): 340–345

Zubrägel S, Settertobulte W (2003) Körpermasse und Ernährungsverhalten von Jugendlichen. In: Hurrelmann K, Klocke A, Melzer W, Ravens-Sieberer U (Hrsg) Jugendgesundheitssurvey – Internationale Vergleichsstudie im Auftrag der WHO. Juventa, Weinheim

Weiterführende Literatur

Currie C, Roberts C, Morgan A, Smith R, Settertobulte W, Samdal O, Barnekow Rasmussen V (2004); (eds) Young peoples health in context – Health behavior in school-aged children (HBSC) study: International report from the 2001/2002 survey. Health policy for children and adolescents, No 4. WHO, Copenhagen
Kommentar: International vergleichende Ergebnisse zu Übergewicht, Adipositas und assoziierten Gesundheitsverhaltensweisen bei Kindern und Jugendlichen.

Ravens-Sieberer U, Cieza A (Hrsg) (2000) Lebensqualität und Gesundheitsökonomie in der Medizin. Ecomed, München
Kommentar: Erläuterung des Konstrukts »Lebensqualität« und seiner Verwendung in der Medizin.

29

VI

Diagnostik

Die Diagnostik bei Adipositas im Kindes- und Jugendalter gliedert sich in eine klinische und laborchemische Diagnostik und eine psychologische, psychosoziale und Verhaltensdiagnostik. Die klinische und laborchemische Diagnostik (▶ Kap. 30) ist in jedem Falle erforderlich. Sie kann in begründeten Fällen und bei Syndromverdacht durch eine molekulargenetische Diagnostik erweitert werden. Die psychologische, psychosoziale und Verhaltensdiagnostik (▶ Kap. 31) kann gezielt im Rahmen der therapeutischen Maßnahmen angeschlossen werden. Die Erhebung detaillierter Informationen zur Energiezufuhr (▶ Kap. 35) und zur körperlichen Aktivität (▶ Kap. 34) ist dabei ebenfalls sinnvoll.

Bei der initialen Diagnostik bei einem Kind oder Jugendlichen mit Adipositas müssen darüber hinaus Hinweise für das Vorliegen einer schwer wiegenden psychiatrischen Grunderkrankung, wie z.B. einer Depression oder einer Bulimie erkannt werden, da sich hieraus therapeutische Konsequenzen ergeben und eine Adipositas-Therapie kontraindiziert sein kann. Liegen entsprechende Hinweise vor, muss der Patient an einen Kinder- und Jugendpsychiater oder Psychologen verwiesen werden.

Zusätzliche diagnostische Verfahren können in begründeten Fällen notwendig sein, um die Körperzusammensetzung (▶ Kap. 32) und den Energieumsatz (▶ Kap. 33) zu bestimmen.

Die hier dargestellten Inhalte basieren auf den Leitlinien für Adipositas der Deutschen Gesellschaft für Kinderheilkunde und Jugendmedizin bzw. der Arbeitsgemeinschaft Adipositas im Kindes- und Jugendalter (http//:www.a-g-a.de).

Somatische und laborchemische Diagnostik

M. Wabitsch

Durch eine sinnvolle Diagnostik sollten eine ursächliche Grunderkrankung sowie die medizinischen Folgen der Adipositas möglichst vollständig erkannt werden. Adipositas kann in seltenen Fällen als Symptom einer anderen definierten Grunderkrankung zugeordnet werden. Der Krankheitswert der Adipositas im Kindes- und Jugendalter ergibt sich zum einen aus der funktionellen Einschränkung und zum anderen aus den somatischen Folgeerkrankungen, die sich bereits im Kindesalter manifestieren können. Somatische Folgen sind z. B. Störungen ▼

des Stütz- und Halteapparats (▶ Kap. 25), Hypertonie (▶ Kap. 21), Fettstoffwechselstörungen (▶ Kap. 20), Diabetes mellitus Typ 2 (▶ Kap. 19), Hyperandrogenämie bei Mädchen (▶ Kap. 26), Hyperurikämie (▶ Kap. 23), Cholezystolithiasis (▶ Kap. 22), Insulinresistenz und metabolisches Syndrom (▶ Kap. 23).

Sinnvolle Diagnostik

◘ Abbildung 30.1 zeigt einen Untersuchungsplan im Überblick; unter bestimmten Umständen können weitere Untersuchungen erforderlich

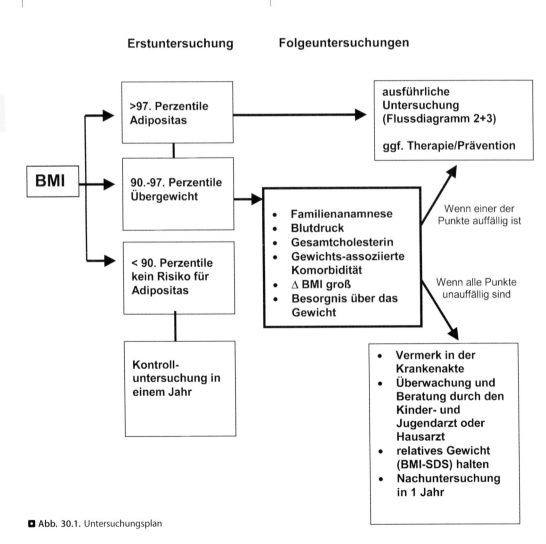

◘ **Abb. 30.1.** Untersuchungsplan

werden (■ Abb. 30.2 und 30.3). Der Untersuchungsplan dient zunächst einem Screening. Dabei soll unter Verwendung der empfohlenen BMI-Perzentile für deutsche Kinder und Jugendliche (Kromeyer-Hauschild, 2001) festgestellt werden, ob eine Adipositas (BMI > 97. Perzentile) oder ein Übergewicht (BMI 90.–97. Perzentile) vorliegt (► Kap. 1).

Übergewicht. Ab der 90. Perzentile für den BMI sprechen wir definitionsgemäß von Übergewicht. Hier kann bereits eine gesundheitsgefährdende Erhöhung der Körperfettmasse vorliegen. Deshalb wird ein Risikoscreening empfohlen. Hierzu gehört eine ausführliche Erhebung der Familienanamnese, mit der Frage nach dem Vorkommen von Adipositas (BMI eines Elternteils $> 30\,\mathrm{kg/m^2}$) und einer frühzeitigen Entwicklung einer Arte-

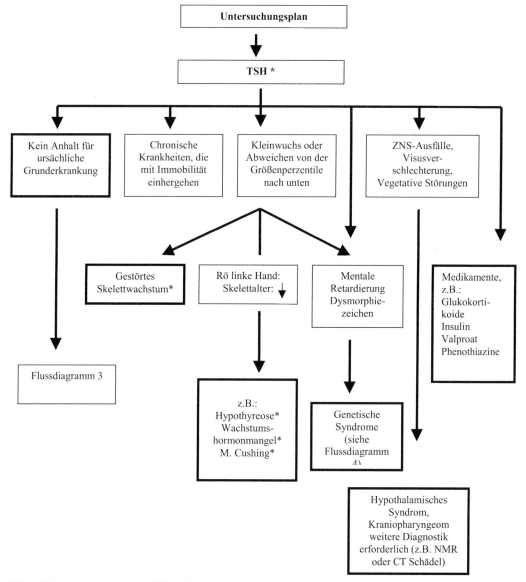

■ **Abb. 30.2.** Ausschluss einer ursächlichen Primärerkrankung (* für weitere Diagnostik und weiteres Vorgehen s. spezielle Kapitel der Leitlinien der DGKJ)

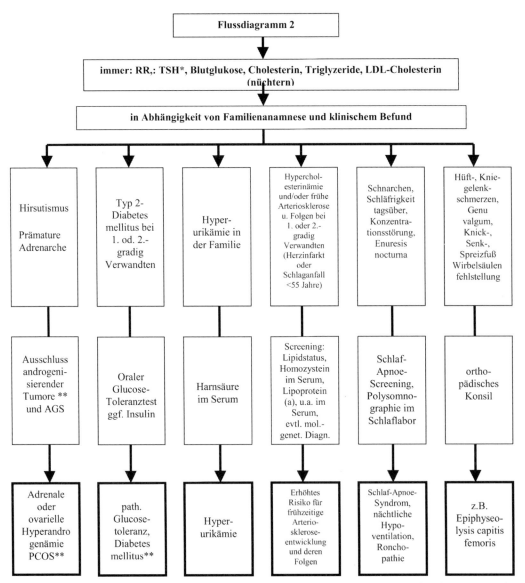

Abb. 30.3. Ermittlung des Gesundheitsrisikos und der Komorbidität (* s. Text; ** für weitere Diagnostik und weiteres Vorgehen ▶ spezielle Kapitel der Leitlinien der DGKJ)

riosklerose und deren Folgen (Herzinfarkt oder Schlaganfall unter 55 Jahren bei Verwandten 1. oder 2. Grades). Es gehört im Weiteren die Messung des Blutdrucks und die Bestimmung des Gesamtcholesterins und des LDL-Cholesterins dazu. Bei hier vorliegenden pathologischen Befunden, bei Vorliegen einer anderen gewichtsassoziierten Komorbidität, bei einem übermäßig großen BMI-Zuwachs (BMI > 2,0 kg/m²/Jahr) und bei einer er-

kennbaren großen Besorgnis über das bestehende Körpergewicht sollte ggf. eine ausführlichere Diagnostik gemacht (◻ Abb. 30.2 und 30.3) und eine adäquate präventive oder therapeutische Maßnahme durchgeführt werden.

Adipositas. Ab der 97. Perzentile liegt definitionsgemäß eine Adipositas vor. Es sollte eine ausführlichere Untersuchung entsprechend den Diagrammen in ◻ Abb. 30.2 und 30.3 sowie adäquate präventive oder therapeutische Maßnahmen durchgeführt werden.

Bei Übergewicht und dem Vorliegen eines oder mehrerer zusätzlicher Risikofaktoren oder bei Adipositas verfolgt die weitere Diagnostik zunächst die folgenden 3 Ziele:

- Bestimmung des Ausmaßes der Adipositas/ des Übergewichts,
- Ausschluss einer ursächlichen Grunderkrankung,
- Erkennen des Gesundheitsrisikos und der Komorbidität wie z. B. endokrinologische, metabolische, orthopädische, respiratorische, dermatologische, psychiatrische Sekundärveränderungen.

Darüber hinaus sind bei Kindern und Jugendlichen weitere mit Adipositas assoziierte Befunde zu erheben, die nicht die Kriterien für eine Folgeerkrankung erfüllen jedoch erkannt und dokumentiert werden sollten.

30.1 Bestimmung des Ausmaßes der Adipositas

Körpergröße und Körpergewicht müssen mit geeichten Messinstrumenten bestimmt werden. Die BMI-Perzentile und/oder der BMI-SDS können dann berechnet werden (▶ Kap. 1). Eine Hilfestellung für diese Berechnungen und die Möglichkeit einer grafischen Darstellung ist über das Serviceangebot der AGA-Homepage (http://www@a-g-a.de) möglich.

Bei Jugendlichen, die älter als 15 Jahre sind, ist die Bestimmung des Körperfettverteilungsmusters sinnvoll, um ein eher zentrales von einem eher peripheren Körperfettverteilungsmuster zu unterscheiden. Der Taillenumfang wird dazu genau in der Mitte zwischen dem Rippenbogen und der Spina iliaca anterior superior horizontal gemessen. Der Hüftumfang wird horizontal in Höhe des Trochanter major gemessen. Bei der erwachsenen Frau spricht ein Quotient aus Taillen- und Hüftumfang > 0,85 für das Vorliegen einer zentralen Körperfettverteilung. Beim erwachsenen Mann liegt diese Grenze bei 1,00. Bei Jugendlichen gibt es für die WHR keine Referenzwerte. Je älter die Jugendlichen sind, um so

eher können die Erwachsenen-Referenzwerte verwendet werden.

30.2 Ausschluss einer ursächlichen Grunderkrankung

Klassische Grunderkrankungen, die zu einer Adipositas führen, sind selten; diese sind meist durch ein inadäquates Längenwachstum oder/ und durch eine inadäquate psychomotorische Entwicklung schnell erkennbar. Ein strukturiertes diagnostisches Vorgehen zeigt ◻ Abb. 30.2.

Besondere Angaben aus der Anamnese

Um den genauen Beginn der Adipositas feststellen zu können, ist es sinnvoll, aus früher erhobenen Größen- und Gewichtsmessungen den jeweiligen Body-Mass-Index (BMI) zu berechnen und diesen in eine BMI-Perzentilenkurve einzutragen. Häufig muss man feststellen, dass der Beginn der Adipositas bereits viele Jahre zurückliegt. Schnelle Zuwachsraten des BMI bzw. ein schneller Anstieg des BMI-SDS innerhalb kurzer Zeit und evtl. eine Reduktion der Wachstumsgeschwindigkeit deuten auf eine erworbene Ursache der Adipositas hin (Cushing-Syndrom?, Hypothyreose?).

Körperliche Untersuchung

Die Körperlänge eines adipösen Kindes liegt vor Abschluss der Pubertät im oberen Normbereich (Körperlänge > 97. Perzentile bei Adipositas sind häufig zu finden), da das biologische Alter dieser Kinder akzeleriert und die Wachstumsgeschwindigkeit beschleunigt ist. Als einfache Regel kann gelten, dass eine Körpergröße < 50. Perzentile bei Adipositas auffallend niedrig ist und erklärt werden muss.

Bestimmung der TSH-Konzentration im Serum

Die Bestimmung des TSH dient zum Ausschluss einer Hypothyreose, z. B. im Rahmen einer Autoimmunthyreoiditis, einer Jodmangelstruma oder Schilddrüsendysplasie. Es ist allerdings eher unwahrscheinlich, dass eine erworbene Hypothyreose als alleinige Ursache für eine ausgeprägte Adipositas vorliegt (▶ Kap. 26).

Bestimmung der Leptin-Konzentration im Serum

Die Konzentration von Leptin im Serum wird weitgehend durch die Fettmasse des Körpers, durch das Geschlecht und durch das Pubertätsstadium bestimmt. Da ein angeborener Mangel an Leptin extrem selten ist, ist diese Untersuchung vorläufig wissenschaftlichen Fragestellungen vorbehalten.

Adipositas/Makrosomie des Neugeborenen

Mögliche Ursache einer Adipositas bzw. Makrosomie im Neugeborenenalter ist die diabetische Fetopathie oder das Beckwith-Wiedemann-Syndrom oder andere Makrosomiesyndrome.

Syndromale Formen der Adipositas

Hierzu verweisen wir auf ▶ Kap. 4, in dem auch ein Flussdiagramm (◘ Abb. 4.1) und Hilfestellungen zur Diagnostik syndromaler Adipositas-Formen gegeben sind.

Monogene Ursachen der Adipositas

Die bisher bekannten monogenen Formen der Adipositas sind in ▶ Kap. 3 dargestellt. Die häufigste monogene Form wird durch eine Mutation im Melanokortin-4-Rezeptor (MCR4) hervorgerufen (▶ Kap. 13). Sollten für betroffene Patienten zukünftig spezifische Therapien oder eine Prävention der Entwicklung der Adipositas möglich sein, ist eine molekulargenetische Untersuchung aller Patienten mit Adipositas auf das Vorkommen dieser Mutation sinnvoll (bis zu 5% Mutationsträger in Kollektiven mit Adipositas).

30.3 Erkennen des Gesundheitsrisikos und der Komorbidität

Besondere Angaben aus der Anamnese

Zunächst sollte nach dem Vorliegen anderer, familär gehäuft vorkommender Risikofaktoren (Hypertonie, Fettstoffwechselstörung, Diabetes mellitus, Hyperurikämie, Cholezystolithiasis) in der Familie gefragt werden, da deren Auftreten durch eine Adipositas verstärkt wird und das Gesundheitsrisiko dann erhöht ist.

In der Eigenanamnese sollte nach Kopfschmerzen, Hüft- und Kniegelenkschmerzen, Konzentrationsschwäche, Schnarchen und Schläfrigkeit am Tage gefragt werden (◘ Tabelle 30.1).

Der Leidensdruck eines adipösen Kindes wird durch die psychosoziale Benachteiligung und auch die Überforderung im Rahmen von Therapieversuchen ausgelöst. Er kann zu mangelndem Selbstbewusstsein, depressiver Verstimmung und anderen Verhaltensauffälligkeiten führen und ist daher für die Beurteilung der Komorbidität wichtig. Ohne ausführliche psychologische Diagnostik (▶ Kap. 31) lassen sich Informationen hierüber auch durch Fragen nach »Hänseln durch Klassenkameraden«, »Angst vor dem Sportunterricht«, »Freizeitbeschäftigung mit Freunden« einholen.

Körperliche Untersuchung

Bei der körperlichen Untersuchung ist auch auf das Vorkommen von Hirsutismus, Intertrigo, Acanthosis nigricans (◘ Abb. 30.4), Achsfehlstellungen im Kniegelenk (◘ Abb. 30.5) und Einschränkung der Beweglichkeit im Hüftgelenk zu achten. Das Pubertätsstadium nach Tanner sollte erhoben werden und eine Pubertas praecox oder eine prämature Adrenarche (v. a. bei Mädchen) bzw. eine Pubertätsentwicklungsverzögerung oder ein Hypogenitalismus bei Jungen erkannt werden.

▢ Tabelle 30.1. Anamnestische und klinische Befunde bei Kindern und Jugendlichen mit Adipositas und deren mögliche Bedeutung

Befund	Mögliche Bedeutung
Anamnese	
Entwicklungsverzögerung	Chromosomale oder genetische Störung
Ungenügendes Längenwachstum	z.B. Hypothyreose, Cushing-Syndrom
	Prader-Willi-Syndrom (PWS)
Kopfschmerzen	Pseudotumor cerebri
	Bluthochdruck
Nächtliche Atemstörung	Schlaf-Apnoe-Syndrom,
Schläfrigkeit am Tage	Schlaf-Apnoe-Syndrom
	Hypoventilations-Syndrom
Bauchschmerzen	Gallensteine
Knie- oder Hüftschmerzen	Epiphyseolysis capitis femoris
Oligo- oder Amennorrhö	Polyzystisches Ovar-Syndrom (PCOS)
Familienanamnese	
Adipositas	
Diabetes mellitus Typ 2	
Kardiovaskuläre Erkrankung	
Bluthochdruck	Erhöhtes Risiko für solche Erkrankungen
Dyslipoproteinämie	
Gallensteine	
Besondere Fragen nach	
Depression	
Essverhaltensstörung	ggf. Vorstellung beim Psychiater
Körperlicher Untersuchungsbefund	
Beschleunigtes Längenwachstum	Vor Abschluss der Pubertät häufig vorkommender Befund bei Adipositas
Zentrale Körperfettverteilung	erhöhtes Risiko für kardiovaskuläre Erkrankungen, Cushing-Syndrom?
Striae distensae	
Pseudogynäkomastie (Jungen)	Häufig vorkommende Befunde bei Adipositas
Pseudohypogenitalismus (Jungen)	
Dysmorphe Stigmata	Genetische Störung (z.B. PWS)
Acanthosis nigricans	Hyperinsulinämie, Diabetes mellitus Typ 2
Prämature Adrenarche	Heterozygotes AGS
Hirsutismus	PCO, Cushing-Syndrom
Stauungspapille	Pseudotumor cerebri
Große Tonsillen	Schlaf-Apnoe
Druckschmerzhaftes Abdomen	Gallenblasenerkrankung
Kryptorchismus	Prader-Willi-Syndrom
Achsabweichung im Kniegelenk	Genu vara
Eingeschränkte Beweglichkeit im Hüftgelenk	Epiphyseolysis capitis femoris

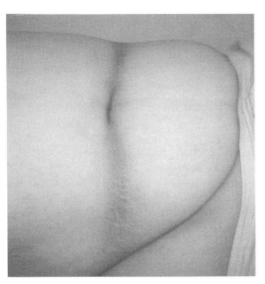

Abb. 30.4. Acanthosis nigricans, die typischerweise am Hals und axillär zu finden ist, kann auch an anderen Körperstellen (im Bereich von Hautfalten) vorkommen

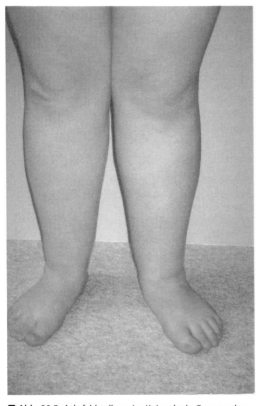

Abb. 30.5. Achsfehlstellung im Kniegelenk: Genua valga kombiniert mit Knick-Senk-Spreizfüßen

Labordiagnostik und apparative Diagnostik

Die zur Komorbiditätsdiagnostik notwendigen laborchemischen und apparativen Untersuchungen werden in Abhängigkeit von klinischen Befunden und einer ausführlichen Familienanamnese entsprechend ❏ Abb. 30.3 durchgeführt.

Die Labordiagnostik sollte immer die Serumkonzentrationen von Gesamtcholesterin und LDL-Cholesterin, Triglyzeride (nüchtern; ▶ Kap. 20) und TSH umfassen sowie die Bestimmung des Blutzuckers. In Abhängigkeit von der Familienanamnese und der körperlichen Untersuchung sind ggf. weitere metabolische und hormonelle Untersuchungen sinnvoll.

Die Durchführung eines oralen Glukosetoleranztests sollte bei adipösen Kindern und Jugendlichen mit positiver Familienanamnese für Typ-2-Diabetes und bei extremer Adipositas (BMI > 99,5 Perzentile) erfolgen, um eine Störung im Glukosestoffwechsel frühzeitig zu erkennen (▶ Kap. 19). Die Messung der Serumkonzentrationen von Insulin (nüchtern) und der Leberenzyme kann weitere Hinweise für das Vorliegen eines (prä)metabolischen Syndroms liefern und eines damit erhöhten kardiovaskulären Risikos (▶ Kap. 23).

Bei Kindern und Jugendlichen mit Adipositas kann über die prognostische Aussagekraft der Serumkonzentrationen der Leberenzyme bezüglich eines erhöhten Gesundheitsrisikos noch keine klare Aussage gemacht werden. Erhöhte Leberenzyme findet man häufig bei Patienten mit einer erhöhten Insulinresistenz. Bei ungefähr 3 von 10 Kindern mit Adipositas sind erhöhte Leberenzyme zu finden; es liegt der Verdacht auf eine Steatosis hepatis vor, der durch eine Ultraschalluntersuchung der Leber erhärtet werden kann (▶ Kap. 22).

Klagen adipöse Kinder über Bauchschmerzen muss auch an das Vorliegen einer Cholezystolithiasis gedacht werden, die durch eine Ultraschalluntersuchung des Abdomens bestätigt werden kann (▶ Kap. 23).

Der systolische und der diastolische Blutdruck sollen mit entsprechender Manschettenbreite bei jedem Patienten gemessen werden (▶ Kap. 21).

Risiko des Fortbestehens der Adipositas: Die Wahrscheinlichkeit, dass eine Adipositas im Kindesalter bis ins Erwachsenenalter fortbesteht, ist hoch, wenn das Kind älter als 4 Jahre ist, einen übergewichtigen Elternteil hat oder eine extreme Adipositas aufweist. Bei einem 7-jährigen Kind mit Adipositas und einem adipösen Elternteil besteht z. B. unabhängig von der Ausprägung der Adipositas eine 70%ige Wahrscheinlichkeit, auch im Erwachsenenalter adipös zu sein.

Diagnostik bei extremer Adipositas

Bei Vorliegen einer extremen Adipositas und zusätzlicher Symptome sind weitere diagnostische Schritte empfehlenswert.

Weitere Befunde, die bei Kindern und Jugendlichen mit Adipositas erhoben werden können

Da die Adipositas familiär gehäuft auftritt, ist die Feststellung der Größe und des Gewichts bei Geschwistern, Eltern, Großeltern wichtig.

Umgebungsfaktoren, die eine Adipositas begünstigen, sind eine hyperkalorische und ballaststoffarme Ernährung und mangelnde körperliche Aktivität. Ohne genauere Analyse kann bei der Anamnese z. B. nach Mahlzeiten außerhalb von zu Hause, nach dem Verzehr von Fertigprodukten und nach »zwischendurch essen« sowie nach dem Ausmaß der sportlichen Aktivität und dem Fernsehkonsum gefragt werden. Zusätzlich können durch einige Fragen zur Sozialanamnese weitere Faktoren, wie Vernachlässigung des Kindes durch die Eltern aufgrund von Zeitmangel, Scheidung der Eltern, Berufstätigkeit der Mutter und andere, die das Auftreten einer Adipositas begünstigen, schnell erkannt werden.

Adipöse Kinder und Jugendliche weisen häufig ausgeprägte Striae distensae auf (◘ Abb. 30.6). Diese können typischerweise im Bereich der Oberarme, der Brust, des Abdomens, der Hüften und der Oberschenkel auftreten.

Jungen mit Adipositas werden oft wegen einer Brustvergrößerung und wegen eines zu klein erscheinenden Genitals vorgestellt (▶ Kap. 26). Es handelt sich dabei vorwiegend um eine Pseudogynäkomastie bei vergrößerten, subkutanen Fettdepots. Zusätzlich kann eine leichte Vergrößerung des Drüsenkörpers gefunden werden, was teilweise durch die bei Adipösen bestehende Hyperöstrogenämie verursacht wird (◘ Abb. 30.7). Hauptursache für den oft vorliegenden Pseudohypogenitalismus ist die massiv vergrößerte, subkutane Fettschicht, in der Penis und Skrotum nahezu vollständig verschwinden. Bei adipösen Jungen entwickeln sich die Gonaden bezogen auf das akzelerierte Skelettwachstums allerdings eher verzögert.

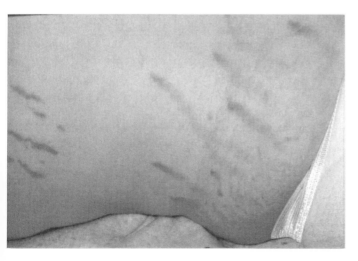

◘ **Abb. 30.6.** Ausgeprägte Striae distensae bei Adipositas, Ausschluss eines Cushing-Syndroms

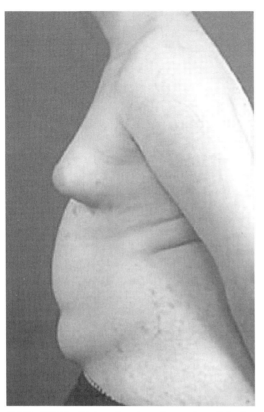

Abb. 30.7. Kombinierte Pseudogynäkomastie und Gynäkomastie (intraoperativer Befund) bei einem 13-jährigen Jungen

Bei Mädchen mit Adipositas kommt es zu einer frühen Pubertätsentwicklung und zu einer eher frühen Menarche. Eine Untergruppe dieser Mädchen entwickelt einen Hirsutismus und später Zyklusstörungen (► Kap. 26). Diese Patientinnen haben typischerweise eine abdominelle Körperfettverteilung (WHR > 0,85) und zeigen oft ein ungünstiges kardiovaskuläres Risikoprofil.

Besondere Befunde, die bei Kindern und Jugendlichen mit Adipositas erhoben werden können, und deren mögliche Bedeutung sind in ◻ Tabelle 30.1 zusammengefasst.

Literatur

Barlow SE, Dietz WH (1998) Obesity evaluation and treatment: Expert committee recommendations. Paediatrics 102: e29

Kromeyer-Hauschild K, Wabitsch M, Kunze D et al. (2001) Perzentile für den Body Mass Index für das Kindes- und Jugendalter unter Heranziehung verschiedener deutscher Stichproben. Monatsschr Kinderheilkd149: 807–818

Poskitt EME (1995) Obesity. In: Brook CGD (ed) Clinical paediatric endocrinology, 3rd edn. Blackwell, Oxford, pp 210–233

Wabitsch M (1999) Adipositas. In: Michalk D, Schönau E (Hrsg) Differentialdiagnose Pädiatrie. Urban & Schwarzenberg, München, S 30–37

Wabitsch M, Kunze D (2002) Adipositas. In: Reinhardt D (Hrsg) Leitlinien Kinderheilkunde und Jugendmedizin. Urban & Fischer, München. D4, S 1–36

Psychosoziale und Verhaltensdiagnostik

J. Westenhöfer

31.1 Vorbemerkung

Die Diagnostik des Verhaltens sowie psychologischer und psychosozialer Aspekte bei der Adipositas von Kindern und Jugendlichen verfolgt 3 verschiedene Ziele:

1. Überprüfen, ob aus psychologischer und psychosozialer Sicht Kontraindikationen gegen eine Therapie der Adipositas bestehen.
2. Erheben von Informationen über psychologische, psychosoziale und Verhaltensaspekte, die für Einleitung und Steuerung des Therapieprozesses wesentlich sind.
3. Erheben von psychologischen und psychosozialen Parametern für die Evaluation des Behandlungserfolgs.

31.2 Überprüfen von Kontraindikationen

> **Praxistipp**
>
> Schwere psychosoziale Belastungen wie Verhaltens- und Entwicklungsstörungen oder extreme familiäre Belastungssituationen sowie ein hohes Risiko von Essstörungen können eine andere Therapie als die Therapie der Adipositas vordringlich machen.

Die meisten psychischen Störungen und psychosozialen Belastungen können als relative Kontraindikation verstanden werden, die ein sorgfältiges Abwägen der Chancen und Risiken einer Adipositas-Therapie aufgrund klinischer Erfahrung erfordern. Bulimische Essstörungen stellen eine absolute Kontraindikation dar, da hier das Aufgeben von gezügeltem Essverhalten (bewusste Einschränkung der Nahrungsaufnahme, um abzunehmen oder um eine Gewichtszunahme zu verhindern) therapeutisch notwendig ist.

Anamnestisch ist das Vorliegen von schwer wiegenden psychosozialen Belastungen und psychischen Störungen bzw. Entwicklungsstörungen zu klären. Insbesondere bei Jugendlichen muss dabei das Bestehen einer Essstörung wie Bulimia

nervosa und Binge-Eating-Störung überprüft werden (▶ Kap. 27). Die Prävalenz bulimischer Essstörungen bei Jugendlichen liegt bei ca. 2% (Wittchen et al., 1998). Bei Kindern unter 10 Jahren sind bulimische Essstörungen selten. Die diagnostischen Kriterien hierfür sind in den beiden folgenden Übersichten dargestellt.

DSM-IV-Kriterien für Bulimia nervosa (APA, 1994; die DSM-IV-Forschungskriterien für die so genannte Binge-Eating-Störung sind in Kap. 27 aufgelistet)

A   Regelmäßige Essanfälle:
Ein Essanfall ist durch folgende 2 Merkmale gekennzeichnet:
1. In einem abgrenzbaren Zeitraum (z. B. innerhalb von 2 h) wird eine Nahrungsmenge gegessen, die deutlich größer ist als die Menge, die die meisten anderen im selben Zeitraum und unter den gleichen Umständen essen würden.
2. Während des Essanfalls wird der Verlust der Kontrolle über das Essen empfunden (z. B. das Gefühl, nicht mit essen aufhören zu können oder nicht im Griff zu haben, wie viel gegessen wird).

B   Regelmäßiges unangemessenes Kompensationsverhalten, um einen Gewichtsanstieg zu vermeiden, wie selbst-herbeigeführtes Erbrechen, Missbrauch von Abführmitteln, Diuretika, Einläufen oder von anderen Medikamenten, Fasten oder exzessiver Sport.

C   Die Essanfälle und das unangemessene Kompensationsverhalten treten beide im Durchschnitt mindestens 2-mal pro Woche für 3 Monate auf.

D   Die Bewertung der eigenen Person wird durch Figur und Gewicht übermäßig beeinflusst.

E   Die Störung tritt nicht ausschließlich während einer Phase der Anorexia nervosa auf.
    ▬ Subtyp angeben:
    ▬ Abführender Typ:
In der gegenwärtigen Phase der Bulimia nervosa praktiziert die Person regelmäßig selbst-herbeigeführtes Erbrechen, oder den Missbrauch von Abführmitteln, Diuretika oder Einläufen.
Nicht abführender Typ:
In der gegenwärtigen Phase der Bulimia nervosa benutzt die Person anderes unangemessenes Kompensationsverhalten, wie Fasten oder exzessiven Sport, praktiziert aber nicht regelmäßig

selbst-herbeigeführtes Erbrechen oder den Missbrauch von Abführmitteln, Diuretika oder Einläufen.

Fragebogen zum Screening von Essstörungen für Jugendliche (deutsche Übersetzung des SCOFF; jede Frage hat die Antwortvorgaben »Ja« und »Nein«)

- Bringst Du Dich absichtlich zum Erbrechen, weil Du Dich unangenehm voll fühlst?
- Machst Du Dir Sorgen, weil Du manchmal nicht mit dem Essen aufhören kannst?
- Hast Du in der letzten Zeit mehr als 6 Kilogramm in 3 Monaten abgenommen?
- Findest Du Dich zu dick, während andere Dich zu dünn finden?
- Würdest Du sagen, dass Essen das Hauptthema in Deinem Leben ist?
- Isst Du meist heimlich, damit andere nicht mitbekommen, wie viel Du isst?

Zur Abklärung sollte danach gefragt werden, ob der bzw. die Betroffene Situationen erlebt, in denen große Nahrungsmengen verschlungen werden und in denen der oder die Betroffene das Gefühl hat, die Kontrolle über das Essen verloren zu haben. Ein Screening-Instrument für Essstörungen bei Kindern und Jugendlichen wurde als deutsche Übersetzung und kind- und jugendgerechte Adaptation des »SCOFF« (sick – control – one stone – fat – food; Morgan et al., 1999) entwickelt und validiert (Ströbel u. Löffler, 2001). Wenn 3 der 6 Fragen des Fragebogens zum Screening von Essstörungen mit »Ja« beantwortet werden, liegt mit hoher Wahrscheinlichkeit eine Essstörung vor (Spezifität 95%, Sensitivität 89%). Der Fragebogen ist bei Jugendlichen gut, bei Kindern ab 10 Jahren bedingt, bei Kindern unter 10 Jahren nicht einsetzbar.

Bei Vorliegen konkreter anamnestischer Anhaltspunkte für Verhaltensstörungen muss eine weitergehende Abklärung erfolgen. Als standardisiertes Instrument eignet sich hierfür die »Child behavior checklist« (CBCL). Sie kann beginnend mit dem 3. Lebensjahr und endend mit dem 18. Lebensjahr eingesetzt werden. Sie liegt in deutscher Übersetzung und mit deutschen Normen in der Bearbeitung von Döpfner et al.

(1997, 1998) vor. Mit der CBCL werden internalisierende Auffälligkeiten (sozialer Rückzug, körperliche Beschwerden, Ängstlichkeit und Depressivität) und externalisierende Auffälligkeiten (dissoziales und aggressives Verhalten, Aufmerksamkeit und Hyperaktivitätsstörungen sowie schizoid/zwanghafte Störungen) erfasst. Die CBCL liegt in einer Eltern-, Lehrer- und Jugendlichen-Selbsteinschätzungsversion vor.

> **Praxistipp**
>
> Eine wesentliche Voraussetzung für eine erfolgreiche Therapie der Adipositas ist es, dass eine ausreichende Motivation zur Mitarbeit beim betroffenen Kind bzw. Jugendlichen und seinen relevanten Bezugspersonen geschaffen werden kann.

Diese Voraussetzung sollte in einem explorativen Gespräch abgeklärt werden. Wenn es nicht gelingt, eine Motivation zur Mitarbeit beim betroffenen Kind oder Jugendlichen zu schaffen, bleibt der Erfolg therapeutischer Maßnahmen fraglich (▶ Kap. 38). Die Bereitschaft zur Mitarbeit durch die Bezugspersonen wird je nach therapeutischem Ansatz und Setting unterschiedliches Gewicht haben. Standardisierte Verfahren zur Überprüfung der Motivation, die im Hinblick auf ihre prognostische Aussagekraft validiert sind, sind bislang noch nicht bekannt. Subjektive Krankheits- und Behandlungskonzepte haben dabei sinnvollerweise ebenso Berücksichtigung zu finden wie Erkenntnisse zu Barrieren der Compliance, z.B. Behandlungsängste (vgl. Petermann u. Mühlig, 1998; Petermann u. Wiedebusch, 2001).

31.3 Diagnostik zu Einleitung und Steuerung des Therapieprozesses

Die notwendige und sinnvolle Diagnostik zu Einleitung und Steuerung des Therapieprozesses ist von der jeweiligen therapeutischen Strategie abhängig. Zu den Fragen, die im klinischen Alltag häufig zu entscheiden sind, gehören z.B.:

- Die Entscheidung über die Art der Therapie, soweit Wahlmöglichkeiten bestehen: Einzeltherapie, ambulante Gruppe oder stationärer Aufenthalt.
- Festlegung von Umfang und Intensität der Therapie.
- Das Abwägen, ob es sinnvoller ist, die Eltern bzw. Bezugspersonen in die Therapie einzubeziehen, das Kind vom häuslichen Milieu vorübergehend zu trennen oder bei Jugendlichen eine Ablösung vom Elternhaus herbeizuführen.
- Muss die soziale Kompetenz des Patienten gestärkt werden?
- Müssen die Stressbewältigungsfertigkeiten des Patienten gestärkt werden?
  – Als Instrument zur Erfassung der Stressbewältigungsfähigkeiten kann der »Fragebogen zur Erhebung von Stresserleben und Stressbewältigung im Kindesalter« von Lohaus et al. (1996) eingesetzt werden?
- Müssen besondere Umstände im sozialen Umfeld des Patienten (z.B. Tod oder Suchtverhalten Familienangehöriger) in der Therapie besonders berücksichtigt werden?

Die derzeitige Literaturlage erlaubt es nicht, fundierte Empfehlungen darüber zu geben, dass bei einer bestimmten psychologischen oder psychosozialen Ausgangslage, die eine oder andere therapeutische Vorgehensweise vorteilhafter ist. Ebenso besteht ein Defizit an validierten Instrumenten. Hier besteht erheblicher Forschungsbedarf. Diese Fragen müssen in der Praxis zumeist auf der Basis von explorativen und anamnestischen Interviews entschieden werden.

31.4 Diagnostik zur Evaluation

Durch entsprechende diagnostische Verfahren sollte überprüft werden, ob die psychosozialen und Verhaltensziele der Adipositas-Therapie im Laufe des therapeutischen Prozesses erreicht werden bzw. ob eine Annäherung stattfindet. Zu diesen psychosozialen und Verhaltenszielen der Therapie zählen (vgl. Leitlinien der AGA):

- die Veränderung des Ess- und Bewegungsverhaltens,
- das Erlernen von Problembewältigungsstrategien,
- das Vermeiden unerwünschter Therapieeffekte (z.B. Entstehen von Essstörungen),
- Förderung einer normalen psychischen und sozialen Entwicklung,
- Verbesserung der gesundheitsbezogenen Lebensqualität.

Insgesamt besteht auch hier noch erheblicher Forschungs- und Entwicklungsbedarf. Im Folgenden sind einige mögliche Erhebungsverfahren aufgelistet, deren Praxiseinsatz noch erprobt werden muss.

31.4.1 Ernährungs- und gewichtsbezogene Einstellungen und Verhaltensweisen

Aufgrund der Entwicklungssituation bei Kindern und Jugendlichen sollte es bei dieser Zielgruppe leichter als bei Erwachsenen möglich sein, Einstellungen und Verhaltensweisen zu verändern. Damit kommt den Parametern des Essverhaltens mit dem Ziel ihrer Veränderung in einem Essverhaltenstraining eine besondere Bedeutung zu.

Zur Erfassung von ernährungs- und gewichtsbezogenen Einstellungen und Verhaltensweisen der Kinder bietet sich das »Inventar zum Essverhalten und Gewichtsproblemen für Kinder« (IEG-Kind von Diehl, 1999) an. Es handelt sich bei diesem Verfahren um ein Instrument zur Erfassung der Einstellungen zum Ess- und Ernährungsverhalten für Kinder und Jugendliche, das ab dem 11. Lebensjahr anwendbar ist.

Zur differenzierten Erfassung der Ernährungsgewohnheiten bieten sich für Kinder ab dem Grundschulalter das Verfahren des Lebensmittelhäufigkeitsfragebogens (»Food Frequency List«) an (Mast et al., 1998). Hier gibt es verschiedene Varianten, die allerdings derzeit noch nicht standardisiert und validiert sind. Bei älteren Kindern und Jugendlichen kommt in Abhängigkeit von der Motivationslage auch ein Ernährungstagebuch in Frage.

31.4.2 Selbstwert und Kompetenzeinschätzung

Der kindliche Entwicklungsstand sowie die spätere pubertäre und anschließende adoleszente Lebensphase des Heranwachsenden spiegeln unterschiedliche Ausprägungen des Selbstwerts wider, der in diesen Lebensphasen herausgebildet wird. Die Wahrnehmung des eigenen Körperbildes, deren Beeinflussung von außen und die Wirkung auf das andere Geschlecht können in der Adipositas-Behandlung nicht ignoriert werden.

Zur Erfassung des Selbstwerts der Kinder bzw. Jugendlichen kann bis zum 14. Lebensjahr die Aussagenliste zum Selbstwertgefühl für Kinder und Jugendliche (ALS) verwendet werden (Schauder, 1991). Mit diesem Verfahren kann Selbstwert in den Bereichen Schule, Freizeit, Familie erfasst werden. Für ältere Jugendliche ab dem 14. Lebensjahr steht der Offer-Selbstbild-Fragebogen zur Verfügung (Steinhausen, 1989). Er liegt in einer »männlichen« und »weiblichen« Form vor.

Mit dem »Fragebogen zur Erfassung von Selbst- und Kompetenzeinschätzung« (FSK) von Wünsche und Schneewind (1989) steht ein Verfahren zu Verfügung, das die eigene Einschätzung und Bewertung von schulischer Kompetenz, sozialer Akzeptanz, sportlicher Kompetenz, Attraktivität, Selbstsicherheit im Verhalten und Selbstwert abbildet. Hierdurch ist eine mehrdimensionale Erfassung verschiedener Aspekte der Selbstbewertung möglich.

31.4.3 Lebensqualität

Zur Erfassung der gesundheitsbezogenen Lebensqualität von Kindern und Jugendlichen existiert der KINDL (Ravens-Sieberer u. Bullinger, 1998) und das ILK (Mattejat et al., 1998) in verschiedenen Fassungen für unterschiedliche Altersgruppen.

Literatur

American Psychiatric Association (APA) (1994) Diagnostic and Statistical Manual of Mental Disorders. 4th ed. DSM-IV. American Psychiatric Association, Washington DC

Diehl JM (1999) Inventar zum Essverhalten und Gewichtsproblemen für Kinder (IEG-Kind). (Beim Autor erhältlicher) Anhang zu: Diehl JM (1999) Einstellungen zu Essen und Gewicht bei 11- bis 16jährigen Adoleszenten. Schweiz Med Wochenschr 129: 162–175

Döpfner M, Plück J, Berner W, Fegert JM, Huss M, Lenz K, Schmeck, K, Lehmkuhl U, Poustka F, Lehmkuhl G (1997) Psychische Auffälligkeiten von Kindern und Jugendlichen in Deutschland – Ergebnisse einer repräsentativen Studie: Methodik, Alters-, Geschlechts- und Beurteilereffekte. Z Kind Jugendpsychiatr Psychother 25: 218–233

Döpfner M, Plück J, Berner W, Englert E, Fegert JM, Huss M, Lenz K, Schmeck K, Lehmkuhl G, Lehmkuhl U, Poustka F (1998) Psychische Auffälligkeiten und psychosoziale Kompetenzen von Kindern und Jugendlichen in den neuen und alten Bundesländern – Ergebnisse einer bundesweit repräsentativen Studie. Z Klin Psych 27: 9–19

Mast M, Körtzinger I, Müller MJ (1998) Ernährungsverhalten und Ernährungszustand 5–7jähriger Kinder in Kiel. Akt Ernähr Med 23: 282–288

Mattejat F, Jungmann J, Meusers M, Moik C, Schaff C, Schmidt MH, Scholz M, Remschmidt H (1998) Das Inventar zur Erfassung der Lebensqualität bei Kindern und Jugendlichen (ILK). Z Kind Jugendpsychiatr 26: 174–182

Morgan JF, Reid F, Lacey JH (1999) The SCOFF questionnaire. Assessment of a new screening tool for eating disorders. Br J Psychiatr 319: 1467–1468

Lohaus A, Fleer B, Freytag P, Klein-Heßling J (1996) Fragebogen zur Erhebung von Streßerleben und Streßbewältigung im Kindesalter. Hogrefe, Göttingen

Petermann F, Mühlig S (1998) Grundlagen und Möglichkeiten der Compliance-Verbesserung. In: Petermann F (Hrsg) Compliance und Selbstmanagement. Hogrefe, Göttingen, S 73–102

Petermann F, Wiedebusch S (2001) Patientenschulung mit Kindern: Wie lassen sich subjektive Krankheits- und Behandlungskonzepte berücksichtigen? Kindheit Entwickl 10: 13–27

Ravens-Sieberer U, Bullinger M (1989) Assessing the health related quality of life in chronically ill children with the German KINDL: first psychometric and content-analytical results. Qual Life Res 7: 299–408

Schauder T (1991) Die Aussagen-Liste zum Selbstwertgefühl für Kinder und Jugendliche ALS. Beltz, Weinheim

Steinhausen HC (Hrsg);(1989) Der Offer-Selbstbild-Fragebogen für Jugendliche (Handbuch, 2. revid. Aufl.). Selbstverlag, Zürich

Ströbel A, Löffler S (2001) Validerung eines Fragebogens zur Erfassung von Essstörungen bei Kindern und Jugendlichen. Unveröff. Diplomarbeit (Betreuer: Prof. Westenhöfer), Fachbereich Ökotrophologie, Fachhochschule Hamburg.

Wittchen HU, Nelson CB, Lachner G (1998). Prevalence of mental disorders and psychosocial impairments in adolescents and young adults. Psychol Med 28: 109–126

Wünsche P, Schneewind KA (1989) Entwicklung eines Fragebogens zur Erfassung von Selbst- und Kompetenzeinschätzungen bei Kindern (FSK-K). Diagnostica 35: 217–235

Weiterführende Literatur

Brähler E, Holling H, Leutner D, Petermann F (Hrsg); (2002) Brickenkamp: Handbuch psychologischer und pädagogischer tests (2 Bände). Hogrefe, Göttingen

Kommentar: Die beiden Bände geben einen systematischen Überblick über deutschsprachige Tests und informieren in objektiver und komprimierter Form über ihren Aufbau, ihre Grundkonzepte, die Durchführung und Auswertung sowie über Gütekriterien

Bezugsquellen der genannten diagnostischen Instrumente

▬ Child behavior checklist: Arbeitsgruppe KJFD, Geschäftsstelle, c/o Klinik für Psychiatrie und Psychotherapie des Kindes und Jugendalters der Universität Köln, Robert-Koch-Str. 10, 50931 Köln, Tel. 0221/4786117, Fax 0221/4786104

▬ Ernährung- und gewichtsbezogene Einstellungen: Prof. Dr. Dipl. Psych. Jörg Diehl, Fachbereich Psychologie, Justus-Liebig-Universität Gießen, Otto-Behagel-Str. 10, 35396 Gießen, jo-erg.diehl@psychol.uni-giessen.de

▬ Offer Selbstbildfragebogen: Steinhausen HC (Hrsg.) Handbuch, 2. rev. Auflage, 1989. Prof. Dr. Dr. Steinhausen, Psychiatrische Universitäts-Poliklinik für Kinder und Jugendliche, Freiestr. 15, 8032, Zürich, Schweiz

▬ Alle anderen Instrumente (soweit nicht in der zitierten Literatur): Testzentrale des Berufsverbandes deutscher Psychologen, Postfach 3751, 37027 Göttingen, testzentrale@HansHuber.com« testzentrale@HansHuber.com.

31

Methoden zur Messung der Körperzusammensetzung

C. Fusch

32.1 Einleitung

Die genaue Kenntnis der Zusammensetzung des menschlichen Körpers spielt bei einer Vielzahl medizinischer Fragestellungen eine wichtige Rolle, so z. B.:

- in der Pharmakologie zur Berechnung von Verteilungsvolumina,
- in der Pädiatrie zur Beurteilung der körperlichen Entwicklung und des Ernährungsstatus,
- beim Erwachsenen in der Ernährungsmedizin oder
- in der Epidemiologie und Klassifikation von Risikofaktoren für kardiovaskuläre Erkrankungen (um hier nur einige wenige zu nennen).

Es existieren eine Vielzahl von physikalischen Methoden, von denen jede eines oder mehrere Kompartimente besonders gut messen kann. Der Rückschluss auf weitere Kompartimente kann fehlerbelastet sein und darf nur unter genauer Kenntnis und Prüfung der gemachten Modellannahmen geschehen. Sinnvoller wird es für die Messung mehrerer Kompartimente häufig sein, auch eine Kombination von Messmethoden zu verwenden.

> **Praxistipp**
>
> Für die speziellen Fragestellungen in der Pädiatrie sind nur wenige Methoden überhaupt geeignet. In fallender Präzision: DXA, stabile Isotope, Hautfaltendicke, BIA und BMI.

Die Messung der Körperzusammensetzung ist nicht trivial und setzt einige theoretische und methodische Kenntnisse voraus, auf die im Folgenden näher eingegangen wird.

32.2 2-, 3- und 4-Kompartiment-Modelle

Abhängig vom gewählten Ansatz kann der menschliche Körper in verschiedene Gruppen von Bestandteilen »zerlegt« werden: Chemische Elemente, Organe, Organgruppen etc. Wir wählen im Folgenden einen »funktionellen« Ansatz, der den Ansprüchen der Stoffwechsel- und Ernährungsmedizin genügt und in der Regel mit physikalischen Methoden in praxi gemessen werden kann:

In erster Näherung (◘ Abb. 32.1, **linke Säule:** »2-Kompartiment-Modell«) wird der Körper unterteilt in Fettmasse (FM) und fettfreie Körpermasse (FFM): dabei repräsentiert die FFM die stoffwechselaktive Körpermasse und die FM die Summe der mittelfristig verfügbaren Körperenergiereserven (Triglyzeride). Streng genommen geht bei diesem Modell daher in die Fettmasse auch nur der Vakuoleninhalt der Adipozyten ein, nicht dagegen deren Zytoplasma (gehört zu FFM).

Die Fettmasse kann aufgrund ihrer hydrophoben Eigenschaft praktisch als wasserfrei betrachtet werden, das Körperwasser (TBW) findet sich ausschließlich in der stoffwechselaktiven FFM. Im Allgemeinen wird angenommen, dass der Wassergehalt der FFM 73,2 % beträgt und so aus der Messung eines Kompartiments auf das andere geschlossen werden kann. In der Praxis ist der Hydratationsgrad der FFM jedoch nicht konstant, sondern kann erheblichen Schwankungen unterliegen. Berechnungen anderer Kompartimente aus nur einem gemessenen können daher mit großen Fehlern behaftet sein.

Der Rest der FFM sind die »soliden Substanzen« (»Solids«, ◘ Abb. 32.1, **mittlere Säule:** »3-Kompartiment-Modell«). Die »soliden Substanzen« lassen sich weiterhin unterteilen in die Knochenmineralien (BMC, »bone mineral content«), im Wesentlichen also Kalzium und Phosphat, und in die »knochen- und fettfreien soliden Substanzen« (BFFS; ◘ Abb. 32.1, **rechte Säule:** »4-Kompartiment-Modell«). Die BFFS setzen sich hauptsächlich zusammen aus Struktur- und Muskelproteinen, Glykogen und DNA. Diese Substanzen lassen sich mit einfachen physikalischen Methoden nicht mehr weiter differenzieren. Das 4-Kompartiment-Modell erlaubt insgesamt bereits eine recht differenzierte Betrachtung des menschlichen Körpers.

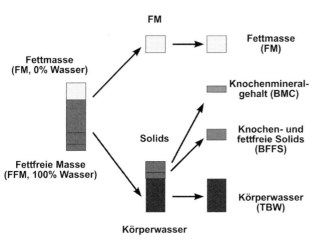

Abb. 32.1. Körperzusammensetzung: 2-, 3- und 4-Kompartiment-Modelle

32.3 Methoden zur Messung der Körperzusammensetzung

In der Vergangenheit sind eine Vielzahl von sehr unterschiedlichen Methoden zur Messung der Körperzusammensetzung entwickelt worden (**Tabelle 32.1** und **Tabelle 32.2**). Sie benutzen verschiedene physikalische Ansätze und sie messen z. T. in verschiedenen Kompartimenten. Einige Methoden erhalten ihr Messsignal direkt von dem Kompartiment, andere nur indirekt. Einige Methoden messen das Signal an wenigen Stellen des Körpers und extrapolieren auf den Rest (»Pars-pro-toto-Methode«), andere generieren ihr Signal vom ganzen Körper. Einige Methoden können direkt am Patienten (»Bedside-Methode«) durchgeführt werden, andere benötigen größeren apparativen Aufwand. Nicht alle Methoden eignen sich für die Messung von Kindern, zumindest nicht solche, wo Kooperation und Duldsamkeit Voraussetzung ist. Und Präzision und Genauigkeit ist nicht bei allen gleich.

Jede der Methoden macht auch (unterschiedliche) Annahmen, und in manchen Studien ist in der Vergangenheit versäumt worden zu prüfen, ob bei einer Extrapolation über den Annahmebereich hinaus die Messung überhaupt noch valide sein kann.

In der **Tabelle 32.1** ist eine Synopsis der gängigen Methoden aufgeführt, mit denen Körperkompartimente gemessen werden können. Einige davon werden im Folgenden näher erläutert.

32.3.1 Body Mass Index

Der Body Mass Index (BMI), angegeben als [kg/m^2], ist eine Verhältniszahl von Gewicht und (quadrierter) Körperlänge. Der BMI wurde als Näherungsmaß eingeführt, um den Ernährungszustand unabhängig von der Körpergröße einschätzen zu können, misst jedoch kein Körperkompartiment im eigentlichen Sinne.

> **Praxistipp**
>
> Der BMI hat eine weite Verbreitung in Klinik und Routine bekommen, seine Aussagekraft darf aber nicht überstrapaziert werden: Zwei Personen unterschiedlicher Größe können sich trotz identischer BMIs in ihrer Fettmasse sowohl relativ als auch absolut erheblich unterscheiden.
>
> Im Kindes- und Jugendalter ist die Benutzung des BMI wegen der zunehmenden Körperlänge kritisch zu sehen. Ein Methodenvergleich (BMI-Perzentile vs. DXA-%FM) bei gesunden (n=198; Pietrobelli, 1998) zeigte eine akzeptable Übereinstimmung. Berücksichtigt man die Einschränkungen, so kann der BMI zwar nicht zur absoluten und individuellen Beurteilung des Ernährungszustands, wohl aber zur Verlaufsbeurteilung beim einzelnen Patienten eine wertvolle Hilfe leisten (Kromeyer-Hauschild, 2001; ► Kap. 1).

□ Tabelle 32.1. Übersicht über Methoden zur Messung der Körperzusammensetzung

Methode	Gemessenes Kompartiment	Gemessener Parameter	Messart	Pars-pro-toto-Methode	Bed-side-Technik	Für Pädiatrie	Präzision	Zugrunde liegende Annahmen
BMI	–	Modifizierte Ratio Gewicht/Länge[b]	direkt	+	ja	beschränkt	k.A.	
Hautfaltendicke	FM	Dicke der Fettschicht an mehreren Körperstellen	direkt	+	+	+/–	++	FM-Verteilung identisch[a], Wahl der Körperstellen repräsentativ[b]
BIA	TBW	Wechselstrom-Widerstand (Resistance)	indirekt	+	+	+	??	Resistance $\sim$ 1/TBW
Stabile Isotope	TBW	Konzentration von Indikatorsubstanz (z.B. D_2O, $H_2{}^{18}O$)	direkt	–	+/–	+	+++	4% Isotopensequestration, FFM: H_2O-Gehalt=0,732[c]
Unterwasserdensitometrie	FM+FFM	Spezifisches Gewicht mit Atemgaskorrektur	indirekt	–	–	–	+++	n_{FM}=0,900 kg/l n_{FFM}=1,100 kg/l[d]
K-40	FFM	Ganzkörper-Kaliumbestand	direkt	–	–	–	+++	FM, Knochen: K-frei; FFM: intrazell. [K]=68,1 meq/l[e]
DXA	FM+FFM+BMC	Absorption von Röntgenstrahlen	direkt	–	–	+	+++	Komposition der BMC-Pixel identisch mit den anderen[f]
TOBEC	FFM/TBW	Ganzkörper-Konduktivität	indirekt	–	–	+/–	++	[g]

32

■ Tabelle 32.1 (Fortsetzung)

Methode	Gemessenes Komparti-ment	Gemessener Parameter	Messart	Pars-pro-toto-Methode	Bed-side-Technik	Für Pädiatrie	Präzision	Zugrunde liegende Annahmen
Magnetreso-nanz (MRI–MRS)	FM+FFM+Knochen	Anteil Pixel (MRI); Fett-/Wassersignal (MRS)	direkt	–	–	–	+++	g
IVNAA	Elemente (TB-Ca, -N)	EM-Strahlung von angeregten Elementen	direkt	–	–	–	+++	g

FM Fettmasse, *FFM* Fettfreie Körpermasse, *TBW* Gesamtkörperwasser, *BMC* Knochenmineralsalzgehalt.
[a] FM-Verteilung von Konstitution abhängig. [b] Intraabdominelles Fett wird nicht erfasst. [c] Gemessener (DXA+D$_2$O) Wassergehalt der FFM: 0,694–0,784 (Fusch et al., 1994). [d] Gemessene (DXA+Densitometrie) $\hat{n}_{FFM}$: 1,079–1,111 kg/l. [e] intrazelluläre [K]: altersabhängig. [f] Annahme nicht immer korrekt (»sharp-edge«-Artefakte), Schädel-Komposition muss angenommen werden. [g] Physikalisch anspruchsvolle Messverfahren mit z.T. sehr elaborierter Technik, Forschungsmethoden.

■ Tabelle 32.2. Angaben zu Körperwasser (TBW), Fettfreier Körpermasse (FFM) und Fettmasse (FM) bezogen auf das Körpergewicht für verschiedene Altersklassen

Alter	-3 Monate	-6 Monate	-9 Monate	-12 Monate	-3 Jahre	-6 Jahre	-9 Jahre	-12 J	-15 J
TBW/BW Mittelwert	0,678	0,621	0,625	0,655	0,657	0,666	0,632	0,616	0,598
SD	0,057	0,065	0,087	0,067	0,060	0,033	0,057	0,047	0,042
FFM/BW Mittelwert	0,841	0,779	0,789	0,829	0,844	0,867	0,837	0,837	0,813
SD	0,071	0,081	0,110	0,085	0,077	0,043	0,076	0,063	0,057
FM/BW Mittelwert	0,160	0,221	0,211	0,171	0,160	0,133	0,163	0,163	0,187
SD	0,070	0,081	0,110	0,085	0,080	0,043	0,076	0,063	0,057
n	5	20	17	13	19	27	30	18	16
FM_{DXA}/BW Jungen Mittelwert						0,141	0,171	0,235	0,169
SD						0,041	0,096	0,096	0,104
Mädchen Mittelwert						0,190	0,203	0,227	0,282
SD						0,072	0,086	0,074	0,077
n						23/22	24/22	24/23	25/22

TBW-Daten gemessen mit der Deuteriumverdünnungsmethode, FFM und FM berechnet mit alters- und geschlechtsspezifischen Faktoren für die Hydratation der FFM (Fusch, 1993b). DXA-Fettmasse (%) nach Lazarus (1995).

32.3.2 Hautfaltendicke

Die Messung der Hautfaltendicke ist eine einfache, nichtinvasive Bedside-Methode, die mit einem Minimum an Kooperation auch bei Kindern, sogar bei Neugeborenen durchgeführt werden kann (Schmelzle, 2002). Mit einem speziellen Kaliper, das unabhängig von seiner Auslenkung einen konstanten Anpressdruck von 10 g/mm² generiert, wird die Dicke der subkutanen Fettschicht an verschiedenen Körperstellen standardisiert gemessen (üblicherweise Bizeps, Trizeps, subskapular und iliakal). Über Regressionsgleichungen kann dann das Körperfett berechnet werden (Durnin u. Rahaman, 1967; Brook, 1971; Johnston, 1988; Slaughter et al., 1988, Reilly et al., 1995; Deurenberg, 1990). Die Methode bedarf eines gewissen Trainings der untersuchenden Person.

Die Methode ist eine klassische »Pars-pro-toto-Methode«, d. h. sie nimmt die Messung der Hautfaltendicke an den 3 bzw. 4 Körperstellen als repräsentativ extrapoliert auf das Ganzkörperfett. Die Methode berücksichtigt nicht eine konstitutionsbedingte, unterschiedliche interindividuelle Fettverteilung und auch nicht das intraabdominelle Fett.

Trotz ihrer methodischen Limitationen ist die Messung der Hautfaltendicke der mit Bioimpedanz mindestens ebenbürtig und hat ihren Wert in Feldstudien und in der Bedside-Anwendung.

32.3.3 Bioimpedanz-Analyse

Die Bioimpedanz-Analyse (BIA) misst den Körperwiderstand (Resistance) für einen schwachen Wechselstrom, der zwischen den Händen und Füßen eingebracht wird. Die Standardfrequenz kommerzieller Geräte liegt bei 50 kHz. Die BIA ist in erster Linie ein Verfahren für die Schätzung des Körperwassers, da – laut Theorie – die Resistance proportional zur Länge des Leiters (i.e. Körpergröße) und umgekehrt proportional zum Leitungsquerschnitt (i.e. Körperwasser) ist. Dieses »reine« Modell hat in der Praxis jedoch seine Limitationen, weil der Körper aus mehreren Leitern mit unterschiedlichen Querschnitten (Arm, Rumpf, Bein) besteht: So tragen paradoxerweise die Abschnitte mit dem niedrigsten Beitrag zum Gesamtkörperwasser (Extremitäten) am stärksten zur Gesamt-Abschwächung des Messsignals bei.

Eine Vielzahl von kommerziell erhältlichen BIA-Geräten wurde in den letzten Jahren auf den Markt gebracht, v. a., um im Rahmen des zunehmenden Fitness-Marketings individuelle Körperfettmessungen zu ermöglichen. In diesen Geräten werden komplexe Algorithmen benutzt, um die Kompartimente der Köperzusammensetzung zu berechnen, deren einzelne »Komposition« in den meisten Fällen jedoch »Firmengeheimnis« bleibt. Neuere Geräte dehnen die BIA-Messung auf mehrere Frequenzen aus (100 Hz–100 kHz), weil sich laut Theorie der Beitrag der einzelnen Wasserkompartimente durch differenzielle Messung besser erfassen lassen soll. Vergleichsmessungen zwischen verschiedenen Geräten und gegen andere Methoden haben aber gezeigt, dass die BIA-Körperfettmessung mit einem beträchtlichen zufälligen, aber auch systematischem Fehler behaftet sein können (s. auch die Ausführungen zur Berechnung von fettfreier Körpermasse und Fettmasse in Abschn. 32.3.4).

> **Praxistipp**
>
> Zusammengefasst kann mit der BIA nichtinvasiv direkt am Patienten (bedside) das Körperwasser geschätzt werden. Die Methode eignet sich für Gruppenvergleiche unter Feldstudien-Bedingungen (Wühl et al., 1996; Wabitsch et al., 1996). Exakte individuelle Messungen der Körperzusammensetzung und deren Verlauf, v.a. der Fettmasse, überfordern die Methode und sind im einzelnen Individuum z. Z. mit den vorhandenen Geräten nicht möglich.

32.3.4 Stabile Isotope

Diese Methode ist der Goldstandard für die Messung des Körperwassers. Sie differenziert aber nicht zwischen seinen verschiedenen Anteilen (intrazellulär, extrazellulär: intravasal, extravasal). Im Prinzip basiert dieses Verfahren auf einer Verdünnungsmethode, bei dem in das Körperwasser eine definierte Menge stabil-isotopen markiertes (D_2O oder ^2H_2O, $H_2^{18}O$)Wasser oral oder intravenös eingebracht wird. Aus der Konzentration, die sich nach konstanter und gleichmäßiger Verteilung (ca. 3–6 h) in allen Körperflüssigkeiten (auch Urin) einstellt, kann der Verteilungsraum berechnet werden. Der **zufällige** Fehler der Tracer-Analyse mit Isotopenverhältnis-Massenspektrometrie (IR-MS) oder Fourier-Transform-Infrarotspektroskopie (FT-IR) liegt weit unter 1%, der der gesamten Methode bei ca. 1% (Fusch, 1993a). Die Methode eignet sich wegen der fehlenden Strahlenbelastung für die Messung in der Pädiatrie.

Unter Annahme einer konstanten Hydratation der fettfreien Masse können aus dem Gesamtkörperwasser auch FFM und FM berechnet werden. Für die Hydratation werden zwar altersabhängige Durchschnittswerte angegeben, sie können aber im individuellen Fall stark abweichen und damit die Richtigkeit der Berechnung von FFM und FM beeinträchtigen.

▣ Tabelle 32.2 gibt Normalwerte für TBW (sowie FFM und FM) aus einer Querschnittsstudie an 180 Kinder im Alter von 6 Wochen bis 15 Jahre (Fusch, 1993b).

32.3.5   Dual-X-ray-Absorptiometrie

Die Dual-X-ray-Absorptiometrie (DXA) misst im Körper Punkt für Punkt die differenzielle Absorption eines sehr schwachen Röntgenstrahlers, der zwischen 2 Energieniveaus pulst. In den Bildpunkten, die Knochen enthalten, findet die Differenzierung (und Quantifizierung) zwischen Knochen und Weichteilgewebe statt. In den knochenfreien Bildpunkten wird zwischen Mager- und Fettmasse differenziert (und quantifiziert). Die DXA-Methode macht dabei die Annahme, dass sich die Zusammensetzung des Weichteilgewebes in den knochenfreien Bildpunkten von den knochenenthaltenden nicht unterscheidet. Ein Ganzkörper-Scan dauert abhängig vom verwendeten Gerät zwischen 2 und 15 min. Die Messung erfolgt berührungslos, ist aber empfindlich gegen Bewegungsartefakte. Der Patient muss daher kooperativ sein oder schlafen.

DXA gilt z. Z. als der In-vivo-Goldstandard zur Messung von Mineralsalzgehalt sowie Fett- und Magermasse. Sie wurde in aufwändigen tierexperimentellen Studien für einen Gewichtsbereich von 800 g bis 120 kg gegen die chemische Carcass-Analyse validiert (Mitchell, 1998a, 1998b, 2000; Fusch et al., 1999). Altersabhängige Normalwerte für das Körperfett (in % KG) liegen zwischen $14,1 \pm 4,1$ und $23,5 \pm 9,6$ (Jungen) und $19,0 \pm 7,2$ und $28,2 \pm 7,7\%$ (Mädchen; Lazarus et al., 1995).

Die Indikation zur Anwendung der DXA im Kindesalter muss wegen der Anwendung von Röntgenstrahlen sorgfältig gestellt werden. Vor dem Hintergrund der doch sehr niedrigen Dosisexposition ($< 1,5$ mSv, entsprechend einem zehntel einer konventionellen Thoraxaufnahme) erscheint eine Messung jedoch in ausgewählten Fällen vertretbar.

32.3.6   Unterwasserdensitometrie, TOBEC, K-40, MRI/MRS, IVNAA

Diese 5 Methoden liefern z. T. exzellente Daten zur »body composition«. In der Regel werden hier aber extrem aufwändige Messverfahren und auch Apparate benötigt. Sämtliche Methoden eignen sich nicht zur Beurteilung des Ernährungsstatus in der Routine (keine Bedside-Methode), können aber im Rahmen von Forschungsprojekten wertvolle Daten liefern.

Densitometrie

Durch Eintauchen in eine spezielle mit Wasser gefüllte Messapparatur (z. B. das so genannte »Ulmer Fass«) wird das Volumen des Körpers bestimmt und das spezifische Gewicht berechnet. Dieses korreliert mit der Menge an Fettmasse und fettfreier Körpermasse. Bei der Messung ist die Korrektur für gashaltige intrakorporale Volumina problematisch, z. B. Atemwege und Gedärm, außerdem wird ein hohes Maß an Kooperation verlangt (für jüngere Kinder in der Regel nicht machbar). Bei der Interpretation der Messwerte wird immer noch auf sehr alte Daten an einem nicht repräsentativen Kollektiv (z. T. Leichen) zurückgegriffen (Siri, 1961). Auch das im Ansatz theoretisch zugrunde gelegte spezifische Gewicht für die FFM von 1,100 schwankt in praxi zwischen 1,079 und 1,111 kg/l (◘ Tabelle 32.1).

TOBEC (»total body electric conductivity«)

Hier wird die Verstimmung einer Ganzkörperspule beim Durchschieben des menschlichen Körpers gemessen (DeBruin et al., 1995). Sie korreliert im Wesentlichen mit der Menge an Körperwasser. Die Messung ist sehr aufwändig und weltweit nur an wenigen Geräten möglich. Die TOBEC wurde gegen die Messung mit schwerem Wasser validiert. Die Messung mit TOBEC ist ungefährlich und prinzipiell an Kindern möglich.

K-40-Methode

Hier wird mit einem speziellen Ganzkörperdetektor der Ganzkörper-Bestand an K-40, dem natürlich vorkommenden radioaktiven Isotop des Kaliums, gemessen. Es wird angenommen, dass Kalium in konstanter Konzentration praktisch nur intrazellulär vorkommt und damit das erhaltene Messsignal ein Maß für die Körperzellmasse ist. Es existieren jedoch nur wenige Bestimmungen zur intrazellulären K-Konzentration, insbesondere ist für die korrekte Anwendung der Methode im Kindesalter die Altersabhängigkeit der intrazellulären K-Konzentration nicht genügend untersucht. Diese Unsicherheit, die wenigen vorhandenen Geräte und die benötigte, sehr gute Kooperation bei der Untersuchung im »whole body counter« machen eine Anwendung im Kindesalter praktisch obsolet.

MRI/MRS (»magnetic resonance imaging/spectrosopy«)

Hier handelt es sich prinzipiell um viel versprechende Methoden, die ein differenziertes Fett-Wasser-Signal direkt und vom ganzen Körper erhalten und somit eine exzellente Richtigkeit aufweisen (Fusch et al., 1999). Beim **MRI** werden sequenzielle oder dreidimensionale Ganzkörper-

Aufnahmen angefertigt. Anschließend werden mit Sortieralgorithmen die Pixel nach ihrem Signalverhalten den verschiedenen Kompartimenten zugeordnet und dadurch quantifiziert. Die Methode eignet sich hervorragend für die volumetrische Messung von Fett- und fettfreier Masse inklusive der Identifikation von intraabdominellem Fett, ein Parameter, der sonst eher schwer zu fassen ist.

Beim **MRS** wird mithilfe einer ausgeklügelten Sequenz aus vielen Volumenelementen (»Voxeln«) ein hoch aufgelöstes Fett-/Wassersignal erzeugt, das dann zu einem Ganzkörper-Summensignal zusammengesetzt werden kann. Beide Methoden arbeiten ohne belastende ionisierende Strahlen, verlangen aber eine sehr spezielle Ausstattung und auch kooperative Probanden.

IVNAA (In-vitro-Neutronen-Aktivierungsanalyse)

Eine im Prinzip sehr elegante Methode, die ihr Signal von den einzelnen chemischen Elementen nach entsprechender atomarer Anregung erhält. Enormer apparativer Aufwand, der weltweit auch nur an wenigen Stellen vorgehalten wird. Für Kinder wegen der Kooperativität und auch Strahlungsinduktion nicht realisierbar.

Literatur

Brook CGD (1971) Determination of body composition of children from skinfold measurements. Arch Dis Child 46: 182–184

De Bruin NC, Van Velthoven CAM, Stijnen T, Juttmann RE, Degenhart HJ, Visser HKA (1995) Body fat and fat-free mass in infants: new and classic anthropometric parameters and prediction equations compared with total electric conductivity. Am J Clin Nutr 61: 1195–1205

Deurenberg P, Pieters JJL, Hautvast JGAJ (1990) The assessment of the body fat percentage by skinfold thickness measurements in childhood and young adolescence. Br J Nutr 63: 293–303

Durnin JVGA, Rahaman MM (1967) The assessment of the amount of fat in the human body from measurements of skinfold thickness. Br J Nutr 21: 709–723

Fusch Ch, Spirig N, Moeller H (1993a) Fourier transform infrared spectroscopy (FT-IR) measures $^1H/^2H$ ratios of native water samples with a precision comparable to that of isotope ratio mass spectrometry (IRMS). Eur J Clin Chem Clin Biochem 31: 639–644

Fusch Ch, Scharrer B, Hungerland E, Moeller H (1993 b) Total body water, lean mass and fat mass of healthy children. Isotopenpraxis – isotopes in environmental and health studies 29: 125–131

Fusch Ch, Jensen E, Horber F (1994) A 4-compartment model of body composition: combining deuterium dilution (D$_2$O) with dual-energy x-ray absorption (DXA). European Society for Pediatric Research, Pediatric Week, Rotterdam. Pediatr Res 36: 14A

Fusch Ch, Slotboom J, Fuehrer U, Schumacher R, Keisker A, Zimmermann W, Moessinger A, Boesch C, Blum JW (1999) Neonatal body composition: dual-energy x-ray absorptiometry, magnetic resonance imaging and three-dimensional chemical shift imaging vs. chemical analysis in piglets. Ped Res 46: 465–473

Johnston JL, Leong MS, Checkland EG, Zuberbahler PC, Conger PR, Quinney HA (1988) Body fat assessed from body density and estimated from skinfold thickness in normal children and children with cystic fibrosis. Am J Clin Nutr 48: 1362–1366

Kromeyer-Hauschild K, Wabitsch M, Kunze D et al. (2001) Perzentile für den Body Mass Index für Kinder im Alter von 0 bis 18 Jahren. Monatsschr Kinderheilkd 149: 807–818

Lazarus R, Baur L, Webb K, Blyth F (1995) Body mass index in screening for adiposity in children and adolescents: systematic evaluation using receiver operating characteristic curves. Am J Clin Nutr 63(4): 500–506

Mitchell AD, Scholz AM, Convay JM (1998 a) Body composition analysis of small pigs by dual energy x-ray absorptiometry. J Anim Sci 76:2392–2398

Mitchell AD, Scholz AM, Convay JM (1998 b) Body composition analysis of pigs from 5 to 97 kg by dual energy x-ray absorptiometry. Appl Radiat Isot 49: 521–523

Mitchell AD, Scholz AM, Pursel VG (2000) Dual energy x-ray absorptiometry measurements of the body composition of pigs of 90- to 130-kilograms body weight. Ann NY Acad Sci 904: 85–93

Pietrobelli A, Faith MS, Allison DB, Gallagher D, Chiumello G, Heymsfield SB (1998) Body mass index as a measure of adiposity among children and adolescents: a validation study. J Pediatr 132(2): 204–210

Reilly JJ, Wilson J, Durnin JVGA (1995) Determination of body composition from skinfold thickness: a validation study. Arch Dis Child 73: 305–310

Schmelzle HR, Fusch Ch (2002) Validation of neonatal skinfold thickness using dual-energy x-ray absorptiometry. Am J Clin Nutr 76: 1096–1100

Siri I (1961) Body composition from fluid spaces and density: analysis and methods. In: Brozek J, Henschel A (eds) Techniques for measuring body composition. National Academy of Sciences, Washington DC, pp 223–234

Slaughter MH, Lohman TG, Boileau RA et al. (1988) Skinfold equations for estimation of body fatness in children and youth. Hum Biol 60: 709–723

Wabitsch M, Braun U, Heinze E, Muche R, Mayer H, Teller W, Fusch Ch (1996) Body composition in 5–18 year old obese children and adolescents before and after weight reduction assessed by deuterium dilution and bioelectrical impedance measurement. Am J Clin Nutr 64: 1–6

Wuehl E, Fusch Ch, Schärer K, Mehls O, Schäfer F (1996) Assessment of total body water in children on dialysis. Nephrol Dialys Transplant 11: 75–80

Messmethoden zur Bestimmung des Energieverbrauchs

C. Maffeis, Y. Schutz

33.1 Methoden zur Messung des Gesamtenergieverbrauchs

Ein Goldstandard zur Messung des Gesamtenergieverbrauchs unter normalen Lebensbedingungen besteht in der Verwendung von nichtradioaktiven Isotopen, wie z. B. doppelt markiertes schweres Wasser (D_2O_{18}). Mit dieser Methode lässt sich der Verbrauch an Energie bezogen auf die fettfreie Körpermasse angeben. Eine genaue Erklärung dieser Methode ist an anderer Stelle dargestellt (Schoeller, 1986).

❗ Die Methode ist aufgrund der Kosten für das doppelt markierte Wasser sehr teuer und nur für spezielle, wissenschaftliche Untersuchungen geeignet.

Die Messung des Energieverbrauchs (Wärmeproduktion) kann einfacher und kostengünstiger mit dem Prinzip der indirekten Kalorimetrie durchgeführt werden (Schutz et al., 1996). Dabei wird der Verbrauch an Sauerstoff (O_2) und die Produktion von Kohlendioxid (CO_2) gemessen. Das zugrunde liegende Prinzip besagt, dass das Volumen an aufgenommenem Sauerstoff (VO_2) durch den Körper einer bestimmten Menge an produzierter Hitze entspricht (4,7–5,0 kJ pro Liter O_2). Dieses Maß ist abhängig von dem so genannten respiratorischen Quotient des Kindes (VCO_2/VO_2) und die Art des Substrates, das im Körper oxidiert wird (Glykogen oder Fett).

Die enge Beziehung zwischen Energiestoffwechsel und VO_2 ist deshalb gegeben, weil die oxidative Phosphorylierung – auf Ebene der Atmungskette – eine kontinuierliche Synthese von Adenosintriphosphat (ATP) hervorruft. Die Menge an ATP-Verbrauch bestimmt die Gesamtmenge des Substratverbrauchs bzw. -oxidation und dadurch die Menge an VO_2 (3 mol ATP werden pro Gramm Atom O_2 verbraucht). Zu erwähnen ist, dass mit Ausnahme der anaeroben Glykolyse die ATP-Synthese an die Substratoxidation gekoppelt ist.

Die Energie, die für körperliche Aktivität benötigt wird, hängt von der Art und Intensität der körperlichen Aktivität ab und von der Zeit, die für verschiedene körperliche Aktivitäten während eines Tages eingesetzt wird. Die Messung der körperlichen Aktivität – und des Energieverbrauchs für körperliche Aktivität – ist bei (kleinen) Kindern besonders schwierig, da einige der verfügbaren Methoden in diesem jungen Lebensalter nicht anwendbar sind (selbstgeführte Fragebögen oder Protokolle). Außerdem liefern Methoden, die das spontane Verhalten der Kinder in Bezug auf ihre körperliche Aktivität beeinflussen keine zuverlässigen bzw. glaubwürdigen Ergebnisse. Die Beeinflussung der körperlichen Aktivität durch die Messmethode sollte dabei minimal sein. Messmethoden zur Bestimmung der körperlichen Aktivität bei Kindern sind in ▶ Kap. 34 dargestellt.

Literatur

Schoeller DA, Ravussin E, Schutz Y, Acheson KJ, Baertschi P, Jequier E (1986) Energy expenditure by doubly labeled water: validation in humans and proposed calculation. Am J Physiol 250: R823–830

Schutz Y, Deurenberg P (1996) Energy metabolism. Overview of recent methods used in human studies. Ann Nutr Metab 40: 183–193

Messung der körperlichen Aktivität und der körperlichen Leistungsfähigkeit

H. Förster

Oft werden die Begriffe körperliche Aktivität und körperliche Leistungsfähigkeit gleichgesetzt, was aber nicht der Realität entspricht. Die körperliche Aktivität entspricht einer bestimmten Verhaltensweise, bei welcher durch Muskelbewegung der Energieumsatz (▶ Kap. 33) gesteigert wird. Körperliche Fitness hingegen ist eine Eigenschaft, die zu einem Großteil genetisch determiniert ist und zum anderen Teil durch spezifisches Training von körperlichen Grundeigenschaften wie Ausdauer, Kraft etc. beeinflusst wird. Selbstverständlich beeinflussen sich diese beiden Größen gegenseitig, aber nicht zwangsläufig (Kemper et al., 2001). Aus gesundheitlicher Sicht interessiert uns mehr die körperliche Aktivität, welche höher korreliert ist mit körperlichen aber auch psychischen Gesundheitsmerkmalen als Fitness (Twisk et al., 2002).

34.1 Messmethoden der körperlichen Aktivität

Körperliche Aktivität umfasst Veränderungen des Energiestoffwechsels, der Herzfrequenz, des Verhaltens und der Bewegungen im Raum. Es sollte die Zeit, die Intensität und die Frequenz einer körperlichen Aktivität erfasst werden. Eventuell spielen auch die schwer messbaren Umstände, die zur körperlichen Aktivität führen, noch eine wesentliche Rolle bezüglich ihrer Auswirkungen auf den Gesamtorganismus. Als Beispiel sei nur die Bewegung eines stressgeplagten Managers von einem Termin zum anderen genannt, im Vergleich zu einem Spaziergang im Wald.

34.1.1 Energieumsatzmessung

Der Beitrag körperlicher Aktivität am Gesamtenergieumsatz liegt zwischen 15 und 50%, abhängig von der Zeit und Intensität der Belastung, aber auch den Körperdimensionen, da die Bewegung eines schwereren Körpers mehr Energie benötigt als die Bewegung eines leichteren Körpers. Um diesem Umstand gerecht zu werden wäre die Angabe kcal/kg oder kcal/fettfreier Masse, besser noch die Bestimmung so genannter

metabolischer Äquivalente (MET) angebracht. Ein MET ist gleichbedeutend mit der Sauerstoffaufnahme in Ruhe, entsprechend für einen Erwachsenen 3,5 ml/kg und Minute Sauerstoffaufnahme, oder 1 kcal/kg Körpergewicht und Stunde. Eine andere Möglichkeit der dimensionslosen Bestimmung des Energieumsatzes wäre die Berechnung eines Aktivitätslevels (PAL = physical aktivity level; ▶ Kap. 9). Als Goldstandard und Vergleichsmethode für Aktivitätsmessungen wird die »Doppelt-markiertes-Wasser-Methode« (»doubly-labeled-water-technic«) herangezogen (▶ Kap. 5).

34.1.2 Indirekte Kalorimetrie, Herzfrequenzmonitoring

Über weite Strecken der Herzfrequenzerhöhung unter Belastung besteht eine direkte Korrelation zur Sauerstoffaufnahme (VO_2), aus welcher wieder unter Kenntnis des respiratorischen Quotienten der Energieumsatz berechnet werden kann. Bei niederen Herzfrequenzbereichen wird diese Beziehung durch psychische Herzfrequenzalterationen gestört, weswegen hier ein durchschnittlicher Ruheenergiewert bessere Resultate bringt. In der Praxis wird nun aufgrund einer Ergometrie eine individuelle Regressionsgleichung Hf-VO_2 und ein VO_2-Durchschnittswert aus Liegen, Sitzen und Stehen bestimmt. Die Schwellenherzfrequenz zwischen Ruhe und Belastung wird bei ca. 50% der VO_2max angegeben, oder als Mittelwert aus der höchsten Ruheherzfrequenz und der niedrigsten Ergometriefrequenz+10.

Technisch bedeutet diese Methode einen relativ großen Aufwand, mit Bestimmung der VO_2 und des respiratorischen Quotienten (RQ = VCO_2/VO_2) durch die indirekte Kalorimetrie in Ruhe und Belastung (▶ Kap. 33). Weiterhin müssen die Kinder einen Herzfrequenzmonitor (heute handelsübliche Pulsuhren mit Speicherung in 5-Sekunden-Intervallen) tragen. Diese Herzfrequenzspeicherung sollte zumindest über 4 Tage, besser über 6 Tage gehen, um einen Reliabilitätsquotienten von 0,8 zu erreichen. Verglichen mit der »Doppelt-markiertes-Wasser-Methode« ergibt sich eine mittlere Differenz von 2%, allerdings auch einer Abweichung von –22%

bis +52% (Livingston et al., 1990). Mögliche Fehlerquellen liegen in der Festlegung eines Umschlagpunktes zwischen Ruheenergieumsatzformel und Regressionsgleichung bzw. Herzfrequenzalterationen durch psychische Einflüsse, hohe Außentemperatur, Nahrungsaufnahme oder Herzfrequenzerhöhung in der Nachbelastungsphase. Umgekehrt wird eine hohe körperliche Aktivität bei statischer Belastung unterbewertet.

34.1.3 Bewegungsmesser
(Welk et al., 2000)

Vor ca. 500 Jahren hat schon Leonardo Da Vinci ein Gerät konstruiert, welches die Schritte zählen konnte. Heute gibt es kleine mechanische **Schrittzähler**, die nach Eingabe der durchschnittlichen Schrittgröße die zurückgelegte Wegstrecke abschätzen können und auch den Kalorienverbrauch errechnen. Diese Methode ist einfach aber ungenau, bedingt durch die Empfindlichkeit der Geräte, mit denen nur Bewegungen in einer Ebene erfasst werden können ohne Unterscheidung von Geschwindigkeiten bzw. Intensitäten.

▬ Der »Large-scale-integrated-activity-Monitor« (LSI) ist ein Bewegungsmesser, der auf Neigungsänderungen und nicht auf Erschütterungen reagiert.

▬ Das uniaxiale Akzelerometer, Caltrac (seit den frühen 80er Jahren) registriert mit Hilfe eines Piezokristalls an einem frei beweglichen Arm des Gerätes Beschleunigungen und Verzögerungen, welche umgewandelt in Spannung gespeichert werden.

▬ Mit dem triaxialen Akzelerometer, z.B. Tritrac ist es möglich dreidimensionale Bewegungen aufzuzeichnen und in ein elektrisches Signal zur Speicherung umzuwandeln.

34.1.4 Verhaltensmessung

Direkte Verhaltensbeobachtung

Die direkte Verhaltensbeobachtung ist die genaueste, aber auch aufwändigste Methode durch eine externe Person, welche in vorgefertigten Rastern die verschiedenen Aktivitäten inklusive der Intensität des zu beobachtenden Kindes dokumentiert. Anschließend können die Zeiten für verschiedene Aktivitäten addiert werden. Durch Multiplikation mit den Kalorienwerten, die man für die einzelnen Aktivitäten aus Tabellen entnehmen kann, ergeben sich die ungefähren Aktivitätsniveaus entweder als kcal oder als metabolische Einheiten.

Tagebuch

Eine weitere Möglichkeit ist das Führen eines Tagebuchs durch die Kinder selber bzw. durch ihre Eltern. Die Berechnung der Aktivität erfolgt analog dem obigen Muster mit dem Vorteil einer längeren Beobachtungszeit mehrerer Personen gleichzeitig, bei weniger Personalaufwand.

Fragebögen

Als letztes Mittel der Verhaltensmessung sind Fragebogen zu nennen, die zur Messung der körperlichen Aktivität mit wachsender Beliebtheit eingesetzt werden. Als Vorteil ist wiederum die gleichzeitige Untersuchung großer Gruppen möglich. Wesentlich ist die Auswahl der Fragen, die zielorientiert (Alltagsaktivitäten, Breiten-Leistungssport) zusammengestellt sein müssen. Verglichen mit direkter Verhaltensbeobachtung durch einen externen Beobachter werden teilweise nur 50% der Aktivitäten von den Kindern richtig in Fragebögen wiedergegeben. Andererseits fanden sich relativ gute Korrelationen zwischen den Ergebnissen eines Fragebogens und Risikofaktoren, was wiederum den Schluss zulässt, dass wesentliche, gerade für die Gesundheit maßgebliche Aktivitäten größtenteils erfasst werden. Es gibt eine Unzahl an Fragebögen, die je nach Fragestellung und Untersuchergruppe verschiedene Inhalte aufweisen. Bekannt und gut untersucht ist das »Physical Activity Questionaire for Children« (Kowalski et al., 1997).

In der Zusammenschau aller zur Verfügung stehenden Methoden zur Bestimmung der körperlichen Aktivität bei Kindern fällt auf, dass keine Methode für sich alleine geeignet ist, den Aktivitätsgrad der Kindern reell wiederzugeben. Nachdem sich körperliche Aktivität aus mehreren Aspekten zusammensetzt, erscheint es demnach auch am geeignetsten, mehrere Methoden zu kombinieren, beispielsweise Fragebögen mit dreidimensionalen Bewegungsmessern oder Herzfrequenzmessungen (Ainsworth et al., 2000).

34.2   Messmethoden der körperlichen Leistungsfähigkeit

Die körperliche Leistungsfähigkeit eines Kindes ist zu einem Großteil genetisch determiniert und umfasst die Fähigkeiten, Ausdauer, Kraft, Koordination, Flexibilität und nicht zu vergessen mentale Fähigkeiten. In Wettkämpfen verschiedener Sportarten werden alle diese Einzelfaktoren zusammen getestet. In einer Leistungsdiagnostik versucht man nun diese Einzelkomponenten getrennt voneinander zu untersuchen und innerhalb einer Komponente noch weiter zu differenzieren. Ziel ist es eine möglichst exakte Beschreibung der Einzelfähigkeiten zu erhalten, um in einem Vergleich mit anderen Personen, einer definierten Gruppe oder individueller Vordaten Unterschiede zu erkennen bzw. Veränderungen durch Training oder Lebensgewohnheiten zu erfassen. Medizinisch relevant ist in erster Linie die aerobe Ausdauerfähigkeit.

- Feldtests wie der Cooper-Test oder der 6-Minuten-Lauf- oder Gehtest können von mehreren Personen gleichzeitig durchgeführt werden und stellen somit eine rasche Screening-Methode dar, die die Leistungsfähigkeit von Personen grob einzuschätzen vermag.
- Labortests haben den Vorteil einer standardisierten Umgebung (Temperatur, Luftfeuchte, Wind, Bodenbeschaffenheit etc.) und ermög-

lichen eine Vielzahl von Messungen zur Differenzierung einzelner Leistungskomponenten. Meist verwendet wird die Fahrrad- oder die Laufband-Ergometrie (ACSM, 2000).

Das Fahrrad-Ergometer

Das Fahrrad-Ergometer sollte kindgerecht adaptiert sein in den Einstellungen des Sattels, des Lenkers bzw. der Kurbellänge der Pedale, um eine möglichst gute Kraftübertragung zu gewährleisten. Elektronisch gebremste Drehzahl-unabhängige Fahrräder sind zu bevorzugen (Hebestreit et al., 1997). Vor- und Nachteile sind in ◘ Tabelle 34.1 aufgelistet. Ein mögliches Belastungsprotokoll beginnt mit 0,5 Watt/kg, jede Minute um 0,5 Watt gesteigert (bei adipösen Kindern pro längenentsprechendes Körpergewicht). Weit verbreitet ist das **Godfrey-Protokoll**, bei welchem

◘ Tabelle 34.1. Vor- und Nachteile von Rad- und Laufband-Ergometern

	Vorteil	Nachteil
Fahrrad-Ergo-meter	Relativ billig, leise, geringer Platzbedarf	Minimalbelastung meist 20 W, Minimalgröße der Kinder ca. 120 cm
	Gute Untersuchungsbedingungen für EKG, Blutdruck, Sättigung, Laktat oder Echokardiografie	Geringere kardiopulmonale Ausbelastung
	Geringes Verletzungsrisiko	hohe lokale Muskelbelastung
Laufband-Ergo-meter	Unabhängig von Körpergröße Hohe kardiopulmonale Ausbelastung	Teuer, großer Platzbedarf Medizinische Zusatzuntersuchungen schwierig durchführbar
	Da für Kinder unbekannt oft hohe Motivation	Relatives Verletzungsrisiko

die Belastung körperlängenbezogen gesteigert wird:

- < 120 cm: 10 W Ausgang, 10 W Steigerung,
- 120–150 cm: 15/15 W,
- > 150 cm: 20/20 W.

Die Gesamtbelastungszeit sollte mindestens 8 min betragen, im Durchschnitt zwischen 10 und 12 min. Ausbelastungskriterien sind die Einschätzung der subjektiven Erschöpfung, eine Hf-max > 185 S/min (2 Standardabweichungen unter dem Mittelwert von 195) bzw. ein Levelling-off der Hf bzw. der VO_2, ein RQ > 1. Als Auswertekriterien dienen die maximal erreichte Herzfrequenz, Wattleistung, Sauerstoffaufnahme oder – wenn in Ausnahmefällen gemessen – die Laktatwerte.

Die beste Methode zur Bestimmung der Ausdauerleistungsfähigkeit steht uns sicher mit der Messung der maximalen Sauerstoffaufnahme, VO_2max zur Verfügung, die relativ einfach und nichtinvasiv durch Aufsetzen einer Atemmaske bestimmt werden kann. Zur Bestimmung der optimalen Ausdauertrainingsintensität reicht die **Karvonenformel** aus:

- Trainingsherzfrequenz
  = Hf-Ruhe- +(Hf-max–Hf-Ruhe)×0,6 bis 0,7

Die Laufband-Ergometrie

Die Laufband-Ergometrie erfreut sich bei Kindern großer Beliebtheit, erfordert jedoch eine relativ große Investition (Vor- und Nachteile ◘ Tabelle 34.1). Durch die Möglichkeit Geschwindigkeit und Steigung zu verändern gibt es viele Belastungsprotokolle. Bewertet wird die maximale Geschwindigkeit bzw. maximale Steigung als physikalische Größe und die Herzfrequenz bzw. VO_2max als biologische Größen.

Praxistipp

Bei einer Vielzahl von Testmöglichkeiten für die körperliche Leistungsfähigkeit im Freien wie auch im Labor muss sich der Untersucher im Vorfeld vergegenwärtigen, was untersucht werden soll, um dementsprechend die geeignete Testmethode auszu-
▼

wählen. Üblicherweise interessiert uns im medizinischen Bereich die aerobe Ausdauerfähigkeit, wozu ein Fahrrad-Ergometertest mit Bestimmung der maximalen Wattleistung bezogen auf das längenentsprechende Körpergewicht die einfachste und relativ gute Methode darstellt. Als bestes Instrument steht sicher die Messung der Sauerstoffaufnahme zur Verfügung, allerdings mit relativ hohem technischem Aufwand und somit nicht immer verfügbar.

Literatur

ACSM (2000) ACSM's guidelines for exercise testing and prescription. 6 th ed. Williams & Wilkins, Lippincott

Ainsworth B et al. (2000) Comparison of three methods for measuring the time spent in physical activity. Med Sci Sports Exerc 32: 457–470

Bar Or O (1986) Die Praxis der Sportmedizin in der Kinderheilkunde. Springer, Berlin, Heidelberg, New York Tokio, S 376

Hebestreit H, Lawrenz W, Zelger O, Kienast W u. Jüngst WK (1997) Ergometrie im Kindes- und Jugendalter. Monatsschr Kinderheilk 145(12): 1326–1336

Kemper HCG, Twisk JWR, Koppes LLJ, van Mechelen W, Post GB (2001) A 15-year activity pattern is positively related to aerobic fitness in young males and females (13–27 years). Eur J Appl Physiol 84: 395–402

Kowalski KC, Crocker PRE, Faulkner RA (1997) Validation of the Physical Activity Questionaire for older children. Ped Exerc Sci 9: 174–186

Livingston MBE, Prentice AM, Coward WA, Ceesay SM, Strain JJ, McKenna PG, Nevin GB, Barker ME, Hickey RJ (1990) Simultaneous measurement of free-living energy expenditure by the double labeled water method and heart rate monitoring. Am J Clin Nutr 52: 59–62

Seale JL, Conway JM, Canary JJ (1993) Seven day validation of doubly labeled water method using indirect room calorimetry. J Appl Physiol 74: 402–409

Twisk JW, Kemper HC, van Mechelen W (2002) Prediction of cardiovascular disease risk factors later in life by physical activity and physical fitness in youth: general comments and conclusions. Int J Sports Med 23 Suppl 1: 44–49

Welk GJ, Blair SN, Wood K, Jones S, Thompson RW (2000) A comperative evaluation of three accelerometry-based physical activity monitors. Med Sci Sports Exerc 32: 489–497

Weiterführende Literatur

Bouchard C (2000) Physical Activity and Obesity. Human Kinetics, Champaign
  Kommentar: Neben den verschiedenen Messmethoden der körperlichen Aktivität wird in diesem Buch auch über mögliche Zusammenhänge zu Adipositas und Interventionen geschrieben, betreffend alle Altersgruppen.

Hebestreit H et al. (2002) Kinder und Jugendsportmedizin. Thieme, Stuttgart
  Kommentar: Dieses aktuelle deutschsprachige Werk fasst alle Aspekte der Kindersportmedizin zusammen und ist derzeit das aktuellste Nachschlagewerk für dieses Gebiet.

Methoden zur Messung der Energiezufuhr

M. Czerwinski-Mast, M. Müller

35.1   Einleitung

Ernährungserhebungen werden seit dem 19. Jahrhundert durchgeführt, um den Lebensmittelverzehr und somit die Nährstoffbedarfsdeckung von Einzelpersonen oder Gruppen zu erfassen.

Die Zielsetzung, die verfügbaren Mittel und die Anzahl der zu untersuchenden Personen bestimmen die Auswahl der Methode (Thomson u. Byers, 1994). Ernährungsgewohnheiten können mit indirekten oder direkten Methoden erfasst werden. Bei der Anwendung indirekter Methoden werden keine eigenen Erhebungen durchgeführt, sondern lediglich bekannte Daten ausgewertet, die zu einem anderen Zweck erfasst wurden (z. B. ernährungsökonomische Rahmendaten). Da indirekte Methoden sich nicht eignen, die individuelle Energieaufnahme zu erfassen, werden diese Methode im Folgenden nicht berücksichtigt. Direkte Methoden erfassen die Verzehrsgewohnheiten einzelner Menschen. Kenntnis von individuellen Ernährungsgewohnheiten ist eine wichtige Voraussetzung für gezielte Ernährungsprogramme in der Therapie oder der Prävention. Direkte Ernährungserhebungen können prospektiv oder retrospektiv durchgeführt werden. In retrospektiven Erhebungen wird nach der zurückliegenden Nahrungsaufnahme gefragt. Die Beobachtungszeiträume umfassen je nach Methode die zurückliegenden 24 Stunden, Wochen oder auch Monate. Bei den verschiedenen prospektiven Methoden wird der laufende Lebensmittelverzehr erfasst. Der Beobachtungszeitraum umfasst in der Regel 3 oder 7 Tage. Ein 3-Tage-Protokoll schließt einen Wochenendtag ein.

35.2   Methoden zur Erfassung der Energieaufnahme

35.2.1   Retrospektive Erhebungen

Retrospektive Erhebungen werden als mündliches oder schriftliches Interview durchgeführt.

24-Stunden-Befragung

Die 24-Stunden-Befragung erfasst den Verzehr eines Probanden für den Zeitraum von 24 Stunden. Der Proband zählt Lebensmittel, Mahlzeitenhäufigkeit und -dauer sowie Mengen in haushaltsüblichen Maßen (z. B. eine Scheibe Brot) auf. Da die 24-Stunden-Befragung vom Probanden Erinnerungsvermögen verlangt, besteht die Möglichkeit, dass einzelne Lebensmittel oder auch Zwischenmahlzeiten vergessen werden. Der Proband kann sich verschätzen oder auch absichtlich falsche Angaben machen. Vorteil einer nicht angekündigten Befragung ist, dass der Proband seinen Lebensmittelverzehr nicht darauf einstellen kann. Andererseits kann die Nahrungsaufnahme an diesem Tag nicht repräsentativ sein.

Ernährungsgeschichte

Die Ernährungsgeschichte (»diet history«) ermittelt Ernährungsgewohnheiten über einen länger zurückliegenden Zeitraum. Meist handelt es sich um einen Zeitraum von 3 Monaten. In einem Interview werden Fragen nach üblicherweise verzehrten Lebensmitteln (einschließlich Mengenangaben), Ernährungsmustern, Mahlzeitenfrequenzen sowie Lebensmittelpräferenzen unter Berücksichtigung saisonaler Schwankungen gestellt. Vorteilhaft an dieser Methode ist, dass die Verzehrsgewohnheiten durch diese Form der Ernährungserhebung nicht beeinflusst werden. Jedoch ist ein gutes Erinnerungsvermögen des Befragten wichtig, was die Anwendung der Methode einschränkt und für Kinder weniger geeignet macht (Selberg u. Müller, 1998). Absichtliche Falschaussagen sind möglich. Die Ernährungsgeschichte ist geeignet, Aussagen über den individuellen Verzehr zu machen. Die erhobenen Daten vermitteln ein Bild über die Ernährungsgewohnheiten und zeigen mögliche Zusammenhänge zwischen Übergewicht oder anderen möglichen Erkrankungen und Ernährung auf.

Fragebogenmethode

Die Fragebogenmethode (»Food Frequency Questionnaire«) ist eine qualitative Erfassung der Ernährungsweise; auf die Erhebung von verzehrten Mengen wird meist verzichtet. Üblicherweise wird nach Multiple-choice-Verfahren angekreuzt, wie häufig vorgegebene Lebensmittelgruppen (z. B. Fast Food) verzehrt werden. Unsicherheiten liegen auch bei dieser Methode in nicht nachprüfbaren und evtl. falschen Angaben. Die Energieaufnahme kann nach dieser Ernährungserhebungsmethode nicht berechnet werden, da sie keine quantitative Lebensmittelaufnahme umfasst.

35.2.2 Prospektive Erhebungen

Prospektive Erhebungen (gegenwärtiger Lebensmittelverzehr) bedienen sich einer Reihe von Methoden, bei denen der laufende Verzehr protokolliert wird.

Wiegeprotokoll

Das Wiegeprotokoll ist eine der genauesten Ernährungserhebungsmethoden (Selberg u. Müller, 1998). Während der Erhebungsphase von üblicherweise einer Woche werden alle verzehrten Lebensmittel vor dem Verzehr mittels geeichter Waage gewogen und notiert. Die Wiegemethode eignet sich zur Messung der Energiezufuhr einzelner Personen und zur Ermittlung von Zusammenhängen zwischen Ernährung und Übergewicht und/oder anderer Erkrankungen. Schwierigkeiten bereitet häufig der »Außer-Haus-Verzehr«, der Schätzungen notwendig macht. Veränderte oder atypische Verhaltensweisen in der Ernährung können auftreten. Diese Methode bedeutet für den Probanden eine relativ hohen Aufwand.

Ernährungsprotokoll

Das Ernährungsprotokoll ermittelt ebenfalls den laufenden Verzehr. Jedoch wird auf das Wiegen der Lebensmittel verzichtet, die Angaben erfolgen in haushaltsüblichen Maßen (z. B. ein Glas Milch). Eine genaue Anleitung der Probanden und die Verwendung von einheitlichem »Messgeschirr« erhöhen die Genauigkeit der Ergebnisse. Für die Ermittlung des individuellen Verzehrs wird ein Ernährungszeitraum von einer Woche empfohlen. Der Aufwand für den einzelnen Teilnehmer ist geringer als beim Wiegeprotokoll. Der Verzehr kann relativ genau erfasst werden, wobei auch hier nicht ausgeschlossen ist, dass der Untersuchungsablauf die normalen Ernährungsgewohnheiten beeinträchtigt. Generelle Aussagen über Verzehrsgewohnheiten auf der Basis von Ernährungsprotokollen sind deshalb kaum möglich.

Tonbandaufnahme

Die Tonbandaufnahme ist eine Protokollmethode ähnlich dem Ernährungsprotokoll zur Erfassung des laufenden Nahrungsverzehrs. Der jeweilige Verzehr wird jedoch nicht schriftlich, sondern durch Besprechen eines Tonbandes erfasst.

35.3 Auswertungsmöglichkeiten

35.3.1 Qualitative Auswertungen

Zur qualitativen Auswertung ist v. a. ein »Food Frequency Questionnaire« geeignet. Daraus ergeben sich Aussagen wie häufig bzw. wie selten Lebensmittelgruppen (z. B. Obst und Gemüse) gegessen werden. Solche Verzehrshäufigkeiten können mit Empfehlungen auf Lebensmittelebene verglichen werden. Zum Beispiel wird in der Kieler Adipositas-Präventions-Studie (KOPS) der Lebensmittelverzehr von Grundschulkindern mit den Verzehrsempfehlungen der »Optimierten Mischkost« des Forschungsinstitutes für Kinderernährung in Dortmund verglichen (Mast et al., 1998). Die gesundheitliche Qualität der Verzehrshäufigkeiten kann mithilfe eines Ernährungsmusterindexes (EMI) charakterisiert werden. Zur Erstellung eines EMIs werden die Verzehrshäufigkeiten vorgegebener Lebensmittelgruppen im Hinblick auf ihre Empfehlungen der »Optimierten Mischkost« bewertend kodiert (Mast et al., 1998).

35.3.2   Quantitative Auswertungen

Zur quantitativen Auswertung eignen sich die 24-Stunden-Befragung, das »diet history«, das Wiegeprotokoll, das Ernährungsprotokoll und die Tonbandaufnahme. Bei der Auswertung werden die angegebenen Mengen mittels Normtabellen in Gewichtsmengen umgerechnet (z. B. wiegt eine Scheibe Weißbrot 20 g, eine Scheibe Vollkornbrot wiegt dagegen 30 g; außer beim Wiegeprotokoll, hier sind Mengenangaben protokolliert). Anschließend wird mithilfe von Nährwerttabellen (computergestützt) die Energie- und Nährstoffaufnahme bestimmt (z. B. 2000 kcal/ Tag). Kommerziell erhältliche Computerprogramme sind z. B. Prodi, DGE-PC-Professional, Diet 2000, Ebis. Datengrundlage dieser Programme ist der Bundeslebensmittelschlüssel.

> **Praxistipp**
>
> Eine zu gering protokollierte Lebensmittelaufnahme, so genanntes »Underreporting« liegt vor, wenn die Auswertung eines Ernährungsprotokolls (bei Gewichtsstabilität) im Mittel Werte ergibt, die unter dem errechneten und/oder mit der indirekten Kalorimetrie gemessenen Ruheenergieverbrauch (REE) multipliziert mit dem Faktor »1,27« liegen (so genannter »Goldberg-cut-Off«).

35.4   Validität von Ernährungserhebungs-methoden

Die Genauigkeit einer Ernährungserhebungsmethode kann durch Reproduzierbarkeit bei Wiederholung, physiologischen Veränderungen (z. B. Gewichtsveränderungen) oder aber durch Messung ausgewählter biochemischer Parameter beschrieben werden. Eine genaue Überprüfung der Ergebnisse ist durch die Wahl eines gleichzeitig verwendeten unabhängigen »Standards« möglich (Selberg u. Müller, 1998).

Standards sind z. B.:

— die gleichzeitige Messung des Energieverbrauchs (▶ Kap. 33, ▶ Kap. 34),

— die Bestimmung der Stickstoffausscheidung im 24-Stunden-Urin,

— biochemische Analysen wie beispielsweise die Bestimmung des Fettsäuremusters im subkutanen Fettgewebe zur Überprüfung des »P/S-Quotienten« oder

— die Natrium- oder Jodausscheidung im 24-Stunden-Urin zur Erfassung der Salz- oder Jodaufnahme.

In Bezug auf die Energieaufnahme gilt der Vergleich mit dem gleichzeitig mittels doppelt markiertem Wasser gemessenen Energieverbrauch als »Goldstandard« und wird häufig in Studien verwendet (Murgatroyd et al., 1993). Der Vergleich mit diesem Standard führt häufig zu dem Ergebnis, dass die bei der Ernährungserhebung erfasste Energieaufnahme von den Probanden unterschätzt wird (so genanntes »underreporting«). Der Fehler bei der Erfassung kann bis zu 40% betragen. Es gibt bisher keine genaue Erklärung für dieses Phänomen (Asbeck et al., 2002). Das »underreporting« ist auch nicht auf eine klar abgegrenzte Personengruppe beschränkt. Zwar wurde »underreporting« am häufigsten bei adipösen Personen beschrieben. Allerdings wurden auch in einigen Untersuchungen Normalgewichtige und Untergewichtige als »underreporter« charakterisiert

Es existieren verschiedene mögliche Erklärungen für das Ausmaß des »underreporting«: Das Geschlecht könnte einen Einfluss auf das »underreporting« haben. Es wird diskutiert, ob Frauen eher zu »underreporting« neigen als Männer (Asbeck et al., 2002). Ein weiterer Erklärungsansatz liegt bei psychologischen Aspekten des Essverhaltens. Es konnte gezeigt werden, dass eine höhere kognitive Kontrolle im Essverhalten mit einem höheren Ausmaß des »underreporting« assoziiert ist. Auch die Erhebung durch verschiedene Personen weist einen Variationskoeffizienten von 4–45% auf (Bingham, 1991). Doch nicht nur das »underreporting« ist ein Problem. Die angegebenen Nahrungsmittel müssen hinsichtlich Art und Menge kodiert und mittels computergestützten Nährwerttabellen quantitativ erfasst werden. Der Fehler liegt bei 20–50% (Bingham, 1991). Selbst die Befragung an unterschiedlichen Tagen oder zu unterschiedlichen Tageszeiten soll Fehler zwischen 4–49% bewirken (Bingham, 1991).

Praxistipp

> Die Lebensmittelaufnahme zur Berechnung bzw. Abschätzung der Energieaufnahme v. a. bei Adipösen wird mit den zur Verfügung stehenden Ernährungserhebungsmethoden so unzuverlässig erfasst, dass keine der Methoden wissenschaftlich zu vertreten ist.

Soll bei bestimmten Fragestellungen in der praktischen Beratung die individuelle Energieaufnahme trotzdem ermittelt werden, sei es sowohl in der Anamnese als auch während oder nach der Therapie beispielsweise als Selbstbeobachtungsinstrument, sollte zusätzlich der Ruheenergieverbrauch ermittelt werden, um mittels »Goldberg-cut-Off« die Plausibilität des Protokolls abzusichern.

Praxistipp

> Zusammenfassend ist festzustellen, dass Ernährungserhebungen methodisch unterschiedlich aufwändig sind, aber alle mit unterschiedlichen Fehlern behaftet sein können.

Literatur

Asbeck I, Mast M, Bierwag A, Westenhöfer J, Acheson KJ, Müller MJ (2002) Severe underreporting of energy intake in normal weight subjects: use of an appropriate standard and relation to restraint eating. Publ Health Nutr 5: 683–690

Bingham SA (1991) Limitations of the various methods for collecting dietary intake data. Ann Nutr Metab 35: 117–127

Mast M, Körtzinger I, Müller MJ (1998) Ernährungsverhalten und Ernährungszustand von 5–7-jährigen Kindern in Kiel. Akt Ernährungsmed 23: 1

Murgatroyd PR, Shetty PS, Prentice AM (1993) Techniques for the measurements of human energy expenditure: a practical guide. Int J Obes 17: 549–568

Selberg O, Müller MJ (1998) Ernährungsmedizinische Untersuchungen. In: Müller MJ (Hrsg) Ernährungsmedizinische Praxis. Springer, Berlin Heidelberg New York Tokio

Thomson FE, Byers T (1994) Dietary assessment resource manual. J Nutr 124: 2245–2317

Weiterführende Literatur

Bandini LG, Schoeller DA, Cyr H, Dietz WH (1990) A validation of reported energy intake in obese and non-obese adolescents. Am J Clin Nutr 52: 421–425

Black AE, Goldberg GR, Jebb SA, Livingstone MBE, Cole TJ, Prentice AM (1991) Critical evaluation of energy intake data using fundamental principles of energy physiolog: 2. Evaluating the results of published surveys. Eur J Clin Nutr 45: 583–599

Schoeller DA (1990) How accurate is self-reported dietary energy intake? Nutr Rev 48(10): 373–379

VII

Therapie

So einfach das Grundprinzip der Behandlung von Übergewicht ist – Erreichen einer negativen Energiebilanz – so schwierig und in der Praxis oft frustrierend ist die Umsetzung dieses einfachen Prinzips. Insbesondere langfristige Behandlungserfolge sind systematisch durch gängige Therapien nicht zu erreichen.

In den folgenden Kapiteln sollen unterschiedlichste Aspekte der Behandlung von Übergewicht und Adipositas bei Kindern und Jugendlichen aufgezeigt werden: Pathophysiologische Überlegungen zur Therapie, Indikationen und Kontraindikationen zur Therapie unter Berücksichtigung des individuellen Patienten und dessen Umfeld, aber auch das Aufzeigen von realistischen Perspektiven und Erwartungen, die an eine Therapie gestellt werden können.

Ausführlich dargestellt werden die Grundprinzipien der konventionellen Therapie – Verhaltenstherapie und Ernährungs- und Bewegungstherapie. Wenn es zu nachhaltigen Therapieerfolgen bei adipösen Kindern kommt, dann sind fast immer auch Verbesserungen der Lebensqualität zu erreichen. Welche Einflussfaktoren für einen Therapieerfolg ausschlaggebend sind, aber auch was die häufigsten Ursachen von mangelnden Erfolgen sind, wird in einem eigenen Bereich besprochen.

Neben den Möglichkeiten der konventionellen Therapie wird aber auch speziellen Therapieformen, wie z. B. die Behandlung mit Formula-Diäten bei extremer Adipositas, Platz gewidmet.

Da eine der wesentlichen Ursachen für die Entstehung von Übergewicht und Adipositas die verminderte körperliche Aktivität ist, wird der Nutzen von Sport ganz besonders beleuchtet. Neben den positiven Effekten müssen aber auch die für Adipöse erhöhten Risiken bezüglich orthopädischer oder kardiovaskulärer Probleme aufgezeigt werden.

Die Reduktion der Energiezufuhr stellt natürlich ein anderes großes Standbein der Adipositas-Therapie bei Kindern und Jugendlichen dar. Ernährungsberatung und -schulung, die Vermittlung von einfachen und in der Praxis umsetzbaren Richtlinien für eine gesunde und vernünftige Ernährung mit Anleitung für die Lebensmittelauswahl gehören zur Basis der Therapie.

Besonders in der Umsetzung der Reduktion der Kalorienzufuhr und Steigerung der körperlichen Aktivität kommt der Verhaltenstherapie eine wichtige Bedeutung zu. Es werden die verhaltenstherapeutischen Techniken und Erfolg versprechende Ansätze bis hin zu komplexen Schulungsprogrammen besprochen.

Auch der pharmakologischen und chirurgischen Therapie sind Kapitel gewidmet: Es werden die Wirkmechanismen von gewichtsreduzierenden Medikamenten, Appetitzüglern, Medikamenten, die die Nährstoffabsorption hemmen, aber auch Ernährungszusätzen und pflanzlichen Präparaten aufgezeigt und mögliche Zukunftsaspekte, die durch die Erkenntnisse auf molekulargenetischer Ebene eröffnet werden, beleuchtet. Nicht zuletzt werden auch die chirurgischen Maßnahmen, deren Indikation, Nebenwirkungen, Komplikationen, aber auch oft letzte Hoffnung bei Patienten aufgezeigt, die gegen herkömmliche Therapieansätze resistent geblieben sind.

Die Ausführlichkeit des Therapieteils gleichwohl wie die Vielfältigkeit der unterschiedlichen Therapieansätze repräsentiert die Komplexität des Problems und auch die Tatsache, dass es nicht »die« Therapie schlechthin gibt. Das Problem des Übergewichts sowohl im Kindes- und Jugendalter als auch im Erwachsenenalter ist von einer Vielzahl an Einflussvariablen, Imponderabilien und Unsicherheiten gekennzeichnet, was den Langzeiteffekt, die Rehabilitation wie auch soziale Integration betrifft. Wenngleich der Weisheit letzter Schluss in der Therapie der kindlichen Adipositas noch nicht gefunden ist, es keine gesicherten, nachhaltig wirkenden Therapien gibt, dürfen weder ein nihilistischer Therapieansatz noch fatalistische Ergebenheit daraus resultieren, sondern es sind gesteigerte Anstrengungen zur Verbesserung der Therapieergebnisse und verstärkte Präventionsbemühungen gefordert.

Grundsätzliche Überlegungen zu Grenzen und Möglichkeiten der Therapie

J. Hebebrand, W. Kiess, K. Zwiauer, M. Wabitsch [*]

[*] Die beiden erst genannten Autoren haben im gleichen Umfang zu dem Kapitel beigetragen.

36.1   Vorbemerkungen

Wie im Erwachsenenalter auch stellt sich zunächst die Frage, ob Übergewicht im Kindes- und Jugendalter als eine eigenständige Krankheit anzusehen ist (▶ Kap. 28). Eine interdisziplinäre Diskussion hierzu ist angesichts der weiterhin ansteigenden Adipositas-Prävalenz (▶ Kap. 1) und neuer biomedizinischer Erkenntnisse von erheblicher gesundheitspolitischer und -ökonomischer Bedeutung (Hebebrand et al., im Druck). Gerade bei (Klein)Kindern ist festzuhalten, dass Übergewicht häufig nicht im Jugend- bzw. Erwachsenenalter persistiert. Es macht zudem wenig Sinn, über eine weite Auslegung des Krankheitsbegriffs 10% (bei einer Definition von Übergewicht durch einen BMI ≥ 90. Perzentile) aller Kinder und Jugendlichen als krank erklären zu wollen (▶ Kap. 28); hierdurch würden wir nicht nur riskieren, eine gigantische Kostenlawine für unser Gesundheitssystem zu verursachen, sondern auch die Betroffenen zusätzlich zu stigmatisieren.

In den meisten Fällen handelt es sich bei Übergewicht in jungen Jahren lediglich um einen Risikofaktor für die Entwicklung der bekannten Folgestörungen; Übergewicht im Kindes- und Jugendalter ist aber auch unabhängig vom Gewichtsstatus im Erwachsenenalter mit einer erhöhten Mortalität assoziiert (Must et al., 1995). Gesundheitliche Risiken und eine erhöhte Mortalität treffen beispielsweise aber auch auf Jugendliche zu, die rauchen, übermäßigen Alkohol konsumieren oder risikoreiches Sexualverhalten praktizieren. Den Krankheitsbegriff auf diese und andere Risikopopulationen auszudehnen erscheint nicht sinnvoll.

Umgekehrt gilt es einer Bagatellisierung von Übergewicht im Kindes- und Jugendalter entschieden entgegen zu wirken. Häufig »verwächst« es sich eben nicht, insbesondere wenn bereits im Kindesalter ausgeprägtes Übergewicht besteht und/oder ein oder beide Elternteile Adipositas aufweisen. Und leider bedingt die Prävalenzzunahme schwerer Formen von Übergewicht im Kindes- und Jugendalter, dass sich das Manifestationsalter für die Folgestörungen nach unten verschiebt und somit ein Auftreten bereits im Jugendalter wahrscheinlicher wird. Die ökono-

mischen Folgekosten speziell von Übergewicht im Kindes- und Jugendalter sind zwar schwer zu beziffern, mit Sicherheit liegen sie aber in einem Bereich, der als besorgniserregend anzusehen ist.

Aus medizinischer Sicht kommt es darauf an, solche Individuen aus Risikopopulationen zu identifizieren, deren Gesundheitszustand, Handeln und/oder Verhalten als krankhaft anzusehen ist (▶ Kap. 37). Bei einem 120 kg schweren 12-Jährigen mit Dyspnoe und Schulangst wird es hier keiner langen Diskussionen bedürfen; gleichzeitig ist aber zu konstatieren, dass wir keine empirisch begründbaren Richtlinien haben, die es gestatten würden, solche »krankhaften Fälle« eindeutig zu identifizieren. Hier spielen so viele Faktoren eine Rolle, dass eine Operationalisierung derzeit und möglicherweise auch in Zukunft immer anfechtbar sein wird. Somit ist ein Arzt bei der Erfassung von Risikofaktoren auf sein Wissen (▶ Kap. 30), bei der Beurteilung der individuellen Relevanz von somatischen, psychischen, familiären und psychosozialen Risikofaktoren jedoch auch auf seinen gesunden Menschenverstand angewiesen (▶ Kap. 37). Dies impliziert naturgemäß, dass die Einschätzung im Hinblick auf den Krankheitswert unterschiedlich ausfallen kann (▶ Kap. 28). Gerade in solchen Fällen sollten wir uns austauschen, um unsere eigene Sichtweise kritisch zu hinterfragen und gleichzeitig zu einheitlicheren Bewertungen und therapeutischen Empfehlungen zu gelangen. Wir und unsere Patienten können hiervon nur profitieren.

36.2   Indikationsstellung zur Therapie

Die Indikationsstellung zu einer Therapie der Adipositas im Kindes- und Jugendalter ist unserer Ansicht nach kritisch zu stellen (▶ Kap. 37). Es müssen insbesondere
1. Schweregrad der Adipositas,
2. Alter,
3. soziale und funktionelle Beeinträchtigung,
4. Komorbidität (akutes und längerfristiges somatisch begründetes Gefährdungspotenzial für den einzelnen Betroffenen; psychiatrische Störungen),

5. Therapiemotivation und
6. psychosoziale Situation der Familie

berücksichtigt werden.

Die Bezahlbarkeit jeder Therapieform muss unter individuellen Gesichtspunkten und unter Berücksichtigung von gesellschaftspolitischen und ethischen Aspekten hinterfragt werden. Es gilt auch sorgfältige Kosten-Nutzen-Analysen zu erstellen; wir müssen wissen, was wir mit wie viel Mitteln bzw. Einsatz erreichen können (▶ Kap. 48). Wir müssen gegenwärtig hinnehmen, dass in vielen Studien trotz erheblicher Kosten und hohem Engagement der Akteure die erzielten Effekte eher gering sind (▶ Kap. 38).

Im Einzelfall ist einem Betroffenen und seiner Familie mehr geholfen, wenn in einem ausführlichen Beratungsgespräch dargelegt wird, dass es kein Allheilmittel gibt und dass nur ein verhältnismäßig geringer Anteil von übergewichtigen Jugendlichen dauerhaft abnimmt; ein Scheitern solcher Bemühungen ist wesentlich häufiger. Ein Jugendlicher, eine Familie müssen wissen, auf was sie sich einlassen und was sie realistisch erreichen können; es führt bei allen Beteiligten nur zu weiteren Frustrationen, wenn unrealistische Hoffnungen geweckt werden. Ein Jugendlicher hat das Recht zu hinterfragen, ob eine Gewichtsabnahme um 5% – ein Erfolgskriterium gängiger Adipositas-Therapie im Erwachsenenalter, sofern diese für ein Jahr gehalten werden kann – wirklich die damit verbundenen Anstrengungen wert ist, zumal er ja a priori nicht weiß, ob er überhaupt diesen Erfolg erzielen kann. In einem solchen Gespräch sollte auch die starke Gegenregulation des Organismus auf eine Gewichtsabnahme beleuchtet werden. Zudem kann durch das Aufzeigen der Bedeutung genetischer Faktoren eine Entlastung der Familie erzielt werden, die nicht selten das Übergewicht des Kindes bzw. anderer Familienmitglieder psychischen Ursachen zuschreibt.

> **Praxistipp**
>
> Kontraindikationen für eine Therapie können gemäß den Leitlinien der Arbeitsgemeinschaft Adipositas im Kindes- und Jugendalter beim Vorliegen einer anderen schwer wiegenden Erkrankung, einer schweren psychosozialen Belastung oder eines deutlichen Risikos für die Entwicklung einer Essstörung bestehen. Im Gegensatz zum Erwachsenenalter ergibt sich bei noch nicht erreichter Endkörperhöhe die Möglichkeit, durch Halten des Körpergewichts aufgrund des weiteren Längenwachstums den BMI günstig zu beeinflussen.

Wie wohl diese Empfehlung sich häufig in der Literatur findet, ist bislang unklar, ob es tatsächlich für Kinder und Jugendliche leichter als für Erwachsene ist abzunehmen. Dies gilt um so mehr, wenn die Kinder und Jugendlichen unberücksichtigt bleiben, die auch ohne Intervention abnehmen würden. Dies trifft insbesondere zu, wenn eine minder schwere Form der Adipositas und/oder keine familiäre Belastung vorliegt. Die normalgewichtigen Eltern solcher Fälle beschreiben nicht selten, dass sie als Kind/Jugendlicher ehemals ebenfalls übergewichtig waren.

Die Erhöhung der körperlichen Aktivität (▶ Kap. 39) und die Verringerung der Energiezufuhr (▶ Kap. 41) stellen die Hauptziele der verhaltenstherapeutisch orientierten Adipositas-Therapie dar (▶ Kap. 42). Die wesentlichen Therapiebausteine sind Diätberatung, Kochkurse, spielerische Förderung von körperlicher Aktivität und Reduktion von sitzenden Tätigkeiten – insbesondere Fernsehen, aber auch Computer spielen (▶ Kap. 5). Im Einzelfall sind neben der Verhaltenstherapie zusätzlich psychotherapeutische Maßnahmen erforderlich, um psychische Störungen von betroffenen Kindern zu behandeln (▶ Kap. 27 und 31). Üblicherweise erfolgen derartige Maßnahmen im ambulanten Rahmen, wobei es in Deutschland weitgehend an geeigneten therapeutischen Anlaufstätten fehlt, die die oben genannten Therapiebausteine in einem Gesamtkonzept anbieten (▶ Kap. 38). In Deutschland gibt es jedoch eine Tradition für stationäre Rehabilitationsmaßnahmen, deren kurzfristige Wirksamkeit in Einzelfällen zwar belegt ist, deren längerfristige Wirksamkeit aber nach wie vor unklar geblieben ist.

Unsere therapeutischen Bemühungen sollten sich auf die Kinder und Jugendlichen konzentrieren, deren Übergewicht wir als krankhaft auffassen (▶ Kap. 28). Hierbei sollten wir Vorsicht walten lassen. Während jede Woche in Laienpresse und von Medizinern wie Nicht-Medizinern »Wundermittel« und »Wundermaßnahmen« zur Gewichtsreduktion, und persönliche Erfahrungsberichte und Erfolgsmeldungen zur Behandlung von Übergewicht veröffentlicht werden, zeigt eine sorgfältige wissenschaftliche Analyse der Fakten ernüchternde Resultate. Die Behandlung von Übergewicht und Adipositas gerade im Kindes- und Jugendalter ist schwierig und frustrierend (▶ Kap. 38). Die Frustration liegt dabei sowohl auf Seiten der Patienten, ihrer Familien als auch beim multidisziplinären Team, das die Familien betreut. Langfristige Behandlungserfolge sind bis heute für keine einzige Behandlungsstrategie überzeugend nachgewiesen worden. Dies gilt auch für multidisziplinäre Ansätze unter Einbeziehung von Ernährungs-, Verhaltens- sowie Bewegungstherapie.

Unabdingbar erscheint uns, dass anhand von wissenschaftlich zu evaluierenden Modellmaßnahmen die Effektivität bestimmter Therapien bzw. -konzepte überprüft wird. Die Kostenträger sollten Therapiemaßnahmen, deren Effektivitätsnachweis wissenschaftlichen Kriterien bislang nicht genügt, nur dann finanzieren, wenn der Erfolg solcher Maßnahmen auch nach Auslaufen des entsprechenden Programms solide überprüft wird (▶ Kap. 48). Es muss auch im Sinne der Kostenträger sein, diese Begleitforschung zu finanzieren. Es genügt nicht, dass im Rahmen von Nachuntersuchungen (z. B. ein Jahr nach Beendigung eines Therapieprogramms) nur ca. 50% der ehemaligen Patienten einbezogen werden. Es ist zu befürchten, dass gerade Patienten mit einer ungünstigen Gewichtsentwicklung bzw. deren Familien sich einer Nachuntersuchung entziehen. Wir dürfen nicht ausschließlich unser Augenmerk auf den Prozentsatz der nach welchen Kriterien auch immer erfolgreich behandelten Kinder richten. Stets ist daran zu denken, dass die Therapie für eine Subgruppe auch Nebenwirkungen implizieren könnte. Es muss bei allem therapeutischen Engagement auch gelten: primum nihil nocere. Wie häufig ist beispielsweise der Jo-Jo-Effekt? Gibt es Patienten, die mit einer starken und überschießenden Gewichtszunahme reagieren, so dass ihnen trotz initial erfolgreicher Gewichtsabnahme die Maßnahme insgesamt zum Nachteil gereicht? Wie ist die seelische Befindlichkeit von Patienten, die ihr altes Gewicht wieder erreicht haben und sich deshalb u. U. als Versager fühlen? Was sind die gesundheitlichen Implikationen von großen Gewichtsabnahmen und erneuten Zunahmen innerhalb von kurzen Zeiträumen? Hier brauchen wir dringend systematische und randomisierte Studien, in denen u. a. der Gewichtsverlauf von Patienten mit gleicher Therapiemotivation über längere Zeiträume verglichen wird. Nur durch solche Studien werden wir zu klaren therapeutischen Empfehlungen gelangen können.

Pharmakotherapie und chirurgische Therapie der Adipositas im Kindes- und Jugendalter sind noch immer experimentell und ihre Wirksamkeit ebenfalls kaum oder gar nicht evaluiert (▶ Kap. 43 und 44). Mögliche Nebenwirkungen dieser Therapieformen sind im Erwachsenenalter dokumentiert und mahnen bei Kindern und Jugendlichen zur besonderen Vorsicht; dieser Gesichtspunkt gilt insbesondere bei Medikamenten (oder chirurgischen Verfahren), die neu auf den Markt kommen. Andererseits behandeln wir extrem übergewichtige Kinder und Jugendliche möglicherweise zu wenig aggressiv. Wüssten wir beispielsweise wie hoch die Mortalität von männlichen bzw. weiblichen Jugendlichen im Alter von 15–18 Jahren mit einem BMI$\geq$40 kg/m^2 innerhalb von 10, 20 und 30 Jahren ist, so wäre dies eine wichtige Voraussetzung, auf die wir unsere therapeutischen Maßnahmen fußen lassen könnten. Im Gegensatz zu Patientinnen mit Anorexia nervosa, für die eine Vielzahl von Katamnesestudien vorliegen, gibt es nur eine Handvoll älterer Studien zum Verlauf der extremen Adipositas im Jugendalter, die bislang keine klaren Schlüsse ermöglichen. So müssen wir uns um Studien bemühen, die beispielsweise die mittel- und langfristigen Folgen einer konventionellen pharmakologischen bzw. chirurgischen Therapie vergleichen mit dem Spontanverlauf einer massiven Adipositas. Da Adipositas nicht gleich Adipositas ist, gilt es Faktoren zu identifizieren, die es uns gestatten würden vorherzusagen, wer von welcher Therapie am ehesten profitieren bzw. ggf. Schaden nehmen könnte. Möglicherweise wird die Aufschlüsselung der an der Adipositas beteiligten Gene hier einen Ansatz zur Differenzierung bieten. Schon heute könnte beispielsweise untersucht werden, ob Kinder/Jugendliche mit Mutationen im Melanocortin-4-Rezeptor-Gen anders als andere gleichstark übergewichtige Kinder auf therapeutische Maßnahmen ansprechen.

36.3 Perspektiven und Forderungen

Monogene Formen der Adipositas beim Menschen sind in jüngerer Zeit entdeckt und auf molekularer Ebene charakterisiert worden (Leptin, OBR, POMC). Erste therapeutische Optionen bei diesen sehr seltenen Erkrankungen sind erfolgreich erprobt worden (Leptin). Dagegen ist aber zu erwarten, dass die Mehrzahl adipöser Patienten nicht an einer monogenen Erkrankung leidet, sondern dass der Adipositas dieser Menschen eine multifaktorielle Genese zugrunde liegt. Aus genetischer Sicht ist die Adipositas am wahrscheinlichsten als eine polygene Erkrankung zu sehen. Dabei greifen prädisponierende genetische Faktoren, Ernährungs- und Lebensstil- und Verhaltensfaktoren (z.B. wenig Bewegung, Fernsehen) sowie soziokulturelle und psychische Faktoren ineinander. Demgemäß gestaltet sich die Suche nach polygenen Ursachen der Adipositas mittels molekulargenetischer Ansätze schwierig.

Im Hinblick auf die genetische Komponente der Ätiopathogenese der Adipositas ist festzustellen, dass im Tierversuch exogene Faktoren, wie Ernährung, körperliche Aktivität, Anzahl der Jungtiere im Wurf, Außentemperatur und alleine das Gewicht der Muttertiere, genetische Faktoren überspielen oder synergistische Effekte mit diesen aufweisen. Entsprechend werden kausal ausgerichteten Therapieansätzen unterschiedliche Gene als Zielpunkte unterlegt werden müssen. Es ist damit zu rechnen, dass es die Idealform einer Adipositas-Therapie möglicherweise gar

nicht geben kann (▶ Kap. 38). Da die Mittel nicht unbegrenzt sind, muss letztlich auch überlegt werden, ob therapeutische oder präventive Maßnahmen unseren primären Fokus darstellen sollten (▶ Kap. 47 und 50).

Voraussetzung für die Entwicklung erfolgreicher und kostengünstiger Behandlungs- und Präventionsformen ist eine qualitativ hochentwickelte Versorgungsforschung. Dabei muss Adipositas auch in Deutschland zu einem Forschungsgebiet mit höchster Priorität gemacht und auf mehreren Ebenen unterstützt werden. Folgende Punkte, die für eine erfolgreiche Adipositas-Forschung in Deutschland berücksichtigt werden müssen, sind identifiziert worden:

1. Gute epidemiologische Daten über die Prävalenz von Adipositas und Inzidenz von Folgeerkrankungen liegen für Deutschland nicht vor. Solche Angaben sind dringend erforderlich und würden die Grundlage für eine Erfolgskontrolle jeglicher interventioneller Maßnahmen darstellen. Die Erhebung solcher Daten stellt aber kein wissenschaftliches Projekt an sich dar und kann deshalb nicht primär und nicht alleine Aufgabe wissenschaftlicher Institutionen und z.B. der Deutschen Forschungsgemeinschaft (DFG) sein. Alternative Förderinstrumente auch und gerade bei den Kostenträgern im Gesundheitssystem im Sinne von Qualitätssicherungsmaßnahmen und im Kontext von integrierten Versorgungskonzepten müssen daher geschaffen werden.

2. Obwohl in Deutschland viele international konkurrenzfähige, individuelle Forschungsaktivitäten vorhanden sind, fehlen konzertierte wissenschaftliche Bemühungen. Neben der gesundheitspolitisch angemessenen Würdigung des Problems fehlt die Förderung größerer wissenschaftlicher Projekte sowie Plattformen, auf denen ein wissenschaftlicher Austausch und die Diskussion um den Nutzen von Therapieprogrammen stattfinden kann. Aufgrund des interdisziplinären Charakters der Adipositas-Forschung können die klassischen Fachgesellschaften diese integrative Funktion nicht erfüllen. Neue Konzepte der Versorgungsforschung und der klinischen Studienforschung müssen zur Überprüfung von Therapien auf dem Gebiet der Adipositas im Kindes- und Jugendalter aufgebaut werden.

Literatur

Dindo D, Muller MK, Weber M, Clavien PA (2003) Obesity in general elective surgery. Lancet 361: 2032–2035

Ebbeling CB, Pawlak DB, Ludwig DS (2002) Childhood obesity: public-health crisis, common sense cure. Lancet 360: 473–482

Goldfield GS, Epstein LH, Kilanowski CK, Paluch RA, Kogut-Bossler B (2001) Cost-effectiveness of group and mixed family-based treatment for childhood obesity. Internat J Obes 25: 1843–1849

Maffeis C, Tato L (2001) Long-term effects of childhood obesity on morbidity and mortality. Horm Res Suppl 1: 42–45

Reinehr T, Wabitsch M (2003). Strukturierte Erfassung der Therapieangebote für adipöse Kinder und Jugendliche. Monatsschr Kinderheilkd 151: 757–761

Wang F, Schultz AB, Musich S, McDonald T, Hirschland D, Edington DW (2003) The relationship between NHLBI weight guidelines and concurrent medical costs in a manufacturing population. Am J Health Promot 17: 183–189

Indikation zur Behandlung und Therapieziele

M. Wabitsch, D. Kunze, K. Zwiauer

37.1 Vorbemerkung

Grundsätzlich hängt die Indikationsstellung zum einen von den bestehenden funktionellen Einschränkungen und der psychosozialen Beeinträchtigung und zum anderen von den somatischen und psychiatrischen Folgeerkrankungen (▶ Kap. 28) der Adipositas ab sowie vom Risiko ihres Fortbestehens ins Erwachsenenalter hinein. Das Alter und das Ausmaß der Adipositas (beides beeinflusst die genannten Risiken) muss bei der Indikationsstellung mit berücksichtigt werden. Der Inhalt dieses Kapitels basiert auf den Empfehlungen von einer US-amerikanischen Expertengruppe zur Adipositas-Therapie (Barlow u. Dietz, 1998) und wurde für die Anwendung in Deutschland modifiziert (Leitlinien der AGA, 2004).

37.2 Indikation zu therapeutischen Maßnahmen

Jedem adipösen Patienten (BMI > 97. Perzentile) sollte eine Adipositas-Therapie ermöglicht werden. Bei Kindern und Jugendlichen mit Übergewicht sollte die Entwicklung einer Adipositas verhindert werden. Bei Kindern im Alter von 2–6 Jahren, die übergewichtig sind oder die eine Adipositas ohne Begleiterkrankungen haben, kann es ausreichend sein, das aktuelle Gewicht zu halten. Bei Kindern mit Adipositas und bestehenden Begleiterkrankungen besteht in dieser Altersgruppe eine Indikation zur Gewichtsabnahme. Bei Kindern und Jugendlichen, die älter als 6 Jahre sind und übergewichtig sind ohne Begleiterkrankungen aufzuweisen, ist ebenfalls eine Gewichtskonstanz anzustreben. Bei Patienten mit Adipositas oder mit Übergewicht und Begleiterkrankungen ist in dieser Altersgruppe eine Gewichtsabnahme indiziert (◘ Abb. 37.1).

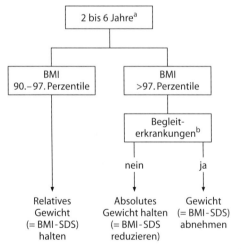
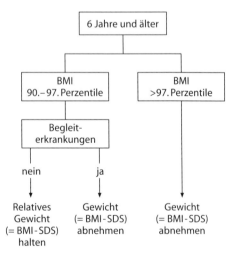

◘ **Abb. 37.1.** Indikationsstellung zu therapeutischen Maßnahmen bei Adipositas in Abhängigkeit vom Alter und der vorhandenen Komorbidität
Flussdiagramm:
[a] Kinder, die jünger als 2 Jahre sind, sollten an einen Spezialisten in einem pädiatrischen Zentrum zur Überprüfung der Indikation und zur Durchführung der Therapie verwiesen werden. Aufgrund des geringen langfristigen Risikos sollte bei Kindern, die jünger als 4 Jahre sind und deren Eltern nicht adipös sind, zunächst nur eine präventive Beratung durchgeführt werden.
[b] z. B. Bluthochdruck, Dyslipoproteinämie, metabolisches Syndrom. Patienten mit Pseudotumor cerebri, Schlaf-Apnoe-Syndrom und orthopädischen Erkrankungen sollten an ein spezielles Adipositas-Zentrum verwiesen werden.

Ausnahmen

Beim Vorliegen einer anderen schwer wiegenden Erkrankung, einer schweren psychosozialen Belastung und eines erkennbaren Risikos für eine Essverhaltensstörung (▶ Kap. 27) kann eine andere Therapie vorrangig sein. Aufgrund des geringen langfristigen Risikos sollte bei Kindern, die jünger als 4 Jahre sind und deren Eltern nicht adipös sind, zunächst nur eine präventive Beratung durchgeführt werden.

Beim therapeutischen Vorgehen müssen folgende Faktoren berücksichtigt werden (◘ Abb. 37.1):

- Alter des Patienten,
- Familiensituation,
- Art der Komorbidität,
- Problembewusstsein, Motivation, mentale Fähigkeiten,
- Räumliche Entfernung zum nächsten Therapiezentrum/Therapeuten,
- extreme Adipositas.

37.3 Indikationen zur Therapie der Komorbidität

Für die Therapie der Komorbidität der Adipositas ist häufig eine relative Gewichtsabnahme ausreichend (▶ Kap. 38). Schwer wiegende Sekundärkomplikationen der Adipositas können auch primär eine spezifische Therapie in einem pädiatrischen Zentrum erforderlich machen (z. B. operatives Vorgehen bei Epiphyseolysis capitis femoris, CPAP-Atemunterstützung bei Schlaf-Apnoe-Syndrom, Psychotherapie bei schwer wiegender sekundärer psychischer Komorbidität). Bei ausbleibendem Erfolg der Adipositas-Therapie ist ebenfalls eine spezifische Therapie der Komorbidität indiziert (z. B. Antihypertensiva bei Bluthochdruck).

37.4 Therapieziele

Die Therapie sollte langfristig durchgeführt werden und für den Patienten und seine Familie schrittweise kleine realisierbare Ziele verfolgen.

Ziele einer Adipositas-Therapie

1. Langfristige Gewichtsreduktion (=Reduktion der Fettmasse) und Stabilisierung.
   - Ein geeigneter Parameter zur Überprüfung der Gewichtsreduktion ist der BMI-SDS, dessen Reduktion einer Reduktion des relativen Körpergewichts weitgehend entspricht. Bei Kindern und Jugendlichen kann auch eine Gewichtskonstanz über einen längeren Zeitraum hierfür ausreichend sein, wenn das Längenwachstum noch nicht abgeschlossen ist (◘ Abb. 37.1).
2. Verbesserung der adipositasassoziierten Komorbidität.
   - Eine Verbesserung oder Normalisierung der Komorbidität (z. B. erhöhter Blutdruck, Fettstoffwechselstörung) kann bereits bei leichter Gewichtsreduktion erreicht werden. Hierfür ist keine Normalisierung des Gewichts erforderlich.
3. Verbesserung des aktuellen Ess- und Bewegungsverhaltens des Patienten unter Einbeziehung seiner Familie. Erlernen von Problembewältigungsstrategien und langfristiges Sicherstellen von erreichten Verhaltensänderungen.
   - Das Erreichen dieses Ziels ist nötig, soweit dadurch das Erreichen der Ziele 1 und 2 unterstützt wird. Bei mangelnder Bereitschaft und Motivation zu Verhaltensänderungen kann der Motivationsaufbau oder deren Verbesserung ein vorrangiges Ziel sein.
4. Vermeiden von unerwünschten Therapieeffekten.
   - Die Adipositas-Therapie kann wie andere Therapien unerwünschte Nebenwirkungen haben und erfordert deshalb eine ärztliche Betreuung. Nebenwirkungen können sein:
     - Entwicklung von Essstörungen (▶ Kap. 27),
     - Entwicklung oder Verstärkung orthopädischer Komplikationen unter inadäquater körperlicher Bewegung (▶ Kap. 25),
     - Bildung von Gallensteinen (▶ Kap. 22),
     - Verringerung der Wachstumsgeschwindigkeit (hier handelt es sich am ehesten um eine Normalisierung des akzelerierten Längenwachstums),

- – psychische Destabilisierung (z. B. Beeinträchtigung des Selbstwertgefühls) durch Auseinandersetzung mit dem erhöhten Körpergewicht,
- – eine übermäßig schnelle Gewichtsabnahme kann zum Jo-Jo-Effekt führen.

Die Bewertung der Nebenwirkungen im Verhältnis zur Fortführung der Therapie muss in der Entscheidung des behandelnden Arztes liegen.

5. Förderung einer normalen körperlichen, psychischen und sozialen Entwicklung und Leistungsfähigkeit.
   - – Das Erreichen dieses Ziels ist nötig, soweit dadurch das Erreichen der Ziele 1 und 2 unterstützt wird. Eine altersentsprechende, angemessene Interaktion des Patienten mit seinem sozialen Umfeld bzw. seiner Familie kann die Therapie unterstützen. Dies heißt auch, dass eine selbständige Lebensgestaltung gefördert werden soll. Zu Gunsten einer normalen psychischen Entwicklung kann es erforderlich sein, medizinische Behandlungsziele vorübergehend in den Hintergrund zu stellen.

Literatur

Barlow SE, Dietz WH (1998) Obesity evaluation and treatment: Expert Committee Recommendations. Pediatrics 102: e29
Leitlinien der Arbeitsgemeinschaft Adipositas im Kindes- und Jugendalter (AGA);(2004) www.a-g-a.de

37

Übersicht über konventionelle Therapiemöglichkeiten

T. Reinehr

Basierend auf einer Literaturrecherche im »Medline« und in der »Cochrane Library« sowie auf entsprechenden Übersichtsartikeln (Reilly et al., 2002; Epstein et al., 1998, 2001; Yankovski et al., 2001; Edmunds et al., 2001; Campbell et al., 2001; Summerbell et al., 1999; Zwiauer, 2000; Barlow et al., 1998; Petermann et al., 1999; Robinson, 1999; Fulton et al., 2001; Institute of Medicine, 1995; Hauner et al., 2000; Jeffrey et al., 2000; Resnicow, 1993; Resnicow u. Robinson, 1997) werden die gängigen Empfehlungen zur Therapie der Adipositas im Kindes- und Jugendalter anhand der folgenden Kriterien dargestellt:

Evidence-level-Ia:	Mehrere kontrollierte randomisierte Studien
Evidence-level-Ib:	Nur eine kontrollierte randomisierte Studie
Evidence-level-IIa:	Kontrollierte Studie ohne Randomisierung
Evidence-level-IIb:	Kohorten-, Korrelations- und Fallkontrollstudien ohne Randomisierung
Evidence-level-III:	Deskriptive Studien
Evidence-level-IV:	Expertenmeinung

Expertenmeinungen werden im Text wiedergeben und Erkenntnisse aus Studien explizit hervorgehoben. Es wurden nur Studien mit Kindern und Jugendlichen berücksichtigt, deren Gewichtsverlauf gemessen und nicht erfragt wurde.

38.1   Basistherapie

Die Therapiebausteine Ernährungs-, Verhaltens- und Bewegungstherapie sollten immer kombiniert werden, da isolierte Bewegungs-, Ernährungs- oder Verhaltenstherapie nicht zu einem langfristigen Erfolg führt (»evidence-level-Ia«). Da die einzelnen Bausteine der Basistherapie sich überschneiden (z. B. Beeinflussung des Essverhaltens ist Therapieziel sowohl in der Verhaltens- als auch Ernährungstherapie) ist keine exakte Abgrenzung der Therapiebausteine voneinander möglich.

38.1.1   Verhaltenstherapie

Die Verhaltenstherapie basiert auf der Annahme, dass das Ernährungs-, Ess- und Bewegungsverhalten das Körpergewicht beeinflusst. Ernährungs-, Ess- und Bewegungsverhalten sind erlernt und somit prinzipiell einer Veränderung zugänglich. Verhaltenstherapeutische Verfahren gehören zum Standardrepertoire in der Behandlung der Adipositas im Kindesalter (▶ Kap. 42). Die Verhaltenstherapie der Adipositas ist anderen psychologischen Interventionsverfahren überlegen.

Ziele der Verhaltenstherapie sind zunächst das Erkennen der Assoziation zwischen Ernährungs-, Ess- und Bewegungsverhalten auf der einen Seite und dem Gewichtsverlauf auf der anderen Seite (Selbstbeobachtung). Hierzu sind regelmäßige Gewichtskontrollen (»evidence-level-IIb«) sowie Selbstprotokollierung des Ernährungs-, Ess- und Bewegungsverhaltens erforderlich. Über die Bewertung des eigenen Verhaltens soll im nächsten Schritt eine Verhaltensänderung herbeigeführt werden. Dabei sollten kleine Schritte und realistische Ziele angestrebt werden, um Frustrationen zu vermeiden.

Unterstützende Techniken sind Stimulus-Kontrolltechniken (z. B. fester Essensplatz verhindert Ablenkung und Verführung zum »snacking«), positive Verstärkung, Verstärker- und Belohnungssysteme, Modelllernen und eine Rückfallprophylaxe (jeweils »evidence-level-III«) und der Verzicht auf Verbote (»evidence-level-Ib«). Weitere Techniken sind kognitive Umstrukturierung, Selbstverstärkung, Selbstwirksamkeit und Training sozialer Kompetenzen, deren Nachweis einer Wirksamkeit aber noch aussteht. Obwohl Adipositas mit Mangel an Selbstkontrolle in Zusammenhang gebracht wird, zeigten Selbstkontrolltechniken keinen zusätzlichen Benefit (»evidence-level-IIb«). Auch die Einführung von Problemlösestrategien zeigte keine Erfolgsverbesserung (»evidence-level-Ib«). Positive Aufforderungen sind Verboten überlegen (»evidence-level-Ib«).

Die Selbstbeobachtung, Selbstbewertung und Verhaltensänderung setzen intellektuelle Fähigkeiten voraus und zeigen die Grenzen der Verhaltenstherapie auf. Kleinkinder und geistig retardierte Kinder sind dieser Therapieform nicht zugänglich.

38.1.2 Ernährungstherapie

Der Ernährungstherapie liegt die Hypothese zugrunde, dass Adipöse im Hinblick auf ihre Bewegung zuviel Energie konsumieren. Je größer die Energiereduktion, desto größer ist die Gewichtsabnahme (»evidence-level-Ib«). Die Schwierigkeit bei der Erstellung von Lebensmittelplänen besteht u. a. darin, dass es eine große Variationsbreite im individuellen Energieverbrauch gibt. Das erforderliche Ausmaß der Energiereduktion zur Gewichtsreduktion hängt zudem vom Ausmaß des Übergewichts und vom Alter ab. Allgemeine verbindliche Ernährungsrichtlinien können daher nicht gegeben werden (▶ Kap. 41). Es wird empfohlen die tägliche Kalorienzufuhr um circa 30% zu senken. Dies wird meist durch eine Reduktion des Fettanteils der Nahrung auf 25–30% erreicht, eine Steigerung der komplexen Kohlenhydrate auf 50–55% sowie durch Verzicht auf hochkalorische Zwischenmahlzeiten (»snacking«) und energiereiche Getränke. Pro Tag sollte ca. 1,5–2 l getrunken werden. Studien für diese Ernährungsempfehlungen existieren jedoch für das Kindesalter nicht, so dass z. Z. das Ausmaß der erforderlichen Energie- und Fettreduktion unklar ist. Die praktische Umsetzung dieser Ernährungsempfehlungen ist nicht teurer als die übliche Ernährung (»evidence-level-Ib«).

Eine Zufuhr von 15 g Ballaststoffe pro Tag zeigte keine Verbesserung der Gewichtsreduktion (»evidence-level-Ib«). Starre Diätpläne, z. B. Reduktionsdiäten mit 1000 oder 1500 Kalorien, oder Außenseiterdiäten, sind für die Ernährung adipöser Kinder und Jugendlicher nicht zu empfehlen, da damit eine altersgemäße Nährstoffzufuhr gefährdet wird. Eine Studie zeigt eine Überlegenheit bei Verzehr von Nahrungsmitteln mit niedrigem glykämischem Index (Maß für Blutglukoseanstieg nach Verzehr kohlenhydratreicher Lebensmittel) gegenüber einer Fettreduktion (»evidence-level-IIb«), so dass der Schwerpunkt in der Ernährungstherapie nicht nur auf die Fettreduktion gelegt werden sollte. Der glykämische Index von Nahrungsmitteln unterliegt jedoch vielen Einflussfaktoren, wie z. B. dem gleichzeitigen Verzehr von fettreichen Lebensmittel, sodass exakte Berechnungen des glykämischen Indexes nicht möglich sind.

Es sollte nicht von Diät gesprochen werden, da ansonsten häufig eine zeitlich begrenzte Nahrungsumstellung suggeriert wird. Als Methode zur Vermittlung der Ernährungsempfehlungen sind mehrere Verfahren untersucht worden: Eine individuelle Diätberatung zeigte keinen Erfolg (»evidence-level-III«). Die Vermittlung der Regeln für die Lebensmittelauswahl, visualisiert mithilfe der Ampelfarben, zeigte eine signifikante Gewichtsabnahme (»evidence-level-IIb«), insbesondere wenn es gelingt Austauschmöglichkeiten für kalorien- und fettreiche Produkte aufzuzeigen. Andere Darstellungsformen sind die Lebenspyramide und der Lebensmittelkreis.

38.1.3 Bewegungstherapie

Der Bewegungstherapie liegt die Hypothese zugrunde, dass Adipöse im Hinblick auf ihre verzehrte Energie sich zuwenig bewegen. Die Bewegung kann in 3 Bereiche aufgetrennt werden:

- aktive sportliche Betätigung,
- Bewegung im Alltag (z. B. mit Fahrrad statt Bus zur Schule) und
- Anteil sitzender Tätigkeiten (v. a. Fernseh- und Computerkonsum).

Ein zur Gewichtsreduktion »ideales« Sportprogramm würde v. a. aus aerobem Ausdauertraining bestehen evtl. kombiniert mit einem Krafttraining des Muskel- und Halteapparats. Da ein Sportprogramm zwangsläufig immer zeitlich limitiert ist, zeigt ein alleiniges aerobes Ausdauerprogramm keinen langfristigen Erfolg (»evidence-level-Ia«). Eine speziell gestaltete Bewegungstherapie hat jedoch außer einem gesteigerten Energieverbrauch viele weitere Vorteile. Neben dem Aufbau eines motivationsfördernden Gruppengefühls können das Selbstbewusstsein der Kinder gestärkt und ein neues Körpergefühl vermittelt werden (▶ Kap. 39).

Eine Veränderung der Bewegung im Alltag und v. a. eine Reduktion des Fernseh- und Computerkonsums führt zu einer langfristigen Gewichtsreduktion (»evidence-level-Ia«). Dabei wird eine Reduktion des Fernsehkonsums auf täglich weniger als 2 h empfohlen. In den Vereinigten Staaten werden mittlerweile Fernsehgeräte angeboten, die nur bei gleichzeitiger Fahrt auf einem Ergometer funktionieren und damit den Fernsehkonsum senken und die aktive Bewegung steigern (»evidence-level-Ia«). Eine aktive Tätigkeit wird täglich über 30 min an 6 Tagen die Woche empfohlen.

> **Beratungstipps**
>
> Eine Steigerung der Bewegung im Alltag und eine Verminderung des Fernsehkonsums sind effektiver als eine zeitlich limitierte Sporttherapie.

38.1.4 Gruppen- vs. Individualtherapie

Eine Behandlung in Form einer Gruppentherapie ist kostengünstiger (»evidence-level-Ib«) und effektiver als individuelle Behandlungen (»evidence-level-IIa«). Mit der Gruppentherapie kann ein motivationsförderndes Gruppengefühl aufgebaut werden und die Teilnehmer profitieren von den Interaktionen. In einer Studie zeigte sich kein Benefit einer einmaligen zusätzlichen Individualtherapie zu einer Gruppentherapie (»evidence-level-Ib«). Wenn man die multifaktorielle Genese der Adipositas berücksichtigt, erscheint eine Kombination einer Gruppen- mit einer Individualtherapie, die speziell auf die Bedürfnisse des Individuums und seiner individuellen Lebenslage eingeht, erfolgversprechend.

38.1.5 Einbeziehung der Eltern in die Therapie

Eltern besitzen eine wichtige Modellfunktion für das Ernährungs-, Ess- und Bewegungsverhalten ihrer Kinder. Zudem übernehmen sie Kontrollfunktionen über das Verhalten des Kindes. Ein Therapieansatz, der die gesamte Familie einschließt, erscheint daher erfolgversprechender. Kontrolliert randomisierte Studien zeigen übereinstimmend, dass durch Einbezug der Eltern eine bessere Gewichtsreduktion zu erzielen ist (»evidence-level-Ia«). Die Behandlung nur der Eltern ist der Behandlung nur der Kinder überlegen (»evidence-level-Ib«).

Den Eltern sollten Techniken wie Belohnung, Verstärkung und Verträge nahe gebracht werden. Dabei sollte das Verhalten und nicht der Gewichtsverlauf oder die Person bewertet werden. Zuwendung oder gemeinsame Aktivitäten sind dabei Lebensmitteln, Sachgegenständen oder Geld als Belohnung vorzuziehen. Die Eltern sollten lernen konsequent zu sein, um paradoxe Botschaften zu vermeiden. In der Elterntherapie kann zudem eine strukturierte Familienberatung als eine unterstützende Maßnahmen zur Krankheitsbewältigung angeboten werden.

Die Eltern und Kinder sollten in der Gruppentherapie getrennt geschult werden (»evidence-level-IIa«). Es gibt Hinweise, dass auf eine Therapie der Eltern bei Adoleszenten verzichtet werden kann, da diese ihr Verhalten weitgehend selbst bestimmen und eine Kontrollfunktion durch ihre Eltern die Konflikte zwischen Jugendlichen und Eltern verstärken kann (»evidence-level-III«).

38.1.6 Ambulante vs. stationäre Behandlung

Wie jede chronische Erkrankung kann Adipositas langfristig besser ambulant als stationär behandelt werden. Der Vorteil einer stationären Behandlung (Rehabilitation oder »fat camps«) über 2–6 Wochen in speziell eingerichteten Institutionen liegt in der besseren äußeren Kontrolle des Ernährungs-, Ess- und Bewegungsverhaltens. Eine rasche Gewichtsabnahme tritt daher bei den meisten Kindern auf. Der Gewichtsverlust ist größer als bei ambulanten Konzepten innerhalb desselben Zeitraums (»evidence-level-III«). Dies kann zu einer Motivationssteigerung führen. Für Jugendliche kann auch die Trennung von den Eltern eine Unterstützung sein. Problematisch ist, dass die stationäre Therapie nicht in der gewohnten Umgebung mit den üblichen Verführungssituationen stattfindet. Idealerweise schließt sich an eine stationäre eine ambulante Behandlung an, wobei die Vernetzung des stationären und ambulanten Sektors im Alltag häufig schwierig zu realisieren ist. Bisher ist erst in einer Studie ein Erfolg, ein Jahr nach Therapieende bei einem stationären Aufenthalt von 10 (!) Monaten bei extrem übergewichtigen Kindern, nachgewiesen worden (◻ Tabelle 38.1; Braet et al., 2003; »evidence-level-Ib«). Die langfristigen Erfolge von stationären Behandlungskonzepten über 4–8 Wochen sind bisher nicht nachgewiesen worden.

Die Vorteile der ambulanten Therapie sind die leichtere Einbindung der Familie, geringere Kosten und die Behandlung im gewohnten Umfeld des Kindes. Schwierigkeiten im Alltag können so in der Therapie besser berücksichtigt werden und Rückfälle aufgefangen werden. Verhaltensänderungen sind durch eine Verhaltenstherapie erst nach Monaten zu erzielen und nicht wie in stationären Konzepten innerhalb weniger Wochen (»evidence-level-IIb«). Die langfristig erfolgreichen Therapiekonzepte wurden v. a. ambulant angeboten (◻ Tabelle 38.1; »evidence-level-Ia«).

38.1.7 Therapiedauer

Es existieren keine Studien, die die Dauer einer erforderlichen Adipositas-Behandlung und ihrer Bausteine untersuchten. Die langfristig erfolgreichen Gewichtsmanagement-Programme wurden über 3–12 Monate durchgeführt (◻ Tabelle 38.1). Eine Verhaltensänderung ist nicht innerhalb eines kurzen Zeitraums (z. B. 4 Wochen) zu erzielen, sondern nur durch eine mehrmonatige Verhaltenstherapie (»evidence-level-IIb«).

38.1.8 Netzwerk

Der Aufbau eines Netzwerks mit Elternselbsthilfegruppen und Adipositas-Sportgruppen neben einer Adipositas-Ambulanz bietet sich bei einer chronischen Erkrankung wie der Adipositas an, um auch nach Ende von Gewichtsmanagement-Programmen eine langfristige Betreuung zu ermöglichen (»evidence-level-III«).

> **Praxistipp**
>
> Die Basistherapie ist eine Kombination aus Ernährungs-, Verhaltens- und Bewegungstherapie.
>
> Verhaltenstherapie ist die Grundlage der Adipositas-Behandlung. Durch Selbstbeobachtung und Selbstbewertung wird eine Veränderung des Verhaltens in kleinen Schritten angestrebt.
>
> Ernährungsempfehlungen sollten lebensmittelbezogen dargestellt werden. Wichtig sind langfristige alltagstaugliche Ernährungsempfehlungen statt kurzfristiger hypokalorischer Diätpläne.
>
> Eine Gruppentherapie ist effektiver als eine Individualtherapie.
>
> Eltern sollten in die Therapie einbezogen werden. Im Rahmen der Adipositas-Therapie sind die Eltern sogar eine bessere Zielgruppe für die Therapie als die Kinder.

Eine Behandlung sollte primär im ambulanten Rahmen stattfinden. Stationäre Behandlungen sind nur als Baustein im langfristigen ambulanten Therapiekonzept sinnvoll.

38.2 Definition von erfolgreicher Gewichtsreduktion

Bei Erwachsenen führt eine Reduktion des BMI um mindestens 1 über 1 Jahr oder eine Reduktion des Gewichts von mindestens 5% zu einer Verbesserung der Morbidität und Mortalität, sodass diese Kriterien im Erwachsenenalter für eine erfolgreiche Gewichtsreduktion verwendet werden (»evidence-level-IIb«). Im Kindesalter ist jedoch nicht klar, wie groß der Gewichtsverlust sein muss, um eine Verbesserung der Komorbidität und der späteren Morbidität zu erreichen. Ferner nimmt das Gewicht und der BMI mit zunehmenden Alter zu, sodass das Ausmaß des Übergewichts zwischen 2 Untersuchungszeitpunkten nur als relatives Übergewicht oder als SDS-BMI vergleichbar ist. Ein Gewichtsstillstand zur Übergewichtsreduktion ist bei wachsenden Kindern zu erreichen. Die maximal anzustrebende Ge-

Tabelle 38.1. Erfolgsquote (»intention to treat«) und Ausmaß Gewichtsreduktion (in % Übergewicht) im Follow-up nach Therapieende in Therapiestudien mit Follow-up über mindestens 1 Jahr

Autor	Behandelte Patienten	Alter in Jahren	Therapieform	Setting	Therapiedauer	Follow-up-Dauer	Erfolgsquote	Durchschnittliche Gewichtsreduktion
Ambulant								
Coates et al. (1982)	31	13–17	E+V (F)	G	5 Monate	1,5 Jahre		8%
Epstein (1984)[d]	18	8–12	B+E+V F	G	6 Monate	1 Jahr[b]		16%
	18		E+V F	G	6 Monate			16%
Brownell (1983)	29	12–16	E+V F	G	4 Monate	1 Jahr		21%
	13	12–16	E+V/	G	4 Monate			6%
Kirschenbaum et al. (1984)	31	9–13	E+V F	G	2 Monate	1,1 Jahre		6–8%
Israel (1984)	53	8–12	V F	G	2 Monate	1 Jahr	25%	0%
Israel (1985)[d]	12	8–12	V F	G	3 Monate	1 Jahr	25%	10%
	12		V/	G	3 Monate			1%
Mellin et al. (1987)[d]	37	12–18	E+V F	G	3 Monate	1 Jahr		10%
Kalker (1990)	160	7–15	E+V/	I	3–6 Monate	3–5 Jahre	13%	11%
Nuutinen u. Knip (1992)	48	6–16	E+V/	(G) (I)	1 Monat	5 Jahre	29%	12%
Flodmark (1993)[e]	44	10–11	E+V F	G	14 Monate	2 Jahre	0%	0%
Israel et al. (1994)	34	8–13	V F	G	6 Monate	3 Jahre	9%	-7%– 5%
Epstein et al. (1994 b)	43	6–12	E+V F	G	8 Monate	10 Jahre	15%	15%
	22		E+V/	G	8 Monate			3%
Epstein et al. (1994b)[d]	18	8–12	B+E+V F	G	1 Jahr	10 Jahre[c]		8%
	18		E+V F	G	1 Jahr			10%
Epstein et al. (1994b)[a]	185	6–12	(B)+E+V F	G	6–12 Monate	10 Jahre	57%	20%
Epstein et al. (1994a)	44	8–12	E+V F	G	1 Jahr	2 Jahre		11–15%
Epstein et al. (1995)	61	8–12	E+V F	G	4 Monate	1 Jahr		9–18%
Johnson et al. (1997)	22	8–17	B+E+V F	G	4 Monate	5 Jahre	64%	23%
	45	7–16	E+V/	G	7 Monate	1 Jahr		14%
Braet et al. (1997)[e]	48		E+V/	I	7 Monate			9%
	55		E+V/	G	2 Wochen			15%

38

⬛ Tabelle 38.1 (Fortsetzung)

Autor	Behandelte Patienten	Alter in Jahren	Therapieform	Setting	Therapiedauer	Follow-up-Dauer	Erfolgsquote	Durchschnittliche Gewichtsreduktion
Pinelli et al. (1999)	1383		E/	I	?	2 Jahre	6%	
Korsten-Reck et al. (2002)	238		B+E+V F	G	9 Monate	2 Jahre	28%	
Reinehr et al. (2003 b)[e]	104	6–15	B+E+V F	G+I	1 Jahr	1 Jahr	59%	13%
Stationär								
Braet et al. (2003)[d]	38	10–17	B+E+V/	G+I	10 Monate	1,2 Jahre[c]	76%	20%

B Bewegungstherapie, **E** Ernährungstherapie, **V** Verhaltenstherapie, **F** Eltern in Therapie eingebunden, **/** Eltern in Therapie nicht eingebunden, **G** Gruppentherapie, **I** individuelle Therapie, ( ) z.T.

[a] Enthält Daten mehrerer Studien desselben Autors.
[b] Verlaufsbeobachtung Kontrollgruppe 6 Monate.
[c] Verlaufsbeobachtung Kontrollgruppe 1 Jahr.
[d] Randomisierte Kontrollgruppe ohne Übergewichtsreduktion.
[e] Kontrollgruppe ohne Übergewichtsreduktion.

wichtsreduktion wird für ausgewachsene Jugendliche mit 0,5 kg pro Woche angegeben.

38.3   Effektivitätsnachweise zur Basistherapie

38.3.1   Gewichtsreduktion

Zum Nachweis der Effektivität einer Behandlung sind randomisierte Studien mit unbehandelter Kontrollgruppe und langfristiger Nachbeobachtung erforderlich. Obwohl über 40 randomisierte Studien zur Behandlung der Adipositas im Kindesalter vorliegen, existieren nur 3 Studien mit einer Basistherapie, nicht behandelter Kontrollgruppe und einer langfristigen Verlaufsbeobachtung nach Therapieende (Epstein et al., 1994 b; Mellin et al., 1987; Israel et al., 1985). Alle 3 Studien zeigen übereinstimmend, dass ohne Behandlung keine Reduktion des Übergewichts zu erwarten ist und dass mit der Basistherapie ein langfristiger Gewichtsverlust bei einem Teil der Teilnehmer erreicht werden kann (»evidencelevel-Ia«). Mehrere nichtrandomisierte Studien zeigen ebenfalls, dass ohne Behandlung oder nur bei einmaliger Beratung langfristig keine Reduktion des Übergewichts erreicht werden kann (»evidence-level-IIa«). Alle Studien zur Behandlung der Adipositas im Kindesalter mit einer Verlaufsbeobachtung von mindestens 20 Kindern über 1 Jahr nach Therapieende sind in ◘ Tabelle 38.1 aufgeführt.

Gemeinsam ist allen eine Therapie von motivierten Kindern im Alter von 6–17 Jahren (Schwerpunkt 6–12 Jahre). Behandlungskonzepte für Kleinkinder sind bisher nicht publiziert. Die Studien zeigen je nach Konzept eine Reduktion des durchschnittlichen relativen Übergewichts von 23% bis zu einer Zunahme des durchschnittlichen relativen Übergewichts von 7% in einem Zeitraum von 1–10 Jahren nach Behandlungsende bei einer Erfolgsquote (»intention to treat«) von 6–64%. Ein Vergleich der Studien ist untereinander nicht möglich, da Eingangskriterien und damit die Studienkollektive nicht vergleichbar sind. Der Behandlungserfolg wird von einer Vielzahl von Einflussfaktoren neben der Art der Behandlung bestimmt (Abschn. 38.4). Auch ist das Ausmaß der erzielten Gewichtsreduktion vom Anteil der Abbrecher abhängig. Je weniger Patienten nachuntersucht werden können, desto besser wird die durchschnittliche Gewichtsreduktion sein, da sich eher erfolgreiche Teilnehmer zu Verlaufsuntersuchungen zur Verfügung stellen.

> **Häufige Ursachen von mangelndem Erfolg in Gewichtsmanagement-Programmen. (Nach Ebbeling et al., 2002)**
>
> - Es werden nur einzelne Komponenten der Basistherapie verwendet,
> - die Behandlung ist zu kurz,
> - statt die Bewegung im Alltag zu steigern und den Fernsehkonsum zu senken wird eine zeitlich limitierte Sporttherapie durchgeführt,
> - der Fokus in der Ernährung wird alleine auf den Fettanteil gelegt und
> - es wird keine Behandlung der Familie, sondern nur des Kindes durchgeführt.

Insgesamt lässt sich ohne Behandlung oder mit einer einmaligen Beratung keine Reduktion des Übergewichts erwarten. Die Basistherapie führt bei einem Teil der motivierten adipösen Kindern zu einem langfristigen Gewichtsverlust. Wie diese Kindern identifiziert werden können und wie lange und intensiv die Basistherapie durchgeführt werden sollte ist unklar.

38.3.2   Verbesserung der Komorbidität

Durch eine langfristige Gewichtsreduktion wird langfristig der Blutdruck gesenkt, das HDL-Cholesterin erhöht, LDL-Cholesterin erniedrigt, die Triglyzeride erniedrigt, die Insulinresistenz vermindert und somit das kardiovaskuläre Risikoprofil verbessert (»evidence-level-IIb«). Ein Nachweis der Verbesserung der Mortalität durch eine Gewichtsreduktion im Kindesalter steht noch aus.

38.3.3 Verbesserung des Gesundheitsverhaltens

Das Gesundheitsverhalten setzt sich aus dem Ernährungs-, Ess- und Bewegungsverhalten zusammen. Es existieren bis jetzt keine randomisierten Studien, die eine langfristige Verbesserung des Gesundheitsverhalten durch eine Behandlung nachweisen. In Interventionsstudien zeigt sich eine Verbesserung des Ernährungs-, Ess- und Bewegungsverhalten durch eine Basistherapie (»evidence-level-III«).

38.3.4 Minimierung von Nebenwirkungen

Alle publizierten Studien beschreiben keine Nebenwirkungen mit Ausnahme von Wachstumsstörungen bei einer deutlich unterkalorischen Kost (z. B. VLCD = very low caloric diet; »evidence-level-IIb«). Insbesondere wurden bisher keine Essstörungen als Nebenwirkung einer Basistherapie beschrieben. Diese sind jedoch leicht zu übersehen und die fehlende Angabe von Nebenwirkungen der Behandlung in Studien muss nicht bedeuten, dass auch nach Nebenwirkungen gesucht wurde.

38.3.5 Verbesserung der Lebensqualität

Mehrere Studien zeigen, dass durch eine Basistherapie z. T. auch ohne Gewichtsreduktion das bei Adipösen erniedrigte Selbstwertgefühl gesteigert wird (»evidence-level-III« ▶ Kap. 29). Der Benefit von Gewichtsmanagement-Programmen ist möglicherweise gerade in diesem Bereich zu suchen.

> **Praxistipp**
>
> Gewichtsreduktion führt zu einer Verbesserung des kardiovaskulären Risikoprofils.
> Die Basistherapie führt sowohl zu einer Verbesserung des Gesundheitsverhaltens als auch des Selbstwertgefühls.
> Bislang zeigten sich keine Nebenwirkungen durch eine Basistherapie.

38.4 Einflussfaktoren auf den Therapieerfolg

Die bedeutendsten Einflussfaktoren sind die Motivation und die Bereitschaft, das Ernährungs-, Ess- und Bewegungsverhalten zu verändern. Alle langfristigen erfolgreichen Behandlungsangebote richteten sich immer nur an motivierte Familien. Wie die Motivation überprüft werden kann ist bisher unklar (Reinehr et al., 2003a). Die somatischen Merkmale der Teilnehmer und ihrer Familien (Alter, Geschlecht, Ausmaß an Übergewicht) zeigen in den meisten Studien keinen Einfluss auf den Therapieerfolg (»evidence-level-III«), während wenige Studien über bessere Erfolge bei Jungen, jüngeren Kindern und normalgewichtigen Eltern berichten (»evidence-level-III«). Eine Gewichtsreduktion der Eltern korreliert mit der Gewichtsreduktion der Kinder (»evidence-level-III«). In der Studie mit der längsten Beobachtungsdauer über 10 Jahre zeigte sich, dass der Verlauf der ersten Jahre die Prognose bestimmt (Epstein et al., 1994b; »evidence-level-III«).

Schlechtere Therapieerfolge finden sich bei psychiatrisch Erkrankten, Kindern mit Essstörungen, zerrütteten Familien, Rauchern und bei Kindern mit Freunden mit ungünstigem Essverhalten (»evidence-level-III«). Ein Nachweis des Einflusses des sozioökonomischen Status auf den Therapieerfolg gelang bisher nicht (»evidence-level-III«).

38.5 Formula-Diät

Mit den herkömmlichen eingesetzten Diätverfahren bei Adipositas kann maximal eine Gewichtsreduktion von 0,5 kg pro Woche erzielt werden. Durch eine sehr unterkalorische Kostform (VLCD: »very low caloric diet«) kann ein rascher Gewichtsverlust erzielt werden (durchschnittliche Gewichtsabnahme nach 10 Wochen 11,2 kg; »evidence-level-Ib«). Da Grundumsatz und Thermogenese bei einer VLCD und beim Fasten reduziert werden (»evidence-level-III«), ist die Gefahr eines Jo-Jo-Effekts nach Beendigung der Diät sehr groß.

Ein Beispiel für eine VLCD ist die häufig verwendete PSMF (»protein sparing modified fast«). Hierbei wird die Kalorienzufuhr auf 600–900 kcal reduziert bei gleichzeitiger Zufuhr von Proteinen, Spurenelemente, Vitaminen und Elektrolyten und großen Mengen Flüssigkeit. Dies ist erforderlich, um potenziell schwer wiegende Nebenwirkungen wie Herzrhythmusstörungen durch Elektrolytverschiebungen und Eiweißmangel zu verhindern. Weitere Nebenwirkungen sind arterielle Hypotonie mit zerebralen Durchblutungsstörungen, Nierenversagen, Hyperurikämie, Gallensteine, Ketoazidose, Vitaminmangel, Wachstumsstörungen und das Auftreten von Essstörungen (»evidence-level-III«). Aufgrund der Nebenwirkungen kann diese Kostform maximal über 3–12 Wochen eingesetzt werden und sollte nur unter strenger ärztlicher Kontrolle durchgeführt werden.

Die sehr guten kurzfristigen Erfolge zeigen jedoch keine langfristige Stabilität: 15 Monate nach Beendigung der PSMF findet sich kein zusätzlicher Benefit gegenüber einer Basistherapie (»evidence-level-Ib«). Die Indikation für eine VLCD besteht daher nur bei einer notwendigen kurzfristigen Gewichtsreduktion.

> **Beratungstipps**
>
> Eine Formula-Diät ist nur bei kurzfristig erforderlicher Gewichtsreduktion und extremer Adipositas sinnvoll.

38.6 Therapieangebote für adipöse Kinder und Jugendliche in Deutschland

Die Aufgabe des (Kinder-)Arztes besteht neben Erfassung und Behandlung der Grund- und Folgeerkrankungen der Adipositas v. a. in der Identifizierung und Überwachung eines geeigneten Therapiekonzepts für betroffene adipöse Kinder.

38.6.1 Anforderung an Therapieprogramme

Aufgrund der oben beschriebenen Erkenntnisse und der Leitlinien der Deutschen Adipositasgemeinschaft, der Deutschen Akademie für Ernährungsmedizin (DAEM), der Deutschen Gesellschaft für Ernährung (DGE), der Deutschen Gesellschaft für Ernährungsmedizin (DGEM) und der Arbeitsgemeinschaft Adipositas im Kindes- und Jugendalter (AGA) sind folgende Anforderung an Therapieprogramme zu stellen:

- a) Personell:
  - (Kinder-)Arzt, Ernährungsfachkraft, Psychologe, Zusammenarbeit lokale Sporteinrichtung (fakultativ)
- b) Komponenten:
  - medizinische Eingangsuntersuchung und Indikationsstellung,
  - strukturierte Schulung in Gruppen,
  - multidisziplinäres Therapiekonzept aus Ernährungs-, Verhaltens- und Bewegungstherapie, regelmäßige Verlaufskontrollen,
  - Therapiedauer von mehreren Monaten,
  - wissenschaftliche Evaluation.

38.6.2 Erhebung aller Therapieeinrichtungen für adipöse Kinder und Jugendliche

Um auf Therapieeinrichtungen vor Ort hinweisen zu können, die Vernetzung (stationär–ambulant) zu verbessern, Versorgungslücken und Therapieerfolge zu erfassen, führte die Arbeitsgemeinschaft Adipositas im Kindes- und Jugendalter (AGA) im Jahre 2001/2002 die folgende Umfrage durch (Reinehr u. Wabitsch, 2003 a). Allen Mitglieder der AGA, Kinderkliniken, sozialpädiatrischen Zentren, Gesundheitsämtern, Rehabilitationskliniken und den Spitzenverbänden der Krankenkassen in Deutschland wurde ein strukturierter Fragebogen zugesandt (n = 1464) und ein Aufruf in Fachzeitschriften sowie auf den Internetseiten der AGA gestartet. Dieser Fragebogen wurde auf Basis einer Befragung in der Arbeitsgemeinschaft Diätetik entwickelt (Reinehr et al., 2002).

119 ambulante und 56 stationäre Therapieeinrichtungen konnten identifiziert werden (Reinehr u. Wabitsch, 2003 a, b). Diese sind auf den Internetseiten der AGA veröffentlicht. Jährlich wird diese Datenbank aktualisiert. Die Art der Institutionen können ◘ Abb. 38.1 und die Charakterisierung der Therapieprogramme der ◘ Tabelle 38.2 entnommen werden. 55% der ambulanten Einrichtungen und 48% der stationären Einrichtungen behandeln Kinder erst ab einem Alter von mindestens 6 Jahren.

Die Institutionen haben nur in Ausnahmefällen über Nebenwirkungen der Therapie berichtet. Als Nebenwirkungen der Therapie wurden in Einzelfällen Sportverletzungen beschrieben. Essstörungen, die im Verlauf der Therapie auftraten, wurden nur in 2 Fällen berichtet. Der Nachweis von Essstörungen ist jedoch häufig schwierig.

Die Umfrage zeigte eine sehr heterogene Qualität in der Behandlung adipöser Kinder. 51% der ambulanten und 27% der stationären Behandlungsangebote entsprechen nicht den Leitlinien der AGA. Die sehr unterschiedliche Qualität der Behandlungsangebote spiegelt sich darin wider, dass nicht immer alle Behandlungsbausteine der Adipositas-Therapie (Ernährungs-, Verhaltens- und Bewegungstherapie) eingesetzt werden und auch nur etwas mehr als die Hälfte der Behandlungsangebote die Eltern in die Therapie einbeziehen (◘ Tabelle 38.2). Die Behandlungserfahrung ist meist sehr gering (bei der Hälfte

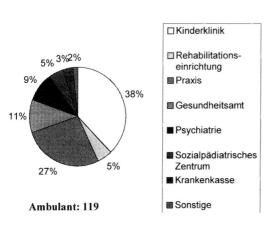

Ambulant: 119

Kinderklinik
Rehabilitationseinrichtung
Praxis
Gesundheitsamt
Psychiatrie
Sozialpädiatrisches Zentrum
Krankenkasse
Sonstige

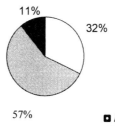

Stationär: 56

◘ Abb. 38.1. Behandlungseinrichtungen für adipöse Kinder und Jugendliche in Deutschland

◘ Tabelle 38.2. Vergleich von ambulanten und stationären Behandlungseinrichtungen (Angaben als Median und Streubreite)

	Ambulant	Stationär
Anzahl Institutionen	119	56
Behandelte Kinder und Jugendlichen pro Jahr	2771	4386
Behandlungserfahrung in Jahren	5 (1–30)	6 (1–26)
Dauer der Behandlung	11 (1–36) Monate	6 (1–16) Wochen
Aufwand pro Kind in Stunden	89,5 (5–544)	72 (9,5–192)
Kombination aus Ernährungs-, Verhaltens-, und Bewegungstherapie	49%	73%
Behandlung von Kind und Eltern	54%	63%
Pädiater im Team	61%	77%
Einsatz von Reduktionsdiäten	32%	80%
Kostenübernahme Gesundheitssystem	17%	100%
Evaluation am Therapieende	16%	14%
Abbrecher	20 (0–66)%	7 (0–50)%
Erfolg am Ende der Behandlung	65 (15–95)%	80 (5–100)%

weniger als 5 Jahre). Der Aufwand der Behandlung variiert erheblich sowohl in der zeitlichen Gesamtdauer als auch in dem zeitlichen Aufwand pro Kind. Ein einheitliches Therapiekonzept ist nicht erkennbar.

Behandlungsangebote entsprechend den Leitlinien der AGA werden am ehesten von Kinderkliniken, sozialpädiatrischen Zentren und Rehabilitationseinrichtungen umgesetzt. Eine Umsetzung nach diesen Leitlinien erfordert einen erheblichen Personalbedarf, wie er häufig nur von größeren Einrichtungen geleistet werden kann. Doppelt so viele Kinder wie ambulant werden z. Z. stationär behandelt. Der Aufwand ist in den ambulanten Programmen meist höher und die Kosten niedriger.

In Deutschland ist z. Z. von etwa 1 Mio. adipöser Kinder und Jugendlicher auszugehen. Nach dieser Umfrage werden nur ca. 7100 adipöse Kinder pro Jahr in Deutschland behandelt. Neben den erfassten Behandlungseinrichtungen existieren möglicherweise noch weitere Institutionen. Aufgrund der fehlenden Rückmeldung ist nicht zu erwarten, dass die Qualität dieser Programme besser als die der erfassten Institutionen ist. Daneben befinden sich z. Z. sehr viele Behandlungseinrichtungen im Aufbau. Eine Arbeitsgruppe der AGA (KGAS) entwirft z. Z. ein Schulungskonzept, deren Wirksamkeit und Praktikabilität noch nachgewiesen werden muss.

Eine Evaluation der Behandlungsmaßnahmen stellte die Ausnahme schon am Ende der Behandlung dar (nur 16% der ambulanten und 14% der stationären Therapieangebote wird am Ende der Behandlung evaluiert). Daten zum Gewichtsverlauf nach Behandlungsende gaben 3 ambulante Einrichtungen und 4 stationäre Einrichtungen an. Bei einer Verlaufsbeobachtung von 1–2 Jahren nach Behandlungsende lag die Erfolgsrate nach der Intention-to-treat-Methode nach Angaben der Institutionen in den ambulanten Programmen (397 untersuchte Kinder) bei 22–59% und in den stationären Programmen (1117 untersuchte Kinder) bei 28–42%. National liegen somit nur sehr geringe Kenntnisse über den Langzeitverlauf behandelter adipöser Kinder vor.

> **Praxistipp**
>
> Therapieangebote für adipöse Kinder und Jugendliche in Deutschland finden sich unter www.a-g-a.de.

38.7 Ausblick

Insgesamt liegen zur Behandlung der Adipositas im Kindes- und Jugendalter weit aus mehr offene Fragen als evidenzbasierte Erkenntnisse vor. Durch eine standardisierte Evaluation und kontrollierte randomisierte Studien gilt es in Zukunft v. a. die folgenden Fragen zu klären, um die Behandlung zu verbessern:

> **Offene Fragen zur Behandlung der Adipositas**
>
> — Wie lange und wie intensiv müssen die Therapiebausteine (Verhaltens-, Bewegungs-, Ernährungs- und Elterntherapie) eingesetzt werden?
> — Wie ist eine ideale, praktikable Kostform für adipöse Kinder und Jugendliche zusammengesetzt (z. B. wie viel Fettreduktion)?
> — Ist eine Therapie der Eltern bei Jugendlichen erforderlich oder vielleicht sogar kontraproduktiv?
> — Ist eine einheitliche Therapie/Schulung sinnvoll?
> — Ist neben einer Gruppentherapie eine zusätzlich Individualtherapie erforderlich?
> — Wie sieht eine Nachbetreuung nach einer Schulung aus?
> — Wer soll ambulant und wer stationär behandelt werden?
> — Was ist ein Behandlungserfolg (erforderliches Ausmaß an Gewichtsreduktion)?
> — Wie können geistig retardierte, unmotivierte oder der deutschen Sprache nicht mächtige Familien behandelt werden?
> — Wie sollen Kleinkinder behandelt werden?
> — Wann sollen experimentelle Therapieverfahren eingesetzt werden?
> — Sind Medikamente und VLCD langfristig effektiv?
> — Wer profitiert von einer Therapie?
> — Wie kann die Motivation nachgewiesen werden?

38

Trotz aller Bemühungen wird es aber sicherlich nicht gelingen, ein Therapiekonzept zu erstellen, dass für alle adipösen Kinder gleich gut geeignet ist, da die Ursachen der Adipositas mannigfaltig sind und eine Vielzahl von Einflussfaktoren den Therapieerfolg bestimmen (▶ Kap. 36). Eine effektive primäre Prävention ist daher die gesellschaftliche und politische Herausforderung der Gegenwart und Zukunft (▶ Kap. 47, ▶ Kap. 50).

Literatur

Barlow SE, Dietz WH (1998) Obesity evaluation and treatment: Expert Committee recommendations. The Maternal and Child Health Bureau, Health Resources and Services Administration and the Department of Health and Human Siences. Pediatrics 102: 1–11

Braet C, Van Winckel M, Van Leeuwen K (1997) Follow-up results of different treatment programs for obese children. Acta Paediatr 86: 397–402

Braet C, Tanghe A, De Bode P, Franckx H, Van Winkel M (2003) Inpatient treatment of obese children: a multicomponent programme without stringent calorie restriction. Eur J Ped 162(6): 391–396

Brownell KD, Kaye FS (1982) A school-based behavior modification, nutrition education, and physical activity program for obese children. Am J Clin Nutr 35: 277–283

Campbell K, Waters E, O'Meara S, Summerbell C (2001) Interventions for preventing obesity in children. Preview published in Cochrane Libary, Issue 1

Campbell K, Waters E, O'Meara S, Summerbell C (2001) Interventions for preventing obesity in childhood. A systematic review. Obes Rev 2: 149–157

Coates TJ, Killen JD, Sinkard LA (1982) Parent participation in a treatment program for overweight adolescents. Int J Eat Dis 1: 37–48

Daniels S (2001) Pharmacological treatment of obesity in paediatric patients. Paediatr Drugs 3: 405–410

Ebbeling CA, Pawlak DB, Ludwig DS (2002) Childhood obesity: public-health crisis, common sense cure. Lancet 360: 473–482

Edmunds L, Waters E, Elliott EJ (2001) Evidence based management of childhood obesity. BMJ 323: 916–919

Epstein LH, Wing RR, Koeske R, Valoski A (1984) Effects of diet plus exercise on weight change in parents and children. J Consult Clin Psychol 52: 429–437

Epstein LH, McKenzie SJ, Valoski A, Klein KR, Wing RR (1994a) Effects of mastery criteria and contingent reinforcement for family-based child weight control. Addict Behav 19: 135–145

Epstein LH, Valoski A, Wing R, McCurley J (1994b) Ten year outcomes of behavorial family-based treatment for childhood obesity. Health Psychology 13: 373–383

Epstein LH, Valoski AM, Vara LS et al. (1995) Effects of decreasing sedentary behavior and increasing activity on weight change in obese children. Health Psychol 14: 109–115

Epstein LH, Myers MD, Raynor HA, Saelens BE (1998) Treatment of pediatric obesity. Pediatrics 101: 554–570

Epstein LH, Roemmich JN, Raynor HA (2001) Behavioral therapy in the treatment of pediatric obesity. Pediatr Clin North Am 48: 981–993

Flodmark CE, Ohlsson T, Ryden O, Sveger T (1993) Prevention of progression to severe obesity in a group of obese schoolchildren treated with family therapy. Pediatrics 91: 880–884

Fulton JE, McGuiire MT, Caspersen CJ, Dietz WH (2001) Interventions for weight loss and weight gain prevention among youth: current issues. Sport Med 31: 153–163

Hauner et al. (2000) Qualitätskriterien für ambulante Adipositasprogramme. Eine gemeinsame Initiative der Deutschen Adipositasgesellschaft, deutschen Akademie für Ernährungsmedizin, Deutschen Gesellschaft für Ernährung, Deutschen Gesellschaft für Ernährungsmedizin. Adipositas 10 (Heft 19): 5–8

Institute of Medicine [IOM] (1995) Committee to develop criteria for evaluating the outcomes of approaches to prevent and treat obesity: Food and nutrition board; Institute of medicine. In: Thomas PR (ed) Weighing the options – Criteria for evaluating weight management programs. National Academy, Washington DC

Israel A, Stolmaker L, Andrian CA (1985) The effects of parents in general child management skills on a behavorial weight loss program for children. Behav Therapy 16: 169–180

Israel A, Stolmaker L, Sharp JP, Silverman W, Simon LG (1984) An evaluation of two methods of parental involvement in treating obese children. Behav Therapy 15: 266–272

Israel AC, Guile CA, Baker JE, Silverman WK (1994) An evaluation of enhanced self-regulation training in the treatment of childhood obesity. J Pediatr Psychol 19: 737–749

Jeffrey RW, Drewnowski A, Epstein LH, Stunkard AJ, Wilson GT, Wing RR, Hill DR (2000) Long-term maintance of weight-loss: current status. Health Psychol 19 (Suppl 1): 5–16

Johnson WG, Hinkle LK, Carr RE, Anderson DA, Lemmon CR, Engler LB, Bergeron KC (1997) Dietary and exercise interventions for juvenile obesity: long-term effect of behavioral and public health models. Obes Res 5: 257–261

Kalker U, Hovels O, Kolbe-Saborowski H (1990) Short- and intermediate-term results of treatment of children with obesity. Monatsschr Kinderheilkd 138: 793–798

Kirschenbaum DS, Harris ES, Tomarken AJ (1984) Effects of parental involvement in behaviorial weight loss therapy for preadolescents. Behav Ther 15: 266–272

Korsten-Reck U, Rudloff C, Kayser R, Esser KJ, Gruppe M, Emunds U, Kromeyer-Hauschild, Rücker G, Wolfarth B, Berg A (2002) Freiburger Interventionsprogramm zur ambulanten Therapie der Adipositas im Kindesalter (FITOC). Versicherungsmedizin 54: 21–25

Leitlinien der Arbeitsgemeinschaft für Adipositas im Kindesalter (AGA) zur Diagnostik, Therapie und Prävention der Adipositas (2002). Verfügbar unter: http://www.a-g-a.de/ Leitlinien/leitlinien.html

Lichtman SW, Pisarska K, Berman ER, Pestone M, Dowling H, Offenbacher E, Weisel H, Heshka S, Matthews DE, Heymsfield SB (1992) Discrepancy between self-reported and actual caloric intake and exercise in obese subjects. N Engl J Med 327: 1893–1898

Mellin LM, Slinkard LA, Irwin CE (1987) Adolescent obesity intervention: validation of the shapedown program. J Am Diet Assoc 87: 333–338

Muller MJ, Asbeck I, Mast M, Langnase K, Grund A (2001) Prevention of obesity–more than an intention. Concept and first results of the Kiel Obesity Prevention Study (KOPS). Int J Obes Relat Metab Disord 25 (Suppl 1): S66–74

Nuutinen O, Knip M (1992) Long-term weight control in obese children: persistence of treatment outcome and metabolic changes. Int J Obes 16: 279–287

Petermann F, Grunewald L, Gartmann-Skambracks A, Warschburger P (1999) Verhaltenstherapeutische Behandlung der kindlichen Adipositas. Kindheit Entwickl 8:206–217

Pinelli L, Elerdini N, Faith MS, Agnello D, Ambruzzi A, De Simone M, Leggeri G, Livieri C, Monetti N, Peverelli P, Salvatoni A, Seminara S, Uasone R, Pietrobelli A (1999) Childhood obesity: results of a multicenter study of obesity treatment in Italy. J Pediatr Endocrinol Metab 12 (Suppl 3): 795–799

Reilly JJ, Wilson ML, Summerbell CD, Wilson DC (2002) Obesity: diagnosis, prevention, and treatment; evidence based answers to common question. Arch Dis Child 86: 392–395

Reinehr T, Wabitsch M (2003a) Treatment of obese children and adolescents in Germany. J Pediatr Gastroenterol Nutr 37(2): 208

Reinehr T, Wabitsch M (2003b) Strukturierte Erfassung der Therapieangebote für adipöse Kinder und Jugendliche – ein Projekt der Arbeitsgemeinschaft Adipositas im Kindes- und Jugendalter (AGA). Monatsschr Kindheilk (im Druck)

Reinehr T, Wollenhaupt A, Chahda C, Kersting M, Andler W (2002) Ambulante Adipositasschulungen im Kindesalter. Vergleichskriterien zur Entwicklung validierter Behandlungsempfehlungen. Klin Pädiatr 214: 1–6

Reinehr T, Brylak K, Alexy U, Kersting M, Andler W (2003a) Predictors to success in outpatient training in obese children and adolescents. Int J Obes Relat Metab Disord 27(9): 1087–1092

Reinehr T, Kersting M, Alexy U, Andler W (2003b) Long-term follow-up of overweight children: after training, after a single consultation session and without treatment. J Pediatr Gastroenterol Nutr 37(1): 72–74

Resnicow K (1993) School-based obesity prevention. Population versus high-risk interventions. Ann NY Acad Sci 699: 154–166

Resnicow K, Robinson TN (1997) School-based cardiovascular disease prevention studies: review and synthesis. Ann Epidemiol 7: 14–31

Robinson TN (1999) Behavioural treatment of childhood and adolescent obesity. Int J Obesity 23 (Suppl 2): S52–S57

Summerbell CD, Waters E, Edmunds L et al. (1999) Interventions for treating obesity in children. Protocol first published in the Cochrane Library, Issue 4

Yanovski JA (2001) Intensive therapies for pediatric obesity. Pediatr Clin North Am 48: 1041–1053

Zwiauer KFM (2000) Prevention and treatment of overweight and obesity in children and adolescents. Eur J Pediatr 159 (Suppl 1): 56–68

Weiterführende Literatur

Barlow SE, Dietz WH (1998) Obesity evaluation and treatment: Expert Committee recommendations. The Maternal and Child Health Bureau, Health Resources and Services Administration and the Department of Health and Human Siences. Pediatrics 102: 1–11

Epstein LH, Roemmich JN, Raynor HA (2001) Behavioral therapy in the treatment of pediatric obesity. Pediatr Clin North Am 48: 981–993

Kommentar: Dieser Übersichtsartikel beschreibt gut die Möglichkeiten und Grenzen der konventionellen Adipositas-Therapie im Kindesalter.

Bedeutung von Bewegung und Sport beim adipösen Kind

A. Lawrenz, W. Lawrenz

39.1   Einleitung

Eine der Ursachen für die Entstehung von Übergewicht liegt in einer geringen körperlichen Aktivität (▶ Kap. 5), sodass bei gleichzeitig hoher Energieaufnahme eine positive Energiebilanz resultiert (Molnar u. Livingstone, 2000; ▶ Kap. 12). Dies ist auf die Veränderung der Lebensgewohnheiten zurückzuführen. So werden Kinder heute meist mit Auto oder Bus zur Schule gefahren, anstatt den Weg mit dem Fahrrad oder zu Fuß zurückzulegen. Die Rolltreppe oder der Aufzug ersetzen das Treppensteigen, und in der Freizeit der Kinder weicht das Toben im Freien immer mehr dem Sitzen vor dem Fernseher oder Computer (Maffeis, 2000; Molnar u. Livingstone, 2000). Allerdings sind die Daten zum Bewegungsverhalten von Kindern kontrovers. So zeigen einzelne Studien, dass es diesbezüglich in den letzten 20–30 Jahren keine Änderung gegeben hat (Molnar u. Livingstone, 2000), während andere Daten eine Abnahme der körperlichen Aktivität im Kindesalter belegen (Roberts, 2000; ▶ Kap. 5).

Für adipöse Kinder ist aber gesichert, dass ihr Gesamtenergieumsatz im Vergleich zu Normalgewichtigen vermindert ist. Dabei ist die Thermogenese gleich, der Ruheumsatz gleich oder sogar höher. Damit kann der niedrigere Gesamtumsatz nur auf eine verminderte körperliche Aktivität zurückzuführen sein (Maffeis, 2000; Trost et al., 2001; ▶ Kap. 15). Dementsprechend ist die Steigerung von Bewegung ein wichtiger Bestandteil in der Adipositas-Therapie und Prävention (▶ Kap. 16).

Dies bedeutet nicht nur, dass die Kinder Sport treiben sollen. Eine große Rolle spielt auch die Steigerung der Alltagsaktivität und eine Verringerung der Inaktivität. Allein durch diese Maßnahme kann die Energiebilanz schon günstig beeinflusst werden. Eine multifaktorielle Intervention, die auch eine Steigerung der körperlichen Aktivität berücksichtigt, ist einer alleinigen Ernährungsumstellung oder Diät überlegen (Eliakim et al., 2002; Epstein u. Goldfield, 1999; ▶ Kap. 38).

39.2   Nutzen von Sport

Jedes Kind kann unabhängig von seinem Körpergewicht von regelmäßiger körperlicher Bewegung und Sport profitieren. So wird nicht nur das Risiko der Entstehung von Übergewicht verringert. Auch einer Osteoporose und einer koronaren Herzerkrankung kann schon in frühen Jahren vorgebeugt werden. Neben diesen gesundheitlichen Vorteilen besteht ein weiterer Nutzen darin, dass die Kinder bei regelmäßiger körperlicher Aktivität Bewegung als etwas Selbstverständliches in ihr Leben integrieren. Die Förderung motorischer Fähigkeiten wie Koordination und Flexibilität wirkt sich darüber hinaus positiv auf die geistige Entwicklung der Kinder aus (▶ Kap. 5).

Adipöse Kinder profitieren zusätzlich von Sport und Bewegung, weil sie Muskelgewebe aufbauen, welches zu einem erheblichen Maße zum Energieverbrauch beiträgt, und Fettgewebe reduzieren (Maffeis, 2000).

Neben diesem allgemeinen Nutzen des Sports in der Therapie bestehen auch Auswirkungen auf die Folgen der Adipositas:
1. Sport hat im Bereich der Stoffwechselparameter bei Erwachsenen eine direkte Wirkung auf HDL-Cholesterin, welches erhöht wird (▶ Kap. 20). Vergleichbare Daten zu Kindern liegen bisher nicht vor.
2. Es kommt zu einer verbesserten Sensitivität der Insulinrezeptoren der Muskelzellen und damit zu einer verbesserten Glukoseverwertung. So wird dem metabolischen Syndrom vorgebeugt (▶ Kap. 23).
3. Viele adipöse Kinder haben eine verminderte kardiopulmonale Leistungsfähigkeit, sodass sie im Alltag Probleme haben, mit gleichaltrigen Kindern mitzuhalten. Durch ein entsprechendes Training wird unabhängig von der Gewichtsreduktion die kardiopulmonale Leistungsfähigkeit gesteigert (▶ Kap. 34).
4. Zusätzlich wird der systolische und diastolische Blutdruck gesenkt (▶ Kap. 21).
5. Durch die Bewegungsarmut und das erhöhte Gewicht, das auf das Skelettsystem einwirkt, entstehen Fehlhaltungen, die in fixierte Veränderungen übergehen können. So liegen bei vielen adipösen Kindern eine Hyperlordose der Lenden-

wirbelsäule, eine Hyperkyphose der Brustwirbelsäule und Genua valga vor (▶ Kap. 25). Durch einen moderaten Aufbau der entsprechenden Muskulatur können Fehlhaltungen wieder revidiert werden.

6. Neben den Effekten auf den Körper hat Sport bei Adipösen eine Wirkung auf das psychische Wohlbefinden. Es kommt zu einer Steigerung des Selbstwertgefühls sowie zu einer verbesserten Körperwahrnehmung. Die Kinder sind in soziale Strukturen besser eingebunden (▶ Kap. 29).

Nutzen von Sport für adipöse Kinder und Jugendliche

- ↑ HDL-Cholesterin
- ↑ Glukoseverwertung
- ↑ Leistungsfähigkeit
- ↓ Systolischer Blutdruck
- ↓ Fehlhaltungen
- ↑ Psychisches Wohlbefinden

39.3 Risiken des Sports

39.3.1 Orthopädische Risiken

Bei Kindern ist die Belastbarkeit des passiven Bewegungsapparates geringer als bei Erwachsenen, weil das Skelettwachstum noch nicht abgeschlossen ist. Bei adipösen Kindern ist zu berücksichtigen, dass die orthopädische Belastung von manchen Sportarten durch das Übergewicht noch verstärkt wird, was zu Schädigungen von Knochen und Gelenken führen könnte. Hinzu kommt eine nicht ausreichend entwickelte Muskulatur, die aufgrund ihrer eingeschränkten Fähigkeit, Haltearbeit zu verrichten, den Gelenken keinen ausreichenden Schutz bietet. Dies könnte insbesondere bei Sprung- und hohen Kraftbelastungen ein erhöhtes Risiko akuter Verletzungen und chronischer Gelenkschäden bedeuten. Ob und in welcher Form Probleme daraus entstehen können, ist derzeit noch nicht hinreichend geklärt.

39.3.2 Kardiovaskuläre Risiken

Bei adipösen Kindern besteht ein erhöhtes Risiko für eine arterielle Hypertonie (▶ Kap. 21). Da Sport eine blutdrucksenkende Wirkung hat, spricht in der Regel nichts gegen sportliche Aktivitäten. Bei Kraftbelastungen ist jedoch Vorsicht geboten, da hier sehr hohe Blutdruckspitzen auftreten können.

39.3.3 Asthma bronchiale

Adipöse Kinder haben zu 10–15% ein Asthma bronchiale, das z. T. belastungsinduziert ist (▶ Kap. 24). So sollte darauf geachtet werden, dass nicht jede Atemnot alleine durch das Übergewicht und die verschlechterte kardiopulmonale Leistungsfähigkeit verursacht wird. Mit einer adäquaten medikamentösen Therapie gibt es jedoch keine Kontraindikationen gegen Bewegung und Sport. Da Sport sogar zu einer Verbesserung der pulmonalen Situation führen kann, ist er gerade für hiervon betroffene Kinder besonders geeignet.

39.4 Sportärztliche Untersuchung

Praxistipp

Zur Erhebung des körperlichen Status und zur Abklärung von vorliegenden Risikofaktoren ist eine sportmedizinische Untersuchung vor der Teilnahme am Sport erforderlich. Diese Untersuchung sollte nach den Empfehlungen der Gesellschaft für pädiatrische Sportmedizin durchgeführt werden.

Wenn sich die Aktivitäten der Kinder nicht auf Alltags- und Freizeitaktivitäten beschränken, sondern auch Sport mit eingeschlossen ist, sind sportmotorische Untersuchungen wünschenswert.

So kann zu Beginn des Programms ein Status der motorischen Fertigkeiten wie Ausdauer, Koordination, Flexibilität und Beweglichkeit erhoben werden (▶ Kap. 5). Im Verlauf der Sporttherapie können Veränderungen nachgewiesen werden. Die Kinder können selber eigene Fortschritte feststellen.

Auf die Untersuchungsmethoden wird in ▶ Kap. 34 ausführlich eingegangen.

39.5 Bewegung und Sport als Therapie

Allgemein haben Kinder einen ausgeprägten Bewegungsdrang. Demgegenüber scheuen die meisten adipösen Kinder Bewegung und Sport, weil sie im Allgemeinen die Erfahrung gemacht haben, ausgelacht oder in Gruppenspielen ignoriert zu werden.

Da die Kinder nicht aus gesundheitlichen Gründen zu Bewegung zu motivieren sind, muss es ein primäres Ziel sein, ihnen wieder Spaß an Aktivität und Sport zu vermitteln (Sothern, 2001). Sie müssen sich wohl fühlen und angenehme Erfahrungen in der Gruppe machen. Nur so kann erreicht werden, dass die Kinder sich langfristig mehr bewegen. Denn ein sportliches Kind wird ein sportlicher Erwachsener.

Möglichkeiten der Bewegung für adipöse Kinder und Jugendliche sind:
- Verringerung der körperlichen Inaktivität,
- Steigerung der Alltagsaktivität sowie
- Sport.

39.5.1 Verringerung der körperlichen Inaktivität

Eine große Rolle bei der Entstehung von Übergewicht und Adipositas spielt die körperliche Inaktivität, die durch Freizeitbeschäftigungen wie Fernsehen und Computer spielen gefördert wird (▶ Kap. 5). Es ist wichtig, dass adipöse Kinder dazu angehalten werden, die Bildschirmzeit zu verkürzen, sodass von selbst mehr Bewegung in den Tagesablauf kommt.

39.5.2 Steigerung der Alltagsaktivität

In der technisierten Welt werden viele Alltagsaktivitäten durch Hilfsmittel überflüssig. Familien sollten versuchen, den automatisierten Alltag wieder mit vermehrter mechanischer Körperarbeit zu gestalten.

Es gibt immer wieder Kinder, die für Sport nicht zu begeistern sind. Diese Kinder können schon durch eine gesteigerte Alltagsaktivität und eine reduzierte Inaktivität eine Verbesserung ihres körperlichen Status erreichen. Es gibt Daten, die zeigen, dass die adipösen Kinder, die an einem Sportprogramm mit Ausdauertraining teilgenommen haben, zwar kurzfristig ihr Gewicht reduzieren konnten. 2 Jahre nach der Maßnahme hatten sie jedoch wieder zugenommen. Die Adipösen, bei denen die Intervention eine Steigerung der Alltagsaktivität beinhaltete, hatten nach 2 Jahren ihr Gewicht gehalten bzw. weiter verringert (Epstein et al., 2001; Fulton et al., 2001). Es besteht die Vermutung, dass der größere Erfolg der Steigerung der Alltagsaktivität dadurch entsteht, dass diese Aktivitäten einfacher in den Tagesablauf zu integrieren sind. Außerdem werden sie durch eine geringere Intensität und dafür höhere Frequenz besser toleriert, und somit langfristig aufrecht erhalten (▶ Kap. 16).

39.5.3 Sportprogramm

Aus theoretischen Überlegungen heraus sollten adipöse Kinder ein aerobes Training durchführen, bei dem viele Muskelgruppen bewegt werden, so dass einerseits ein hoher Energieverbrauch entsteht und andererseits die Fettsäureoxidation in großem Umfang stattfindet (▶ Kap. 16). Diese Voraussetzungen wären z.B. beim Rad fahren, Schwimmen, Inline skaten und Walken gegeben. Außerdem ist ein leichtes Krafttraining zum Aufbau von gelenkschützenden Muskelgruppen wünschenswert (Gutin et al., 2002; Sothern et al., 2000a).

Diese theoretischen Überlegungen sind jedoch mit Kindern praktisch nur schwer umsetzbar. Zunächst einmal wird ein Ausdauertraining meistens als langweilig empfunden. Kinder bevorzugen abwechslungsreiche Aktionen. Sieht man spielenden Kindern zu, so stellt man fest, dass ihre Aktivitäten eher einem Intervalltraining ähneln. Sie bewegen sich über einen langen Zeitraum, aber unterbrechen ihre Bewegungen häufig durch kurze Pausen.

Abgesehen davon sind viele adipöse Kinder nicht in der Lage ein aerobes Training durchzuführen, weil ihre anaerobe Schwelle schon bei schnellem Gehen erreicht wird.

Nur wenige Autoren beschreiben ihr Sportprogramm detailliert (Eliakim et al., 2002; Epstein et al., 2001; Gutin et al., 2002; Sothern et al., 2000 a). Diese Programme variieren sowohl im Gesamt- und Trainingsumfang als auch inhaltlich. So liegt die Dauer zwischen einigen Wochen und 1 Jahr, die Trainingsintensität schwankt zwischen 60 min/Woche und 1 1/2 h/Tag. Alle Autoren führen ein Ausdauertraining durch. Einige Programme beinhalten weiterhin Krafttraining in Form eines Zirkeltrainings und Mannschaftssportarten wie z. B. Wasserpolo, Fußball oder Basketball (Eliakim et al., 2002). Alle Programme zeigen zum Ende einen Effekt in Form eines erniedrigten BMI (Eliakim et al., 2002; Epstein et al., 2001; Sothern et al., 2000 a), einer verringerten Fettmasse (Gutin et al., 2002) oder einer verbesserten Leistungsfähigkeit (Sothern et al., 2000 a). Es gibt bisher keine Daten, die zeigen, welche Dauer, Frequenz, Intensität oder Art der Aktivität für adipöse Kinder und Jugendliche am günstigsten ist (Sothern et al., 2000 a). Ein »ideales Sportprogramm« für adipöse Kinder kann also derzeit aufgrund wissenschaftlicher Daten nicht festgelegt werden. Es gilt daher, dass lieber eine kürzere, weniger intensive Sporteinheit mit Freude durchgeführt werden sollte als eine längere intensivere, die dem Kind aber Sport langfristig verleidet (Roberts, 2000).

Es kann also nur betont werden, dass der Sport den Adipösen Spaß machen muss. Das primäre Ziel ist: dauerhafte **Motivation** zu Bewegung und Sport schaffen (Roberts, 2000)!

Anforderungen an ein Sportprogramm

- Es muss Spaß machen!
- Es müssen realistische Methoden zur Steigerung des Energieverbrauchs eingesetzt werden.
- Der Sport muss leicht in den Alltag zu integrieren sein.
- Das Training muss dem Leistungsvermögen der Kinder angepasst werden. So sollte mit einer niedrigen Intensität und Dauer begonnen und allmählich gesteigert werden.
- Es muss von entsprechend ausgebildeten Personen durchgeführt werden.

Literatur

Eliakim A, Kaven G, Berger I, Friedland O, Wolach B, Nemet D (2002) The effect of a combined intervention on body mass index and fitness in obese children and adolescents – a clinical experiment. Eur J Pedatr 161: 449–454

Epstein L, Goldfield G (1999) Physical activity in the treatment of childhood overweight and obesity: Current evidence and research issues. Med Sci Sports Exerc 31: 553–559

Epstein HL, Paluch RA, Raynor HA (2001) Sex differences in obese children and siblings in family-based obesity treatment. Obes Res 9: 746–753

Fulton JE, McGuire MT, Caspersen CJ, Dietz WH (2001) Interventions for weight loss and weight gain prevention among youth. Sports Med 31: 153–156

Gutin B, Barbeau P, Owens S, Lemmon CR, Baumann M, Allison J, Kang HS, Litaker MS (2002) Effects of exercise intensity on cardiovascular fitness, total body composition, and visceral adiposity of obese adolescents. Am J Clin Nutr 75: 818–826

Maffeis C (2000) Aetiology of overweight and obesity in children and adolescents. Eur J Ped 159: 35–44

Molnar D, Livingstone B (2000) Physical activity in relation to overweight and obesity in children and adolescents. Eur J Ped 159: 45–55

Roberts SO (2000) The role of physical activity in the prevention and treatment of childhood obesity. Ped Nurs 26: 33–41

Sothern M, Loftin M, Udall J et al. (2000 a) Safety, feasibility, and efficacy of a resistance training program in preadolescent obese children. Am J Med Sci 319: 370–375

Sothern MS, Loftin M, Blecker U, Udall JN (2000 b) Impact of significant weight loss on maximal oxygen uptake in obese children and adolescents. J Invest Med 48: 411–416

Sothern MS (2001) Exercise as a modality in the treatment of childhood obesity. Ped Clin North Am 48: 995–1015

Trost SG, Kerr LM, Ward DS, Pate RR (2001) Physical activity and determinants of physical activity in obese and non-obese children. Int J Obes 25: 822–829

Weiterführende Literatur

Bar-Or O (1995) Obesity. In: Goldberg B (eds) Sports and exercise for children with chronic health conditions. Human Kinetics, Champaign, IL, pp 335–354

Dietz WH (1995) Childhood obesity. In: Child Health, Nutrition and Physical Activity. Human Kinetics, Champaign, IL, pp 155–169

Kommentar: In beiden Büchern wird der Zusammenhang zwischen Therapie und Prävention der Adipositas und Aktivität näher beschrieben.

Körperliche Fitness und Gesundheitsrisiko

U. Korsten-Reck

40.1 Einleitung

Der motorische Entwicklungs- und Leistungs-zustand von Kindern und Jugendlichen ist bislang ein nur wenig untersuchtes Gebiet. Die vorliegenden Studien zeigen in der Mehrheit eine Verschlechterung der motorischen Leistungsfähigkeit in den letzen 20 Jahren (Bös, 2000; Brandt et al., 1997) (► Kap. 5). Die Ursachen dafür sind vielschichtig. Als Hauptgrund ist weltweit der Bewegungsmangel anzusehen: Verhäuslichung, Veränderung des Freizeitverhaltens, vermehrter Fernsehkonsum und eine v. a. in Großstädten erlebnisarme, kinderfeindliche Umwelt gepaart mit inaktiven Eltern, allein erziehende Mütter oder Väter und der daraus resultierenden psychosozialen Problematik (Klaes et al., 2001; Pratt, Macera u. Blanton, 1999; Korsten-Reck et al., 2002).

Die tägliche Bewegungszeit von Kindern und Jugendlichen hat sich elementar reduziert (Grilo, 1993), während gleichzeitig die Aufnahme von energiereichen Lebensmitteln, Fast-Food-Produkten sowie falsche, unregelmäßige und einseitige Ernährungsgewohnheiten im Vordergrund stehen (WHO, 2000).

40.2 Stellenwert der körperlichen Leistungsfähigkeit

Seit mehr als 10 Jahren weisen verschiedene Fachgesellschaften (FIMS; WHO, 1994; Deutsche Gesellschaft für Kardiologie, 1998) auf die Bedeutung der körperlichen Leistungsfähigkeit im Rahmen der Prävention hin (Löllgen, 2003). 45% treiben keinerlei Sport, 30% aller Deutschen sind kaum aktiv und nur 13% bewegen sich so viel, dass ein präventiver Effekt erreicht werden kann (Löllgen, 2003). Die höchsten Kosten werden in den USA durch Fettstoffwechselerkrankungen verursacht, gefolgt von Folgeerkrankungen, die über Bewegungsmangel vorgegeben sind (Löllgen 2003).

Unter körperlicher Aktivität wird jede Aktivität verstanden, die zu einer Steigerung des Energieumsatzes führt. So kann es als gesichert gelten, dass unter einem wöchentlichen zusätzlichen Energieverbrauch durch Muskelarbeit von etwa 1000 kcal u. a. Herz-Kreislauf-Risiken reduziert werden, es zu einer größeren psychischen Stabilität kommt und die Zufriedenheit mit der eigenen Gesundheit zunimmt. Die Studien gehen davon aus, dass ein moderater Verbrauch von zusätzlicher Energie über körperliche Arbeit von 3–6 metabolischen Äquivalenten (MET), ein Umsatz von 15 bis 29 KJ/min, getätigt werden sollte. Dies entspricht einer Ergometerleistung von 75–100 Watt auf dem Ergometer. Intensive körperliche Belastungen liegen bei mehr als 6 MET vor und sollten an mindestens 3 Tagen in der Woche durchgeführt werden (Löllgen, 2003). Eine präventive Wirkung durch körperliche Aktivität wird bei 30 min oder mehr täglich angegeben, ergänzt durch 3 bis 4 Trainingseinheiten mit 45 min bei 50–70% der maximalen Leistungsfähigkeit (Übersicht). Im Vordergrund steht dabei die Verbesserung der Ausdauerleistungsfähigkeit unter Einbezug von Koordination und Kraftübungen.

Freizeitgestaltung und Sporttherapie

━ Prävention – Bevölkerungskonzept:
  - Stabilisierung des Gesundheitszustands
  - Regression des Altersverlaufs
  - Verhütung von Risikofaktoren
  - Freizeitaktivitäten von mindestens 2000 kcal Mehrumsatz/Woche: Dieser Energieumsatz beinhaltet das ganze Aktivitätsverhalten (Alltagsaktivitäten und 3 Trainingseinheiten von 40–60 min à 600 kcal)
━ Therapie – Risikokonzept:
  - Bei bestehendem Risikoprofil
  - Verbesserung der Leistungsfähigkeit und des Stoffwechselprofils
  - Bei moderater Intensität ca. 1000 kcal Mehrumsatz/Woche (Alltagsaktivitäten und 3 Trainingseinheiten von 20–40 min à 300 kcal)

Bisher wurde die Ausdauerleistungsfähigkeit von adipösen Kindern meist durch eine Ergometerbelastung beurteilt (► Kap. 34). Eine umfassende Analyse der motorischen Fähigkeiten übergewichtiger Kinder ist bis dato nur in wenigen Studien untersucht worden. Die Veränderung der natürlichen Bewegungsmuster eines Kindes haben möglicherweise einen größeren Einfluss auf einen langfristig gesunden Lebensstil als eine alleinige Betonung der kardiorespiratorischen Fitness (Tolfrey et al., 1999). Ein allgemeines Defizit der motorischen Entwicklung adipöser Kinder konnte in neueren Studien mit Hilfe des KTK (Koordinationstest nach Kipphard), AST (Allgemeiner Sportmotorischer Test) und MFT (Münchner Fitness Test) nachgewiesen werden. In allen Untersuchungen zeigte die aerobe Ausdauer und die Koordination erhebliche Defizite. Einzelne koordinative Fähigkeiten können übergewichtige Kinder gut leisten, während komplexe Abläufe deutlich schlechter als von normalgewichtigen Kindern durchgeführt werden können.

Aufgrund des Übergewichts werden häufig diese komplexen Bewegungsabläufe über eine langen Zeitraum nicht mehr trainiert.

Beratungstipps

Zusammenfassend kann aufgezeigt werden, dass übergewichtige Kinder nicht in allen Bereichen der motorischen Fähigkeiten ein niedriges Niveau aufweisen, woraus sich die weitere Abkehr von sportlicher Aktivität entwickelt. Wenn sie ein aktives Freizeitverhalten wieder erlernen und sie fit sind, ist der Weg aus dem Teufelskreis der Adipositas gebahnt. Deshalb müssen Sportprogramme dieser Grundvoraussetzung entsprechen (Goran et al., 2000). Körperliche Aktivität beinhaltet sowohl Mehrarbeit im Alltag als auch Freizeitbeschäftigung wie Wandern oder Rad fahren, aber auch gezieltes oder dosiertes Sporttreiben als Training. Nur wenn der Sport eine Bereicherung für den Patienten und eine Zunahme der Lebensqualität bedeutet, kann der Übergewichtige auch Veränderungen im Ernährungsbereich zulassen und ein neuer Lebensstil langfristig beibehalten werden (Berg et al., 1994).

40.3 Risikofaktoren

In der Bundesrepublik sind laut Bundesgesundheit-Survey (1998) 30% der Bundesbürger im mittleren Lebensalter übergewichtig. Gleichzeitig treibt die deutsche Bevölkerung unregelmäßig und zu wenig Sport, verzehrt zu viele fettreiche und tierische Lebensmittel und weist – wie epidemiologische Studien zeigen – im mittleren Lebensalter in ca. 40% deutlich erhöhte Cholesterin-Werte auf. Mit dieser Lebensweise sind neben der Adipositas und der Hypercholesterinämie, gestörte Glukosetoleranz mit peripherer Insulinresistenz, Hyperfibrinogenämie sowie ein Risikolipidprofil assoziiert, welches unter dem Begriff des metabolischen Syndroms subsummiert wird (Bouchard u. Shephard, 1994; ▶ Kap. 23). Für Erwachsene gilt, dass bei Übergewicht die körperliche Fitness den entscheidenden Faktor für das Risiko darstellt. Dies ist dem von untrainierten, nicht übergewichtigen Personen vergleichbar (Farrell et al., 2002). Untersuchungen zeigen, dass mit ungünstiger Körperkomposition (Erhöhung der Fettmasse gegenüber der Magermasse = Muskelmasse) und mangelnder Fitness schon bei Gesunden nicht nur mit Störungen des Lipoproteinstoffwechsels (▶ Kap. 20), sondern auch mit ungünstigen metabolisch-rheologischen Verhältnissen und Zeichen einer vermehrten Entzündungsreaktion (Hyperinsulinismus, Hyperfibrinogenämie, erhöhtes Serumferritin, Erhöhung des C-reaktiven Proteins = CRP) zu rechnen ist.

Insgesamt zeigt sich ein enger Zusammenhang zwischen Dyslipoproteinämie, Entzündungsfaktoren und weiteren metabolischen Risikofaktoren der koronaren Herzerkrankung, die ihrerseits auch die Gerinnung und Fibrinolyse beeinflussen. Körperliche Aktivität vom Ausdauercharakter kann nachweislich diese Stoffwechselentgleisungen günstig verändern. Vor diesem Hintergrund sollte die körperliche Aktivität verbunden mit gesunder Ernährung den Lebensstil von Gesunden aber auch von chronisch Kranken bestimmen und in den Alltag integriert werden (Berg et al., 1994).

In Verbindung mit einer gesunden Ernährung kann der Ausbildung von kardiovaskulären Risikofaktoren, insbesondere von Übergewicht und Fettstoffwechselstörungen bereits bei Kindern und Jugendlichen vorgebeugt werden (Epstein et al., 1983; Korsten-Reck et al., 2002), aber auch der Verlauf einer manifesten koronaren Herzerkrankung bei Erwachsenen günstig beeinflusst werden (Lakka et al., 1994).

❶ Unabhängig vom Lebensalter wird das atherogene Lipoproteinprofil definiert als die Lipidkonstellation, die sich aus erhöhten Serumspiegeln von Cholesterin und Triglyzeriden bei gleichzeitiger Erhöhung der kleinen dichten LDL-Partikel und Verminderung von HDL, bevorzugt der HDL_2-Subfraktion zusammensetzt (Berg et al., 1997; ► Kap. 20).

Die körperliche Aktivität ist die entscheidende Maßnahme, die zu einer positiven Veränderung des Lipoproteinprofils führen kann.

Querschnittsstudien haben zeigen können, dass im Gegensatz zu untrainierten Kontrollgruppen ausdauertrainierte Personen höhere HDL-Cholesterin-Werte, geringere Triglyzerid-Werte sowie tendenziell niedrigere LDL-Cholesterin-Werte aufweisen. Mit ansteigender aerober Kapazität verbessert sich der Quotient aus Gesamtcholesterin zu HDL-Cholesterin. Während körperlicher Arbeit ist die Erhöhung des HDL-Cholesterins eng mit dem Abbau der triglyzeridreichen Lipoproteine verbunden. Diese trainingsspezifischen, metabolischen Adaptationsvorgänge können sowohl bei Erwachsenen als auch bei Kindern und Jugendlichen beobachtet werden. Gleichzeitig kommt es bei Trainierten zu einem niedrigeren LDL-Cholesterin-Spiegel und zur Abnahme der atherogenen Apoprotein-B-Serumkonzentration. Körperliche Aktivität führt darüber hinaus zur Verminderung der kleinen dichten LDL-Partikel und stellt damit einen altersunabhängigen, eigenständigen Mechanismus für die antiatherogene Wirkweise und die therapeutische Bedeutung sportlicher Aktivität dar.

Die Korrelation zwischen körperlicher Aktivität und atherogenem Lipidprofil zeigt, dass gerade bei übergewichtigen Patienten mit einer höheren Häufigkeit von Fettstoffwechselstörungen zu rechnen ist. HDL-Cholesterin korreliert dabei hauptsächlich mit der körperlichen Fitness, während LDL-Cholesterin mehr mit dem relativen Körpergewicht korreliert. Die Abnahme des LDL-Cholesterins im Rahmen von Trainingsprogrammen ist besonders effektiv, wenn es gleichzeitig zu einer Gewichtsreduktion kommt. Dies wird auch durch die enge negative Korrelation zwischen aerober Fitness und Body-Mass-Index (BMI) bei gesunden Personen im jungen Lebensalter unterstrichen. Zusätzlich zu den Veränderungen der Lipidparameter werden auch Glukose- und Insulin-Spiegel gesenkt, die Körperkomposition zugunsten der fettfreien Masse verschoben sowie gerinnungsfördernde Eigenschaften und die Hypertonie verbessert.

Sport in Verbindung mit geeigneter Ernährung kann nachweislich die metabolischen und kardiopulmonalen Funktionen, insbesondere den peripheren Lipoproteinmetabolismus und die Körperkomposition positiv beeinflussen und bereits im Kindesalter der Ausbildung von kardiovaskulären Risikofaktoren, insbesondere Übergewicht und Dyslipoproteinämie, vorbeugen. Es muss betont werden, dass für die Auswirkung der körperlichen Aktivität auf Mortalität und auf das kardiovaskuläre Risiko nur Studien der Evidenzgrade 2a oder 2b vorliegen (Löllgen, 2003), randomisierte und kontrollierte Studien mit einem Evidenzgrad 1 sind nicht möglich (Löllgen, 2003). Immer wird es Aussteiger und Einsteiger geben, d. h. Personen aus der Kontrollgruppe werden aktiv und diejenigen aus der Interventionsgruppe sind nicht mehr aktiv (Löllgen, 2003). Der Wert von Beobachtungs- oder Kohortenstudien kommt aufgrund neuerer Analysen aber zu keiner Fehleinschätzung der körperlich Aktiven (Löllgen, 2003).

> **Praxistipp**
>
> Körperliche Aktivität führt zu vielfältigen metabolischen, muskulären und kardiovaskulären Adaptationen. Neuere Studien weisen darüber hinaus verstärkt auf die entzündungshemmende Wirkung (Reduktion der inflammatorischen Parameter wie Fibrinogen und CPR) durch körperliche Aktivität hin und dies in Abhängigkeit von der Fitness (Libby et al., 2002). Dies ist im Hinblick auf die Entzündungsgenese der Arte-
> ▼

riosklerose von entscheidender Bedeutung (Löllgen, 2003). Die genetische Disposition sowohl für die maximale Leistungsfähigkeit als auch für die Entstehung der Arteriosklerose und der koronaren Herzkrankheit beläuft sich nach Bouchard (1994) auf 20–40%.

40.4 Ziele eines Sportprogramms

Die Ziele eines Sportprogramms (▶ Kap. 39) für übergewichtige Patienten sind in der Übersicht zusammengefasst und sollten in einer »Therapie der kleinen Schritte« angestrebt werden.

Ziele eines Sportprogramms

- Vermittlung von Freude und Spaß an der Bewegung
- Wiederentdecken und Entwickeln des Körperbewusstseins
- Steigerung des Selbstwertgefühls und Selbstbewusstseins
- Leistungsverbesserung sowohl im Bereich der koordinativen Fähigkeiten, sportmotorischen Fertigkeiten als auch im Ausdauerbereich
- Vermittlung von Spielkompetenz
- Hinführung zum »Life-time-Sport«
- Unterstützung der Körpergewichtsreduktion und -konstanz

40.4.1 Vermitteln von Freude und Spaß an der Bewegung

Das Vermitteln von Freude und Spaß an der Bewegung ist die Voraussetzung für alle weiteren angestrebten Ziele. Nur dadurch kann eine dauerhafte Motivation zur Bewegung geweckt werden. Das Sportangebot muss vielseitig, spannend und fantasievoll gestaltet werden und durch seinen hohen Aufforderungscharakter den Adipösen »mitreißen«. Gleichzeitig muss der Sport dem Übergewichtigen die Möglichkeit bieten, sich angstfrei und ohne Leistungsdruck körperlich zu betätigen, um so neue und positive Erfahrungen zu sammeln.

40.4.2 Wiederentdecken und Entwickeln des Körperbewusstseins und Körperschemas

Zur Entwicklung des Körperbewusstseins sind eine Reihe unterschiedlichster Körpererfahrungen wichtig. Aber auch das Begreifen von Reaktionen des Körpers auf sportliche Betätigung und des Zusammenhangs von Sport, Gesundheit und Wohlbefinden gehören dazu. Wissen darüber soll im Sport vermittelt und in der Praxis angewandt werden (z. B. Puls messen nach dem Ausdauertraining).

40.4.3 Steigerung des Selbstwertgefühls und Selbstbewusstseins

Die Stigmatisierung des Übergewichtigen ist das Resultat unserer gesellschaftlichen Vorstellung von Schönheitsideal und Wertigkeit des Menschen (▶ Kap. 29). Die Steigerung des Selbstwertgefühls und des Selbstbewusstseins ist somit ein zentrales Ziel, welches sich parallel entwickelt mit neuen positiven Erfahrungen im Sport und in der Gruppe. Durch die Möglichkeit, persönliche Defizite in der Bewegungserfahrung auszugleichen, sportliche »Erfolge« zu erzielen, die Rolle des Außenseiters abzulegen und Anerkennung in der Gruppe zu erfahren, verlieren die Übergewichtigen ihre Unsicherheit. Über die sportliche Betätigung wird der individuelle Handlungsspielraum erweitert und kann in andere Bereiche transferiert werden (ganzheitliches Konzept).

40.4.4 Leistungsverbesserung im Bereich der koordinativen Fähigkeiten, sportmotorischen Fertigkeiten und im Ausdauerbereich

Eine Leistungsverbesserung im Bereich der koordinativen Fähigkeiten und sportmotorischen Fertigkeiten sowie im Bereich der Ausdauer sollte als weiteres zentrales Ziel betrachtet werden. Da sich gerade bei den koordinativen Fähigkeiten und sportmotorischen Fertigkeiten die mangelnde Erfahrung am stärksten bemerkbar macht, ist eine Leistungszunahme nur durch vielseitiges und häufiges Ausprobieren und Üben möglich. Eine Verbesserung bzw. Annäherung der Leistung an diejenige von Normalgewichtigen muss als Voraussetzung zur sozialen Integration angesehen werden.

Gezieltes Ausdauertraining ist jedoch per se nicht kindgerecht. Ausdauertraining kann aber auch indirekt, im Spiel versteckt, angeboten werden und mit besonderen Reizen verbunden sein (z. B. Musik).

40.4.5 Vermittlung von Spielkompetenz

Spielkompetenz sollte sowohl in motorischer als auch in kognitiver Hinsicht vermittelt werden. Obwohl die meisten Spiele auch übergewichtigen Kindern bekannt sind, konnten sie aufgrund ihres Außenseiterstatus nur wenige Erfahrungen damit sammeln. Durch gezieltes sportartspezifisches Üben und Vermitteln von Kenntnissen und deren Umsetzung werden die Kinder befähigt, an einem Spiel auch außerhalb der Gruppe aktiv und erfolgreich teilnehmen zu können.

40.4.6 Hinführung zum »Life-time-Sport«

Da ein langfristiger Erfolg in der Behandlung der Adipositas nur durch eine Umstellung der gesamten Lebensgewohnheiten erreicht werden kann, muss sich bei Übergewichtigen die Einsicht durchsetzen und der Wunsch entwickeln, sich selbstständig sportlich zu betätigen. Durch das Vermitteln von Spaß und Freude an der Bewegung kann sich der natürliche Bewegungsdrang wieder durchsetzen. Innerhalb eines breiten Sportangebots sollte das Kind auf jeden Fall Interesse für eine Sportart entwickeln. Dann gilt es, diese Kinder darin besonders zu fördern und sie zu bestärken. Die Erfahrungen zeigen, dass übergewichtige Kinder selbst durch ein intensives

Sportprogramm wenig intrinsische Motivation, d. h. eine Motivation aus sich selbst heraus, entwickeln können. Sie sind somit in ihrem gesamten Leben von der extrinsischen Motivation abhängig (Termine planen, mit Freunden zusammen Sport treiben, Strukturen von außen »verordnen«).

40.4.7 Unterstützung der Körpergewichtsreduktion und -konstanz

Es ist wichtig auch die Unterstützung der Körpergewichtsreduktion bzw. -konstanz als Ziel des Sports zu definieren. Durch gezielte Trainingsinhalte, die zu einem hinreichend hohen energetischen Umsatz führen, kann direkt Einfluss auf die Gewichtskonstanz genommen werden (▶ Kap. 16). Der Energie-Mehrumsatz durch körperliche Aktivität pro Woche sollte berücksichtigt werden (Abschn. 40.2). Gerade nach erfolgter Gewichtsreduktion ist eine aktive Lebensweise und **regelmäßige körperliche Aktivität** zur langfristigen Stabilisierung des Therapieerfolgs unumgänglich.

Die Gesellschaft sollte gegenüber übergewichtigen Mitmenschen sensibilisiert werden und einer Stigmatisierung entgegengewirkt werden.

Darüber hinaus müssen Vereine ihr Angebot erweitern und mehr Freizeitangebote für den nicht Bewegten (Angebote des DSB werden diesbezüglich modifiziert) schaffen!

Literatur

Berg A, Halle M, Baumstark MW, Keul J (1994) Bedeutung der Lipoproteine bei der KHK. Die Rolle der körperlichen Aktivität. Dtsch Ärztebl 91: 822–830

Berg A, Halle M, Franz I, Keul J (1997) Physical activity and lipoprotein metabolism: Epidemiological evidence and clinical trials. Eur J Med Res 2: 259–264

Bouchard C, Shephard RJ et al. (1994) Physical activity, fitness and health. Human Kinetics, Champaign III

Bös K (2000) AST 6–11. Allgemeiner sportmotorischer Test für Kinder von 6–11 Jahren. Haltung Bewegung 20: 5–16

Brandt K, Eggert D, Jendritzki H, Küppers B (1997) Untersuchungen zur motorischen Entwicklung von Kindern im Grundschulalter in den Jahren 1985 und 1995. Prax Psychomot 22: 101–107

Epstein LH, Koeske R, Zidansek J et al. (1983) Effects of weight loss on fitness in obese children. Am J Dis Child 137: 654–657

Farrell SW, Braun L, Balow CE, ChengYJ, Blair SN (2002) The relation of body mass index, cardiorespiratory fitness, and all-cause mortality in women. Obes Res 10(6): 417–423

Goran M, Fields DA, Hunter GR, Herd SL, Weinsier RL (2000) Total body fat does not influence maximal aerobic capacity. Int J Obes Relat Metab Disord 24: 841–848

Grilo CM, Brownell KD, Stunkard AJ (1993) The metabolic and psychological importance of exercise in weight control. In: Stunkard AJ, Wadden, TA (eds) Obesity: Theory and and therapy. Raven, New York, pp 253

Klaes L, Rommel A, Cosler D, Zens Y (2001) WIAD-Studie: Bewegungsstatus von Kindern und Jugendlichen in Deutschland. Eine Analyse des wissenschaftlichen Instituts der Ärzte Deutschlands gem. e.V., Bonn

Korsten-Reck, U, Rudloff, C, Kayser, R et al. (2002) Freiburger Interventionsprogramm zur ambulanten Therapie der Adipositas im Kindesalter (FITOC). Versicherungsmed 54: 21–25

Lakka TA, Venalainen JM, Rauramaa R et al. (1994) Relation of leisure-time physical activity and cardiorespiratory fitness to the risk of acute myocardial infarction. N Engl J Med 330: 1549–1554

Libby P, Ridker PM, Maseri A (2002) Inflammation and atherosclerosis. Circulation 105(9): 1135–1143

Löllgen H (2003) Primärprävention kardialer Erkrankungen. Dtsch Ärztebl 100 (15): 828–834

Tolfrey K, Campbell IG, Jones AM (1999) Selected predictor variables and the lipid-lipoprotein profile of prepubertal girls and boys. Med Sci Sports Exerc 31: 1550–1557

Pratt M, Macera CA, Blanton C (1999) Levels of physical activity and inactivity in children and adults in the United States: current evidence and research issues. Med Sci Sports Exerc 31: 526–533

World Health Organization (2000) Obesity: preventing and managing the global epidemic. WHO Technical report series 894, Geneva

Reduktion der Energiezufuhr

M. Kersting

41.1 Ernährung in der Adipositas-Therapie bei Kindern und Jugendlichen

41.1.1 Ernährungsberatung und -schulung

Die Behandlung der kindlichen Adipositas erfolgt in der Regel mit einer Kombination von Ernährungs-, Bewegungs- und Verhaltenstherapie (▶ Kap. 36–38). Dabei ist es kaum möglich, den unabhängigen Effekt einer Ernährungstherapie auf den Behandlungserfolg nachzuweisen. Auch fehlen kontrollierte Studien, die bei ansonsten unveränderten Randbedingungen unterschiedliche Ernährungsregime oder Methoden der Ernährungsintervention bei adipösen Kindern und Jugendlichen untersucht haben. Hierfür wären v.a. langfristige Erfolgskontrollen wünschenswert.

Alleinige **Ernährungsberatung** bei adipösen Kindern in einer pädiatrischen Multizenter-Interventionsstudie blieb langfristig ohne Erfolg (Pinelli et al., 1999). Selbst aufwändige Beratung mit individuellen Ernährungsplänen führt nicht ohne weiteres zu einer Verbesserung der Ernährungsqualität der adipösen Kinder, auch wenn eine Gewichtsabnahme erreicht wird (Nuutinen, 1991). Ernährungsberatung bei kindlicher Adipositas kann aber durchaus erfolgreich sein und auch die Ernährungsqualität (Nährstoffdichten) verbessern, wenn die Familie beteiligt wird und verhaltensbezogene Methoden eingesetzt werden (Raynor et al., 2002).

Ernährungsgewohnheiten des Kindes entwickeln sich im familiären Umfeld. Einbindung der Familie in die Behandlung erleichtert es, die in der Schulung erlernten Verhaltensänderungen auch dauerhaft beizubehalten. Bei Jugendlichen muss auch der Wunsch nach Selbstbestimmtheit bei ihrer Ernährung respektiert werden (Barlow u. Dietz, 1998).

Allerdings ist bisher nicht definitiv geklärt, ob und worin sich die Ernährung adipöser Kinder und Jugendlicher von der Ernährung nicht adipöser Kinder und Jugendlicher unterscheidet (▶ Kap. 6). Dies gilt für die Höhe der Energiezufuhr und die energieliefernden Nährstoffe

ebenso wie für die Lebensmittelauswahl, das Mahlzeitenmuster und das Essverhalten. Wahrscheinlich kommen mehrere prädisponierende Faktoren der Ernährung zusammen.

Am Beginn der Ernährungsbehandlung kann daher ein **Ernährungstagebuch** bzw. -protokoll Hinweise auf individuelle Problemkonstellationen geben. Bei der Interpretation der Verzehrsdaten ist das bei adipösen Kindern und Jugendlichen häufige Unterschätzen der Energiezufuhr sowie mögliches selektives Unterschätzen, z.B. von fett- und zuckerreichen »dick machenden« Lebensmitteln zu bedenken (▶ Kap. 6, ▶ Kap. 35).

Das Behandlungsziel der langfristigen Gewichtsstabilisierung und -normalisierung kann in den allermeisten Fällen mit einem Gewichtsstillstand bei Fortschreiten des Längenwachstums erreicht werden (▶ Kap. 37). Hierfür können bereits moderate Veränderungen des Ernährungs- und Bewegungsverhaltens der adipösen Kinder und Jugendlichen als Erfolg angesehen werden (Barlow u. Dietz, 1998).

41.1.2 Diäten für adipöse Kinder und Jugendliche?

Genaue Ernährungsvorschriften oder das Einhalten von Kalorienplänen sind für eine langfristige Verhaltensänderung im Sinne einer »flexiblen Kontrolle« nicht hilfreich. Dies gilt v.a. für Kinder und Jugendliche. Kinder bringen die erforderliche Disziplin für genaues Kalorien zählen nicht auf, sie empfinden es als langweilig und schwierig.

Außerdem haben streng reglementierte Diäten langfristig keinen besseren Erfolg als mäßige Ernährungsänderungen. Zumindest Erwachsene erreichen oder überschreiten ihr Ausgangsgewicht vielfach schon bald nach Beendigung einer Diät. Bei wiederholten vergeblichen Diätversuchen erhöht sich die Gefahr des »Frustrationsessens« und der Entwicklung von Essstörungen (Koletzko et al., 2002).

41

Praxistipp

Besteht bei adipösen Kindern und Jugendlichen eine klare Indikation zu einer deutlichen und eventuell raschen Gewichtsabnahme und wird eine hypokalorische Kost erheblich unterhalb des altersgemäßen Energiebedarfs eingesetzt, ist eine Spezialbetreuung erforderlich (▶ Kap. 36–38). Im Anschluss daran sollen auch diese Patienten im familiären Umfeld lernen, ihre bisherigen Ernährungsgewohnheiten dauerhaft zu verbessern.

Bei extrem hypokalorischen Diäten, bei denen der Gesamtverzehr pauschal reduziert wird, besteht für Kinder und Jugendliche das Risiko für Wachstumsstörungen, wenn der Nährstoffbedarf nicht gedeckt wird (Ikeda u. Mitchell, 2001).

Zur Eignung von Reduktionsdiäten mit besonderer Nährstoffzusammensetzung, wie extrem kohlenhydratarmen Diäten oder eiweißmodifiziertem Fasten, liegen bei adipösen Kindern und Jugendlichen nicht genügend Erfahrungen vor.

Dasselbe gilt für kommerzielle Diätprodukte oder -programme, die gemäß EU-Richtlinien bzw. Diätverordnung reglementiert sind und für Erwachsene angeboten werden.

Von Außenseiterdiäten wie veganen Kostformen oder Rohkostdiäten ist bei Kindern und Jugendlichen generell abzuraten.

Da die Ernährung vieler Kinder und Jugendlicher heute ohnehin mancherlei ernährungsphysiologische Probleme aufweist, z. B. eine niedrige Kalzium- und Eisenzufuhr bei weiblichen Jugendlichen, ist auch bei moderaten Reduktionsdiäten mit pauschaler Reduktion des Gesamtverzehrs eine professionelle Beratung zu empfehlen.

41.2   Allgemeine Ernährungsempfehlungen

41.2.1   Konzept

Solange nicht geklärt ist, ob und ggf. welche speziellen Ernährungsempfehlungen adipösen Kindern und Jugendlichen zu einer langfristig bedarfsadäquaten Ernährungsweise verhelfen können, kann und sollte sich die Ernährungstherapie an den allgemeinen Konzepten für die Kinderernährung orientieren.

Ziel ist es, die angestrebte Gewichtsnormalisierung mit einer frei gewählten Ernährung ohne Risiken für die Nährstoffversorgung und bei psychosozialem Wohlbefinden zu ermöglichen (Ikeda u. Mitchell, 2001).

In Deutschland werden die wissenschaftlichen Empfehlungen für die Kinderernährung in dem Konzept der **optimierten Mischkost** (optimiX) umgesetzt (Kersting et al., 1993). Dieses Konzept wird von der Arbeitsgemeinschaft Adipositas im Kindes- und Jugendalter auch als Rahmen für die Ernährungstherapie der kindlichen Adipositas empfohlen (Arbeitsgemeinschaft 2003). Es entspricht den Vorstellungen internationaler Experten, die allerdings recht pauschal bleiben und für die Ernährungstherapie bei adipösen Kindern und Jugendlichen eine bedarfsdeckende als Familienernährung geeignete gemischte Kost empfehlen ohne dies näher zu definieren (Ikeda u. Mitchell, 2001).

Beratungstipps

Der optimierten Mischkost liegen beispielhafte 7-Tage-Speisepläne für 2 Altersgruppen im Kindes- und Jugendalter zugrunde (Forschungsinstitut für Kinderernährung, 2001). Die Pläne sind mahlzeitenbezogen mit jeweils 5 Mahlzeiten am Tag, um möglichst praxisnahe Bedingungen widerzuspiegeln.

Die Anteile der verschiedenen Lebensmittelgruppen am Gesamtverzehr und an der Energiezufuhr sind unabhängig vom Alter, die Verzehrsmengen ergeben sich in Abhängigkeit vom Energiebedarf

(**■** Tabelle 41.1). Die Tabellenangaben sind nicht als feste Vorgaben zu verstehen, sondern als Orientierungsrahmen, der Spielraum für die individuelle Kostgestaltung bietet.

41.2.2 Ernährungsphysiologische Gesichtspunkte

Mit der empfohlenen Lebensmittelauswahl ergibt sich eine Zufuhr an Vitaminen und Mineralstoffen, die die **Empfehlungen für die Nährstoffzufuhr** (DGE, 2000) erreicht oder überschreitet, auch in Altersgruppen, in denen vergleichsweise hohe Nährstoffdichten (mg/kcal bzw. mg/MJ) erforderlich sind, z. B. weibliche Jugendliche. Da Erwach-

■ Tabelle 41.1. Lebensmittelmengen in der optimierten Mischkost

Anhaltswerte für Verzehrmengen[a]	4–6 Jahre	13–14 Jahre		Prozentuale Anteile	
				Gesamt-verzehr	Gesamt-energie
	w, m	w	m		
Gesamtenergie (kcal/Tag)[b]	1450	2200	2700		
Gesamtverzehr (g/Tag)	2000	2820	3160	%	%
Empfohlene Lebensmittel (≥90% der Gesamtenergie) Reichlich					
Getränke (ml/Tag)	800	1200	1300	40	4
Brot, Getreide (-flocken) (g/Tag)	170	250	300	9	30
Kartoffeln, Nudeln, Reis (g/Tag)	130	200	250	7	10
Gemüse (g/Tag)	200	260	300	10	5
Obst (g/Tag)	200	260	300	10 / 76%	8 / 57%
Mäßig					
Milch, -produkte[c] (g/Tag)	350	425	450	18	12
Fleisch, Wurst (g/Tag)	40	65	75	2	6
Eier (Stck./Woche)	2	2–3	2–3	<1	1
Fisch (g/Woche)	100	200	200	<1 / 21%	1 / 20%
Sparsam					
Öl, Margarine, Butter (g/Tag)	25	35	40	1	13
Geduldete Lebensmittel (≤10% der Gesamtenergie)					
zuckerreich (g/Tag)[d]	10	15	20	<1	2
zucker- und fettreich (g/Tag)[e]	40	60	75	2 / 3%	8 / 23%

[a] Beispielhaft für 2 Altersgruppen.
[b] Durchschnittlicher Energiebedarf bei mittlerer körperlicher Aktivität.
[c] 100 ml Milch entsprechen ca. 15 g Schnittkäse oder 30 g Weichkäse.
[d] z. B. Marmelade, Zucker, Weingummi oder die 10fache Menge Limonade.
[e] Abwechselnd z. B. Kuchen, Schokolade, Eiskreme.

sene keine höheren Nährstoffdichten ihrer Kost benötigen als Kinder und Jugendliche, ist die optimierte Mischkost auch für Eltern, d. h. als Familienernährung geeignet.

Definitionsgemäß beinhalten die Empfehlungen der DGE für die Zufuhr von Vitaminen und Mineralstoffen reichliche Sicherheitszuschläge (+2 SD bzw. +ca. 25% des Durchschnittsbedarfs), um eine Bedarfsdeckung für praktisch alle Personen in der jeweiligen Gruppe zu gewährleisten. Somit bietet das Konzept der optimierten Mischkost einen Sicherheitsspielraum für eine altersgemäße Nährstoffversorgung. Es ist auch eine gute Ausgangsbasis, wenn z. B. zur initialen Gewichtsabnahme eine hypokalorische Diät durchgeführt werden soll. Dennoch sollte auf eine rechnerische Bilanzierung der Nährstoffzufuhr zur Identifizierung möglicher Defizite dabei nicht verzichtet werden.

Eine pauschale **Nährstoffsupplementierung**, z. B. mit Multinährstoffpräparaten, auch wenn diese speziell für Kinder angepriesen werden, kann eine professionelle Diätberatung nicht ersetzen.

41.2.3 Präventive Gesichtspunkte

Die Prävention ernährungsmitbedingter Krankheiten wie Herz-Kreislauf-Krankheiten und Diabetes-mellitus-Typ-2, wird auch in den Empfehlungen für die Kinderernährung berücksichtigt. Sie ist erst recht bei adipösen Kindern und Jugendlichen wichtig, bei denen Störungen im Glukose- und Fettstoffwechsel als Begleiterkrankungen vielfach bereits manifest werden.

 Eine Reduktion der allgemein hohen Zufuhr an Fett, v. a. des hohen Anteils gesättigter Fettsäuren, wird für alle Kinder vom 2. Lebensjahr an empfohlen.

 Kohlenhydrate sollen den größten Teil der Nahrungsenergie liefern und bevorzugt mit stärke- und ballaststoffhaltigen Lebensmitteln aufgenommen werden (DGE, 2000).

 Ein hoher Verzehr von pflanzlichen Lebensmitteln (Getreide, Gemüse, Obst) liefert neben essenziellen Nährstoffen auch präventiv bedeutsame sekundäre Pflanzenstoffe.

Zusammengenommen resultiert eine derartige fettarme, ballaststoffreiche Kost in einer niedrigen Energiedichte (kcal/g bzw. kJ/g) und guten Sättigungswirkung der Nahrung.

Eine fettarme Kost erleichtert Erwachsenen die Gewichtsabnahme, wobei die Art der Fette (gesättigte oder ungesättigte Fettsäuren) und Kohlenhydrate (komplexe Kohlenhydrate, Zucker) keine Rolle spielt (Astrup et al., 2002). Wenn auch entsprechende systematische Erfahrungen bei Kindern und Jugendlichen fehlen, sind die theoretischen Grundlagen für diese Altersgruppen gleichfalls plausibel und in praktische Kostempfehlungen umsetzbar.

Mit der optimierten Mischkost werden wie empfohlen 30% der Energiezufuhr (E%) aus Fett und 10 E% aus gesättigten Fettsäuren geliefert. Dies bedeutet gegenüber der derzeitigen Ernährung der Kinder und Jugendlichen (36 E% Fett, 16 E% gesättigte Fettsäuren) eine erhebliche Reduktion und Verbesserung der Fettzufuhr. Bei den Kohlenhydraten (55 E%) ist der Anteil aus Zuckerzusätzen (6 E%) gegenüber der derzeitigen Ernährung (13 E%) halbiert zu Gunsten von Kohlenhydraten aus ballaststoffreichen pflanzlichen Lebensmitteln. Die Energiedichte dieser Kost (3,04 kJ/g) ist erheblich niedriger und die Sättigungswirkung besser als bei der derzeitigen Ernährung der Kinder und Jugendlichen (4,1 kJ/g).

Zwischen dem Zuckerverzehr und dem Übergewicht besteht zwar kein Zusammenhang. Dennoch sollte ein hoher Zuckerverzehr bei Kindern und Jugendlichen vermieden werden. Bei hohem Zuckerverzehr kommt es zu einer Verminderung der Nährstoffdichten der Kost (»Nährstoffverdünnung«), auch wenn dieser Effekt durch die weit verbreitete Praxis der Nährstoffanreicherung von gezuckerten Lebensmitteln maskiert wird (Alexy et al., 2002). Im Konzept der optimierten Mischkost werden nährstoffangereicherte Lebensmittel nicht benötigt.

41.3   Empfehlungen für die Lebensmittelauswahl

41.3.1   Einfache Grundregeln

Für die Ernährungsberatung von Kindern und Familien allgemein und noch mehr für die Adipositas-Schulung werden einfache, praktische Empfehlungen benötigt, die auch in handlungsorientiertes Lernen umgesetzt werden können. Eine alleinige Verbesserung des Ernährungswissens verbessert nicht den Behandlungserfolg der kindlichen Adipositas.

> **Beratungstipps**
>
> Die Kernaussagen für die empfohlene Lebensmittelauswahl lassen sich zu 3 einfachen Regeln zusammenfassen:
>
> Reichlich: Pflanzliche Lebensmittel und Getränke
>
> Mäßig: Tierische Lebensmittel
>
> Sparsam: Fett- und zuckerreiche Lebensmittel
>
> Diese 3 Regeln können mit den **Ampelfarben** visualisiert werden:
>
> Grün: reichlich, immer bei Hunger
>
> Gelb: mäßig, aber wichtig für eine gesunde Ernährung
>
> Rot: sparsam und selten, da kalorien-, fett- und (oder) zuckerreich
>
> Auf diesem Wege können Kindern und Eltern Möglichkeiten für den Austausch von Lebensmitteln mit hoher Energiedichte (rot) gegen solche mit niedrigerer Energiedichte (gelb, grün) aufgezeigt werden. Auf Verbote von Lebensmitteln wird hierbei verzichtet. Vielmehr lautet die positive Botschaft für adipöse Kinder, dass sie sogar mehr essen können als vorher und dabei nicht an Gewicht zunehmen, wenn sie die Lebensmittel entsprechend auswählen.

Dieses Ampelsystem war ursprünglich zur Einhaltung fester Kalorienpläne in der Adipositas-Therapie bei Kindern gedacht (Epstein, 1996). Es kann aber auch ohne Kalorienlernen angewendet und parallel in der Ernährungs- und Verhaltensschulung adipöser Kinder eingesetzt werden (Reinehr et al., 2003). Damit die Kinder und Familien das heutige komplexe Lebensmittelangebot in geeigneter Weise nutzen können, benötigen sie aber zusätzliche Hinweise zur Einordnung der einzelnen Lebensmittel, v.a. von Fertigprodukten (Forschungsinstitut für Kinderernährung, 2003; Reinehr et al., 2003).

41.3.2   Lebensmittelauswahl und Möglichkeiten der Energiereduktion

Pflanzliche Lebensmittel, Getränke

Gemüse und Obst haben bei hohen Nährstoffdichten niedrige Energiedichten, da sie viel Wasser und praktisch kein Fett enthalten. Diese Lebensmittel sollen und können deshalb reichlich verzehrt werden.

Geschmacklich präferieren Kinder und Jugendliche Obst gegenüber Gemüse und rohes Gemüse gegenüber gekochtem Gemüse. Tatsächlich verzehren sie weitgehend die empfohlenen Mengen von Obst, aber nur etwa die Hälfte der empfohlenen Gemüsemengen (Kersting et al., 2004). Gemüse sollte deshalb häufiger in Form von Rohkost angeboten werden. Die damit erforderliche vermehrte Kauarbeit käme v.a. adipösen Kindern zugute, die ihre Mahlzeiten vielfach schneller verzehren und Sättigungssignale zum Ende der Mahlzeit weniger wahrnehmen als nicht adipöse (Barkeling et al., 1992).

Brot, Getreideprodukte und Kartoffeln sind reich an Stärke und Ballaststoffen, fettfrei und gut sättigend. Vollkornprodukte haben höhere Nährstoff- und Ballaststoffdichten als raffinierte Produkte. Brot hat seinen Wert als eigenständiges Lebensmittel, nicht nur als Träger für fett- und zuckerreichen Belag.

Generell sollen pflanzliche Lebensmittel mit geringem Verarbeitungsgrad gegenüber raffinierten Produkten bevorzugt werden, z.B. Haferflocken gegenüber (vielfach stark gezuckerten) Frühstücksflakes. Weniger verarbeitete, kohlenhydrathaltige Lebensmittel weisen in der Regel eine niedrigere **glykämische Last** auf als stark verarbeitete Produkte. Das heißt, der postprandiale Blutzuckerabfall ist geringer und das Auftreten von Hungergefühlen verzögert. Neben potenziellen protektiven Effekten auf die Entstehung von Diabetes-Typ-2 könnte eine Verminderung der glykämischen Last der Kost möglicherweise auch die Gewichtsnormalisierung bei adipösen Kindern und Jugendlichen erleichtern (Spieth et al., 2000).

Da **Getränke** reichlich verzehrt werden sollen, sollten sie möglichst energiefrei (Wasser) oder energiearm (Obstsaft-Schorle) sein. Häufiger Verzehr gezuckerter Limonaden und Fruchtsaftgetränke (Softdrinks) sollte vermieden werden, da er eine energetische Überernährung fördern kann (▶ Kap. 6).

Praxisbeispiele für die Einordnung der pflanzlichen Lebensmittel und Getränke nach Ampelfarben

Grün: alles Gemüse, Obst	Gelb: – –	Rot: – –
Grün: Vollkorntoast	Gelb: weißer Toast	Rot: Croissant
Grün: Pellkartoffeln	Gelb: Backofen Pommes frites	Rot: Frittierte Pommes frites
Grün: Früchtetee, ungezuckert	Gelb: Obstsaft	Rot: Gezuckerte Limonaden

Tierische Lebensmittel

Milch und Milchprodukte verzehren die Kinder und Jugendlichen derzeit überwiegend in Form von Vollmilcherzeugnissen (3,5% Fett) und fettreichem Käse. Damit nehmen sie etwa 25% ihres hohen Fettverzehrs und einen Großteil der gesättigten Fettsäuren auf.

Fleisch und Wurst liefern in der heutigen Ernährung weitere 25% des Fettverzehrs.

Daher ist es empfehlenswert, generell fettarme Milch (1,5% Fett) zu verwenden, den derzeit hohen Fleischverzehr zu vermindern sowie mageres Fleisch und fettärmere Wurstwaren auszuwählen. Auf spezielle fettreduzierte »Diätprodukte« kann verzichtet werden, da deren Fettgehalt meist nicht niedriger ist als in vielen von Natur aus fettarmen Käse- und Wurstsorten.

Praxisbeispiele für die Einordnung der tierischen Lebensmittel nach Ampelfarben

Grün: – –	Gelb: Milch 1,5% Fett	Rot: Milch 3,5% Fett
Grün: – –	Gelb: Bratenaufschnitt	Rot: Salami

Speisefette

Der Verzehr von Butter, Margarine und Speiseölen ist mit einem Anteil von 18% nicht hauptverantwortlich für den derzeitigen hohen Fettverzehr von Kindern und Jugendlichen. Dennoch sollen Fette generell sparsam verwendet werden. Außerdem ist es empfehlenswert, den heutigen hohen Anteil von Margarine und Butter bei den Speisefetten (75%) zugunsten von Rapsöl zu vermindern. Das Fettsäuremuster in Rapsöl ist präventivmedizinisch ausgewogen.

Für adipöse Kinder und ihre Familien bieten sich vielfältige praktikable Möglichkeiten bei Speisefetten zu sparen, z. B. durch entsprechende Zubereitungstechniken und Verwendung von alternativen Brotaufstrichen anstatt Aufstrichfett.

Süßigkeiten, Fast-food-Produkte

Süßigkeiten und Gebäck liefern derzeit etwa 20% der Energiezufuhr von Kindern und Jugendlichen. Aufgrund des häufigen Verzehrs fettreicher Produkte, z. B. Schokokekse und Kuchen, weist diese Lebensmittelgruppe nach den Speisefetten die höchste Energiedichte auf.

Eine Verminderung der Verzehrsmengen von Süßigkeiten und Gebäck (◘ Tabelle 41.1) und zusätzlich eine Bevorzugung fettarmer Produkte bieten erhebliches Potenzial für eine Reduktion der Energiezufuhr ohne Beeinträchtigung der Nährstoffdichten der Kost. Allerdings ist zu respektieren, dass Fett-Zucker-Kombinationen wie in Schokolade oder Knusperflakes höhere hedonische Qualitäten aufweisen als Fett und Zucker isoliert.

Fast-food-Produkte wie Pizza und Hamburger, rangieren auf der Präferenzskala bei Kindern und Jugendlichen, v. a. bei Jungen, weit vorn. In der Praxis verzehrt die Mehrzahl der Jugendlichen aber nur etwa 1- bis 2-mal pro Woche fettreiche, energiedichte Fast-food-Produkte, wie Speisen aus Fast-food-Restaurants, Pommes frites, Pizza, Bratwurst, Döner-Kebap u. ä. Bei regelmäßigen Konsumenten von Fast-food-Podukten ist die Lebensmittelauswahl insgesamt eher verbesserungsbedürftig als bei seltenen Konsumenten.

Bei einer ansonsten ausgewogenen Kost ist der Verzehr von energiedichtem Fastfood, z. B. 1- bis 2-mal/Woche Pommes frites oder Pizzastücke, kein Problem. Sehr kalorienreiche Fast-food-Menüs, z. B. Big Mac, Pommes frites und Limonade, sollten dagegen durch energiearme, nährstoffdichte Mahlzeiten ausgeglichen werden.

Praxisbeispiele für die Einordnung von Süßigkeiten und Fast-food nach Ampelfarben

Grün: – –	Gelb: Fruchtgummi, Wassereis	Rot: Schokoriegel, Cremeeis
Grün: – –	Gelb: Hamburger; Pizza ohne Salami	Rot: Big Mac, Pizza mit Salami

Spezielle energiereduzierte Lebensmittel

Mit gut überlegter Auswahl der Lebensmittel ist eine erhebliche Reduzierung der Energiezufuhr auch ohne Ausweichen auf spezielle **fettreduzierte** »Diätprodukte« oder mit Süßstoff gesüßte (Light-)Produkte möglich.

Bei Verwendung fettreduzierter Snacks, Desserts und Speisefette oder bei Einsatz energiefreier Fettersatzstoffe verzehren die Kinder zwar weniger Fett, aber nicht unbedingt weniger Energie (Birch, 1993; Sigman-Grant et al., 2003).

Energiefreie Zuckerersatzstoffe (Süßstoffe) oder Fettersatzstoffe werden in Lebensmitteln eingesetzt, um den Energiegehalt zu reduzieren ohne die gewohnte Geschmacksqualität zu verändern. Es ist nicht bekannt, welche Auswirkungen der Einsatz solcher Produkte in der Adipositas-Therapie auf die langfristig anzustrebende Gewöhnung der Kinder und Jugendlichen an eine natürlicherweise fett- und zuckermoderate Er-

nährung hat. Aus toxikologischer Sicht bestehen gegen die Verwendung von mit Süßstoff gesüßten Produkten im Rahmen üblicher Verzehrsgewohnheiten bei Kindern keine Bedenken.

41.4 Mahlzeiten

> **Beratungstipps**
>
> Für Kinder und Jugendliche ist allgemein eine gleichmäßige Verteilung der Mahlzeiten über den Tag empfehlenswert. Entsprechend den Ernährungsgewohnheiten hierzulande bietet sich z. B. eine Aufteilung in 2 kalte Hauptmahlzeiten (Frühstück und Abendessen), eine warme Hauptmahlzeit (z. B. das Mittagessen) und 2 Zwischenmahlzeiten (Pausenbrot und Nachmittagsimbiss) an.
>
> Mit einem strukturierten **Mahlzeitenrhythmus** im Laufe des Tages kann unkontrolliertem Zwischendurch-Essen und Heißhunger nach langer Nahrungspause vorgebeugt werden. Weniger häufige Essensstimuli und mehr Konzentration auf die Mahlzeiten anstatt »Nebenbei-Essen« können den Erfolg der Ernährungstherapie bei adipösen Kindern erhöhen (Golan et al., 1998).

Für die Lebensmittelauswahl bei den Mahlzeiten gelten grundsätzlich dieselben Empfehlungen wie für die Lebensmittelauswahl generell, sodass auch die einzelnen Mahlzeiten geringe Energiedichten aufweisen und gut sättigen. Da die Empfehlungen für die Lebensmittelauswahl außerdem altersunabhängig gelten (◘ Tabelle 41.1), können Mahlzeiten und Rezepte für alle Familienmitglieder einheitlich gestaltet werden. Dies erleichtert die generell wünschenswerte Einnahme von gemeinsamen Mahlzeiten im Kreise der Familie.

41.5   Umsetzung

Da für alle Kinder und Jugendlichen dieselben Empfehlungen für die Ernährung angewendet werden können und alle den heutigen Umwelteinflüssen auf Ernährungs- und Gesundheitsverhalten ausgesetzt sind, gibt es keine Veranlassung, adipösen Kindern und ihren Familien eine Außenseiterrolle bei ihrer Ernährung zuzuweisen.

Adipöse Kinder und Jugendliche benötigen aber eine besondere Beratung und Schulung, die neben der Ernährung bzw. der Lebensmittelauswahl auch das Essverhalten und die Bewegung integrieren, um ihnen die dauerhafte Verbesserung ihrer bisherigen Gewohnheiten zu erleichtern (▶ Kap. 45). Die hier aufgezeigten Hinweise für die Ernährung haben sich in der interdisziplinären Adipositas-Schulung bei Kindern, Jugendlichen und Familien bewährt (Reinehr et al., 2003).

Literatur

Alexy U, Sichert-Hellert W, Kersting M (2002) Fortification masks nutrient dilution due to added sugars in the diet of children and adolescents. J Nutr 132: 2785–2791

Arbeitsgemeinschaft Adipositas im Kindes- und Jugendalter (2003) Leitlinien. www.a-g-a.de

Astrup A, Astrup A, Buemann B, Flint A, Raben A (2002) Low-fat diets and energy balance: how does the evidence stand in 2002? Proc Nutr Soc 61: 299–309

Barkeling B, Ekman S, Rössner S (1992) Eating behaviour in obese and normal weight 11-year-old children. Int J Obes 16: 355–360

Barlow SE, Dietz WH (1998) Obesity evaluation and treatment: expert committee recommendations. Überarbeitet und kommentiert von Wabitsch M. In: Klin Pädiatr (2000) 212: 287–296

Birch LL, Johnson L, Jones MB, Peters JC (1993) Effects of a nonenergy fat substitute on children's energy and macronutrient intake. Am J Clin Nutr 58: 326–333

Deutsche Gesellschaft für Ernährung (2000) Referenzwerte für die Nährstoffzufuhr. Umschau/Braus, Frankfurt

Epstein LH (1996) Family-based behavioural intervention for obese children. Int J Obes 20: S14–S21

Golan M, Fainaru M, Weizman A (1998) Role of behaviour modification in the treatment of childhood obesity with the parents as the exclusive agents of change. Int J Obes Relat Metab Dis 22: 1217–1224

Ikeda JP, Mitchell RA (2001) Dietary approaches to the treatment of the overweight pediatric patient. Ped Clin North America 48: 955–968

Kersting M, Chahda C, Schöch G (1993) Optimierte Mischkost als Präventionsernährung für Kinder und Jugendliche. Ernährungs-Umschau 40: 164–169

Kersting M, Alexy U, Kroke H, Lentze MG (2004) Kinderernährung in Deutschland. Ergebnisse der DONALD-Studie. Bundesgesundheitsbl Gesundheitsforsch Gesundheitsschutz 47: 213–218

Koletzko B, Girardet JP, Klish W, Tabacco O (2002) Obesity in children and adolescents worldwide: Current views and future directions – Working group report of the first World Congress of Pediatric Gastroenterology, Hepatology and Nutrition. J Pediat Gastroenterol Nutr 35: S205–S212

Nuutinen O (1991) Long-term effects of dietary counselling on nutrient intake and weight loss in obese children. Eur J Clin Nutr 45: 287–297

Pinelli Lf, Elerdini N, Faith MS, Agnello D, Ambruzzi A, De Simone M, Leggeri G, Livieri C, Monetti N, Peverelli P, Salvatoni A, Seminara S, Uasone R, Pietrobelli A (1999) Childhood obesity: results of a multicenter study of obesity treatment in Italy. J Pediatr Endocrinol Metab 12: 795–799

Reinehr T, Dobe M, Kersting M (2003) Therapie der Adipositas im Kindes- und Jugendalter. Das Adipositas-Schulungsprogramm Obeldicks. Hogrefe & Huber, Göttingen

Raynor HA, Kilanowski CK, Esterlis I, Epstein LH (2002) A cost-analysis of adopting a healthful diet in a family-based obesity treatment program. J Am Diet Assoc 102: 645–656

Sigman-Grant M, Warland R, Hsieh G (2003) Selected lower-fat foods positively impact nutrient quality in diets of free-living Americans. J Am Diet Assoc 103: 570–576

Spieth LE, Harnish JD, Lenders CM, Raezer LB, Pereira MA, Hangen SJ, Ludwig DS (2000) A low-glycemic index diet in the treatment of pediatric obesity. Arch Pediatr Adolesc Med 154: 947–951

Forschungsinstitut für Kinderernährung (2001) OptimiX – Empfehlungen für die Ernährung von Kindern und Jugendlichen. aid, DGE (Hrsg) Bonn

Forschungsinstitut für Kinderernährung (2003) Empfehlungen für die Ernährung von übergewichtigen Kindern – Gemeinsam abnehmen mit optimiX. Fördergesellschaft Kinderernährung, Dortmund

Weiterführende Literatur

Reinehr T, Kersting M, Wollenhaupt A, Pawlitschko V, Andler W (2003) Einflussfaktoren auf das Ernährungswissen von Kindern und ihren Müttern. J Ernährungsmed 6: 17–20

Kommentar: Zwar gelingt die Vermittlung von Ernährungswissen bei Kindern und Erwachsenen in der Adipositas-Schulung ebenso wie im generellen Schulunterricht, sie bleibt aber meist ohne Konsequenzen für das Ernährungshandeln und das Körpergewicht. Praktische Maßnahmen wie Speisenzubereitung und Lebensmitteleinkauf sollten deshalb in der Ernährungsschulung von adipösen Kindern und ihren Eltern im Vordergrund stehen.

Verhaltenstherapie

P. Warschburger

42.1 Einleitung

Die verhaltenstherapeutische Behandlung der Adipositas zählt – gerade in Kombination mit einer Ernährungsumstellung und körperlicher Aktivität – zu den Säulen jedweder Adipositas-Behandlung (▶ Kap. 38). Vor allem in Amerika wurden in den 50er Jahren verhaltenstherapeutische Techniken eingesetzt, um die langfristige Effektivität von »reinen« Diät- und/oder Bewegungsprogrammen zu sichern. Mittlerweile sind gerade in der Behandlung der Adipositas im Kindes- und Jugendalter verhaltenstherapeutische Prinzipien nicht mehr wegzudenken.

Im Folgenden soll eine kurze Einführung in die allgemeinen Prinzipien der Verhaltenstherapie erfolgen, bevor anhand konkreter Arbeitsmaterialien die Umsetzung in der Arbeit mit adipösen Kindern und Jugendlichen sowie deren Eltern vorgestellt wird. Abschließend sollen die empirischen Ergebnisse zur Wirksamkeit der (kombinierten) verhaltenstherapeutischen Behandlung der Adipositas diskutiert werden.

42.2 Ziele

In den letzten 10 Jahren hat sich eine Verschiebung in der Bedeutung von Therapiezielen ergeben: Die kurzfristige Gewichtsreduktion steht nicht mehr so im Vordergrund und ist gerade im Kindes- und Jugendalter kein primäres Interventionsziel. Adipositas wird als ein multifaktorielles Geschehen aufgefasst, an dessen Entstehung und Aufrechterhaltung physiologische, psychologische und soziale Faktoren beteiligt sind (Brownell u. Wadden, 1992). Dementsprechend breit sind die Behandlungsziele zu definieren: Die verhaltenstherapeutische Behandlung der Adipositas strebt zum einen an, ungünstige Ess- und Bewegungsmuster zu verändern bzw. abzubauen und gleichzeitig gesundheitsförderliche Verhaltensweisen aufzubauen. Auf diese Weise soll der Gewichtsstatus positiv beeinflusst bzw. stabilisiert und sekundäre Folgeerkrankungen verhindert oder in ihrem Risikopotenzial vermindert werden (▶ Kap. 37). Gerade im Kindes- und Jugendalter hat sich gezeigt, dass die Adipositas mit einer Reihe von psychosozialen Folgebelas-

tungen einhergeht, die oftmals zur Aufrechterhaltung des Krankheitsbildes beitragen (vgl. Warschburger, 2000; ▶ Kap. 27, ▶ Kap. 29). Der Aufbau und die Vermittlung angemessener Bewältigungsstrategien für den Umgang mit psychischen und sozialen Folgen der Adipositas ist daher ein weiteres wesentliches Behandlungsziel. Zusammen mit der angestrebten Gewichtsstabilisierung bzw. -minderung soll dies die Lebensqualität der Betroffenen steigern. Insgesamt betrachtet steht die langfristige Modifikation des Lebensstils statt der »reine Gewichtsverlust« im Vordergrund der Behandlung. Langfristige Ziele werden kurzfristigen Veränderungen vorgezogen.

❶ Die Ziele der Behandlung sind:
- Aufbau günstiger Ess- und Bewegungsmuster,
- langfristige Gewichtsveränderung bzw. -stabilisierung und
- Steigerung der Lebensqualität.

42.3 Allgemeine Prinzipien der Verhaltenstherapie

Die verhaltenstherapeutische Behandlung der Adipositas geht davon aus, dass unser Verhalten, so auch unser Ess- und Bewegungsverhalten, erlernt ist. Durch den Erwerb neuer sowie die Modifikation »alter« Verhaltensmuster soll eine Reduktion des problematischen Verhaltens und ein Aufbau angemessener Verhaltensstrategien erzielt werden.

Das Reiz-Reaktions-Lernen (klassisches Konditionieren) basiert darauf, dass ein bestimmter Reiz ein bestimmtes Verhalten auslöst und sich im Laufe des Lebens durch wiederholtes Auftreten dieser Kombination diese Verbindung festigt. So sind wir wohl alle bereits als kleine Kinder mit einem Stück Schokolade getröstet worden, wenn wir uns verletzt haben. »Schokolade« erhält dadurch die Funktion eines Trostspenders und begleitet uns in dieser Funktion oft ein Leben lang.

Das Verstärkungslernen (operantes Konditionieren) betont, dass die Auftretenshäufigkeit einer Verhaltensweise (z.B. sich sportlich betätigen), davon abhängt, wie die Umwelt (sprich: v. a.

die Eltern) darauf reagiert. Prinzipiell werden 4 mögliche Reaktionen unterschieden:

1. Positive Verstärkung:
   Man erhält eine Belohnung für sein Verhalten (z. B. nach der sportlichen Betätigung loben die Eltern das Verhalten und nehmen sich Zeit für ein gemeinsames Spiel).
2. Negative Verstärkung:
   Eine negative Konsequenz bleibt aus (z. B. nach der sportlichen Betätigung entfällt die Pflicht, sich an der lästigen Hausarbeit zu beteiligen).
3. Bestrafung:
   Ein negativer Reiz wird dargeboten (z. B. Schläge oder Beschimpfen).
4. Aufmerksamkeitsentzug:
   Eine erwartete positive Konsequenz bleibt aus (z. B. keinerlei Reaktion der Eltern auf die sportliche Betätigung des Kindes).

> **Praxistipp**
>
> Positive und negative Verstärkung tragen dazu bei, dass ein bestimmtes Verhalten in Zukunft häufiger gezeigt wird. Strafe ist weder zum Aufbau neuen Verhaltens noch zum Abbau negativen Verhaltens besonders geeignet und Aufmerksamkeitsentzug dient dem Abbau von Verhalten.
>
> Weiterhin wichtig ist das so genannte Modelllernen: Wir müssen nicht jedes neue Verhalten »neu erfinden« und mühsam für uns selbst erwerben, sondern vieles wird übernommen von »Modellen«, die als nachahmenswert empfunden werden. Die Werbung beruht auf diesem Prinzip. Machen die Eltern beispielsweise vor, dass »Süßes« eine vollständige Mahlzeit »erst richtig abrundet«, werden die Kinder dieses Verhalten möglicherweise nachahmen.
>
> Kognitiv-behaviorale Methoden betonen, dass die gedanklichen Verarbeitungen (Erwartungen; Bewertungen von Handlungseffekten) unser Verhalten entscheidend mit beeinflussen.

Entsprechend diesen Grundprinzipien hat sich eine Reihe von verhaltenstherapeutischen Techniken entwickelt, um problematisches Verhalten zu verändern. Eine Reihe von Verfahren hat sich auch in der Behandlung der Adipositas bewährt (Grilo, 1996). Hierzu gehören:

- Techniken zur Selbstkontrolle,
- Stimuluskontrolle,
- Verhaltensübungen,
- Verstärkungstechniken (Selbst- und Fremdverstärkung; Token-Programme),
- Kontrakte,
- Veränderung ungünstiger Kognitionen und
- Informationsvermittlung.

42.4   Verhaltenstherapeutische Techniken

Im Folgenden sollen die oben genannten Herangehensweisen genauer erläutert werden. Wichtig ist, dass diese Strategien in der Regel kombiniert (innerhalb komplexer Programme) angewandt werden. Dabei ist auch darauf zu achten, dass die individuellen Bedürfnisse und Möglichkeiten der Kinder und Jugendlichen berücksichtigt werden.

42.4.1   Stimuluskontrolle

Die Stimuluskontrolltechniken beruhen auf dem Prinzip der klassischen Konditionierung: In einem 1. Schritt wird versucht herauszufinden, in welchen Situationen beispielsweise häufig gegessen wird (ohne dass wirklich Hunger besteht): Wenn ich mich geärgert habe, ich traurig und verletzt bin, alle anderen gerade essen, Essen auf dem Tisch steht etc. Nach dem Erkennen der Auslösesituationen für ein bestimmtes, zu veränderndes Verhalten wird versucht, die Auftretenshäufigkeit dieser Situationen zu senken. Hierzu gehört beispielsweise keine Süßigkeiten vorrätig zu haben oder nicht bei Heißhunger einkaufen zu gehen, nur zu festgelegten Essenszeiten möglichst immer am gleichen Ort zu essen, langsames Kauen oder das Unterlassen von »Nebenbeschäftigungen beim Essen« (z. B. Fernsehen oder Lesen).

Stimuluskontrolltechniken können sowohl zur Reduktion unerwünschten Verhaltens, als auch zur Steigerung erwünschten Verhaltens eingesetzt werden. Zu denken ist hier beispielsweise an vorher genau fixierte Zeiten für sportliche Tätigkeiten (jeden Dienstag und Donnerstag Nachmittag von 14 bis 15 Uhr Inline skaten) oder »Erinnerungshilfen« für gesundes Ernährungsverhalten (z. B. Schale frisches Obst auf dem Küchentisch).

42.4.2   Kontrakte/Trainingsverträge

Vereinbarungen über die Ziele der Behandlung und den Beitrag, den jeder Einzelne dafür leisten möchte, sind oftmals der Einstieg in die Behandlung. Dabei wird auch schriftlich fixiert, welche Regeln für die Therapietreffen gelten. Therapiekontrakte erhöhen die Verbindlichkeit der Bemühungen seitens der Teilnehmer und schaffen Transparenz bezogen auf das weitere Vorgehen. Sie verdeutlichen den Kindern und Jugendlichen bereits zu Beginn die aktive Rolle, die sie bei ihrer Zielerreichung einnehmen müssen. Da Kontrakte genau definierte Ziele enthalten sollten, reflektieren und verbalisieren die Kinder und Jugendlichen ihre oftmals impliziten Vorstellungen und Erwartungen. So können bereits zu Beginn der Behandlung unrealistisch hohe Erfolgserwartungen korrigiert werden. Die anzustrebenden Ziele müssen klar beschrieben sein; langfristige Ziele sollten in realistische Zieletappen unterteilt werden.

42.4.3   Selbstkontrolle

Um den langfristigen Erfolg einer Behandlungsmaßnahme zu sichern, ist es ganz zentral bei den betroffenen Kindern und Jugendlichen von Anfang an möglichst viele Kompetenzen zu stärken. Dies gilt noch viel stärker bei Adipositas, da sie »essen müssen« und damit tagtäglich mehrmals mit der Herausforderung »angemessenes Essverhalten zeigen« konfrontiert werden.

Der Aufbau von Selbstkontrolle beinhaltet im 1. Schritt eine Schulung in der Beobachtung des eigenen kritischen Verhaltens (»**Selbstbeobach-**

tung«). Zum Beispiel sollen die Kinder täglich aufschreiben, welche Nahrungsmittel sie zu sich genommen oder welche körperlichen Aktivitäten sie aufgenommen haben. Zusätzlich wird dann häufig notiert, in welcher Situation das Verhalten aufgetreten ist und von welchen Gedanken und Gefühlen es begleitet wurde. Standardisierte Tagebücher erleichtern den Protokollierungsaufwand für die Kinder (Abb. 42.1).

Dieses Vorgehen schärft nicht nur das Bewusstsein der Kinder und Jugendlichen, sondern ist auch eine wichtige Grundlage für die detaillierte Analyse von individuellen kritischen Situationen (z. B. Essen in Stresssituationen). Zudem verändert das Protokollieren unerwünschter wie auch erwünschter Verhaltensweisen häufig bereits deren Auftretenswahrscheinlichkeit.

Im 2. Schritt soll eine **Bewertung des eigenen Verhaltens** erfolgen: Wie gut habe ich die mir (selbst) gestellte Aufgabe gelöst? Wie zufrieden bin ich mit mir? Habe ich mich wirklich angestrengt oder gar keine Mühe gegeben?

Im letzten Schritt soll dann das eigene **Verhalten** auch **selbst belohnt** werden. Dazu gehört auch, dass die Kinder und Jugendlichen sich innerlich auf die Schulter klopfen und sich sagen »gut gemacht«, aber auch eine materielle Belohnung wie z. B. sich eine neue CD gönnen oder ein neues Videospiel kaufen. Bei adipösen Kindern und Jugendlichen sollte auf »Essensbelohnungen« verzichtet werden, da sie Alternativen zum bisherigen Belohnungsverhalten kennen lernen und aufbauen sollen. Wichtig ist, dass sie bewusst wahrnehmen, dass sie ein sich vorher gestecktes Ziel erreicht haben und ein Recht haben, darauf stolz zu sein.

> **Praxistipp**
>
> Die Techniken zur Selbstkontrolle beinhalten 3 Schritte:
> – Selbstbeobachtung,
> – Selbstbewertung und
> – Selbstverstärkung.

adipositas
training

Meine Beobachtungskarte

Ich heiße _____

Fit-Trick der Woche	Und denke auch immer an die drei Ampelbereiche!	1. Tag	2. Tag
○	Wie schnell hast Du gegessen?	total langsam ① ② ③ ④ ⑤ total schnell	total langsam ① ② ③ ④ ⑤ total schnell
○	Wie gut hast Du Dein Essen heute gekaut?	total schlecht ① ② ③ ④ ⑤ total gut	total schlecht ① ② ③ ④ ⑤ total gut
○	Hast Du heute Pausen beim Essen gemacht?	gar keine ① ② ③ ④ ⑤ total viele	gar keine ① ② ③ ④ ⑤ total viele
○	Hast Du heute Nachschlag genommen?	gar keine ① ② ③ ④ ⑤ total viele	gar keine ① ② ③ ④ ⑤ total viele
	Hattest Du heute zusätzlich zu den Haupt- und Zwischenmahlzeiten Lust etwas zu essen?	gar keine ① ② ③ ④ ⑤ total viel	gar keine ① ② ③ ④ ⑤ total viel
	Was hast Du dann getan?	gegessen getrunken Sport getrieben gelesen Musik gehört mir etwas gekauft zu einer lieben Person gegangen sonstiges	gegessen getrunken Sport getrieben gelesen Musik gehört mir etwas gekauft zu einer lieben Person gegangen sonstiges
	Wieviel hast Du heute getrunken?	total wenig ① ② ③ ④ ⑤ total viel	total wenig ① ② ③ ④ ⑤ total viel
	Hast Du.... ... Dich heute gefreut? ... heute Schönes erlebt?	gar nicht ① ② ③ ④ ⑤ ① ② ③ ④ ⑤ total viel	gar nicht ① ② ③ ④ ⑤ ① ② ③ ④ ⑤ total viel
	Hast Du ... ... Dich heute geärgert? ... Dich heute einsam gefühlt? ... heute Langeweile verspürt? ... Dich heute überfordert gefühlt?	gar nicht ① ② ③ ④ ⑤ ① ② ③ ④ ⑤ ① ② ③ ④ ⑤ ① ② ③ ④ ⑤ total viel	gar nicht ① ② ③ ④ ⑤ ① ② ③ ④ ⑤ ① ② ③ ④ ⑤ ① ② ③ ④ ⑤ total viel

☐ **Abb. 42.1.** Selbstbeobachtungsbogen. (Nach Warschburger et al., 1999, S. 89)

42.4.4   Verstärkung und Token-Programme

Für den Aufbau neuen Verhaltens ist es ganz zentral, dass diesem Verhalten positive Konsequenzen folgen, damit es auch in Zukunft häufiger gezeigt wird. Dies bedeutet ganz konkret, dass erwünschte Verhaltensänderungen (von der Umgebung) bemerkt und belohnt werden. Die Verstärkung kann in Form einer verbalen Bestätigung (»Gut gemacht!«) oder einer materiellen Belohnung (z. B. 50 Cent in die Spardose) erfolgen.

Ein alltägliches Problem bei der Umsetzung der Prinzipien des Verstärkungslernens ist, dass nicht in allen Situationen angemessene positive Verstärker vorhanden sind. Verstärkung sollte jedoch, um verhaltenswirksam zu sein, möglichst unmittelbar erfolgen. Darüber hinaus möchte man ja nicht nur das einmalige Auftreten eines erwünschten Verhaltens erzielen, sondern neue, stabile Verhaltensmuster aufbauen. Beispielsweise ist es kein primäres Ziel, dass nur einmal die Woche ein Stück Obst genommen, sondern dass mehrmals täglich zu Obst (möglichst statt Süßigkeiten) gegriffen wird. Allerdings muss jedes neue Verhalten schrittweise (»**Prinzip der kleinen Schritte**«) aufgebaut werden, um die Betroffenen weder zu überfordern noch zu demotivieren: Die Anforderungen müssen also allmählich gesteigert werden und, um dauerhafte Veränderungen zu erzielen, sollte mit der Zeit von einer anfänglich kontinuierlichen zu einer intermittierenden Verstärkung übergegangen werden. All diesen Anforderungen für wirksame Verstärkung lässt sich mit so genannten Token-Programmen (Münzverstärkungsprogrammen) gut nachkommen. In Token-Programmen werden die Verhaltensweisen nicht direkt verstärkt, sondern es werden »Punkte« (Tokens) verteilt und gesammelt, die später gegen Verstärker eingelöst werden können.

In einem Token-Programm wird zuerst das Verhalten genauestens festgelegt, für das ein Token verdient werden kann (z. B. 2 Stück Obst pro Tag essen; 15 min Sport treiben, aber das Kind muss ins Schwitzen kommen). Die Anzahl der Tokens für das Zeigen des gewünschten Verhaltens werden bestimmt (z. B. 2 Stück Obst pro Tag sind 1 Punkt; Extrapunkt, wenn auf Trauben oder Bananen dabei verzichtet wird) ebenso wie lange das Token-Programm laufen soll und wer protokolliert. Nach Ablauf der vereinbarten Zeit können dann die Tokens vom Kind in vorher klar definierte Belohnungen (Verstärker) eingetauscht werden. Bei der Festlegung der Anzahl von erforderlichen Tokens für eine Belohnung ist darauf zu achten, dass die Kinder und Jugendlichen diese Zahl auch dann erreichen können, wenn sie nicht jeden Tag die maximale Punktzahl erreicht haben. Abgestufte Belohnungen sollten zur Verfügung stehen, um auch kleinere als ursprünglich angestrebte erzielte Verhaltensänderungen zu belohnen. Als Zielkriterien für Token-Programme können die unterschiedlichsten Verhaltensweisen ausgewählt werden: Häufigeres Essen von Obst und Gemüse; tägliche körperliche Bewegung oder Einschränkung des übermäßigen Konsums von fetthaltigen Nahrungsmitteln. Sinnvoll und motivationsfördernd ist das sichtbare und eindeutige Sammeln von Tokens (z. B. Murmeln einer ganz bestimmten Farbe in einem verschlossenen Glas). Dies kann auch mit vorbereiteten Arbeitsblättern geschehen (◨ Abb. 42.2). Neben dem »Verdienen von Punkten« für erwünschtes Verhalten kann auch vereinbart werden, dass Punkte für unerwünschtes Verhalten abgezogen werden. Dabei ist jedoch darauf zu achten, dass sich der »Punktestand« nicht ins Negative wenden darf, da sonst die Motivation zur Mitarbeit gefährdet wird.

Token-Programme lassen sich sowohl als Selbst- wie auch Fremdverstärkung einsetzen. Bei der **Selbstverstärkung** führen die Kinder und Jugendlichen – unter Anleitung – die Protokolle und belohnen sich selbst; bei der **Fremdverstärkung** werden beispielsweise die Eltern in die Arbeit miteinbezogen, die dann möglichst gemeinsam mit dem Kind ein solches Protokoll führen und dann das gezeigte Verhalten belohnen. Token-Programme haben den Vorteil, dass das Zielverhalten sehr transparent wird und alle Beteiligten sehen, welche Fortschritte bereits erreicht wurden.

adipositas
training

Belohnungskarte
für Übungen und Mitarbeit   Name _____

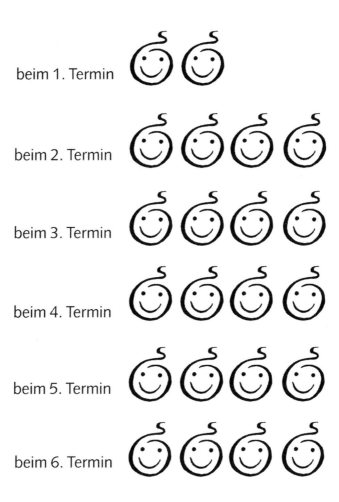

beim 1. Termin

beim 2. Termin

beim 3. Termin

beim 4. Termin

beim 5. Termin

beim 6. Termin

**So bekommst Du für jeden Trainingstermin
Deine Smilies:**

Um die Smilies gegen eine Belohnung
einzutauschen, brauchst Du bis
zum _____. Termin
mindestens:_____ Smilies.

für Übungen:
probiert = ein Smilie
erfüllt = zwei Smilies

für Mitarbeit:
gut mitgearbeitet = ein Smilie
sehr gut mitgearbeitet = zwei Smilies

◘ **Abb. 42.2.** Token-Karte. (Nach Warschburger et al., 1999, S. 93)

42.4.5   Informationsvermittlung

Die Vermittlung von Wissen bildet die Grundlage der meisten Behandlungsverfahren. Die Kinder und Jugendlichen sollen Wissen über die Adipositas, ihre Entstehung, aber v. a. auch zu den Möglichkeiten der Veränderung kennen lernen. Wissen verändert in der Regel kein Verhalten, aber es hilft, das neu zu erwerbende Verhalten besser einzuordnen und kann dadurch auch die Motivation für notwendige Verhaltensänderungen steigern. Wichtig ist, dass das vermittelte Wissen altersgerecht aufbereitet und handlungsrelevant ist. Die Kinder und Jugendlichen sollten beispielsweise konkret erfahren, welche Nahrungsmittel sie seltener essen sollten und welche häufiger. Dabei ist darauf zu achten, dass die Auswahl aus einer Gruppe von Alternativen die Motivation für eine solche Umstellung steigert.

42.4.6   Verhaltensübungen

Das zentrale Element jeder verhaltenstherapeutischen Behandlung ist das Ausprobieren und Eintrainieren neuer Verhaltensweisen. Hierzu werden u. a. Hausaufgaben und Rollenspiele (auch in der Gruppe) eingesetzt.

Das **Rollenspiel** in der Gruppe bietet den Vorteil, dass die Kinder und Jugendlichen auch durch die Beobachtung anderer Teilnehmer Verhaltensalternativen erwerben (»Modelllernen«) und so ihr eigenes Verhaltensrepertoire im Umgang mit schwierigen Situationen erweitern können. Die Durchführung von Rollenspielen ist ein komplexer Vorgang, bei dem einige Punkte zu beachten sind.

Wichtig ist, dass das zu zeigende Verhalten ebenso klar definiert ist, wie die Rollen, die die einzelnen Personen einnehmen sollen. Die Situation sollte nicht so schwierig gestaltet werden, dass das gewünschte Verhalten nicht gezeigt werden oder nicht zum Erfolg führen kann.

Ein kurzes Beispiel: Die Aufgabe der Kinder und Jugendlichen im Rollenspiel könnte sein, angebotene Süßigkeiten freundlich, aber bestimmt abzulehnen. Mit den Kindern und Jugendlichen würde vorher besprochen, wie man genau »Nein sagen« kann und dann wird den Kindern Süßigkeiten von einer anderen Person angeboten. Dieses Anbieten kann ich unterschiedlich schwer gestalten: Ich akzeptiere sofort ein »Nein«, ich frage nochmals nach (»Wirklich nicht?«) bis hin zu einem starken Insistieren (»Du magst wohl meine Süßigkeiten nicht?!«). Das schrittweise Heranführen an die schwierigen Situationen ist wichtig, um bei den Kindern und Jugendlichen das Vertrauen aufzubauen, dass sie diese Situation bewältigen können (Erleben von Selbstwirksamkeit). Der Trainer hat auch die Möglichkeit während des Rollenspiels systematisch in kleinen Schritten das gewünschte Verhalten aufzubauen, indem kleine Hinweise (»Schau ihn jetzt direkt an!« »Sprich noch etwas lauter!«) gegeben werden (so genannte Verhaltensausformung oder Shaping). Am Ende des Rollenspiels sollte den Kindern und Jugendlichen, die aktiv daran teilgenommen haben, für ihre Bereitschaft gedankt werden, bevor die Nachbesprechung erfolgt. Bei der Rückmeldung werden zuerst die positiven Aspekte (»Du hast laut und deutlich gesprochen«) angesprochen, bevor weniger gelungene Verhaltensweisen mit konkreten Veränderungsvorschlägen thematisiert werden (»Versuch Dich kurz zu fassen. Keine langen Erklärungen oder Entschuldigungen«). Besonders günstig für die anschließende Besprechung sind Videoaufnahmen.

Verhaltensübungen können aber auch in Form von **Hausaufgaben** erfolgen, wo die Kinder und Jugendlichen eine bestimmte Aufgabe im Alltag bewältigen sollen. Beim nächsten Treffen muss diese Hausaufgabe intensiv nachbesprochen werden und Erfolge gelobt, Misserfolge relativiert (z. B. Aufgabe noch zu schwer; Rückschläge gehören dazu) und zu weiteren Versuchen ermuntert werden.

Verhaltensübungen sind ein zentrales Element der Verhaltenstherapie. Die konkreten Verhaltensweisen, die bei der Adipositas-Behandlung eingeübt werden sollten, umfassen

- konkrete Essverhaltensweisen (z. B. gutes Kauen),
- alternative Verhaltensweisen im Umgang mit essauslösenden Situationen (z. B. Stress oder Langeweile) sowie
- selbstbehauptendes Verhalten im Umgang mit Hänseleien oder »Verführungssituationen«.

42.4.7 Veränderung ungünstiger Kognitionen

Die Kinder und Jugendlichen haben im Laufe ihrer Entwicklung Erklärungen für ihr Gewicht gefunden, die oftmals das Ausführen von angemessenen Verhaltensweisen verhindern. So spielen verzerrte, falsche Vorstellungen über die Entstehung des Übergewichts und damit verbunden der Veränderbarkeit des Gewichtsstatus eine wichtige Rolle. Der Einfluss solcher Gedanken auf das Verhalten wird dann besonders deutlich, wenn neue Verhaltensmuster aufgebaut werden sollen oder wenn erwartete Therapieerfolge ausbleiben. Die ungünstigen Kognitionen, die beispielsweise mit einer Gewichtsabnahme, aber auch fehlenden Veränderung oder gar Zunahme verbunden sind (»Ich kann doch sowieso nichts verändern«; »Die anderen haben recht: Ich bin ein Versager«) sollten thematisiert werden. Unrealistische Erfolgserwartungen und »Alles-oder-Nichts-Denken« (»Wenn ich dieses Stück Kuchen gegessen habe, ist sowieso alles egal«; »Das ist doch nur ein weiterer Beweis dafür, dass ich nicht abnehmen kann«) werden in Frage gestellt und durch realistische, motivationsfördernde und hilfreiche Gedanken ersetzt.

42.5 Komplexe Schulungsprogramme

Mittlerweile haben sich für die Behandlung komplexe Schulungsprogramme etabliert, die die verschiedenen bereits genannten Techniken miteinander verbinden (► Kap. 45). Ein solches Trainingsprogramm ist das Adipositas-Training für Kinder und Jugendliche (Warschburger et al., 1999), das im Weiteren vorgestellt werden soll. Das Training wird in geschlechtshomogenen Kleingruppen (6–8 Kinder und Jugendliche) durchgeführt. Dies bietet den Vorteil, dass die Kinder und Jugendlichen von Anfang erfahren, dass sie mit ihren Erfahrungen, Erklärungsmustern und Problemen nicht allein sind (emotionale Entlastung); darüber hinaus können sie voneinander lernen und sich gegenseitig in ihrem Veränderungsprozess unterstützen. Das Programm wurde auf die Gruppe der 11- bis 18-Jährigen zugeschnitten. Die Themen, die während der 6 Sitzungen (à 90 min) besprochen werden, sind dem Trainingsplan in ◘ Abb. 42.3 zu entnehmen. Ziel ist es, bei den Kindern und Jugendlichen gesundes Ess- und Bewegungsverhalten zu etablieren und eine einseitige Konzentration auf das Körpergewicht und die Gewichtsreduktion (»Wenn ich abnehme, dann habe ich auch sonst keine Probleme mehr«; »Alles ist besser, wenn man schlank ist«) abzubauen. Die Kinder und Jugendlichen sollen lernen, auch mit einem höheren Gewicht im Alltag zurecht zu kommen.

Eine der Grundlagen des Trainings ist die Wissensvermittlung. Wissen ist zwar wichtig, aber nicht ausreichend. Daher werden beispielsweise den Kindern und Jugendlichen mit altersgerechten Materialien die wesentlichen Informationen zum gesunden Ernährungsverhalten (z. B. anhand des DGE-Ernährungskreises) vermittelt und dessen Umsetzung spielerisch gefestigt. Beispielsweise wird mit dem Ampelwahlspiel trainiert, Nahrungsmittel danach einzuteilen, wie häufig sie konsumiert (grün = oft bis rot = selten) werden sollten, um sich gesund zu ernähren.

Im Mittelpunkt steht die genaue (Verhaltens-)Analyse des eigenen Ess- und Bewegungsverhaltens. Die Kinder und Jugendlichen sollen mit Unterstützung des Trainers herausfinden, in

Trainingsplan

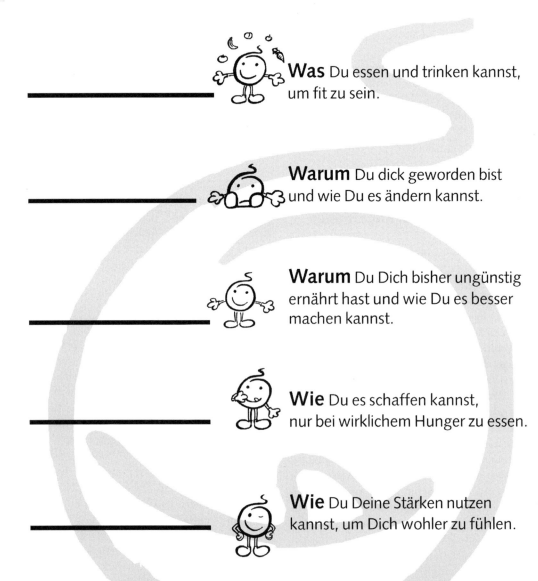

Was Du essen und trinken kannst, um fit zu sein.

Warum Du dick geworden bist und wie Du es ändern kannst.

Warum Du Dich bisher ungünstig ernährt hast und wie Du es besser machen kannst.

Wie Du es schaffen kannst, nur bei wirklichem Hunger zu essen.

Wie Du Deine Stärken nutzen kannst, um Dich wohler zu fühlen.

Wie es für Dich nach diesem Training weitergehen kann.

◻ **Abb. 42.3.** Die Inhalte des Adipositas-Trainings für Kinder und Jugendliche. (Nach Warschburger et al., 1999, S. 73)

welchen Situationen sie zu unangemessenen Essverhaltensweisen greifen und alternative Verhaltensmöglichkeiten kennen lernen und einüben. Die Konsequenzen ihres Verhaltens werden beleuchtet und schrittweise günstige Alternativen aufgebaut. Die positive Verstärkung durch den Trainer und die Eltern spielt für die langfristige Änderung des Verhaltens eine wichtige Rolle. Das Einüben der neu gelernten Verhaltensweisen geschieht im Rahmen von »Hausaufgaben«, die zwischen den einzelnen Sitzungsterminen erledigt werden sollen, und Rollenspielen während der Sitzungen. Beispielsweise üben die Kinder »langsames Essen und gutes Kauen« als »Fit-Trick«, der ihnen dabei hilft, ihre Sättigungsgrenzen wieder wahrzunehmen.

Selbstbeobachtungsprotokolle zum eigenen Essverhalten erlauben nicht nur eine Beschreibung des aktuellen Zustands, sondern auch der erzielten Veränderungen. Sie bilden die Grundlage des Gesprächs mit dem Trainer über die Umsetzung des Verhaltens und der dabei eventuell aufgetretenen Probleme. Darüber hinaus wird der sozial kompetente Umgang mit kritischen Alltagssituationen in Rollenspielen geübt (z. B. das Nein-Sagen zum Kuchen beim Kindergeburtstag oder bei Hänseleien der Einsatz einer Wunderformel). Gegen Ende des Trainings werden Techniken zur Rückfallprophylaxe (Umgang mit Misserfolgen; weitere Ziele etc.) besprochen, damit die erzielten Verhaltensänderungen das Training überdauern. Das konkrete Vorgehen erfolgt mit altersangemessenen Materialien; die Jugendlichen erhalten eine Trainingsmappe, damit sie immer wieder zu Hause ihr neu erworbenes Wissen »auffrischen können«. Um der individuellen Situation Rechnung zu tragen, sind alle Materialien so angelegt, dass jeder Jugendliche seine persönliche Strategien und Erfahrungen niederschreiben kann.

42.6 Studien zur Wirksamkeit

Aktuelle qualitative, aber auch quantitative Überblicksarbeiten unterstützen die Wirksamkeit der verhaltenstherapeutischen Behandlung der Adipositas im Kindes- und Jugendalter (Epstein et al., 1998; Glenny et al., 1997; Jelalian u. Saelens, 1999; ▶ Kap. 38). Die damit erzielten Gewichtsverluste im Vergleich zu einer unbehandelten Kontrollgruppe werden mit 5–20% (Reduktion im prozentualen Übergewicht) angegeben (Jelalian u. Saelens, 1999). Haddock et al. (1994) bezogen in ihre Meta-Analyse 41 kontrollierte Studien ein. Sie kamen zu dem Ergebnis, dass 71% der Kinder und Jugendlichen, die an einer der Studien in der Behandlungsgruppe teilnahmen, bessere Ergebnisse als die Kinder und Jugendlichen der unbehandelten Kontrollgruppe erzielten. Dabei erwiesen sich v. a. kombinierte verhaltenstherapeutische Programme (d. h. bestehend aus verhaltenstherapeutischen Techniken, Diät und Sportprogramm) als überlegen. Nach Interventionsende wurden bezogen auf das absolute Gewicht sowie das prozentuale Übergewicht positive Veränderungen mittlerer Stärke erzielt (Effektstärke: 0,76 für das Gewicht sowie 0,88 für den Gewichtsstatus). Generell waren Programme, die sich verhaltenstherapeutischer Techniken wie Selbstbeobachtung, Stimuluskontrolle, Umgang mit dem Essverhalten, Kontingenzmanagement und kognitive Methoden bedienten, anderen Programmen ohne diese Techniken deutlich überlegen. Leider lieferten die Studien den Autoren keine Hinweise dafür, welche der genannten Methoden besonders erfolgversprechend sind. In den letzten Jahren zeigte sich eine Steigerung des Ausmaßes der erzielten Gewichtsveränderungen, die möglicherweise auch darauf zurückzuführen ist, dass zunehmend komplexe, multimodale Verfahren Anwendung finden.

Wer profitiert von einer verhaltenstherapeutischen Behandlung? Es ergaben sich keine Unterschiede bezogen auf das Geschlecht oder das Alter der teilnehmenden Kinder. Die Teilnahme der Eltern ging nicht per se mit besseren Ergebnissen einher. Auch hier variieren die Studien wiederum sehr stark, so dass nur vorsichtige Schlussfolgerungen gezogen werden können. Die verhaltenstherapeutischen Programme setzen aber sehr stark auf die Stärkung der Selbstkontrolle des Kindes bzw. Jugendlichen, so dass v. a. die Unterstützungsfunktion der Eltern bei diesem Veränderungsprozess betont werden sollte.

Relativ vernachlässigt in der Forschung wurde der Bereich der psychosozialen Veränderungen (Steigerung der Lebensqualität; Verminderung von Angst und Depression; Verbesserung des Selbstwertgefühls) infolge einer verhaltenstherapeutischen Behandlung. Die hierzu vorliegenden Untersuchungen sind jedoch durchweg positiv (vgl. Fromme, 2002 für einen Überblick).

Die positive Bewertung des verhaltenstherapeutischen Herangehens spiegelt sich auch in der Verbreitung dieses Vorgehens wieder. In einer Befragung von ambulanten und stationären Einrichtungen wies diese Herangehensweise die größte Verbreitung auf (Reinehr u. Wabitsch, 2003).

Literatur

Brownell KD, Wadden TA (1992) Etiology and treatment of obesity: Understanding a serious, prevalent, and refractory disorder. J Consult Clin Psychol 60: 505–517

Epstein LH, Myers MD, Raynor HA, Saelens BE (1998) Treatment of pediatric obesity. Pediatrics 101 (Suppl): 554–570

Fromme C (2002) Adipositas im Kindes- und Jugendalter: kurz- und längerfristige Wirkungen der Behandlung im stationären Rahmen. Books on Demand, Norderstedt

Glenny AM, O'Meara S, Melville A, Sheldon TA, Wilson C (1997) The treatment and prevention of obesity: a systematic review of the literature. Int J Obes 21: 715–737

Grilo CM (1996) Treatment of obesity: An integrative model. In: Thompson JK (ed) Body image, eating disorders, and obesity. An integrativ guide/or assessment and treatment. American Psychological Association, Washington, pp 389–423

Haddock CK, Shadish WR, Klesges RC, Stein RJ (1994) Treatment for childhood and adolescent obesity – meta-analysis. Ann Behav Med 16: 235–244

Jelalian E, Saelens BE (1999) Empirically supported treatments in pediatric psychology: pediatric obesity. J Ped Psychol 24: 223–248

Reinehr T, Wabitsch M (2003) Strukturierte Erfassung der Therapieangebote für adipöse Kinder und Jugendliche. Projekt der Arbeitsgemeinschaft Adipositas im Kindes- und Jugendalter (AGA). Monatsschr Kinderheilkd DOI 10.1007/s00112-003-0732-z (online publiziert 29.04.03)

Warschburger P (2000) Chronisch kranke Kinder und Jugendliche – Psychosoziale Belastungen und Bewältigungsanforderungen. Hogrefe, Göttingen

Warschburger P, Petermann F, Fromme C, Wojtalla N (1999) Adipositastraining mit Kindern und Jugendlichen. Psychologie Verlags Union, Weinheim

Weiterführende Literatur

Fliegel S, Groeger WM, Künzel R, Schulte D, Sorgatz H (1998) Verhaltenstherapeutische Standardmethoden. Ein Übungsbuch. PVU, Weinheim
Kommentar: Sehr anschauliche Beschreibung der wichtigsten verhaltenstherapeutischen Methoden inklusive eines ausführlichen Übungsteils.

Warschburger P, Petermann F, Fromme L, Wojtalla N (1999) Adipositastraining mit Kindern und Jugendlichen. PVU, Weinheim
Kommentar: Komplexes Adipositas-Schulungsprogramm, in dem die einzelnen Schritte und Inhalte detailliert mit einer umfassenden Materialsammlung beschrieben werden.

Pharmakologische Therapie

M. Wabitsch, T. Reinehr, C. Denzer, W. Siegfried, W. Kiess

43.1   Grundsätzliche Überlegungen

Die grundsätzliche Überlegung, dass Adipositas in der gleichen Art und Weise wie jede andere chronische Erkrankung behandelt werden sollte und der längerfristige Einfluss von Medikamenten, die zu einer Verbesserung dieser Erkrankung beitragen dadurch gerechtfertigt ist, unterscheidet sich von den klassischen Therapieansätzen (▶ Kap. 38). In Anbetracht der schlechten Langzeitergebnisse verhaltenstherapeutischer, individueller Behandlungen bei Kindern und Jugendlichen mit Adipositas scheint der Gedanke an die Entwicklung von verträglichen und wirksamen Medikamenten, die zur Unterstützung der Körpergewichtsregulation eingesetzt werden, für durchaus vertretbar (▶ Kap. 36). Theoretisch kann die langfristige Anwendung von Medikamenten zur Gewichtsregulation auch als Hilfe für die Patienten gesehen werden, um die Verhaltensänderungen im Bereich der Ernährung und Bewegung und ein reduziertes Körpergewicht zu unterstützen und beizubehalten. Zunächst sollten Medikamente aber als Ausnahme bei Patienten mit substanziell erhöhtem Gesundheitsrisiko und bei denen eine Verhaltenstherapie alleine keinen ausreichenden Erfolg erbracht hat, eingesetzt werden.

43.2   Wirkmechanismus von gewichtsreduzierenden Medikamenten

Grundsätzlich gibt es 2 verschiedene Kategorien an Medikamenten:
1. Medikamente, die die Nahrungszufuhr hemmen durch eine Reduktion des Appetits oder eine Steigerung der Sättigung (Appetitzügler) und
2. Medikamente, die die Nährstoffabsorption hemmen.

Eine 3. Kategorie an Medikamenten, die den Energieverbrauch steigern, z.B. Ephedrin oder Thyroxin, sind z.Z. nicht anerkannt zur Behandlung der Adipositas.

43.2.1   Appetitzügler

Noradrenergwirksame Stoffe

Die meisten Appetitzügler wirken dadurch, dass sie die Verfügbarkeit von anorexigenen Neurotransmittern im zentralen Nervensystem erhöhen (v.a. Noradrenalin, Serotonin, Dopamin; ▶ Kap. 13). Zu den Medikamenten, die die Verfügbarkeit von Noradrenalin erhöhen gehören Phentermin, Diethylpropion, Phendimetrazin und Benzphetamin.

> **Praxistipp**
>
> Amphetamine werden aufgrund ihres hohen Missbrauchpotenzials nicht mehr empfohlen. Alle die oben genannten Medikamente sind für Erwachsene für die Anwendung für die Dauer von wenigen Wochen für die Behandlung der Adipositas durch die FDA in den USA zugelassen. Die Nebenwirkungen bestehen in Schlaflosigkeit, Mundtrockenheit, Obstipation, Euphorie und Bluthochdruck.

Serotonergwirksame Stoffe

Serotonergwirksame Stoffe wirken über eine Erhöhung der Freisetzung von Serotonin und einer Hemmung seiner Wiederaufnahme. Fenfluramin und Dexfenfluramin wurden aufgrund der Assoziation mit Herzklappenerkrankungen und pulmonaler Hypertension 1997 vom Markt genommen. Selektive Serotonin-Wiederaufnahmehemmer werden z.Z. im Rahmen verschiedener Erkrankungen erprobt (z.B. bei der Behandlung von Depressionen). Einige selektive Serotonin-Wiederaufnahmehemmer führten kurzzeitig zu einer Gewichtsreduktion (z.B. Fluoxetine oder Sertraline).

Noradrenerg- und serotonergwirksame Stoffe

Sibutramin, ein Hemmer der Noradrenalin- und Serotonin-Wiederaufnahme, der auch zu einer schwachen Hemmung der Dopamin-Aufnahme führt, ist zur Behandlung der Adipositas und zum Erhalt eines gewichtsreduzierten Zustands in Zusammenhang mit einer reduzierten Kalorienzufuhr zugelassen. Sibutramin wird in einer Dosis von 5–15 mg einmal täglich eingesetzt. Patienten, die an einer kalorienreduzierten Diät teilnehmen und gleichzeitig Sibutramin einnehmen, verlieren innerhalb von 6 Monaten normalerweise 5–8% ihres Körpergewichts im Vergleich zu 1–4% bei Patienten, die Placebo erhalten. Die gewichtsreduzierende Wirkung von Sibutramin kann über ein Jahr erhalten werden. Die Nebenwirkungen von Sibutramin bestehen in erhöhtem Blutdruck und erhöhter Herzfrequenz, Mundtrockenheit, Kopfschmerzen, Schlaflosigkeit und Verstopfung.

Sibutramin sollte aufgrund fehlender Daten zur Anwendungssicherheit bei Kindern und Jugendlichen nur auf experimenteller Basis innerhalb klinischer Studien eingesetzt werden.

43.2.2 Medikamente, die die Nährstoffabsorption hemmen

Das einzige bislang zugelassene Medikament zur Behandlung der Adipositas, das die Nährstoffabsorption im Darm hemmt, ist Orlistat. Es wirkt über eine Bindung von gastrointestinalen Lipasen innerhalb des Darms und dadurch über eine Hemmung der Hydrolyse von Nahrungsfetten (Triglyzeriden) in absorbierbare freie Fettsäuren und Monoazylglyzerol. Patienten, die 120 mg Orlistat zusammen mit oder eine Stunde nach einer Mahlzeit einnehmen, scheiden im Stuhl ca. 1/3 der mit der Nahrung aufgenommenen Fettmenge wieder aus und reduzieren dadurch die Kalorien bzw. Fettaufnahme. In einer randomisierten prospektiven placebokontrollierten Studie zeigte Orlistat eine moderate Wirksamkeit auf das Körpergewicht bei Erwachsenen. Die behandelten Individuen zeigten nach einjähriger Behandlung eine Gewichtsreduktion von 9% im Vergleich zu den mit Placebo Behandelten, die nur eine Gewichtsreduktion von 5,8% zeigten. Es konnte auch gezeigt werden, dass Orlistat die Gewichtszunahme während der weiteren Behandlung reduzieren konnte. In diesen Langzeitstudien führte Orlistat zu einer Verminderung des diastolischen Blutdrucks, der Nüchterninsulinspiegel, des Gesamtcholesterins und des LDL-Cholesterins. Die durch Orlistat induzierte Gewichtsreduktion bei Patienten mit Diabetes-mellitus-Typ-2 führte zu einer deutlichen Verbesserung des HbA1C-Werts und reduzierte den Bedarf an Sulfonylharnstoffen. Die Nebenwirkungen von Orlistat bestehen in einer Flatulenz, Stuhldrang, Stuhlinkontinenz, Steatorrhö und erhöhter Defäkationsfrequenz. Diese Nebenwirkungen führen in einem bedeutsamen Prozentsatz zum Abbruch der Therapie. Orlistat führt auch zu einer verminderten Absorption von fettlöslichen Vitaminen, vorwiegend Vitamin D. Diese Nebenwirkung kann durch eine tägliche Zufuhr eines Multivitaminpräparats 2 h vor oder nach Einnahme von Orlistat ausgeglichen werden.

Orlistat ist in den USA seit 2003 zur Behandlung von Jugendlichen ab 12 Jahren nach Abschluss einer einjährigen randomisierten placebokontrollierten Doppelblindstudie an 539 Jugendlichen im Alter von 12–16 Jahren mit einem BMI oberhalb der 99. Perzentile (noch unveröffentlicht) zugelassen; die Zulassung in Europa durch die EMEA bzw. in Deutschland wird Anfang 2005 erwartet. In einer weiteren Pilotstudie mit 11 präpubertären Kindern konnte die Sicherheit ebenfalls bestätigt werden (Norgren et al., 2003).

43.2.3 Ernährungszusätze und pflanzliche Präparate

Nahrungssupplemente und pflanzliche Präparate bedürfen derzeit noch keiner Zulassung und werden bezüglich ihrer Sicherheit und Wirksamkeit langfristig nicht durch eine offizielle Einrichtung des Gesundheitssystems begutachtet. In einer kürzlich veröffentlichten Übersicht wurden Informationen zu entsprechenden Substanzen zusammengefasst (Allison et al., 2001). Die Autoren kommen zu dem Schluss, dass keine ausreichenden Daten vorliegen, die eine Wirksamkeit oder die Sicherheit von einem dieser Stoffe als gewichtsreduzierende Substanz belegen können.

Praxistipp

Pflanzliche Substanzen, die Ephedra-Alkaloide und Koffein enthalten, sind die einzigen pflanzlichen Stoffe, für die randomisierte placebokontrollierte Studien über einen kurzen Zeitraum (6 Monate oder weniger) eine wirksame Gewichtsreduktion zeigen konnten.

Ephedrin ist ein Stoff mit thermogenetischen und appetithemmenden Eigenschaften. Ma Huang (Ephedra sinica) ist eine pflanzliche Quelle von Ephedra-Alkaloiden, die als Nahrungszusatzstoffe zur Gewichtsreduktion verkauft werden. Einzelne Fallberichte zeigten erhebliche kardiovaskuläre und zentralnervöse Nebenwirkungen, da die in den verkauften Stoffen enthaltende Menge an Wirksubstanz oft unvorhersehbar und nicht konstant ist.

43.2.4 Andere Medikamente mit gewichtsreduzierendem Potenzial

Ephedrine

Ephedrine führt zu einer Reduktion der Körperfettmasse durch eine Hemmung des Appetits und eine gleichzeitige Steigerung des Energieverbrauchs durch Fettoxidation. Adenosinantagonisten, wie z.B. Koffein potenzieren die Wirkung von Ephedrinen. Das Kombinationspräparat Ephedrine plus Koffein scheint keine ernsthaften Nebenwirkungen zu haben und ist bezüglich seiner gewichtsreduzierenden Wirkung effektiv. Ein solches Präparat wird z. Z. nur in Dänemark vermarktet. Eine erste placebokontrollierte prospektive Untersuchung bei übergewichtigen Jugendlichen zeigt ermutigende Ergebnisse (Molnar et al., 2000).

Im Rahmen von klinischen Studien werden eine Reihe von zentralwirksamen Medikamenten bezüglich ihres Einsatzes zur Gewichtsreduktion überprüft. Dazu gehören bestimmte **Antidepressiva** und **Topiramat**, ein Antiepileptikum mit gewichtsreduzierenden Eigenschaften. Zudem wurde **Octreotrid** (ein Somatostatinagonist) bei Kindern und Jugendlichen mit hypothalamisch bedingter Adipositas erfolgreich eingesetzt.

Leptin

Die Behandlung mit rekombinanten humanen Leptin führt in den seltenen Fällen von Patienten mit einem kongenitalen Leptin-Mangel zu einer dramatischen Gewichtsreduktion (▶ Kap. 13). Bei Erwachsenen, die über ausreichende Leptin-Spiegel verfügen, wurde eine dosisabhängige Reduktion des Körpergewichts bei der Anwendung von relativ hohen, subkutan injizierten Dosen beobachtet. Zur Zeit laufende Untersuchungen überprüfen, ob eine Leptin-Substitution während einer kalorienreduzierten Diät den langfristigen Therapieerfolg dieser Diät verbessern kann.

Metformin

Metformin, ein Medikament, das die hepatische Glukoseproduktion hemmt und die Insulinsensitivität verbessert, wird seit vielen Jahren zur Behandlung des Diabetes-mellitus-Typ-2 eingesetzt (▶ Kap. 19). Langzeitbeobachtungen zeigen einen geringen gewichtsreduzierenden Effekt bei Erwachsenen. Metformin wird z. Z. ebenfalls in kontrollierten Studien bezüglich seines Einsatzes zur Gewichtsreduktion bei Kindern und Jugendlichen erprobt. Die Nebenwirkungen bestehen in Erbrechen, Flatulenz, Durchfall zu Beginn der Behandlung. Eine sehr ernsthafte aber seltene Nebenwirkung ist die Laktatazidose, die in ca. 3 von 100 000 Patientenjahren auftritt, v.a. bei Patienten mit Niereninsuffizienz, Herz-, Lungen-, Lebererkrankungen und unter einer hypokalorischen Kost.

In einer kleinen Studiengruppe übergewichtiger Jugendlicher mit Hyperinsulinämie und familiärer Diabetes-Belastung bewirkte Metformin eine deutliche Gewichtsabnahme sowie eine Verringerung von Nüchterninsulin- und Glukosewerten gegenüber der Placebo-Gruppe (Freemark u. Bursey, 2001).

Wachstumshormon

Die Behandlung mit rekombinanten humanen Wachstumshormon von Kindern mit Wachstumshormon-Mangel führt zu einer Reduktion der Fettmasse und einer Zunahme der Mager- und Muskelmasse. Diese Änderungen der Körperzusammensetzung sind auch bei Patienten mit Turner-Syndrom und Prader-Willi-Syndrom (▶ Kap. 4), die mit Wachstumshormon behandelt werden, erkennbar. Erwachsene und Kinder mit extremer Adipositas haben biologisch einen Wachstumshormon-Mangel. Eine Behandlung mit Wachstumshormon führt sowohl bei Erwachsenen als auch bei Kindern zu einer Reduktion der Fettmasse und einer Gewichtsreduktion (Kamel et al., 2000). Zudem zeigen die Patienten eine Verbesserung des kardiovaskulären Risikoprofils. Eine Behandlung von Kindern und Jugendlichen mit Adipositas mit Wachstumshormon ist aus Kostengründen aber derzeit nicht zu realisieren.

Beratungstipps

Medikamente sollten zur Behandlung der Adipositas im Kindes- und Jugendalter momentan nicht eingesetzt werden, da hierfür keine Zulassung vorliegt und keine ausreichenden Daten zu ihrer Sicherheit und Wirksamkeit vorliegen. Eine Anwendung von Orlistat im Rahmen einer intensiven verhaltenstherapeutischen Behandlung einer Adipositas mit hoher Komorbi-
▼

dität ist denkbar, wenn die bestehende Komorbidität eine Gewichtsreduktion dringend erforderlich macht und die verhaltenstherapeutischen Maßnahmen keine ausreichende Wirkung zeigen und regelmäßige Kontrollen bezüglich des Auftretens von Nebenwirkungen durchgeführt werden.

Bislang gibt es keine Langzeituntersuchungen im Rahmen von randomisierten, placebokontrollierten Studien zum Einsatz von Medikamenten von Kindern und Jugendlichen mit Adipositas. Zur Zeit werden Untersuchungen zum Einsatz von Orlistat, Sibutramin, Ephedrin-Koffein und Metformin durchgeführt.

43.3 Ausblick

Die aktuellen bahnbrechenden Erkenntnisse im Verständnis der molekularen Mechanismen der Gewichtsregulation haben potenzielle Möglichkeiten für die therapeutische Intervention erkennen lassen (▶ Kap. 13 und 36).

Durch eine Kombination mit verschiedenen Medikamenten mit unterschiedlichen Zielfunktionen ist es u. U. möglich, die komplexe Regulation des Körpergewichts so zu beeinflussen, dass Gegenregulationsmechanismen des Körpers nicht ausreichen, um der Wirkung der Medikamente

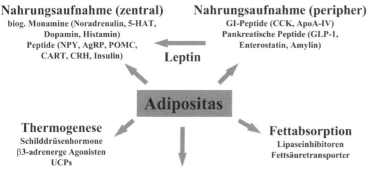

Nahrungsaufnahme (zentral)
biog. Monamine (Noradrenalin, 5-HAT, Dopamin, Histamin)
Peptide (NPY, AgRP, POMC, CART, CRH, Insulin)

Nahrungsaufnahme (peripher)
GI-Peptide (CCK, ApoA-IV)
Pankreatische Peptide (GLP-1, Enterostatin, Amylin)

Leptin

Adipositas

Thermogenese
Schilddrüsenhormone
β3-adrenerge Agonisten
UCPs

Fettabsorption
Lipaseinhibitoren
Fettsäuretransporter

Fettstoffwechsel und Fettspeicherung
DGAT
Adipozyten-Differenzierung
Apoptose von Adipozyten

◘ **Abb. 43.1.** Potenzielle Strategien und spezifische Ziele und Zielmoleküle für die Entwicklung von Adipositas-Medikamenten. (Mod. nach Bray u. Tartaglia, 2000)

entgegenzuwirken (▶ Kap. 12). Die Behandlung mit Medikamenten, die unterschiedliche Zielorgane im Rahmen der Beeinflussung der Gewichtsregulation haben, könnte u. U. auch die Effizienz erhöhen und die Nebenwirkungen vermindern, so wie dies in der Behandlung von anderen chronischen Erkrankungen (z. B. Therapie der systolischen Hypotonie) ebenfalls beobachtet wird.

Die Pharmaindustrie arbeitet intensiv an der Entwicklung neuer Adipositas-Medikamente. Potenzielle Strategien und spezifische Ziele für die Entwicklung von Adipositas-Medikamenten, die aus der mechanistischen Sichtweise der Entstehung der Adipositas entwickelt wurden, sind in ❍ Abb. 43.1 dargestellt. Dabei sind jeweils kritische Faktoren, die bei der Regulation der Energiehomöostase des Körpers beteiligt sind, aufgeführt, die ihrerseits Zielmoleküle für die Wirkung von neuen Medikamenten darstellen könnten.

Literatur

Allison DB, Fontaine KR, Heshka S et al. (2001) Alternative treatments for weight loss: a critical review. Crit Rev Food Sci Nutr 41: 1–28

Bray GA, Tartaglia LA (2000) Medical strategies in the treatment of obesity. Nature 404: 672–677

Freemark M, Bursey D (2001) The effects of metformin on body mass index and glucose tolerance in obese adolescents with fasting hyperinsulinemia and a family history of type 2 diabetes. Pediatrics 107: E55

Kamel A, Norgren S, Elimam A, Danielsson P, Marcus C (2000) Effects of growth hormone treatment in obese prepubertal boys. J Clin Endocrinol Metab 85: 1412–1419

Norgren S, Danielsson P, Jurold R, Lötborn M, Marcus C (2003) Orlistat treatment in obese prepubertal children: a pilot study. Acta Pædiatr 92: 666–670

Molnar D, Torok K, Erhardt E, Jeges S (2000) Safety and efficacy of treatment with an ephedrine/caffeine mixture: the first double-blind placebo controlled pilot study in adolescents. Int J Obes Relat Disord 24: 1573–1578

Weiterführende Literatur

Molnar D, Malecka-Tendera E (2003) Drug therapy. In: Burniat W, Cole T, Lissau I, Poskitt E (eds) Child and adolescent obesity. Cambridge University Press, pp 345–354

Yanovski SZ, Yanovski JA (2002) Obesity. N Engl J Med 346: 591–602

Kommentar: Zwei aktuelle Übersichtsarbeiten zur Möglichkeit des Einsatzes von Medikamenten bei der Behandlung der Adipositas im Kindes- und Jugendalter.

Chirurgische Maßnahmen

M. Wabitsch, C. Denzer, W. Siegfried, T. Reinehr, A. Wolf

44.1 Wirkprinzip von chirurgischen Therapiemaßnahmen (Adipositas-Chirurgie)

Die Effizienz einer chirurgischen Behandlung der Adipositas wurde bereits vor mehr als 40 Jahren erkannt, nachdem beobachtet wurde, dass bei Patienten, denen Anteile des Magens bzw. der ganze Magen oder Teile des Dünndarms im Rahmen von Operationen bei Ulkus- oder Krebsbehandlungen entfernt wurden, anschließend an Gewicht verloren.

Den heute angewendeten chirurgischen Maßnahmen zur Behandlung der massiven Adipositas im Rahmen der bariatrischen Chirurgie liegen unterschiedliche Wirkmechanismen zugrunde:
1. Die Reduktion der Nahrungsmenge wird durch restriktive Operationen, die den aufnehmenden Magenanteil verkleinern (Magenband, Gastroplastik) eingeschränkt.
2. Die Passagezeit der Nahrung im Dünndarm wird mithilfe einer Bypass-Operation reduziert, sodass die Nahrung nur über einen festgelegten Dünndarmanteil aufgenommen werden kann (malabsorptive Verfahren, z. B. Biliopancreatic Diversion mit oder ohne Switch).
3. Bei den so genannten Kombinationsverfahren wird einerseits die Nahrungsmenge reduziert und andererseits werden der Zwölffingerdarm und ein geringer Teil des oberen Dünndarms ausgeschaltet (Magenbypass).

Neben der Hemmung der Resorption von Energieträgern oder der Reduktion der möglichen Nahrungszufuhr bei restriktiven Verfahren konnten auch Hinweise dafür gefunden werden, dass Faktoren des neuroendokrinen Systems der Körpergewichtsregulation (▸ Kap. 12, ▸ Kap. 13) durch diese operativen Maßnahmen beeinflusst werden. Die Peptid-YY-Konzentrationen, die bei massiv übergewichtigen Patienten im Vergleich zu normalgewichtigen Patienten erniedrigt sind, stiegen nach der Durchführung einer vertikalen Gastroplastik über mehrere Monate auf Normalwerte an (Alvarez et al., 2002). Darüber hinaus konnte gezeigt werden, dass Patienten nach Anlage eines jejuno-ilealen Bypasses, eine Methode, die mittlerweile als obsolet beurteilt wird, eine

erhöhte Dichte von Cholezystokinin und Somatostatin produzierenden Zellen in der duodenalen Mukosa zeigten. Zudem hatten nicht operierte adipöse Patienten eine niedrigere Dichte von Zellen, die PYY und Sekretin produzierten im Vergleich zu Patienten, die operiert worden sind (Okander et al., 2003).

Nach der Anlage eines Magenbypasses wird kurzfristig ein deutlicher Rückgang der Ghrelinserumkonzentrationen beobachtet (Cummings et al., 2002), die allerdings 2 Monate nach der Operation wieder normalisiert waren (Adami et al., 2003).

In der Swedish-Obese-Subjects-(SOS)-Studie wurden über 2000 Patienten einer operativen Therapie bei Adipositas zugeführt (Magenbandanlage, Gastroplastik, Magenbypass) und bei einer gematchten Kontrollgruppe von ebenfalls über 2000 Patienten eine konventionelle Therapieform durchgeführt. Während in der Kontrollgruppe nach 10 Jahren die Patienten im Durchschnitt leicht an Gewicht zugenommen hatten, konnte in der operierten Patientengruppe eine deutliche Gewichtsreduktion erreicht werden. Im Vergleich zur Kontrollgruppe konnte eine klare Absenkung der Inzidenz von kardiovaskulären Risikofaktoren (u. a. Hypertriglyzeridämie und Diabetes sowie zeitweise auch Hypertonie) und eine Verbesserung der kardialen Funktionsparameter sowie der Lebensqualität erreicht werden (Torgersen, 2002).

44.2 Nebenwirkungen und Komplikationen von chirurgischen Maßnahmen bei Adipositas

Die wichtigsten perioperativen Komplikationen von chirurgischen Eingriffen bei Adipositas sind hauptsächlich
- kardiorespiratorische Probleme,
- tiefe Beinvenenthrombose mit ggf. nachfolgender Lungenembolie,
- Anastomoseninsuffizienzen und
- Wundheilungsstörungen.

Die längerfristigen Komplikationen können zum einen anatomischer Art sein in Form von Hernien, intestinalen Obstruktionen, Staseösophagitis bei rein restriktiven Verfahren, zum anderen können Zeichen der Mangelernährung in Form von Anämie, Proteinmalnutrition, Elektrolytverschiebungen und Vitaminmangel in Erscheinung treten.

44.3 Operationsverfahren, Therapieerfolg und Nebenwirkungen beim Einsatz von bariatrisch-chirurgischen Maßnahmen bei Jugendlichen

Berichte in der Literatur über den erfolgreichen Einsatz chirurgischer Maßnahmen zur Behandlung extremen Übergewichts bei Jugendlichen gehen bis in die 70er und 80er Jahre zurück. Publiziert wurde bisher das Outcome von mehr als 150 extrem adipösen Patienten unter 21 Jahren. Es wurden bei weiblichen Patienten mehr chirurgische Eingriffe durchgeführt als bei männlichen. Die bei Kindern und Jugendlichen eingesetzten Verfahren entsprechen denen, die auch im Erwachsenenalter Verwendung finden. Sowohl restriktive als auch malabsorptive Verfahren führen zu deutlichen, z. T. dramatischen Reduktionen des Übergewichts entsprechen den in Kollektiven Erwachsener erzielten Ergebnissen. Neuere Untersuchungen an extrem adipösen Jugendlichen, die in erfahrenen Zentren operiert wurden, zeigten deutlich geringere Komplikationsraten als dies früher berichtet wurde (Dolan, et al., 2003; Capella u. Capella, 2003).

Einen Überblick über die publizierten Studien, deren Ergebnisse und Komplikationen gibt die Zusammenfassung in der ◘ Tabelle 44.1.

44.4 Plastisch-chirurgische Maßnahmen

Plastische Operationen, wie z. B. Dermolipektomie oder Liposuktion, dienen nicht der Therapie des Übergewichts. Die Notwendigkeit einer Dermolipektomie besteht bei Erwachsenen häufig nach massiver Gewichtsreduktion (Abdomino-plastik, Mammareduktionsplastik, Oberschenkel- und Oberarmstraffung), für jugendliche Patienten liegen hierüber keine Informationen vor.

44.5 Mögliche Indikationen von adipositaschirurgischen Maßnahmen bei Kindern und Jugendlichen

Bei dem Vorliegen einer extremen Adipositas mit hoher Komorbidität bzw. erkennbarem deutlich erhöhten Risiko für eine spätere Morbidität oder frühzeitige Mortalität kann die Indikation überprüft werden, wenn sämtliche konventionelle Therapiemaßnahmen kein Ansprechen zeigten und eine zwingende Indikation zur Gewichtsabnahme besteht. Zu den Komorbiditäten und den Risiken gehören auch psychosoziale Veränderungen, die kausal mit der extremen Adipositas zusammenhängen. Es muss plausibel aufgezeigt werden, dass durch die chirurgische Maßnahme mit einer hohen Wahrscheinlichkeit eine Besserung der vorhandenen Komorbiditäten und eine deutliche Reduktion des Gesundheitsrisikos der Adipositas erwartet werden kann. Es muss ein über den Eingriff hinaus langfristiges Konzept für die Betreuung des Patienten vorliegen. Darüber hinaus sei auf die Leitlinien der Deutschen Adipositasgesellschaft verwiesen, in denen weitere Angaben zur Indikationsstellung gegeben sind (www.leitlinien.de oder www.adipositas-gesellschaft.de). Vor der Entscheidung zu einer solchen Therapie müssen die individuellen Risiken und der mögliche Nutzen dieser Maßnahme detailliert gegeneinander abgewogen werden. Ein gemeinsamer Entscheidungsprozess unter Einbeziehung des behandelnden Kinder- und Jugendarztes, des Chirurgen, des betreuenden Verhaltenstherapeuten, des Patienten und seiner Eltern ist unerlässlich.

Chirurgische Maßnahmen zur Gewichtsreduktion bzw. -kontrolle sollten nur an ausgewiesenen Zentren für Adipositas-Chirurgie mit entsprechenden Erfahrungen bei Jugendlichen durchgeführt werden. Dort müssen die Voraussetzungen für den Erfolg der Therapie erneut überprüft werden.

Tabelle 44.1. Studien zur Adipositas-Chirurgie bei massiv übergewichtigen Kindern und Jugendlichen

Autor	n	Alter	Komorbidität	OP-Methode	Nachbetreuung	BMI/kgKG Präop.	BMI/kgKG Postop.	Versager	Revisions-OP	Mortalität	Frühkompl.	Spätkompl.
Rein restriktive Verfahren												
Mason et al. (1995)	47	<21	–	VBG	5 Jahre	48,1 kg/m²	36,2 kg/m²	1	3	0	0	0
Greenstein et al. (1995)	14	13–21	3	VBG	3–113 Monate	m: 59/ f: 45	55% ÜGV	–	–	–	–	–
Abu Abeid et al. (2003)	11	11–17	11	GB	23 Monate	46,4 kg/m²	32,1 kg/m²	–	–	–	0	0
Dolan et al. (2003)	17	12–19	–	GB	12–46 Monate	44,7 kg/m²	30,2 kg/m²	1	2	0	0	2
Magenbypass												
Strauss et al. (2001)	10	<17	7	GBP	1 Jahr für 9 von 10 Patienten	ca. 148 kg	ca. 30 kg ÜGV	1	4	0	8 (Eisen-, Folsäure-Mangel)	4
Capella u. Capella (2003)	19	13–17	18	RYGBP	5,5 Jahre	49 kg/m²	28 kg/m²	1	2	0	0	0
Stanford et al. (2003)	7	<20	–	RYGBP	17 Monate	???	37% ÜGV	–	0	0	0	0
Studien mit unterschiedlichen adipositaschirurgischen Verfahren												
Soper et al. (1975)[a]	25	<20	–	GBP/VBG	5 Jahre	???	???	–	4	0	–	–
Breaux (1995)	22	8–18	11	VBG/ RYGBP/ BPD	50 Monate	67,8/ 56,4	46,5/ 35,5	–	1	0	0	11
Sugerman et al. (2003)	33	12–18	33	VBG/ RYGBP/ distalGBP/ longlimbGBP	23 Monate	52 kg/m²	32,1 kg/m²	5 (VBG)	6	–	0	9

Tabelle 44.1 (Fortsetzung)

Autor	n	Alter	Komorbidität	OP-Methode	Nachbetreuung	BMI/kgKG Präop.	BMI/kgKG Postop.	Versager	Revisions-OP	Mortalität	Früh-kompl.	Spät-kompl.
Studien bei Kindern mit Prader-Willi-Syndrom												
Antal u. Levin (1996)	2	13,22	2	BPD	2 Jahre	48/61 kg/m²	80%/34% ÜGV	0	0	0	0	0
Grugni et al. (2000)	1	24	1	BPD	3 Jahre	50 kg/m²	47 kg/m²	1	0	0	0	1
Marnari et al. (2001)	15	12–31	15	BPD	4–13 Jahre	36–72 kg/m²	3 J.:56% ÜGV 5 J.:46% ÜGV 10 J.: 40% ÜGV	1	1	0	0	4
Braghetto et al. (2003)	1	15	1	RYGBP	1 Jahr	57,5 kg/m²	30 kg/m²	0	0	0	0	0

GB Gastric banding, **GBP** gastric bypass, **RYGBP** Roux-en-Y gastric bypass, **ÜGV** Übergewichtsverlust, **VBG** vertical banded gastroplasty.
[a] Im Patientenkollektiv befanden sich 7 Kinder mit Prader-Willi-Syndrom.

Adipositaschirurgische Methoden sind zwar im Langzeitverlauf die effektivsten Verfahren zur Gewichtsreduktion und -kontrolle, können jedoch eine Vielzahl von schwer wiegenden Nebenwirkungen haben. Von Seiten der Jugendlichen ist postoperativ eine hohe Motivation bezüglich der Mitarbeit zu fordern.

Eine adipositaschirurgische Intervention bei übergewichtigen Jugendlichen wird heute nur als letzte therapeutische Möglichkeit bei solchen Patienten gesehen, die auf sämtliche konventionellen Therapiemaßnahmen kein Therapieansprechen zeigten und bei denen eine zwingende Indikation zur Gewichtsabnahme besteht (Yanovski, 2001).

Literatur

Abu Abeid S, Gavert N, Klausener JM, Szold A (2003) Bariatric surgery in adolescence. J Pediatr Surg 38: 1379–1382

Adami GF, Cordera R, Marinari G et al. (2003) Plasma ghrelin concentration in the short-term following biliopancreatic diversion. Obes Surg 13: 889–892

Alvarez Bartolome M, Borque M, Martinez-Sarmiento J et al. (2002) Peptide YY secretion in morbidly obese patients before and after veritcal banded gastroplasty. Obes Surg 12: 324–327

Antal SC, Levin H (1996) Biliopancreatic diversion in Prader-Willi-Syndrome associated with obesity. Obes Surg 6: 58–62

Braghetto I, Rodriguez A, Debandi A, Brunet L et al. (2003) Prader-Willi-Syndrome (PWS) associated to morbid obesity: surgical treatment. Rev Med Chil 131: 427–431

Breaux CW (1995) Obesity surgery in children. Obes Surg 5: 279–284

Capella JF, Capella RF (2003) Bariatric surgery in adolescents. Is this the best age to operate? Obes Surg 13: 826–832

Cummings DE, Weigle DS, Frayo RS, Breen PA, Ma MK, Dellinger EP, Purnell JQ (2002) Plasma ghrelin levels after diet-induced weight loss or gastric bypass surgery. N Engl J Med 346(21): 1623–1630

Dolan K, Creighton L, Hopkins G, Fielding G (2003) Laparoscopic gastric banding in morbdily obese adolescents. Obes Surg 13: 101–104

Greenstein RJ, Rabner JG (1995) Is adolescent gastric-restrictive antiobesity surgery warranted? Obes Surg 5: 138–144

Grugni G, Guzzaloni G, Morabito F (2000) Failure of biliopancreatic diversion in Prader-Willi-Syndrome. Obes Surg 10: 179–181

Marnari GM, Camerini G, Novelli GB, Papadia F, Murelli F, Marini P, Adami GF, Scopinaro N (2001) Outcome of biliopancreatic diversion in subjects with Prader-Willi-Syndrome. Obes Surg 11: 491–495

Mason EE, Scott DH, Doherty C et al. (1995) Vertical banded gastroplasty in the severely obese under age twenty-one. Obes Surg 5: 23–33

Ockander L, Hedenbro JL, Rehfeld JF, Sjolund K (2003) Jejuno-ileal bypass changes the duodenal cholecystokinin and somatostatin cell density. Obes Surg 13: 584–590

Soper RT, Mason EE, Printen KJ, Zellweger H (1975) Gastric bypass for morbid obesity in children and adolescents. J Pediatr Surg 10: 51–58

Stanford A, Glascock JM, Eid GM, Kane T, Ford HR, Ikramuddin S, Schauer P (2003) Laparoscopic Roux-en-Y gastric bypass in morbidly obese adolescents. J Pediatr 38: 430–433

Strauss RS, Bradley LJ, Brolin RE (2001) Gastric bypass surgery in adolescents with morbid obesity. J Pediatr 138: 499–504

Sugerman HJ, Sugerman EL, DeMaria EJ, Kellum JM, Kennedy C, Mowery Y, Wolfe LG (2003) Bariatric surgery for severely obese adolescents. J Gastrointest Surg 7: 102–107

Torgerson JS (2002) The »Swedish Obese Subjects« (SOS) Study. What does weight loss really accomplish? MMW Fortschr Med 144: 24–26

Yanovski JA (2001) Intensive therapies for pediatric obesity. Pediatr Clin North Am 48: 1041–1053

Bedeutung der Adipositas-Schulung

K. Stübing, A. van Egmond-Fröhlich

45.1 Einführung und Definition

Wie in den vorangegangenen Kapiteln dargelegt, stellt die Adipositas eine chronische, in der Regel lebenslange Störung dar, für die eine kausale Behandlung z. Z. nicht möglich ist (▶ Kap. 36). Medikamentöse und chirurgische Mittel kommen im Kindesalter nicht in Betracht, und kurzfristig angelegte hypoenergetische Diättherapien und/oder Sporttherapie-Programme erzielen nur transiente Effekte. Das Ess-, Ernährungs- und Bewegungsverhalten der Adipösen ist über viele Jahre gewachsen, eingeübt und verstärkt, vielleicht als Familientradition vermittelt und verteidigt, von unseren gesellschaftlichen Rahmenbedingungen bestimmt und nicht zuletzt genetisch verankert (▶ Kap. 3 und 8). Um den genetisch determinierten, neuroendokrinologischen Fehlregulationen des Verhaltens und der gefährdenden Umwelt entgegen zu wirken, müssen sich relevante Verhaltensweisen und familiäre Rahmenbedingungen dauerhaft und über den Durchschnitt hinausgehend verbessern. Diese Leistung gelingt insbesondere den Ressourcenschwächeren (Einkommen und Bildung, Wohnbedingungen, Problemlösefähigkeiten, Selbsteffizienz, Erziehungskompetenz der Eltern) mit einfachen Hilfsmitteln nicht in genügendem Maße, weshalb sie unter den hilfesuchenden Adipösen überrepräsentiert sind. Das Ziel der Patienten- und Eltern-Schulung ist demnach kein geringes: nämlich ausgehend von oft unterdurchschnittlichen Ressourcen den biopsychosozialen Beharrungskräften einen geeigneten Lebensstil abzuringen und entgegen zu setzen. Hierfür genügt eine Wissensvermittlung selbstverständlich nicht. Vielmehr müssen in einem interdisziplinären Schulungsprogramm auch Methoden aus der Psychotherapie (kognitive Verhaltenstherapie, Verhaltenstherapie, systemische Familientherapie; ▶ Kap. 42) eingesetzt und dabei die individuellen und familiären Ressourcen entwickelt und genutzt werden, um Selbstständigkeit für die lebenslange Selbstbehandlung zu erzielen (Salutogenese).

45.2 Vorteile eines Gruppenschulungsprogramms

Für die Bewältigung der Adipositas-Epidemie im Kindes- und Jugendalter könnte die strukturierte Gruppenschulung eine effektive und effiziente therapeutische Option innerhalb eines graduierten Therapiesystems darstellen:

- Aus Patientensicht bestehen Chancen nachhaltiger Verhaltensänderungen durch Lernen, Erfahren und Einüben. Die Nachteile des mangelnden individuellen Zuschnitts werden aufgewogen durch: Modelllernen, soziale Unterstützung, gegenseitige Motivation, soziale Interaktion. Gruppen- und individuelle Schulung sind somit in der Effektivität pro Zeiteinheit gleichwertig (Robinson, 1999).
- Aus Sicht der Kostenträger ist eine Schulung mit 6–12 Patienten bzw. Eltern kosteneffizienter und liefert sowohl Prozess- als auch statistisch evaluierbare Ergebnisqualität.
- Aus Sicht des niedergelassenen Arztes bietet ein Programm konzeptionelle Transparenz und ermöglicht auch individuelle Schwerpunktsetzungen.
- Aus Sicht des Schulungsteams bieten sich ein vereinfachter Einstieg in die Schulung, effizienter Einsatz personeller Ressourcen, günstigere Voraussetzungen für eine Kostenübernahme, interdisziplinärer Austausch und evidenzbasierte Weiterentwicklung durch standardisierte Evaluation.
- Aus der Sicht der Gesellschaft sind strukturierte Gruppenschulungen im Kindes- und Jugendalter eine Chance, durch Behandlung (nicht Prävention) einen signifikanten Einfluss auf das Gesamtproblem der Adipositas und der Adipositas-abhängigen Krankheiten im Erwachsenenalter auszuüben.

45.3 Indikationsstellung

In einem Auswahlverfahren soll entschieden werden, für welche Kinder aufgrund ihres Schweregrads (▶ Kap. 37 und Kap. 38), ihrer familiären und sozialen Situation eine Schulung zweckmäßig ist oder ob auch andere lokale Maßnahmen voraussichtlich zum Erfolg führen könnten.

Für die Gruppenschulung wird operational die Behandlungsbedürftigkeit entsprechend der Leitlinie der AGA (www.a-g-a.de) zugrunde gelegt. Die Schulung setzt eine ausreichende Motivation voraus. Eine Differenzierung der zugewiesenen Patienten nach Alter bzw. Entwicklungsstand und möglichst auch nach den Problemschwerpunkten sollte vorgenommen werden, um optimale Langzeit-Ergebnisse zu erreichen.

45.4 Wie kann ein Gruppenschulungsprogramm in ein Behandlungskonzept integriert werden?

Die Grundbetreuung wird, unterstützt durch Leitlinien, vom Kinderarzt/Hausarzt und in anspruchsvolleren Fällen einer Spezialambulanz oder pädiatrischen Schwerpunktpraxis geleistet. Schriftliche Informationsmaterialien (aid, BZgA, Selbsthilfebücher) verschiedener Anforderungsprofile, ggf. auch Heimprogramme wie »Power Kids« oder Internetkurse, stehen zu Verfügung. Weitere lokale Ressourcen wie Ernährungsberatung und Bewegungsförderung können unter der Koordination des niedergelassenen Arztes genutzt werden.

Sollte sich aus der psychologischen Eingangsdiagnostik eine entsprechende Indikation ergeben (▶ Kap. 31), so ist eine Psychotherapie des Kindes (Essstörung, Missbrauch) oder auch eine systemische Familientherapie durchzuführen.

Bei entsprechender Indikation erfolgt die Auswahl eines geeigneten Schulungsangebots unter Einbeziehung der Patienten und Eltern. Eine wohnortnahe Schulung hat den Vorteil einer stärkeren Einbindung der Eltern. Ambulante Schulungskonzepte bieten die Möglichkeit zur Erprobung und Einübung unter den realen Lebensbedingungen. Die stationäre Schulung ist flächendeckend verfügbar und kann neues Verhalten in einem förderlichen und supervidierten Rahmen entwickeln und intensiv einüben. Die Vorbereitung umfasst die Information und Motivation der Patienten und Eltern sowie die Weiterleitung von medizinischer und psychosozialer Information an das Schulungsteam.

Die ätiologischen Faktoren der Adipositas sind vielfältig, weshalb jedes Individuum eigener Schwerpunkte bedarf. Während der ambulanten Schulung und nach Ende einer Schulung sollte daher eine fortlaufende individuelle Betreuung erfolgen. Eine enge Abstimmung mit dem Schulungsteam stellt eine sinnvolle therapeutische Ergänzung und hohe Effizienz sicher (Bauer u. Maffeis, 2002).

Nachschulungen werden in den meisten Fällen nötig sein, um einer Erosion der Verhaltensänderung entgegen zu wirken. Bei entsprechender Kompetenz und günstigem Verlauf können diese vom Kinderarzt/Hausarzt durchgeführt werden, ansonsten in Nachschulungsprogrammen von den interdisziplinären Adipositas-Schulungsteams.

In extremen Fällen ist auch eine Langzeitbetreuung durch (spezialisierte) Internate oder Langzeit-Rehabilitationseinrichtungen möglich.

45.5 Ziele der Schulung

Die langfristigen Ziele der Adipositas-Schulung entsprechen den Behandlungszielen (▶ Kap. 37):
- Reduktion von Übergewicht und Folgeerkrankungen,
- ungestörte Entwicklung,
- Vermeidung von Nebenwirkungen.

Sie werden durch die Hauptziele der Adipositas-Schulung erreicht:
- günstiges Ess-, Ernährungs- und Bewegungsverhalten durch Lebensstilveränderung.

Voraussetzungen sind die Verbesserung der Fähigkeiten zur Selbstwahrnehmung, Selbststeuerung und Problemlösung sowie der Konflikt- und Stressbewältigung.

45.6 Inhalte des KgAS-Schulungsprogramms

Das Schulungsprogramm der »Konsensusgruppe Adipositas-Schulung« (KgAS) wird im Folgenden kurz vorgestellt und auf die einzelnen Schulungsbereiche eingegangen.

45.6.1 Allgemeine Grundlagen/Schulungsbereich »Medizin«

Ungeeignete Ursachenmodelle und Behandlungskonzepte der Adipositas bei Kindern und Jugendlichen sollen durch geeignete ersetzt werden. Einerseits werden Schuldgefühle abgebaut und andererseits die eigenen Möglichkeiten zur Beeinflussung erfahrbar gemacht. Die Gründe für frühere Misserfolge werden erklärt wie auch die Notwendigkeit multimodaler und persistenter Verhaltensänderung für langfristige Erfolge. Zur Motivationsförderung werden auch die spürbaren Nachteile und Folgen der Adipositas herausgearbeitet. Mit dem verbesserten Verständnis der Zusammenhänge wird die Grundlage für eine realistische Zielsetzung gelegt.

45.6.2 Schulungsbereich »Ernährung«

Gemäß den Leitlinien der AGA wird eine Nahrungsauswahl entsprechend der optimierten Mischkost sowie ein verbessertes Essverhalten angestrebt (▶ Kap. 41). Die Ernährungsschulung erfolgt lebensmittelorientiert und verwendet als didaktisches Modell die Lebensmittelpyramide für Kinder (aid-infodienst, Friedrich-Ebert-Straße 3, 53177 Bonn). Mittels eines Selbstbeobachtungs-, Selbstbewertungs- und Verstärkersystems wird eine flexible Kontrolle des Essverhaltens eingeübt (▶ Kap. 42). Praktische Übungen bilden den Schwerpunkt der Schulung. Hauptthemen sind:

- Ernährungslehre,
- Einkaufstraining,
- Kochen- und Mahlzeitenzubereitung sowie

- Essverhaltenstraining inklusive supervidierter Mahlzeiten.

45.6.3 Schulungsbereich »Körperliche Aktivität und Sport«

Körperliche und sportliche Aktivität gelten als ein Hauptfaktor für langfristige Erfolge (Sothern, 2001). Das Schulungsprogramm hilft dabei, attraktive Angebote frei auszuwählen (Epstein et al., 1998). Die Reduktion des von den Adipösen hoch bewerteten »sedentary behaviour« (z. B. Fernsehen) wird verstärkt. Spaß, Wohlbefinden und kleine Erfolgserlebnisse führen zu einer höheren subjektiven Bewertung und Dauerhaftigkeit des aktiven Lebensstils. Je jünger die Kinder sind, desto bedeutsamer ist auch hier die Einbeziehung der Familie. Zur Behebung von Sportleistungsdefiziten und um den Anschluss zum Schul- und Vereinssport zu erleichtern, eignen sich spezielle Sport- und Bewegungsprogramme (KgAS/aid-Manual, im Druck). Voraussetzungen für eine risikoarme sportliche Betätigung werden geschaffen. Das Training der motorischen Hauptbeanspruchungsformen erleichtert das Erlernen spezifischer Sportarten.

45.6.4 Schulungsbereich »Psychosoziales«

Mit dem Ziel einer flexiblen Kontrolle des Ess-, Ernährungs- und Bewegungsverhaltens (Westenhöfer et al., 1999) werden Selbstbeobachtung, Selbstbewertung und Selbstverstärkung mithilfe von Protokollsystemen eingeübt.

Schulungsziele im Bereich »Psychosoziales« sind auch

- die Schaffung eines adäquaten Problembewusstseins und Motivationssteigerung,
- eine realistische, verhaltensorientierte Zielplanung sowie
- die Entwicklung von individuellen Strategien zur Rückfallprophylaxe.

Es gilt, psychosoziale Probleme, die mit der Adipositas in Verbindung stehen, zu bearbeiten und Ressourcen zu entwickeln. Wichtige Themen sind die Selbstakzeptanz, ausgewogene Lebensgestaltung, soziale Kompetenz und zwischenmenschliche Konfliktbewältigung sowie die Funktionalität von Essen, Bewegung und Körpermasse.

45.6.5   Elternschulung

Die Eltern müssen insbesondere bei jüngeren Kindern in die Schulung einbezogen werden (Brownell u. Stunkard, 1983). Bei Jugendlichen und bei Kindern aus unvollständigen Familien sind Trainingsformen zur Verbesserung der Selbstregulation auch ohne direkte Mitwirkung der Eltern wirksam (Birch u. Fisher, 1998; Tiedjen et al., 2000). Neben den Inhalten zur Ernährung und körperlichen Aktivität ist eine psychologische und pädagogische Anleitung (Verhaltensmanagement) vorzusehen. Zentral ist die Akzeptanz des Kindes durch die Eltern mit allen Stärken und Schwächen. Die Vermittlung von Problemlösestrategien hat sich auch in der Elternschulung bewährt. Modelllernen wird durch eigene Verhaltensänderungen der Eltern ermöglicht (Epstein et al., 1990).

45.7   Organisation und Qualitätssicherung

Die Konsensusgruppe Adipositas-Schulung (KgAS), die sich aus Mitarbeitern ambulanter wie stationärer Schulungs- und Behandlungseinrichtungen zusammensetzt, hat seit 1999 als Arbeitsgruppe der AGA ein Rahmenkonzept für die Adipositas-Schulung auf der Basis der vorliegenden wissenschaftlichen Evidenz und interdisziplinärem Expertenkonsensus entwickelt (KgAS/aid-Manual). Dieses Trainermanual enthält Übungsbeispiele und Materialien für die Praxis. Es ermöglicht die Verzahnung von ambulanten und stationären Schulungsprogrammen. Dabei standen die etablierten Asthma-, Neurodermitis- und Diabetes-Schulungen als Modell zur Verfügung, für die bereits Wirksamkeits- und Wirt-

schaftlichkeitsnachweise erbracht, sowie Ausbildungs-, Qualitätssicherungs- und Finanzierungssysteme eingerichtet wurden. Das Schulungsteam ist interdisziplinär (Arzt, Psychologe/Pädagoge, Sport-/Bewegungstherapeut und Ernährungsfachkraft). Der Zeitraum für die ambulante Schulung orientiert sich an evaluierten Programmen (Epstein et al., 1990; Reinehr et al., 2002). Das KgAS-Konzept sieht daher eine Dauer von 12 Monaten für ambulante und mindestens 6 Wochen für stationäre Schulungen vor. Die Ergebnisqualität wird entsprechend den Behandlungszielen und internationalen Vorgaben (Ellrott, 1997) – Reduktion des Übergewichts, Verringerung assoziierter Erkrankungen, Verbesserung des Gesundheitsverhaltens, Vermeidung von Nebenwirkungen und Verbesserung der Lebensqualität – kurz-, länger- und langfristig evaluiert. Mithilfe von einheitlichen Qualitätsstandards und einem Evaluationssystem werden Voraussetzungen zum Qualitätsmanagement geschaffen, die die Finanzierung erleichtern und eine kontinuierliche Weiterentwicklung des Rahmenkonzepts ermöglichen. Die KgAS übernimmt innerhalb der AGA die Aufgabe, ein Curriculum für die Trainerausbildung aufzubauen sowie Trainerakademien mit der Bereitstellung von qualifizierten Dozenten zu etablieren.

45.8   Zusammenfassung – Perspektiven

Die Gruppenschulung adipöser Kinder und Jugendlicher integriert sich in ein abgestuftes Managementkonzept der Adipositas. Das interdisziplinäre Schulungsteam (Arzt, Psychologe, Sport- und Ernährungsfachkraft) setzt neben einer altersabgestimmten Methodik und Didaktik auch Methoden aus der modernen Psychotherapie zur Verhaltensmodifikation und Motivationsförderung ein. Die Eltern werden auf ihre unterstützende Rolle vorbereitet. Evaluationen sind dringend erforderlich, um den langfristigen Erfolg von Schulungsmaßnahmen zu überprüfen (▶ Kap. 48). Zusätzlich sollte die Kosteneffizienz überprüft werden.

Literatur

Bauer B, Maffeis C (2002) Interdisciplinary outpatient management. In: Burniat W, Cole TJ, Lissau I et al. (eds) Child and adolescent obesity. Cambridge University Press, Cambridge

Birch LL, Fisher JO (1998) Development of eating behaviors among children and adolescents. Pediatrics 101: 539–549

Brownell KD, Stunkard AJ (1983) Treatment of obese children with and without their mothers: Changes in weight and blood pressure. Pediatrics 71(4): 515–523

Ellrott T (1997) Erfolgskriterien für Gewichtsmanagement-Programme. Münch Med Wschr 139(16): 243

Epstein LH, Myers MD, Raynor HA et al. (1998) Treatment of pediatric obesity. Pediatrics 101: 554–570

Epstein LH, Valoski A, Wing RR et al. (1990) Ten-year follow-up of behavioral, family-based treatment for obese children [see comments]. JAMA 264(19): 2519–2523

Reinehr T, Wollenhaupt A, Chahda C, Kersting M, Andler W (2002) Ambulante Adipositasschulungen im Kindesalter Vergleichskriterien zur Entwicklung validierter Behandlungsempfehlungen. Klin Pädiatr 214(2): 83–88

Robinson TN (1999) Behavioural treatment of childhood and adolescent obesity. Int J Obes Relat Metab Disord 23 Suppl 2: S52–55

Sothern MS (2001) Exercise as a modality in the treatment of childhood obesity. Pediatr Clin North Am 48(4): 995–1015

Tiedjen U, Petermann F, Sievers K et al. (2000) Langfristige Effekte der Adipositastherapie in der stationären Rehabilitation von Kindern und Jugendlichen. Kindheit Entwick 9(2): 94–101

Westenhöfer J, Stunkard AJ, Pudel V (1999) Validation of the flexible and rigid control dimensions of dietary restraint Int J Eat Dis 26: 53–64

Rehabilitation
und soziale Integration

H. Mayer

Die medizinische Rehabilitation als Teil eines Langzeitmanagements von chronisch kranken Kindern und Jugendlichen hat in den letzten Jahren zunehmend an Bedeutung gewonnen. Etabliert hat sich in diesem Bereich die stationäre medizinische Rehabilitation, die ambulante Rehabilitation befindet sich derzeit im Aufbau. Für die Diagnose Adipositas bei Kindern und Jugendlichen kann die stationäre Rehabilitation nur als Teilaspekt (mit klar definierten Zielen) in einem Verbundsystem als sinnvoll betrachtet werden (▶ Kap. 38). Das Rehabilitationsverfahren soll neben der Verbesserung der Symptomatik v. a. die körperliche und psychische Leistungsfähigkeit steigern, um so langfristig eine Verbesserung der individuellen Lebensqualität, der sozialen Integration und der beruflichen Leistungsfähigkeit zu erreichen (▶ Kap. 29).

46.1 Grundlagen des Rehabilitationsprozesses

❗ Rehabilitation wird als multi- und interdisziplinäres Management der funktionalen Gesundheit einer Person definiert (Stucki et al., 2002), wobei Symptome und Behinderungen minimiert werden sollen.

46.1.1 Die ICF in der Rehabilitation

Mit der Entwicklung der ICF der WHO (»international classification of functioning disability and health« – internationale Klassifikation der Funktionsfähigkeit, Behinderung und Gesundheit) können jetzt erstmals biologische, psychosoziale und individuelle Gesichtspunkte einer Störung miteinander verknüpft werden. Die Diagnostik (»assessment«), die umfangreiche Dokumentation, die Veränderung durch die Therapie und die Evaluation der funktionalen Gesundheit können so erfasst werden (WHO, 2001; Ewert et al., 2002).

46.1.2 Der Rehabilitationsprozess

Im Mittelpunkt des rehabilitativen Prozesses steht dabei die Überwindung und/oder Kompensation von Beeinträchtigungen der Körperfunktionen, der Aktivitäten und der Partizipation. Gerade bei der Diagnose Adipositas können so ungünstige Verhaltensweisen und Umweltfaktoren (Kontextfaktoren) beachtet werden, die häufig die Problematik verschlechtern. Gleichzeitig ist es dabei möglich, positive Verhaltensfaktoren und individuelle Ressourcen, welche die Problematik reduzieren können, zu erkennen. Diese sollen dann gezielt für die Behandlung genutzt werden.

46.1.3 Der Rehab-Cycle

Ausgangspunkt in einer Rehabilitation ist dabei eine interdisziplinäre Diagnostik (»assessment«), die die Beeinträchtigungen sowohl der Körperfunktionen und -strukturen, als auch der Aktivitäten und der Partizipation unter der Berücksichtigung der Kontextfaktoren (Umwelt, Person) umfasst. Daraus leiten sich Rehabilitationsbedürftigkeit und -fähigkeit ab, ebenso wie die Prognose. Die Beratung (»assignment«) des Patienten, der behandelnden Ärzte und anderer Leistungserbringer und Kostenträger führt zur Indikationsstellung und Zuweisung zu rehabilitativen Leistungen. Die Therapie (»intervention«) selbst umfasst die Rehabilitationsplanung mit Festlegung der Rehabilitationsziele (basierend auf der Diagnostik), ebenso wie die Planung und Steuerung aller therapeutischer Maßnahmen.

In der Auswertung (»evaluation«) erfolgt dann die Überprüfung der Beeinträchtigung der behandelten Körperfunktionen und Strukturen, der Aktivitäten und Partizipation, sowie die Beurteilung der vorgegebenen Rehabilitationsziele nach einer therapeutischen Maßnahme (Stucki et al., 2002).

46.2 Diagnostik

Die Diagnostik orientiert sich an den Leitlinien der AGA. Sie gliedert sich im Kindes- und Jugendalter in eine klinische und laborchemische Diagnostik und eine psychologische, psychosoziale und Verhaltensdiagnostik (Leitlinien AGA) (▶ Kap. 30 und 31).

Sie muss für den Rehabilitationsprozess erweitert werden im Sinne der ICF, um alle Faktoren zu erfassen, die für die Therapieziele in der Rehabilitation wesentlich sind.

46.2.1 Körperfunktionen und -strukturen

Der somatische Krankheitswert der Adipositas im Kindes- und Jugendalter ergibt sich zum einen aus der funktionellen Einschränkung und zum anderen aus den somatischen Folgeerkrankungen. Der Diagnostik (ICD-10) und Dokumentation der Komorbidität kommt so eine besondere Bedeutung zu.

46.2.2 Aktivitäten und Partizipationen

Bei Kindern und Jugendlichen mit Adipositas sind Aktivitäten und Partizipation häufig erheblich beeinträchtigt.

❶ Eine zentrale Aufgabe der Rehabilitation ist deshalb die Wiederherstellung oder wesentliche Besserung der Funktionsfähigkeit auf den Ebenen der Aktivitäten (Leistungsfähigkeit) und der Partizipation (Teilhabe an Lebensbereichen).

Um neben den medizinischen Leistungen auch psychologische und pädagogische Hilfen wirksam werden lassen zu können, müssen entsprechende Dokumentationen der Einschränkungen im Hinblick auf Aktivität und Partizipation erfolgen.

46.2.3 Kontextfaktoren

Personenbezogene Faktoren (Lebenshintergrund und -führung) und Umweltfaktoren (materielle, soziale und einstellungsbezogene Umwelt) können die gesamte Problematik verschlechtern oder verbessern. Die Erkennung und Dokumentation der Kontextfaktoren ist deshalb für eine langfristige Strategie wesentlich.

46.3 Beratung/Zuweisung

Nach der Diagnostik werden die Patienten selbst, die Eltern/Sorgeberechtigten, die behandelnden Ärzte, andere Leistungserbringer und Kostenträger durch die Klinik informiert und beraten. Nach den allgemeinen Regelungen des SGB IX sind dazu auch Servicestellen eingerichtet, die über Art, Umfang und Ausführung der Leistungen beraten. Auskünfte dazu erteilt die zuständige Kranken- oder Rentenversicherung.

Im Rahmen einer stationären Rehabilitation sollen Kinder und Jugendliche mit Übergewicht und Adipositas behandelt werden, bei denen es bereits zu Folgeerkrankungen gekommen ist und Einschränkungen der körperlichen Leistungsfähigkeit (Aktivität), der Lebensqualität und der sozialen Integration (Partizipation) eingetreten sind oder dies zu befürchten ist (Rahmenkonzept VDR, 1998).

46.4 Therapie

46.4.1 Therapieziele

Da sich die Rehabilitation als Interventionsbaustein in einem langfristigen Behandlungskonzept versteht, sind ihre Hauptziele und Ansatzpunkte die Verbesserung des Krankheitszustands unter Berücksichtigung körperlicher, psychischer und sozialer Faktoren und die Vermeidung von sekundären Folgeerkrankungen entsprechend den Vorgaben und Zielen der ICF.

Grundsätzlich orientieren sich diese Ziele an den Zielen der Leitlinien der AGA (▶ Kap. 37), sie werden jedoch nach individuellen Vorgaben aus der Diagnostik für die Rehabilitation entsprechend der ICF modifiziert.

46.4.2 Therapieplanung

Die Therapie der Adipositas bei Kindern und Jugendlichen orientiert sich an den Therapiezielen. Um diese Ziele erreichen zu können steht die Förderung der Krankheitsbewältigung und des Krankheitsmanagements, die Linderung akuter Krankheitssymptome sowie die Verbesserung einer eingeschränkten physischen und psychischen Leistungsfähigkeit im Vordergrund der Rehabilitation.

In der Regel soll eine dauerhafte Veränderung des Ernährungs- und Bewegungsverhaltens bei Patienten und den Personen der engeren sozialen Umgebung erreicht werden (▶ Kap. 45). Die Verbesserung der Aktivität (Leistungsfähigkeit) und der Partizipation (Teilhabe an allen Lebensbereichen) soll dabei entsprechend der ICF angestrebt werden. Dies ist nur in einem Verbund von ambulanten und stationären Maßnahmen sinnvoll und möglich.

46.4.3 Therapie (interdisziplinär)

Die stationäre Therapie in der Rehabilitation sollte in ein längerfristiges Behandlungskonzept (zukünftig in den Möglichkeiten der integrierten Versorgung oder DMPs) eingebunden sein. Therapie und Krankheitsbewältigung erfolgen in der Rehabilitation im interdisziplinären Team unter ärztlicher Leitung (Rehabilitationsteam: Arzt, Psychologe, Pädagoge, Sportlehrer, Diätassistentin, Kinderkrankenschwester).

46.4.4 Therapiekonzept

Das therapeutische Vorgehen im stationären Setting lässt sich in verschiedene Bereiche gliedern, die abgestimmt jeweils die angegebenen Schwerpunkte behandeln sollen und in einem umfassenden Therapieprogramm zusammengefasst werden. Die Therapie orientiert sich an den Erkenntnissen der Diagnostik und sollte sich nicht allein auf ein Schulungsprogramm reduzieren, sondern die individuellen Fähigkeitsstörungen, sozialen Beeinträchtigungen und die Krankheitsbewältigung mitberücksichtigen. Im Wesentlichen gelten die Ausführungen: Empfehlungen zur Therapie der Leitlinien der AGA und der Leitlinien der Fachgesellschaft Rehabilitation in der Kinder- und Jugendmedizin.

46.5 Dokumentation/ Rehabilitationsergebnis

Dokumentation und Ergebnismessung sind in der stationären Rehabilitation durch die Kostenträger in einem einheitlichen Entlassbericht vorgegeben. Sie erleichtert den Übergang von der Rehabilitation zur Weiterbehandlung, die bei der Diagnose Adipositas in einem Verbundsystem sichergestellt werden soll.

46.5.1 Dokumentation

Die Dokumentation in der stationären Rehabilitation erfolgt nach einem vorgegebenen Datensatz mit entsprechender Gliederung. In ihr sind sämtliche für die Rehabilitation und die Ergebnismessung erforderlichen Daten erfasst.

46.5.2 Rehabilitationsverlauf und -ergebnis

Klinische, medizinisch-technische und psychometrische Daten werden im Verlauf dokumentiert und in einer Epikrise dargestellt und ausgewertet.

Sowohl die Körperzusammensetzung als auch das atherogene Risikoprofil lassen sich durch die stationäre Rehabilitation eindeutig verbessern (Wabitsch et al., 1994, 1996). Neuere Untersuchungen zeigen, dass sich durch die stationäre Rehabilitation die Lebensqualität adipöser Kinder und Jugendlicher signifikant verbessern lässt (Ravens-Sieberer et al., 2001; ▶ Kap. 29).

46.6 Vernetzung, Nachsorge

Die stationäre Therapie der Adipositas im Kindes- und Jugendalter ist ein Teilaspekt eines Gesamttherapieplans und kann nur im Verbund mit ambulanten Maßnahmen gesehen werden. Am besten vor der stationären Maßnahme, spätestens während der stationären Maßnahme soll deshalb eine effiziente Weiterbetreuung überlegt und geplant werden. Dazu ist v. a. der Kontakt zu dem niedergelassenen Kinderarzt oder Allgemeinarzt durch die Rehabilitationsklinik herzustellen. Der wesentliche Informationstransfer erfolgt dabei über den ärztlichen Bericht. Die Einbeziehung der Bezugspersonen des sozialen Umfelds muss dabei gewährleistet sein.

46.7 Leitlinien in der stationären Rehabilitation

Die stationäre Rehabilitation der Adipositas ist von der Inanspruchnahme als therapeutische Leistung ein bedeutender Faktor im Gesundheitswesen. Durch die Entwicklung von Leitlinien für die stationäre (später auch ambulante) Rehabilitation wurden klar strukturierte Vorgaben für ärztliches Handeln entwickelt und innerhalb der AWMF veröffentlicht. Sie stellen eine Erweiterung der Leitlinien der Arbeitsgemeinschaft Adipositas im Kindes- und Jugendalter dar und sollen die Grundlage schaffen, dass wissenschaftliche Untersuchungen sich nach bestimmten qualitätsorientierten Vorgaben richten, um evidenzbasierte Aussagen treffen zu können (Leitlinien Fachgesellschaft Rehabilitation in der Kinder- und Jugendmedizin, 2002).

Literatur

Ewert T, Cieza A, Stucki G (2002) Die ICF in der Rehabilitation. Phys Med Rehab Kuror 12: 157–162

Leitlinien Fachgesellschaft Rehabilitation in der Kinder- und Jugendmedizin (2002) In: Leitlinien Kinderheilkunde und Jugendmedizin. Urban & Fischer, München Jena

Ravens-Sieberer U, Redegeld M, Bullinger M (2001) Quality of life after inpatient rehabilitation in children with obesity. Int J Obes 25 (Suppl 1): 63–65

Stucki G, Cieza A, Ewert T, Kostanjsek N, Chatterji S, Üstün TB (2002) Application of the international classification of functioning, disability and health (ICF) in clinical practice. Disabil Rehabil 24: 281–282

Verband Deutscher Rentenversicherungsträger (Hrsg) (1998) Rahmenkonzept und indikationsspezifische Konzepte zur medizinischen Rehabilitation von Kindern und Jugendlichen in der gesetzlichen Rentenversicherung. Bd. 8. DRV-Schriften, Frankfurt a. M.

Wabitsch M, Hauner H, Heinze E, Muche R, Böckmann A, Parthon W, Mayer H, Teller W (1994) Body fat distribution and chances in atherogenic risk-faktor profile in obese adolescent girls before and after weight reduction. Am J Clin Nutr 60: 54–60

Wabitsch YM, Braun U, Heinze E, Muche R, Mayer H, Teller W, Fusch C (1996) Body composition in 5–18-y-old obese children and adolescents before and after weight reduction as assessed by deuterium dilution and bioelectrical impedance analysis. Am J Clin Nutr 64: 1–6

WHO (2001) International Classification of Functioning, Disability and Health: ICF. Geneva

VIII

Prävention und Perspektiven

Prävention im Kindesalter ist die beste Therapie der Adipositas im Erwachsenenalter. So lapidar diese von vielen immer wieder getätigte Aussage ist, so kompliziert und in der Umsetzung ebenfalls schwierig ist diese Forderung. Dass in den kommenden Jahren allerdings weit mehr als bisher auf präventive Maßnahmen zu achten sein wird, steht außer Zweifel. Angesichts der Epidemie der Adipositas einerseits und der unbefriedigenden Therapieerfolge andererseits sind neue, verstärkte Präventionsansätze dringlich notwendig. Die hohe Persistenz von Übergewicht im Erwachsenenalter und mit zunehmendem Alter der Kinder und Jugendlichen fordert effektive Therapie-, aber v. a. Präventionsmaßnahmen. Aus diesem Grunde werden in den nachfolgenden Kapiteln präventive Strategien, geeignete Perioden für frühzeitige Interventionen, Empfehlungen, Settings und geeignete Endpunkte präventiver Maßnahmen dargestellt. Es sollen aber auch die Ergebnisse von kontrollierten Studien der Prävention von Übergewicht bei Kindern und Jugendlichen dargestellt und hinsichtlich ihres Potenzials wirklich präventiv zu wirken beurteilt werden.

Prävention beginnt nicht erst im Kindes- und Jugendalter, denn schon weit früher werden u. U. die Weichen für die Entstehung von Adipositas gestellt. Pränatale Faktoren und unmittelbar postnatale Zeiträume bieten sich für Präventionsansätze an. Die Kenntnis und Berücksichtigung von Risikofaktoren für die Entwicklung von Adipositas kann dabei als Leitlinie für einen frühzeitigen Präventionsansatz im Sinne einer gezielten Risikogruppen-Strategie dienen. Aber die Ausmaße der Zunahme der Zahl von Übergewichtigen und Adipösen verlangt nach einer universalen Präventionsstrategie.

Die Erfolge von Schulinterventionsprogrammen und von Familien-zentrierten Präventionsprogrammen sollen diskutiert und hinsichtlich ihres Potenzials eingeordnet werden. Aber auch Public-health-Maßnahmen werden in Zukunft verstärkt notwendig werden, um dem Problem im Ansatz entgegenzutreten.

Bei aller Euphorie und bei aller Hoffnung ist es wichtig, auch Präventionsmaßnahmen mit realistischen Erwartungen zu betrachten. Die Zahl von Präventionsstudien ist derzeit – insbesondere verglichen mit Therapiestudien – sehr klein, es gibt nur einige wenige kontrollierte Studien, die einen Einfluss der Prävention von Übergewicht und Adipositas bei Kindern und Jugendlichen untersucht haben. Die Ergebnisse lassen aber teilweise hoffen, die Inzidenz von Adipositas bei Einsetzen der Maßnahmen vor der Pubertät günstig beeinflussen zu können. Dennoch ist davon auszugehen, dass konzertierte Anstrengungen und Kampagnen auf nationaler und/oder internationaler Ebene notwendig sind, um in einem präventiven Ansatz dem Problem der Adipositas im Kindes- und Jugendalter begegnen zu können. Anderenfalls werden die gesundheitsökonomischen Auswirkungen auf die Gesundheitssysteme überwältigend sein. Aufgrund der Wichtigkeit dieser Aspekte wird der Betrachtung von finanziellen und gesundheitsökonomischen Aspekten ausführlich Raum gewidmet und auch die Dimension der gesundheitspolitischen Möglichkeiten und Verantwortungen aufgezeigt.

Prävention von Übergewicht bei Kindern und Jugendlichen

M. Müller, S. Danielzik, C. Spethmann, B. Dilba,
M. Czerwinski-Mast

Die Prävalenz von Übergewicht und der von ihr abhängigen Erkrankungen (Stoffwechselerkrankungen wie z.B. Diabetes mellitus) hat in den zurück liegenden 50 Jahren deutlich zugenommen. Da die Behandlung von Übergewicht und Adipositas selten nachhaltig erfolgreich ist (▶ Kap. 36 und 38), ist ihre Prävention heute vorrangiges Ziel und auch Gegenstand intensiver Forschung (WHO, 2000; Kumanyika et al., 2002). Die langfristigen Konsequenzen von Übergewicht bei Kindern und Jugendlichen sind wiederholt dokumentiert worden, eine frühzeitige Intervention ist deshalb notwendig. Einige Autoren nehmen an, dass eine Prävention des Übergewichts bei Kindern und Jugendlichen größere Erfolgsaussichten bietet als spätere Strategien im Erwachsenenalter (WHO, 2000; Ebbeling et al., 2002; Dietz u. Gortmaker, 2001). Die Maßnahme könnte so auch die einzige effektive Behandlung der Adipositas im Erwachsenenalter darstellen. Der vorliegende Beitrag behandelt präventive Strategien, geeignete Perioden für frühzeitige Interventionen, Empfehlungen, Settings sowie geeignete Endpunkte präventiver Maßnahmen. Darüber hinaus werden die Resultate von kontrollierten Studien der Prävention von Übergewicht bei Kindern und Jugendlichen dargestellt. Die Autoren verweisen auch auf 2 aktuelle Übersichtsartikel (Müller et al., 2001; Campbell et al., 2001).

47.1   Strategien zur Prävention

Angesichts der Adipositas-Epidemie sollte das Problem sowohl aus Sicht von »Public-Health« als auch bezogen auf Individuen angegangen werden. Es gibt verschiedene Strategien der Prävention (WHO, 2000). Eine **universale Prävention** ist an alle Mitglieder einer Population gerichtet und hat das Ziel, den mittleren BMI dieser Population zu stabilisieren oder auch zu vermindern. Selektive Strategien (selektive Prävention) zielen demgegenüber auf Individuen mit einem hohen Risiko (z.B. Kinder von adipösen Eltern). Gezielte Maßnahmen der Prävention (= »targeted prevention« oder auch Maßnahmen der sekundären Prävention) richten sich an bereits Übergewichtige und/oder adipöse Kinder und Jugendliche. Ihr

Ziel ist die Prävention einer weiteren Gewichtszunahme und/oder eine Gewichtsabnahme. Da die erfolgreiche Behandlung des Übergewichts und der Adipositas bei Kindern und Jugendlichen auch eine Prävention der Adipositas im Erwachsenenalter ist, werden langfristig angelegte Therapiestudien in diesem Kapitel erwähnt.

47.2   Geeignete Zeiträume für die Prävention

Obwohl die meisten Menschen erst als Erwachsene übergewichtig werden, gibt es eine enge Beziehung zwischen dem BMI in der Kindheit bzw. dem Ernährungszustand während des Heranwachsens und im späteren Erwachsenenalter (Guo et al., 1994, 2002; Must et al., 1992; Whitaker et al., 1997; Parsons et al., 1999). Die Persistenz der Adipositas steigt mit dem Alter. Übergewichtige Kinder haben ein höheres Risiko für Erkrankungen im Erwachsenenalter. Ernährungsabhängige Erkrankungen (z.B. eine gestörte Kohlenhydrattoleranz, eine Hyperlipidämie oder auch eine Grenzwerthypertonie) treten mit steigender Häufigkeit bereits bei »dicken« Kindern und Jugendlichen auf (Berenson et al., 1995, 1998). Viele übergewichtige Kinder bleiben lebenslang »dick« und behalten ein hohes gesundheitliches Risiko. Alle diese Daten sprechen dafür, Maßnahmen der Prävention bereits frühzeitig im Leben zu beginnen. Spezielle Perioden für die frühe Manifestation von Übergewicht und Adipositas sind die pränatale Periode, die Zeit zwischen dem 5. und 7. Lebensjahr (so genannter »adiposity rebound«; ▶ Kap. 2 und 7) und die Adoleszenz (Dietz u. Gortmaker, 2001). Strategien der Prävention sollten diese besonders kritischen Perioden der Manifestation berücksichtigen.

47.3   Empfehlungen für die Prävention einer Gewichtszunahme

Präventive Strategien basieren wesentlich auf der Kenntnis von Risikofaktoren und Annahmen bezüglich der Ursachen der Erkrankung (▶ Kap.

2). Risikofaktoren der frühmanifesten Adipositas sind
- Übergewicht der Eltern,
- niedriger sozialer Status,
- hohes Geburtsgewicht,
- frühzeitiger Eintritt der Pubertät,
- niedrige körperliche Aktivität,
- hohe Inaktivität,
- Ernährung (einschließlich der Säuglingsernährung) und auch
- psychologische Faktoren (Barker et al., 1996; Peters et al., 2002).

Dabei haben Kinder mit einem hochnormalen Körpergewicht und auch bereits übergewichtige Kinder ein hohes Risiko, in den nächsten Jahren disproportional Gewicht zuzunehmen (◘ Abb. 47.1). Diese Risikofaktoren sind miteinander verknüpft, ihre genauen Beziehungen sind aber sowohl für das einzelne Kind als auch für die Population insgesamt unklar. Obwohl die meisten Risikofaktoren der Adipositas plausibel erscheinen, sind ihr Einfluss bzw. mögliche kumulative Effekte auf die Entwicklung der Adipositas unbekannt. Vereinfacht scheinen ein eher inaktiver Lebensstil (► Kap. 5) sowie die heute unbegrenzten Möglichkeiten des Konsums (► Kap. 6) die wesentlichen Ursachen für den Anstieg des Übergewichts und der von ihm abhängigen Erkrankungen in unserer Gesellschaft zu sein (Peters et al., 2002; Willet, 2002).

> **Beratungstipps**
>
> Einfache Empfehlungen zur Prävention umfassen
> - eine regelmäßige Mahlzeitenfrequenz,
> - das Vermeiden von Zwischenmahlzeiten,
> - die Einschränkung des Konsums kalorienhaltiger Getränke,
> - die Verminderung des Fettkonsums unter 30% der Energie,
> - die Einschränkung der Fernseh- und Medienzeiten auf weniger als 1 h/Tag und
> - ein höheres Maß an körperlicher Aktivität (mehr als 90 min/Tag; Glenny et al., 1997).

Da Kinder wachsen und sich entwickeln ist eine adäquate Nährstoffaufnahme wichtig (► Kap. 41). Kalorienarme und gewichtsreduzierende Diäten schaden möglicherweise der Entwicklung. Es gibt einige Evidenz für die Annahme, dass der häufige Konsum süßer Limonaden, ein häufiges Außer-Haus-Essen in Restaurants sowie auch die Größe der Portionen zu einer höheren Energieaufnahme und zum Übergewicht von Kindern assoziiert sind (Ebbeling et al., 2002; Ludwig et al., 2001). Regelmäßige Mahlzeiten der Familie (»resetting the family table«), weniger »Zwischendurchessen« und kleinere Portionsgrößen sind vernünftige Empfehlungen. Insgesamt erscheinen aber Empfehlungen zu mehr körperlicher Aktivität wichtiger als Ernährungsumstellungen (► Kap. 5, 16 und 39):

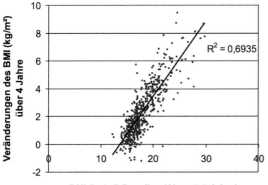

$R^2 = 0,6935$

Veränderungen des BMI (kg/m²) über 4 Jahre

BMI (kg/m²) Baseline (Alter: 5-7 Jahre)

◘ Abb. 47.1. Korrelation zwischen dem BMI der Kinder im Alter von 5–7 Jahren und der Veränderung während der folgenden 4 Jahre. Ergebnisse der Kieler-Adipositas-Präventions-Studie (1996–2001)

1. Alle Kinder und Jugendlichen sollten mindestens eine Stunde bei mittlerer Intensität körperlich aktiv sein.
2. Kinder, die bisher wenig aktiv waren, sollten entsprechend mindestens eine halbe Stunde aktiv werden.
3. Mindestens 2-mal pro Woche sollte die Muskelkraft sowie die Dehnbarkeit und Koordination trainiert werden.
4. Alle Jugendlichen sollten jeden Tag körperlich aktiv sein, geplante Aktivitäten (Sport) sollten im Kontext der Familie, der Schule oder auch der Kommunen stattfinden.
5. Für diese Gruppe werden 3 oder mehr Termine pro Woche mit intensiver körperlicher Aktivität (Training) angestrebt (Fox et al., 2000).

47.4 Sollten Strategien der Prävention gezielt an eine Risikogruppe gerichtet sein?

Neben den Umwelt- und Verhaltensfaktoren wird heute die Bedeutung der Gene für die Regulation des Körpergewichts und auch Adipositas angenommen (Bouchard u. Perusse, 1994; ▶ Kap. 3). Diese Idee impliziert die Existenz einer Risikogruppe mit einer besonderen (genetischen) Disposition, welche einer speziellen Aufmerksamkeit und möglicherweise auch einer Intervention bedarf. Da die Prävalenz der Adipositas in den zurück liegenden Jahren bei einem genetisch stabilen »pool« zugenommen hat, wird die Bedeutung der die Adipositas fördernden und auch hemmenden Faktoren in unserer Gesellschaft (so genanntes Macroenvironment) offensichtlich (Peters et al., 2002).

Die Umwelt-Faktoren sind wesentlich bedeutsamer als die genetischen Faktoren. Aufgrund von beobachtenden Studien in Familien wird heute davon ausgegangen, dass der genetische Einfluss auf die Unterschiede des Körpergewichts zwischen Menschen zwischen 5 und 40% beträgt. Obwohl tierexperimentelle Daten die Existenz einer metabolischen Prädisposition wahrscheinlich machen, konnten entsprechende Befunde bisher nur für ausgewählte Populationen mit einem sehr hohen Adipositas-Risiko (z. B. Pimaindianer; Ra-

vussin u. Swinburn, 1993) nachgewiesen werden (▶ Kap. 11). Diese Ergebnisse wurden in anderen Populationen nicht bestätigt (Seidell et al., 1992; Katzmarek et al., 2000). Metabolische Faktoren sind in einer genetisch heterogenen Population nur schwache Prädiktoren der Gewichtszunahme. Messbare metabolische Defekte konnten bisher bei adipösen oder präadipösen Menschen auch nicht nachgewiesen werden.

Aufgrund unseres heutigen Wissensstands erscheinen gezielte Interventionen in so genannten Risikogruppen (z. B. genetisch prädisponierte Personen) nicht möglich. Sie sind angesichts des endemischen Ausmaßes des Übergewichts auch nicht sinnvoll. Allerdings besteht eine enge Beziehung zwischen dem Ernährungszustand von Eltern und ihren Kindern (Danielzik et al., 2002). Übergewichtige Eltern haben häufiger übergewichtige Kinder. Ein niedriger sozioökonomischer Status ist zusammen mit dem Übergewicht der Eltern ein erheblicher Risikofaktor für das Übergewicht von Kindern (Langnaese et al., 2002). Weiter findet sich bei Kindern vor der Pubertät eine Assoziation zwischen einem hochnormalen Körpergewicht und der Gewichtszunahme in den folgenden Jahren. Aus dieser Sicht wären Kinder mit einem hochnormalen Körpergewicht (oberhalb der 50. bzw. unterhalb der 90. Perzentile) sowie auch Kinder mit adipösen Eltern aus Familien mit niedrigem sozialen Status mögliche Zielgruppen einer gezielten Intervention.

47.5 Endpunkte von Präventionsprogrammen

Die Endpunkte der Adipositas-Prävention sind die Charakteristika des Ernährungszustands (z. B. der BMI), der von Übergewicht abhängigen Erkrankungen bzw. deren »Surrogatparameter« (z. B. Plasmalipidspiegel), das Ernährungswissen, Verhalten (z. B. Ernährung, körperliche Aktivität) und/oder die Kompetenz. Für die Einschätzung des Erfolgs sind langfristige Nachbeobachtungen von mindestens einem Jahr notwendig (WHO, 2000; Thomas, 1995). Allerdings sind längere Zeiträume notwendig, um den Erfolg eines Präventionsprogramms abschließend beurteilen zu können. Die so genannten Ziel- oder Outcome-Variablen sind auch abhängig von der jeweils gewählten Strategie.

Bei **universaler Prävention** sind verschiedene Zielgrößen möglich:

- Reduktion der Inzidenz von Übergewicht und Adipositas in der Bevölkerung,
- Reduktion des mittleren BMIs der Bevölkerung,
- Verbesserungen im gesundheitsrelevanten Verhalten,
- bessere Kenntnisse und Einstellungen bzw. Verhalten (= Lebensstil),
- verminderte Komorbidität, aber auch
- Indizes der Gesundheitspolitik und der Verhältnisse (z. B. mehr Fahrradwege).

Bei **selektiver Prävention** charakterisieren die

- Gewichtszunahme,
- Inzidenz von Übergewicht und Adipositas bei Risiko-Personen,
- ein vermindertes Diätverhalten und
- ein verbesserter Lebensstil den Erfolg.

Bei **gezielter Prävention** steht die

- Reduktion der Komorbidität sowie
- der Anteil adipöser Personen, die erfolgreich das Gewicht halten oder vermindern konnten,
- aber auch die Zahl der Personen, die weiter zugenommen hat, im Zentrum der Bewertung.

47.6 Ergebnisse kontrollierter Studien

Interventionen zur Prävention von Übergewicht und Adipositas bei Kindern und Jugendlichen umfassen Schulprogramme, Beratungsstrategien bis hin zu verhaltensmedizinischen Interventionen und einen so genannten Public-health-Ansatz. Daneben gibt es heute zahllose wissenschaftlich nicht kontrollierte Aktivitäten. Die bisher vorliegenden, kontrollierten und z. T. randomisierten Untersuchungen unterscheiden sich in der gewählten Strategie, im so genannten Setting (Schule, Familie, Arztpraxis, öffentliches Gesundheitswesen), der Dauer, der Zielgruppe, den Endpunkten sowie auch der statistischen »power«. Einige Interventionen richten sich an bereits adipöse Kinder und werden in diesem Zusammenhang als Prävention der Adipositas im Erwachsenenalter verstanden. Einige Studien adressieren nicht gezielt die Adipositas, sondern Risikofaktoren der Arteriosklerose (und so auch das hohe Körpergewicht). Andere Studien haben eine eher grundsätzliche Idee der Gesundheitsförderung und so keinen spezifischen Ansatz. Die vorliegenden Arbeiten unterscheiden sich sowohl in der Dauer der Intervention als auch in der Beobachtungszeit. Für die Auswahl der Studien wurde in diesem Kapitel eine Mindest-Beobachtungszeit von 6 Monaten gefordert. Zu einzelnen Studien werden aber Nachbeobachtungszeiten von bis zu 10 Jahren berichtet. Nahezu alle Studien berichten über Veränderungen der Mittelwerte in den verschiedenen Gruppen, detaillierte Analysen in Untergruppen (z. B. Risikogruppen und Kindern mit dicken Eltern oder aber Kinder verschiedener sozialer Gruppen) liegen bisher nicht vor.

47.6.1 Intervention in Schulen

SPARK

SPARK (»Sport, Play and Active Recreation for Kids«) war eine der Schulinterventionen für 9-jährige Kinder in 7 Schulen in Kalifornien (Sallis et al., 1993). Das Programm wurde im Jahre 1990 in 4 Schulen von Sportwissenschaftlern bzw. den Lehrern angeboten. Die Ergebnisse wurden über einen Zeitraum von 2–3 Jahren verfolgt. Insgesamt konnten 305 Jungen und 244 Mädchen nachbeobachtet werden. Der Erfolg der Intervention wurde zu den Veränderungen der Variablen bei Kindern in so genannten »Kontrollschulen« verglichen. In der Nachbeobachtung fanden sich zwischen den Interventions- und den Kontrollschulen keine Unterschiede im BMI bzw. der Fettmasse. Die Autoren schlossen, dass eine Steigerung der körperlichen Aktivität keinen ausreichenden Effekt auf die Adipositas bei Kindern hat.

Know-your-body-Projekt

Das »Know-your-body-Projekt« (KYB) wurde 1975 von der »American Health Foundation« initiiert (Walter u. Wynder, 1989). Ziel des Programms war die Verminderung von Risikofaktoren für chronische Erkrankungen in der Bevölkerung. Das Programm wurde in einem Zeitraum von 5 Jahren in New York evaluiert. Zielgrößen der Intervention waren das Gesundheitswissen, das Ernährungsverhalten, der Cholesterinspiegel im Blut sowie auch der Beginn des Rauchens (MacFarfalone, 1993). Das KYB-Programm hatte keinen Effekt auf den mittleren BMI der Untersuchungsgruppe. In einer Nachfolgeuntersuchung wurden diese Befunde bestätigt (Douelly et al., 1996). In 2 Untersuchungen in Skandinavien wurden die Lebensmittelauswahl und auch der Plasma-Cholesterinspiegel bei Kindern und Jugendlichen verbessert (Puska et al., 1982; Tell u. Vellar, 1987). Demgegenüber haben sich keine Effekte auf das Körpergewicht bzw. auf die Prävalenz der Adipositas gezeigt. In einer weiteren Untersuchung wurde das KYB-Programm zur Gesundheitsförderung von Schulkindern auf der Insel Kreta durchgeführt. Dabei wurden auch die Eltern in die Schulintervention mit einbezogen. Drei Jahre nach der Intervention wurden Untersuchungen bei einer Gruppe von 288 Kindern durchgeführt, welche wiederum mit 183 Kontrollkindern verglichen wurden. Auch in diesem Programm wurden positive Veränderungen des Gesundheitswissens und auch gesundheitsrelevanter Verhaltensmuster sowie auch des Plasma-Lipidspiegels in der Interventionsgruppe beobachtet. In dieser Studie fand sich auch eine etwas günstigere altersabhängige Entwicklung des BMI bei den Kindern der Interventionsgruppe. Dieser Effekt konnte durch Messung der Fettmasse mit anthropometrischen Methoden nicht bestätigt werden.

CHIC

In einem ähnlichen Programm wurden 1274 Jungen in North Carolina untersucht (»Cardiovascular Health in Children Study«, CHIC). Die Maßnahme führte zu einer kurzfristigen Verbesserung des Ernährungswissens und auch der körperlichen Aktivität (Harrell et al., 1996). In der Interventionsgruppe fanden sich nicht signifikante Veränderungen des Plasma-Cholesterinspiegels und des BMI (Harrell et al., 1998): In der »Child and Adolescent Trial for Cardiovascular Health«-Studie (CATCH) wurde im Rahmen einer randomisierten und kontrollierten Studie der Einfluss der Gesundheitsförderung auf eine Kohorte von 5000 Kindern aus 96 randomisiert ausgewählten Schulen (56 Interventions- und 40 Vergleichsschulen) untersucht (Lüpker et al., 1996; Lytle et al., 1996). Als Ergebnis wurden die Mittagsmahlzeiten »fettärmer« und auch im Natriumgehalt vermindert. Gleichzeitig konnte die Häufigkeit und die Dauer der körperlichen Aktivität der Kinder gesteigert werden. Trotz dieser günstigen Veränderungen fanden sich keine signifikanten Unterschiede im BMI, im Blutdruck und im Plasma-Lipidmuster zwischen den Gruppen.

Planet-health-Programm

»Planet Health« ist ein weiteres Schulprogramm (Gortmaker et al., 1999). In diesem Programm wurden über eine Periode von 2 Jahren 1.295 Schüler untersucht. Die Intervention hatte zum Ziel, den Fernsehkonsum und auch den Verzehr fettreicher Lebensmittel zu senken und gleichzeitig den Verzehr von Gemüse sowie die tägliche körperliche Aktivität zu steigern. In dieser Studie sank die Prävalenz der Adipositas bei Mädchen, nicht aber bei Jungen. Es fanden sich durchweg positive Effekte auf den Medienkonsum und auch auf die Ernährung. Die Verminderung des Körpergewichts zeigte eine Beziehung zur Reduktion des Fernsehkonsums.

SMART

In einer randomisierten Schulintervention (»Robinson Primary School Intervention«, SMART) wurden 192 Schüler während 6 Monaten gezielt unterrichtet, ihren Fernseh- und Medienkonsum zu senken (Robinson, 1999). 6 Monate nach Beendigung der Intervention zeigten sich deutlich verminderte »Medienzeiten«, gleichzeitig blieben die Ernährungsgewohnheiten (z. B. der Verzehr von Snacks) nahezu unverändert. Überraschenderweise fanden sich aber in der Interventionsgruppe deutlich verbesserte Werte für BMI und Fettmasse.

APPLES

In einer Studie zur Gesundheitsförderung an Schulen (»Active Program Promoting Lifestyle Education«, APPLES) wurde versucht, die Risikofaktoren des Übergewichts in 10 Schulen in Leeds zu beeinflussen (Sahota et al., 2001 a, b). APPLES ist ein umfassendes Schulprogramm, welches Eltern, Lehrer, den Catering-Service und auch die Verhältnisse in der Schule selbst mit einbezieht. Die Ergebnisse der Intervention belegen positive Effekte auf die Risikofaktoren der Adipositas (z. B. eine Optimierung der Lebensmittelauswahl, mehr Aktivitäten auf den Spielplätzen). Dennoch zeigte die Nachuntersuchung der Kinder nach 12 Monaten kaum Veränderungen des gesundheitsrelevanten Verhaltens sowie keine Effekte auf den BMI (Atkinson u. Nitze, 2001).

Einige Autoren untersuchten den Effekt der Adipositas-Prävention (oder auch der Behandlung) bei Kindern an ethnischen Minderheiten in Amerika (Jackson et al., 1991; Story et al., 1999; Davids et al., 1993). Im Rahmen dieser Programme wurden insbesondere die kulturellen Besonderheiten der Population berücksichtigt. Ziele der Interventionen waren die Veränderungen der Lebensmittelauswahl und auch eine Steigerung des Energieverbrauchs durch mehr körperliche Aktivität. Die Untersuchungen zeigten positive Effekte auf das Ernährungswissen und auch einige gesundheitsrelevante Verhaltensweisen.

Zusammengefasst zeigen alle bisher wissenschaftlich begleiteten Präventionsmaßnahmen in Schulen einige positive Effekte auf Verhaltensmuster. Demgegenüber werden fast nie Veränderungen des Ernährungszustands beobachtet. Eine der »positiven« Studien (»Planet Health«) zeigt geschlechtsspezifische Unterschiede zugunsten der Mädchen.

47.6.2 Intervention in Familien

Eine familiäre Häufung des Übergewichts ist in vielen Studien beschrieben worden (Danielzik et al., 2002; Davison u. Birch, 2001). Neben möglichen genetischen Faktoren bestimmen Eltern die Umgebung und auch das Verhalten ihrer Kinder und könnten so ein Risiko für die Entwicklung des Übergewichts bei Kindern darstellen. Die »Umgebung« der Kinder umfasst auch das Verhalten der Eltern selbst. Das familiäre Umfeld hat in den ersten 10 Lebensjahren einen erheblichen Einfluss auf die Lebensmittelauswahl, die Strukturen der Mahlzeiten, das Essverhalten, das Ausmaß für körperliche Aktivität und den sitzenden Lebensstil. Die Entwicklung von Präventionsprogrammen in Familien wurde als vorrangiges Public-health-Ziel bezeichnet. Wissenschaftlich betrachtet richten sich die meisten Studien an Kinder und Eltern, es gibt auch einige Untersuchungen, bei denen nur die Eltern »behandelt« wurden.

STRIP

Das »Special Turku Coronary Risk Factor Intervention Project« für Babys (STRIP) hatte zum Ziel, gesunde Lebensweise bereits im Kleinstkindalter zu fördern (Simell et al., 2000). Bei STRIP handelt es sich um eine randomisierte prospektive Studie, die ihren Schwerpunkt auf der Ernährung (weniger gesättigte Fette, wenig Cholesterin) im 1. Lebensjahr hatte. Die Eltern von 540 Interventionskindern wurden individuell beraten. Über einen Zeitraum von 24–36 Monaten fanden sich günstige Veränderungen in der Fett- und Cholesterinaufnahme. Die Maßnahmen von STRIP hatten bisher keinen Effekt auf Größe und Körpergewicht.

In einer weiteren Untersuchung wurden Gruppen-Beratungen für Kinder und ihre Eltern über einen Zeitraum von 3 Jahren beobachtet (Alexandrov et al., 1992). Insgesamt wurden 477 Interventionskinder mit 528 Kontrollkindern (mittleres Alter aller Gruppen 12 Jahre) erfasst. Die Kinder wurden beraten, ihren Obst- und Gemüseverzehr zu erhöhen und auch pflanzliche Öle zu verwenden. Im Vergleich zu Kontrollkindern fanden sich in der Interventionsgruppe eine signifikante Senkung des diastolischen Blutdrucks und auch des BMI.

Die nachhaltige Wirkung der Adipositas-Therapie durch eine Familienintervention wurde von verschiedenen Autoren (Flodmark et al., 1993; Davis et al., 1994; Epstein et al., 1990) untersucht. Epstein et al. konnten zeigen, dass eine Familientherapie die Progression einer ausgeprägten Adipositas bei 10–11-jährigen Kindern verzögern kann. Die Autoren führten insgesamt 4 randomisierte kontrollierte Studien durch (Epstein et al., 1990, 1994, 1995, 1998). In 3 dieser Studien wurden adipöse Kinder gemeinsam mit ihren adipösen Eltern »adressiert«. Der Erfolg der Intervention war am deutlichsten, wenn Kinder gemeinsam mit ihren Eltern behandelt wurden. In dieser langfristig angelegten Studie fanden sich Effekte auch auf das Körpergewicht über einen Zeitraum von 10 Jahren. Die 10-Jahres-Veränderungen der Prävalenz des Übergewichts betrugen –7,5% gegenüber +14,3% in der Interventions- bzw. in der Kontrollgruppe. Diese Daten wurden in einer 5-Jahres-Nachbeobachtung in einem verhaltensmedizinisch orientierten Programm für adipöse Kinder bestätigt (Johnson et al., 1997).

▼

DISC

Eine Intervention in Familien zeigte in anderen Studien keinen Effekt auf das Körpergewicht. In der »Dietary Intervention Study in Children« (DISC) wurden mehr als 600 8- bis 10-jährige Kinder mit einem erhöhten LDL-Cholesterinspiegel rekrutiert (Lauer et al., 2000). Die Intervention wird über 6 Monate durchgeführt und hatte zum Ziel, die Aufnahme an Gesamtfett, gesättigten Fetten und Cholesterin zu senken. Nach 3 Jahren fanden sich in der Interventionsgruppe deutlich niedrigere Aufnahmen für Fett, gesättigte Fette und Cholesterin. Diese Befunde waren assoziiert mit günstigen Veränderungen des Plasma-Lipidmusters. Allerdings war der BMI unverändert.

Zusammenfassend zeigen alle Interventionen in Familien langfristige Veränderungen von gesundheitsrelevantem Verhalten bei »dicken« Kindern und Jugendlichen. Allerdings haben nicht alle Studien einen nachhaltigen Effekt zeigen können. Die langfristigen Studien zeigen nur mäßige Effekte auf den Ernährungszustand der Kinder.

47.6.3 Kombination von 2 Strategien: Intervention in Schulen und Familien

KOPS

Die Kieler-Adipositas-Präventions-Studie (»Kiel Obesity Prevention Study«, KOPS) wurde im Jahr 1996 begonnen und wird bis zum Jahr 2009 dauern (Müller et al., 2001a, b). Bisher wurde eine Population von 4.997 5–7 Jahre alten Kindern sowie eine 2. Population von bisher 1.752 10- bis 11-jährigen Kindern rekrutiert. In einer Subpopulation von KOPS wird die langfristige Wirkung einer niedrig schwelligen Intervention an Schulen für alle Kinder sowie innerhalb »übergewichtiger Familien« untersucht. Bis heute haben 780 Kinder ein 6-stündiges Schulcurriculum in der 1. Klasse

▼

»durchlaufen«. 138 dieser Kinder konnten bisher im Alter von 10–11 Jahren nachuntersucht werden. Diese Daten wurden mit den Befunden von 249 so genannten »Kontrollkindern« verglichen. Darüber hinaus wurden 92 Familien besucht und beraten. Ein strukturiertes Sportprogramm wurde übergewichtigen Kindern angeboten. Von diesen Kindern konnten bisher 26 nach einem Jahr nachuntersucht werden. Endpunkte von KOPS sind der Ernährungszustand, gesundheitsrelevantes Verhalten und die Risikofaktoren der Erkrankungen. Die Ergebnisse der 4-Jahres-Nachuntersuchung zeigen in der nicht behandelten »Kontrollgruppe« einen spontanen Anstieg der Prävalenz des Übergewichts bei Kindern (◘ Abb. 47.2). Etwa 80% der vor Beginn übergewichtigen Kinder blieb übergewichtig. Die 4-Jahres-Inzidenz des Übergewichts lag etwa bei knapp 50%. Die Intervention hat geringe Effekte auf die Prävalenz des Übergewichts, reduziert aber die Inzidenz um etwa 25% (◘ Abb. 47.2). In der Familienintervention wurde nach einem Jahr eine günstige Entwicklung der Fettmasse und auch des BMI bei den Interventionskindern festgestellt. Allerdings war ein niedriger sozioökonomischer Status eine wesentliche Barriere gegen den Erfolg der Intervention: In der sozial schwächeren Gruppe wurde kein Behandlungserfolg beobachtet.

Zusammenfassend zeigen die Ergebnisse von KOPS einen günstigen Effekt auf die Inzidenz der Übergewichtigkeit. Es fand sich aber nur eine geringe Beeinflussung der Persistenz: Es erscheint wahrscheinlich, dass sozioökonomische Strukturen nicht allein die Prävalenz des Problems, sondern auch den Erfolg einer Intervention nachteilig beeinflussen.

47.6.4 Gesundheitsförderung in der Arztpraxis

Die Hausarztpraxis könnte ein geeigneter Ort für die Gesundheitsförderung auch von Kindern und Jugendlichen sein. Allerdings gibt es für dieses Setting nur wenig wissenschaftliche Untersuchungen. In einer randomisiert-kontrollierten Studie wurde der Effekt einer Gesundheitsförderung auf die Einstellung und das Verhalten von Teenagern untersucht (Walker et al., 2002). In dieser Studie wurde jeweils eine 20-minütige Beratung durch eine Arzthelferin oder Krankenschwester durchgeführt. Die Ergebnisse der Untersuchungen wurden mithilfe von Fragebögen erhoben. In dieser Untersuchung betrug die Prävalenz des Übergewichts 27%, 64% der Teenager ernährten sich ungesund, 39% bewegten sich selten. 3 Monate nach der Intervention zeigten 17,6% (Interventionsgruppe) und 11,8% (Kontrollgruppe) positive Veränderungen in ihrer Ernährung bzw. körperlichen Aktivität.

Zusammenfassend zeigte die Maßnahme der Gesundheitsförderung in einer Hausarztpraxis durchaus positive Effekte, welche allerdings nur eine Untergruppe der Teenager betraf.

47.6.5 Public-health-Maßnahmen

Veränderungen in der Gesellschaft und auch der Verhältnisse sind eine notwendige Voraussetzung einer erfolgreichen Gesundheitsförderung. Die Prävention der Adipositas ist ein Gesundheitsziel in einigen Ländern wie z. B. Australien. Allerdings gibt es auch dort kaum systematisch umgesetzte Programme der Gesundheitsförderung (Egger u. Swinburn, 1997). Erste Ansätze von Public-health-Interventionen wurden in ausgewählten Minderheiten mit einer hohen Adipositas-Prävalenz durchgeführt (z. B. in der Südsee; Kumaniyka et al., 2002; Bell et al., 2001). In diesen Untersuchungen fanden sich in den betreffenden Populationen im Vergleich zu Nachbarregionen geringe Veränderungen im Bereich der körperlichen Aktivität und auch günstige Entwicklungen des mittleren Ernährungszustands der Interventionspopulation im Vergleich zur Kontrollgruppe. Eine erste nationale Strategie wurde Ende der 90er Jahre in Australien entwickelt (National Health and Medical research Council, 1997). Der Effekt dieser Intervention ist bisher nicht zu beurteilen. Der Einfluss der Massenmedien wurde in einer großen Aktion in England überprüft (Wardle et al., 2001; Miles et al., 2001). Allerdings war der kurzfristige Einfluss dieser Maßnahmen auf den Lebensstil und auch den Ernährungszustand einer ausgewählten Subpopulation gering.

Zusammenfassend besteht ein dringender Bedarf an Public-health-Maßnahmen, die geeignet sind, das Problem des Übergewichts und der Adipositas auch bei Kindern und Jugendlichen zu beeinflussen.

47.6.6 Realistische Erwartungen

Es gibt heute nur wenige erfolgreiche Maßnahmen zur Prävention des Übergewichts bei Kindern und Jugendlichen. Dieser Eindruck ist möglicherweise anteilig durch unrealistische Erwartungen beeinflusst. Die Ergebnisse der Kieler-Adipositas-Präventions-Studie zeigen, dass Maßnahmen der Prävention durchaus geeignet sind, die Inzidenz des Übergewichts zu senken (◘ Abb. 47.2). Demgegenüber findet sich kein Einfluss bei bereits übergewichtigen Kindern. Es ist offensichtlich, dass Maßnahmen der Prävention um Maßnahmen der Behandlung ergänzt werden müssen. Unter der Annahme, dass der im Rahmen der Kieler-Adipositas-Präventions-Studie er-

reichte Effekt nachhaltig für die nächsten 4–8 Jahre ist, steht zu erwarten, dass die Prävalenz des Übergewichts in der Gruppe der 13- bis 5-jährigen Kinder in unserer Interventionsgruppe von 57% auf 45% gesenkt werden kann. Dieser Effekt würde nicht ausreichen, die mit dem Übergewicht zusammenhängenden Probleme unseres Gesundheitswesens zu lösen. Allerdings schränkt diese Erkenntnis den Wert präventiver Maßnahmen nicht **a priori** ein. Die Befunde belegen nur, dass zusätzliche Maßnahmen (z. B. von der Politik) ergriffen werden müssen (◘ Abb. 47.3).

47.6.7 Zusammenfassung

Es gibt heute nur wenige kontrollierte Studien, welche den Einfluss der Prävention von Übergewicht und Adipositas bei Kindern und Jugendlichen untersucht haben. Diese Untersuchungen haben Unterschiede in der Strategie, im Protokoll, im Fokus, in den Endpunkten und auch in der statistischen Power. Streng genommen erlauben die vorliegenden Daten bisher keine allgemein gültigen präventiven Maßnahmen. Die bisher beste Evidenz ist, dass Interventionen in Schulen die Inzidenz des Übergewichts bei Kin-

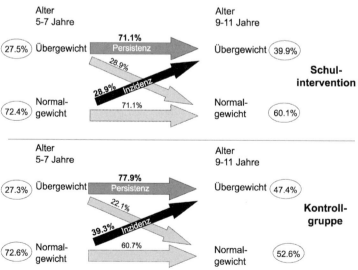

◘ **Abb. 47.2.** Prävalenz, Persistenz und Inzidenz von Übergewicht bei 5- bis 7-jährigen und 9- bis 11-jährigen Kindern in so genannten Interventionsschulen (n = 138) und »Kontrollschulen« (n = 249). Die Einteilung der »Gewichtsgruppen« erfolgte nach der Trizeps-Hautfaltendicke. Als Referenzwerte wurde eine nordwestdeutsche Datenbank aus dem Jahre 1978 bezogen (für weitere Details s. Text und Müller et al., 2001 b)

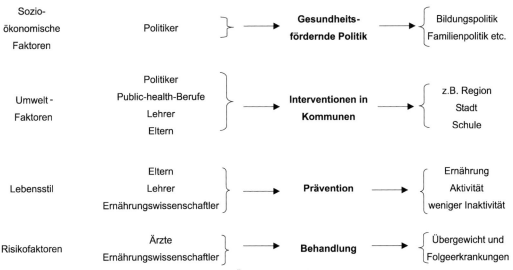

Abb. 47.3. Akteure und Strategien der Prävention von Übergewicht und Adipositas

dern vor der Pubertät senken können. Sie sind aber ohne wesentlichen Einfluss auf die Persistenz des Übergewichts. Aufgrund dieser Daten erscheint es notwendig, Schulcurricula der Gesundheitsförderung für alle Kinder in Grundschulen zu etablieren. Es ist wahrscheinlich, dass Kinder aus Familien mit mittlerem und hohem sozialen Status mehr von der Intervention profitieren als Kinder aus sozial schwächeren Familien. Da das Risiko des Übergewichts bei Kindern wesentlich durch soziale Faktoren und auch durch das Gewicht der Eltern bestimmt wird, erscheinen gezielte Maßnahmen der Prävention für übergewichtige Kinder aus übergewichtigen Familien mit niedrigem sozialen Status ein besonders wichtiges Anliegen. Objektiv betrachtet werden die positiven Befunde sich in einer Welt des Überflusses und des ungebremsten Konsums wahrscheinlich nicht durchsetzen können. Es ist deshalb für die Zukunft wichtig, den Einfluss der Eltern, von »peer groups«, der Werbung und auch von Vorbildern in die derzeit bestehenden Maßnahmen mit einzubeziehen. Maßnahmen der Gesundheitsförderung und Prävention dürfen nicht isoliert durchgeführt werden. Angesichts des endemischen Ausmaßes von Übergewicht und Adipositas auch in der Gruppe der Kinder und Jugendlichen sind nationale Kampagnen und Aktionspläne notwendig (► Kap. 50).

Danksagung

Die Autoren danken allen Mitarbeitern, Lehrern, Eltern und Kindern sowie den Schulärzten der Stadt Kiel. KOPS wurde/wird unterstützt durch die Deutsche Forschungsgemeinschaft (DFG Mü 714 51, 5–2, 5-3), die Wirtschaftliche Vereinigung Zucker, Bonn, Danone Stiftung, München und dem World Cancer Research Fund, London.

Literatur

Acting on Australia's weight (1997) National Health and Medical research Council. Commonwealth Department of Health and Family Services, Canberra

Alexandrov AA, Maslennikova GY, Kulikov SM, Propirnij GA, Perova NV (1992) Primary prevention of cardiovascular diseases: 3-year intervention results in boys of 12 years of age. Prev Med 21: 53–62

Atkinson RL, Nitzke SA (2001) School based programs on obesity. Brit Med J 323: 1018–1019

Barker DJP, Blundell JE, Dietz WH, Epstein LH, Jeffry RW, Remschmidt H, Rolls BJ, Rössner S, Saris WHM (1996) Group report: What are the bio-behavioral determinants of body weight regulation? In: Bouchasel C, Bray GA (eds) Regulation of body weight. Dahlem Workshop reports, Life Sciences Research Report 57. Wiley Johnsons, Chichester, pp 159–177

Bell AC, Swinburn BA, Amosa H, Scragg RK (2001) A nutrition and exercise intervention program for controlling weight in Samoan communities in New Zealand. Int J Obes 25: 920–927

Berenson GS, Wattigney WA, Bao W, Srinivasan SR, Radhakris-huamurthy B (1995) Rationale to study the early natural history of heart disease: The Bogalusa Heart Study. Am J Med Sci 310 (Suppl 1): 22–28

Berenson GS, Srinivasan SR, Bao LN, Newman WP, Tracy RE, Wattigney WA, for the Bogalusa Heart Study (1998) Association between multiple cardiovascular risk factors and atherosclerosis in children and young adults. New Engl J Med 338: 1650–1656

Bouchard C, Perusse L (1994) Genetics of obesity: Family studies. In Bouchard C (ed) The genetics of obesity. CRC, Boca Raton, pp 79–92

Campbell K, Waters E, O'Meara S, Summerbell C (2001) Interventions for preventing obesity in childhood. A systematic review. Obesity Rev 2: 149–157 (also published in the Cochrane library – http://www.cochrane.org)

Danielzik S, Langnaese K, Mast M, Spethmann C, Mueller MJ (2002) Impact of parental BMI manifestation of overweight in 5–7 year old children. Eur J Nutr 41: 132–138

Davids S, Gomer Y, Lambert C, Skipper B (1993) Primary prevention of obesity in American Indian children. In: Williams CL, Kimm SYS (eds) Prevention and treatment of childhood obesity. New York Academy of Sciences, New York, pp 167–180

Davis K, Christoffel KK (1994) Obesity in preschool and school-aged children: treatment early and often may be the best. Arch Pediatr Adoles Med 148: 1257–1261

Davison KK, Birch LL (2001) Childhood overweight: a contextual model and recommendations for future research. Obes Rev 2: 159–171

Dietz WH, Gortmaker SL (2001) Preventing obesity in children and adolescents. Ann Rev Publ Health 22: 337–353

Dietz WH (1998) Health consequences of obesity in youth: Childhood predictors of adult disease. Pediatr 101: 518–525

Douelly JE, Jacobsen DJ, Whatley JE, Hill JO, Swift CL, Cherrington A, Polk B, Tran ZV, Reed G (1996) Nutrition and physical activity program to alternate obesity and to promote physical and metabolic fitness in elementary school children. Obes Res 4: 229–243

Ebbeling CB, Pawlak DB, Ludwig DS (2002) Childhood obesity: public-health crisis, common sense cure. Lancet 360: 473–482

Egger G, Swinburn B (1997) An »ecological« approach to the obesity pandemic. Br Med J 315: 477–480

Epstein L, Valoski A, Wing RR, McCurley J (1990) Ten-year follow-up of behavioral family-based treatment of obese children. JAMA 264: 2519–2523

Epstein LH, Valoski A, Wing RR, Mc Curley I (1994) Ten year outcomes of behavioral family-based treatment for childhood obesity. Health Psychol 13: 373–383

Epstein LH, Valoski AM, Vara LS, McCurley I, Wisniewski L, Kalarchin MA, Klein UR, Shraper LR (1995) Effects of decreasing sedentary behavior and increasing activity on weight change in obese children. Health Psychol 14: 109–115

Epstein LH, Myers MD, Raynor HA, Saelens BE (1998) Treatment of pediatric Obesity. Pediatr 101 (Suppl): 554–570

Flodmark CE, Ohlsson T, Ryden O, Sveger T (1993) Prevention of progression to severe obesity in a group of obese school children treated with family therapy. Pediatr 91: 880–884

Fox KN, Riddoch C (2000) Charting the physical activity patterns of contemporary children and adolescents. Proc Nutr Soc 59: 497–504

Glenny AM, Meara SO, Melville A, Sheldon TA, Wilson C (1997) The treatment and prevention of obesity: a systematic review of the literature. Int J Obes 21: 715–737

Gortmaker SL, Peterson K, Wiecha J, Sobol AM, Dixit S, Fox MK, Laird N (1999) Reducing obesity via school-based interdisciplinary intervention among youth. Planet Health. Arch Pediatr Adolesc Med 153: 409–418

Guo SS, Roche AF, Cameron Chumlea W, Gardner JD, Siervogel RM (1994) The predictive value of childhood body mass index values for overweight at age 35y. Am J Clin Nutr 59: 810–819

Guo SS, Wu W, Chumlea WC, Roche AF (2002) Predicting overweight and obesity in adulthood from body mass index values in childhood and adolescence. Am J Clin Nutr 76: 653–658

Harrell JS, Gansky SA, McMurray RG, Bangdiwala SJ, Fraumann AC, Bradley CB (1998) School-based interventions improve heart health in children with multiple cardiovascular disease risk factors. Pediatr 102: 371–380

Harrell JS, Mc Murray RG, Bangdicrala SI, Frauman AC, Gansky SA, Bradley CB (1996) Effects of a school-based intervention to reduce cardiovascular risk factors in elemental school children. The cardiovascular health in children (CHIC) study. J Pediatr 128: 797–805

Jackson MY, Proulx JM, Pelican S (1991) Obesity prevention. Am J Clin Nutr 53: 1625–1630

Johnson WG, Hinkle LK, Carr RE, Anderson DA, Lemmon CR, Engler LB, Bergeron KC (1997) Dietary and exercise interventions for juvenile obesity: Long-term effect of behavioral and public health models. Obes Res 5: 257–261

Katzmarek PT, Perusse L, Tremblay A, Bouchard C (2000) No association between resting metabolic rate or respiratory exchange ratio and subsequent changes in body mass and fatness: 5 1/2-year follow-up of the Quebec family study. Eur J Clin Nutr 54: 610–614

Kumanyika S, Jeffery RW, Morabia A, Ritenbaugh C, Antipatis VJ (2002) Obesity prevention: the case for action. Int J Obes 26: 425–436

Langnaese K, Mast M, Mueller MJ (2002) Social class differences in overweight of prepubertal children in northwest Germany. Int J Obes 26: 566–572

Lauer RM, Obarzanek E, Hunsberger SA, van Horn L, Hartmuller VW, Barton BA, Stevens VJ, Kwiterovich WO, Franklin FA, Kim SYS, Lasser NL, Simons-Morton DG (2000) Efficacy and safety of lowering dietary intake of total fat, saturated fat, and cholesterol in childen with elevated LDL cholesterol: the dietary Intervention Study in Children. Am J Clin Nutr 72 (suppl): 1332S–1342S

Ludwig DS, Peterson KE, Gortmaker SL (2001) Realation between consumption of sugar-sweetened drinks and childhood obesity: a prospective, observational analysis. Lancet 357: 505–508

Lüpker RV, Perry CL, McKinlay SM, Nader PR, Parcel GS, Stone EJ (1996) Outcomes of a field trial to improve children's dietary pattern and physical activity: a child and adolescent trial for cardiovascular health (CATCH). JAMA 275: 768–776

Lytle LA, Stone EJ, Nichaman MZ, Perry CL, Montgomery DH, Nicklas TA, Zive MM, Mitchell P, Dwyer JT, Ebtery MK, Evans MA, Galati TP (1996) Changes in nutrient intakes of elementary school children following a school-based intervention: Results from the CATCH Study. Prev Med 25: 466–477

MacFarfalone A (1993) Health promotion and children and teenagers. Br Med J 306: 81

Miles A, Rapoport L, Wardle J, Afuape T, Duman M (2001) Using the mass-media to target obesity: an analysis of the characteristics and reported behaviour change of participants in the BBC's »Fighting Fat, Fighting Fit« campaign. Health Educ Res 16: 357–372

Mueller MJ, Asbeck I, Mast M, Langnaese K, Grund A (2001a) Prevention of obesity – more than an intention. Concept and first results of the Kiel Obesity Prevention Study (KOPS). Int J Obes (Suppl 1): S66–S74

Mueller MJ, Mast M, Asbeck I, Langnaese K, Grund A (2001b) Prevention of obesity – is it possible? Obes Rev 2: 15–28

Must A, Jacques PF, Dallal GE, Bajema CJ, Dietz WH (1992) Long-term morbidity and mortality of overweight adolescents. N Engl J Med 327: 1350–1355

OBESITY (WHO, 2000) Preventing and managing a global epidemic. Report of a WHO Consultation. WHO Technical Report, Series 894. WHO, Geneva

Parsons TJ, Power C, Logan S, Summerbell CD (1999) Childhood predictors of adult obesity: a systematic review. Int J Obes 23 (Suppl 8): 1–107

Peters JC, Wyatt HR, Donahoo WT, Hill JO (2002) From instinct to intellect: the challenge of maintaining healthy weight in the modern world. Obes Rev 3: 69–74

Puska P, Vartiainan E, Pallonan V (1982) The North Carolina Youth Project: Evaluation of two years of intervention on Health Behavior and CVD risk factors among 13 to 15-years-old children. Prev Med 11: 550–570

Ravussin E, Swinburn BA (1993) Metabolic predictors of obesity: cross-sectional versus longitudinal data. Int J Obes 17 (Suppl 3): 28–31

Robinson TN (1999) Reducing children's television viewing to prevent obesity. A randomized controlled trial. JAMA 282: 1561–1567

Sahota P, Rudolf MCJ, Dixey R, Hill AJ, Barth JH, Cade J (2001a) Evaluation of implementation and effect of primary

school based intervention to reduce risk factors for obesity. Brit Med J 323: 1027–1029

Sahota P, Rudolph MCJ, Dixey R, Hill A, Barth JH, Cade J (2001b) Randomised controlled trial of primary school based intervention to reduce risk factors for obesity. Brit Med J 323: 1029–1032

Sallis JE, McKencie TL, Alcarez JE, Kolody B, Hovell MF, Nader PR (1993) Project SPARK – Effects of physical exercise on adiposity in children. In: Williams L, Kimm YS (eds) Prevention and treatment of childhood obesity. Ann NY Acad Sci 299: 127–136

Seidell JC, Muller DC, Sorkin ID, Andres R (1992) Fasting resting exchange ratio and resting metabolic rate as predictors of weight gain: the Baltimore Longitudinal study on aging. Int J Obes 16: 667–674

Simell O, Niinikoski H, Roennemaa T, Lapinleimu H, Routi T, Lagstroem H, Salo P, Jokinen E, Viikari J (2000) Special Turku Coronary Risk Factor Intervention project for babies (STRIP). Am J Clin Nutr 72 (suppl): 1316S–1331S

Story M, Evans M, Fabsitz RR, Clay TE, Holy Rock B, Broussard B (1999) The epidemic of obesity in American Indian communities and the need for childhood obesity-prevention programs. Am J Clin Nutr 69 (suppl): 747S–754S

Tell GS, Vellar OD (1987) Non-communicable disease risk factor intervention in Norwegian adolescents: The Oslo youth study. In: Hetzel BS, Berenson GS (eds) Cardiovascular risk factors in childhood: Epidemiology and prevention. Elsevier, Amsterdam, pp 203–217

Thomas PR (1995) (ed) Weighing the options – criteria for weight-management programs. National Academy, Washington

Walker Z, Townsend J, Oakley L, Donovan C, Smith H, Hurst Z, Bell J, Marshall S (2002) Health promotion for adolescents in primary care: randomised controlled trial. Brit Med J 325: 524–529

Walter HJ, Wynder EL (1989) The development, implementation, evaluation and future directions of a chronic disease prevention programme for children: the »Know your body program«. Prev Med 18: 59–71

Wardle J, Rapoport L, Miles A, Afuape T, Duman M (2001) Mass education for obesity prevention: the penetration of the BBC's »Fighting Fat, Fighting Fit« campaign. Health Educ Res 16: 343–355

Whitaker RC, Wright JA, Pepe MS, Seidel KD, Dietz WH (1997) Predicting obesity in young adulthood from childhood and parenteral obesity. N Engl J Med 337: 869–873

Willett WC (2002) Balancing life-style and genomics research for disease prevention. Science 296: 695–698

Gesundheitsökonomische Betrachtungen und Finanzierung der Prävention und Therapie

T. Böhler

48.1 Gesundheitsökonomie der Adipositas

Gesundheitsökonomische Evaluationen werden in der Regel zu dem Zweck durchgeführt, Entscheidungsträgern im Gesundheitssystem Hilfestellung zu geben bei der Frage, wie die verfügbaren (begrenzten) Ressourcen am besten und wirkungsvollsten eingesetzt werden können, um ein angestrebtes Versorgungsziel zu erreichen (Drummond et al., 1997). Maßnahmen der Gesundheitsversorgung werden dabei bezüglich der für ihre Durchführung notwendigen Mittel, der anfallenden Kosten, und der erzielten Wirkungen und Folgen verglichen.

Je nach der Art und Weise, wie bzw. in welchem Umfang der Mitteleinsatz und die Interventionsfolgen aufgeschlüsselt und bewertet werden, lassen sich folgende Formen der gesundheitsökonomischen Evaluation unterscheiden (Drummond et al., 1997):

- Cost-minimisation-analysis (CMA):
  Unterscheiden sich die Interventionen nicht in ihren Konsequenzen, so bezieht sich die Analyse nur auf die Kosten der Maßnahme; sie verfolgt das Ziel, herauszufinden, wie das Behandlungsergebnis mit dem geringsten Mitteleinsatz (am billigsten) erreicht werden kann.
- Cost-effectiveness-analysis (CEA):
  Wenn es möglich ist, die gesundheitlichen Folgen unterschiedlicher Interventionen in der gleichen Basiseinheit auszudrücken, kann ein Vergleich dieser Interventionen in Form von Kosten pro Einheit der Gesundheitsfolgen (cost per unit of consequence) durchgeführt werden.
- Cost-utility-analysis (CUA):
  Unterscheiden sich die Folgen der zu vergleichenden Maßnahmen unter quantitativen und qualitativen Aspekten, so werden sie in Form von »utilities« ausgedrückt und die Maßnahmen bezüglich der Kosten pro utility verglichen (die bekannteste Einheit der utility ist das QALY=Quality-Adjusted-Life-Year, die gesundheitsökonomische Evaluation ermittelt die Kosten pro QALY).
- Cost-benefit-analysis (CBA):

Eine Kosten-Nutzen-Analyse unter gesundheitsökonomischen Gesichtspunkten kann dann erfolgen, wenn sowohl die Kosten, als auch die Folgen verschiedener Interventionen in Form von Währungseinheiten gemessen werden können und damit ein direkter Vergleich möglich ist.

Häufig besteht eine gesundheitsökonomische Studie lediglich aus einer **Krankheitskostenanalyse**. Die mit einer definierten Diagnose bzw. einem bestimmten Gesundheitszustand verbundenen gesundheitlichen Konsequenzen werden mit den daraus erwachsenden Kosten verknüpft und in einer Modellrechnung dargestellt. Drei Kostenkategorien werden dabei unterschieden (Stratmann et al., 2000):

- Direkte Kosten für die ambulante und stationäre Versorgung, Arznei, Heil- und Hilfsmittel, Krankentransport und häusliche Krankenpflege, Haushaltshilfe und Unterstützung durch Familienmitglieder und Freunde.
- Indirekte Kosten, in erster Linie die krankheitsbedingte Arbeits- und Erwerbsunfähigkeit sowie der gesamtwirtschaftliche Produktionsausfall bei vorzeitigem Tod.
- Intangible Kosten im Sinne einer Einschränkung der gesundheitsbezogenen Lebensqualität, z. B. durch mit der Krankheit verbundene Schmerzen und andere Belastungen.

Die ökonomische Relevanz der Adipositas im Erwachsenenalter wurde in erster Linie durch Schätzungen der verursachten Krankheitskosten verdeutlicht. Analysen aus mehreren europäischen Staaten ergaben – in Abhängigkeit von der verwendeten Definition der Adipositas und der angewandten Methode der Kostenkalkulation – durch Adipositas im Erwachsenenalter verursachte direkte Krankheitskosten zwischen 1% und 5% der gesamten Gesundheitsausgaben des jeweiligen Landes (Seidell, 1995).

In der wissenschaftlichen Fachliteratur sind nur wenige gesundheitsökonomische Analysen, die sich spezifisch mit den Folgekosten der Adipositas im Kindes- und Jugendalter beschäftigen, aufzufinden (Stratmann et al., 2000). Eine umfassende gesundheitsökonomische Evaluation der Adipositas im Kindes- und Jugendalter wäre nur im Rahmen einer **Inzidenz-basierten Krankheitskostenstudie** möglich. Eine Kohorte adipöser Kinder müsste dazu im Laufe des gesamten Lebens bezüglich Verlaufdauer und Folgekosten der durch die Adipositas verursachten Krankheiten und vorzeitigen Todesfälle beobachtet werden. Es ist gegenwärtig nicht zu erwarten, dass in Deutschland für eine solche Studie Forschungsmittel zur Verfügung gestellt werden können.

> Gortmaker et al. (1993) ermittelten die sozialen und ökonomischen Folgen von Übergewicht bei Jugendlichen und im jungen Erwachsenenalter. Frauen, die im Jahr 1981 zwischen 16 und 24 Jahre alt waren und einen Body Mass Index (BMI) über der 95. Perzentile aufwiesen, hatten 7 Jahre später ein niedrigeres Haushaltseinkommen, einen kürzeren Schulbesuch und waren häufiger unverheiratet als normalgewichtige Frauen der gleichen Altersgruppe – unabhängig vom sozioökonomischen Status bei der Erstuntersuchung. Bei den männlichen übergewichtigen Probanden war lediglich die Wahrscheinlichkeit, verheiratet zu sein, signifikant geringer (im Mittel um 11%) als bei normalgewichtigen Altersgenossen. Die Autoren sahen als wahrscheinlichen Grund für diese sozialen und ökonomischen Folgen der Adipositas im Jugendalter in erster Linie die Stigmatisierung und Diskriminierung der betroffenen Individuen.
>
> Wang und Dietz (2002) stellten anhand von Diagnosestatistiken US-amerikanischer Krankenhäuser fest, dass im Zeitraum von 1979 bis 1999 in den USA der Anteil von durch Adipositas (mit-)verursachten stationären Krankenhausaufenthalten von Kindern und Jugendlichen im Alter von 6–17 Jahren um ca. 200% zugenommen hat. In den Jahren von 1979 bis 1984 erfolgten ca. 0,36% aller Krankenhausaufnahmen wegen Adipositas (Erstdiagnose). In den Jahren 1997 bis 1999 lag der Anteil bei 1,07±0,08%. Dadurch kam es zu einer Zunahme der durch Adipositas verursachten Krankenhauskosten von Kindern

> und Jugendlichen von 35 Mio. US-Dollar in den Jahren 1979 bis 1981 (0,43% der gesamten Krankenhauskosten) auf 127 Mio. US-Dollar in den Jahren 1997 bis 1999 (1,7% der gesamten Krankenhauskosten).

Eine mögliche Erklärung für das Fehlen weitergehender Analysen besteht darin, dass (a) die gesundheitlichen Folgeschäden der Adipositas in erster Linie bei Erwachsenen manifest werden und dann relevante Krankheitskosten verursachen (Gunnell et al., 1998) und (b) aus einem adipösen Kind nicht notwendigerweise auch ein adipöser Erwachsener wird.

> Whitaker et al. (1997) konnten anhand longitudinal erhobener Daten zur Verlaufsentwicklung des BMI in Familien einer US-amerikanischen Health-Maintenance-Organisation feststellen, dass das Risiko für Adipositas im Erwachsenenalter insbesondere in der frühen Kindheit in erster Linie durch eine familiäre Belastung definiert wird. Klein- und Schulkinder mit adipösen Eltern hatten ein deutlich höheres Risiko, auch als Erwachsene adipös zu sein als gleichaltrige Kinder mit normalgewichtigen Eltern. Etwa ein drittel aller im Alter zwischen 6 und 9 Jahren adipösen Kinder waren als Erwachsene weder adipös, noch übergewichtig. Andererseits konnten etwa drei viertel der im frühen Erwachsenenalter (21–29 Jahre) beobachteten Fälle von Adipositas nicht anhand eines BMI über der 95. Perzentile im Alter von 6–9 Jahren vorhergesagt werden.

Aussagekräftige gesundheitsökonomische Evaluationen von Interventionen zur Bekämpfung von Übergewicht und Adipositas im Kindes- und Jugendalter im Sinne von Kostenminimierungs- oder Kosten-Nutzen-Analysen können derzeit nicht durchgeführt werden, weil keine wirksamen Maßnahmen zur Prävention und Therapie der Adipositas zur Verfügung stehen (Campbell et al., 2002; Summerbell et al., 2002).

48.2 Aktuelle Praxis der Leistungsgewährung

In Deutschland werden regelhaft Leistungen zur Untersuchung und Behandlung übergewichtiger und adipöser Kinder und Jugendlicher zu Lasten unterschiedlicher Kostenträger erbracht. Alleine die Träger der gesetzlichen Rentenversicherung haben im Jahr 2001 in 33 751 Fällen Maßnahmen der Kinder-Rehabilitation durchgeführt; 17,7% dieser Heilbehandlungen (5964 Fälle) wurden wegen »Adipositas und sonstige Überernährung« veranlasst (Verband der Rentenversicherungsträger: Stationäre Kinderheilbehandlungen im Berichtsjahr 2001, Tabelle 70.00 M; http://www.vdr.de).

Nach dem Konzept zur stationären Rehabilitation von Kindern und Jugendlichen mit »Adipositas und Folgestörungen« (Empfehlungen des Verbandes Deutscher Rentenversicherungsträger vom Februar 1998; ▶ Kap. 46) ist Rehabilitationsbedürftigkeit z. B. anzunehmen bei

- Übergewicht über 20% des Längensollgewichts mit Folgestörungen,
- Kombination mit anderen chronischen Erkrankungen, die durch Übergewicht ungünstig beeinflusst werden (z. B. Asthma bronchiale, orthopädische Erkrankungen, Diabetes mellitus),
- Fehlschlagen der bisherigen ambulanten Behandlung,
- Indikation eines kombinierten Therapieprogramms ohne ausreichende Verfügbarkeit am Wohnort,
- durch Chronifizierung der Erkrankung bereits eingetretener oder drohender psychosozialer Entwicklungsstörung.

Obwohl weder zur Wirksamkeit noch zur Kosteneffektivität derartiger Maßnahmen ausreichende Daten für rationale leistungsrechtliche Entscheidungen der Kostenträger vorliegen (Mast et al., 2003), werden in Deutschland neben stationären Heilverfahren auch regionale und überregionale Gewichtsreduktionsprogramme für Kinder und Jugendliche im ambulanten Rahmen angeboten (Reinehr et al., 2002). An der Finanzierung dieser Programme ist eine Vielzahl potenzieller Kostenträger beteiligt (◘ Tabelle 48.1).

◘ Tabelle 48.1. Leistungsrechtliche Rahmenbedingungen für Interventionsmöglichkeiten gegen Übergewicht und Adipositas im Kindes- und Jugendalter im deutschen System der Gesundheitsversorgung

	Maßnahme	Interventionsort	Kostenträger
Ambulante ärztliche Behandlung	z. B. Untersuchung, Beratung, Heilmittelverordnung, Verhaltenstherapie	Praxis niedergelassener (ambulanter) Leistungserbringer, Familie	GKV: § 27 SGB V Versicherte: §1 SGB V
Primärprävention	Gesundheitsbildung, Gesundheitsförderung, Krankheitsvermeidung (Wirksamkeitsnachweis?)	Gemeinde, Schule, Medien, Familie	Öffentliche Hand (z. B. Vereinsförderung), Schulen (z. B. »Gesunde Schule«) GKV: § 20 SGB V Versicherte: §1 SGB V
Sekundärprävention	Einleitung von Krankheitsbehandlung nach Frühdiagnostik im Rahmen einer Screening-Untersuchung (Wirksamkeitsnachweis?)	Lebensumfeld (Familie, Schule, Orte der Freizeitaktivitäten, Ausbildungsstelle) ambulant, teilstationär	Gesundheitsämter (z. B. schulärztliche Untersuchung) Gewerbeämter (z. B. arbeitsmedizinische Untersuchung) GKV: § 23 u. 26 SGB V Versicherte: §1 SGB V
Tertiärprävention	Rehabilitation (Wirksamkeitsnachweis?)	»Ambulant vor stationär«	Rentenversicherungsträger GKV: § 43 SGB V § 40 SGB V Versicherte: §1 SGB V

GKV gesetzliche Krankenversicherung; **SGB V** 5. Sozialgesetzbuch.

48.3 Leistungsrechtliche Rahmenbedingungen

Versicherte der gesetzlichen Krankenversicherung (GKV) in Deutschland haben Anspruch auf Leistungen zur Verhütung von Krankheiten und von deren Verschlimmerung, zur Früherkennung von Krankheiten und zur Behandlung einer Krankheit. Nach § 12 Abs. 1 Satz 1 des 5. Sozialgesetzbuches (SGB V) müssen die dazu erbrachten Leistungen ausreichend, zweckmäßig und wirtschaftlich sein und dürfen das Maß des Notwendigen nicht überschreiten. § 2 Abs. 1 Satz 3 SGB V legt fest, dass Qualität und Wirksamkeit der Leistungen dem allgemein anerkannten Stand der medizinischen Erkenntnisse zu entsprechen und den medizinischen Fortschritt zu berücksichtigen haben.

Die gemäß der aktuellen Leitlinien der Fachgesellschaft (http://www.a-g-a.de) bei übergewichtigen und adipösen Kindern und Jugendlichen erforderlichen diagnostischen Maßnahmen werden im Rahmen der ambulanten ärztlichen Tätigkeit gemäß § 27 SGB V zu Lasten der gesetzlichen Krankenversicherung erbracht und entsprechend dem »Einheitlichen Bewertungsmaßstab« (EBM) abgerechnet (◘ Abb. 48.1). Die Beratung des Kindes und seiner Familie bezüglich notwendiger Veränderungen des Ess-, Bewegungs- und Freizeitverhaltens einschließlich der notwendigen Kontrolluntersuchungen sind ebenfalls hierüber zu vergüten. Für die Durchführung dieser Maßnahmen muss in der Regel auf die Verpflichtung der Versicherten der gesetzlichen Krankenversicherung hingewiesen werden, nach § 1 Satz 2 SGB V durch eine entsprechende Lebensweise zur Erhaltung bzw. Wiederherstellung ihrer Gesundheit beizutragen.

Falls Maßnahmen im Rahmen der ambulanten vertragsärztlichen Behandlung alleine nicht ausreichen, um einen gesundheitsrelevanten Therapieerfolg bei adipösen Kindern und Jugendlichen zu erreichen, kann eine Intensivierung der Behandlung z. B. im Rahmen von stationären Rehabilitationsmaßnahmen oder durch Teilnahme an einem ambulanten Gewichtsreduktionsprogramm versucht werden. Hier stehen stationäre Heilverfahren durch den Rentenversicherungs-

träger oder Rehabilitationsverfahren gemäß § 40 SGB V zu Lasten der GKV zur Verfügung (► Kap. 46). Die individuellen Voraussetzungen hierfür umfassen den Nachweis der Rehabilitationsbedürftigkeit und Rehabilitationsfähigkeit sowie das Vorliegen einer Rehabilitationsprognose.

Weitere Behandlungsangebote können als ergänzende Leistungen zur Rehabilitation gemäß § 43 SGB V erfolgen. Danach kann eine gesetzliche Krankenkasse wirksame und effiziente Patientenschulungsprogramme (► Kap. 45) für chronisch kranke Kinder und ihre Familienangehörigen erbringen, wenn die Krankenkasse zuletzt Krankenbehandlung geleistet hat oder leistet. Entsprechende Programme sollten anhand wissenschaftlich einwandfrei geführter Statistiken belegen, dass sich die chronische Krankheit und daraus entstehende Krankheitsfolgezustände dadurch deutlich positiv verbessern lassen.

Diese Voraussetzungen werden gegenwärtig von den in Deutschland angebotenen Adipositas-Programmen für Kinder und Jugendliche nicht erfüllt. Auch auf Grundlage der verfügbaren Informationen der internationalen Fachliteratur kann die generelle Wirksamkeit derartiger Interventionen nicht als nachgewiesen gelten (Summerbell et al., 2002).

❗ **Aus gesundheitsökonomischer Sicht muss das derzeitige Vorgehen der Kostenträger bei der Leistungsgewährung für ambulante und stationäre Maßnahmen zur Behandlung der Adipositas im Kindes- und Jugendalter deshalb grundsätzlich hinterfragt werden.**

Eine im Sinne der Evidenz-basierten Medizin unwirksame Intervention kann definitionsgemäß nicht »wirtschaftlich« sein. Somit fehlen zumindest die leistungsrechtlichen Grundlagen für die Kostenübernahme ambulanter Gewichtsreduktionsprogramme für Kinder und Jugendliche durch die GKV. Auch die gesetzliche Rentenversicherung müsste sich mit der Erkenntnis auseinandersetzen, dass stationäre Rehabilitationsmaßnahmen für adipöse Kinder und Jugendliche in der Regel keine anhaltende Gewichtsreduktion oder eine nachhaltige Verhaltensänderung bewirken (Mast et al., 2003).

Leitlinien-basierte Diagnostik bei V.a. Adipositas im Kindes- und Jugendalter

gesund, aber familiäres Risiko

Adipositas mit Krankheitswert i.S. des SGB V

Beratung: gesunde Lebensführung (Primär-/Sekundärprävention)

Leitlinien-basierte Behandlung der Adipositas im Kindes- und Jugendalter

Falls kein Erfolg, Analyse der Ursachen für den Misserfolg und Entscheidung über die Einleitung intensivierter Vorsorgemaßnahmen (z.B. ambulantes Programm zur Adipositas-Prävention oder stationäre Vorsorgemaßnahme) Kostenträger: RVT/GKV?

Extreme Adipositas oder assoziierte Erkrankung?

Spezielle Diagnostik und Behandlung notwendig? z.B. psychiatr. Erkr., sekundäre Adipositas

Vertragsärztliche Behandlung auf der Basis von §27 SGB V i.V. mit §1 Satz 2 SGB V (ggf. unterstützt durch Krankenkasse*)

Studie? *Erfolgskriterien?* *Beobachtungsdauer?*

*z.B. Ernährungsberatung

Falls kein Erfolg, Analyse der Ursachen für den Misserfolg und Entscheidung über die Einleitung intensivierter Therapiemaßnahmen:

•ambulantes Programm zur interdisziplinären Adipositas-Behandlung Kostenträger: GKV(§43 SGB V)

•stationäres Rehabilitationsverfahren Kostenträger: RVT/GKV

•kinderpsychiatrische (Mit-) Behandlung Kostenträger: GKV (§27 SGB V)

Falls erneut kein Erfolg, Analyse der Ursachen für den Misserfolg und Entscheidung über...

•**Einleitung intensivierter Therapiemaßnahmen?** (z.B. stationäre kinderpsychiatrische Behandlung) Kostenträger: GKV

•**Einleitung von Maßnahmen der Eingliederungshilfe?** (z.B. mehrmonatige Verbringung in anderem Lebensumfeld) Kostenträger: Sozialämter (BSHG), Jugendämter (SGB VIII)

•**Aufnahme in kontrollierte klinische Studien** zum Wirksamkeitsnachweis für experimentelle Interventionen der Behandlung von Adipositas im Kindes- und Jugendalter (z.B. medikamentöse Therapie, operative Verfahren); Kostenträger: Forschungsfinanzierung

▫ Abb. 48.1. Medizinische und rehabilitative Leistungen für adipöse Kinder und Jugendliche und ihre Zuordnung zu potenziellen Kostenträgern im deutschen Versorgungssystem

48.4 Umfassender Forschungsbedarf

Aus Gründen einer rationalen Ressourcenallokation ist zu fordern, dass die gegenwärtige Praxis der Leistungsgewährung seitens der Kostenträger im Rahmen einer kontrollierten Studie zur Wirksamkeit von Interventionsprogrammen zur Gewichtsreduktion adipöser Kinder und Jugendlicher unter den Bedingungen des herrschenden Versorgungssystems überprüft wird. Sollten sich diese Maßnahmen als unwirksame Therapien erweisen, wären an deren Stelle größere finanzielle Anstrengungen im Bereich der Primärprävention und allgemeinen Gesundheitsförderung in Deutschland zu unternehmen.

Eine derartige Studie sollte mit der Methode der »Cluster randomization« alle Behandlungskonzepte und Programmangebote, die vorgegebene Minimalkriterien der Struktur- und Prozessqualität erfüllen, einbeziehen, die Verantwortung für Diagnostik und Steuerung der Therapie jedoch beim Hausarzt (Kinderarzt) belassen. Auf Grundlage eines mit den Mitteln der Evidenz-basierten Medizin erstellten therapeutischen Stufenplans wären Indikationskriterien für eine Teilnahme an einem Adipositas-Programm festzulegen. Die Ergebnisqualität ist anhand definierter Outcome-Kriterien (anhaltende Verhaltensänderung und Reduktion der BMI-Perzentile bei fortschreitendem Größenwachstum) zu evaluieren (▶ Kap. 38). Es sollte eine Begleitforschung zur Salutogenese möglich sein, damit psychosoziale und/oder genetische Faktoren identifiziert werden, mit deren Hilfe ein Behandlungserfolg vorhersagbar wird. Eine gesundheitsökonomische Evaluation im Sinne einer Kosten-Nutzen-Analyse bzw. einer Kostenminimierungsstrategie könnte ebenfalls erfolgen.

48.5 Notwendigkeit einer Primärprävention

Eine anhaltende, lebenslange Wirksamkeit von Behandlungsmaßnahmen für adipöse Kinder und Jugendliche ist wenig wahrscheinlich, wenn nicht gleichzeitig durch Initiativen der Gesundheitsförderung und Primärprävention die Akzeptanz eines gesundheitsfördernden Ess-, Bewegungs- und Freizeitverhaltens in möglichst allen Bevölkerungsschichten verbreitet wird (▶ Kap. 47). Die dazu erforderlichen Interventionen in Gemeinden, Schulen und anderen öffentlichen Einrichtungen, aber auch in den und über die Massenmedien könnten tatsächlich das Ausmaß der gegenwärtig zu erwartenden Belastung des Gesundheitssystems durch Zunahme von Übergewicht und Adipositas verringern (▶ Kap. 50). Trotz genetischer und familiärer Belastung ist es den Menschen auch in modernen postindustriellen Gesellschaften möglich, ein normales »gesundes« Körpergewicht zu erhalten. Benötigt wird Problembewusstsein, die Motivation, ein Normalgewicht zu bewahren, sowie Kenntnisse, Selbstvertrauen und Selbstbewusstsein, um die notwendigen Anstrengungen ein Leben lang fortzuführen (Pi-Sunyer, 2003).

Aus den epidemiologischen Daten in den USA wird der Schluss gezogen, dass die Kinder- und Jugendgesundheit durch vermehrte körperliche Betätigung und gesteigerte Fitness verbessert werden müsse (Promoting better health, 2000; http://www.cdc.gov/nccdphp/dash/presphysactrpt). Als gesellschaftliche Orte, an denen sich diese Verbesserung manifestieren könnte, werden in erster Linie die Familien, die Schulen und die Gemeinden angesehen. Aktionen, die seitens der Gesundheitsverwaltung unterstützt bzw. in die Wege geleitet werden sollen, umfassen familienorientierte Maßnahmen, Maßnahmen im Rahmen des Schulunterrichts (einschließlich qualitativ zweckmäßiger täglicher körperlicher Ertüchtigung, Gesundheitserziehung, Schulfreizeiten und lehrplanergänzender Aktivitäten), Betreuungsprogramme nach der täglichen Schulzeit, Förderung des Jugendsports, Entwicklungsprogramme für Gemeinden (z. B. für die Gestaltung sicherer, gut erhaltener und wohnbereichsnaher Geh- und Laufstrecken, Fahrradwege, Wanderwege, Gärten und Sportanlagen) sowie Werbekampagnen in den Massenmedien, die Kinder und Jugendliche zu körperlicher Aktivität anregen sollen.

Die besondere Bedeutung der primären Prävention von Adipositas und Übergewicht bei Kindern und Jugendlichen wird auch von der Ge sundheits- und Verbraucherschutzpolitik in Deutschland erkannt (▶ Kap. 50). Die gesetzlichen Krankenkassen sollen in der Satzung Leistungen zur primären Prävention vorsehen, die den allgemeinen Gesundheitszustand verbessern und insbesondere einen Beitrag zur Verminderung sozial bedingter Ungleichheit von Gesundheitschancen erbringen sollen (§ 20 SGB V).

Die Spitzenverbände der gesetzlichen Krankenkassen haben zur Umsetzung dieser gesetzlichen Vorgaben gemeinsame und einheitliche Handlungsfelder und Kriterien beschlossen und weiterentwickelt (zuletzt am 22. Mai 2002; http://www.g-k-v.de). Entsprechend dem epidemiologisch ableitbaren Bedarf der Bevölkerung werden darin präventive Aktivitäten in den Handlungsfeldern »Bewegung«, »Ernährung«, »Stressreduktion/Entspannung« sowie »Genuss- und Suchtmittelkonsum« hinsichtlich Zielgruppen, Inhalten, Methodik sowie Anbieterqualifikationen für die Krankenkassen verbindlich festgelegt. Flankierend werden die erbrachten Leistungen durch die GKV-Spitzenverbände kontinuierlich dokumentiert und in Zukunft auch evaluiert.

Da der Grundstein für Herz-Kreislauf- und viele andere chronische Krankheiten zumeist bereits im Kindes- und Jugendalter gelegt wird, ist nach Ansicht der Spitzenverbände besonderes Augenmerk auf die frühzeitige Sensibilisierung dieser Altersgruppen gegenüber Risikofaktoren für Zivilisationskrankheiten (ungesunde Ernährung, Suchtmittelkonsum, Bewegungsarmut) sowohl mittels schulischer Gesundheitserziehung, (kinder-)ärztlicher Beratung und dem Angebot attraktiver Alternativen zu gesundheitsschädigendem Freizeitverhalten zu legen. Allerdings ist derzeit eine übergreifende Koordination und Organisation Kostenträger-übergreifender Maßnahmen der Primärprävention und Gesundheitsförderung mit klarer Verteilung der Aufgaben und Finanzierungsverantwortung allenfalls in Ansätzen erkennbar.

48.6 Möglichkeiten der Sekundärprävention

Bereits jetzt besteht die Möglichkeit, medizinische Vorsorgeleistungen zur Sekundärprävention von Übergewicht und Adipositas im Kindes- und Jugendalter auf der Basis von § 23 SGB V zu nutzen. Danach haben Versicherte Anspruch auf ärztliche Behandlung und Versorgung mit Arznei-, Verband-, Heil- und Hilfsmitteln, wenn diese notwendig sind, um

- eine Schwächung der Gesundheit, die in absehbarer Zeit voraussichtlich zu einer Krankheit führen würde, zu beseitigen,
- einer Gefährdung der gesundheitlichen Entwicklung eines Kindes entgegenzuwirken,
- Krankheiten zu verhüten oder deren Verschlimmerung zu vermeiden oder
- Pflegebedürftigkeit zu vermeiden.

Ein »Adipositas-Screening« (z. B. durch Aufnahme der BMI-Referenzkurven in das Vorsorgeprogramm für Kinder (»Gelbes Heft«) wird zum gegenwärtigen Zeitpunkt nicht empfohlen, da die in § 26 SGB V festgeschriebene Möglichkeit einer effektiven Sekundärprävention nicht gegeben ist (Summerbell et al., 2002). Auch für Präventionsmaßnahmen zu Lasten der GKV gelten grundsätzlich § 2 Abs. 1 Satz 3 und § 12 Abs. 1 Satz 1 SGB V: die dazu erbrachten Leistungen müssen ausreichend, zweckmäßig und wirtschaftlich sein und dürfen das Maß des Notwendigen nicht überschreiten; Qualität und Wirksamkeit haben dem allgemein anerkannten Stand der medizinischen Erkenntnisse zu entsprechen und den medizinischen Fortschritt zu berücksichtigen.

Daher werden derzeit in Deutschland mehrere Studien zur Prävention von Übergewicht und Adipositas im Kindes- und Jugendalter durchgeführt, die diesen Nachweis erbringen sollen. Insbesondere von der mehrjährigen großangelegten »Kiel-Obesity-Prevention-Study« (KOPS) werden Ergebnisse erwartet, die sich auf eine Kostenübernahme durch die GKV für Leistungen nach § 20 bzw. 23 SGB V auswirken könnten (▶ Kap. 47).

Fazit

Aussagekräftige gesundheitsökonomische Analysen zur Adipositas im Kindes- und Jugendalter liegen derzeit nicht vor und sind auch in der näheren Zukunft nicht zu erwarten.

Klinisch epidemiologische Studien lassen erkennen, dass bei entsprechender familiärer, genetischer und/oder durch familiäre Lebensumstände verursachter Belastung von einem erhöhten Risiko für ein Fortbestehen der Adipositas vom Kindes- bis ins Erwachsenenalter mit entsprechenden Folgekrankheiten und Folgekosten auszugehen ist.

Ob dieses Risiko durch gezielte Interventionen in Form von Präventions- und/oder Behandlungsprogrammen (häufig zusammengefasst als »Gewichtsreduktionsprogramme«) unter den gegebenen Lebensbedingungen beeinflussbar ist, muss in randomisierten kontrollierten Studien geprüft werden; dabei könnten auch Daten für gesundheitsökonomische Evaluationen generiert werden.

Grundsätzlich muss davon ausgegangen werden, dass der größte Kosten-Nutzen-Effekt von Interventionen zur Primärprävention und Gesundheitsförderung zu erwarten ist.

Literatur

Campbell K, Waters E, O'Meara S, Kelly S, Summerbell C (2002) Interventions for preventing obesity in children (Cochrane Review). In: The Cochrane Library, Issue 3. Update Software, Oxford

Drummond MF et al. (1997) Methods for the economic evaluation of health care programmes, 2nd ed. Oxford University Press, Oxford

Gortmaker SL et al. (1993) Social and economic consequences of overweight in adolescence and young adulthood. N Engl J Med 329: 1008–1012

Gunnell DJ et al. (1998) Childhood obesity and adult cardiovascular mortality: a 57-y follow-up study based on the Boyd Orr cohort. Am J Clin Nutr 67: 1111–1118

Mast M et al. (2003) Langzeiterfolge ambulanter und stationärer Rehabilitation adipöser Kinder und Jugendlicher. Präv Reha 15: 24–33

Pi-Sunyer X (2003) A clinical view of the obesity problem. Science 299: 859–860

Reinehr T et al. (2002) Ambulante Adipositasschulungen im Kindesalter. Klin Pädiatr 214: 83–88

Seidell JC (1995) The impact of obesity on health status: Some implications for health care costs. Int J Obes 19: 13–16

Stratmann D et al. (2000) Adipositas im Kindes- und Jugendalter. Ansätze zur ökonomischen Analyse. Monatsschr Kinderheilkd 148: 786–792

Summerbell C, Kelly S, Campbell K (2002) The prevention and treatment of childhood obesity. Effective Health Care 7, Nr. 6. NHS Centre for Reviews and Dissemination, University of York, York, UK

Wang G, Dietz W (2002) Economic burden of obesity in youths aged 6 to 17 years: 1979–1999. Pediatrics 109: 1–6

Whitaker et al. (1997) Predicting obesity in young adulthood from childhood and parental obesity. N Engl J Med 337: 869–873

Weiterführende Literatur

American Academy of Pediatrics Committee on Nutrition (2003) Prevention of pediatric overweight and obesity. Pediatrics 112: 424–430
Kommentar: Das aktuelle »Policy Statement« der AAP weist auf zu erwartende gesundheitsökonomische Belastungen aufgrund der Zunahme von Übergewicht und Adipositas bei Kindern in den USA hin. Konkrete Handlungsvorschläge für Politik, Forschungsförderung bis hin zum praktisch tätigen Arzt werden formuliert.

Mulvihill C, Quigley R (2003) The management of obesity and overweight: an analysis of reviews of diet, physical activity and behavioral approaches. Evidence briefing. Health Development Agency, London UK
Kommentar: In der zusammenfassenden Übersicht wird die aktuelle Evidenzlage anhand ausgewählter systematischer Reviews und Meta-Analysen sowohl für Prävention als auch Therapie der Adipositas bei Kindern, Jugendlichen und Erwachsenen dargestellt. Die Bewertungen werden regelmäßig aktualisiert; das Dokument ist verfügbar unter www.hda.nhs.uk/evidence

Möglichkeiten der Verbesserung der Versorgung

W. Kiess, J. Hebebrand, K. Zwiauer, M. Wabitsch

49.1 Vorbemerkungen

Adipositas ist heute eines der dominierenden Gesundheitsprobleme in den westlichen Industrienationen. Dies ist einerseits bedingt durch die außerordentlich hohe Prävalenz der Adipositas, die rasch zunehmende Inzidenz und andererseits durch die gut dokumentierte Risiko-Assoziation von Adipositas mit metabolischen Veränderungen und damit zusammenhängenden Folgeerkrankungen sowie einer erhöhten Mortalität. Bei der Entstehung der Adipositas spielen zu gleichen Teilen genetische Ursachen (Prädispositionsgene; ▶ Kap. 3) und exogene Faktoren (»Lifestyle«) mit (▶ Kap. 5 und 6). Angesichts der großen sozioökonomischen und medizinischen Bedeutung des Problems werden weltweit breit gefächerte Forschungsanstrengungen unternommen, die Ursachen der Adipositas auch und gerade auf molekularer Ebene zu klären und Therapieformen und Lösungsmöglichkeiten zu erarbeiten (▶ Kap. 36 und 43). In Deutschland gibt es kaum koordinierte Forschung zum Thema, obwohl einzelne Gruppen durchaus international konkurrenzfähige Arbeit leisten. Entsprechend müssen konzertierte Maßnahmen ergriffen werden, um die wissenschaftliche Situation auf dem Gebiet der Adipositas-Forschung in Deutschland grundlegend zu verändern und zu verbessern (▶ Kap. 50).

49.2 Forschungssituation

Durch das »Human-Genom-Projekt« ist in kürzester Zeit die Gesamtheit des menschlichen Genoms bekannt und verfügbar geworden. Bis zur Umsetzung der Fülle von Informationen in anwendbare Forschung ist es jedoch noch ein weiter Weg. Die Identifizierung von Genen und der entsprechenden Mutanten bei Patienten ermöglicht es derzeit zunehmend die molekularen Ursachen der krankhaften Fettsucht (Adipositas) zu identifizieren (▶ Kap. 3). Aus diesem Ansatz heraus könnten neue Therapieansätze, aber auch auf Risikogruppen ausgerichtete gezielte Präventionsprogramme entwickelt werden. Der letztere Ansatz wird als der erfolgversprechendere der beiden Ansätze angesehen.

In jüngster Zeit wird Kritik an der einseitigen Ausrichtung medizinischer Forschung besonders in den USA geäußert: nicht elitäre und auf marginale Effekte ausgerichtete Forschung solle betrieben werden. Das Gesamtwohl der Gesellschaft und der direkte Effekt medizinischer Entwicklung auf die Gesundheit jedes Einzelnen solle in das Zentrum medizinischer Wissenschaft und besonders klinischer Versorgungsforschung gerückt werden (Reinhardt, 2004).

In der Adipositas-Forschung wird zunehmend betont, dass unterschiedliche Typen von Adipositas unterscheidbar seien. Unterschiedliche Risikoprofile für Folgeerkrankungen, und daraus abgeleitet unterschiedlicher Behandlungsbedarf werden identifiziert (Rosch, 2003).

49.3 Langfristige Ziele im Bereich der Adipositas-Forschung

Vergleicht man die DNA von normalgewichtigen und fettleibigen Kindern so wird man einige Mutationen im Genom identifizieren können (▶ Kap. 3). Heute wird von ca. 1 Austausch/ 1000 Basen ausgegangen. Einige Austausche führen zu unveränderten Proteinen (stumme Mutationen), einige liegen in den regulatorischen Bereichen, die dritten ändern die Eigenschaften des Proteins für welches sie kodieren. Was hat die Kenntnis solcher Mutanten nun für Konsequenzen, welche Möglichkeiten bieten sich? Bislang war die wichtigste Bedeutung die so genannte »Gentherapie«. Mithilfe von im Allgemeinen viralen Vektoren wird hierbei versucht, das defekte Gen durch ein eingeschleustes, gesundes, zu kompensieren. Erste Erfolge zeigten sich z. B. bei Patienten mit zystischer Fibrose (Mukoviszidose-Patienten). Allerdings ist die Therapie nach wie vor noch sehr schwierig und riskant und zum einen somit nur bei lebensbedrohlichen Erkrankungen gerechtfertigt. Zum anderen bietet sich aus der Molekülforschung eine Fülle neuer Therapieansätze für eine Pharmakotherapie des Übergewichts und gezielte medikamentöse Intervention bei Appetitstörungen (▶ Kap. 43).

Die Komplexität der Signalnetze, die die Energiehomöostase regulieren und schließlich bei der Entstehung und bei der Beibehaltung der Adipositas eine Rolle spielen, erfordert einen interdisziplinären und multizentrischen Ansatz. Die enge Vernetzung von Klinik, medizinischer Grundlagenforschung und biologisch/biochemischer Forschung liefert hervorragende Voraussetzungen für eine effektive, ergebnisorientierte Arbeit und nachhaltig wirksame Ergebnisse.

49.4 Verantwortung von Gesellschaft und Politik

Die Medizinalisierung des öffentlichen Lebens in den westlichen Industrienationen hat die Verantwortung und Verantwortlichkeit der Gesellschaft und Öffentlichkeit (Politik) gegenüber wichtigen Aufgaben im öffentlichen Gesundheitswesen zurückgedrängt. Dieser Trend muss sich rasch ändern, will eine echte Prävention von Adipositas und ihren Folgeerkrankungen erreicht werden (▶ Kap. 50).

❶ Städteplaner sind aufgerufen »gesunde Umgebungen« zu entwerfen! Städteplaner und Mediziner können gerade zur Prävention der Adipositas zusammenarbeiten, um kluge und gezielte Anreize für körperliche Bewegung von Stadtbewohnern zu schaffen: Zunehmend wird erkannt, dass körperliche Aktivität nicht in Fitnesszentren und Sportvereinen endet, sondern mit Gartenarbeit, zu Fuß gehen und Treppen steigen im Alltag unterlegt ist (Larkin, 2003).

49.5 Gesundheitsökonomie und die Hypothek der Medizinalisierung

Ca. 910 000 US-Teenager haben heute bereits Risikofaktoren für die Entwicklung eines metabolischen Syndroms (▶ Kap. 23). Geschäftsinteressen der Nahrungsmittelindustrie haben in nahezu allen Industrienationen erfolgreich verhindert, dass Werbung für ungesunde Nahrung eingeschränkt oder gar verboten wird. Nie war der Fernsehkonsum gerade der jungen Bevölkerung höher als heute: Folge ist ein dramatischer Rückgang der körperlichen Bewegung des Einzelnen.

Andererseits ist in vielen Ländern das billigste Nahrungsmittel charakterisiert durch hohen Fettgehalt und Energie-Reichtum. »So lange eine Mahlzeit von gegrilltem Hühnerfleisch mit Broccoli und frischem Obst mehr kostet als ein Hamburger mit Pommes frites oder in den USA z. B. ein Erdnussbutter-Sandwich, solange kann der Kampf gegen die Adipositas-Epidemie nicht gewonnen werden« (Editorial Lancet, 2004).

49.6 Lebensstil und Gesellschaftsstil

Kurmaßnahmen, teure Therapiekonzepte und Medikamente werden vom industriellen Gesundheitskartell, zu dem Pharmaindustrie, Krankenhäuser und Ärzte wie Kostenträger zu zählen sind, als Interventionsmöglichkeiten gegen Adipositas angeboten. Dagegen wäre eine Verringerung der Lebenszeit, die Kinder und Jugendliche vor Fernseher, Computer und Videospielen verbringen, ein möglicherweise effektiverer und sicher kostengünstigerer Ansatz zur Prävention und damit »Behandlung« der Adipositas-Epidemie (Bonney, 2002). Gerade während des Fernsehens werden Kinder mit Werbung für fetthaltige, energiedichte und zuckerhaltige Snacks bombardiert. Diese Art Werbung gilt als äußerst effizient, indem sie den Geschmack von Kindern für die entsprechenden Nahrungsmittel entwickeln helfen. Immer mehr Kinder gehen nicht mehr zu Fuß in die Schule oder benutzen umgekehrt in Gebäuden Aufzüge statt Treppen. Schulsport wird aufgrund finanzieller »Einsparungen« gekürzt. Damit hat sich eine Gesellschaft von körperlich inaktiven und letztlich alles andere als »fitten« jungen Menschen entwickelt, die darüber hinaus ungesunde, fetthaltige Nahrung bevorzugen (▶ Kap. 5). Nach Erhebungen des Berufsverbandes deutscher Kinder- und Jugendärzte leidet nahezu jeder zehnte Jugendliche an Rücken- und Gelenkschmerzen sowie Haltungsschäden.

49.7 Lebensqualität

Schwer übergewichtige Kinder und Jugendliche haben laut einer neueren Studie aus den USA eine geringere gesundheitsspezifische Lebensqualität als gesunde und schlanke Vergleichskinder. Die Einschränkung ist vergleichbar mit der von Kindern und Jugendlichen mit Krebserkrankungen (Schwimmer et al., 2003; ▶ Kap. 29).

Körperliches »Funktionieren« und eine normale physische und psychomentale Entwicklung scheint nach diesen Daten bei übergewichtigen Kindern und Jugendlichen reduziert zu sein. Besonders kaukasische Kinder (Weiße) und hier besonders junge Mädchen scheinen von den psychosozialen Konsequenzen der Adipositas besonders betroffen zu sein (Ebbeling et al., 2002).

49.8 Zusammenfassung und Empfehlung

In Deutschland gibt es viele Ansätze, die Genetik, Pathophysiologie und die Folgeerkrankungen der Adipositas zu erforschen und diese Bereiche auf hohem wissenschaftlichen Niveau zu bearbeiten. Eine sehr breite interdisziplinäre Beteiligung unter Einbeziehung von Neurobiologen, Psychologen und Psychiatern, Tierphysiologen, Kinderärzten und Internisten, Genetikern und Epidemiologen muss charakteristisch für den Bedarf an Forschungsaktivitäten auf diesem Gebiet in Deutschland sein: Es bedarf einer besseren Vernetzung und eines verbesserten interdisziplinären Austausches. Eine gezielte Forschungsförderung von Themen aus dem Bereich Adipositas und Folgeerkrankungen ist überfällig und dringend gewünscht. Im Vergleich mit dem Ausland ist Deutschland mit einzelnen Arbeitsgruppen kompetitiv, insgesamt aber qualitativ und quantitativ zu wenig präsent. Insbesondere muss die Versorgungsforschung gestärkt werden: Der unkontrollierte Einsatz von nicht-evaluierten, unbewiesenen und womöglich gefährlichen, nämlich Nebenwirkungs-behafteten Therapien und Behandlungskonzepten darf nicht mehr unkritisch hingenommen werden. Andererseits ist therapeutischer Nihilismus vor dem Hintergrund drohender schwer wiegender Folgeerkrankungen nicht angebracht. Ebbeling et al. schlugen 2002 einen Ansatz des »gesunden Menschenverstands« zur Übergewichtsbekämpfung vor: Sowohl zu Hause im privat-familiären Umfeld, als auch in der Schule, in den Städten, im Gesundheitswesen, in Bezug auf Marketing und Werbung sowie in der Politik seien einfachste Maßnahmen zu ergreifen um der globalen Adipositas-Epidemie Einhalt gebieten zu können (Ebbeling et al., 2002).

Kostenreduktion im Gesundheitswesen und Reha-Bereich, Kosten-Effizienz und gesundheitsökonomische Aspekte im weitesten Sinne, ließen sich mit »gesundem Menschenverstand« nach Ebbeling et al. leichter erreichen als durch ausgeklügelte Therapiekonzepte, deren Kosten-Relevanz gut untersucht sind (Wang; Goldfield). In Deutschland hat die Arbeitsgemeinschaft Adipositas im Kindes- und Jugendalter (AGA) soeben Therapieangebote für adipöse Kinder und Jugendliche erfasst (▶ Kap. 38). Es ist jetzt an der Zeit, sie zu evaluieren und auf Kosten-Effektivität und therapeutische Brauchbarkeit zu untersuchen. Qualitätskontrolle und -management sind gerade im Bereich der Adipositas-Prävention und -Behandlung unabdingbar. Es ist zu erwarten, dass – wie übrigens in allen Bereichen im Gesundheitswesen zu sehen – qualitativ hochstehende Konzepte und qualitätskontrollierte Therapieprinzipien, die am kostengünstigsten und ethisch-menschlich akzeptabelsten Modelle bieten werden.

Literatur

Bonney RC (2002) The obesity epidemic in children – a time bomb waitzing to explode. Europ Clin Lab 21: Editorial Comment

Clement K, Ferré P (2003) Genetics and the pathophysiology of obesity. Pediatr Res 53: 721–725

Ebbeling CB, Pawlak DB, Ludwig DS (2002) Childhood obesity: public-health crisis, common sense cure. Lancet 360: 473–482

Editorial (2004) Who pays in the obesity war. Lancet 363: 339

Editorial (2004) The catastrophic failures of public health. Lancet 363: 745–746

Larkin M (2003) Can cities be designed to fight obesity? Lancet 362: 1046–1048

Reinhardt UW (2004) Health care in the service of science? Science 303: 1613–1614

Rosch PJ (2003) All obesity is not created equal. Science 301: 1325

Schwimmer JB, Burwinkle TM, Varni JW (2003) Health-related quality of life of severely obese children and adolescents. JAMA 289: 1813–1819

Weiterführende Literatur

Björntorp P (2001) Thrifty genes and human obesity. Are we chasing ghosts? Lancet 358: 1006–1007

O'Rahilly S, Farooqi IS, Yeo GSH, Challis BG (2003) Human obesity – lessons from monogenic disorders. Endocrinology 144: 3757–3764

Sorensen TIA (2000) The changing lifestyle in the world – body weight and what else? Diabetes Care 23 (Suppl 2): B1–B4

Zigman JM, Elmquist JK (2003) From anorexia to obesity – the Yin and Yang of body weight control. Endocrinology 144: 3749–3756

Gesundheitspolitische Möglichkeiten und Verantwortung

D. Kunze

Übergewicht und Adipositas wird weltweit, besonders in den Industriestaaten, zu einem gravierenden Problem und beginnt sogar Unterernährung und Infektionskrankheiten aller Art als bisher bedeutendste Krankheitsursachen zu verdrängen. Damit wird die Adipositas zusammen mit ihren Folge- und Begleiterkrankungen zu einem enormen medizinischen Problem für den Gesundheitszustand der Bevölkerung insgesamt, sowie die Todesursachen und darf deshalb nicht länger lediglich als ein einfacher »kosmetischer Zustand« betrachtet werden (Kopelman, 2000).

Auch in Deutschland wird die Adipositas mit ihrer stetig steigenden Prävalenz und ihrem Ausmaß, besonders rasant in den letzten 20 Jahren, zu der zahlenmäßig häufigsten Gesundheitsstörung, für die unser Gesundheitssystem ein völlig unzureichendes Angebot an adäquaten Behandlungsmöglichkeiten aufweist (AGA Leitlinien, 2002).

Die gesundheitlichen Risiken der Adipositas sind wissenschaftlich gut belegt; der Epidemie-ähnliche Anstieg um das Doppelte in den letzten 2 Jahrzehnten wird dennoch viel zu wenig beachtet (Sorof, 2002; Badenhoop u. Usadel, 2003). Die Analyse der Umweltfaktoren bei der Entstehung steht jedoch bei uns erst am Anfang der Diskussion, obwohl das Problem schon im Kindes- und Jugendalter bereits zu einer »Krise im öffentlichen Gesundheitswesen« geführt hat und nach einer Lösung gesamtgesellschaftlicher Missstände aufruft (Ebeling et al., 2002).

Die Prävention der Adipositas im Kindes- und Jugendalter ist heute zu einer der bedeutendsten gesundheitspolitischen Herausforderungen im Rahmen der allgemeinen Gesundheitsförderung geworden (AGA, 2002). Es bleibt deshalb der dringende Ruf nach dem Ausschöpfen aller wirksamen gesundheitspolitischen Möglichkeiten, und das Problem stellt damit an Staat und Gesellschaft gleichermaßen eine hohe Verantwortung. Dies nicht zuletzt auch wegen der hohen Kosten für das Gesundheitssystem. Es gilt deshalb einen neuen Ansatz bei der gesundheitsökonomischen Analyse der Adipositas zu suchen, damit die durch die Adipositas bevölkerungsweit induzierten Folgeerkrankungen abgeschätzt werden können (Stratmann et al., 2000; Holub u. Götz, 2003). Wenn in den

USA heute bereits 25% der Bevölkerung davon betroffen sind und die Prävalenz bei uns in Deutschland ähnliche Dimensionen annimmt, dann ist nicht nur die Ärzteschaft, sondern vor allen Dingen die Gesundheitspolitik gefordert, endlich konkrete Maßnahmen zur Prävention zu ergreifen. Dabei genügt es nicht, nur entsprechende »Lifestyle-Modifikationen« zu empfehlen, sondern es sind wegen der hohen Komorbiditäten dringend qualitätsgesicherte Strategien und eine Übernahme in den Leistungskatalog der gesetzlichen Krankenversicherung zu fordern (▶ Kap. 48). Die Adipositas darf nicht weiter gesundheitspolitisch vernachlässigt werden, sondern im Rahmen der Fürsorgepflicht für seine Bürger muss auch der Staat eine bedeutende hoheitspolitische Dimension erkennen und entsprechende Maßnahmen umsetzen.

50.1 Präventionsmaßnahmen und gesundheitspolitische Forderungen

Die Arbeitsgemeinschaft Adipositas im Kindes- und Jugendalter (AGA) der Deutschen Gesellschaft für Kinderheilkunde und Jugendmedizin (DGKJ) und der Deutschen Adipositas-Gesellschaft (DAG) hat im Jahre 2000 Leitlinien erarbeitet, die zwischenzeitlich allgemein akzeptiert und beachtet werden; sie werden jährlich aktualisiert und sind damit sowohl für die behandelnden Ärzte, die Eltern als auch für die Kostenträger als generelle Empfehlungen anzusehen, da sie auch im Internet unter www.a-g-a.de für jedermann verfügbar sind.

Die AGA hat sich als die zuständige wissenschaftliche Fachgesellschaft Anfang 2003 deshalb auch an die zuständigen Bundesministerien (BMGS und BMVEL) mit der Forderung nach konsequenteren und flächendeckenden Präventions- und Therapieangeboten in Deutschland gewandt. Die Bemühungen von Ärzten und Wissenschaftlern in den zurück liegenden Jahren auf die gesundheitlichen Gefahren bevölkerungsweit aufmerksam zu machen, waren weitgehend erfolglos geblieben. Die diesbezüglichen aktuellen Präventionsbemühungen im deutschen Gesundheitswesen sind höchst unzureichend und unwirksam geblieben, obwohl es als ein zentrales Anliegen der Prävention in unserem Gesundheitswesen inzwischen anerkannt zu sein scheint.

In der Forderung an Frau Bundesgesundheitsministerin Ulla Schmidt heißt es in dem Schreiben der AGA unmissverständlich:

> Wir bitten darum, die Ziele der BZGA und des Bundesgesundheitsministeriums auf dem Gebiet von Übergewicht und Adipositas bei Kindern und Jugendlichen offen zu legen und die Vorarbeiten der Fachgesellschaften ernst zu nehmen; nur dann werden wir gemeinsam handlungsfähig sein.

Auch die Verbraucherschutzministerin Künast schaltete sich 2003 mit eigenen Vorschlägen und einem so genannten 3-Punkte-Programm in die politische Dimension des Problems von Adipositas bei Kindern und Jugendlichen ein.

Danach sollen

1. künftig vermehrt in Ganztagsschulen qualitativ hochwertige Mahlzeiten angeboten werden. Bund und Länder würden schließlich 4 Mrd. EUR aus Steuergeldern für die Einrichtung von Ganztagsschulen erhalten.
2. Es sei auch dringend die Einführung eines Unterrichtsfaches »Ernährung« wichtig und
3. es soll mit der Industrie verhandelt werden, Produkte für Kinder und Jugendliche mit weniger Fett herzustellen (Ebeling et al., 2002).

Wie man am 11. 2. 2004 der Presse entnehmen konnte, will das Bundesministerium für Verbraucherschutz, Ernährung und Landwirtschaft (BMVEL) gemeinsam mit dem Bund für Lebensmittelrecht und Lebensmittelkunde (BLL) und der zentralen Marketinggesellschaft für die Agrarwirtschaft (CMA) eine Plattform gründen, um das Thema Übergewicht bei Kindern und Jugendlichen gesamtgesellschaftlich zu verankern sich und gemeinsame Aktivitäten durchzuführen. Ende Mai soll die Geschäftsstelle eine ins Gründung befindenden Vereins in Berlin eingerichtet werden. Derzeit führt die Ministerin zahlreiche Gespräche mit verschiedenen gesellschaftlichen Akteuren, um Mitglieder für diese Plattform zu werben.

Mit der Einführung zahlreicher Leitlinien-gestützter und qualitätsgesicherter Behandlungsprogramme (DMPs) für chronisch Kranke mit Diabetes mellitus, koronare Herzerkrankung, Brustkrebs u. v. a. versuchen Gesundheitspolitiker, Krankenkassen und Ärzteschaft gezielter in der Behandlung vorzugehen und entsprechende Maßnahmen den Patienten anzubieten.

Mit der Gründung des »Deutschen Forums für Prävention und Gesundheitsförderung« im Juli 2002 sollte der Versuch unternommen werden, die Prävention allgemein sowohl als gesamtgesellschaftliche als auch hoheitliche Aufgabe des Staates zu etablieren.

Mit dem Gesundheitsmodernisierungsgesetz (GMG) vom September 2003 und der damit verbundenen Neufassung des SGB V sollen hier gezielt auch finanzielle Anreize geschaffen werden. So soll derjenige mit 50 EUR belohnt werden, der Übergewicht vermeidet. Der Anspruch solle alle 3 Jahre entstehen, wenn in diesem Zeitraum das Normalgewicht gehalten wird. Das sei dann der Fall, wenn der BMI im Normalbereich zwischen 18,5 und 24,9 liege. Der entsprechende Nachweis sei durch die ärztliche Bescheinigung eines Vertragsarztes zu führen oder durch den einfachen Nachweis glaubhaft zu machen. Die Krankenkassen sollen die Versicherten zudem gezielt über die Risiken von Übergewicht informieren und bei Bedarf ihren Versicherten unterstützende Maßnahmen anbieten. 30 EUR jährlich soll derjenige bekommen, der regelmäßig an gesundheitsfördernden Maßnahmen von Sportvereinen, Selbsthilfegruppen oder ähnlichen Organisationen teilnimmt. Die fachliche Eignung der Maßnahmen und die regelmäßige Teilnahme des Versicherten müssen nachgewiesen werden.

Die Frage, die sich hier jedoch ernsthaft stellt, ist, ob man mit derartigen Maßnahmen den »Gesundheitszielen« nur sekundär hinterherläuft? Hier muss m. E. nach ein ganz grundlegender anderer Ansatz zur Prävention gefordert werden: Ich hielte es für wesentlich nachhaltiger und sinnvoller, neben der Einführung von DMPs zusätzlich qualitätsgesicherte und Leitlinien-gestützte Programme zur Prävention von Erkrankungen aufzustellen und flächendeckend umzusetzen.

Wir brauchen dringend solche Disease-**Prevention**-Management-Programme, also D-P-M-Ps, besonders für die gesundheitliche Herausforderung von Übergewicht und Adipositas im Kindesalter und bei Jugendlichen.

Der Ministerrat der Europäischen Union (EU) hat die Europäische Kommission aufgerufen, Forschung auf diesem Gebiet zu intensivieren und sicherzustellen, dass die Präventionsmaßnahmen von allen zuständigen Stellen unterstützt werden (EU – Informationsbrief Gesundheit, 2003; 1, S. 29).

Die WHO hat schließlich definiert, dass »dicke Kinder eine globale Epidemie« sind und die Umsetzung derartiger Programme vorrangig zu einer familienpolitischen, gesellschaftlichen wie hoheitlichen Aufgabe in den Mitgliedsstaaten angesehen werden muss! (WHO-Report, 2000; Wabitsch et al., 2002).

sie sich nicht untersuchen lassen. Diese Tatsache zeigt die große gesundheitspolitische Aufgabe für Staat und Bevölkerung gemeinsam, auch unter ökonomischen Gesichtspunkten, vor denen weder die Kostenträger der Krankenversicherung noch der Staat »die Augen verschließen« können und dürfen, indem beide warten, bis das System zusammenbricht.

Unabhängig von den dringend notwendigen Präventionsmaßnahmen gilt es umgehend – besonders auch unter ökonomischen Gesichtspunkten und die Qualitätssicherung betreffend – die vielen unterschiedlichen Therapieangebote strukturiert zu erfassen und zu bewerten (Reinehr u. Wabitsch, 2003; ▶ Kap. 38): »Um das Behandlungsangebot zu verbessern und die Effektivität nachzuweisen, ist eine langfristige einheitliche Evaluation erforderlich«, nicht zuletzt auch hier aus ökonomischen Gründen!

50.2 Ökonomische Aspekte

❗ Berechnungen für Deutschland gehen davon aus, dass im Jahre 2030 die Gesamtkosten für die Adipositas-Behandlung unter Einschluss der Komorbiditäten um rund 50% ansteigen werden. Dies allerdings nur unter der Voraussetzung, dass die Prävalenz der Adipositas bei Erwachsenen nicht ansteigt; dies ist jedoch nicht der Fall, sondern Realität (AGA, 2002; ▶ Kap. 1).

Mit 2 Projekten der Gesundheitsinitiative »Bayern aktiv« (www.bayern-aktiv.de) soll z. B. die Ernährungserziehung intensiviert werden. »Eine unglaubliche Kostenlawine rolle auf das Gesundheitswesen zu, wenn nicht mit allen Kräften eingeschritten werde« betont das Bayerische Staatsministerium für Gesundheit, Ernährung und Verbraucherschutz.

30 Mio. Bundesbürger sind heute schon Risikopatienten für Diabetes-Typ-2 wegen ihrer Adipositas; nur die Bürger wissen davon nichts, weil

Literatur

AGA (2002) Leitlinien. www.a-g-a.de

Badenhoop K, Usadel KH (2003) Adipositas: Unterschätztes gesundheitspolitisches Problem. Dtsch Ärztebl 100: 1132

Ebeling CB, Pawlak DB, Ludwig DS (2002) Childhood obesity: public health crisis, common sense cure. Lancet 360: 473–483

Holub M, Götz M (2003) Ursachen und Folgen von Adipositas im Kindes- und Jugendalter. Monatsschr Kinderheilk 151: 227–236

Kopelman PG (2000) Obesity as a medical problem. Nature 404: 635–643

Reinehr T, Wabitsch M (2003) Strukturierte Erfassung der Therapieangebote für adipöse Kinder und Jugendliche. Monatsschr Kinderheilk 7: 757

Sorof JD (2002) Obesity hypertension in children: a problem of epidemic proportions. Hypertension 40: 441–447

Stratmann D, Wabitsch M, Leidl R (2000) Adipositas im Kindes- und Jugendalter – Ansätze zur ökonomischen Analyse. Monatsschr Kinderheilk 148: 786–792

Wabitsch M, Kunze D, Keller E, Kiess W, Kromeyer-Hauschild K (2002) Adipositas bei Kindern und Jugendlichen in Deutschland. Fortschr Med 120: 99–106

WHO (2000) Report of WHO Consultation on Obesity: Preventing and managing a global epidemic. WHO, Genf

IX

Serviceteil

A Erstkontakt mit dem Patienten und seinen Eltern

Grundsätzliche Empfehlungen zum Umgang mit dem Patienten und seinen Eltern

- Komorbiditätsdiagnostik durchführen (◘ Abb. B.3)
- Therapeutisches Vorgehen planen
- Nächsten Vorstellungstermin vereinbaren
- Keine Schuldzuweisungen
- Einfühlungsvermögen:
  - Leidensdruck des Patienten, oft frustrierende Bemühungen Gewicht zu kontrollieren
- Problem des Patienten und seiner Familie ernst nehmen
- Gesundheitliche Folgen aufzeigen
- Keine Schuldzuweisungen bei Fragen nach Ernährungssituation und körperlicher Bewegung
- Vermitteln, dass Adipositas ein chronisches medizinisches Problem ist, für das es bedingte Behandlungsmöglichkeiten gibt
- Fragen sollten sich auf Verhaltensweisen konzentrieren und nicht auf Charakterzüge
- Familie in ihren Anstrengungen positiv unterstützen
- Verantwortungsbewusstsein des adipösen Jugendlichen wecken und stärken

Basisinformationen für Patienten und Eltern

- Übergewicht und Adipositas bei Kindern und Jugendlichen ist ein zahlenmäßig zunehmendes Problem
- Übergewicht entsteht, wenn dem Körper mehr Energie zugeführt wird als er verbraucht
- Übergewicht hat ein hohes Risiko für die Entwicklung von Gesundheitsstörungen, wie Bluthochdruck, Diabetes und psychischen Erkrankungen
- Aus übergewichtigen Kindern werden meist übergewichtige Erwachsene
- Übergewicht kann vermieden und behandelt werden durch Veränderungen des Lebensstils (s. auch Empfehlungen zur Bewegung und Ernährung in Teil C):
  - Vermehrung der körperlichen Aktivität
  - Verminderung der körperlichen Inaktivität (Fernsehen und Computerspiele)
  - Ausgeglichene und gesunde Ernährung
  - Gemeinsame Mahlzeiten, keine zuckerhaltigen Limonaden, keine Süßigkeiten zwischendurch, gesunde Zwischenmahlzeiten
- Eine Änderung des Lebensstils kann am besten durch kleine Schritte erreicht werden
- Die Familienmitglieder müssen sich gegenseitig unterstützen, Eltern sind Vorbilder
- Eine regelmäßige Kontrolle durch einen Therapeuten ist notwendig

B   Diagnostik

Diagnostikempfehlungen (Kurzfassung; ◘ Abb. B.1–B.4)

- Erhöhtes Körpergewicht – Screening auf Gesundheitsrisiko (◘ Abb. B.1, Perzentilkurven: ◘ Abb. B.5 und B.6)
- Bei BMI > 97. Perzentile (Adipositas) oder bei BMI 90.–97. Perzentile (Übergewicht) plus zusätzliche Auffälligkeit (◘ Abb. B.1):
- 1. Ausschluss einer definierten anderen Ursache/Grunderkrankung (◘ Abb. B.2)
    - Endokrine Ursachen (meist erkennbar durch kleine Körpergröße oder langsame Wachstumsgeschwindigkeit)
    - Hypothyreose (v. a. beim Down-Syndrom)
    - Cushing-Syndrom (Stammfettsucht, Striae distensae, Hirsutismus, Bluthochdruck)
    - Genetische Syndrome, z. B. Prader-Willi-Syndrom (◘ Abb. B.4)
    - Nebenwirkung von Medikamenten
    - Immobilität (Spina bifida, Muskeldystrophie)
    - Hypothalamisches Syndrom (ZNS-Ausfälle, Visusverschlechterung, vegetative Störungen)
- 2. Komorbiditätsdiagnostik (◘ Abb. B.3)
    - Immer: Blutdruck, Blutabnahme: TSH, LDL-Cholesterin, Triglyzeride
    - Abhängig von Familienanamnese und Befund (◘ Abb. B.3):

Bei positiver Familienanamnese:
- Oraler Glukosetoleranztest → gestörte Glukosetoleranz, Diabetes mellitus → pädiatrischer Diabetologe
- Harnsäure im Serum → Hyperurikämie
- Lipidstatus und Risikofaktoren für Arteriosklerose → erhöhtes Risiko

- Bei entsprechender Anamnese und Befund:
    - Leberenzyme, ggf. Sonografie → Steatosis hepatis
    - Bauchschmerzen → Sonografie → Gallensteine
    - Frühzeitige Pubesbehaarung, unregelmäßige Menses → Testosteron, SHBG, ggf. OGT → prämature Pubarche, polyzystisches Ovarsyndrom → pädiatrisches endokrinologisches Konsil
    - Schlaf-Apnoe-Screening → Schlaf-Apnoe-Syndrom, nächtliche Hypoventilation
    - Orthopädisches Konsil → Fußfehlstellung, Genua valga oder vara, Epiphyseolysis capitis femoris
    - Augenhintergrund (pseudotumor cerebri)
- Metabolisches Syndrom liegt vor bei:
    - Hypertonie, Hyperinsulinämie, Hypertriglyzeridämie, LDL-Cholesterinerhöhung, ggf. Glukosestoffwechselstörung, ggf. Steatosis hepatis
- Diagnostisches psychologisches/psychiatrisches Konsil:
    - Bei mangelnder Motivation für Verhaltensänderungen, wenn eine Gewichtsreduktion aus medizinischen Gründen unbedingt erforderlich ist (s. Therapieempfehlungen)
    - Bei extremem Leidensdruck
    - Bei Hinweisen auf eine Depression (Suizidalität) bzw. Angststörung
    - Psychiatrisches Konsil bei Hinweisen für Essstörungen
    - Psychologisches/psychiatrisches Konsil im Rahmen des therapeutischen Vorgehens

Untersuchungsplan

Erstuntersuchung　　　　**Folgeuntersuchungen**

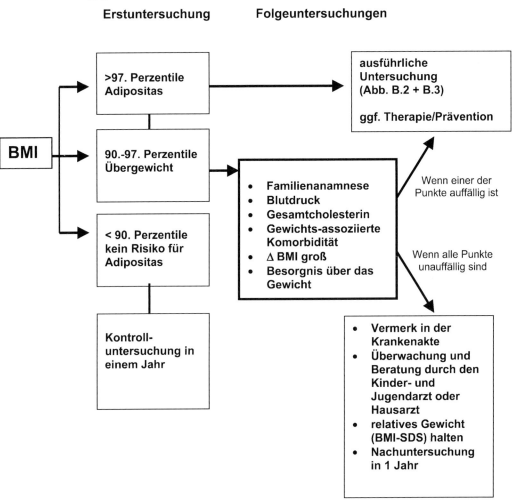

◘ Abb. B.1

Ausschluss einer ursächlichen Primärerkrankung

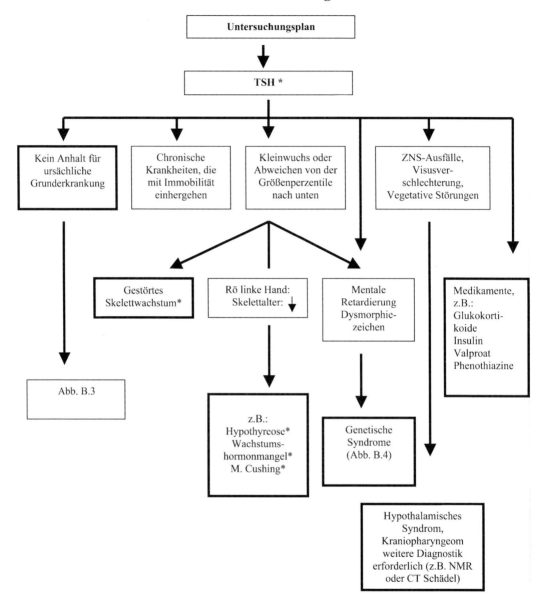

Untersuchungsplan

TSH *

| Kein Anhalt für ursächliche Grunderkrankung | Chronische Krankheiten, die mit Immobilität einhergehen | Kleinwuchs oder Abweichen von der Größenperzentile nach unten | ZNS-Ausfälle, Visusverschlechterung, Vegetative Störungen |

Gestörtes Skelettwachstum*

Rö linke Hand: Skelettalter: ↓

Mentale Retardierung Dysmorphiezeichen

Medikamente, z.B.: Glukokortikoide Insulin Valproat Phenothiazine

Abb. B.3

z.B.: Hypothyreose* Wachstumshormonmangel* M. Cushing*

Genetische Syndrome (Abb. B.4)

Hypothalamisches Syndrom, Kraniopharyngeom weitere Diagnostik erforderlich (z.B. NMR oder CT Schädel)

* für weitere Diagnostik und weiteres Vorgehen siehe spezielle Kapitel der Leitlinien der DGKJ

◻ Abb. B.2

Ermittlung des Gesundheitsrisiko und der Komorbidität

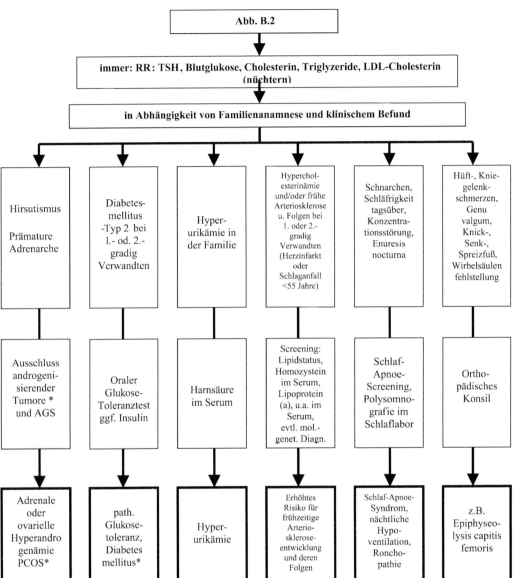

| Abb. B.2 |

immer: RR: TSH, Blutglukose, Cholesterin, Triglyzeride, LDL-Cholesterin (nüchtern)

in Abhängigkeit von Familienanamnese und klinischem Befund

Hirsutismus Prämature Adrenarche	Diabetes- mellitus -Typ 2 bei 1.- od. 2.- gradig Verwandten	Hyper- urikämie in der Familie	Hypercholesterinämie und/oder frühe Arteriosklerose u. Folgen bei 1. oder 2.- gradig Verwandten (Herzinfarkt oder Schlaganfall <55 Jahre)	Schnarchen, Schläfrigkeit tagsüber, Konzentrationsstörung, Enuresis nocturna	Hüft-, Kniegelenkschmerzen, Genu valgum, Knick-, Senk-, Spreizfuß, Wirbelsäulen fehlstellung
Ausschluss androgenisierender Tumore * und AGS	Oraler Glukose- Toleranztest ggf. Insulin	Harnsäure im Serum	Screening: Lipidstatus, Homozystein im Serum, Lipoprotein (a), u.a. im Serum, evtl. mol.- genet. Diagn.	Schlaf- Apnoe- Screening, Polysomnografie im Schlaflabor	Orthopädisches Konsil
Adrenale oder ovarielle Hyperandro genämie PCOS*	path. Glukose- toleranz, Diabetes mellitus*	Hyper- urikämie	Erhöhtes Risiko für frühzeitige Arteriosklerose- entwicklung und deren Folgen	Schlaf-Apnoe- Syndrom, nächtliche Hypo- ventilation, Ronchopathie	z.B. Epiphyseolysis capitis femoris

* für weitere Diagnostik und weiteres Vorgehen s. spezielle Kapitel der Leitlinien der DGKJ

☐ Abb. B.3

Adipositas bei syndromalen Krankheiten

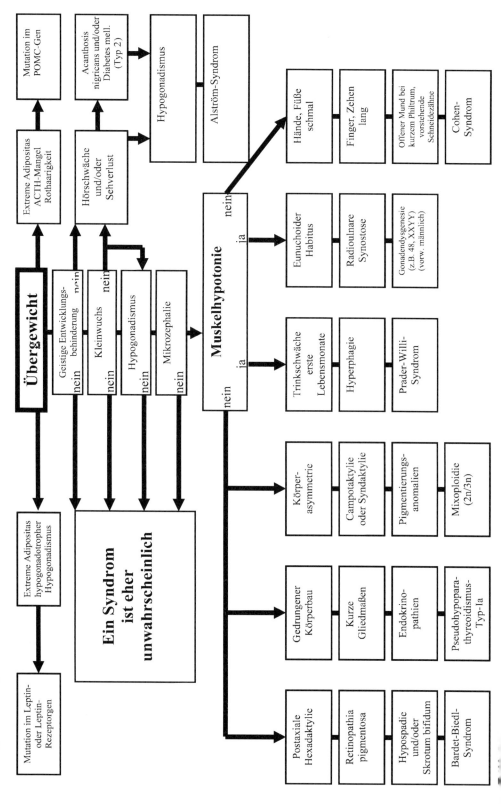

BMI-Tabellen

◨ Tabelle B.1. Perzentile für den Body Mass Index (in kg/m^2) von Jungen im Alter von 0 bis 18 Jahren

Alter (Jahre)	P3	P10	P25	P50 (M)	P75	P90[a]	P97[b]	P99,5[c]
0	10,20	11,01	11,81	12,68	13,53	14,28	15,01	15,86
0,5	14,38	15,06	15,80	16,70	17,69	18,66	19,72	21,09
1	14,58	15,22	15,93	16,79	17,76	18,73	19,81	21,25
1,5	14,31	14,92	15,60	16,44	17,40	18,37	19,47	20,95
2	14,00	14,58	15,25	16,08	17,03	18,01	19,14	20,69
2,5	13,73	14,31	14,97	15,80	16,76	17,76	18,92	20,51
3	13,55	14,13	14,79	15,62	16,59	17,62	18,82	20,51
3,5	13,44	14,01	14,67	15,51	16,50	17,56	18,80	20,61
4	13,36	13,94	14,60	15,45	16,46	17,54	18,83	20,68
4,5	13,30	13,88	14,55	15,42	16,45	17,56	18,90	20,87
5	13,24	13,83	14,51	15,40	16,46	17,61	19,02	21,17
5,5	13,20	13,80	14,50	15,40	16,50	17,71	19,19	21,52
6	13,18	13,79	14,51	15,45	16,59	17,86	19,44	21,92
6,5	13,19	13,82	14,56	15,53	16,73	18,07	19,76	22,40
7	13,23	13,88	14,64	15,66	16,92	18,34	20,15	23,07
7,5	13,29	13,96	14,76	15,82	17,14	18,65	20,60	23,81
8	13,37	14,07	14,90	16,01	17,40	19,01	21,11	24,62
8,5	13,46	14,18	15,05	16,21	17,68	19,38	21,64	25,48
9	13,56	14,31	15,21	16,42	17,97	19,78	22,21	26,55
9,5	13,67	14,45	15,38	16,65	18,27	20,19	22,78	27,34
10	13,80	14,60	15,57	16,89	18,58	20,60	23,35	28,35
10,5	13,94	14,78	15,78	17,14	18,91	21,02	23,91	29,21
11	14,11	14,97	16,00	17,41	19,24	21,43	24,45	30,11
11,5	14,30	15,18	16,24	17,70	19,58	21,84	24,96	30,63
12	14,50	15,41	16,50	17,99	19,93	22,25	25,44	31,38
12,5	14,73	15,66	16,77	18,30	20,27	22,64	25,88	31,72
13	14,97	15,92	17,06	18,62	20,62	23,01	26,28	32,08
13,5	15,23	16,19	17,35	18,94	20,97	23,38	26,64	32,45
14	15,50	16,48	17,65	19,26	21,30	23,72	26,97	32,61
14,5	15,77	16,76	17,96	19,58	21,63	24,05	27,26	32,79
15	16,04	17,05	18,25	19,89	21,95	24,36	27,53	32,96
15,5	16,31	17,33	18,55	20,19	22,26	24,65	27,77	32,94
16	16,57	17,60	18,83	20,48	22,55	24,92	27,99	33,11
16,5	16,83	17,87	19,11	20,77	22,83	25,18	28,20	33,09
17	17,08	18,13	19,38	21,04	23,10	25,44	28,40	33,24
17,5	17,32	18,39	19,64	21,31	23,36	25,68	28,60	33,21
18	17,56	18,63	19,89	21,57	23,61	25,91	28,78	33,19

[a] P90 = Grenze für Übergewicht.
[b] P97 = Grenze für Adipositas.
[c] P99,5 = Grenze für extreme Adipositas.

◘ Tabelle B.2. Perzentile für den Body Mass Index (in kg/m^2) von Mädchen im Alter von 0 bis 18 Jahren

Alter (Jahre)	P3	P10	P25	P50 (M)	P75	P90	P97	P99,5
0	10,21	10,99	11,75	12,58	13,40	14,12	14,81	15,61
0,5	13,86	14,55	15,29	16,16	17,08	17,95	18,85	19,98
1	14,14	14,81	15,53	16,40	17,34	18,25	19,22	20,41
1,5	13,94	14,59	15,32	16,19	17,16	18,11	19,15	20,48
2	13,68	14,33	15,05	15,93	16,93	17,92	19,03	20,48
2,5	13,46	14,10	14,82	15,71	16,73	17,76	18,92	20,51
3	13,29	13,93	14,64	15,54	16,57	17,64	18,84	20,46
3,5	13,16	13,79	14,51	15,42	16,46	17,56	18,81	20,54
4	13,06	13,69	14,42	15,33	16,40	17,54	18,85	20,75
4,5	13,00	13,64	14,37	15,31	16,41	17,58	18,97	20,97
5	12,97	13,61	14,36	15,32	16,46	17,69	19,16	21,34
5,5	12,94	13,60	14,36	15,35	16,53	17,83	19,40	21,74
6	12,92	13,59	14,37	15,39	16,63	17,99	19,67	22,28
6,5	12,93	13,62	14,42	15,48	16,77	18,21	20,01	22,78
7	12,98	13,69	14,52	15,62	16,98	18,51	20,44	23,48
7,5	13,06	13,80	14,66	15,81	17,24	18,86	20,93	24,25
8	13,16	13,92	14,82	16,03	17,53	19,25	21,47	25,19
8,5	13,27	14,06	15,00	16,25	17,83	19,65	22,01	26,02
9	13,38	14,19	15,17	16,48	18,13	20,04	22,54	26,69
9,5	13,48	14,33	15,34	16,70	18,42	20,42	23,04	27,50
10	13,61	14,48	15,53	16,94	18,72	20,80	23,54	28,17
10,5	13,76	14,66	15,74	17,20	19,05	21,20	24,03	28,73
11	13,95	14,88	15,99	17,50	19,40	21,61	24,51	29,36
11,5	14,18	15,14	16,28	17,83	19,78	22,04	25,00	29,88
12	14,45	15,43	16,60	18,19	20,18	22,48	25,47	30,47
12,5	14,74	15,75	16,95	18,56	20,58	22,91	25,92	30,77
13	15,04	16,07	17,30	18,94	20,98	23,33	26,33	31,26
13,5	15,35	16,40	17,64	19,30	21,36	23,71	26,70	31,43
14	15,65	16,71	17,97	19,64	21,71	24,05	27,01	31,72
14,5	15,92	17,00	18,27	19,95	22,02	24,35	27,26	31,81
15	16,18	17,26	18,53	20,22	22,28	24,59	27,45	31,86
15,5	16,40	17,49	18,76	20,45	22,50	24,77	27,57	31,85
16	16,60	17,69	18,96	20,64	22,67	24,91	27,65	31,79
16,5	16,78	17,87	19,14	20,81	22,82	25,02	27,69	31,71
17	16,95	18,04	19,31	20,96	22,95	25,11	27,72	31,61
17,5	17,11	18,20	19,47	21,11	23,07	25,20	27,74	31,51
18	17,27	18,36	19,62	21,25	23,19	25,28	27,76	31,42

Perzentilkurven für den BMI-Index

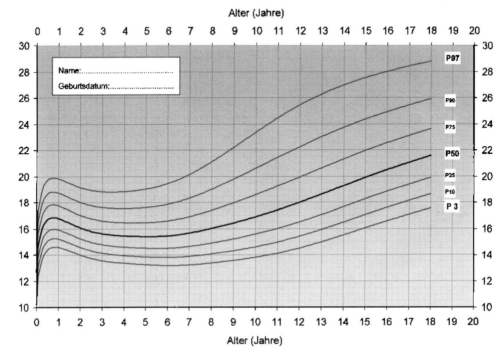

Perzentilkurven für den Body Mass Index (Jungen 0 - 18 Jahre)

Abb. B.5

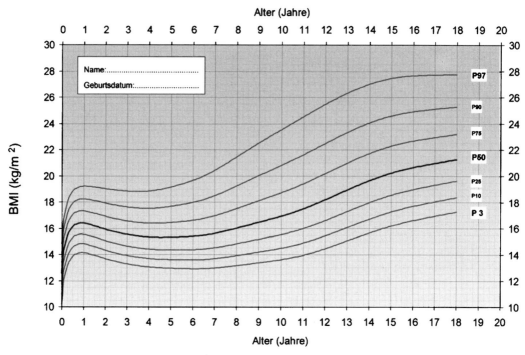

Perzentilkurven für den Body Mass Index (Mädchen 0 - 18 Jahre)

☐ Abb. B.6

C   Therapeutisches Vorgehen

Empfehlungen zum therapeutischen Vorgehen

- Grundprinzipien:
  - Die Intervention sollte früh beginnen
  - Mit einer Behandlung sollte nur begonnen werden, wenn die Eltern und das Kind bereit sind, deutliche Änderungen des Lebensstils (des Ernährungs- und Bewegungsverhaltens) durchzuführen
  - Eltern immer einbeziehen: Eltern als Zielgruppe für Verhaltensänderungen
  - Therapieprogramme sollen langfristige Veränderungen einleiten – kurzfristige Diäten und schnelle Gewichtsabnahmen sind sinnlos und kein Therapieziel (s. Zieleliste in Teil C)
  - Langfristige Betreuung heißt: Patient und dessen Familie sollten über mehrere Jahre betreut werden
  - Der therapeutische Ansatz soll immer eine Kombination sein von Ernährungsumstellung, Steigerung der körperlichen Bewegung, unterstützender Verhaltenstherapie (s. Belohnungsvertrag in Teil C)
  - Als Teil des Therapieprogramms sollte die Familie lernen, das Ess- und Bewegungsverhalten zu überwachen (s. Ernährungs- und Bewegungstagebuch in Teil C)
  - Das Therapieprogramm sollte der Familie helfen, kleine und langsam fortschreitende Veränderungen zu machen
  - Therapeuten sollen ermutigen und verstärken und nicht kritisieren
  - Kurzfristiges Therapieziel: nicht mehr als 0,5 kg Gewichtsabnahme pro Woche
  - Beachtung der rechtlichen Rahmenbedingungen für die Finanzierung
- Stufenplan:
  1. Regelmäßige Beratungen und Kontrollen im Rahmen der hausärztlichen Versorgung (z.B. 14-tägige Termine, schrittweise Umsetzung von Ernährungs- und Bewegungsempfehlungen)
  2. Intensives Schulungsprogramm: interdisziplinär, evtl. unter Einbeziehung von Ernährungsfachkraft, Psychologe, Sport-

therapeut/-lehrer u.a. (durch GKV finanziert, wenn extreme Adipositas oder Folgeerkrankungen vorliegen)
  3. Stationäre Therapie (nur sinnvoll, wenn intensive Vor- und Nachbetreuung gewährleistet ist, nur wenn intensives Schulungsprogramm nicht möglich oder nicht erfolgreich ist und dringende Indikation zur Gewichtsreduktion vorliegt)
  4. Andere Therapie: Medikamente, operative Maßnahmen (nur im Rahmen von klinischen Studien oder als experimentelle Therapie bei dringender medizinischer Indikation und Erfolglosigkeit von 1.–3.)

Empfehlungen zur Vermeidung von körperlicher Inaktivität und zur Steigerung der körperlichen Aktivität

- Eltern: Seien Sie Vorbilder!
- Jede Art der körperlichen Bewegung hilft bei der Gewichtsstabilisierung oder -abnahme
- Ändern Sie Ihre Gewohnheiten nicht auf ein Mal, sondern beginnen Sie langsam (eine Änderung pro Woche), setzen Sie schrittweise kleine Änderungen um und behalten diese langfristig bei
- Kontrollieren Sie die Verhaltensänderungen (Protokoll, s. Tagebuch in Teil C) und loben Sie die Kinder für beibehaltene Änderungen (s. Belohnungsvertrag in Teil C)
- Änderungen im Alltag: kleine Wege zu Fuß gehen oder das Fahrrad nehmen statt Auto, Treppen statt Rolltreppen oder Lift u. ä.
- Entwickeln Sie einen aktiven Lebensstil in der Familie (gemeinsame körperlich aktive Unternehmungen in der Freizeit)
- Nach Möglichkeit täglich – mindestens aber 3-mal pro Woche – ca. 45 min schnell Gehen (Nordic walking), Laufen oder Fahrrad fahren
- Wählen Sie Sportarten, die Spaß machen (Ballspiele, Gruppenspiele, Fitnessstudio, Tanzen, usw.)
- Verringern Sie die Zeit vor dem Fernseher oder Computer (< 1 h am Tag)

Empfehlungen zur Ernährung

- Wählen Sie eine ausgeglichene und abwechslungsreiche Kost
- Kontrollieren Sie oder vermeiden Sie sogar, dass es im Haushalt bestimmte ungünstige Lebensmittel gibt (wie z. B. zuckerreiche und fettreiche Snacks und Limonaden)
- Legen Sie Wert auf regelmäßige, festgelegte, gemeinsame Mahlzeiten in der Familie
- Bereiten Sie die Mahlzeiten selbst zu und kontrollieren dadurch den Gehalt an Fett und an Ballaststoffen; verringern Sie den Verzehr von Fertigprodukten, deren Zusammensetzung Sie nicht beeinflussen können
- Vermeiden Sie Nahrungszufuhr beim Fernsehen
- Vermeiden Sie energiereiche Getränke, am besten ist Wasser, keine zuckerhaltigen Limonaden, verdünnen Sie Fruchtsäfte: 1 Teil Saft, 2 Teile Wasser
- Keine Nahrungsmittel oder Süßigkeiten als Belohnung
- Gesunde Zwischenmahlzeiten als Alternative zu Süßigkeiten (s. Lebensmittelliste in Teil C)
- Besuch von Fast-food-Restaurants: nicht mehr als einmal pro Woche
- Versuchen Sie, angelerntes Fehlverhalten (zu süß essen, zwischendurch essen o. ä.) langsam wieder umzugewöhnen
- Essen nur beim Essplatz
- Essen lange kauen und langsam essen

Tipps für Eltern bezüglich des Umgangs mit Medien und Werbung

- Umgang mit dem Fernsehen
  Die Ergebnisse mehrerer Untersuchungen deuten darauf hin, dass übermäßiger Fernsehkonsum die Entwicklung von Übergewicht begünstigt. Daher sollte zur Vermeidung bzw. Verringerung von Übergewicht der Fernsehkonsum kontrolliert und ggf. verringert werden.
  Hierzu einige Tipps:
  - Stellen Sie keinen Fernseher in das Zimmer Ihres Kindes
  - Beschränken Sie die Fernsehzeiten auf maximal 1 h am Tag
  - Gehen Sie mit Ihrem Kind die Fernsehzeitung durch und suchen Sie gemeinsam eine passende Sendung heraus
  - Vereinbaren Sie mit Ihrem Kind, dass es den Fernseher nach einer gesehenen Sendung selbständig ausschaltet

Umgang mit der Werbung
Um die Aufmerksamkeit der jeweiligen Zielgruppe zu erregen, bedienen sich die Werbemacher unterschiedlicher Werbeformen und -techniken. So können Kinder bis zum Alter von 6 Jahren nicht zwischen Programm und Werbung unterscheiden. Dieses nutzen die Werbemacher, indem sie Werbeblöcke für Kinder oft wie kleine Filme oder Cartoons aufbauen und diese nahtlos in das eigentliche Kinderprogramm einfließen lassen. Durch einfache Melodien zum Mitsingen und eingängige Sprüche wird eine schnelle Wiedererkennbarkeit hergestellt.
Gemeinsames Diskutieren und Hinterfragen sowie Tipps zum Umgang mit Werbung und Konsum helfen, einen bewussten Umgang mit Werbung und den eigenen Konsumbedürfnissen zu finden.

- Sehen Sie Sendungen gemeinsam mit Ihrem Kind bewusst an. Sprechen Sie über die Werbung und über ihren Zweck. Verdeutlichen Sie Ihren Kindern, dass Werbung letztlich nur ein Ziel verfolgt: den Verkauf von Produkten
- Lassen Sie Ihr Kind den Fernseher in längeren Werbepausen ausschalten
- Hinterfragen Sie die Wünsche Ihrer Kinder mit ihnen gemeinsam
- Helfen Sie Ihrem Kind dabei, die von der Werbung hervorgebrachten Wünsche von den eigenen unterscheiden zu lernen und bewusst »Nein« bei überzogenen Wunschvorstellungen zu sagen
- Lassen Sie sich in Ihrer Kaufentscheidung nicht zu sehr von den Kindern beeinflussen
- Schauen Sie sich v. a. Kinderprodukte kritisch hinsichtlich ihrer Inhaltsstoffe an. Überprüfen Sie, ob die Werbesprüche auch das halten, was sie versprechen

Welches Kind soll an einer Fachambulanz einer Kinderklinik vorgestellt werden?

- Bei BMI > 99,5. Perzentile (extreme Adipositas)
- Patienten mit v. a. anderen Ursachen der Adipositas, inklusive Kleinkinder mit extremer Adipositas
- Bei Pubertätsentwicklungsstörungen
- Kinder und Jugendliche mit bedeutsamer Komorbidität (z. B. Essverhaltensstörung, systolische Hypertonie, Glukosestoffwechselstörung, orthopädischen Problemen, Schlaf-Apnoe-Syndrom)

Ernährungs- und Bewegungstagebuch

Name:

Datum:

Gewicht:

Uhrzeit	Was und wie viel habe ich gegessen?	Was und wie viel habe ich gretrunken?	Habe ich Sport gemacht? Wie lange war ich aktiv?	Wie lange habe ich ferngesehen und Computer gespielt

ZIELELISTE

Auf der Zieleliste trägst du – gemeinsam mit deinen Eltern – ein, welche Ziele du erreichen willst. Ein paar Vorschlläge haben wir gemacht, du sollst natürlich die Liste durch eigene Vorschläge ergänzen.

Kleine Ziele:

Verhaltensregel einhalten

1 Kilogramm abgenommen

1 Woche immer Frühstück gegessen

Große Ziele:

Mehr als 2 Kilogramm abgenommen

Mehr als 50 Wochengutpunkte

BELOHNUNGSVERTRAG

Gemeinsam mit dem Vertragspartner (Vater, Mutter,...) Ziele vereinbaren und die dafür gewünschten Belohnungen festhalten. Jedes Ziel, das erreicht wird, wird abgehakt; genauso jede Belohnung, die du bekommen hast.

Kleine Ziele:

☐ _____

☐ _____

☐ _____

☐ _____

☐ _____

☐ _____

☐ _____

☐ _____

☐ _____

☐ _____

Erreicht in der Woche:

_____

_____

_____

_____

_____

_____

_____

_____

_____

_____

Belohnung:

☐ _____

☐ _____

☐ _____

☐ _____

☐ _____

☐ _____

☐ _____

☐ _____

☐ _____

☐ _____

Große Ziele:

☐ _____

☐ _____

☐ _____

☐ _____

☐ _____

Erreicht in der Woche:

_____

_____

_____

_____

_____

Belohnung:

☐ _____

☐ _____

☐ _____

☐ _____

☐ _____

Unterschriften:

_____   _____

(Kind)   (Vater/Mutter/Tante/Großeltern)

Ort/Datum:

Lebensmittelliste

Fettreiches Lebensmittel	Fettgehalt	Fettarme Alternative	Fettgehalt
Fleisch, Fleischerzeugnisse			
Salami (30 g)	10 g	gekochter Schinken (30 g)	2 g
Lyoner (30 g)	8 g	Bierschinken (30 g)	4 g
Leberwurst, fein (30 g)	10 g	Lachsschinken (30 g)	1 g
Leberkäse, gebraten (125 g)	34 g	Frikadelle (125 g)	12 g
Bratwurst, Schwein (150 g)	40 g	Bratwurst, Geflügel (120 g)	20 g
Scheinehackfleisch (100 g)	20 g	Rinderhackfleisch (100 g)	9 g
Hühnerschenkel mit Haut (125 g)	14 g	Hühnerbrust ohne Haut (125 g)	1 g
Wiener Schnitzel (100 g)	10 g	Kalbsschnitzel, unpaniert (100 g)	2 g
Fast Food, Fertiggerichte			
1 Currywurst (150 g)	40 g	1 Döner Kebab (300 g)	35 g
Big Mäc (210 g)	26 g	Hamburger (100 g)	9 g
Pommes Frites, McDonalds (100 g)	17 g	1-2-3 Frites, McCain (100 g)	4,5 g
Fischstäbchen (100 g)	8 g	Seelachs, natur (100 g)	>1 g
Gemüsestäbchen (100 g)	7 g	gemischtes Gemüse, gekocht (100 g)	>1 g
1 Ristorante Pizza Salame (Salami)	49 g	1 Ristorante Pizza Prosciutto (gek. Schinken)	33 g
Müsli, Frühstücksflocken			
Vitalis Knuspermüsli (100 g)	14 g	Vitalis Früchtemüsli (100 g)	4 g
Vitalis Knusperflakes (100 g)	12 g	Cornflakes (100 g)	1 g
Kellogg's Toppas Schoko (100 g)	12 g	Kellogg's Toppas Classic (100 g)	1,5 g
Milch, Milchprodukte			
Sahnejoghurt (150 g)	15 g	fettarmer Joghurt (150 g)	2 g
1 Almighurt, Stracciatella (150 g)	7 g	1 Almighurt, Erdbeer (150 g)	4 g
Edamer, 45% F.i.Tr. (100 g)	26 g	Edamer, 30% F.i.Tr. (100g)	16 g
Camembert, 50% F.i.Tr. (100 g)	26 g	Camembert, 30% F.i.Tr. (100 g)	13 g
Brotaufstrich			
Nuss-Nougat-Creme (30 g)	12 g	Honig, Marmelade (30 g)	0 g

Fettreiches Lebensmittel	Fettgehalt	Fettarme Alternative	Fettgehalt
Süßigkeiten, Eis, Desserts			
1 Magnum-Eis	26 g	1 Calippo-Wassereis	0 g
1 Nogger Choc	21 g	1 Solero	6 g
1 Lion Riegel	13 g	1 Bum Bum	9 g
1 Nucki Nuss	15 g	1 Nucki Erdbeer	6 g
1 Maxibon Sandwich	19 g	1 Smarties Pop Up	4 g
1 McFlurry mit Smarties	11 g	McSundae Eisbecher Erdbeer (150 g)	4 g
Monte Schoko (100 g)	13 g	Original Pudding Dr. Oetker (100 g), gekocht mit fettarmer Milch	1,6 g
Snickers (60 g)	17 g	Weingummi, Lakritz (100 g)	0 g
Happy Hippo Snack (25 g)	10 g	Mohrenkopf (20 g)	3 g
Milka Lila Pause, Nougat Crips (37 g)	14 g	Müsliriegel, Schoko (25 g)	4,5 g
Karamellpudding (100 g)	20 g	Rote Grütze/Götterspeise (100 g)	0 g
Kuchen, Kekse			
1 Croissant	12 g	1 Rosinenbrötchen	0 g
Schokoladenkekse (100 g)	20 g	5 Löffelbiskuits	0 g
1 Doppelkeks mit Kakaocreme	5 g	2 Butterkekse	2 g
1 Stück Marmorkuchen	12 g	1 Rosinenschnecke	4 g
1 Stück Obstkuchen, Mürbeteig (130 g)	14 g	1 Stück Obstkuchen, Biskuit (130 g)	3 g
Knabbereien			
Erdnüsse, geröstet (100 g)	50 g	Studentenfutter (100 g)	37 g
Erdnussflips (100 g)	28 g	Popcorn (100 g)	4 g
Kartoffelchips (50 g)	20 g	Salzstangen (50 g)	1 g
Sonstiges			
1 EL süße Sahne	4 g	1 EL saure Sahne	2 g
Butter (20 g)	17 g	Halbfettbutter (20 g)	8 g
1 TL Mayonnaise (12 g)	10 g	1 TL Ketchup (12 g)	0 g
1 EL Salatsoße, französisch (25 g)	8 g	1 EL Salatsoße, Joghurt (25 g)	4 g

Anmerkung bezüglich der Rubriken »Süßigkeiten, Eis, Desserts«, »Kuchen, Kekse« und »Knabbereien«:
Grundsätzlich sollten natürlich auch die fettarmen Alternativen als Genussmittel angesehen und dementsprechend nur in Maßen verzehrt werden. Sie stellen lediglich eine Alternative dar, wenn die Kinder unbedingt etwas Süßes oder etwas zum Knabbern wollen. Ansonsten muss beachtet werden, dass die Alternativen zwar weniger Fett, aber nicht unbedingt auch weniger Zucker enthalten und damit auch eine Menge Energie liefern. Eine effektive Gewichtskontrolle ist nur dann möglich, wenn das Einsparen von Fett auch zu einer Reduktion der täglichen Gesamtenergieaufnahme führt.

D Adressen von Therapie-Einrichtungen

Ambulante Therapie-Einrichtungen (nach Postleitzahlen aufsteigend sortiert)

Die folgende Auflistung enthält alle ambulanten Institutionen, die adipöse Kinder in Deutschland behandeln und die einer Veröffentlichung über die AGA-Internetseiten zustimmten (Stand: April 2004; den aktuellen Stand finden Sie unter www.a-g-a.de). Angaben über die Qualität der einzelnen Institutionen sind der AGA nicht möglich. Jeder Interessierte sollte sich vor Ort über die Qualität der Behandlung informieren. Hinweise auf Qualitätskriterien finden sich in den Leitlinien der AGA und in der Mitteilung in der Monatsschrift für Kinderheilkunde 2003. Die AGA kann keine Gewähr über die Richtigkeit der Angaben gegeben.

Diakoniekrankenhaus Rotenburg (Wümme)
Verdener Str. 200, Rotenburg (Wümme)
Ansprechpartner: Dr. med. Dipl.-Psych. Bernhard Prankel
Tel. 04261 776400, Fax 04261 776405
Prankel@diako-online.de

Univ. Prof. Dr. Kurt Widhalm
Ansprechpartner: Prof. Dr. Kurt Widhalm
Tel. 01 404002337
kurt.widhalm@akh-wien.ac.at

Sächsisches Krankenhaus für Psychiatrie, Psychotherapie und Neurologie Großschweidnitz
Postfach 14 52, 02704 Löbau
Ansprechpartner: Dr. Hiekisch
Tel. 03585 4532297, Fax 03585 4532572
Sabine.Hiekisch@SKHGR.SMS.SACHSEN.DE

Univ.-Klinik und Poliklinik für Kinder und Jugendliche
Oststr. 21–25, 04317 Leipzig
Ansprechpartner: Dr. Müller, Dr. Kapellen
Tel. 0341 9726250, Fax 0341 9726009
Kapt@medizin.uni-Leipzig.de

Martin-Luther-Universität
Ernst-Grube-Str. 40, 06120 Halle
Ansprechpartner: Priv.-Doz. Dr. Uwe Preiß
Tel. 0345 5572569, Fax 0345 5572814
uwe.preiss@medizin.uni-halle.de

Reha-Klinik am Kyffhäuser
Postfach 10 01 54, 06562 Bad Frankenhausen
Ansprechpartner: DM B. Richter, Dipl.-Psych. Ch. Roczek
Tel. 034671 66332, Fax 034671 66347
kinderrehaklinik@bad-frankenhausen.de

Kinder- u. Jugendklinik des Landkreis Mittweida KH gGmbH
Dresdner Str. 178, 09131 Chemnitz
Ansprechpartner: OA Dr. Herrmann
Tel. 0371 33312121
d.herrman@SKC.de

SPZ an der Kinderklinik Lindenhof
Gotlindestraße 2–20, 10365 Berlin
Ansprechpartner: Jannie Weiten
Tel. 030 5518–5267
adipositas@pggs.de

Praxis Dr. med. Sylvia Odemarck
Hänseistr. 45, 12437 Berlin
Ansprechpartner: Dr. Odemarck o. Schw. Simone
Tel. 030 5329237

Purzelpfündchen
Premnitzer Str. 11, 12682 Berlin
Ansprechpartner: Frau Meyer
Tel. 090294 2350, Fax 090294 2106

Park-Klinik Weißensee
Schönstr. 80, 13086 Berlin
Ansprechpartner: Dipl.-Psych. Heike Rudolf
Tel. 030 96284215, Fax 030 96284205
optifast@park-klinik.com

Bezirksamt Mitte von Berlin
Reinickendorfer Str. 60b, 13347 Berlin
Ansprechpartner: Fr. Dr. Börner
Tel. 030 200946130, Fax 030 200945135

Poliklinik u. SPZ der KK Charité
Augustenburger Platz 1, 13353 Berlin
Ansprechpartner: Dr. S. Wiegand
Tel. 030 45050, Fax 030 450566926
SUSANNA.WIEGAND@CHARITE.DE

Kinderarztpraxis
Wasserwerkstr. 2, 13589 Berlin
Ansprechpartner: Dr. Dorothea Kroll
Tel. 030 3731212
DKroll@aol.com

Kinder- und Jugendarztpraxis Augustin
Trebbiner Str. 23, 15831 Mahlow
Ansprechpartner: Dipl. med. Augustin, Dipl.-Psych. Kölling
Tel. 03379372521, Fax 03379370331
praxishaus_mahlow@gmx.de

Klinikum Uckermark
Auguststr. 23, 16303 Schwedt/O.
Ansprechpartner: OA Dr. Wille
Tel. 03332 532370, Fax 03332 533912
V.Wahn@Klinikum-uckermark.de

Dietrich Bonhoeffer Klinikum Neubrandenburg
Allendestr. 30, 17036 Neubrandenburg
Ansprechpartner: DM J. Dobberphute
Tel. 0395 7752912, Fax 0395 7752903
paed@DBK-nb.de

Klinik für Kinder- u. Jugendmedizin
Soldtmannstr. 15, 17487 Greifswald
Ansprechpartner: Fr. Mahlbrecht
Tel. 03834 866910
Schroeder@mail.uniGreifswald.de

Kinderzentrum Mecklenburg
Wismarsche Str. 390, 19055 Schwerin
Ansprechpartner: Fr. Dr. Karsten-Schäfer
Tel. 0385 55159-0, Fax 0385 5515959

MobyDick
Lilienstr. 36, 20095 Hamburg
Ansprechpartner: Dr. Chr. Petersen
Tel. 040 32525238, Fax 040 32527422
Christiane.Petersen@mobydickhamburg.de

Zentrale für Ernährungsberatung an der Hochschule
für angewandte Wissenschaften Hamburg e.V.
Lohbrügger Kirchstr. 65, 21033 Hamburg
Ansprechpartner: Ute Hantelmann
Tel. 040 459959, Fax 040 451037
ernaehrung-hamburg@gmx.de

Kilokids
Waldsiedlung Sunde 4, 21726 Oldendorf
Ansprechpartner: Karin Borgwardt
Tel. 04144 4797,
Fax 04144 4797
KarinBorgwardt@gmx.net

Die Brücke e.V. Essstörungstherapie
Neue Große Bergstr. 20, 22767 Hamburg
Tel. 040 4504483, Fax 040 386130306
info@esstoerungs-therapie.de

Programm für übergewichtige Kinder
Dänenheide 26, 22926 Ahrensburg
Ansprechpartner: Iris Flöhrmann
Tel. 04102 473827, Fax 04102 54179

Universitätsklinikum Lübeck
Ratzeburger Allee 160, 23538 Lübeck
Ansprechpartner: Fr. Dr. V. Wagner
Tel. 0451 5002567, Fax 0451 5003758
wagnerv@paedia.ukl.mu-luebeck.de

Klinik für Kinder und Jugendliche Städt. KH Wismar
PF 1244, 23952 Hansestadt Wismar
Ansprechpartner: Prof. Dr. Koepp
Tel. 331162/63
peter.koepp@sk..kw.de

Institut für Human-Ernährungs- u. Lebensmittelzusätze
Düstenbrooker Weg 17–19, 24105 Kiel
Ansprechpartner: Prof. Dr. Müller
Tel. 0431 8805670, Fax 0431 8805679
mmueller@nutefoodsc.uni-kiel.de

Klinik für Kinder- u. Jugendmedizin, Diakonissenanstalt
Marienhölzungsweg 2, 24939 Flensburg
Ansprechpartner: Sr. med. Stefanie Cherdron
Tel. 0461 8124701, Fax 0461 8124780

FitCats
Ollerlohstr. 16, 25337 Elmshorn
Ansprechpartner: Isolde Fritsch-Hamann
Tel. 04121 76030, Fax 0411 76063
apograph@t-online.de

Fachklinik Sylt
Steinmannstr. 52–54, 25980 Westerland
Ansprechpartner: Dr. Stachow/Hr. Tiedjen
Tel. 04651 8520, Fax 04651 85258
fachklinik-sylt@t-online.de

Elisabeth Krankenhaus
Cloppenburger Str. 363, 26133 Oldenburg
Ansprechpartner: Priv.-Doz. Dr. Müller
Tel. 0441 4032013, Fax 0441 4032887
mueller.hermann@kliniken-oldenburg.de

Stadt Delmenhorst
Lange Str. 1a, 27747 Delmenhorst
Ansprechpartner: Fr. K. Tschöpe
Tel. 04221 992616, Fax 04221 992620
Gesundheitsamt@Delmenhorst.de

Städtische Kliniken Delmenhorst
Wildeshauserstr. 92, 27753 Delmenhorst
Tel. 04221 994401, Fax 04221 994405
Boehmann.haus@Klinikendelmenhorst.de

Zentralkrankenhaus St.-Jürgen-Straße
St.-Jürgen-Straße, 28205 Bremen
Ansprechpartner: Dr. W. Marg
Tel. 0421 4975410, Fax 0421 4973311
wolfgang.marg.@zkh-bremen-mitte.de

ZKH Bremen-Nord
Hammersbecker Str. 228, 28755 Bremen
Ansprechpartner: Hr. Weidanz
Tel. 0421 66061555, Fax 0421 66061721
ingo.weidanz@zkhnord.de

Moby Dick
Altperverstr. 78, 29410 Salzwedel
Ansprechpartner: Johannes Thierjung
Tel. 03901 26440, Fax 03901 477374

BKK Neun Plus
Hildesheimerstr. 53, 30169 Hannover
Ansprechpartner: Dr. Kriebel-Goldmann
Tel. 0511/98840881, Fax 0511 9884077881
Constanze.Kriebel-Goldmann@bkkneunplus.de

Kinderkrankenhaus auf der Bult
Janusz-Korczak-Allee 12, 30173 Hannover
Ansprechpartner: Priv.-Doz. Dr. T. Danne
Tel. 0511 8115340, Fax 0511 8115344
danne@hka.de

Praxis Dr. Schopfen
Ostlandstr. 10, 32339 Espelkamp
Ansprechpartner: Dr. Helmut Schopfen
Tel. 05772 3068

Kinder- u. Jugendmedizinische Klinik
der Klinikum GmbH
CA Dr. Wesseler
Hofstraße 11, 32756 Detmold
Ansprechpartner: CA Dr. Wesseler, OA Dr. Broede,
Frau Dr. Hamp
Tel. 05231 724510, Fax 05231 724403
Klaus.Wesseler@Klinikum-Lippe.de

Institution: Präventio-GmbH (FITOC)
Adenauerstr. 6, 33428 Marienfeld
Ansprechpartner: Catrin Brand
Tel. 05247 984630, Fax 05247 78122
info@praeventio-gmbh.de

Dres. Müller, Gleichaus, Walter Müller, Weißhaar
Deckertstr. 53, 33617 Bielefeld
Ansprechpartner: Dr. Walter Müller
Tel. 0521 145050, Fax 0521 150732
med.forum.paediatrie@t-online.de

Rehbergpark gGmbH
Austraße 40, 35745 Herborn
Ansprechpartner: Fr. Rehor
Tel. 02772 504290

Klinik für Kinder- u. Jugendmedizin
Bad Hersfeld GmbH (FITOC)
Seilerweg 29, 36251 Bad Hersfeld
Ansprechpartner: Dr. Volker Zindel
Tel. 06621 881726, Fax 06621 881730
Volkr.Zindel@t-online.de

Ernährungsmedizinisches Centrum Braunschweig
Spinnerstr. 33b, 38114 Braunschweig
Ansprechpartner: Susanne Groenewold
Tel. 0531 2093200, Fax 0531 860398
www.ernährungscentrum-braunschweig.de

St. Salvator KH
Gleimstr. 5, 38820 Halberstadt
Ansprechpartner: Fr. Dr. Sigrid Griethe
Tel. 0394 642421

Kinderklinik Harz-Klinikum Wernigerode GmbH
Steinbergstr. 1, 38855 Wernigerode
Ansprechpartner: Dr. Dieter Sontheimer
Tel. 03943 612711, Fax 03943 612752
dieter.sontheimer@harz-klinikum.de

Otto-von-Guericke Kliniken
Wiener Str., 39112 Magdeburg
Ansprechpartner: Priv.-Doz. Dr. Mohnike/Stat. 9
Tel. 0391 6717046, Fax 0391 6717002
Klaus.Mohnike@Medizin.uni.Magdeburg.de

Kreiskrankenhaus Burg
August-Bobel-Str. 55a, 39288 Burg
Ansprechpartner: Dr. Holleck
Tel. 03921 961501, Fax 03921 961550
medcontroll@kreiskrankenhaus-burg.de

Johanniter-KH der Altmark in Stendal gGmbH
Bahnhofstr. 24–26, 39576 Stendal
Ansprechpartner: Prof. Dr. Wolf Görke
Tel. 03931 667350, Fax 03931 667355

SALUS gGmbH Fach-KK Uchtspringe
Kraepelinstr. 6, 39599 Uchtspringe
Ansprechpartner: OÄ Dr. Erika Lischka
Tel. 03925 700, Fax 03925 70303
axt.kip@uchtspringe.de

Sozialpädiatrisches Zentrum KK der Kaiserswerther Diakonie
Kreuzbergstr. 79, 40489 Düsseldorf
Ansprechpartner: Fr. Schrödter
Tel. 0211 4092350, Fax 0211 4092112
schroedter@Kaiserwerther-diakonie.de

Klinik für Kinder- u. Jugendmedizin KK Neuwerk
Dünner Str. 214–216, 41066 Mönchengladbach
Ansprechpartner: Dr. W. Müller
Tel. 02161 6682451, Fax 02161 6682348
müllerw@krankenhaus-neuwerk.de

Lukaskrankenhaus GmbH Gesundheitszentrum
der Städt. Kliniken Neuss
Preußenstr. 84/Haus VI, 41464 Neuss
Ansprechpartner: Fr. Detlefsen/Fr. Kohlhöfer
Tel. 02131 8882750, Fax 02131 8882759
gesundheitszentrum@lukasneuss.de

Beratung und Therapie für Frauen und Mädchen ab 16 Jahre
Laurentiusstr. 12, 42103 Wuppertal
Ansprechpartner: Sabine Böse
Tel. 0202 306007, Fax 0202 36008
FrauenBeratungWuppertal@web.de

Zentrum für Kinder- und Jugendmedizin
HELIOS Klinikum Wuppertal
Heusnerstr. 40, 42283 Wuppertal
Ansprechpartner: M. Petrikowski
Tel. 0202 8961728

Rheinische Kliniken Essen, Kliniken/Institut der Universität
Duisburg-Essen, Klinik für Kinder- u. Jugendpsychiatrie,
-psychotherapie,
Ansprechpartner: Prof. Dr. med. J. Hebebrand
Virchowstr. 174, 45147 Essen
Tel. 0201 7227465/6

Klinik für Kinder- und Jugendmedizin
Ruhr-Univ. Bochum (FITOC)
Alexandrinenstr. 5, 44791 Bochum
Ansprechpartner: Priv.-Doz. Dr. A. Schmidt-Choudhury
Tel. 0234 5092630, Fax 0234 5092612
a.schmidt@elis-stiftung.de

Vestische Kinder- u. Jugendklinik Datteln
Dr. Friedrich-Steiner-Str. 5, 45711 Datteln
Ansprechpartner: OA Dr. Reinehr
Tel. 02363 975229, Fax 02363 975225
T.Reinehr@kinderklinik-datteln.de
Veröffentlichung: Kinder- und Jugendmedizin 2001, 1: 82–85,
Journal of Pediatric Gastroenterology and Nutrition 2003,
37: 742–744, International Journal of Obesity 2003, 27 (9):
1087–1092

Westfälische Klinik für Kinder- u. Jugendpsychiatrie Marl
Halterner Str. 525, 45770 Marl
Ansprechpartner: Dr. Rainer Georg Siefen
Tel. 02365 802201, Fax 02365 802628
rainer-georg.siefen@wkp-lwl.org

Ev. KH Sozialpädiatrisches Zentrum (SPZ)
Virchowstr. 20, 46047 Oberhausen
Ansprechpartner: v. Frankenberg
Tel. 0208 881411, Fax 0208 8814114

ADIPOSITAS ZENTRUM St. Clemens Hospitale Oberhausen
Wilhelmstr. 34, 46145 Oberhausen
Ansprechpartner: Fr. Dr. Annette Chen-Stute
Tel. 0208 695120, Fax 0208 695121
Annette.chenstute@arcormail.de

Stadt Bottrop Gesundheitsamt
Gladbecker Str. 66, 46215 Bottrop
Ansprechpartner: Dr. Friedek-Chrobot, Stefanie Bosserhoff
stephanie.Bosserhoff@bottrop.de

Sport- und Reha-Zentrum Janssen GmbH
Duesbergstr. 1, 46325 Borken
Ansprechpartner: Tobias Schulze zur Verth
Tel. 02861 980690, Fax 02861 9806923
mail@reha-janssen.de

Sport- und Reha-Zentrum Janssen GmbH
Duesbergstr. 1, 46325 Borken
Ansprechpartner: Tobias Schulze zur Verth
Tel. 02861 6806953
ts_zv@gmx.de

Ev. KH Bethesda
Heerstr. 219, 47053 Duisburg
Ansprechpartner: Dr. A. Chen-Stute
Tel. 0203 60081375, Fax 0203 60081379

Ernährungs Medizinisches Centrum
Laarstr. 9, 48529 Nordhorn
Ansprechpartner: Dr. Mühs, Dr. Wagner
Tel. 05921 179021, Fax 05921 179022
Emc-NOH@t-online.de

Kinderhospital Osnabrück
Iburger Str. 187, 49082 Osnabrück
Ansprechpartner: Dr. med. Th. Lob-Corzilius,
Margarethe Hütter (Sekr.)
Tel. 0541 5602167, Fax 0541 5602179
lob@kinderhospital.de

OPTIFAST-Zentrum Klinik Osnabrück GmbH
Sedanstr. 115, 49090 Osnabrück
Ansprechpartner: Sabine Witt
Tel. 0541 4054110, Fax 0541 4054110
optifast49090@aol.com

Gemeinschaftspraxis Dres. Maßmann/Schilling-Maßmann
Ostlandweg 4, 49545 Tecklenburg
Ansprechpartner: Ernährungsmedizinerin
Dr. B. Schilling-Maßmann
Tel. 05481 93990, Fax 05481 939929
bimatele@aol.com

Praxis für Ernährungsberatung
Carl von Linné Str. 12, 50226 Königsdorf
Ansprechpartner: Frau Gabriele Fraune
Tel. 02234 994694
fraune@netcologne.de

Gesundheitsamt
Neumarkt 15–21, 50667 Köln
Ansprechpartner: Fr. Schmitz-Kram
Tel. 0221 22124053, Fax 0221 22124036

Sportgemeinschaft BP Köln-Worringen e.V.
Erdweg 1a, 50769 Köln
Ansprechpartner: Sabine Witte
Tel. 0221 978440, Fax 0221 9784420
S.Witte@sg.bp.de

Deutsche Sporthochschule
Carl-Diem-Weg 6, 50933 Köln
Ansprechpartner: Dr. Anja Lawrenz
Tel. 0221 4982526, Fax 02131 386526
alawrenz@gmx.de

KIDS-Schulungsprogramm
Löher Str. 17, 51491 Overath
Ansprechpartner: Barbara Skupin-Knoch
Tel. 02204 74543, Fax 02204 74543
kidsmail@web.de

Univ.-Klinikum Aachen, Klinik für Kinder-
und Jugendpsychiatrie und -psychotherapie
Neuenhofer Weg 21, 52074 Aachen
Ansprechpartner: Dr. med. Andreas Lamerz, MPH
Tel. 0241 8080214, Fax 0241 8082544
alamerz@ukaachen.de

St. Marien-Hospital gem. GmbH (FITOC)
Düren-Dirkesdorf, 52330 Düren
Ansprechpartner: Dr. Karl-Josef Eßer
Tel. 02421 805395

Rheinische Kliniken Bonn
Kaiser-Karl-Ring 20, 53111 Bonn
Tel. 0228 5512673
j.junglaß@lvr.de

Förderverein für Psychomotorik Bonn e.V.
Werner-von-Braun-Str. 3, 53113 Bonn
Ansprechpartner: Birgit Hahnemann
Tel. 0228 24339324, Fax 0228 24339422
Beratung@psychomotorik-bonn.de

Richtig Essen-Institut
Hans-Böckler-Str. 3, 53225 Bonn
Ansprechpartner: Zentrale in Bonn
Tel. 0228 421300, Fax 0228 4213011
info@richtig-essen-institut.de

Klinik im Kurpark (FITOC)
Luisenstr. 14a, 53604 Bad Honnef
Ansprechpartner: M. Mestermann
Tel. 02224 960010, Fax 0224 931494
fitoc-honnef@klik-honnef.de

Clemens-August Jugendklinik
Feldstr. 16, 54290 Trier
Ansprechpartner: Prof. Rauh/OA Dr. Müller
Tel. 0651 9472654, Fax 0651 9472587
Arnim.Müller@Mutterhaus.de

Viktoriastift
Cäcilienhöhe 3, 55543 Bad Kreuznach
Ansprechpartner: Dr. J. Oepen
Tel. 0671 8355101, Fax 0671 8355141
JohannesOepen@aol.com

Praxis für Ernährungsberatung und -therapie
Rieslingweg 16, 55597 Wöllstein
Ansprechpartner: Fr. Dr. Petra Renner-Weber,
Dipl.-Oecotroph.
Tel. 06703 961966, Fax 06703 960636
renner-weber@ihre-ernaehrung.de

St. Josef-Krankenhaus Zell/Mosel
Barlstr. 3, 56856 Zell/Mosel
Ansprechpartner: Dr. med. Christoph Koch
Tel. 06542 5517, Fax 06542 5517
drkoch.zell@t-online.de

Kinderklinik der AKH gGmbH (FITOC)
Grünstr. 35, 58095 Hagen
Ansprechpartner: Dr. Koch
Tel. 02331 2012436, Fax 02331 2012438
Koch@akh-hagen.de

Ev. KH Hamm
Nordenwall 22, 59065 Hamm
Ansprechpartner: Prof. Dr. A. Otten
Tel. 02381 5891522, Fax 02381 5893372

Lebenszentrum Königsborn, Fachklinik für Kinderneurologie
und Sozialpädiatrie mit Sozialpädiatrischem Zentrum
Zimmerplatz 1, 59425 Unna
Ansprechpartner: Fr. Dr. B. Nahrath, Hr. Dr. M. Klotz
Tel. 02303 9670261, Fax 02303 68782
b.nahrath@lebenszentrum-koenigsborn.de

Allgemeinpraxis
Limesring 17, 61209 Echzell
Ansprechpartner: Gerhard Hess
Tel. 06008 910719, Fax 06008 910724
gerhard@gerhard-hess.com

Hilde Kolbe
Hugenottenstr. 101, 61381 Friedrichsdorf
Ansprechpartner: Hilde Kolbe
Tel. 06172 72943, Fax 06172 72897
hildekolbe@gmx.de

Aschaffenburger Forum für Ernährungsberatung
und -therapie
Weißenburger Str. 44, 63739 Aschaffenburg
Ansprechpartner: Christel Hubert
Tel. 06021 98268, Fax 06021 440437
c.hubert@ernaehrungsforum-ab.de

Praxis für Diät- und Ernährungsberatung
Goethestr. 60, 63801 Kleinostheim
Ansprechpartner: Kerstin Bsonek
Tel. 06027 465650, Fax 06027 464311
Kerstin.Bsonek@t-online.de

Praxisgemeinschaft Hünerfauth u. Como
Hauptstr. 147, 63897 Miltenberg
Ansprechpartner: Hünerfauth u. Como
Tel. 09371 948171, Fax 09371 948172
huenerfauth@psycho-online.de

Darmstädter Kinderklinik Prinzessin Margaret
Dieburger Str. 31, 64287 Darmstadt
Ansprechpartner: Dr. Kilian
Tel. 06151 402991, Fax 06151 402371
mail@kinderkliniken.de

Klinik für Psychiatrie und Psychotherapie
im Kindes- und Jugendalter
64560 Riedstadt
Ansprechpartner: Dr. Doepfner
Tel. 06158 183333, Fax 06158 183332
www.zsp-Riedstadt.de

Stiftung Deutsche Klinik für Diagnostik GmbH
Aukammallee 33, 65191 Wiesbaden
Ansprechpartner: Prof. Dr. K.-M. Keller
Tel. 0611 577238, Fax 0611 577557
Keller.paed@dJd.wiesbaden.de

Studio für Ernährungsberatung Dr. Ambrosius
Sonnenbergstr. 100, 65193 Wiesbaden
Ansprechpartner: Stephanie Fehrenbacher
Tel. 06352 740895, Fax 06352 740896
info@dr-ambrosius.de

Klinik für Kinder und Jugendliche
Ludwig Erhard Str. 100, 65199 Wiesbaden
Ansprechpartner: Dr. Ulrike Winckelmann
Tel. 0611 433197, Fax 0611 433196
Ulrike.Winckelmann@hsk-wiesbaden.de

Zentrum für soziale Psychiatrie Rheinblick
Kloster-Eberbach-Str. 4, 65346 Eltville
Ansprechpartner: Fr. Dr. Mallmann
Tel. 06123 6020, Fax 06123 602563

Klinik für Kinder- und Jugendpsychologie
Waldstr. 40, 66271 Kleinbittersdorf
Tel. 06805 92820, Fax 06805 928240
Sekr.KJP.SB@SHG-Kliniken.de

Adipositasschulung Fit-Kids
Saarbrückener Str. 2, 66386 St. Ingbert
Ansprechpartner: Dr. R. Böttge, Dr. W. Wahlen, R. Fiebig
Tel. 06894 385101
DrRBoettge@aol.com

Kinderklinik Kohlhof
Klinikweg 1–5, 66539 Neunkirchen/Saar
Ansprechpartner: Dr. Reiner Hasmann
Tel. 06821 363282, Fax 06821 363224
r.hasmann@kliniko.de

Praxis für Ernährungstherapie
Schachenstr. 65, 66954 Pirmasens
Ansprechpartner: Fr. Margret Edel
Tel. 06331 229160, Fax 06331 229159

Arte Vida, Forum für Ernährung und Bewegung
Hölderlinstr. 5, 69221 Dossenheim
Ansprechpartner: Wera Eich
Tel. 06221 869928, Fax 06221 863428
info@arte-vida.de

Praxis für Ernährungsberatung
Friedrichstr. 4, 69493 Hirschberg
Ansprechpartner: Monika Maurer
Tel. 06201 599671, Fax 06201 599672
kontakt@praxis-fuer-ernaehrungsberatung.de

BIG KIDS im SV Böblingen
Silberweg 18, 71032 Böblingen
Ansprechpartner: Dr. med. Johannes Steinki
Tel. 07031 223004, Fax 07031 221353
johannes.steinki@tonline.de

Kreis-Gesundheitsamt
Hindenburgstr. 20/1, 71638 Ludwigsburg
Ansprechpartner: Eva Belzner
Tel. 07141 1441338, Fax 07141 1441340
eva.belzner@landkreis-Ludwigsburg.de

Dr. med. Thomas Kauth (FITOC)
Hindenburgstr. 108, 71638 Ludwigsburg
Ansprechpartner: Dr. med. Thomas Kauth
Tel. 07141 2993030, Fax 07141 2993059
thomas.kauth@dgn.de

Psychologische Praxis
Otto-Hahn-Str. 10, 71726 Benningen
Ansprechpartner: Regina Lessenthin
Tel. 07144 18001, Fax 07144 18200
regles@t-online.de

AOK Tübingen Gesundheitszentrum
Hegelstr. 5/1, 72072 Tübingen
Ansprechpartner: Eva-Maria Krech
Tel. 07071 7952916, Fax 07071 7952911
Eva-Maria.Krech@bw.aok.de

Universitätskinderklinik
Hoppe Seyler Str. 1, 72076 Tübingen
Ansprechpartner: Prof. Dr. M. Stern
Tel. 07071 2983781, Fax 07071 29448

Femme Vital Ernährungsberatung
Herrenberger Str. 9, 72202 Nagold
Ansprechpartner: Fr. Stäublin
Tel. 07452 848341, Fax 07452 848320
femmevital@ernaehrungsberatung-nagold.de

Klinik für Kinder- und Jugendmedizin
Karl-v.-Hahn-Str. 120, 72250 Freudenstadt
Ansprechpartner: OA Dr. Walka
Tel. 07441 542337, Fax 07441 542467
walka@kkhfds.de

Klinikum am Steinenberg
Steinenbergstr. 31, 72764 Reutlingen
Ansprechpartner: Prof. Dr. Trefz
Tel. 07121 2004210, Fax 07121 2003571
FTRETZ@RAMEDIS.de

Ostalb-Klinikum (FITOC)
Im Kälblesrain 1, 73430 Aalen
Ansprechpartner: Priv.-Doz. Dr. Höhmann
Tel. 07361 551601, Fax 07361 551603
kinder.aalen@web.de

Praxis für Ernährungstherapie
Dreherstr. 14, 77815 Bühl
Ansprechpartner: Barbara Kintz
Tel. 07233 806075, Fax 07223 801993
b.Kintz@t-online.de

FITOC, FITOC Maxi, FITOC Mini
Hugstetter Str. 55, 79106 Freiburg
Ansprechpartner: OÄ Dr. Ulrike Korsten-Reck
Tel. 0761 2707477
www.fitoc.de
Veröffentlichung: Versicherungsmedizin 2002, 54 (Heft 1):
21–25

Zentrum für Kinderheilkunde und Jugendmedizin
Klinik I: Allgemeine Kinderheilkunde und Jugendmedizin
Bereich: Endokrinologie
Mathildenstr. 1, 79106 Freiburg
Ansprechpartner: Priv.-Doz. Dr. K. O. Schwab
Tel. 0761 2704824, Fax 0761 2704414
schwab@kikli.ukl.uni-freiburg.de

VHS nördl. Breisgau
Kirchstr. 3, 79312 Emmendingen
Ansprechpartner: Monika Bautz
Tel. 07641 922525, Fax 07641 922533
info@vhs.-em.de

Praxis für Ernährungsberatung – PommeFriz
Eisenbahnstr. 49, 79418 Schliengen
Ansprechpartner: S. Mannhardt
Tel. 07635 824847, Fax 07635 824846
Sonja.Mannhardt@t-online.de
Veröffentlichung: Information diététique 2001 (4): 27–29

Kinderklinik Lörrach Kliniken des Landkreises Lörrach GmbH
Spitalstr. 25, 79539 Lörrach
Ansprechpartner: Dr. J. Müller
Tel. 07621 4168330, Fax 07621 4168355
mueller.joerg@klinloe.de

Dr. von Haunersches Kinderspital
Lindwurmstr. 4, 80337 München
Ansprechpartner: Prof. Dr. B. Koletzko
Tel. 089 51602811, Fax 089 51603336

OPTIFAST-Zentrum am Krankenhaus Barmherzige Brüder
Romanstr. 93, 80639 München
Ansprechpartner: Dr. Heike Hagen
Tel. 089 17972405, Fax 089 17972405
optifast@barmherzige-muenchen.de

Gesundheitsberatungsstelle Hasenbergl
Wintersteinstr. 14, 80933 München
Ansprechpartner: Fr. Weißbacher
Tel. 089 3146770, Fax 089 31402438
hasenbergl.rgu166@web.de

Prof. Dr. W. Dorsch
Aidenbachstr. 118, 81379 München
Ansprechpartner: Dr. Cornelia Czap
Tel. 089 784031, Fax 089 784033
cczap@lyos.de

KinderLeichtAbnehmprogramm Praxis
für Ernährungsberatung
Graßlfinger Str. 30, 82194 Gröbenzell
Ansprechpartner: Dipl.-Oecotroph. Agnes Streber
Tel. 08142 593, Fax 08142 544
agnes-streber@m34.de
www.KinderLeichtMuenchen.de

Ernährungs-Service
Unteranger 1, 82327 Tutzing
Ansprechpartner: Dr. Eva-Maria Schröder
Tel. 08158 993263, Fax 08158 993264
slimkids2000@aol.com

Kreiskrankenhaus
Vincenz von Paul Str. 10, 84503 Altötting
Ansprechpartner: Prof. Dr. G. Schmid
Tel. 08671–5091247, Fax 08671 5091244
mail@Kinderzentrum.de

Klinikum Augsburg
Stenglinstr. 2, 86156 Augsburg
Ansprechpartner: Prof. Dr. Heidemann
Tel. 0821 400 3405, Fax 0821 4003642
1KK@Klinikum-augsburg.de

Bunter Kreis Nachsorgezentrum
Stenglinstr. 2, 86156 Augsburg
Ansprechpartner: Dipl.-Psych. Carmen Fromme
Tel. 0821 4004909, Fax 0821 4004849
carmen.fromme@bunter-kreis.de

Klinik Prinzregent Luitpold
Oberschwenden 70, 88175 Scheidegg
Ansprechpartner: Dr. K. Stübing, Fr. G. Aerne
Fax 08381 896111
StuebingK@klinikprinzregentluitpold.de

Gesundheitsamt Ravensburg
Franz-Stapf-Str. 8, 88212 Ravensburg
Ansprechpartner: Fr. Dr. Barbara Unger
Tel. 0751 85572, Fax 0751 85750
barbara.unger@landkreis-ravensburg.de

Waldburg-Zeil Kliniken, Fachkliniken Wangen
Am Vogelherd 4, 88239 Wangen im Allgäu
Ansprechpartner: Alwin Baumann
Tel. 07522 7971260, Fax 07522 7971117
rehabilitationskinderklinik@wz-kliniken.de

Univ.-Kinderklinik Ulm
Prittwitzstr. 43, 89075 Ulm
Ansprechpartner: Dr. H. Weyhreter
Tel. 0731 50027797, Fax 0731 50033168
martin.wabitsch@medizin.uni-ulm.de
Veröffentlichung: Klinische Pädiatrie 2003, 215: 57–64

Endokrinologische Praxis Dr. H. Etzrodt
Bahnhofplatz 7, 89075 Ulm
Ansprechpartner: Prof. Holl
Tel. 0731 69069

Präventions-Erziehungs-Programm PEP Nürnberg
Burgstr. 4, 90403 Nürnberg
Ansprechpartner: Frau Spörl-Springer
Tel. 0911 2449163, Fax 0911 2449164
PEP-Nuernberg@t-online.de

Gesundheitsamt
Burgstr. 4, 90403 Nürnberg
Ansprechpartner: Dr. Anne Muckelbauer
Tel. 0911 2312159, Fax 0911 2312500

OPTIFAST-Zentrum Nürnberg/Klinikum Nürnberg/
Medizinische Klinik 6
Prof. Ernst-Nathan-Str. 1, 90419 Nürnberg
Ansprechpartner: Frau Denecke, Frau Schmitt
Tel. 0911 3982776, Fax 0911 3982786
optifast@klinikum-nuernberg.de

Medizinische Klinik 6 Gastroenterologie, Hepatologie,
Ernährung, Klinikum Nord
Prof.-Ernst-Nathan-Str. 1, 90419 Nürnberg
Ansprechpartner: Dr. Schönekäs
Tel. 0911 3982949, Fax 0911 3982148
schoenekaes@klinikum-nuernberg.de

AOK Bayern
Frauentorgraben 49, 90443 Nürnberg
Ansprechpartner: Dr. Czermak-Loges
Tel. 0911 218220
dagmar.czermak-loges@nuernberg.by.aok.de

Univ.-Klinik Erlangen
Loschgestr. 15, 91054 Erlangen
Ansprechpartner: Fr. Dr. Knerr
Tel. 09131 8533118, Fax 09131 8533113
ina.knerr@kinder.imed.uni-erlangen.de

Dr. Eva Maas-Doyle
Täublingstr. 26, 91058 Erlangen-Tennenlohe
Ansprechpartner: Dr. E. Maas-Doyle
Tel. 09131 603222

Landratsamt Gesundheitsamt
Niederhofer Str. 3, 91781 Weißenburg i. Bayern
Tel. 09141 902401, Fax 091412 902419
Gesundheitsamt.Lva@Landkreis-Wug.de

Dritter Orden Sozialpäd. Zentrum
Bischof-Altmann-Str. 9, 94032 Passau
Ansprechpartner: Prof. Dr. F. Staudt, E. Seifert, M. Pohl
Tel. 0851 7205 164, Fax 0851 7205164
info@kinderklinik-passau.de

Klinikum Hof, Klinik für Kinder- und Jugendliche
Eppenreuther Str. 9, 95032 Hof/Saale
Ansprechpartner: Dr. Rolf Ponader
Tel. 09281 982442
rolf.ponader@klinikumhof.de

Helios-Klinik/Kinderklinik (FITOC)
Friedrichstr. 9, 99867 Gotha
Ansprechpartner: Dr. C. Jakob-Krech
Tel. 03621 87800, Fax 03621 878019
aWolf@helios-kliniken.de

© Arbeitsgemeinschaft Adipositas Sprecher: Prof. Dr. med.
Martin Wabitsch, Universitäts-Kinderklinik Ulm
Prittwitzstr. 43, 89075 Ulm
Tel. 0731 50027790, Fax 0731 50027789

E Übergewicht und Adipositas bei Kindern und Jugendlichen

Information für Lehrer

Die Körpergewichte der Kinder im Schulalter haben in den letzten 20 Jahren in Deutschland deutlich zugenommen.

Das Körpergewicht wird als biologische Größe in einem Regelkreis (Feed-back-Mechanismus) reguliert (◘ Abb. E.1). Ein verändertes Ernährungs- und Bewegungsverhalten wirkt als Störgröße auf diesen Regelkreis. Genetische und biologische Faktoren entscheiden, wie gut der individuelle Regelkreis diese Störfaktoren kompensieren kann. Ein Energieüberschuss von nur 50 kcal pro Tag führt bei Erwachsenen zu einer Gewichtszunahme von 4 kg in 1 Jahr. Das individuelle Ernährungs- und Bewegungsverhalten wird durch die Lebensbedingungen (Umwelt und Gesellschaft, weniger Bewegung, Überfluss an Nahrung) beeinflusst und ist durch das Individuum nachhaltig nur begrenzt kontrollierbar.

Bei 4% der Erstklässler und bei 8% der Schüler weiterführender Schulen liegt ein deutliches Übergewicht (Adipositas) vor. Übergewicht kommt häufiger bei Kindern von ausländischen Familien vor. Eine Adipositas kann mit erheblichen gesundheitlichen Folgestörungen assoziiert sein:

— Gelenkerkrankungen
— Diabetes
— Bluthochdruck und
— Pubertätsentwicklungsstörungen

Übergewichtige Schüler erfahren in ihrer Umgebung Spott, soziale Ausgrenzung und Schuldzuweisungen. Sie haben ein gestörtes Selbstbild und oft ein mangelndes Selbstbewusstsein.

Übergewichtige Schüler benötigen Ihre Unterstützung:

— Keine Schuldzuweisungen bezüglich des Übergewichts
— Aufklärung der Klasse über die Entstehung von Übergewicht: Bedeutung des Einflusses der Lebensbedingungen und von biologischen und genetischen Faktoren; begrenzter Spielraum für individuelle Gewichtskontrolle
— Ermöglichen Sie regelmäßige körperliche Bewegung in den Pausen (seien Sie Vorbild!)
— Unterstützen Sie die körperliche Bewegung in der Freizeit
— Setzen Sie sich dafür ein, dass an Schulen keine zuckerhaltigen Getränke und keine Süßigkeiten verkauft werden
— Geben Sie übergewichtigen Schülern im Sportunterricht eine faire Chance und honorieren Sie den Einsatz, auch wenn er auf niedrigem Niveau stattfindet

Sowohl für Kinder als auch Jugendliche bietet die Website http://www.adipositas-online.com spezifische Downloads für Lehrer an. Für Jugendliche gibt es hier eine Präsentation zu den Mechanismen der Gewichtsregulation; erläuternde Texte zur Power-Point-Präsentation sind vorhanden. Zudem können für Kinder und Jugendliche Bilder einer Künstlerin heruntergeladen werden, die im Unterricht als Diskussionsmaterial herangezogen werden können.

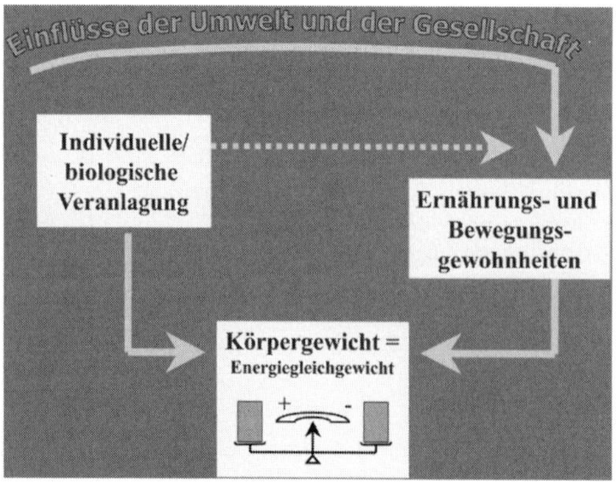

Einflüsse der Umwelt und der Gesellschaft

Individuelle/biologische Veranlagung

Ernährungs- und Bewegungsgewohnheiten

Körpergewicht = Energiegleichgewicht

◘ Abb. E.1. Gewichtsregulation im Regelkreismodell

F   Internetseiten

Nur für Experten

Internetseiten in deutscher Sprache

Nur Erwachsene:
- www.adipositas-gesellschaft.de
  (Deutsche Adipositasgesellschaft)
- www.ifap-index.de
  (Service-Institut für Ärzte und Apotheker)
- http://www.adipositas-austria.org
  (Österreichische Adipositasgesellschaft)

Erwachsene und Kinder:
- www.a-g-a.de (Arbeitsgemeinschaft
  Adipositas im Kindes- und Jugendalter)
- www.dgkj.de (Deutsche Gesellschaft
  für Kinderheilkunde und Jugendmedizin)
- http://awmf.org (Arbeitsgemeinschaft
  der Wissenschaftlichen Medizinischen
  Fachgesellschaften)
- www.dge.de (Deutsche Gesellschaft
  für Ernährung)
- www.nutriinfo.de (iud – Informations-
  und Dokumentationsstelle)
- www.aid.de (Infodienst Verbraucherschutz,
  Ernährung, Landwirtschaft)

Internetseiten in englischer Sprache

Nur Erwachsene:
- www.cdc.gov (National Center for Chronic
  Disease Prevention and Health Promotion)
- www.niddk.nih.gov (National Institute
  of Diabetes & Digestive & Kidney Diseases)
- www.docguide.com (Doctor's Guide)

Nur Kinder:
- www.aacap.org (American Academy
  of Child & Adolescent Psychiatry)
- www.aap.org (American Academy
  of Pediatrics)

Erwachsene und Kinder:
- www.iotf.org (International Obesity Task
  Force)
- www.nih.gov (National Institutes of Health)
- www.nal.usda.gov (Food and Nutrition
  Information Center)
- http://archinte.ama-assn.org
  (Archives of Internal Medicine)

Auch für Laien

Internetseiten in deutscher Sprache

Nur Erwachsene:
- www.ernaehrung.de (Deutsches
  Ernährungsberatungs- und Informationsnetz)
- www.ernaehrungsmed.de (Gesellschaft
  für Ernährungsmedizin und Diätetik)
- www.nutriinfo.de (iud – Informations-
  und Dokumentationsstelle)

Nur Kinder:
- www.kinderzentrum.de
- www.nutrichild.de (iud – Informations-
  und Dokumentationsstelle)
- www.powerkids.de (PowerKids)

Erwachsene und Kinder:
- www.adipositas-stiftung.ch
  (Schweizerische Adipositas-Stiftung SAPS)
- www.adipositas-online.com (Adipositas-
  Online) → Prof. Hebebrand
- www.aid.de (Infodienst Verbraucherschutz,
  Ernährung, Landwirtschaft)

Internetseiten in englischer Sprache

Nur Erwachsene:
- www.obesity-online.com (Obesity Online: The Internet Magazine)
- www.fda.gov (U.S. Food and Drug Administration)
- www.niddk.nih.gov (National Institute of Diabetes & Digestive & Kidney Diseases)

Nur Kinder:
- www.aap.org (American Academy of Pediatrics)

Erwachsene und Kinder:
- www.obesity.org (American Obesity Association)
- www.euroesity.org
- www.naaso.org (North American Association for the Study of Obesity)
- www.americanheart.org (American Heart Association)
- www.mayoclinic.com (Mayo-Clinic)
- http://familydoctor.org (Health information from the American Academy of Family Physicians)
- www.cdc.gov (National Center for Chronic Disease Prevention and Health Promotion)
- www.eatright.org (American Dietetic Association)
- www.obesityinamerica.org

Fragliche Seiten:
- www.slimkids.com (Abnehmprogramm für Kinder)

Sachverzeichnis

Druck und Bindung: Strauss GmbH, Mörlenbach